Die Autoren

Hubert Hunscheidt
Ernst Engels
Mara Schön

Hubert Hunscheidt, Ernst Engels, Mara Schön

Reiseführer Erlebnis Allgäu bis zum Bodensee

erschienen im:
Reise-Idee Verlag Roland Dreyer
Klostersteige 15, D-87435 Kempten
Tel.:   +49 (0)8 31/990 78 14 oder +49 (0)8 31/69 71 43 33
Fax: +49 (0)3212/141 04 63
Mobil: +49 (0)179/7 07 64 29
Internet: www.reise-idee.de
E-Mail: redaktion@reise-idee.de

Der Verlag bedankt sich ausdrücklich für die Bereitstellung von Fotos und Karten-material bei den Gemeindeverwaltungen und Tourismusämtern der Gemeinden sowie bei der Allgäu GmbH Gesellschaft für Standort und Tourismus.

Besonderer Dank gilt den Tourismusverantwortlichen in den Landratsämtern:
Tourismusverband Ostallgäu e.V.,
Unterallgäu aktiv GmbH,
Oberallgäu Tourismus Service GmbH,
Regionales Tourismusmanagement Lindau-Westallgäu,
die das Gesamtprojekt begleiteten und unterstützen.

Besuchen Sie uns im Internet!

www.reise-idee.de

Redaktionelle Leitung, Koordination und Gesamtkonzept der Reihe Reiseführer im Reise-Idee Verlag: Roland Dreyer

Gestaltung, Layout und Umbruch: Bernd Helmbrecht, Claus Helmbrecht

Gesamtherstellung:
Holzer Druck und Medien GmbH + Co. KG, D-88171 Weiler im Allgäu

ISBN 978-3-934739-57-4
Germany, 2019
1. Auflage

Reiseführer Erlebnis Allgäu bis zum Bodensee

Erlebnisraum Glückswege

Bad Grönenbach, Bad Wörishofen, Buxheim, Erkheim, Kettershausen, Kirchheim, Kronburg-Illerbeuren, Memmingen, Mindelheim, Ottobeuren, Pfaffenhausen, Tussenhausen. Die Fugger: Heimertingen, Markt Wald, Weißenhorn. Weitere Orte: Aitrach, Babenhausen, Breitenbrunn, Kammlach, Lautrach, Legau, Sontheim, Stöttwang, Trunkelsberg, Türkheim, Westerheim/Günz, Woringen

Erlebnisraum Schlosspark

Baisweil, Buchloe, Eggenthal, Friesenried, Füssen, Hopfen am See, Bad Faulenbach, Weissensee, Görisried, Halblech/Buching/Trauchgau, Irsee, Kaufbeuren, Lechbruck, Lengenwang, Marktoberdorf, Nesselwang, Obergünzburg, Pforzen, Pfronten, Prem, Rieden mit Zellerberg, Schwangau, Stötten a. Auerberg, Waal, Wald. Tourismusgesellschaft Südliches Allgäu: Eisenberg, Hopferau, Rieden a. F., Roßhaupten, Rückholz, Seeg. Der Sagenhafte Weg: Aitrang, Biessenhofen, Ruderatshofen. Weitere Orte: Jengen, Rettenbach a. Auerberg, Unterthingau

Erlebnisraum Panoramalogen

Burgberg, Oy-Mittelberg, Rettenberg, Wertach. Allgäuer Seenland: Buchenberg, Sulzberg, Waltenhofen, Weitnau-Wengen

Erlebnisraum Gipfelwelten

Bad Hindelang/Oberjoch/Unterjoch/Hinterstein, Sonthofen, Tannheimer Tal, Jungholz

Erlebnisraum Alpgärten

Blaichach, Gunzesried, Immenstadt, Oberstaufen, Missen-Wilhams. Hörnerdörfer: Balderschwang, Bolsterlang, Fischen, Obermaiselstein, Ofterschwang

Erlebnisraum Urkrafttäler Oberstdorf, Kleinwalsertal

Erlebnisraum Wasserreiche

Lindenberg, Oberreute, Scheidegg, Weiler-Simmerberg mit Ellhofen, Gestratz, Lindau, Röthenbach, Weißensberg/Hergensweiler/Sigmarszell. Weitere Orte: Maierhöfen, Grünenbach, Stiefenhofen

Erlebnisraum Heimatstätten

Altusried, Isny, Leutkirch, Wangen. Weitere Orte: Betzigau, Dietmannsried, Haldenwang, Börwang, Kempten, Wiggensbach, Wildpoldsried

Erlebnisraum Naturschatzkammern

Argenbühl (Christazhofen, Eglofs, Eisenharz, Göttlishofen, Ratzenried, Siggen), Bad Wurzach, Kißlegg, Wolfegg, Region Waldburg (Amtzell, Bodnegg, Grünkraut, Schlier, Vogt, Waldburg)

Halblech, Wankerfleck
(Bild Hubert Hunscheidt)

Inhaltsverzeichnis

Erlebnisraum Glückswege 94

Die Fugger 182

Weitere Orte

Ausflugsziele 232

Erlebnisraum Schlosspark 234

Tourismusgemeinschaft Südliches Allgäu 370

Ortsverzeichnis

Wo gibt´s was – kurz gefasst

Tipps und Orientierungshilfen

Erlebnisraum Glückswege

Kunst und Kultur

Landestheater Schwaben

Theater für die gesamte Region. Landestheater Schwaben, Theaterplatz 2, D-87700 Memmingen, Tel. +49 (0)8331 94 590, info@landestheater-schwaben. de, www.landestheater-schwaben.de, facebook.com/landestheater.schwaben (Seite 156)

Dampfsäg

Das lebendige Veranstaltungszentrum. Dampfsäg, Westerheimer Str. 10, D-87776 Sontheim, Tel. +49 (0)8336 226, Fax +49 (0)8336 1513, info@dampfsaeg.de, www. dampfsaeg.de (Seite 216)

Augsburger Puppenkiste

Bei einem Aufenthalt in Augsburg sollte man auf keinen Fall einen Besuch der bekannten Augsburger Puppenkiste versäumen. Augsburger Puppenkiste, Spitalgasse 15, D-86150 Augsburg, Tel. +49 (0)821 450345 0, info@ diekiste.net, www.puppenkiste.com (Seite 232)

Einkaufen

Bergwelt Brennerei

Die Whisky-Destillerie im Allgäu.

Bergwelt Brennerei, Gewerbepark 100, D-87775 Pfaffenhausen-Salgen, Tel. +49 (0)8265 73050, +49 (0)170 5900 591, info@bergwelt-brennerei. de, www.bergwelt-brennerei.de (Seite 179)

Café Kunterbunt

40 verschiedene Teesorten, Geschenkartikel und vieles mehr bietet der Shop im Café Kunterbunt, Bürgermeister-Egger-Straße 9, D-87739 Breitenbrunn, Tel. +49 (0)8263 960 341, Fax +49 (0)8263 960 406, info@ atelier-fleschutz.de, www.atelier-fleschutz.de (Seite 202)

ALMWELT

Hier wird Tracht gelebt. ALMWELT GmbH, Kramerstr. 18, D-87700 Memmingen, Tel. +49 (0)8331 97 27 900, memmingen@almwelt.de, www.almwelt.de (Seite 158)

Augsburger Puppenkiste

Liebhaber der Augsburger Puppenkiste finden vieles, was das Sammlerherz höher schlagen lässt im Fan-Shop der Augsburger Puppenkiste und „die Kiste" - Das Augsburger Puppentheatermuseum, Spitalgasse 15, D-86150 Augsburg, Tel. +49 (0)821 450345 0, info@diekiste.net, www.puppenkiste. com (Seite 232)

Freizeit und Sport

Allgäu Airport

Am Flughafen 35, D-87766 Memmingerberg, Tel. +49 (0)8331 984200 0, Fax +49 (0)8331984200 19, info@

allgaeu-airport.de, www.allgaeu-air-port.de (Seite 70)

Allgäu Skyline Park

Bayerns größter Freizeitpark. Skyline-Park-Straße 1, D-86871 Rammingen (BY), Direkt an der A96 - Ausfahrt Bad Wörishofen, Tel. +49 (0)8245 9669 0, service@skylinepark.de, www.skylinepark.de (Seite 112)

THERME Bad Wörishofen

Das Südseeparadies mitten im Allgäu. Thermenallee 1, D-86825 Bad Wörishofen, Tel. +49 (0)8247 399 327, Fax +49 (0)8247 399 399, info@therme-badwoerishofen.de, www.therme-badwoerishofen.de (Seite 110)

Allgäuer Golf- und Landclub

Grünes Image und gepflegte Geselligkeit im Allgäuer Golf- und Landclub Ottobeuren e.V., Boschach 3, D-87724 Ottobeuren, Tel. +49 (0)8332 92 510, Fax +49 (0)8332 51 61, info@aglc.de, www.aglc.de (Seite 172)

Natur-Therme Bedernau

Wellness, die aus der Tiefe kommt. Natur-Therme Bedernau, Hohenschlauer Str. 25, D-87739 Bedernau, Tel. +49 (0)8265 73 35 9, info@naturtherme-bedernau.de, www.naturtherme-bedernau.de (Seite 200)

Flussraum Iller

Wasserkraft und Natur am Allgäuer Illerdurchbruch erleben. Bayerische Elektrizitätswerke GmbH, Technisches Zentrum Gersthofen, Adolf-von-Baeyer-Str. 1, D-86368 Gerstho-

fen, Tel. +49 (0)821 328 0, www.lew.de (Seite 210)

Essen und Trinken

Restaurant Sonne

Internationale Speisen in großer Auswahl genießt man im Restaurant Sonne, An der Kartause 2, D-87740 Buxheim, Tel. +49 (0)8331 72690, voikic@web.de, www.gasthaus-sonne.net (Seite 120)

Bistro Akut

Ein breites kulinarisches Spektrum bietet das Bistro Akut Gaststätte, Memminger Str. 35A, 87746 Erkheim, Tel. +49 (0)8336 813001 (Seite 126)

Brauerei-Gasthof-Hotel-Laupheimer

Ausgezeichnete bayerische Küche genießt man im Brauerei-Gasthof-Hotel-Laupheimer, Dorfstr. 19, D-87784 Westerheim/Günz, Tel. +49 (0)8336 76 63, Fax +49 (0)8336 76 93, info@laupheimer.de, www.laupheimer.de (Seite 229)

Café & Restaurant der Augsburger Puppenkiste

Besucher der Augsburger Puppenkiste können sich stärken im Café & Restaurant der Augsburger Puppenkiste und „die Kiste" - Das Augsburger Puppentheatermuseum , Spitalgasse 15, D-86150 Augsburg, Tel. +49 (0)821 450345 0, info@diekiste.net, www.puppenkiste.com (Seite 232)

Café Kunterbunt

Leckeren Kuchen und feine Kaffee- und

Teespezialitäten bekommt man im Café Kunterbunt, Bürgermeister-Egger-Straße 9, D-87739 Breitenbrunn, Tel. +49 (0)8263 960 341, Fax +49 (0)8263 960 406, info@atelier-fleschutz.de, www.atelier-fleschutz.de (Seite 202)

Gartenterrassen

Restaurant Sonne

Leckere internationale Gerichte genießt man im Sommer im Biergarten des Restaurant Sonne, An der Kartause 2, D-87740 Buxheim, Tel. +49 (0)8331 72690, voikic@web.de, www.gasthaus-sonne.net (Seite 120)

Brauerei-Gasthof-Hotel-Laupheimer

Herrlich entspannen bei einem frisch gezapften Bier kann man im Biergarten vom Brauerei-Gasthof-Hotel-Laupheimer, Dorfstr. 19, D-87784 Westerheim/Günz, Tel. +49 (0)8336 76 63, Fax +49 (0)8336 76 93, info@laupheimer.de, www.laupheimer.de (Seite 229)

Café Kunterbunt

An warmen Tagen genießt man Kaffee und Kuchen auf der Gartenterrasse des Café Kunterbunt, Bürgermeister-Egger-Straße 9, D-87739 Breitenbrunn, Tel. +49 (0)8263 960 341, Fax +49 (0)8263 960 406, info@atelier-fleschutz.de, www.atelier-fleschutz.de (Seite 202)

Übernachten

DREXEL'S ****PARKHOTEL

Stadt erleben – Ruhe genießen in Memmingens Altstadt. DREXEL'S ****PARKHOTEL, Ulmer Straße 7, D-87700 Memmingen, Tel. +49 (0)8331 9320, Fax +49 (0)8331 48439, info@parkhotel-memmingen.de, www.parkhotel-memmingen.de (Seite 160)

Brauerei-Gasthof-Hotel-Laupheimer

Freundliche, modern ausgestattete Zimmer bietet der Brauerei-Gasthof-Hotel-Laupheimer, Dorfstr. 19, D-87784 Westerheim/Günz, Tel. +49 (0)8336 76 63, Fax +49 (0)8336 76 93, info@laupheimer.de, www.laupheimer.de (Seite 229)

Tagungsmöglichkeiten

DREXEL'S ****PARKHOTEL

Für Tagungen und Seminare bestens ausgestattet ist das DREXEL'S ****PARKHOTEL, Ulmer Straße 7, D-87700 Memmingen, Tel. +49 (0)8331 9320, Fax +49 (0)8331 48439, info@parkhotel-memmingen.de, www.parkhotel-memmingen.de (Seite 160)

Erlebnisraum Schlosspark

Sehenswürdigkeiten

Schloss Neuschwanstein

Schloss Neuschwanstein gehört zu den meistbesuchten Schlössern und Burgen Europas. Schlossverwaltung Neuschwanstein, Neuschwanstein-straße 20, D-87645 Hohenschwangau, Tel. +49(0) 83 62 9 39 88-0,

Infoline +49(0) 83 62 9 39 88-77, Fax +49(0) 83 62 9 39 88-19, svneuschwanstein@bsv.bayern.de, www.neuschwanstein.de (Seite 346)

Brauerei-Gasthof Hotel Post***superior

Eine interessante Brauerei-Besichtigung und Bier-Seminare mit Bierprobe bietet der Brauerei-Gasthof Hotel Post***superior, Hauptstr. 25, D-87484 Nesselwang, Tel. +49 (0)8361 30910, Fax +49 (0)8361 30973, info@hotel-post-nesselwang.de, www.hotel-post-nesselwang.de (Seite 314)

Allgäuer Schmetterling-Erlebniswelt

Tropisches Paradies mit Erholungseffekt. Allgäuer Schmetterling-Erlebniswelt, Gernweg 5, D-87459 Pfronten-Weißbach, Tel. +49 (0)8363 393, schmetterlinge@online.de, www.schmetterling-erlebniswelt.de (Seite 330)

Kunst und Kultur

Festspielhaus Füssen

Majestätisch – Magisch – Mitreißend. Festspielhaus Management GmbH, Ludwigs Festspielhaus Füssen, Im See 1, D-87629 Füssen, Tel. +49 (0)8362 5077 0, Fax +49 (0)8362 5077 298, info@das-festspielhaus.de, www.das-festspielhaus.de (Seite 258)

Passionsspiele Waal

Weit über die Region hinaus bekannt ist Markt Waal durch seine Passions- und Heiligenspiele, die zu den ältesten Spielen in Bayerisch-Schwaben

zählen. Markt Waal, Marktplatz 1, D-86875 Waal, Tel. +49 (0)8246 252, Fax +49 (0)8246 222, waal@buchloe.de, www.waal.de (Seite 362)

Südseemuseum Obergünzburg

Eine sehenswerte und einmalige Sammlung. Faszinierende Exponate aus der Inselwelt Melanesiens im Pazifischen Ozean (Seite 316)

Wieskirche

Eine der schönsten Rokoko-Kirchen der Welt. Kath. Wallfahrtskuratiestiftung St. Josef – Wies, Wies 12, D-86989 Steingaden , Tel. +49 (0)8862/93 2 93-0 , Fax +49 (0)8862/93 2 93-10 , www.wieskirche.de (Seite 442)

Einkaufen

Hofkäserei Lipp

Feine Käsespezialitäten sind in der Hofkäserei Lipp erhältlich. Köstliche Weich-, Hart- und Schnittkäsesorten, die aus Rohmilch hergestellt werden, warten hier auf den Feinschmecker. Hofkäserei Lipp, Stelle 1, D-87494 Rückholz, Tel. +49 (0)8369 361, fragen@hofkaeserei-lipp.de, www.hofkaeserei-lipp.de (Seite 390)

Hanne Glaskunst

Einmalig schöne Glasobjekte gibt es in Ruderatshofen zu bestaunen. Glaskunst, in Handarbeit hergestellt in Fusing-Technik. Präsentiert im Atelier ihres Bauernhauses mit traumhaftem Garten am Bach Hanne Glaskunst GmbH, Bgm.-Andreas-Müller-Str. 7, D-87674 Ruderatshofen, Tel. +49

(0)8343 643, Fax +49 (0)8343 646, info@hanne-glaskunst.de, www.hanne-glaskunst.de (Seite 404)

Senfmanufaktur Allgäu

In Jengen hat sich der gelernte Koch, Denny Kahl, eine Senfmanufaktur eingerichtet. Hier wird alles, was er für die feinen Senfspezialitäten braucht, in Handarbeit zusammen gestellt und gefertigt. Senfmanufaktur Allgäu, Ketterschwanger Str. 4, D-86860 Weinhausen, Tel +49 (0)8241 99 73 157, Fax +49 (0)8241 99 73 157, bio-senfmanufaktur@outlook.de, www.dinkel-macht-senf.de (Seite 410)

Sennerei Lehern

Feine Käsespezialitäen, die aus reiner Heumilch hergestellt werden, erhalten Käsefreunde in der Sennerei Lehern, Lehern 158, D-87659 Hopferau, Tel. +49 (0)8362 75 12, Fax +49 (0)8362 29 07, info@sennerei-lehern.de, www.sennerei-lehern.de (Seite 380)

Schönegger Käse-Alm

Zartschmelzender Schnittkäse, in den vielfältigsten Geschmacksrichtungen findet sich in der Schönegger Käse-Alm ebenso wie lange gereiften Hartkäse oder cremiger Weichkäse. Darüber hinaus enthält das Angebot der Schönegger Käse-Alm Spezialitäten aus Schafs- und Ziegenmilch sowie Bergbauern- und Buttermilch. Joghurt und Butter und weitere regionale Spezialitäten runden das kulinarische Sortiment ab. Schönegger Käse-Alm, Schönegg 6, D-82401 Rottenbuch/Schönegg, Tel. +49 (0)8867 489, info@schoenegger.com, www.schoenegger.com (Seite 334)

Freizeit und Sport

Walderlebniszentrum Ziegelwies

Waldwunder zwischen Bayern und Tirol. Walderlebniszentrum Ziegelwies, Tiroler Straße 10, D-87629 Füssen, Tel. +49 (0)8362 9387550, Baumkronenweg@aelf-kf.bayern.de, www.walderlebniszentrum.eu (Seite 260)

Hotel Auf der Gsteig

Der 18-Loch-Golfplatz „Auf der Gsteig", der auf einer Anhöhe liegt, offenbart beim Spiel traumhafte Ausblicke auf die Alpen. Er umschließt das gleichnamige Hotel und ist beliebter Treffpunkt für Golfsportler, die hier übernachten und sich von den kulinarischen Köstlichkeiten des Hauses verwöhnen lassen. Hotel Auf der Gsteig GmbH, Gsteig 1, D-86983 Lechbruck am See, Tel +49 (0)8862 98 770, info@aufdergsteig.de (Seite 298)

Kristall-Therme Schwangau

Wasser, Wärme, Wohlbefinden, Kristall-Therme Schwangau, Am Ehberg 16, D-87645 Schwangau, Tel. +49 (0)8362 92694 0, Fax +49 (0)8362 92694 190, info@kristalltherme-schwangau.de, www.kristalltherme-schwangau.de (Seite 350)

Tegelbergbahn

Direkt neben den Märchenschlössern König Ludwig II. von Bayern gelegen. Tegelbergbahn GmbH & Co. KG, Tegelbergstraße 33, D-87645 Schwangau, Tel. + 49 (0)8362 98 360, Fax + 49 (0)8362 98 36 20, info@tegelbergbahn.de, www.tegelbergbahn.de (Seite 352)

Breitenbergbahn

Zu jeder Jahreszeit ist der Breitenberg ein Erlebnis. Breitenbergbahn Pfronten GmbH & Co. KG, Tiroler Str. 176, D-87459 Pfronten , Tel. + 49 (0)8363 5820, Fax + 49 (0)8363 1660, info@breitenbergbahn.de, www.breitenbergbahn.de (Seite 354)

Buchenbergbahn

Zu jeder Jahreszeit ein Erlebnis. Doppelsesselbahn Buching Buchenberg, Füssener Straße 19, D-87642 Buching/Halblech, Tel. + 49 (0)8368 91020, Fax + 49 (0)8362 98 36 20, info@tegelbergbahn.de, www.buchenbergbahn.de (Seite 355)

Alpspitz-Bade-Center

Badespaß für Jung und Alt. Alpspitz-Bade-Center, Badeseeweg 11, D-87484 Nesselwang, Tel. +49 (0) 8361 92 16 20, Fax +49 (0) 8361 92 16 21, info@abc-nesselwang.de, www.abc-nesselwang.de (Seite 312)

Tiroler Zugspitz Arena

Willkommen auf der Sonnenseite der Zugspitze. Tiroler Zzgspitz Arena, Am Rettensee 1, A6632 Ehrwald, Tel. +43 (0)56 73 20 000, Fax +43 (0)56 73 20 000-210, info@zugspitzarena.com, www.zugspitzarena.com (Seite 420)

Naturparkregion Reutte

Ein grandioses Bergpanorama, unverfälschte Natur und pulsierendes Leben. Tourismusverband Naturparkregion Reutte, Untermarkt 34, A-6600 Reutte, Tel. +43 (0)56 72 62 336, Fax +43 (0)56 72 62 336-40, info@reutte.com, www.reutte.com (Seite 428)

Alpentherme Ehrenberg

Wohlfühl- und Relax-Erlebnis. Alpentherme Ehrenberg, Thermenstraße 10, A-6600 Reutte, Tel. +43 (0)5672 72 222, Fax +43 (0)5672 72 22 211, info@alpentherme-ehrenberg.at, www.alpentherme-ehrenberg.at (Seite 432)

highline179

Atemberaubender Ausblick in schwindelerregender Höhe. highline 179 - Blick mit Kick, Klause 2, A-6600 Reutte, Tel. +43 (0)5672 / 6 20 07, info@highline179.tirol, www.highline179.tirol (Seite 430)

Kristall trimini Kochel am See

Das Vital Freizeitbad bietet Badespaß für die ganze Familie. Kristall trimini Kochel am See GmbH, Seeweg 2, D-82431 Kochel a. See, Tel. +49 (0)8851 5300, Fax +49 (0)8851 845, info@kristall-trimini.de, www.kristall-trimini.de (Seite 464)

Essen und Trinken

Sennerei Lehern

Zu regionalen Gaumenfreuden und so mancher Leckerei, die mit feinem Käse zubereitet werden, lädt das Restaurant „Käse Alp" ein. Sennerei Lehern, Lehern 158, D-87659 Hopferau, Tel. +49 (0)8362 75 12, Fax +49 (0)8362 29 07, info@sennerei-lehern.de, www.sennerei-lehern.de (Seite 380)

Hofkäserei Lipp

Zu einem besonderen Erlebnis wird ein Raclette-Abend, den bei schöner Witterung am Lagerfeuer veranstaltet wird. Hofkäserei Lipp, Stelle 1, D-87494 Rückholz, Tel. +49 (0)8369 361, fragen@hofkaeserei-lipp.de, www.hofkaeserei-lipp.de (Seite 390)

Landhotel Seeg

Regionale Produkte, die zu Allgäuer Schmankerln verarbeitet werden, genießt man im Honigdorf ebenso wie einzigartige Gerichte, bei denen das Naturprodukt Honig verwendet wird: Landhotel Seeg, Wiesleutener Str. 9, D-87637 Seeg, Tel. +49 (0)8364 88-0, Fax +49 (0)8364 88-608, info@landhotel-seeg.de, www.landhotel-seeg.de (Seite 394)

Landgasthof Hubertus

Bayerische Schmankerlküche, die kreativ mit moderner Kochkunst kombiniert wird, genießen die Gäste im Landgasthof Hubertus, Wenglinger Str. 2, D-87674 Apfeltrang, Tel. +49 (0)8341 81 976, info@hubertus-apfeltrang.de, www.hubertus-apfeltrang.de (Seite 406)

Brauerei-Gasthof Hotel Post***superior

Spezialitäten aus der Allgäu-Bayerischen Küche genießt man im Brauerei-Gasthof Hotel Post***superior, Hauptstr. 25, D-87484 Nesselwang, Tel. +49 (0)8361 30910, Fax +49 (0)8361 30973, info@hotel-post-nes-selwang.de, www.hotel-post-nessel-wang.de (Seite 314)

Berghof Babel

Urig und gemütlich präsentiert sich das Restaurant des Hauses, das die Gäste mit einem herrlichen Panoramablick verwöhnt. Hotel Berghof Babel, Nesselwanger Str. 44, D-87616 Wald, Tel. +49 (0)8302 200, Fax +49 (0)8302 1349, info@berhof-babel.de, www.berghof-babel.de (Seite 368)

Hotel Bannwaldsee

Mit regionalen bayerisch-schwäbischen Schmankerln sowie internationalen Gerichten werden die Gäste im Hotel Bannwaldsee verwöhnt. Hotel Bannwaldsee, Sesselbahnstr. 10, D-87642 Halblech-Buching, Tel. +49 (0)8368 9000, info@bannwaldsee-hotel.de, www.bannwaldseehotel.de (Seite 274)

Hotel Auf der Gsteig

Der Küchenchef des Hotel „Auf der Gsteig" achtet beim Einkauf auf die Region, um den Gästen die bayerisch-schwäbische und mediterrane Küche des Hauses möglichst frisch zu servieren. Hotel Auf der Gsteig GmbH, Gsteig 1, D-86983 Lechbruck am See, Tel +49 (0)8862 98 770, info@aufdergsteig.de (Seite 298)

Klosterbrauerei Andechs

Die Klosterbrauerei Andechs ist die größte von einer noch existierenden Ordensgemeinschaft geführten Brauhäusern in Deutschland. Kloster Andechs, Bergstraße 2, D-82346 Andechs, Tel. +49 (0)8152 3760, Fax

+49 (0)8152 37 61 43, info@andechs. de, www.andechs.de (Seite . . .)

Gartenterrassen

Landgasthof Hubertus

Der Biergarten des Landgasthof Hubertus inmitten der Gemeinde Apfeltrang lädt an sonnig-warmen Tagen zum Genuss von Speis und Trank unter freiem Himmel. Landgasthof Hubertus, Wenglinger Str. 2, D-87674 Apfeltrang, Tel. +49 (0)8341 81 976, info@hubertus-apfeltrang.de, www. hubertus-apfeltrang.de (Seite . . .)

Hotel Alpenblick-Berghof

Entspannende Stunden mit einem unvergleichlichen Blick auf die Bergwelt genießen die Gäste auf der Sonnenterrasse des Hotel Alpenblick-Berghof, Moorbadstr. 21, D-87642 Halblech-Berghof, Tel. +49 (0)8368 91 48 99-0, info@hotel-alpenblick-berghof.de, www.hotel-alpenblick-berghof.de (Seite 275)

Hotel Bannwaldsee

Während des Sommers genießen die Gäste des Hotel Bannwaldsee die Köstlichkeiten aus Küche und Keller auf der Sonnenterrasse oder im schattigen Biergarten. Hotel Bannwaldsee, Sesselbahnstr. 10, D-87642 Halblech-Buching, Tel. +49 (0)8368 9000, info@bannwaldseehotel.de, www. bannwaldseehotel.de (Seite 274)

Hotel Auf der Gsteig

Von der Panoramaterrasse des Hotels „Auf der Gsteig" genießen die Gäste nicht nur die kulinarischen Köstlichkeiten, sondern auch traumhafte Ausblicke auf das oberbayerisch-schwäbische Voralpenlandschaft und die Bergwelt. Hotel Auf der Gsteig GmbH, Gsteig 1, D-86983 Lechbruck am See, Tel +49 (0)8862 98 770, info@ aufdergsteig.de (Seite 298)

Klosterbrauerei Andechs

Auf den Bräustüberl-Terrassen werden die Gäste mit dem süffigen Andechser Klosterbier und einem herrlichen Ausblick auf die Voralpenlandschaft verwöhnt. Kloster Andechs, Bergstraße 2, D-82346 Andechs, Tel. +49 (0)8152 3760, Fax +49 (0)8152 37 61 43, info@andechs.de, www.andechs. de (Seite 460)

Veranstaltungen

Tänzelfest Kaufbeuren

Kinder spielen die Geschichte ihrer Stadt. Das Tänzelfest in Kaufbeuren ist nicht nur das älteste Kinderfest Bayerns, es ist ein Fest für die ganze Familie. Tänzelfestverein e.V. Kaufbeuren, Spitaltor 5, D-87600 Kaufbeuren, Tel. +49 (0)8341 28 28, Fax +49 (0)8341 10 11 78, info@ taenzelfest.de, www.taenzelfest.de (Seite 292)

Übernachten

Landhaus Hauser

Für entspannende Ferientage. Landhaus Hauser, Wiedemen 150 ?, D-87659 Hopferau, Tel. +49 (0)8362

93 96 222, info@ferienwohnungen-hauser.de, www.ferienwohnungen-hauser.de (Seite 376)

Landhotel Seeg

Komfortabel eingerichtete Räumlichkeiten und Balkone, von den die Gäste eine traumhafte Aussicht auf die Allgäuer Alpenkette haben, bietet das Landhotel Seeg, Wiesleutener Str. 9, D-87637 Seeg, Tel. +49 (0)8364 88-0, Fax +49 (0)8364 88-608, info@landhotel-seeg.de, www.landhotel-seeg.de (Seite 394)

Bauern- und Ferienhof Hirsch

Mit der Natur auf Du. Bauern- und Ferienhof Hirsch, Holzleuten 32, D-87494 Rückholz, Tel. +49(0)8369 209, Fax +49(0)8369 926708, info@hirsch-allgaeu.de, www.hirsch-allgaeu.de (Seite 389)

Landgasthof Hubertus

Übernachten in der Wohlfühlatmosphäre. Landgasthof Hubertus, Wenglinger Str. 2, D-87674 Apfeltrang, Tel. +49 (0)8341 81 976, info@hubertus-apfeltrang.de, www.hubertus-apfeltrang.de (Seite 406)

Gästehaus Lindenhof

Ganzheitlich wohlfühlen sollen sich die Urlauber im Gästehaus Lindenhof, im traumhaft schönen Ostallgäu. Gästehaus Lindenhof , Oberlöchlers 7, D-87675 Rettenbach am Auerberg, Tel. +49 (0)8860 91 30 00, info@lindenhof.com, www.lindenhof.com (Seite 416)

Camping Bannwaldsee

Zwischen See und Königsschloss.

Camping Bannwaldsee, Münchner Str. 151, D-87645 Schwangau, Tel. +49 (0)8362 93 000, Fax +49 (0)8362 93 00 20, info@camping-bannwaldsee.de, www.camping-bannwaldsee.de (Seite 358)

Camping Hopfensee

Der Campingplatz Hopfensee gilt als einer der schönsten und komfortabelsten Campingplätze im Allgäu. Camping Hopfensee GmbH & Co. KG, Fischerbichl 17, D-87629 Füssen im Allgäu, Telefon +49 (0) 8362 - 91 77 10, info@camping-hopfensee.de, www.camping-hopfensee.de (Seite 266)

Camping Brunnen

Einen 5-Sterne Campingplatz in bester Lage finden Campingfreunde bei Camping Brunnen, Seestr. 81, D-87645 Schwangau/Brunnen, Tel. +49 (0)8362 8273, Fax +49 (0)8362 8630, info@camping-brunnen.de, www.camping-brunnen.de (Seite 356)

Brauerei-Gasthof Hotel Post***superior

Gemütliche Zimmer im traditionsreichen Hotel bietet der, Brauerei-Gasthof Hotel Post***superior, Hauptstr. 25, D-87484 Nesselwang, Tel. +49 (0)8361 30910, Fax +49 (0)8361 30973, info@hotel-post-nesselwang.de, www.hotel-post-nesselwang.de (Seite 314)

Hotel Alpenblick-Berghof

Das Hotel, in dem man sich richtig wohlfühlen kann, hat eine traumhafte Lage. Hotel Alpenblick-Berghof, Moorbadstr. 21, D-87642 Halblech-Berghof, Tel. +49 (0)8368 91 48 99-0, info@hotel-alpenblick-berghof. de, www.hotel-alpenblick-berghof. de (Seite 275)

Berghof Babel

Liebe- und stilvoll eingerichtete Familienappartements und Gästezimmer empfangen die Gäste mit komfortabler Ausstattung und Einrichtung im Hotel Berghof Babel, Nesselwanger Str. 44, D-87616 Wald, Tel. +49 (0)8302 200, Fax +49 (0)8302 1349, info@berhof-babel.de, www.berghof-babel.de (Seite 368)

Hotel Bannwaldsee

Das Haus mit der besonderen Note. Hotel Bannwaldsee, Sesselbahnstr. 10, D-87642 Halblech-Buching, Tel. +49 (0)8368 9000, info@bannwaldseehotel.de, www.bannwaldseehotel. de (Seite 274)

Hotel Auf der Gsteig

Das 4-Sterne-Hotel „Auf der Gsteig" bietet 42 komfortabel und gemütlich eingerichtete Zimmer und Suiten. Hotel Auf der Gsteig GmbH, Gsteig 1, D-86983 Lechbruck am See, Tel +49 (0)8862 98 770, info@aufdergsteig.de (Seite 298)

Via Claudia Camping

Campingfreuden direkt am See. Via Claudia 6, D-86983 Lechbruck am See, Tel. +49 (0)8862 8426, Fax +49 (0)8862 7570, info@camping-lechbruck.de, www.camping-lechbruck. de (Seite 300)

Wellness

Landhotel Seeg

Über einen hauseigenen Pool, Finnische Sauna, Infrarotkabine und Solarium sowie zahlreiche Wohlfühlangebote verfügt das Landhotel Seeg, Wiesleutener Str. 9, D-87637 Seeg, Tel. +49 (0)8364 88-0, Fax +49 (0)8364 88-608, info@landhotel-seeg.de, www.landhotel-seeg.de (Seite 394)

Hotel Bannwaldsee

In dem Wellnessbereich des Hotel Bannwaldsee steht den Gästen neben einem großzügigen Hallenbad eine finnische Sauna, Bio-Sauna sowie Schwalldusche zur Verfügung. In der hauseigenen Massagepraxis Limoria bietet man verschiedene Massagen für die Entspannung an. Hotel Bannwaldsee, Sesselbahnstr. 10, D-87642 Halblech-Buching, Tel. +49 (0)8368 9000, info@bannwaldseehotel.de, www.bannwaldseehotel.de (Seite 274)

Hotel Auf der Gsteig

Ein 4-Sterne-Wellnessbereich mit Indoorpool, Sauna, Dampf- und Aromabad sorgt im Hotel Auf der Gsteig für entspannende Momente. Massagen und Kosmetikbehandlungen, die dazu gebucht werden können, tragen zum allgemeinen Wohlbefinden bei und im Fitnessraum bringt man seinen Körper wieder in Schwung. Hotel Auf der Gsteig GmbH, Gsteig 1, D-86983 Lechbruck am See, Tel +49 (0)8862 98 770, info@aufdergsteig.de (Seite 298)

Kristall-Therme
Schwangau

Königlich ausgestattete Kristall-Therme, Am Ehberg 16, D-87645 Schwangau, Tel. +49 (0)8362 92694 0, Fax +49 (0)8362 92694 190, info@kristalltherme-schwangau.de, www.kristalltherme-schwangau.de (Seite 350)

Kristall trimini
Kochel am See

Mit Panoramablick auf den Kochelsee. Kristall trimini Kochel am See GmbH, Seeweg 2, D-82431 Kochel a. See, Tel. +49 (0)8851 5300, Fax +49 (0)8851 845, info@kristall-trimini.de, www.kristall-trimini.de (Seite 464)

Erlebnisraum Panoramalogen

Sehenswürdigkeiten

Privat-Brauerei Zötler

Lohnend ist die Teilnahme an einer interessanten Führung in der Privat-Brauerei Zötler GmbH, Grüntenstraße 2, D-87549 Rettenberg, Tel. +49 (0)8327 921 28, Fax +49 (0)8327 7487, zoetler@zoetler.de, www.zoetler.de (Seite 490)

Museumsdorf
Erzgruben Burgberg

Bergbau im Museumsdorf. Erzgruben Burgberg e. V., Grüntenstraße 2, D-87545 Burgberg, Tel. +49 (0)8321 7884646, Fax +49 (0)8321 672222, info@erzgruben.de, www.erzgruben.de (Seite 474)

Einkaufen

PRIMAVERA
Duft- & Naturkosmetikshop

Hochwertige Naturkosmetik in reicher Auswahl und vieles mehr kauft man im Duft- & Naturkosmetikshop von PRIMAVERA. PRIMAVERA Duft- & Naturkosmetikshop, Naturparadies 1, D-87466 Oy-Mittelberg, Tel. +49 (0)8366 8988 880, erlebnis@primaveralife.com, www.primaveralife.com (Seite 484)

Privat-Brauerei Zötler

Köstliche Biere in großer Auswahl sowie Geschenkartikel zum Thema Bier findet man im Brauereimarkt der Privat-Brauerei Zötler GmbH, Grüntenstr. 2, D-87549 Rettenberg, Tel. +49 (0)8327 921 0, Fax +49 (0)8327 7487, zoetler@zoetler.de, www.zoetler.de (Seite 490)

Allgäu-Brennerei

Eine große Auswahl an hervorragenden Destillaten, Likören, Köstlichkeiten aus der Region und Souvenirs findet man im Verkaufsladen der Allgäu-Brennerei, Gewerbepark 1, D-87477 Sulzberg, Tel. +49 (0)8376 92992 0, Fax +49 (0)8376 92992 22, info@allgaeu-brennerei.de, www.allgaeu-brennerei.de (Seite 504)

Allgäuer Trachtenschneiderei

Maßgeschneiderte, modische Trachtenkleidung erhält man bei Christina Carle in der Allgäuer Trachtenschneiderei, Laubgarten 6. D-87448 Waltenhofen-Memhölz, Tel. +49

(0)8303 7032, info@allgaeuer-trach-tenschneiderei.de, www.allgaeuer-trachtenschneiderei.de (Seite 510)

Freizeit und Sport

Museumsdorf Erzgruben Burgberg

Was gibt es Schöneres als Neues zu entdecken und dabei Spaß zu haben? Ein vergnüglicher Familienausflug führt in die Erzgruben-Erlebniswelt am Grünten in Burgberg i. Allgäu. Erzgruben Burgberg e. V., Grünten-straße 2, D-87545 Burgberg, Tel. +49 (0)8321 7884646, Fax +49 (0)8321 672222, info@erzgruben.de, www.erzgruben.de (Seite 474)

Spirits of Nature Outdoor & More

Die Profis für das außergewöhnliche Outdoor Abenteuer. Spirits Of Nature, Michael Pruss, Moosweg 2, D-87545 Burgberg, Tel. +49 (0)8321 61 94 65, Fax +49 (0)8321 61 94 63, info@spirits-of-nature.de, www.spirits-of-nature.de (Seite 478)

Lina Laune Land

Ein Kinderparadies mit vielen Spiel-geräten findet man im Indoor-Spiel-platz. Lina Laune Land. Sportpark Waltenhofen GmbH & Co. KG, Plabennecstraße 30, D-87448 Wal-tenhofen, Tel. +49 (0)8303 9207 21, Fax +49 (0)8303 9207 30, linalaune-land@web.de, www.linalauneland.de (Seite 508)

Buron-Kinderpark und Skilifte

Im Sommer ein Kinderparadies und im Winter ein Eldorado für Skifamili-en, in dem Groß und Klein auf seine Kosten kommt. Buron-Skilifte, MaXL GmbH & Co. KG, Grüntenseestr. 44, D-87497 Wertach, Tel. +49 (0)8365 70 35 36, info@maxl-gmbh.de, www.buron-skilifte.de (Seite 496)

Essen und Trinken

Hotel Rose

Traditionelle Heuküche genießt man im Hotel Rose, Dorfbrunnenstraße 10, D-87466 Oy-Mittelberg, Tel. +49 (0)8366 98200, info@hotel-rose-all-gaeu.de, www.hotel-rose-allgaeu.de (Seite 488)

Vitalhotel „Die Mittelburg"

Mit der Region verwurzelte Kulinarik genießt man im Restaurant des Vital-hotel „Die Mittelburg", Mittelburg-weg 1-3, D-87466 Oy-Mittelberg , Tel. +49 (0)8366 180, info@mittel-burg.de, www.mittelburg.de (Seite 486)

Gasthaus Krone Mittelberg

Die typische Allgäuer Küche genie-ßen. Gasthaus Krone Mittelberg, Dorfbrunnenstraße 2, D-87466 Oy-Mittelberg (OT Mittelberg), Tel. +49 (0)8366 98 32 00, info@krone-mit-telberg.de, www.krone-mittelberg.de (Seite 489)

Allgäu-Brennerei

Unterhaltsame Führungen mit an-schließender Verkostung bietet die Allgäu-Brennerei, Gewerbepark 1, D-87477 Sulzberg, Tel. +49 (0)8376 92992 0, Fax +49 (0)8376 92992 22, info@allgaeu-brennerei.de, www.allgaeu-brennerei.de (Seite 504)

Buron-Stadl

Frische und regionale Zutaten zeichnen die Küche des „Buron Stadl" aus, der inmitten des Kinderparadieses für Erfrischung und Stärkung sorgt. Buron-Stadl, MaXL GmbH & Co. KG, Grüntenseestr. 44, D-87497 Wertach, Tel. +49 (0)8365 70 35 36, info@maxl-gmbh.de, www.buron-familienspass.de (Seite 496)

Gartenterrassen

Hotel Rose

Leckeres vom Grill-Büffet bietet im Sommer am Freitagabend der Biergarten vom Hotel Rose, Dorfbrunnenstraße 10, D-87466 Oy-Mittelberg, Tel. +49 (0)8366 98200, info@hotel-rose-allgaeu.de, www.hotel-rose-allgaeu.de (Seite 488)

Vitalhotel „Die Mittelburg"

Herrliche Ausblicke und hausgemachte Kuchenspezialitäten bietet die Panoramaterrasse des Restaurants im Vitalhotel „Die Mittelburg", Mittelburgweg 1-3, D-87466 Oy-Mittelberg, Tel. +49 (0)8366 180, info@mittelburg.de, www.mittelburg.de (Seite 486)

Gasthaus Krone Mittelberg

In dem großen, beschatteten Biergarten des Gasthaus Krone Mittelberg wird während des Sommers jeden Mittwoch Spanferkel „satt" vom Grill serviert. Gasthaus Krone Mittelberg,

Dorfbrunnenstraße 2, D-87466 Oy-Mittelberg (OT Mittelberg), Tel. +49 (0)8366 98 32 00, info@krone-mittelberg.de, www.krone-mittelberg.de (Seite 489)

Übernachten

Hotel Rose

Komfortable Wohlfühlzimmer bietet das Hotel Rose, Dorfbrunnenstraße 10, D-87466 Oy-Mittelberg, Tel. +49 (0)8366 98200, info@hotel-rose-allgaeu.de, www.hotel-rose-allgaeu.de (Seite 488)

Vitalhotel „Die Mittelburg"

Behagliche Zimmer in Wohlfühlatmosphäre bietet das Vitalhotel „Die Mittelburg", Mittelburgweg 1-3, D-87466 Oy-Mittelberg , Tel. +49 (0)8366 180, info@mittelburg.de, www.mittelburg.de (Seite 486)

Gasthaus Krone Mittelberg

Charmant präsentieren sich die unterschiedlichen Stilrichtungen in den Einzel- und Doppelzimmern sowie den Appartements des Gasthaus Krone Mittelberg, Dorfbrunnenstraße 2, D-87466 Oy-Mittelberg (OT Mittelberg), Tel. +49 (0)8366 98 32 00, info@krone-mittelberg.de, www.krone-mittelberg.de (Seite 489)

Camping-Grüntensee-International

Camping-Feeling inmitten der grandiosen Bergwelt des Oberallgäus gibt es für die Gäste des Camping-Grüntensee-International, Grüntenseestr. 41, D-87497 Wertach/ Oberallgäu, Tel.

+49 (0)8365 375, Fax +49 (0)8365 1221, info@camping-gruentensee. de, www.camping-gruentensee.de (Seite 493)

Wellness

PRIMAVERA LIFE GmbH

Wellness-Produkte aus Aromatherapie und zertifizierter Bio- & Naturkosmetik bietet die PRIMAVERA LIFE GmbH, Naturparadies 1, D-87466 Oy-Mittelberg, Tel. +49 (0)8366 8988 0, Fax +49 (0)8366 8988 4099, info@primaveralife.com, www.primaveralife.com (Seite 484)

Vitalhotel „Die Mittelburg"

Eine moderne Wellnesslandschaft für Haus- und Tagesgäste (DaySpa) mit vielen Wohlfühlangeboten bietet das Vitalhotel „Die Mittelburg", Mittelburgweg 1-3, D-87466, Oy-Mittelberg, Tel. +49 (0)8366 180, info@mittelburg.de, www.mittelburg.de (Seite 486)

Erlebnisraum Gipfelwelten

Einkaufen

Trend Shop

Neben dem Original Haferlschuh findet man im Trend Shop sportliche und alltagstaugliche Damen- und Herrenschuhe in besten Qualitäten. Trend Shop, Marktstr. 18, D-87541 Bad Hindelang, Tel. +49 (0)160 99 10 20 24, info@sabine-trendshop.de, www. sabine-trendshop.de (Seite 528)

„Schoko-Kuhfladen" Manufaktur

Köstliche Schokoladen kauft und genießt man bei der Schoko Kuhfladen Manufaktur, Am Anger 1, D-87527 Sonthofen-Altstädten, Tel. +49 (0)8321 87289, ab 13:30 +49 (0)8321 7804848, info@schoko-kuhfladen.de, www.schoko-kuhfladen. de (Seite 543)

ALLGÄUER KERAMIK

Hochwertige, handgefertigte Keramik kann man bewundern und käuflich erwerben bei ALLGÄUER KERAMIK, Hans Rebstock GmbH & Co. KG, Töpferweg 16, D-87527 Sonthofen-Altstätten, Tel. +49 (0)8321 3454, Fax +49 (0)8321 2471, kontakt@allgaeuer-keramik.de, www.allgaeuer-keramik.de (Seite 540)

Freizeit und Sport

Wonnemar

Lass die Wonne rein. InterSPA Gesellschaft für Betrieb WONNEMAR Sonthofen mbH, Stadionweg 5, D-87527 Sonthofen, Tel. +49 (0)8321 78 09 70, Fax +49 (0)8321 78 09 729, info@wonnemar.de, www.wonnemar.de (Seite 544)

SnowAcademy

Die Leidenschaft für den Skispo. SnowAcademy Monika Berwein, An der Grenzwiesbahn, Passstr. 80, D-87541 Bad Hindelang – Oberjoch, Tel. 0049 171 95 10 598, mail@snow academy.info, www.snow-academy.info (Seite 532)

Sonnenbergbahnen Grän

Eine willkommene Aufstiegshilfe in ein herrliches Wandergebiet bieten die. Sonnenbergbahnen Grän , Füssner Jöchle GmbH & Co.KG., Füssener-Jöchle-Straße 8, A-6673 Grän, Tel. +43 (0)5675 6363, Fax +43 (0)5675 6363 22, info@lifte-graen.com, www.lifte-graen.com (Seite 554)

Trend Shop

Ein E-Bike-Verleih mit über 60 Rädern, die für jeden Geschmack das Richtige bieten, findet sich Am Bauernmarkt in Hindelang. Trend Shop, Am Bauernmarkt 1, D-87541 Bad Hindelang, Tel. +49 (0)160 99 10 20 24, info@sabine-trendshop.de, www.sabine-trendshop.de (Seite 528)

The Over and Out und Café am Lift

Dort, wo das Abenteuer der Alpen ruft. The Over and Out und Café am Lift, Keith Newlands, Ostrachstr. 20, D-87541 Bad Hindelang, Tel +49 (0)176 63 13 05 47, info@theoverandout.com, amlift@mail.de, www.theoverandout.com, www.amlift.de (Seite 530)

Hammerschmiede

Uraltes Handwerk in Bad Hindelang, Hammerschmiede Franz Scholl, Schmittenweg, D-87541 Bad Hindelang, Tel +49(0)8324 1230, mail@hammerschmiede-badoberdorf.de, www.hammerschmiede-badoberdorf.de (Seite 526)

Übernachten

Haus Schmid

Ein Feriendomizil vom Feinsten. Haus Schmid, Monika Berwein-Schmid, Hirschbergstr. 24, D-87541 Bad Hindelang, Tel. +49 (0)8324 2869 , Fax +49 (0)8324 1409 , info@berwein-schmid.de, www.berwein-schmid.de (Seite 533)

Erlebnisraum Alpgärten

Sehenswürdigkeiten

Allgäuer Bergbauernmuseum

Ein Freiluftmuseum in herrlicher Landschaft für die ganze Familie ist das Allgäuer Bergbauernmuseum e. V., Diepolz 44, D-87509 Immenstadt, Tel. +49 (0)8320 925929 0, Fax +49 (0)8320 925929 199, info@bergbauernmuseum.de, www.bergbauernmuseum.de (Seite 584)

Sturmannshöhle Obermaiselstein

Die sagenumwobene Sturmannshöhle bei Obermaiselstein ist die einzig begehbare Schauhöhle in der Region und eine Natursehenswürdigkeit ersten Ranges. Sturmannshöhle Obermaiselstein, Haubenegg, D-87538 Obermaiselstein, Tel. +49 (0)8326 38309 (Seite 638)

Kunst und Kultur

Käseschule Allgäu

Auf dem Weg zum eigenen Käse. Käseschule Allgäu, Kirchdorfer Str. 7,

D-87534 Oberstaufen-Thalkirchdorf, Tel +49 (0)8304 97 38 03, info@Kaeseschule.de, www.kaeseschule.de (Seite 606)

Radio Horeb

Neueste Nachrichten aus der Katholischen Welt erfährt man bei Radio Horeb, Dorf 6, D-87538 Balderschwang, Tel. +49 (0)8328 921 110, Fax +49 (0)8328 921 141, info@horeb.org, www.horeb.org (Seite 624)

Einkaufen

Allgäuer Hof-Milch

Ein Unternehmen mit großartiger Vision. Allgäuer Hof-Milch GmbH, Unterwilhams 9, D-87547 Missen-Wilhams, Tel. +49 (0)8320 92 58 110, info@hof-milch.de, www.hof-milch. de (Seite 614)

Bergkäserei Steibis

Appetitlich präsentieren sich die Käseköstlichkeiten im Ladengeschäft der Bergkäserei Steibis, Im Dorf 12, D-87534 Oberstaufen-Steibis, Tel. +49 (0)8386 81 56, Fax +49 (0)8386 99 10 66, info@berg-kaese.de, www. berg-kaese.de (Seite 608)

Café Blaues Haus

Eine Auswahl an geschmackvollen Wohnaccessoires findet man im Laden des Blaues Haus Café, Freibadweg 2, D-87534 Oberstaufen, Tel. +49 (0)8386 4476, Info@ blaueshaus-oberstaufen.de, www. blaueshaus-oberstaufen.de (Seite 604)

Sennerei Schweineberg

Ein köstliches Stück Allgäu. Sennerei Schweineberg, Schweineberg 18, D-87527 Ofterschwang, Tel. +49 (0)8321 33 63, Fax +49 (0)8321 67 61 64, kontakt@allgaeuer-bergkaese.de, www.allgaeuer-bergkaese.de (Seite 660)

Bergbauern-Sennerei Hüttenberg

Die köstlichen Käsespezialitäten der Bergbauern-Sennerei Hüttenberg sind in Hüttenberg und in Langenwang sowie im Onlineshop erhältlich. Bergbauern-Sennerei Hüttenberg, Hüttenberg 9, D-87527 Ofterschwang, Tel. +49 (0)8321 65 45, info@bergkaese-allgaeu.de, www.bergkaese-allgaeu. de (Seite 662)

Sennalpe Gerstenbrändle

Etwa 60.000 Liter Rohmilch wird in der Sennerei zu köstlichen Käsespezialitäten verarbeitet. Sennalpe Gerstenbrändle, Autalweg 5, D- 87544 Gunzesried, Tel. Sommer: +49 (0)8321 89 871, Tel. Winter: +49 (0)8321 83639, info@gerstenbrändle.de, www.gerstenbrändle.de (Seite 573)

Die HolzAlpe

Zum Stöbern, Staunen und Schnuppern lädt das Geschäft ein. Die HolzAlpe, Anja Böttcher, Sigishofen 56, D-87527 Ofterschwang, Tel. +49 (0)8321 61 85 644, Fax +49 (0)8321 61 85 662, info@die-holzalpe.de, www.die-holzalpe.de (Seite 663)

bader in Obermaiselstein

Klassische Trachtenmode trifft moderne Casual Wear. Bader GmbH,

Am Scheid 12, D-87538 Obermaiselstein, Tel. +49 (0)8326 1616, Fax +49 (0)8326 8125, bader.obermaiselstein@web.de, www.bader-obermaiselstein.de (Seite 642)

Freizeit und Sport

Mittagbahn

Die moderne Doppelsesselbahn bringt Natur- und Sportfreunde in kurzer Zeit auf eine Höhe von 1450 m ü. M. Schon während der Fahrt genießen die Gäste einen beeindruckenden Blick auf die Bergwelt und das Allgäuer Voralpenland. Mittagbahn, Mittagstr. 30, D-87509, Immenstadt, Tel. +49 (0)8323 6159, info@mittagbahn.de (Seite 580)

Alpsee Bergwelt

Abenteuerliches Vergnügen mit Sommerrodelbahn und vielem mehr bietet die Alpsee Bergwelt, Mittagstraße 7, D-87509 Immenstadt im Allgäu, Tel. +49 (0)8325 252, Fax +49 (0)8325 927693, info@alpsee-bergwelt.de, www.alpsee-bergwelt.de (Seite 582)

Erlebnisbad Aquaria

Mit einer vulminanten Wasserlandschaft und einem Innen- und Außen-Saunabereich hat das Erlebnisbad Aquaria sich weit über die Region hinaus einen Namen gemacht. Erlebnisbad Aquaria Betriebs GmbH,Alpenstraße 5, D-87534 Oberstaufen, Tel. +49 (0)8386 931314 Fax +49 (0)8386 931340, info@aquaria.de, www.aquaria.de (Seite 594)

Hochgratbahn

Ein aussichtsreiches Wanderparadies wartet auf Besucher an der Bergstation der Hochgratbahn, Lanzenbach 5, D-87534 Oberstaufen-Steibis, Tel. +49 (0)8386 8222, Fax +49 (0)8386 8554, info@hochgrat.de, www.hochgrat.de (Seite 596)

Golfclub Oberstaufen-Steibis

Einen Golfplatz, der höchsten Ansprüchen genügt, findet man im Golfclub Oberstaufen-Steibis, In der Au 5, D-87534 Oberstaufen, Tel. +49 (0)8386 8529, Fax +49 (0)8386 8657, info@golf-oberstaufen.de, www.golf-oberstaufen.de (Seite 589)

Hündlebahn und Imbergbahn

Hinauf auf die Allgäuer Berggipfel mit der Hündlebahn und der Imbergbahn. Hündle GmbH & Co. KG, Hinterstaufen 10, D-87534 Oberstaufen, Tel. +49 (0)8386 27 20, Fax +49 (0)8386 96 08 01, info@huendle.de, www.huendle.eu. Imbergbahn & Skiarena Steibis GmbH & Co. KG, In der Au 19, D-87534 Oberstaufen, Tel. +49 (0)8386 81 12, Fax +49 (0)8386 99 10 14, info@imbergbahn.de, www.imbergbahn.de (Seite 598)

Hörnerbahn

Ein herrliches Wander- und Skigebiet mit grandiosen Ausblicken erschließt die Hörnerbahn GmbH & Co. KG, Hörnerstraße 12-16, D-87538 Bolsterlang, Tel. +49 (0)8326 90 91, Fax +49 (0)8326 90 92, info@hoernerbahn.de, www.hoernerbahn.de (Seite 630)

Sturmannshöhle Obermaiselstein

Die sagenumwobene Sturmannshöhle bei Obermaiselstein ist die einzig begehbare Schauhöhle in der Region und eine Natursehenswürdigkeit ersten Ranges. Sturmannshöhle Obermaiselstein, Haubenegg, D-87538 Obermaiselstein, Tel. +49 (0)8326 38309 (Seite 638)

Alpenwildpark Obermaiselstein

Ein Paradies für Naturliebhaber ist der Alpenwildpark Obermaiselstein Berghof Schwarzenberg, Königsweg 4, D-87538 Obermaiselstein. Tel. +49 (0)8326 8163, Fax +49 (0)8326 384726, info@alpenwildpark.de, www.alpenwildpark.de (Seite 640)

Sonnenalp Resort

Golfgenuss in herrlicher Landschaft bieten die Golfplätze des Sonnenalp Resorts, Sonnenalp 1, D-87527 Ofterschwang, Tel. +49 (0)8321 272 0, info@sonnenalp.de, www.sonnenalp. de (Seite 652)

Bergbahnen Ofterschwang-Gunzesried

Im Bergparadies Ofterschwanger Horn genießen Sie ein eindrucksvolles Alpenpanorama. Bergbahn Ofterschwang, Panoramaweg 7, D-87527 Ofterschwang, Tel. +49 (0)8321 67 030, info@go-ofterschwang.de, www. go-ofterschwang.de (Seite 650)

Hörnerbahn

Ein herrliches Wander- und Skigebiet mit grandiosen Ausblicken erschließt die Hörnerbahn GmbH & Co. KG,

Hörnerstraße 12-16, D-87538 Bolsterlang, Tel. +49 (0)8326 90 91, Fax +49 (0)8326 90 92, info@hoernerbahn.de, www.hoernerbahn.de (Seite 630)

Bergbahn Balderschwang

Jedes Jahr etwa Mitte Dezember lässt die zauberhafte Landschaft rund um Balderschwang die Herzen von Wintersportfreunden höher schlagen. Bergbahn- und Skilift Balderschwang, Betriebs-GmbH & Co.KG, Haus Nr. 84, D-87538 Balderschwang, Tel. +49 (0)8328 1001, Fax +49 (0)8328 1058, info@skigebiet-balderschwang. de, www.skigebiet-balderschwang.de (Seite 622)

Essen und Trinken

Alpsee Bergwelt

Allgäuer Speis und Trank findet man in den Gaststätten der Alpsee Bergwelt, Mittagstraße 7, D-87509 Immenstadt im Allgäu, Tel. +49 (0)8325 252, Fax +49 (0)8325 927693, info@ alpsee-bergwelt.de, www.alpsee-bergwelt.de (Seite 582)

Schlosshof Werdenstein

Hausgemachte Kuchen und andere Spezialitäten, hergestellt aus überwiegend heimischen Zutaten. Phantasievolle Eiskreationen. Herrliches Bergpanorama, große Terrasse. Schlosshof Werdenstein, Familie Rapp, Burgweg 5, D-87509 Immenstadt, Tel. +49 (0)8379 74 91, Fax +49 (0)8379 72 87 92, info@schlosshof-werdenstein. de, www.schlosshof-werdenstein.de (Seite 588)

Hochgratbahn

Leckere Speisen und einen grandiosen Ausblick bietet das Bergrestaurant der Hochgratbahn, Lanzenbach 5, D-87534 Oberstaufen-Steibis, Tel. +49 (0)8386 8222, Fax +49 (0)8386 8554, info@hochgrat.de, www.hochgrat.de (Seite 596)

Golfclub Oberstaufen-Steibis

Frisch zubereitete, regionale Speisen genießt man im öffentlich zugänglichen Restaurant des Golfclub Oberstaufen-Steibis, In der Au 5, D-87534 Oberstaufen, Tel. +49 (0)8386 8529, Fax +49 (0)8386 8657. info@golf-oberstaufen.de, www.golf-oberstaufen.de (Seite 589)

Bergkäserei Steibis

Im „Kässtüble" der Bergkäserei Steibis können die Käsespezialitäten in gemütlicher Atmosphäre direkt vor Ort verkostet werden. Bergkäserei Steibis, Im Dorf 12, D-87534 Oberstaufen-Steibis, Tel. +49 (0)8386 81 56, Fax +49 (0)8386 99 10 66, info@berg-kaese.de, www.berg-kaese.de (Seite 608)

Restaurant Beim Endeler

Köstliche Speisen in entspannter Atmosphäre genießt man im Restaurant Beim Endeler, Fam. Schmelzenbach, Wilhams 11, D-87547 Missen-Wilhams, Tel. +49 (0)8320 219, info@beim-endeler.de, www.beim-endeler.de (Seite 612)

Hotel Berghof am Paradies

Hausgemachte Kuchen und Eisspezialitäten genießt man im Café Paradies im Hotel Berghof am Paradies, Berg 8, D-87534 Oberstaufen, Tel. +49 (0)8386 93320, info@berghof-am-paradies.de, www.berghof-am-paradies.de (Seite 602)

Café Blaues Haus

Kaffee und Kuchen in gemütlichem Ambiente genießt man im Blaues Haus Café, Freibadweg 2, D-87534 Oberstaufen, Tel. +49 (0)8386 4476, Info@blaueshaus-oberstaufen.de, www.blaueshaus-oberstaufen.de (Seite 604)

Hotel Alpenkönig****Superior

Gehobene Küche mit regionalen Speisen genießt man im Restaurant Esslust im Hotel Alpenkönig****Superior, Kalzhofer Straße 25, D-87534 Oberstaufen, Tel. +49 (0)8386 9345 0, Fax +49 (0)8386 4344, info@hotel-alpenkoenig.de, www.hotel-alpenkoenig.de (Seite 600)

Bio- und Berghotel Ifenblick

Bewusst genießen heißt es in der Küche des Bio-Berghotels Ifenblick. Frische Lebensmittel werden in der offenen Küche zubereitet. Bio- und Berghotel Ifenblick, Gschwend 49, D-87538 Balderschwang, Tel. +49 (0)8328 92 470, info@berghotel-ifenblick.de, www.berghotel-ifenblick.de (Seite 626)

Wohlfühlhotel Berwanger Hof

Abwechslungsreichen Gerichte regionaler Küche, vegetarische Speisen und internationale Spezialitäten genießen die Gäste im Wohlfühlhotel

Berwanger Hof, Familie Berwanger, Niederdorf 11, D-87538 Obermaiselstein, Tel. +49 (0)8326 36 330, info@berwangerhof.de, www.berwangerhof.de (Seite 644)

Sonnenalp Resort

Hervorragende Speisen genießen die Gäste in den Restaurants des Sonnenalp Resorts, Sonnenalp 1, D-87527 Ofterschwang, Tel. +49 (0)8321 272 0, info@sonnenalp.de, www.sonnenalp.de (Seite 652)

Bergbauern-Sennerei Hüttenberg

Wer vor Ort einen würzigen Allgäuer Bergkäse, hochwertigen Tilsiter oder den kräftigen Emmentaler probieren möchte, der wird gleich in der Sennerei verwöhnt. Bergbauern-Sennerei Hüttenberg, Hüttenberg 9, D-87527 Ofterschwang, Tel. +49 (0)8321 65 45, info@bergkaese-allgaeu.de, www.bergkaese-allgaeu.de (Seite 662)

Sennalpe Gerstenbrändle

Mit deftigen Brotzeiten, leckeren hausgebackenen Kuchen und den Käsespezialitäten der Sennerei wird man hier verwöhnt. Sennalpe Gerstenbrändle, Autalweg 5, D- 87544 Gunzesried, Tel. Sommer: +49 (0)8321 89 871, Tel. Winter: +49 (0)8321 83639, info@gerstenbrändle.de, www.gerstenbrändle.de (Seite 573)

Landhotel Alphorn

Eine Allgäuer Küche mit mediterranen und bodenständigen Akzenten genießen die Gäste im Landhotel Alphorn, Kirchgasse 18, D-87527 Ofterschwang, Tel. +49 (0)8321 66 340,

Fax +49 (0)8321 66 34 59, info@landhotel-alphorn.de, www.landhotel-alphorn.de (Seite 658)

Gartenterrasse

Alpsee Bergwelt

Herrlich entspannen kann man auf den Gartenterrassen der Gaststätten der Alpsee Bergwelt, Mittagstraße 7, D-87509 Immenstadt im Allgäu, Tel. +49 (0)8325 252, Fax +49 (0)8325 927693, info@alpseebergwelt.de, www.alpsee-bergwelt.de (Seite 582)

Hochgratbahn

Eine Sonnenterrasse mit prächtigen Ausblicken bietet das Bergrestaurant der Hochgratbahn, Lanzenbach 5, D-87534 Oberstaufen-Steibis, Tel. +49 (0)8386 8222, Fax +49 (0)8386 8554, info@hochgrat.de, www.hochgrat.de (Seite 596)

Hotel Berghof am Paradies

Einen herrlichen Blick auf die Berge bietet die Panoramaterrasse des Hotel Berghof am Paradies, Berg 8, D-87534 Oberstaufen, Tel. +49 (0)8386 93320, info@berghof-am-paradies.de, www.berghof-am-paradies.de (Seite 602)

Blaues Haus Café

Kaffee und Kuchen auf einer idyllischen Gartenterrasse genießt man im Blaues Haus Café, Freibadweg 2, D-87534 Oberstaufen, Tel. +49 (0)8386 4476, Info@blaueshaus-oberstaufen.de, www.blaueshaus-oberstaufen.de (Seite 604)

Wohlfühlhotel Berwanger Hof

Die Gastterrasse mit herrlichen Ausblicken auf die Allgäuer Alpen lädt zum Verweilen und Verwöhntwerden ein. Wohlfühlhotel Berwanger Hof, Familie Berwanger, Niederdorf 11, D-87538 Obermaiselstein, Tel. +49 (0)8326 36 330, info@berwangerhof.de, www.berwangerhof.de (Seite 644)

Landhotel Alphorn

Auf der sonnigen Gartenterrasse inmitten unberührter Natur, erlebt man das traumhafte Panorama der Allgäuer Alpen und die kulinarischen Köstlichkeiten. Landhotel Alphorn, Kirchgasse 18, D-87527 Ofterschwang, Tel. +49 (0)8321 66 340, Fax +49 (0)8321 66 34 59, info@landhotel-alphorn.de, www.landhotel-alphorn.de (Seite 658)

Übernachten

Hierlhof

Einen luxuriösen Urlaub auf dem Bauernhof bietet der Hierlhof, Seestraße 3, D-87509 Bühl am Alpsee, Tel. +49 (0)8323 987189, info@hierlhof.de, www.hierlhof.de (Seite 586)

Hotel Berghof am Paradies

Behagliche, moderne Gästezimmer mit Panoramablick bietet das Hotel Berghof am Paradies, Berg 8, D-87534 Oberstaufen. Tel. +49 (0)8386 93320, info@berghof-am-paradies.de, www.berghof-am-paradies.de (Seite 602)

Hotel Alpenkönig****Superior

Gemütliche Zimmer im Sternehotel bietet das Hotel Alpenkönig****Superior, Kalzhofer Straße 25, D-87534 Oberstaufen, Tel. +49 (0)8386 9345 0, Fax +49 (0)8386 4344, info@hotel-alpenkoenig.de, www.hotel-alpenkoenig.de (Seite 600)

Bio- und Berghotel Ifenblick

Aktiv entspannen und bewusst genießen heißt es im Bio- und Berghotel Ifenblick, Gschwend 49, D-87538 Balderschwang, Tel. +49 (0)8328 92 470, info@berghotel-ifenblick.de, www.berghotel-ifenblick.de (Seite 626)

Ferienwohnungen Panorama

Ankommen und sich zuhause fühlen. Ferienwohnungen Panorama, Grüntenstr. 12-14, D-87538 Fischen, Tel. +49 (0)8326 7595, panorama-ferienwohnungen@email.de, www.panorama-fischen.de (Seite 635)

Wohlfühlhotel Berwanger Hof

Das idyllisch gelegene Hotel mit dem atemberaubenden Blick auf die umliegenden Berge und Wiesen lässt das Herz eines jeden Gastes höher schlagen. Wohlfühlhotel Berwanger Hof, Familie Berwanger, Niederdorf 11, D-87538 Obermaiselstein, Tel. +49 (0)8326 36 330, info@berwangerhof.de, www.berwangerhof.de (Seite 644)

Sonnenalp Resort

Erstklassig untergebracht sind die Gäste im 5-Sterne-Hotel Sonnenalp

Resort, Sonnenalp 1, D-87527 Ofterschwang. Tel. +49 (0)8321 272 0, info@sonnenalp.de, www.sonnenalp.de (Seite 652)

Landhotel Alphorn

Komfortabel und im Landhausstil mit Weitblick eingerichtete Gästezimmer warten auf die Gäste, die das Besondere suchen. Landhotel Alphorn, Kirchgasse 18, D-87527 Ofterschwang, Tel. +49 (0)8321 66 340, Fax +49 (0)8321 66 34 59, info@landhotel-alphorn.de, www.landhotel-alphorn.de (Seite 658)

Panorama-Hotel Kaserer

Pure Idylle am Alpenrand. Panorama-Hotel Kaserer, Gundelsberger Weg 7, D-87538 Fischen, Tel. +49 (0)8326 36 040, Fax +49 (0)8326 36 04 60, info@hotel-kaserer.com, www.hotel-kaserer.com (Seite 634)

Sennalpe Gerstenbrändle

Geschmackvoll im rustikalen Bauernstil eingerichte Zimmer bietet die Sennalpe Gerstenbrändle, die direkt am Fernwanderweg vom Bodensee an die Adria liegt. Sennalpe Gerstenbrändle, Autalweg 5, D- 87544 Gunzesried, Tel. Sommer: +49 (0)8321 89 871, Tel. Winter: +49 (0)8321 83639, info@gerstenbrändle.de, www.gerstenbrändle.de (Seite 573)

Wellness

Hotel Alpenkönig****Superior

Herrlich entspannen kann man in der Bade- und Saunawelt der Wellnessabtei-

lung vom Hotel Alpenkönig****Superior, Kalzhofer Straße 25, D-87534 Oberstaufen, Tel. +49 (0)8386 9345 0, Fax +49 (0)8386 4344, info@hotel-alpenkoenig.de, www.hotel-alpenkoenig.de (Seite 600)

Wohlfühlhotel Berwanger Hof

Neue Energie tanken – unter diesem Motto steht der Wellness-Bereich „AlpenSpa" im Wohlfühlhotel Berwanger Hof. Wohlfühlhotel Berwanger Hof, Familie Berwanger, Niederdorf 11, D-87538 Obermaiselstein, Tel. +49 (0)8326 36 330, info@berwangerhof.de, www.berwangerhof.de (Seite 644)

Erlebnisraum Urkrafttäler

Sehenswürdigkeiten

Breitachklamm

Das einzigartige Naturdenkmal der Breitachklamm im Oberstdorfer Ortsteil Tiefenbach ist mit ca. 150 Meter Tiefe die tiefste Felsschlucht in Mitteleuropa und gehört zu den schönsten Geotopen Bayerns., Breitachklammverein eG, Klammstrasse 47, D-87561 Tiefenbach, Info-Tel. +49 (0)8322 4887, Tel. +49 (0)8322 98767 0, Fax +49 (0)8322 9657 864, info@breitachklamm.com, www.breitachklamm.com (Seite 674)

Einkaufen

Bura Lädele

Ganz nach alter Tradition und von Hand, Bura Lädele, Käse- und

Speckkeller Familie Berchtold, Walserstr. 67, A-6991 Riezlern, Tel +43 (0)5512 3816, info@feinkost-kaese.com, www.feinkost-kaese.com (Seite 688)

Freizeit und Sport

WM-Skisprung Arena Oberstdorf

Eines der schönsten Skisprungstadien der Welt. Dort, wo jedes Jahr das Auftaktspringen der Vierschanzentournee stattfindet, erschließt sich dem Besucher ein ganz besonderes Erlebnis. Skisport- und Veranstaltungs GmbH, Am Faltenbach 27, D-87561 Oberstdorf , Tel. +49 (0)8322 80 90 3 00, Fax+49 (0)8322 80 90 301, info@audiarena.de, www.audiarena. de (Seite 672)

Heini-Klopfer-Skiflugschanze

Im Wandergebiet rund um den Oberstdorfer Freibergsee wartet mit der umfangreich modernisierten Heini-Klopfer-Skiflugschanze ein spannendes Ausflugsziel auf abenteuerlustige Besucher. Sportstätten Oberstdorf, Roßbichlstr. 2-6, D-87561 Oberstdorf , Tel. +49 (0)8322 700 5201, info@skiflugschanze-oberstdorf.de, www.skiflugschanze-oberstdorf.de (Seite 670)

Oberstdorf/Kleinwalsertal Bergbahnen

Im Winter ein Skiparadies und im Sommer ein Eldorado für Naturliebhaber – das bieten die Oberstdorfer und Kleinwalsertaler Bergbahnen mit Erlebniswelten für große und klei-

ne Gäste in der 2-Länder-Region. Oberstdorf/Kleinwalsertal Bergbahnen, D-87651 Oberstdorf/ A-6991 Riezlern, Tel. +49 (0)8322 96 000, Fax +49 (0)8322 96 00 30 01, info@ das-hoechste.com, www.das-hoechste.com (Seite 676)

Essen und Trinken

Hotel Alte Krone***S

Regional und saisonal werden die Speisen im Hotel Alte Krone zubereitet und der Gast bewundert den Geschmack, der nur durch die Liebe zur Kochkunst entsteht. Hotel Alte Krone***S, Walserstr. 387, A-6993 Mittelberg, Tel. +43 (0)5517 57 280, info@alte-krone.at, www.alte-krone. at (Seite 687)

Jugendherberge Oberstdorf-Kornau

Da zu einem entspannenden Urlaub auch die kulinarischen Genüsse gehören werden die Gäste der Jugendherberge Oberstdorf mit einer frischen und gesunden Küche verwöhnt. Jugendherberge Oberstdorf-Kornau, Kornau 8, D-87561 Oberstdorf-Kornau, Tel. +49 (0)8322 98 750, Fax +49 (0)8322 98 75 20, oberstdorf@jugendherberge.de, www.oberstdorf.jugendherberge.de (Seite 678)

Übernachten

Hotel Alte Krone ***S

Mit 52 gemütlichen Zimmern und Suiten im Alpenländischen Stil empfängt die Gastgeberfamilie Kaufmann schon seit 1893 Gäste aus aller Welt. Hotel Alte Krone ***S, Walserstr. 387, A-6993 Mittelberg, Tel. +43 (0)5517 57 280, info@alte-krone.at, www. alte-krone.at (Seite 687)

Hotel Birkenhöhe

Prachtvoll über dem Tal liegt das Wellnesshotel im Kleinwalsertal, das schon mehrfach mit dem HolidayCheck Award ausgezeichnet wurde. Hotel Birkenhöhe, Oberseitestr. 34, A-6992 Hirschegg, Tel. +43 (0)5517 5587, info@birkenhoehe.de, www.birkenhoehe.de (Seite 686)

Jugendherberge Oberstdorf-Kornau

Auf einer Sonnenterrasse am „Tor zum Kleinwalsertal" gelegen, empfängt die Jugendherberge Oberstdorf ihre Gäste. Jugendherberge Oberstdorf-Kornau, Kornau 8, D-87561 Oberstdorf-Kornau, Tel. +49 (0)8322 98 750, Fax +49 (0)8322 98 75 20, oberstdorf@jugendherberge.de, www.oberstdorf.jugendherberge.de (Seite 678)

Wellness

Hotel Alte Krone ***S

Ein großer Indoorpool mit einem herrlichen Blick auf die Bergwelt des Kleinwalsertales bildet den Mittelpunkt des Wellnessbereiches im Hotel Alte Krone ***S, Walserstr. 387, A-6993 Mittelberg, Tel. +43 (0)5517 57 280, info@alte-krone.at, www. alte-krone.at (Seite 687)

Erlebnisraum Wasserreiche

Einkaufen

Artemisia

Der Kräutergarten Artemisia hat eine riesige Auswahl an Gemüse, Heil- und Teepflanzen. Artemisia, Hopfen 29, D-88167 Stiefenhofen im Allgäu, Tel. +49 (0)8386 960510, Fax +49 (0)8386 961520, info@artemisia.de, www.artemisia.de (Seite 757)

Aurelia

Allgäuer Naturprodukte, natürlich und gesund zum Wohlergehen des Menschen. Aurelia, Alte Salzstr. 27, D-88171 Weiler-Simmerberg, Tel. +49 (0)8387 99 99 042, info@allgaeuer-naturprodukte.de, www.allgaeuer-naturprodukte.de (Seite 701)

Braumanufaktur Simmerberg

Urig. Ehrlich. Echt. Erste und einzige BIO Brauerei des Allgäus. Aktienbrauerei Simmerberg, Ellhofer Straße 2, D-88171 Simmerberg/Allgäu, Tel. +49 (0)8387 1016, Fax +49 (0)8387 2712, info@simmerberger.de, www. simmerberger.de (Seite 720)

Baldauf's Käs- und Weinkeller

Feinste Käsespezialitäten des Traditionsunternehmens Baldauf sind in Baldauf's Käs- und Weinkeller Goßholz und in den Sennereien Hopfen, Gestratz und Grünenbach sowie über einen eigenen Onlineshop erhältlich. Gebr. Baldauf GmbH & Co. KG, Lindenberg, Tel +49 (0)8381 89 020, Gestratz +49 (0)8383 559, Grünenbach +49 (0)8383 612, Hopfen +49 (0)8386 2833, info@baldauf-kaese.de, www.baldauf-kaese.de (Seite 698)

Heumilchsennerei Rutzhofen

Aromatischer Emmentaler und feinster Bergkäse sowie Fassbutter aus Heumilch sind in der Heumilchsennerei Rutzhofen erhältlich. Heumilchsennerei Rutzhofen, Rutzhofen 7, D88167 Stiefenhofen, Tel. +49 (0)8384 580, Fax +49 (0)8384 88 070, info@sennerei-rutzhofen.de, www.sennerei-rutzhofen.de (Seite 760)

Sennerei Bremenried

Aus Tradition gut. Sennerei Bremenried e.G., Bregenzer Straße 96, D-88171 Weiler im Allgäu, Tel. +49 (0)8387 2658, Fax +49 (0)8387 390 716, info@sennerei-bremenried. de, www.sennerei-bremenried.de (Seite 722)

Holzkunst Ludwig Egger

Holzschnitzerei und Krippenbau in Perfektion. Holzkunst GbR, Ludwig und Alice Egger, Kemptener Str. 36, D-88138 Hergensweiler, Tel. +49 (0)8388 241, Fax +49 (0)8388 1045, info@holzkunst-egger.de (Seite 746)

Freizeit

Bodensee-Airport

Am Flugplatz 64, D-88046 Friedrichshafen, Tel +49 (0)7541 2840. Fax +49 (0)7541 28 42 07, info@bodensee-airport.eu, www.bodensee-airport.eu (Seite 72)

Eistobel

Wandern im Eistobel – ein unvergleichliches Naturschauspiel zwischen Grünenbach und Maierhöfen. Gästeamt Maierhöfen, Brunnenweg 2, D-88167 Maierhöfen, Tel. +49 (0)8383 980 40, info@maierhoefen.de, www.maierhoefen. de. Gästeamt Grünenbach, Hauptstr. 49, D-88167 Grünenbach, Tel. +49 80)8383 929981, gaesteamt@ gruenenbach.de, www.vg-argental. de (Seite 752)

Pfänderbahn

In nur sechs Minuten schweben die Kabinen der Pfänder-Panoramabahn auf eine Höhe von 1064 m ü. M. und bieten einmalige Ausblicke auf den Bodensee und eine unvergleichliche Aussicht auf das Dreiländereck Schweiz-Deutschland-Österreich. Pfänderbahn AG, Steinbruchgasse 4, A-6900 Bregenz, Tel. +43 (0)5574 42 16 00, Fax +43 (0)5574 42 16 04, office@ pfaenderbahn.at, www.pfaenderbahn.at (Seite 762)

Der Säntis – 2.502 Meter pure Faszination

Vom Säntis reicht der Blick über sechs Länder. Genauso grenzenlos sind die Möglichkeiten, die Säntis und Schwägalp bieten – das ganze Jahr und bei jedem Wetter. Säntis-Schwebebahn, Hotel, Gastronomie, Events, CH-9107 Schwägalp, Tel. +41 71 365 65 65, kontakt@saentisbahn.ch, www.saentisbahn.ch (Seite 764)

Naturerlebnis skywalk allgäu

Den Wald von oben und unten entdecken. skywalk allgäu GmbH, Oberschwenden 25, D-88175 Scheidegg, Tel. +49 (0)8381 89 61 800, info@skywalk-allgaeu.de, www.skywalk-allgaeu.de (Seite 712)

Essen und Trinken

Hotel-Gasthof Bayerischer Hof

Leckere regionale Küche genießen die Gäste des Restaurants im Hotel-Gasthof Bayerischer Hof, Hauptstr. 82, D-88161 Lindenberg im Allgäu, Tel. +49 (0)8381 9255 0, Fax +49 (0)8381 9255 30, info@bayerischer-hof.info, www.bayerischer-hof.info (Seite 700)

Bräustatt & Taferne

Essen in gemütlicher Atmosphäre mit Blick auf die Braukessel Aktienbrauerei Simmerberg, Ellhofer Straße 2, D-88171 Simmerberg/ Allgäu, Tel. +49 (0)8387 1016, Fax +49 (0)8387 2712, info@simmerberger.de, www.simmerberger.de (Seite 720)

Landgasthof Rössle

Saisonal und regional und vor allem mit frischen Kräutern begeistert die Küche im Landgasthof Rössle, Hauptstr. 14, D-88167 Stiefenhofen, Tel +49 (0)8383) 92 090, info@roessle.net, www.roessle.net (Seite 758)

Gartenterrassen

Bräustatt & Taferne

Im romantischen Biergarten genießt man frisch gezapfte Simmerberger Biere mit echt bayerischen Köstlichkeiten. Aktienbrauerei Simmerberg, Ellhofer Straße 2, D-88171 Simmerberg/All-gäu, Tel. +49 (0)8387 1016, Fax +49 (0)8387 2712, info@simmerberger.de, www.simmerberger.de (Seite 720)

Landgasthof Rössle

In heimeliger Atmosphäre und direkt am Kräutergarten kann man auf der Gartenterrasse die Köstlichkeiten aus Küche und Keller genießen. Landgasthof Rössle, Hauptstr. 14, D-88167 Stiefenhofen, Tel +49 (0)8383) 92 090, info@roessle.net, www.roessle.net (Seite 758)

Übernachten

Hotel-Gasthof Bayerischer Hof

Übernachten in ruhiger, familiärer Atmosphäre im Hotel-Gasthof Bayerischer Hof, Hauptstr. 82, D-88161 Lindenberg im Allgäu, Tel. +49 (0)8381 9255 0, Fax +49 (0)8381 9255 30, info@bayerischer-hof.info, www.bayerischer-hof.info (Seite 700)

Landgasthof Rössle

Gemütlich und komfortabel sind die Gästezimmer und Ferienwohnungen in dem Landhotel eingerichtet. Landgasthof Rössle, Hauptstr. 14, D-88167 Stiefenhofen, Tel +49 (0)8383) 92 090, info@roessle.net, www.roessle.net (Seite 758)

Erlebnisraum Heimatstätten

Sehenswürdigkeiten

Glasmuseum Schmidsfelden

Glaskunst mit Geschichte erleben im Glasmanufaktur Michaelis, Schmidsfelden 9, D-88299 Leutkirch, Tel. +49(0)7567 182042, info@schmidsfelden.net, www.schmidsfelden.net (Seite 790)

Kunst und Kultur

Theater Kempten

Ein abwechslungsreiches Programm in einem der schönsten Theater Bayerns bietet das Theater Kempten GmbH, Theaterstraße 4, Eingang Illerstraße, D-87435 Kempten (Allgäu) Tel. +49 (0)831 960 788 0, Fax +49 (0)831 960 788 22, info@theaterinkempten.de, www.theaterinkempten.de (Seite 816)

Der Rostige Garten

Metalldesign in vielfältigen Formen zeigt die Ausstellung in Der Rostige Garten, Gewerbestr. 5, D-87488 Betzigau, Tel. +49 (0)831 98909230, info@der-rostige-garten-betzigau.de, der-rostige-garten-betzigau.de (Seite 804)

Kunstakademie Allgäu

In sanfter Allgäuer Voralpenlandschaft gelegen, lässt die Kunstakademie den Besucher durch ihre ruhige und idyllische Lage in künstlerische „Klausur" gehen, fernab von großstädtischer Hektik und Lärm. Rotkreuzstraße 2, D-87488 Betzigau, Tel. 0831/57502-18 / Fax. -22, info@kunstakademie-allgaeu.de (Seite 802)

Festspiele Altusried

Erleben Sie Märchen, Operetten, Musicals und Konzerte unterschiedliche Couleur unter freiem Himmel, Kulturamt und Gästeinformation Altusried, Kartenbüro, Hauptstraße 18, D-87452 Altusried, Tel. +49 (0)8373 92 20-0, kbQaltusried.de, www.allgaeuer-freilichtbuehne.de (Seite 776)

bigBOX ALLGÄU Hotel

Hier kombinieren die Gäste das Konzerterlebnis in der bigBOX mit einem entspannten Aufenthalt im bigBOX ALLGÄU Hotel, Kotterner Straße 62-64, 87435 Kempten (Allgäu), Tel. +49 (0)831 57055-2000, Fax +49 (0)831 57055-2001. hotel@bigboxallgaeu.de, www.bigboxallgaeu.de/hotel (Seite 820)

Einkaufen

ALMWELT

Hier wird Tracht gelebt. ALMWELT GmbH, Kotterner Straße 82-84, D-87435 Kempten, Tel. +49 (0)831 54 09 74 10, Fax +49 (0)831 54 09 74 12, info@almwelt.de, www.almwelt.de (Seite 822)

Metallmichl

Eine große Auswahl an Metalldesign in Edelrost findet man beim Metallmichl, Gewerbestr. 5, D-87488 Betzigau, Tel. +49 (0)831 98909230, info@metallmichl.de, shop.metallmichl.com (Seite 804)

Käsküche Isny

Köstliche Produkte aus Biomilch kauft man in der Käsküche Isny GmbH & Co. KG, Maierhöfenerstr. 78, D-88316 Isny Allgäu, Tel. +49 (0)7562 912700, Fax +49 ( )07562 912701, post@kaeskueche-isny.de, www.kaeskueche-isny.de (Seite 784)

Freizeit und Sport

CamboMare

Bade- und Saunavergnügen der Extraklasse bietet das CamboMare Kempten, Aybühlweg 58, D-D-87439 Kempten, Tel. +49 (0)831 58121 10, www.cambomare.de, info@cambomare.de (Seite 824)

Kletterhalle swoboda alpin

Eine der größten und modernsten Kletteranlagen Deutschlands, swoboda alpin, Aybühlweg 69, D-87439 Kempten, Tel. +49 (0)831 57 00 970, info@dav-kempten.de, www.dav-kempten.de (Seite 826)

Dethleffs

Der Ursprung des mobilen Reisens in Deutschland. Dethleffs, Arist-Dethleffs-Straße 12, D-88316 Isny im Allgäu, info@dethleffs.de, Tel. +49 (0)7562 98 70, www.dethleffs. de. Ausstellungszentrum: Rauchstraße 4/1, D-88316 Isny, Tel. +49 (0)7562 987-910, www.ausstellungszentrum.dethleffs.de (Seite 92)

Essen und Trinken

Restaurant Asienperle

Asiatisches Geschmacks Erlebnis, Restaurant Asienperle, Königstr. 10, D-87435 Kempten, Tel. +49 (0)831 52098780 (Seite 828)

bigBOX ALLGÄU Hotel

Für die kulinarischen Genüsse ist das hauseigene Restaurant musics zuständig, das sich im Erdgeschoss des bigBOX ALLGÄU Hotels befindet. bigBOX ALLGÄU Hotel, Kotterner Straße 62-64, 87435 Kempten (Allgäu), Tel. +49 (0)831 57055-2000, Fax +49 (0)831 57055-2001. hotel@bigboxallgaeu.de, www.bigboxallgaeu.de/hotel (Seite 820)

Allgäu ART Hotel

Das Restaurant des Allgäu ART Hotel verwöhnt seine Gäste mit regionaler Küche, die frisch und saisonal zubereitet wird. Allgäu ART Hotel, Alpenstraße 9 D-87435 Kempten, Tel. +49 (0)831 54 08 600, Fax +49 (0)831 54 08 60 99, info@allgaeu-arthotel.de, www.allgaeuarthotel.de (Seite 818)

Hotel Mohrenpost

Hochwertige schwäbische Spezialitäten und internationale Küche genießt man im historischen Zentrum von Wangen. Hotel Mohrenpost Wangen GmbH, Herrenstraße 27, D-88239 Wangen, Tel. +49 (0)7522 97 84 949, Fax +49 (0)7522 93 19 420, info@hotel-mohren-post.de, www.hotel-mohren-post.de (Seite 798)

Übernachten

bigBOX ALLGÄU Hotel

Übernachten in musikalischem Ambiente, bigBOX ALLGÄU Hotel, Kotterner Straße 62-64, 87435 Kempten (Allgäu), Tel. +49 (0)831 57055-2000, Fax +49 (0)831 57055-2001. hotel@ bigboxallgaeu.de, www.bigboxallgaeu.de/hotel (Seite 820)

Allgäu ART Hotel

Ein einzigartiges Ambiente inmitten von Kempten bietet das Allgäu ART Hotel mit modernen, im alpenländischen Stil eingerichteten Zimmern. Allgäu ART Hotel, Alpenstraße 9 D-87435 Kempten, Tel. +49 (0)831 54 08 600, Fax +49 (0)831 54 08 60 99, info@allgaeuarthotel.de, www. allgaeuarthotel.de (Seite 818)

Ferienhof und Baumhaus Hotel Allgäu

Urlaub mitten in der Natur, Ferienhof und Baumhaus Hotel Allgäu GbR. Familie Bechteler, Kaisersmad 6, D-87488 Betzigau, Tel. 08304/5102, info@baumhaushotel-allgaeu.de (Seite 774)

Hotel Mohrenpost

In der schönsten Straße von Wangen. Hotel Mohrenpost Wangen GmbH, Herrenstraße 27, D-88239 Wangen, Tel. +49 (0)7522 97 84 949, Fax +49 (0)7522 93 19 420, info@hotel-mohren-post.de, www.hotel-mohren-post.de (Seite 798)

Hotel Engelberg

Nur wenige Gehminuten von der historischen Altstadt entfernt, lädt das charmante Hotel garni Engelberg ein, Wangen und seine Umgebung zu erkunden. Das Haus mit Wohlfühlcharakter bietet einen idealen Aufenthalt zu fairen Preisen. Hotel Engelberg, Leutkircher Straße 47, 88239 Wangen, Tel. +49 (0)7522 70 79 70, info@hotel-engelberg.de, www.hotel-engelberg.de

Tagungsmöglichkeiten

bigBOX ALLGÄU Hotel

Das Hotel bietet eine ganz eigene Kombination aus modernem Ambiente und musikalischen Einflüssen, die Tagungen zu einem ganz besonderen Erlebnis machen, bigBOX ALLGÄU Hotel, Kotterner Straße 62-64, 87435 Kempten (Allgäu), Tel. +49 (0)831 57055-2000, Fax +49 (0)831 57055-2001. hotel@bigboxallgaeu.de, www. bigboxallgaeu.de/hotel (Seite 820)

Allgäu ART Hotel

Für Seminare und Tagungen für 20 bis zu 100 Personen bietet das Allgäu ART Hotel im Herzen von Kempten variable Räumlichkeiten. Allgäu ART Hotel, Alpenstraße 9 D-87435 Kempten, Tel. +49 (0)831 54 08 600, Fax +49 (0)831 54 08 60 99, info@allgaeuarthotel.de, www.allgaeuarthotel.de (Seite 818)

Bildungseinrichtungen

Hochschule Kempten

Bahnhofstraße 61, D-87435 Kempten, Tel. +49 (0)831 2523 0, Fax +49 (0)831 2523 104, post@)hs-kempten. de, www.hs-kempten.de (Seite 90)

Erlebnisraum Naturschatzkammern

Sehenswürdigkeiten

Automuseum Wolfegg

Schwelgen im Zeitgeist vergangener Jahrzehnte, Automuseum Wolfegg, Fritz-B.-Buschweg 1, D-88364 Wolfegg, Tel. +49 (0)7527 92 10 390, info@automuseum-wolfegg.de, www.automuseum-wolfegg.de (Seite 854)

Kunst und Kultur

Bauernhaus-Museum Wolfegg

Eine Reise in die Vergangenheit Oberschwabens. Bauernhaus-Museum Allgäu-Oberschwaben Wolfegg, Vogter Straße 4, D-88364 Wolfegg, Tel. +49 (0)7527 95 50 0, info@bauernhaus-museum.de, www.bauernhaus-museum.de (Seite 852)

Einkaufen

Gartencenter Fleischer

Fleischer GmbH & Co, Samenhaus - Gartencenter KG, Liebenhofen 102, D-88287 Grünkraut, Tel. +49 (0)751 76910 11, Fax +49 (0)751 66991, office@fleischer-garten.de, www. fleischer-garten.de (Seite 860)

Pedi's Likörlädele

Köstliche Destillate und Liköre, Pedi's Likörlädle und Mockenhof, Petra und Gerhard Strodel, Mockenhof 1, D-88260 Argenbühl-Eisenharz, Tel. +49 (0)7566 2465, info@mockenhof. de, www.mockenhof.de (Seite 845)

Essen und Trinken

Gartencenter Fleischer

In grünem Ambiente schwäbische Spezialitäten genießen kann man im Café-Restaurant im Fleischer GmbH & Co, Samenhaus - Gartencenter KG, Liebenhofen 102, D-88287 Grünkraut, Tel. +49 (0)751 76910 11, Fax +49 (0)751 66991, office@fleischer-garten.de, www. fleischer-garten.de (Seite 860)

Übernachten

Mockenhof

Urlaubsdomizil auf dem Bauernhof, Pedi's Likörlädle und Mockenhof, Petra und Gerhard Strodel, Mockenhof 1, D-88260 Argenbühl-Eisenharz, Tel. +49 (0)7566 2465, info@mockenhof. de, www.mockenhof.de (Seite 845)

TOP-Ziele Naturerlebnisse

Bergbahnen Oberstdorf/Kleinwalsertal
siehe Seite 676

Breitachklamm, Oberstdorf
siehe Seite 674

Säntis Schwebebahn
siehe Seite 764

Tiroler Zugspitz Arena
siehe Seite 420

Eistobel, Maierhöfen-Grünenbach
siehe Seite 752

Lechsee bei Prem
(Bild Hubert Hunscheidt)

Sturmannshöhle
Obermaiselstein
siehe Seite 638

Pfänderbahn, Bregenz
siehe Seite 762

Bergbahnen Ofterschwang-
Gunzesried, siehe Seite 650

The Over and Out
Bad Hindelang, siehe Seite 530

Spirits of Nature
Burgberg, siehe Seite 478

TOP-Ziele Naturerlebnisse

*Die Reihenfolge stellt
keine Bewertung dar!*

TOP-Ziele Kultur

Schloss Neuschwanstein
siehe Seite 346

Wieskirche, Steingaden
siehe Seite 442

Kartause Buxheim
siehe Seite 114

Freilichtbühne Altusried
siehe Seite 776

Klosterbrauerei Andechs
siehe Seite 460

Bergpanorama bei Füssen
(Bild Michael Schott)

Passionsspiele Waal
siehe Seite 362

Landestheater Schwaben
Memmingen, siehe Seite 156

© Foto Eckhart Matthäus

Dampfsäg, Sontheim
siehe Seite 216

Landhotel Alphorn
Ofterschwang, siehe Seite 658

TOP-Ziele Kultur

*Die Reihenfolge stellt
keine Bewertung dar!*

TOP-Ziele für die Familie

Hündlebahn und Imbergbahn
Oberstaufen, siehe Seite 598

Kristalltherme, Schwangau
siehe Seite 350

Alpsee Bergwelt
siehe Seite 582

Erzgruben Erlebniswelt
Burgberg, siehe Seite 474

Skiflugschanze Oberstdorf
siehe Seite 670

Aggenstein
(Bild Hubert Hunscheidt)

Skisprung Arena, Oberstdorf
siehe Seite 672

Bauernhausmuseum Wolfegg
siehe Seite 852

Automuseum Wolfegg
siehe Seite 854

Skywalk Scheidegg
siehe Seite 712

Alpenwildpark Obermaiselstein
siehe Seite 640

TOP-Ziele für die Familie

Die Reihenfolge stellt keine Bewertung dar!

TOP-Ziele für die Familie

Südseesammlung, Obergünzburg
siehe Seite 316

Glasmuseum, Schmidsfelden
siehe Seite 790

Südseetherme, Bad Wörishofen
siehe Seite 110

Aquaria, Oberstaufen
siehe Seite 594

Augsburger Puppenkiste
siehe Seite 232

Ofterschwanger Horn
(Bild Tourismus Hörnerdörfer)

Cambomare, Kempten
siehe Seite 822

Alpentherme, Ehrenberg
siehe Seite 432

Alpspitz-Bade-Center
Nesselwang, siehe Seite 312

Skylinepark, Bad Wörishofen
siehe Seite 112

highline179, Ehrenberg
siehe Seite 430

TOP-Ziele für die Familie

*Die Reihenfolge stellt
keine Bewertung dar!*

TOP-Einkaufsziele

Primavera, Oy-Mittelberg
siehe Seite 484

Fleicher Samenhaus
& Gartencenter, Grünkraut
siehe Seite 860

Käseschule Allgäu, Thalkirchdorf
siehe Seite 606

„Schoko-Kuhfladen" Manufaktur
Sonthofen-Altstätten, siehe Seite 543

Tannheimer Alpen im Winter
(Bild Hubert Hunscheidt)

Michaelis Glasdesign, Leutkirch
siehe Seite 790

Brauerei Zötler, Rettenberg
siehe Seite 490

Allgäuer Keramik,
Sonthofen-Altstätten
siehe Seite 540

TOP-Einkaufsziele

*Die Reihenfolge stellt
keine Bewertung dar!*

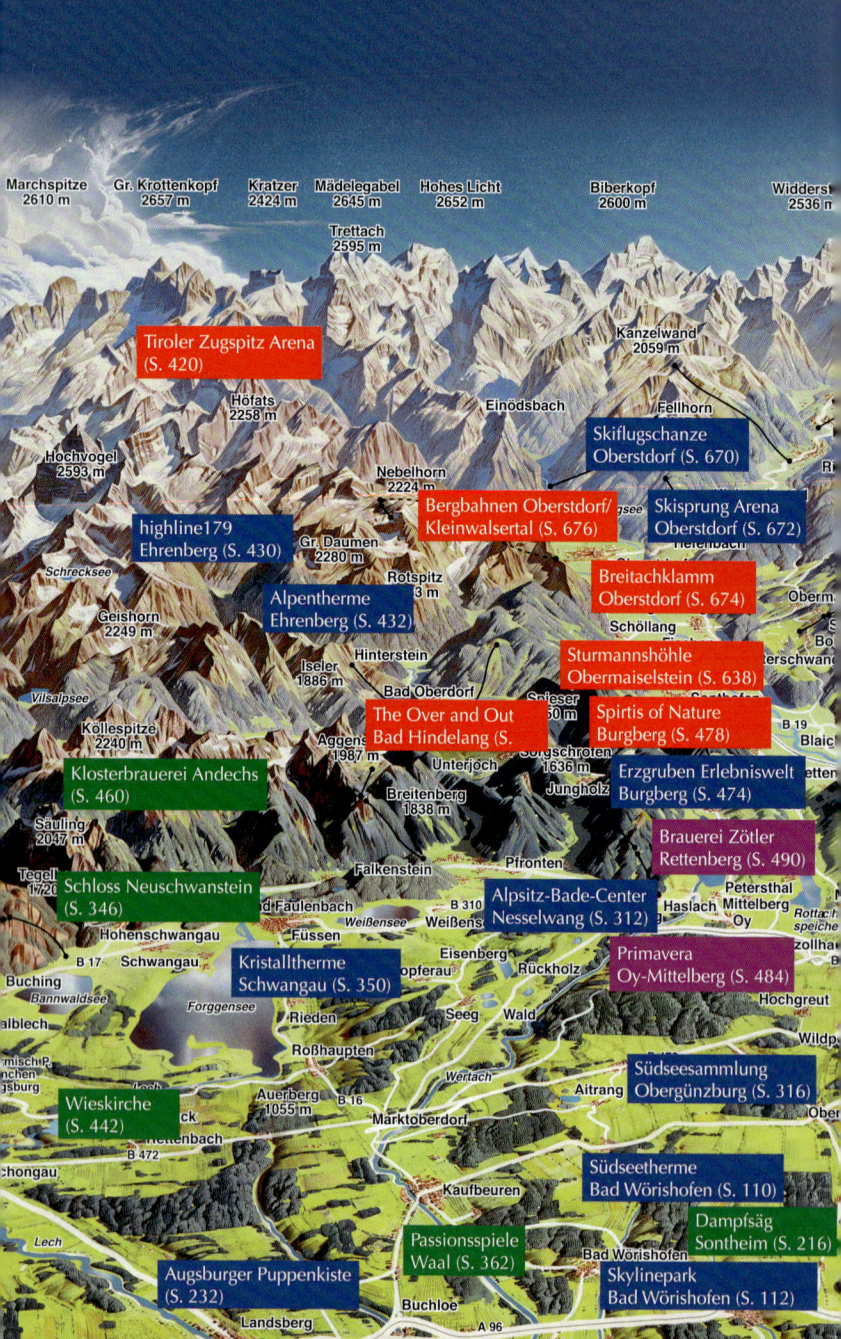

Marchspitze 2610 m
Gr. Krottenkopf 2657 m
Kratzer 2424 m
Mädelegabel 2645 m
Hohes Licht 2652 m
Biberkopf 2600 m
Widderst 2536 n

Trettach 2595 m

Kanzelwand 2059 m

Tiroler Zugspitz Arena (S. 420)

Höfats 2258 m

Einödsbach

Fellhorn

Skiflugschanze Oberstdorf (S. 670)

Hochvogel 2593 m

Nebelhorn 2224 m

Bergbahnen Oberstdorf/ Kleinwalsertal (S. 676)

Skisprung Arena Oberstdorf (S. 672)

highline179 Ehrenberg (S. 430)

Gr. Daumen 2280 m

Rotspitz 3 m

Breitachklamm Oberstdorf (S. 674)

Schöllang

Oberm

Schreckse

Alpentherme Ehrenberg (S. 432)

Geishorn 2249 m

Iseler 1886 m

Hinterstein

Sturmannshöhle Obermaiselstein (S. 638)

erschwan

Vilsalpsee

Bad Oberdorf

Spieser 50 m

The Over and Out Bad Hindelang (S.

Spirtis of Nature Burgberg (S. 478)

B 19 Blaic

Köllespitze 2240 m

Aggens 1987 m

Sorgschroten 1636 m

Unterjoch

Jungholz

Erzgruben Erlebniswelt Burgberg (S. 474)

tten

Klosterbrauerei Andechs (S. 460)

Breitenberg 1838 m

Brauerei Zötler Rettenberg (S. 490)

Säuling 2047 m

Falkenstein

Pfronten

Petersthal Mittelberg Oy

Tegell 720

Schloss Neuschwanstein (S. 346)

d Faulenbach

B 310 Weißensee

Weißens

Alpsitz-Bade-Center Nesselwang (S. 312)

Haslach

Rotta speiche

Hohenschwangau

Füssen

Eisenberg

Rückholz

Primavera Oy-Mittelberg (S. 484)

zollha

Buching

B 17 Schwangau

opferau

Seg

Wald

Hochgreut

Bannwaldsee

Kristalltherme Schwangau (S. 350)

Rieden

Wildp

Forggensee

Roßhaupten

Seeg

Wertach

Aitrang

Südseesammlung Obergünzburg (S. 316)

Ober

misch P. nchen sburg

Lech

Wieskirche (S. 442)

Auerberg 1055 m

B 16

Marktoberdorf

B 472 chongau

ttenbach

Käufbeuren

Südseetherme Bad Wörishofen (S. 110)

Dampfsäg Sontheim (S. 216)

Lech

Passionsspiele Waal (S. 362)

Bad Wörishofen

Skylinepark Bad Wörishofen (S. 112)

Augsburger Puppenkiste (S. 232)

Buchloe

Landsberg

A 96

Hoher Ifen
2230 m

Kanisfluh
2047 m

Säntisbahn
Appenzell (S. 764)

Alpenwildpark
Obermaiselstein (S. 640)

Bregenz

Pfänderbahn
Bregenz (S. 762)

Bodensee

Landhotel Alphorn
Ofterschwang (S. 658)

Balderschwang

Hündlebahn/Imbergbahn
Oberstaufen (S. 598)

Linda

Hochgrat
1834 m

Allgäuer Keramik
Sonthofen-Altstätten (S. 540)

Aquaria Oberstaufen
(S. 594)

Bodolz
Wassert
Nönnent
Reitnau

Schoko-Kuhfladen-Manufaktur
Sonthofen-Altstätten (S. 543)

Aach

Skywalk
Scheidegg (S. 712)

Käseschule Allgäu
Thalkirchdorf (S. 606)

Scheidegg

Oberreute

B 309

Hergensw

Bergbahnen Ofterschwang-
Gunzesried (S. 650)

lkirchdorf

Steifenhofen

Weiler i. Allgäu

B 12

Immenstadt

Ebratshofen

Simmerberg

Lindenberg

A

Alpsee Bergwelt
Immenstadt (S. 582)

Misse

Eistobel Maierhöfen/
Grünenbach (S. 752)

Ellhofen

ünenbach

Röthenbach

Heimenkirch

B 32

Wangen

rtinszell

Weitnau

Maierhöfen

Gestratz
B 12

Argen

Niedersonthofener
See

B 19

Wengen

Schwarzer Grat
1119 m

Argenbühl
Isny

Fleischer Samenhaus
Grünkraut (S. 860)

rg

Cambomare
Kempten (S. 822)

enberg

Kreuzthal-Eisenbach

B 18

Kißlegg

Freilichtbühne Altusried
(S. 776)

Glasmuseum
Schmidsfelden (S. 790)

Wolfegg

Kempten

Wigg

Altusried

Legau

Leutkirch

Michaelis Glasdesign
Leutkirch (S. 790)

B
Wal

Dietmannsried

A 7

Kartause Buxheim
(S. 114)

A 96

Bad Wurzach

Bad
Grönenbach

Landestheater Schwaben
Memmingen (S. 156)

Bauernhausmuseum
Wolfegg (S. 852)

Ottobeuren

Memmingen

Automuseum
Wolfegg (S. 854)

Erkheim

Blick vom Grünten auf die Allgäuer Alpen
(Bild Gästeamt Rettenberg)

Erlebnis
Allgäu
bis zum Bodensee

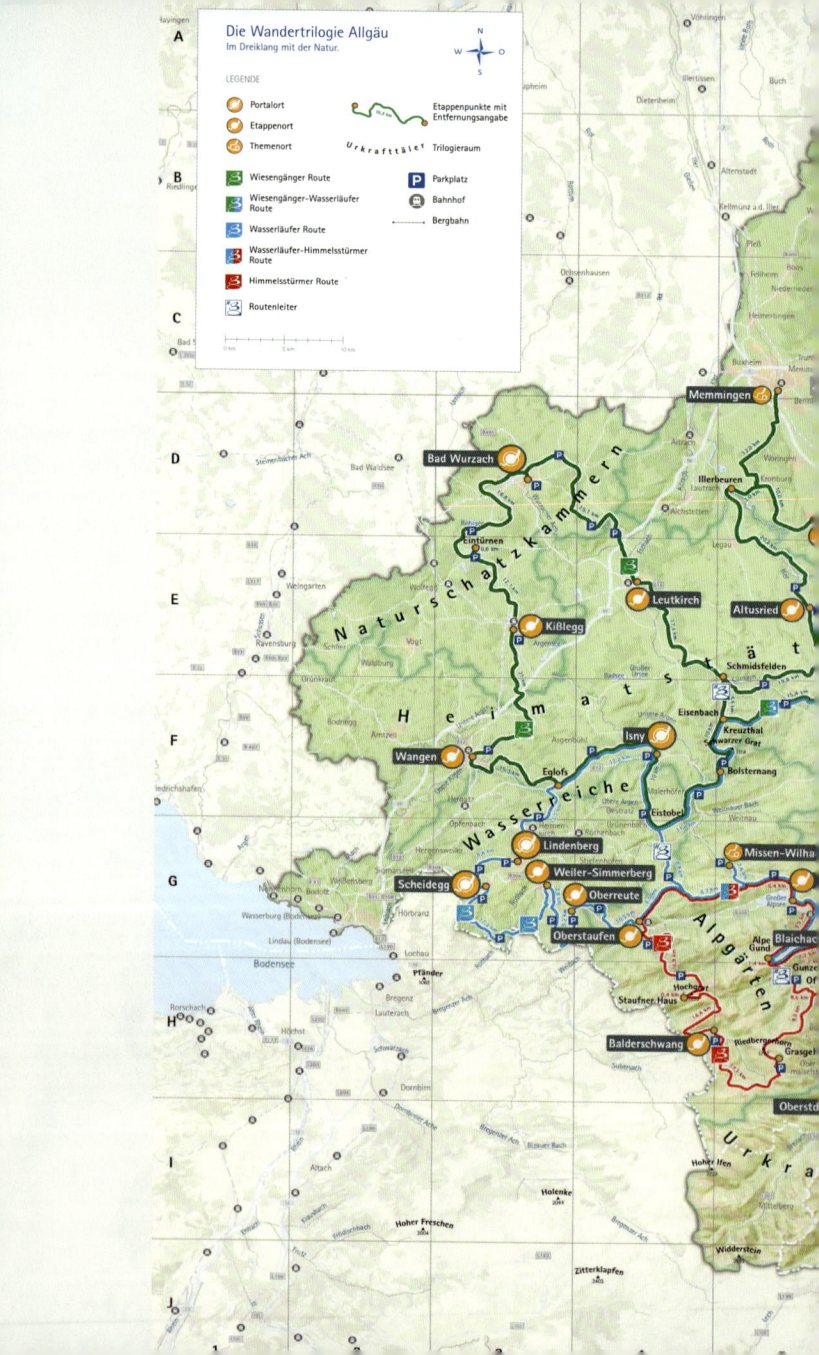

Die Wandertrilogie Allgäu
Im Dreiklang mit der Natur.

LEGENDE

- Portalort
- Etappenort
- Themenort

- Wiesengänger Route
- Wiesengänger-Wasserläufer Route
- Wasserläufer Route
- Wasserläufer-Himmelsstürmer Route
- Himmelsstürmer Route
- Routenleiter

- Etappenpunkte mit Entfernungsangabe
- *Urkrafttäler* Trilogieraum
- P Parkplatz
- Bahnhof
- Bergbahn

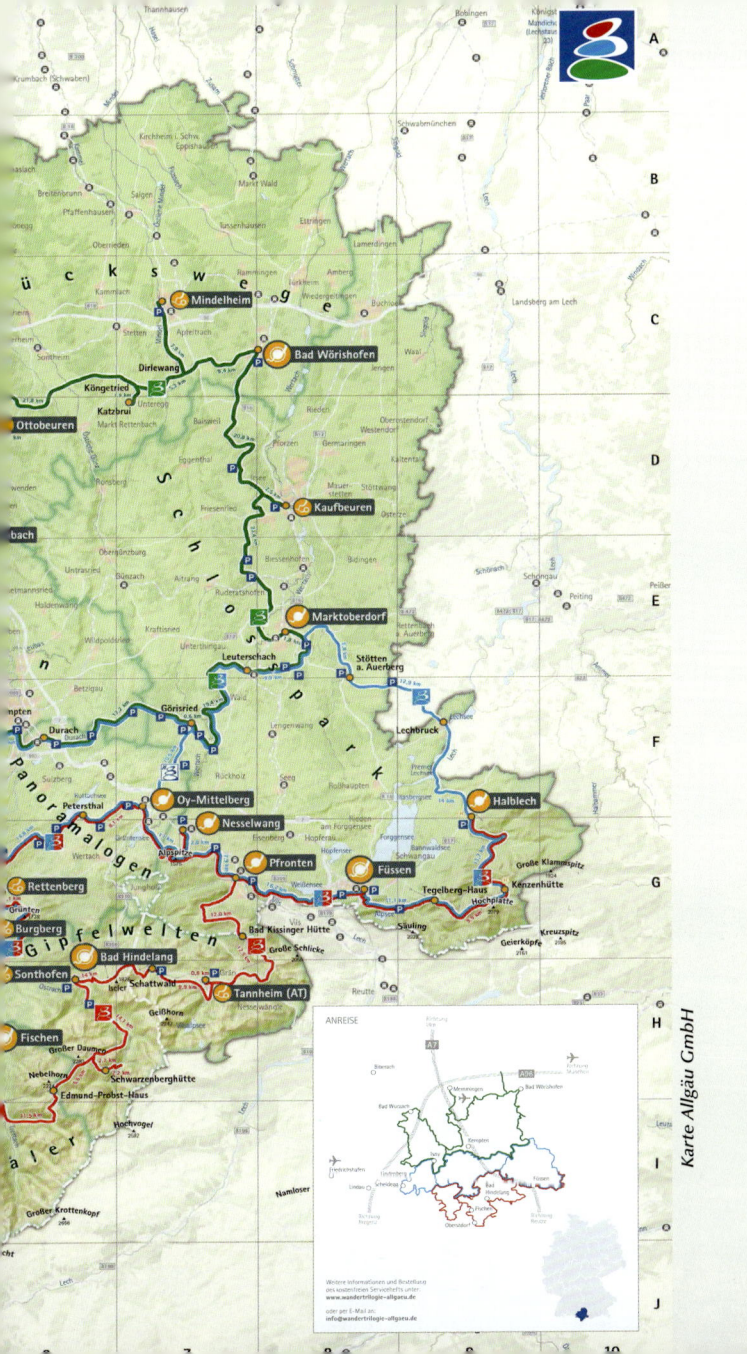

Karte Allgäu GmbH

Der Kultur und Natur gefolgt

Erlebnis Allgäu bis zum Bodensee

Südlich einer Linie zwischen Augsburg und Ulm liegt eine der reizvollsten Urlaubsregionen Deutschlands. Das Allgäu. Wahre Erlebnisräume tun sich hier dem Reisenden auf.

Die Eiszeit schuf eine Landschaft mit Wasser, Wiesen und Wäldern, mit sanften Höhen und Tälern und mit einer Bergwelt, die im Alpenraum ihresgleichen sucht. Ein Land, das jedem Geschmack das ihm Passende zu bieten hat. Hier fühlt sich der Naturfreund so wohl wie der Kulturbeflissene, der Wanderer findet sein Terrain wie auch der Radsportler, Familien mit ihrem Nachwuchs kommen ebenso auf ihre Kosten wie Gesundheitsbewusste, die von der Stille und der Ausgewogenheit der Natur verwöhnt werden.

Allgäuer Frühlingslandschaft.
(Bild Tourismusverband Allgäu/Bayerisch Schwaben)

Unverwechselbar sind die Landschaften im Allgäu und jeder Teil davon bietet eine Fülle von Erlebnissen und Eindrücken, mit der nur dieser südliche Raum Deutschlands aufwarten kann. Auf einer Fläche von nahezu 4.649 km² leben etwa 660.000 Einwohner in wahren Erlebnisräumen. Insgesamt neun dieser Erlebnisräume erschließen dem Reisenden ein reizvolles Land mit liebenswerten Menschen, mit reicher Kultur und imposanter Natur zu jeder Jahreszeit.

Die Erlebnisräume, die keinen festen Landkreisgrenzen unterliegen, tragen solch treffende Namen wie Schlosspark, Glückswege, Naturschatzkammern, Wasserreiche, Panoramalogen, Alpgärten, Himmelsstürmer, Urkrafttäler und Heimatstätten. Und allen gemein ist, dass sie landschaftliche Eigenarten haben, ihre eigenen Geschichten erzählen und in ihnen die Faszination Allgäu erlebbar wird.

Ein Besuch im Schlosspark

Deckungsgleich mit dem Landkreis Ostallgäu erstreckt sich der Schlosspark von den Königsschlössern im Süden mit dem berühmten Märchenschloss König Ludwigs II. bis zur mittelalterlichen Stadt Kaufbeuren und Buchloe im Norden, von einer imposanten Gebirgslandschaft über königliche Logenplätze im Voralpenland bis hin zu einer leicht hügeligen Kulturlandschaft mit idyllischen kleinen Ortschaften.

Der weite Blick vom weltberühmten Schloss Neuschwanstein offenbart die ganze Vielfalt und Schönheit dieser Landschaft und schafft die perfekte Illusion eines weitläufigen Schlossparks. Mit den imposanten Berggipfeln im Rücken, die als des Schlosses Alpen eine majestätische Kulisse vor den königlichen Logenplätzen mit ihren vielfältigen Ausblicken bilden, weitet sich das Land mit seinen Wiesen, Mooren und Wäldern und verwandelt es in einen Raum der Idylle. Zauberhafte, historische Städte wie Kaufbeuren und Füssen, die pulsierende Kreisstadt Marktoberdorf und verträumte Dörfer wie Halblech, Schwangau, Pfronten und Nesselwang laden zum Verweilen ein. Und für den Betrachter öffnet sich eine Landschaft wie aus dem Märchen beim Blick auf die großen und kleinen Seen, die wie übergroße Schlossteiche das Bild prägen.

Und wie in einem Märchenbuch lassen sich in jedem Ort, Kapitel für Kapitel, die kleinen und großen Geschichten, die Sagen und Mythen entdecken, erfahren und erleben. Als Wanderer und als Radler, als Ausflügler oder als Urlauber – der Zauber dieser Landschaft, das erhabene Gefühl des Besonderen ist in jedem Teil des Schlossparks spürbar und greifbar.

Schloss Neuschwanstein
(Bild Tourismusverband
Allgäu/Bayerisch Schwaben)

Wandern im Unterallgäu
(Bild Christa Fredlmeier)

Auf Glückswegen unterwegs

Die Landschaft im Unterallgäu ist sanft, beruhigend und vitalisierend. Schon der weltberühmte Pfarrer Sebastian Kneipp ließ sich von ihr inspirieren, sich auf die Suche nach dem eigenen Glück in die Natur zu begeben. Er fand es – und auch heute will es immer wieder neu entdeckt werden. Entspannung und Kraft aus der Natur schöpfen – mit tiefen Atemzügen, weit ausgreifenden Schritten, ungestört man selbst sein, das sind die Glückswege.

Der Erlebnisraum erstreckt sich von Bad Wörishofen über Mindelheim, Ottobeuren und Memmingen nach Illerbeuren. Im Norden reicht er bis Kettershausen, im Süden bis nach Bad Grönenbach. Im Erlebnisraum Glückswege finden sich Baudenkmäler wie die barocke Basilika in Ottobeuren oder das Fuggerschloss in Kirchheim mit seinem weltbekannten Zedernsaal. Daneben sind die Kartause in Buxheim mit ihrem Chorgestühl oder die Mindelburg kulturelle Stätten, die jährlich tausende von Besuchern in ihren Bann ziehen.

Natur- und Landschaftsschutzgebiete erschließen eine Kulturlandschaft mit selten gewordenen Tier- und Pflanzenarten und in den Städten pulsiert das kulturelle Leben inmitten historischer Mauern. Anheimelnde Dörfer erwarten den Reisenden, in denen er das Allgäu noch in seiner ursprunglichen Form erlebt.

Erholung in den Naturschatzkammern

Heilkraft Wasser
(Bild Oberschwaben Tourismus GmbH)

Es ist das Vermächtnis der Gletscher, denen die Region rund um Bad Wurzach und Kißlegg ihre Attraktivität zu verdanken hat. Hier geht es tief hinein in die Natur. In den Mooren, dem schwarzen Gold des Allgäus, gibt es vieles zu entdecken und zu erleben. So zählt das Wurzacher Ried zu den größten intakten Hochmoorgebieten Europas und man kann die wohltuende Kraft des Moores fühlen, wenn sie in Form von Bädern oder Packungen den Körper wärmt.

Daneben bieten Meisterwerke der Baukunst in barocker Pracht in den Schlössern und Kirchen von Bad Wurzach und Kißlegg Einblick in die reichen Spuren des kulturellen Schaffens.

Entlang der Wasserreiche

Ein wahres Wasserwunderland mit tiefen Schluchten, schroffen Klammen und Wasserfällen beeindruckt in der Region um Lindenberg, Scheidegg, Weiler-Simmerberg und Oberreute. Seit Jahrtausenden bahnt sich das Wasser seinen Weg durch die Landschaft, die das Eis der Gletscher schuf. In den u-förmigen Tälern und auf den länglichen Hügeln spielt das Wasser in Flüssen und Bächen, in Seen und Teichen die Hauptrolle. Begleitet von Kulturgeschichten, die nur im Allgäu erzählt werden können.

Auf dem Weg durch die Wasserreiche liegen beschauliche Ortschaften wie Lindenberg, Scheidegg, Weiler-Simmerberg und Oberreute, die – jede für sich – ihre Geschichten über die Hutmacherei und alte Schmugglerpfade vor den Besuchern ausbreiten.

Eistobel
(Bild Kemper)

Der Blick aus den Panoramalogen

Blick über den Schwarzenberger Weiher
(Bild Kur- und Tourismusbüro Oy)

Eine sanfte Hügellandschaft erwartet den Reisenden, der die Panoramalogen besucht. Einem Balkon der schönen Aussichten gleich, liegen sie im Zentrum der Allgäuer Erlebnisräume. Das Voralpenland und das Gebirge – überall erblickt man die Meisterwerke der Natur und verschafft sich einen paradiesischen Überblick, besucht man die Aussichtsberge wie den Grünten.

Bei der Entdeckungsreise durch die Panoramalogen des Allgäus öffnen sich dem Reisenden die Orte wie Burgberg, Oy-Mittelberg und Rettenberg. Dörfer, die zu Füßen des Grüntens liegen, Idyllische Flecken, die jedes für sich ihre eigene Geschichte haben. Und die erzählen von allerei Sagen und Mythen.

Der Duft der Alpgärten

Saftig grüne Alpwiesen und bizarre Felsen mit Kieskomponenten, die wie Nägel hervorschauen, prägen das Bild der Alpgärten. In Millionen von Jahren hinterließen gewaltige Flussläufe ihre Spuren und schufen etwas Einzigartiges, die Nagelfluh. Die Eindrücke, die sich dem Besucher erschließen, verzaubern und laden ein zu Entdeckungstouren. Die Gemeinden Fischen, Balderschwang, Immenstadt, Oberstaufen, Missen-Wilhams und Blaichach liegen am Weg und auch sie liefern Erzählungen über die Bewirtschaftung dieser einzigartigen Kulturlandschaft, die die höchste Alpdichte im gesamten Alpenraum aufweist.

Diese sanfte Form der landwirtschaftlichen Nutzung wird auch im Naturpark Nagelfluhkette betrieben. Dadurch konnte eine tierische und pflanzliche Vielfalt erhalten werden, die den Entdecker überrascht und verzaubert.

Gunzesrieder Tal
(Bild Gästeinformation Blaichach)

Oben in den Gipfelwelten

Hoch hinaus geht es von Bad Hindelang, Sonthofen und Tannheim. Die Wächter des Allgäus, die Berge mit wilden Namen wie Hochvogel, Hengst und Roßkopf erwarten den Reisenden. Kleine Pfade führen in die Höhe und derjenige, der den Weg nach oben beschreitet, läßt mit jedem Schritt den Alltag hinter sich. Das Gebirge, das unendliche Kraft und Ruhe ausstrahlt, zieht den Menschen in seinen Bann.

Das Wesen der Lebensgemeinschaft zwischen Bergen und Menschen ist in den Dörfern spürbar, die sich in die Täler schmiegen, geschützt durch die Bergriesen, die sie umgeben.

Nah am Wasser in den Urkrafttälern

Schroffe Bergriesen um Oberstdorf herum, breiten ihren Schutz über wildromantische Täler aus: Trettachtal, Oytal und Stillachtal. Hier wo die Bergbauerndörfer mit ihren alten Holzhäusern stehen, erwarten den Reisenden kristallklare Seen, wilde Bachläufe und steile Grasflanken. Angenehm zu gehende Wege durch duftende Bergwiesen führen an den drei Flüssen Stillach, Trettach und Breitach vorbei, die weiter unten im Tal die Iller bilden.

Kultur pur in den Heimatstätten

Freiheit ist das Schlagwort für die starken Städte im Allgäu. In Isny, Wangen, und Leutkirch ist das Leben der ehemals freien Städte noch zu spüren. Meist geschützt durch Stadtmauern, konnten sich Handel und Gewerbe frei entfalten, in frühen Jahren nur dem König oder Kaiser unterstellt. Schmucke Bürgerhäuser und prächtige Klosteranlagen mit ihrer Architektur aus Gotik, Renaissance und Barock sind noch heute Zeugen dieser Zeit.

Vielen Spuren kann der Reisende bei seiner Entdeckungsreise folgen und das bunte Treiben in den Straßen und Gassen der ehemals freien Reichsstädte erleben. Aber auch der Markt Altusried mit seiner Freilichtbühne erzählt in seinen Inszenierungen Geschichten von der Freiheit.

Rathaus Wangen
(Bild Tourist Info Wangen)

Kühberg
(Bild Tourismus Oberstdorf)

Einödsbach
(Bild Tourismus Oberstdorf)

Die Wandertrilogie Allgäu

Dort, wo Glückswege Naturschatz-kammern kreuzen, Gipfelwelten in einen Schlosspark übergehen, Hei-matstätten in die Wasserreiche über-leiten, Panoramalogen auf Alpgärten folgen und Gipfelwelten die Krönung bilden, ist ein Paradies für Wanderer.

Mit dem Allgäuer Weitwanderwege-netz, das sich über 876 Kilometer erstreckt und in 53 Etappen drei Hö-henlagen durchquert, hat das Wan-dern im Allgäu eine neue Qualität erreicht. Statt einer festen Route zu folgen, kann der Wanderer aus der Hauptroute und ihren Verbindungs-wegen eine individuelle Tour nach seinem Geschmack zusammenstel-len. Im Dreiklang mit der Natur ist der Wanderer auf flachem, hügeligen Gelände oder im Gebirge unterwegs.

Die „Wiesengänger Route" führt auf 463 Kilometern durch das Voralpen-land mit längeren, aber eher flachen 21 Etappen und ist etwas für natur-verbundene Genießer. Die sanften Hügellandschaften der Erlebnisräume Glückswege, Naturschatzkammern, Heimatstätten und Schlosspark be-gleiten den Wanderer, der sich ganz den landschaftlichen und architekto-nischen Sehenswürdigkeiten der Re-gion hingeben kann.

Auf der „Wasserläufer Route" be-wegt man sich entlang der Flüsse und Seen. Dabei entdeckt man die Erleb-nisräume Schlosspark, Panoramalo-gen, Alpgärten, Wasserreiche und Heimatstätten. Die etwa 390 Kilome-ter lange Route mit ihren 26 Etappen stellt etwas höhere Anforderungen an den Erlebniswanderer.

Sportlich ambitionierte Wanderer kommen auf der „Himmelsstürmer Route" auf ihre Kosten, die Teile der Erlebnisräume Schlosspark, Gipfelwelten, Urkrafttäler und Alpgärten erschließt. Auf 24 Etappen und 342 Kilometern begleiten den Wanderer Abgeschiedenheit und pure Natur in den höheren Gipfellagen der Allgäuer Alpen.

In Form von Symbolen und besonderen Plätzen werden die spannenden Geschichten, die die Wandertrilogie zu erzählen hat, vermittelt.

In den Portal-, Etappen- und Themenorten eines Trilogie-Raums gibt es Start- und Willkommensplätze, eine Eingangsstele und Rundgänge, die zu Schaupunkten und Themeninseln führen, die die Geschichten erlebbar machen. So besteht der Start- und Willkommensplatz aus einem Wahrzeichen der Region und einem Informationssystem.

Für Wanderfreunde sind dies zentrale Ausgangspunkte, die der Orientierung dienen und einen Überblick über die jeweilige Geschichte sowie die landschaftlichen und kulturellen Besonderheiten geben. Der drei bis sechs Kilometer lange Trilogie-Rundgang in den Portal- und Etappenorten führt die Wanderer dann zu Sehenswürdigkeiten und Schaupunkten, die ein besonderes Detail fokussieren und zu Trilogie-Plätzen, die auf Geschichten, die hier verborgen liegen, hinweisen. Insgesamt gibt es 33 Portal-, Etappen- oder Themenorte, die die Allgäuer Wandertrilogie formen und lebendig werden lassen.

Nicht umsonst wurde dem „Weitwandern in einer neuen Dimension" im Jahr 2016 vom ADAC der „Tourismuspreis Bayern" verliehen.

Wanderer bei Füssen
(Bild Füssen Tourismus)

Genussradeln im Allgäu

Im Allgäu erwarten den Radfahrer auf etwa 200 Routen rund 4.000 Kilometer bestens beschilderte Radwege. Genussradler kommen hier ebenso auf ihre Kosten wie Mountainbiker und Rennradfahrer. Und jeder kann sich sicher fühlen, denn das Routennetz besteht aus vielen verkehrsarmen Nebenstraßen und Radwegen.

Um Fahrradfahrern die schönsten Ecken des Allgäus zu erschließen, entstand die „Radrunde Allgäu". Auf 450 Kilometern führt die Radrunde durch alle neun Erlebnisräume. Mit der Verbindung zu den beiden Achsen Iller- und Allgäu-Radweg findet jeder Radfahrer seine Strecke mit passendem Höhenprofil. So wird Radeln zum Genuss und den individuellen Voraussetzungen und Wünschen der Radfreunde gerecht.

Die einzelnen Etappen der Radrunde Allgäu lassen sich ganz nach Vorliebe und Geschmack in die Kategorien „genussvoll", „klassisch" oder „sportlich" einteilen. Je nachdem, wie man sich konditionell fühlt oder Schwerpunkte auf Besichtigungen oder den Genuss der Landschaft legt.

Abwechslungsreich sind die Höhepunkte einer Radtour, die am oder neben den Wegen liegen: Malerische Altstädte, idyllische Dörfer, barocke Kirchen und weltbekannte Königsschlösser finden sich hier, aber auch zünftige Biergärten, eine abwechslungsreiche Hotellerie, Gastronomie und urige Sennalpen.

E-Bike-Verleih- und Ladestationen, ein Gepäcktransport mit dem Allgäu Shuttle und die Anbindung an den öffentlichen Personennahverkehr runden das Fahrradangebot im Allgäu ab.

Bild Högl

Bild Gästeinformation Bad Hindelang

Familienland Allgäu

Das Allgäu ist zu jeder Zeit die richtige Erholungsregion für Familien mit ihrem Nachwuchs, denn die Erlebnisräume faszinieren mit Spannung, Spiel und Spaß.

Ob Freizeitpark, Streichelzoo, Klettermax oder Wassernixe – für jeden Geschmack hat das Allgäuer Abenteuerland eine Menge zu bieten. Und die herzliche Allgäuer Gastfreundschaft ist sprichwörtlich, machen doch die Gastgeber in Hotellerie und Gastronomie mit familienfreundlichen Unterkünften und Angeboten ihre Aufwartung.

Alpenwellness

Gesundheitvorsorge inmitten der Allgäuer Natur heißt ganz im Hier und Jetzt zu sein. Entspannen, wohlfühlen, neue Kräfte tanken in alpiner Atmosphäre ist reiner Genuss. Ob man sich mit Wellnessanwendungen verwöhnen lässt, meditierend im Naturschutzgebiet wandern geht oder die sanfte Bewegung sucht, bei der die intakte Natur der ideale Begleiter ist – bei der Alpenwellness wird Erholung groß geschrieben, begleiten doch schmackhafte und gesunde Küche, allgäu-typische Traditionen und alpine Produkte den Aufenthalt.

Zahlreiche Alpenwellness-Betriebe im Allgäu haben sich auf Wellness und Spa spezialisiert.

Allgäuer Wintermärchen

Während des Winters lädt das Allgäu mit 800 Pistenkilometern die Wintersportler auf die Pisten ein. Grenzenloser Ski- und Snowboard-Spaß ist im Allgäu vor einer einzigartigen Bergkulisse garantiert. Wegen seiner Schneesicherheit zählt das Allgäu zu den beliebtesten Skigebieten Deutschlands.

Die acht Skiregionen in den Allgäuer Alpen bieten mit ihren Bergbahnen Service und Bequemlichkeit und bestens präparierte und gepflegte Pisten.

Langläufer und Skater erwarten im Allgäu 1.000 Kilometer klassische Loipen und 500 Kilometer Skaterpisten. Naturfreunde, die entspannt ihre Runden drehen möchten, finden hier ebenso ihr Terrain wie sportlich Ambitionierte, die auf Weltcup-Loipen unterwegs sind.

Schier endlos scheinen die Winterwanderwege vor dem erholungssu-

Neuschwanstein im Winter
(Bild Füssen Tourismus)

Bild Gästeinformation Bad Hindelang

chenden Gast zu liegen. Bei einer Wanderung durch die kristallklare Winterluft, einer Fackelwanderung unter dem Sternenhimmel oder auf dem Weg zur Wildfütterung erlebt der Gast die Stille des winterlichen Allgäus. Doch ob man im Allgäu zu Fuß, mit Schneeschuhen oder Schlittschuhen, mit dem Rodel oder einem Hundeschlitten auf Entdeckungstour geht – das Allgäu präsentiert sich als Wintermärchen par excellence.

lichkeiten wartet das Allgäu auf und präsentiert sich dabei besonders familienfreundlich. Genügend Betreuungsplätze finden sich neben einem breiten Schulspektrum. Studierende erwarten optimale Studienbedingungen und Berufseinsteiger freuen sich über ein vielfältigen Ausbildungsangebot. Arbeitnehmer haben hervorragende Jobaussichten bei florierenden Unternehmen der unterschiedlichsten Branchen.

Lebensgefühl Allgäu

Das Allgäu ist nicht nur eines der beliebtesten Ferienziele Deutschlands. Es ist auch eine attrakive Region, in der Beruf mit Familie und Freizeit in Einklang gebracht werden kann. Mit einem breit gefächerten Kulturangebot und unzähligen Freizeitmög-

Bild Füssen Tourismus

69

Das Allgäuer Tor zur Welt

Flughafen Memmingen

Der Verkehrsflughafen Memmingen entstand 2004 aus einem stillgelegten Fliegerhorst der Luftwaffe und hat sich seit der Aufnahme der ersten Linienflüge Mitte 2007 zu einem bedeutenden Flughafen für die Region Allgäu entwickelt.

Eine große Auswahl an Flugzielen in Europa, Asien und Afrika, die von verschiedenen Airlines angeboten werden, stehen für die Fluggäste bereit. Aktuelle Flugpläne und Flugziele findet man unter www.allgaeu-airport.de/flugziele. Der Flughafen liegt etwa drei Kilometer östlich von Memmingen und ist mit dem Pkw bequem von der Autobahnanschlussstelle Memmingen-Ost, der A 96 oder über die Bundesstraßen 300 und 312 zu erreichen. Für die Reisenden stehen eine ausreichende Anzahl an preiswerten Parkplätzen zur Verfügung. Es bestehen Busverbindungen zum Bahnhof Memmingen.

Verschiedene Restaurants mit einem umfangreichen gastronomischen Angebot helfen den Fluggästen, die Wartezeit bis zum Abflug entspannt zu verkürzen. Bei schönem Wetter bietet der Biergarten neben dem Terminal Gelegenheit, Starts und Landungen der Flugzeuge hautnah zu verfolgen. Direkt nach der Sicherheitskontrolle lädt der Duty Free Shop zu einer genussvollen Einkaufstour mit einem breit gefächerten Sortiment an Spirituosen, Parfums, Zeitschriften, Reiseführern, Souvenirs und vielem mehr zu günstigen Preisen ein.

Flughafenfans sei die Teilnahme an einer faszinierenden Flughafenführung mit vielen interessanten Infos empfohlen, bei der die gesamte Bandbreite des Flughafens gezeigt wird und man einen Blick hinter die Flughafenkulissen werfen kann. Neben der Airport Tour für Erwachsene gibt es eine Airport Kids Tour, die bei Kindern sehr beliebt ist. Infos über Termine finden Sie auf der Homepage des Flughafens.

Flughafen Memmingen GmbH
Am Flughafen 35
D-87766 Memmingerberg
Tel. +49 (0)83 31-98 42 00-0
Fax +49 (0)83 31-98 42 00-19
info@allgaeu-airport.de
www.allgaeu-airport.de

Aus der Vierländerregion in die ganze Welt

Bodensee-Airport

Von Friedrichshafen nach Istanbul, Buenos Aires oder Bangkok? Idealer Startpunkt für solche Trips ist der Bodensee-Airport. Kurze Wege, eine entspannte Atmosphäre und direkter Anschluss an das weltweite Netz des Luftverkehrs – ein attraktiver Verkehrsknotenpunkt für die Vierländerregion.

Mit mehr 500.000 Passagieren pro Jahr gehört der Bodensee-Airport zu den wichtigsten Regionalflughäfen in Deutschland. Im Linienverkehr bieten Lufthansa (vier Flüge pro Tag nach Frankfurt) und Turkish Airlines (mit täglichen Flügen nach Istanbul) perfekte Verbindungen an – mit einmal Umsteigen sind damit alle Flughäfen weltweit hervorragend erreichbar. Innerdeutsch bietet British Airways in Zusammenarbeit mit der dänischen Regionalfluggesellschaft SUN-AIR eine Linienverbindung nach Düsseldorf und Hamburg (zwei Flüge pro Tag). Mehrfach pro Woche geht es mit Twin-Jet direkt nach Toulouse, Wizz Air fliegt mit Skopje und Tuzla zwei wichtige Ziele in Südosteuropa an. Den Touristikverkehr prägt Germania maßgeblich mit ihrem Flugangebot: Sie hat hier in Friedrichshafen einen modernen Airbus A 319 stationiert und fliegt damit in alle wichtigen touristischen Ziele rund um das Mittelmeer – von Antalya bis Varna. Palma de Mallorca wird sogar mit täglichen Flügen angebunden.

Weitere Airlines wie Tailwind oder Corendon Airlines starten mehrmals pro Woche von FDH – so der IATA-Code

des Bodensee-Airport Friedrichshafen – zu Sonnenzielen am Mittelmeer. Im Winter wird der Bodensee-Airport von British Airways und easyJet genutzt, um Fluggäste aus Großbritannien vor allem in die Skigebiete in Österreich, der Schweiz und Liechtenstein zu bringen.

Zweitältester Flughafen in Deutschland – Standort mit langer Historie

Mit Zeppelin und Dornier steht Friedrichshafen als Ort mit einer historisch weltweiten Bedeutung für die Entwicklung der Luftfahrt: die Anfänge reichen zurück bis in das Jahr 1913, damit ist Friedrichshafen der zweitälteste Verkehrsflughafen in Deutschland. Heute präsentiert sich der Bodensee-Airport Friedrichshafen als ein auf dem letzten technischen Stand ausgestatteter Regionalflughafen mit allen Annehmlichkeiten für seine Fluggäste. Aber die Tradition der Luftfahrt bleibt hier direkt erlebbar: Weithin sichtbar sind die Zeppeline, die in den Sommermonaten zu den Rundflügen rund um den Bodensee starten und landen. In unmittelbarer Nähe zum Passagierterminal befindet sich das nicht nur architektonisch attraktive Dornier-Museum. Aviatische faszinierende Vergangenheit, mit modernster Ausstattung in die Zukunft – in Friedrichshafen kein Widerspruch.

Die wichtigsten Verbindungen im Flugangebot des Bodensee-Airport sind:

- Lufthansa zum Star Alliance Drehkreuz Frankfurt (4x täglich)
- British Airways (operated by SUN-AIR) nach Düsseldorf (2 x tägl.), Hamburg (2 x tägl.)
- Turkish Airlines nach Istanbul (tägl.)
- TWIN Jet nach Toulouse (4x wöchentlich)
- Wizz Air nach Tuzla (Bosnien-Herzegowina) (2x pro Woche), Skopje (Mazedonien) (2x pro Woche)
- Mit Germania zu 12 Zielen nonstop – von Antalya bis Varna – täglich nach Mallorca

Flughafen Friedrichshafen GmbH Bodensee-Airport

Am Flugplatz 64
D-88046 Friedrichshafen
Tel +49 (0)7541-2840
Fax +49 (0)7541-28 42 07
info@bodensee-airport.eu
www.bodensee-airport.eu

Die KönigsCard

Allgäu – Tirol – Oberbayern

Die märchenhafte Gegend rund um die Regionen Allgäu, Tirol und Oberbayern bieten schier unendliche Freizeitmöglichkeiten. Wer im KönigsCard-Land Urlaub macht, möchte am liebsten alles: Bergbahn fahren, im Sommer eine Schifffahrt auf dem See genießen, faszinierende Wanderungen und Radtouren unternehmen oder im Winter sämtliche Wintersportarten ausprobieren und danach im Hallenbad entspannen – und das jeden Tag. Die KönigsCard macht das möglich.

Das bietet die KönigsCard

Die KönigsCard ist eine All-Inclusive Gästekarte in den drei Regionen Allgäu, Tirol und Oberbayern und bietet Zugang zu rund 250 königlichen Erlebnissen, ohne einen Cent dafür zu bezahlen. Dadurch wird der Urlaub kalkulierbar.

So erhält man die KönigsCard

Wer einen Aufenthalt bei einem der über 500 KönigsCard-Gastgeber bucht, bekommt die KönigsCard kostenlos und für die gesamte Dauer seines Aufenthaltes. Die KönigsCard ist ausschließlich bei teilnehmenden KönigsCard Gastgebern erhältlich und kann nicht käuflich erworben werden. Zur

einfachen Planung des Urlaubs wird ein Erlebnisführer mit ausführlicher Beschreibung aller Leistungen vom Gastgeber zusammen mit der Königs-Card bei der Anreise ausgehändigt.

Die rund 250 Erlebnisse können ganz nach Wunsch und Zeitbudget, über die gesamte Aufenthaltsdauer individuell zusammengestellt werden. Die Königs-Card sorgt das ganze Jahr über für ultimativen Spaß in einer der schönsten Urlaubsregionen Deutschlands – und somit für glückliche Urlauber und entspannte Heimkehrer.

Die KönigsCard-Erlebnisse

Die reizvolle Umgebung hat einiges zu bieten. Deshalb ist die KönigsCard grenzenlos gültig. Vom Allgäu über den Pfaffenwinkel, die Ammergauer Alpen, das Blaue Land bis hin zum österreichischen Tirol kann die traditionelle, kulturelle und landschaftliche Vielfalt in ihrer ganzen Bandbreite gratis erforscht werden. Familien werden zu königlichen Abenteurern, bereichert durch neue, spannende Erfahrungen. Abendliche Fackelwanderungen, im Hochseilgarten klettern, die Welt der Ritter erleben, Kartfahren, Minigolf spielen, mit der Sommerro-

delbahn den Berg hinunter sausen, auf einem echten Holzfloß den Lech entlang fahren, Eisstock schießen und viele Angebote mehr machen den Aufenthalt zu einem unvergesslichen Erlebnis. Auch Sportler können ungehindert aktiv sein. Im Winter beinhaltet die KönigsCard eine 3 Stunden Skikarte für Bergbahnen, Lifte und Seilbahnen, die Wintersportlern hervorragende Voraussetzungen für verschiedene Aktivitäten eröffnet. Gäste sind vom umfangreichen Freizeitangebot begeistert. Ob Fahrradverleih, Museumsbesuche, geführte Wanderungen oder Schifffahrten – mit der KönigsCard ist alles Inklusive! Unglaublich? Aber wahr.

Fotos (8): KönigsCard, Joris Lugtigheid, www.jorislugtigheid.nl

Wissenswertes

- Sie ist nicht im Freiverkauf, sondern nur bei KönigsCard-Gastgebern erhältlich.
- Sie kann nicht übertragen werden.
- Jeder Gast erhält eine eigene KönigsCard.
- Sie bleibt Eigentum des Gastes und kann bei jedem weiteren Aufenthalt bei einem KönigsCard-Gastgeber wieder aktiviert werden.
- Sie kann im Leistungsumfang witterungs- und betriebsbedingt unter Umständen eingeschränkt sein (bitte vor Inanspruchnahme einer Leistung bei den Leistungspartnern informieren)

Weitere Informationen sind bei den Tourist Informationen der beteiligten Orte oder bei der KönigsCard Betriebs GmbH erhältlich.

KönigsCard Betriebs GmbH

Schwabenstraße 11
D-87616 Marktoberdorf
Tel. +49-(0)8342 911-331
Fax +49-(0)8342 911-437
info@koenigscard.com
www.koenigscard.com

Wessobrunn Pähl Bernried

PFAFFENWINKEL Weilheim

Altenstadt Seeshaupt **A95**

gau

Hohenpeißenberg Polling Iffeldorf

Peiting Penzberg

Peißenberg **B2** Antdorf

B17 Böbing

Habach Sindelsdorf

B23 **OBERBAYERN**

Rottenbuch Uffing

Bad Bayersoien Riegsee

ngaden Seehausen

Wildsteig Murnau Großweil

alblech Bad Kohlgrub **BLAUES LAND** Kochel

Saulgrub Ohlstadt

Unterammergau ▲ **Herzogstand**

Oberammergau Walchensee

Ammergebirge ▲ Ettal

AMMERGAUER ALPEN **B11**

Farchant

B23 Garmisch Partenkirchen

ermoos ▲ Zugspitze

189 **A12**

Aktivparadies Allgäu

Das Allgäu und Kleinwalsertal sind an Vielfalt und Schönheit kaum zu überbieten. Dabei spielt die Jahreszeit keine Rolle. Das Allgäu ist ein Ferien- und Urlaubsparadies zu jeder Jahreszeit und für die ganze Familie. Zahlreiche Aktivangebote und Sehenswürdigkeiten wollen entdeckt und erobert werden. Die gewaltige Schlucht der Breitachklamm, wo sich tosendes Wasser durch beeindruckende Felsformationen Bahn bricht, Sagenwege, Höhlen und Baumwipfelpfade in Schwindel erregenden Höhen sind immer einen Ausflug wert.

Das Allgäuer Bergbauernmuseum, ein Mitmachmuseum vor Traumkulisse, mit seinem begehbaren Kuhmagen und vielen heimischen Tierrassen ist für Familien ganzjährig der Hit.

Kristallklare Bergseen und blitzsaubere Badeseen mit ausgezeichneter Wasserqualität, noch dazu viele gepflegte Freibäder für sicheres Planschen vor atemberaubender Allgäuer Hochalpenkulisse und nicht zu vergessen die zahlreichen modernen Bergbahnen, die auf direktem Weg die Berge erschließen.

Einfach mehr erleben mit der Allgäu-Walser-Card

Die Allgäu-Walser-Card ist die Gratis-Gästekarte mit der Urlauber die zahlreichen Angebote leichter erkunden können. Ob Bergbahnen, Bäder, Museen oder viele weitere Attraktionen für jedes Wetter:

Als Gast erhalten Sie überall attraktive Vergünstigungen. Mit Hilfe der begleitenden Info-Broschüren lässt sich jeder Tag perfekt gestalten: Aktuelle Preise, Öffnungszeiten und eine kurze Beschreibung jeder Attraktion helfen bei der Planung. Der attraktive Reiseführer und die Freizeitkarte sind die idealen Reisebegleiter zum Einstecken. Immer aktuell gibt es alle Infos auf der mobilen Website: www.allgaeu-walser-card.com

Eine Karte – viele Optionen

Jeder Urlauber erhält seine persönliche Allgäu-Walser-Card bei der Anreise von seinem Gastgeber direkt und gratis ausgehändigt und kann ab dem ersten Tag die zahlreichen Angebote nutzen.

Bei vielen Gastgebern lässt sich die Karte mit zusätzlichen aufbuchbaren Leistungen direkt an der Rezeption weiter aufwerten: Mit Busticket, Skipasss oder Bergbahnfahrt erhält die Karte Funktionen, die zum Beispiel das lästige Anstehen an der Kasse vor Ort überflüssig machen.

Top Ziel Naturerlebnis
Breitachklamm/Tiefenbach.
Ausführliche Beschreibung
siehe Seite...

Mit dem schon im Hotel auf die All-gäu-Walser-Card aufgebuchten Skipass oder der Berg- und Talfahrt gehen die Gäste einfach direkt durch die berührungslosen Drehkreuze!

Premiumangebote der Allgäu-Walser-Card

Wem das an Vielfalt noch nicht reicht, für den bieten zahlreiche Orte gemeinsam mit ihren Gastgebern im Oberallgäu weitere interessante Alternativen. So lässt sich mit „Oberstaufen plus" und „Bad Hindelang plus" bei den entsprechend ausgewiesenen Übernachtungsbetrieben fast schon ein All-inclusive Urlaub buchen. Neben der Übernachtung und der gebuchten Verpflegung erhält der Gast seine Allgäu-Walser-Card auf der die Plus-Angebote der beiden Orte schon aufgebucht sind. Damit können dann zahlreiche

Freizeitangebote vor Ort gratis genutzt werden. Ein besonderes Sommerangebot halten Oberstdorf und das Kleinwalsertal und die Hörnerdörfer Balderschwang, Bolsterlang, Fischen, Obermaiselstein und Ofterschwang bereit: Mit „Bergbahn inklusive" bzw. „Allgäuer Hörnerbahnen inklusive" sind die Fahrten mit den örtlichen Bergbahnen bei ausgewiesenen Gastgebern direkt im Übernachtungspreis dabei. So lässt sich die Bergwelt auf ausgedehnten Wandertouren noch komfortabler erkunden.

Die alles-dabei-vielCARD

Gäste in den anderen Orten können sich ähnliche Leistungen ganz einfach mit dem Erwerb des Angebotes „vielCARD" sichern. Schon ab einem Preis von 54,90 € für 4 Tage (Kinder ab 9,90 €) können Gäste sich die vielCARD bei einer der rund 500 Verkaufsstellen auf die Allgäu-Walser-Card buchen lassen und damit dann einmalig über 70 Attraktionen nutzen.

Mit dabei sind attraktive Bergbahnen, die großen Erlebnis- und Freibäder und zahlreiche Museen und Sehenswürdigkeiten von Oberstdorf bis nach Kempten, Isny und Wangen. Die vielCARD ist für 4, 7 und 14 Tage erhältlich und durch seine Vergünstigungen für Kinder und Jugendliche gerade für Familien ein Angebot den Urlaub im Allgäu noch abwechslungsreicher und spannender zu gestalten. Alle Informationen und Preise immer aktuell unter: www.vielcard.de

Mobil und vernetzt

DIE Allgäu-Walser-Card gibt es nicht. Denn jeder Ort hat die Möglichkeit, seinen Gästen zusätzliche Leistungen anzubieten. Sie können sich jederzeit darüber informieren, was ganz konkret für Sie gilt. Geben Sie einfach www.awc.de und dann Ihren Urlaubsort ein, schon kommt eine Auflistung der Attraktionen, bei denen Sie Vorteile mit Ihrer Allgäu-Walser-Card nutzen (z.B. www.awc.de/Sonthofen). Auf diesem sehr übersichtlich gehaltenen Internetportal kann man sich nicht nur direkt vor Ort während seiner Ausflüge über Ermäßigungen und Leistungen der Allgäu-Walser-Card informieren.

Schon vor der Anreise kann man sich hier wertvolle Tipps holen und die zahlreichen Angebote und ihre Vergünstigungen mit der Allgäu-Walser-Card kennenlernen.

Einen sehr guten Überblick über die Fülle an Möglichkeiten zur Urlaubsgestaltung mit der Allgäu-Walser-Card erhält der Gast auch durch die gedruckten Infomaterialien, die beim Gastgeber oder jeder Tourist-Info erhältlich sind.

Die Vorteile der Allgäu-Walser-Card im Überlick:

– Kostenlos für jeden Gast im Oberallgäu, Kleinwalsertal und Westallgäu erhältlich.
– Ca. 200 Partnervorteile.
– Individuell buchbare Upgrades.
– Z.B. Skipass direkt im Hotel aufbuchen.
– Premium-Angebote wie Oberstaufen PLUS, Bad Hindelang PLUS, Bergbahn inklusive in Oberstdorf und Kleinwalsertal und Allgäuer Hörnerbahnen inklusive.

– Schlüssel zu einem abwechslungsreichen Urlaub.

Jeder Gast in einem der 42 teilnehmenden Allgäu-Walser-Card – Orte hat einen Anspruch auf die Karte und erhält diese bei seinem Gastgeber. Weitere Informationen hierzu halten alle Tourist-Infos bereit oder stehen auf **www.allgaeu-walser-card.com** zur Verfügung.

Oberallgäu Tourismus Service GmbH

Jahnstraße 6
D-87509 Immenstadt
Tel. +49 8323 9949-0
www.allgaeu-walser-card.com

Urlaub wie im Bilderbuch

Mir Allgäuer – Urlaub auf dem Bauernhof

Immer mehr stressgeplagte Menschen suchen heutzutage Ruhe und Erholung auf dem Land, weitab von der Hektik in den Städten. Der Verein „Mir Allgäuer" – Urlaub auf dem Bauernhof e.V. bündelt rund 500 Ferienhöfe mit liebevoll eingerichteten Ferienwohnungen und herzlichen Gastgebern im schönen Allgäuer Voralpenland.

Urlaub auf dem Bauernhof ist vor allem bei Familien beliebt, weil sich dabei die Gelegenheit bietet, gemeinsam den landwirtschaftlichen Alltag im dörflichen Umfeld mitzuerleben. Vor allem Kinder sind Feuer und Flamme. Was fressen Schweine? Wie kommt die Milch aus der Kuh? Wo schlafen Hühner? Sie lernen Tiere aus nächster Nähe kennen, gewinnen einen Einblick in die Herstellung von Lebensmitteln und erleben „aus erster Hand" die Arbeit auf dem Land. Nicht nur für Kinder eine eindrucksvolle Erfahrung!

Mit jeder Menge Spaß und Abenteuer, neuen zwei- und vierbeinigen Freunden für die Kinder und herrlicher Luft, Ruhe und Entspannung pur für die Eltern, verspricht Bauernhofurlaub den perfekten Urlaub. Echt und ursprünglich, natürlich, mit Tradition und Allgäuer Gemütlichkeit. Einfach mal nichts tun und die Seele baumeln lassen! Oder Neues entdecken und den eigenen Horizont erweitern. Viele Bäuerinnen kennen sich gut mit Heilkräutern aus und geben ihr Wis-sen gerne an die Urlauber weiter. Beim Kochen bekommt man einen Einblick in die Zutatenliste und kann die leckeren Speisen nach den Ferien zuhause nachkochen.

Ferienhof Felder

Ferienhof Ücker

Erkennen kann man die „Mir Allgäuer" Höfe am „Blauen Gockel". Ein Zeichen, dass sie auch alle Mitglied im Landesverband „Bauernhof und Landurlaub Bayern" sind. Ca. 75 % der Gastgeber sind nach den Kriterien des Deutschen Tourismusverbandes (DTV) mit 3 bis 5 Sternen klassifiziert und tragen größtenteils auch eines der sieben Qualitätssiegel für besondere Erlebnisqualität der „Bundesarbeitsgemeinschaft für Urlaub auf dem Bauernhof und Landtourismus in Deutschland".

Ob Bergbauern-, Kräuter-, Aktiv-, Reiter-, Kinder- oder Wellnesshof, die qualifizierten und spezialisierten Gastgeberbetriebe von „Mir Allgäuer" bieten viel mehr als nur den klassischen Urlaub auf dem Bauernhof. Auf den Alpenwellnesshöfen genießen Feriengäste die herzliche Gastfreundschaft eines Familienbetriebes, in mit viel Liebe zum Detail gestalteten Ferienwohnungen und den kleinen fast schon privaten Wellnessbereichen. Die naturnahen, regionaltypischen An-

Ferienhof Stechele

Ferienhof Felder

Ferienhof Kögel

wendungen mit Bergwiesenheu, Kräutern, Milch und Molke sorgen für wunderbares Wohlbefinden.

Die Gastgeber der Natur- & Aktiv-Höfe stellen reichlich Infomaterial für Touren in die herrliche Bergwelt zur Verfügung. Sie wissen wie lange Wanderungen dauern und für welche Konstitution die Wege geeignet sind.

Wenn es die Zeit zulässt, gehen Aktiv-Landwirte auch gerne gemeinsam mit Gästen auf Tour und zeigen Ihnen die schönsten Plätze ihrer Heimat.

Auf den Kinderbauernhöfen punkten die Gastgeber mit familiengerecht und kindersicher ausgestatteten Wohnungen, teilweise mit Spielzimmern, aber ganz sicher mit einem großen

Ferienhof Ücker

Alphaus Vogt

Kinderfuhrpark und einem Spielplatz, auf dem sie nach Herzenslust toben können.

In den Kräuterlandhöfen mit den liebevoll angelegten Kräutergärten sind die Gastgeber Experten in allen Fragen rund um die faszinierende Welt der Kräuter. Gäste können wildwachsende Kräuter mit allen Sinnen wahrnehmen und deren heilsame Wirkung unmittelbar erleben.

Auf den Reiterhöfen dreht sich alles ums Pferd. Pferdebegeisterte Kinder können hier mit Ihren Eltern zusammen Spaziergänge auf Ponys unternehmen oder wenn die Kinder schon reiten können auch einen Ausritt auf einem Pferd.

Die reizvolle, abwechslungsreiche Allgäuer Landschaft sorgt für den passenden Rahmen eines unvergesslichen Urlaubs auf dem Bauernhof.

**Mir Allgäuer –
Urlaub auf dem Bauernhof e.V.**

Adenauerring 97
D-87439 Kempten
Tel. +49 (0)831 960 661 22
Fax +49 (0)831 960 661 39
www.allgaeu-urlaubaufdembauernhof.de
info@mir-allgaeuer.de

Kompetenz durch vernetzte Vielfalt

Hochschule Kempten

Wer Kempten hört, denkt oft zuerst an die historische Altstadt, die Allgäuer Festwoche und die atemberaubende Umgebung mit ihren Bergen, Seen und Wiesen. Doch Kempten ist auch Hochschulstadt. Seit ihrer Gründung im Jahr 1978 hat sich die Hochschule Kempten zu der Einrichtung für akademische Bildung im Allgäu entwickelt. Heute studieren rund 6.000 junge Menschen in den Studienfeldern Ingenieurwissenschaften, Informatik & Multimedia, Betriebswirtschaft & Tourismus sowie Soziales & Gesundheit. Die Hochschule für angewandte Wissenschaften ist verlässlicher Partner im Wissens- und Technologietransfer, ein starker Motor für das wirtschaftliche, kulturelle und soziale Leben des Allgäus.

Unter der Mission „Kompetenz durch vernetzte Vielfalt" leistet sie einen substanziellen und nachhaltigen Beitrag zur Lösung aktueller und zukünftiger Herausforderungen unserer Gesellschaft. Dafür werden die Kompetenzen innerhalb der Hochschule und in der ganzen Region miteinander vernetzt. Mit modernen Lehrgebäuden, Laboren, Bibliothek und Mensa herrschen auf dem 53.000 m² großen Hochschulcampus sowie in den Außenstellen Memmingen und Kaufbeuren beste Studien- und Forschungsbedingungen. 145 Professorinnen und Professoren bewerkstelligen zusammen mit ca. 320 Lehrbeauftragten aus der freien Wirtschaft die Vorlesungen in derzeit 38 Studiengängen. Rund 220 nichtwissenschaftliche und 70 wissenschaftlicher Mitarbeiterinnen und Mitarbeiter halten den Hochschulbetrieb am Laufen.

Eine familiäre Atmosphäre, ein Campus der kurzen Wege und der direkte Kontakt zu den Professorinnen und Professoren sind hier Realität.

Ein besonderer Schwerpunkt liegt auf dem Praxisbezug und der Internationalisierung. Vielfältige Wirtschaftskooperationen bilden die Basis für ein anwendungsorientiertes Studium. Duale Studienmodelle helfen Theorie und Praxis weiter zu verknüpfen. Rund 100 Partnerhochschulen auf der ganzen Welt ermöglichen es, einen Teil des Studiums im Ausland zu absolvieren.

Als höchstgelegene Hochschule Bayerns unterstützt die Hochschule Kempten Spitzenathleten bei ihren Bemühungen, zeitgleich eine sportliche Karriere und eine akademische Ausbildung zu verfolgen. Darüber hinaus engagiert sie sich seit Jahren verstärkt im Wissens- und Technologietransfer.

Forschungsschwerpunkte sind „Energiesysteme und Energietechnik", „Vernetzte Mobilität und Fahrzeugtechnik", „Fertigungs- und Automatisierungstechnik", „Health Care Management" sowie „Innovative Lehr- und Lernformen". Zentrale Kontaktstelle für Unternehmen ist das Forschungszentrum Allgäu (FZA). Dort werden fakultätsübergreifend Kooperationen und Forschungsprojekte koordiniert.

Abhängig von Art und Umfang werden Kooperationsprojekte an hochschuleigenen Instituten, über An-Institute oder über die Technologienetzwerke Allgäu (TNA) und Bayerisch-Schwaben (TBS) abgewickelt.

Hochschule für angewandte Wissenschaften Kempten

Bahnhofstraße 61, D-87435 Kempten
Tel. +49 (0)831-2523 0
post@hs-kempten.de
www.hs-kempten.de

Ursprung des mobilen Reisens in Deutschland

Dethleffs

Was vor über 85 Jahren in Isny begann, hat sich inzwischen zu einer der beliebtesten Urlaubsformen überhaupt entwickelt. Das mobile Reisen mit Caravan und Reisemobil ist dem Peitschen- und Skistockhersteller Arist Dethleffs und seiner Verlobten, der Landschaftsmalerin Fridel Edelmann, zu verdanken. Um ihren Verlobten auf seinen langen Geschäftsreisen begleiten zu können, wünschte sie sich einen Wagen, der als Schlaf- und Wohnstätte ebenso dienen könnte wie als Atelier. Also baute Arist Dethleffs in der heimischen Garage ein Hochzeitsgeschenk: Das erste "Wohnauto" war erfunden. Das Interesse an diesem Fahrzeug war so groß, dass er dieses im Auftrag fertigte. Damit war der Grundstein für das Caravaning in Deutschland gelegt. Heute gehört die Firma Dethleffs zu den größten europäischen Herstellern von Freizeitfahrzeugen.

Innovativ wie bei der Gründung

Der Pioniergeist des Firmengründers ist bei Dethleffs auch heute noch spürbar. Er steckt in der kontinuierlichen Weiterentwicklung der Baureihen, in unzähligen Innovationen und im Markenkern des Unternehmens, das sich „Ein Freund der Familie" nicht nur auf die Fahnen geschrieben hat, sondern auch lebt.

Qualität, Zuverlässigkeit und perfekter Service sind ausschlaggebend für die Produktion am Standort Isny im Allgäu, mit dem das Unternehmen seit der ersten Stunde an fest verbunden ist.

Ausflugtipp:
Werksführung bei Dethleffs

Bei der Führung durch eines der modernsten Produktionswerke Europas erleben Interessierte hautnah mit, wie Caravans und Reisemobile heute gebaut werden.

Die Teilnahme ist kostenlos, aber nur nach vorheriger Anmeldung (und Bestätigung) möglich unter:

Dethleffs
Arist-Dethleffs-Straße 12
D-88316 Isny im Allgäu
info@dethleffs.de
Tel. +49 (0)75 62-98 70
www.dethleffs.de

Die neuesten Modelle präsentiert

Im Dethleffs Ausstellungszentrum in Isny können Interessierte an Werktagen die neuesten Modelle live anschauen und sich unverbindlich beraten lassen. Das Ausstellungszentrum zeigt auf einer Fläche von mehr als 2.500 Quadratmetern ständig eine repräsentative Auswahl der aktuellen Dethleffs-Fahrzeuge.

Dethleffs Ausstellungszentrum
Rauchstraße 4/1
D-88316 Isny
Tel. +49 (0)75 62-98 79 10
www.ausstellungszentrum.dethleffs.de

Wandern im Unterallgäu
(Bild Christa Fredlmeier, Allgäu GmbH)

Erlebnisraum Glückswege

Erlebnisraum Glückswege

Zentral im bayerischen Regierungs-bezirk Schwaben gelegen, dehnt sich der Erlebnisraum Glückswege aus. Beschaulich präsentiert sich die Voralpenlandschaft zwischen Bad Wörishofen und Mindelheim, Mem-mingen und Ottobeuren sowie Bad Grönenbach. Die Region hat neben zahlreichen Naturschutzgebieten und Naturdenkmälern, prachtvolle Städte und kulturelle Kleinode zu bieten, die es zu entdecken gilt.

Mit der Iller im Westen und der Wer-tach im Osten findet der Erlebnisraum seine natürlichen Grenzen. Auf einer Fläche von etwa 1.200 km² leben ca. 140.000 Einwohner.

Zu Gast im Land von Pfarrer Kneipp

Der berühmte „Wasserdoktor" Seba-stian Kneipp, der aus einem kleinen Ort nahe Ottobeuren stammt, wirkte lange Zeit in Bad Wörishofen. Schon er ließ sich von der lieblichen Land-schaft inspirieren, die sich von einer breiten Ebene im Norden in eine sanfte Hügellandschaft im Süden aus-breitet.

Ein Paradies für Radler
(Bild Högel)

Heute ist der Erlebnisraum Glückswege touristisch erschlossen. Er bietet ein Paradies für Wanderer und Radfreunde sowie für Gesundheitsbewußte und Erholungssuchende, die die Abwechslung lieben. Verwöhnt werden die Gäste in zahlreichen Gesundheitseinrichtungen, die Wellness nach den über 150 Jahre erprobten Naturheilverfahren des Pfarrer Kneipp anbieten.

Ein Paradies für Wanderer und Fahrradfahrer ist der Erlebnisraum, erkundet man doch auf schönen und einheitlich ausgeschilderten Wander- und Radwegen die Landschaft, während man ständig das Alpenpanorama im Blick hat. Über 70 traumhaft gelegene Rund- und Themenwege sowie neun Fernwanderwege erschließen den Erlebnisraum Glückswege und auf über 40 Touren können Radfahrer

– je nach Strecke und Schwierigkeitsgrad - die kulturellen und gastronomischen Attraktionen entdecken, die am Wegesrand liegen.

Kneipptretanlagen sorgen für Erfrischung
(Bild Jan Greune)

N

Talertshofen
Zaiertshofen
Mohrenhausen
Kettershausen
Bebenhausen
Olgishofen
Herretshofen
Kirchhaslach
Greimeltshofen
Babenhausen
E
Weinried
Klosterbeuren
Winterrieden
Oberschönegg
Bei
Engishausen
Inneberg
Dietershofen
Baumg
Pleß
Reichau
Egg a.d.Günz
Arlesried
H
Frickenhausen
Fellheim
Boos
Niederrieden
Lauben
Daxberg
Heimertingen
Erkheim
Günz
Holzgünz
Schwaighausen
Schlegelsber
Buxheim
Trunkelsberg
Ungerhausen
Westerheim
Sonthe
Memmingerberg
Attenhausen
MEMMINGEN
Stephansried
Hawangen
Frechenrieden
Benningen
Klosterwald
A 96
Lachen
Betzisried
M
Ottobeuren
F
Wolferts
Guggenberg
Kardorf
Woringen
Haitzen
Dietratried
Illerbeuren
Kronburg
A 7
Niederdorf
Ollarzried
Zell
Lautrach
Wolfertschwenden
Maria Steinbach
Böhen
Bad Grönenbach
Legau

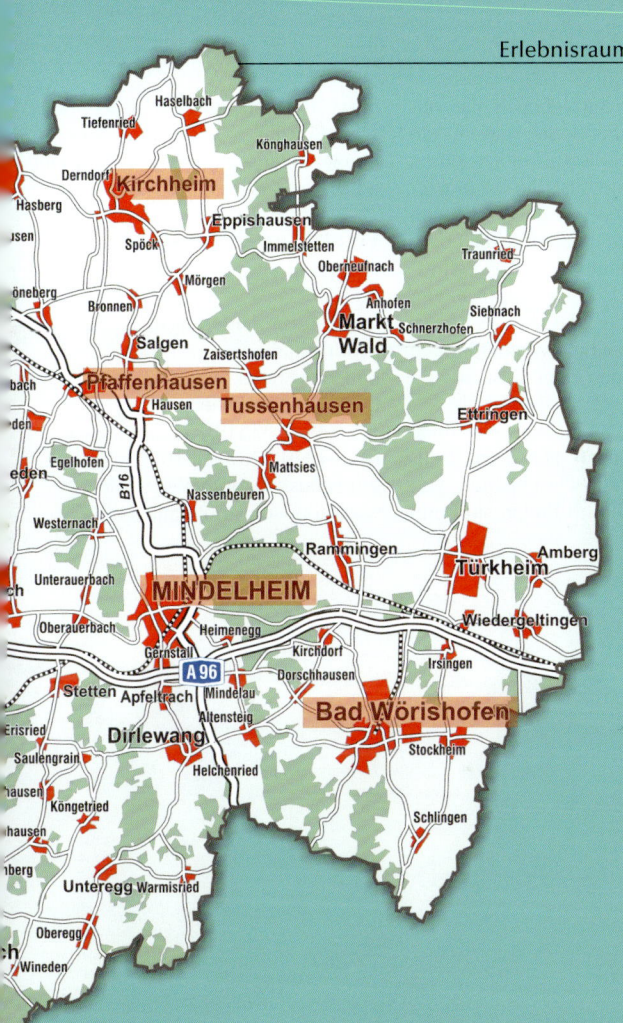

*Der Erlebnisraum
Glückswege*

Kulturhistorisch hinterließen die vergangenen Jahrhunderte Spuren, die es in dem Erlebnisraum aufzuspüren gilt. Romantische Altstädte mit prachtvollen Gebäuden wie in Mindelheim und Memmingen beeindrucken ebenso wie die Sakralbauten des Schwäbischen Barock. Die Basilika von Ottobeuren oder das Fuggerschloss Kirchheim mit seinem weltberühmten Zedernsaal lohnen einen Besuch.

Daneben breitet sich eine vielfältige Museumslandschaft vor dem Besucher aus, in der Geschichten von Land und Leuten zu finden sind und die von Präsentationen zeitgenössischer Künstler sowie von Theater- und Konzertveranstaltungen abgerundet wird.

Wichtige Adressen und Telefonnummern

Landratsamt Unterallgäu

- Tourismus -
Bad Wörishofer Straße 33
D-87719 Mindelheim
Tel. +49 (0)8261 995375
Fax +49 (0)8261 99510375
tourismus@lra.unterallgaeu.de
www.tourismus-unterallgaeu.de

Wanderparadies Unterallgäu
(Bild Christa Fredlmeier, Allgäu GmbH)

Orte im Erlebnisraum Glückswege

Karte der Erlebnisräume Allgäu siehe Seiten 54/55

Bad Grönenbach

Glücksmomente für Körper, Geist und Seele

Der Markt Bad Grönenbach (rund 5.500 Einwohner) im schwäbischen Landkreis Unterallgäu liegt zwischen Memmingen und Kempten. Zum Markt gehören neben den Ortsteilen Herbisried, Ittelsburg, Thal, Zell und Ziegelberg weitere 22 Weiler und 17 Einöden.

Dem seit 1954 staatlich anerkannten Kneippkurort wurde 1996 das Prädikat Kneippheilbad verliehen. Bad Grönenbach ist durch die eigene Anschlussstelle der nahen Autobahn A 7 von Kempten nach Memmingen gut zu erreichen. Der Bahnhof des Ortes liegt an der Strecke von Ulm nach Oberstdorf.

Über 800 Betten in Hotels, Pensionen, Kurkliniken oder Ferienwohnungen stehen für erholungsbedürftige Besucher bereit. Eine Reihe von Gasthöfen und Cafés mit breiten kulinarischen Angeboten sorgen für das leibliche Wohl der Gäste. Die reiz-

volle, aussichtsreiche Voralpenlandschaft mit vielfältigen Freizeit- und Ausflugsmöglichkeiten, das kulturelle Angebot und die umfassende gesundheitliche Betreuung lassen keine Wünsche offen.

Kurzer Blick ins Geschichtsbuch

Das Gebiet der Marktgemeinde war bereits in vorgeschichtlicher Zeit besiedelt. Nach den Römern kamen im 6. Jahrhundert alemannische Siedler in die Region. 1099 wurde der Ort erstmals urkundlich erwähnt. Zu den wechselnden Besitzern vom Mittelalter bis zur Säkularisation im Jahre 1803 gehörten die Ritter von Rothenstein, die Marschälle von Pappenheim, die Fugger und das Fürststift von Kempten. Ab 1803 gehörte Grönenbach zum Königreich Bayern. 1842/43 lebte der spätere „Wasserdoktor" Sebastian Kneipp in Grönenbach, um hier Latein zu lernen.

*Das Hohe Schloss
(Bild Markt Bad Grönenbach)*

Bad Grönenbach
(Bild Jo Hermann)

Sehenswürdigkeiten

Hohes Schloss

Das im 12. Jahrhundert erbaute, weithin sichtbare Hohe Schloss liegt in exponierter Lage auf einem großen Nagelfluhfelsen und ist das Wahrzeichen Bad Grönenbachs. Nach zahlreichen Besitzern und mehrfachen Umbauten wurde das Schloss 1996 von der Marktgemeinde erworben. Es wird für Ausstellungen und Konzerte sowie standesamtliche Trauungen genutzt und kann im Rahmen einer Führung besichtigt werden.

Kreislehrgarten

Im Jahr 2000 wurde der ehemalige Klostergarten neben dem Hohen Schloss zum öffentlich begehbaren Kreislehrgarten umgestaltet. Die idyllische Gartenanlage ist ein beliebtes Ausflugsziel nicht nur für Gartenliebhaber, die sich hier gerne Anregungen holen. Auf 4.000 Quadratmetern Fläche wurden 150 Bäume und Sträucher, 1.100 Buxen, 390 Rosen, 50 Obstbäume, 1.800 Blütenstauden sowie 2.300 Kräuter und Wildstauden gepflanzt. Der Obstgarten mit beeindruckender Sortenvielfalt, der bunte Bauerngarten und das breite Sortiment des Kräutergartens mit vielen Kneipp-Kräutern erfreuen Groß und Klein.

Weitere Sehenswürdigkeiten sind die Ruine der im 11. Jahrhundert errichteten Burg Rothenstein und die beiden Kirchen des Ortes. Im Jahr 1136 wurde die katholische Stiftskirche St. Philippus und Jakobus erstmals geweiht und im 17. Jahrhundert im barocken Stil umgestaltet. Am Marktplatz befindet sich 1479 von Ludwig von Rothenstein gestiftete Spitalkirche Heiliger Geist.

Freizeit und Sport

In Bad Grönenbach haben die Gäste vielfältige Möglichkeiten, sich mit der Kneipp'schen Gesundheitslehre vertraut zu machen. Die fünf Säulen dieser Lehre sind Wasser, Bewegung, Lebensordnung, Ernährung und Heilpflanzen. Die Mischung aus Natur, Erholung und Gesundheitsangeboten in Bad Grönenbach entfaltet ihre heilsame Wirkung.

Wandern

In der sanften Hügellandschaft mit dem ausgeschilderten Wanderwegenetz hat man zu jeder Jahreszeit reichlich Gelegenheit, sich genussvoll in der intakten Natur zu bewegen und aktiv zu entspannen. Rund 950 Kilometer Rad- und Wanderwege rund um Bad Grönenbach stehen zur Verfügung. Die Fernwanderwege „Wiesengängerroute" der Wandertri-logie Allgäu, der Kneippwanderweg und der Jakobus-Pilgerweg führen durch den Ort.

Bad Grönenbach ist am Projekt der „Glückswege im Landkreis Unterallgäu" beteiligt, bei dem neue lohnende, einheitlich ausgeschilderte Wanderwege angelegt werden.

Der am Parkplatz an der Rothensteiner Straße beginnende Walderlebnispfad lädt ein, die Geheimnisse des Waldes kennenzulernen. Auf dem Rundweg erfahren Groß und Klein an neun Schautafeln viel Wissenswertes über den Lebensraum Wald.

Unterhalb des Kreislehrgartens beginnend, führt der Naturerlebnisweg über Blumen- und Streuobstwiesen sowie weitere Lebensräume von Biene, Hummel, Mensch und Co. Er informiert an 45 interaktiven Stationen über Blütenökologie, Kulturlandschaft und Bestäubungsinsekten. Mit dem Projekt „Bad Grönenbach blüht auf" engagiert sich die Marktgemeinde für eine Vergrößerung des Blütenangebots für Bestäubungsinsekten wie Bienen und Schmetterlinge, indem

Hummeln auf Sonnenhut

sie Wildblumen-Saatgut auf kommunalen und privaten Flächen verteilt. Die so entstandenen, herrlich bunten Wildblumenflächen erfreuen Einwohner und Kurgäste.

Zweimal wöchentlich bietet die Kur- und Gästeinformation geführte Wanderungen an.

Veranstaltungen

Höhepunkt des abwechslungsreichen Veranstaltungsprogramms in Bad Grönenbach mit hochkarätigen Kulturangeboten sind die Kulturwochen „Sommerfrische" von Ende Juni bis Ende September mit Ausstellungen im Hohen Schloss, Kabarettabende, Swing- und Jazzkonzerte sowie Theateraufführungen. Im Jahresverlauf werden Besucher mit Konzerten, Kabarett und verschiedensten Vorträgen abwechslungsreich unterhalten.

Zu den beliebten Festen und Märkten gehören das Maibaumfest, das Marktfest auf dem Marktplatz und das Tauziehfest mit Wettbewerben der Tauzieh-Bundesliga Mitte Juni. Alle zwei Jahre findet im August außerdem das Italienische Weinfest auf dem Marktplatz statt. Im Ortsteil Ittelsburg feiern Bewohner und Gäste Ende August/Anfang September das traditionelle Schnitthahnenrennen.

Wichtige Adressen und Telefonnummern

Kur- und Gästeinformation Bad Grönenbach
Haus des Gastes
Marktplatz 5
D-87730 Bad Grönenbach
Tel. +49 (0)8334 60531
Fax +49 (0)8334 60542
gaesteinfo@bad-groenenbach.de
www.bad-groenenbach.de

Trilogienadel
(Bild M. Schell)

Bad Wörishofen

Willkommen im ältesten Kneipp-Kurort

Wer kennt ihn nicht, den Menschenfreund Kneipp, der vor mehr als 150 Jahren hier im Unterallgäu wirkte und sein weltberühmtes Naturheilverfahren entwickelte, das einzigartig in Europa ist und mittlerweile zum immateriellen Kulturerbe zählt. Nirgendwo sonst werden die wohltuenden Anwendungen von Pfarrer Sebastian Kneipp so erfolgreich angewendet wie in der Geburtsstätte der gleichnamigen Therapie. Hier kommen geballte Fachkompetenz und medizinisches Know-how für ein optimales Ergebnis zusammen.

Bad Wörishofen (630 m ü. M.) hat viel zu bieten. Im größten Ort im Unterallgäu mit seinen rund 16.000 Einwohnern bilden kulturelle wie auch sportliche Aktivitäten eine attraktive Einheit. Der 163.000 qm große Kurpark bietet neben einem traumhaften Rosengarten mit 6.000 Rosenstöcken auch Duft- und Aromagarten, drei Heilkräutergärten und den Barfußweg mit 24 Erlebnisstationen.

Der Ort bietet ganzjährig zahlreichen Veranstaltungen, vom Festival der Nationen mit hochrangigen internationalen Künstlern bis zum Osterbrunnenfest mit Konzerten an den geschmückten Brunnen der Stadt.

Kurzer Blick ins Geschichtsbuch

Die Region um Bad Wörishofen war schon zur Mittelsteinzeit besiedelt, wie Funde und Ausgrabungen belegen. Nach den Römern nahmen zum Ende des 5. Jh. die Alemannen die Region in Besitz. Im Jahr 1067 wurde Werenshova erstmals urkundlich erwähnt. 1243 wurde der Ort, der dem Bistum Augsburg gehörte, dem Dominikanerorden vermacht, der 1719 bis 1721 das Kloster Wörishofen erbaute.

Bad Wörishofen
(Bild: Gäste-Information Bad Wörishofen)

Blütenpracht auf dem Luitpold-Leusser-Platz

Sebastian Kneipp kam 1855 als Beichtvater des Dominikanerinnenklosters nach Bad Wörishofen. Später wurde er auch Pfarrer von St. Justina und 1886 erschien sein erstes Buch über die Wasserkur. Bereits 1890 wurde beschlossen, den Ort zum Kurort auszubauen, 1920 erhielt die Stadt das Prädikat „Bad". 2004 öffnete schließlich die Südsee-THERME Bad Wörishofen ihre Pforten.

Sehenswürdigkeiten

Das in den Jahren 1719 bis 1721 erbaute Kloster der Dominikanerinnen und die Pfarrkirche St. Justina zeigen Stuckarbeiten und Fresken von Dominikus Zimmermann und Johann Baptist Zimmermann.

In dem Kloster findet sich auch das Sebastian-Kneipp-Museum, das über das Leben und Wirken des Pfarrers informiert. Im Allgäuer Fischmuseum entdecken Naturfreunde die heimischen Fischarten sowie Krebse und Vögel. In einer historischen Segelfliegerhalle aus dem Jahr 1934 ist das Fliegermuseum untergebracht. Neben zahlreichen Exponaten, die die Luftfahrt von ihren Anfängen bis in die Neuzeit dokumentiert, können die Besucher im Cockpit einer komplett erhaltenen MIG 21 MF Platz nehmen

Kurtheater

oder am Flugsimulator ihre Flugfähigkeiten unter Beweis stellen. Im Kutschenmuseum Niklas sind 100 historische Kutschen zu bewundern und das Puppenmuseum birgt so manche Kostbarkeiten von Spielzeugpuppen und Bären aus den 1920er Jahren bis ins Jahr 2000. Im Süddeutschen Fotomuseum wird die Geschichte und Entwicklung der deutschen und internationalen Fototechnik nachgezeichnet und an 16 bedeutende Konstrukteure und Erfinder erinnert.

Freizeit und Sport

Sie zählt zu den schönsten Thermalbädern Deutschlands – die Südsee-THERME in Bad Wörishofen. Neben dem gesundheitsfördernden Thermalwasser entführt das traumhaft exotische Ambiente in eine Auszeit aus dem Alltag. Die Gäste werden mit

angenehmer Wärme, wohltuendem Wasser und zahlreichen Wellnessangeboten verwöhnt.

Ein gepflegtes Rad- und Wanderwegenetz führt im sanften Allgäu durch blühende Wiesen und weite Wälder. Die Radrunde Allgäu und auch die Wandertrilogie mit der Wiesengängerroute sind hier zu finden. Daneben lockt ein 18-Loch-Golfplatz in einer einzigartigen parkähnlichen Landschaft zu sportlicher Betätigung, bei der die Sportler mit reizvollen Ausblicken auf die Voralpenlandschaft belohnt werden.

Barfußpfad

Darüber hinaus laden im Ort ein Freibad, Tennisplätze, ein Hallen-Eisstadion sowie weitere Sportanlagen zu unterhaltsamen Freizeitaktivitäten ein.

Auch der Allgäu Skyline Park liegt direkt vor den Toren der Stadt und wartet auf große und kleine Abenteurer. Über 60 Attraktionen bietet der mehrfach prämierte Freizeitpark.

Barfuß in Bad Wörishofen

Gleich zwei Barfußwege finden sich in Bad Wörishofen. Schließlich empfahl Pfarrer Kneipp das Barfußgehen als Anfang der Abhärtung. Riesigen Spaß versprechen die Wege für Läufer jeden Alters und vor allem für Familien mit Kindern.

Der besondere Tipp:
Ein fantasievolles Erlebnis für die ganze Familie ist der „Ort der Wald- und Naturwesen". Geheimnisvolle Gestalten wie Gnome, Lindwürmer, Nymphen und Trolle tummeln sich auf einer Lichtung in den Wäldern der Kurstadt und verzaubern die Wanderer, die ihnen begegnen.

Wichtige Adressen und Telefonnummern

Gäste-Information
Hauptstr. 16
D-86825 Bad Wörishofen
Tel. +49 (0)8247 99 3355
info@bad-woerishofen.de
www.bad-woerishofen.de

Bad Wörishofen vor dem Alpenpanorama

Das Südseeparadies mitten im Allgäu

THERME Bad Wörishofen

In der THERME Bad Wörishofen erwartet Erholungsuchende ab 16 Jahren ein wahres Wohlfühl-Paradies: Echte Palmen in exotischem Südseeambiente, angenehm warme Luft- und Wassertemperaturen sowie einmalige Beauty- und Wellnessprogramme garantieren herrliche Urlaubsstunden. Absolute Ruhe und Erholung verspricht das Mindestalter von 16 Jahren. Familien erobern immer samstags von 9 bis 18 Uhr die THERME.

Einmalige Vitalangebote

Neben wunderbarer Urlaubsatmosphäre kommt in der THERME Bad Wörishofen auch die Gesundheit nicht zu kurz. Das Thermalheilwasser ist staatlich anerkannt und mit seinem hohen Gehalt an Mineralien ausgesprochen wertvoll.

Besonders wohltuend ist ein Bad in den einzigartigen Vitalbecken der golden leuchtenden Onyx-Grotte sowie im Calcium-Lithiumbad des Blütenkelchs. Ein neues Highlight erwartet die Besucher des Thermenparadieses mit dem weltweit einzigartigen Vital-Parcours. Das entschlackende Zink-Basenbad, die aufbauende Vitaminquelle sowie das pflegende Mineralienbad unterstützen dabei, den Körper vom täglichen Stress zu befreien und zu regenerieren.

Einzigartige Wohlfühlangebote

Für ein positives Körpergefühl lädt das Aktiv-Team mehrmals täglich zur beliebten Wassergymnastik ein. Das sanfte Training schont Rücken und Gelenke und bringt den Kreislauf in Schwung. Wer seiner Haut zusätz-

lich etwas Gutes tun möchte, gönnt sich mit Verwöhnangeboten wie der Beautymaske und dem Salzpeeling eine Extra-Pflege. Im Anschluss genießen die Gäste im Salz-Stadl das angenehme Farbenspiel natürlicher Salzsteine aus echtem Himalaya Salz sowie dem Salz des Toten Meeres und profitieren dabei vom einmaligen Klima.

Vitalbad & Saunen
Im Vitalbad und den Saunen spüren die Gäste die positiven Eigenschaften des Saunierens in traumhaftem

Ambiente. Mehr als 15 thematisierte Saunaattraktionen sowie zahlreiche Aufguss- und Beauty-Extras sorgen für unvergleichliche Wohlfühlmomente. In der Meditationssauna mit japanischem Ambiente und einem Aquarium voll farbenprächtiger Kois die Seele baumeln oder sich in der im maurischen Stil gestalteten Alhambra von aromatischen Duftkompositionen verzaubern lassen – im Vitalbad und den Saunen genießen Saunaliebhaber Momente puren Wohlbefindens. Für eine erfrischende Abkühlung nach dem gesunden Schwitzen sorgen die tosenden Wasserfälle der Felsenduschen. Perfekt wird der Aufenthalt bei einem fruchtigen Cocktail an der Poolbar.

THERME Bad Wörishofen
Thermenallee 1
D-86825 Bad Wörishofen
Tel. +49 (0)8247 399 327
Fax +49 (0)8247 399 399
info@therme-badwoerishofen.de
www.therme-badwoerishofen.de

Bayerns größter Freizeitpark

Allgäu Skyline Park

Weithin sichtbar grüßt der Allgäu Skyline Park die Autofahrer auf der nahen A 96 von Lindau nach München und lädt mit erschwinglichen Preisen zum großen Freizeitspaß für die ganze Familie ein.

Der Park wurde schon mehrfach ausgezeichnet für die Kategorien „beste Gastronomie", „bestes Preis-Leistungsverhältnis" und „Top-Event" für die legendäre Veranstaltung „Skyline Park bei Nacht".

Die liebevoll gestaltete Kinder-Attraktion „Kids Farm – einzigartige Bauernhof Spielinsel" erhielt das Prädikat „besonders empfehlenswert für Kinder".

Die große Auswahl an spannenden Fahrgeschäften wird ständig erweitert. Weit über 60 Attraktionen in den Kategorien Adrenalin, Familienspaß und Kinderhits bieten vielfältige Fahrspaßerlebnisse.

Mutige Besucher erleben in der Weltneuheit des Motorrad-Coasters „Sky Dragster" ein komplett neues Fahrgefühl, verlieren in der riesigen Zentrifuge „Zero Gravity" den Boden unter den Füßen oder spüren Adrenalin pur im „Sky Wheel", Europas höchster Überkopf-Achterbahn Europas.

Das Spaßbad mit Wasserrutschen ist das einzige Freibad in einem deutschen Freizeitpark, Badesachen nicht vergessen! So viele Abenteuer machen hungrig. Die Biergärten, Restaurants und Gastro-Stände im Park bieten ein einzigartiges kulinarisches Angebot mit herrlich frischen, regionalen Speisen, die nicht nur lecker schmecken, sondern auch noch unglaublich günstig sind. Der „Frühstücks-Hit" und die reiche „Familienpfanne" stehen ganz

oben auf der Beliebtheitsskala. Für zwischendurch gibt es eine große Auswahl an frisch gebrannten Mandeln. Die Grünflächen im Park mit hohen Bäumen, dichten Hecken, viel Wasser und kleinen Biotopen laden zu genussvoller Entspannung nach den aufregenden Erlebnissen ein.

Der bunte Veranstaltungskalender des Parks mit namhaften Show-Acts und interessanten Events bietet ein abwechslungsreiches Programm.

Öffnungszeiten:
www.skylinepark.de/infos-service/oeffnungszeiten/

Allgäu Skyline Park
Skyline-Park-Straße 1
D-86871 Rammingen (BY)
Direkt an der A96
Ausfahrt Bad Wörishofen
Tel. +49 (0)8245 9669 0
service@skylinepark.de
www.skylinepark.de

Buxheim

Das Kartäuserdorf

Das schwäbische Dorf Buxheim an der Iller (rund 3.100 Einwohner) ist eine Exklave des Landkreises Unterallgäu. Es wird im Osten vom Memminger Stadtgebiet und im Westen vom württembergischen Landkreis Biberach umschlossen. Durch die Stellung als Exklave kann man Buxheim nur über Kreisstraßen erreichen. Die Brücke über die Iller ins benachbarte Baden-Württemberg ist ausschließlich Eisenbahn- und Fußgängerbrücke.

Der Name Buxheim ist untrennbar mit dem einzigartigen Kloster der ehemaligen Reichskartause verbunden. Buxheim wird auch als „Kartäuserdorf" bezeichnet.

Jährlich besuchen rund 15.000 kulturinteressierte Besucher die kleine Ortschaft, die mit ihren blühende Wiesen und ausgedehnten Wäldern neben den kulturellen Besonderheiten zusätzlich Erholung in einer intakten Naturlandschaft bietet. Buxheim hat sich von einem Dorf mit ländlichem Charakter zu einer modernen Gemeinde mit hohem Freizeitwert entwickelt.

Kurzer Blick ins Geschichtsbuch

Die Geschichte Buxheims wird durch die Kartause geprägt. In der ehemaligen Alemannensiedlung erbauten ab dem Jahr 1402 Kartäusermönche aus dem Nördlinger Raum die Anlage der Kartause und hatten die Herrschaft über das Buxheimer Gebiet und

Kartause
(Bilder Heimatdienst Buxheim e.V.)

Streubesitz im Umland inne. Die Initiative war vom Augsburger Domherrn Heinrich von Ellerbach ausgegangen, der als Propst eines ca. 300 Jahre lang bestehenden und inzwischen desolat gewordenen Kollegiatsstifts für Weltpriester eine religiöse Erneuerung schaffen wollte. In den 400 Jahren bis zur Säkularisation 1803 entfaltete sich die Kartause zu einem der bedeutendsten Klöster Schwabens. Seit 1485 stand sie unter dem Schutz des Kaisers. Ab 1548 konnte sie sich die einzige Reichskartause Deutschlands nennen. In der Blütezeit des Klosters von 1680 bis 1740 entstand das berühmte Buxheimer Chorgestühl und das Kloster wurde im Barockstil umgestaltet.

Kuppel der Annakapelle

Mit der Rheinbundakte 1806 kam der Ort zum neugeschaffenen Königsreich Bayern und wurde im Zuge der bayerischen Verwaltungsreformen 1818 zur selbständigen Gemeinde.

Das Kloster gelangte nach der Säkularisation in den Besitz der Grafen Waldbott zu Bassenheim. Aufgrund von Misswirtschaft mussten 1883/84 wertvolle Kunstgegenstände und Teile der berühmten Bibliothek verkauft werden.

1926 übernahmen die Salesianer Don Boscos einen Teil des Klostergebäudes und errichteten ein Gymnasium mit Internat. Das Gymnasium Marianum Buxheim gehört heute als staatlich anerkanntes Privatgymnasium mit einem sprachlichen und naturwissenschaftlichen Zweig zum Schulwerk der Diözese Augsburg. Die gesamte historische Anlage der Kartause ist heute im Besitz des Freistaats Bayern, in dessen Auftrag sie der Heimatdienst Buxheim betreut.

Sehenswürdigkeiten

Die bedeutendste Sehenswürdigkeit des Ortes ist die ehemalige Reichskartause mit der Klosterkirche und dem Deutschen Kartausenmuseum.

Der im 11. Jahrhundert gegründete Kartäuserorden gilt als einer der strengsten Orden der katholischen Kirche. Der Orden verbindet die Mönchsgemeinschaft mit dem Leben von Eremiten. Die Mönche leben in einzelnen Zellenhäuschen an einem Kreuzgang, die sie nur zu bestimmten Zeiten verlassen, um an der gemeinsamen Liturgie und dem gemeinsamen Essen im Refektorium teilzunehmen.

Rundgang

Kreuzgang

Beim Rundgang durch die Kartause folgt man dem 400 Meter langen Kreuzgang, wobei es viel zu entdecken gibt.

Zunächst erreicht man im Klosterstüble das Dorfmuseum, das Teile der Geschichte Buxheims, insbesondere unter den Grafen Waldbott von Bassenheim von 1810 bis 1926 darstellt. Es folgt die Bibliothek, die früher mit ca. 15.000 bis 18.000 Bücher reich bestückt war. Leider wurden sie 1883 versteigert. Etwa 1.200 Bücher konnten wieder erworben werden. Vorbei am Refektorium gelangt man zur Klosterkirche.

Die Klosterkirche St. Maria

Im Zentrum der Klosteranlage steht die Klosterkirche St. Maria, eine barocke Saalkirche mit Ursprüngen im 11. Jahrhundert. Im 18. Jahrhundert nahmen die Gebrüder Dominikus und Johann Baptist Zimmermann aus der Wessobrunner Schule die umfassende Umgestaltung der Kirche im Barockstil vor.

Prunkstück der Kirche ist das berühmte hochbarocke Chorgestühl, das Ignaz Waibl zwischen 1687 und 1691 geschaffen hat. Im Jahr 1883 wurde es versteigert und befand sich lange Zeit in einem Schwesternkonvent in Südengland. Erst 1980 konnte der Bezirk Schwaben das Gestühl zurückkaufen und aufwändig restaurieren lassen.

Das hufeisenförmig aufgebaute Gestühl besteht aus sogenannten Stallen, von denen 31 erhalten sind. Sie wurden im Zellentypus mit hohen Wangen errichtet, die eine Ablenkung der Mönche verhindern sollte. Das Gestühl ist reich figürlich ausgestattet mit Statuen von Ordensgründern in den Rückwänden der Sitze. Im Gesims sind die zwölf Apostel und fünf Personen aus dem Alten Testament zu sehen.

Ausschnitt aus dem Chorgestühl

Chorgestühl

In der Sakristei der Kirche ist das Sakralmuseum untergebracht, das auf 11 Tafeln die Geschichte des Chorgestühls darstellt. Es werden auch barocke Figuren und zwei Silberkelche gezeigt sowie die Herstellung von Stuck, Stuckmarmor, Fresken und Vergoldung an Modellen erläutert. Eine Musikstation widmet sich dem so genannten Buxheimer Orgelbuch, der bedeutendsten Quelle spätmittelalterlichen Tastenmusik.

Es folgt die Annakapelle, ein Juwel des bayerischen Rokoko, die ebenfalls von den Gebrüdern Zimmermann in den Jahren 1738 bis 1741 umgestaltet und stuckiert wurde. Bemerkenswerte Fresken, das Altarbild, plastische Stuckfiguren und Holzfiguren schmücken den Innenraum.

Das Kartausenmuseum

Zum Abschluss des Rundgangs zeigt das Kartausenmuseum in drei ehemaligen Mönchszellen wertvolle Exponate.

Zelle 1 widmet sich dem Leben des Ordensgründers der Kartäuser, des hl. Bruno von Köln, der im 11. Jahrhundert lebte, sowie die Geschichte der Kartause Buxheim und den heute noch bestehenden Kartäuserklöster.

Zelle 2 informiert anhand von Bildern aus der Kartause Marienau bei Bad Wurzach, der einzigen derzeit bestehenden Kartause Deutschlands, über das Leben der Kartäusermönche.

In Zelle 3 sind Originalbücher der ehemaligen Bibliothek ausgestellt. Außerdem kann man sich über das Leben in der Kartause vom Barock bis zur Gegenwart informieren. Ein Modell zeigt die Anlage der Buxheimer Reichskartause im 18. Jahrhundert.

Das Kartausenmuseum ist vom 1. April bis 1. November täglich von 10 - 17 Uhr geöffnet. Während dieser Zeit wird jeden Sonntag um 14 Uhr eine Gästeführung angeboten. Führungen während und außerhalb der

Annakapelle

offiziellen Öffnungszeiten können über die Homepage (www.kartause-buxheim.de) oder über E-Mail (info@heimatdienst-buxheim.de) angemeldet werden.

Madonna

Die Pfarrkirche St. Peter und Paul

Auch die Buxheimer Pfarrkirche St. Peter und Paul wurde 1726 bis 1729 von Dominikus Zimmermann an der Stelle eines ehemaligen romanischen Kirchenbaus im Barockstil errichtet. Das Äußere der Kirche, vor allem die reich gegliederte Westfassade, ist bemerkenswert gestaltet. Die wertvolle Innenausstattung beeindruckt mit wuchtigen Altären, Fresken, Gemälden und Stuckarbeiten. Kleinod der Kirche ist die berühmte Buxheimer Madonna von 1420 im linken Seitenaltar. Die farbig gefasste Tonfigur ist Zeugnis der Gläubigkeit im Mittelalter.

Freizeit und Sport

Auch Naturliebhaber kommen in Buxheim auf ihre Kosten. Der Ort ist von einem großen Waldgebiet umgeben, das mit Rad- und Wanderwegen und einem Walderlebnispfad zu erholsamen Wanderungen einlädt.

Sechs idyllische Weiher sind in das weitläufige Waldgebiet eingebettet. Der große Buxheimer Weiher mit Campingplatz, Gaststätten, Bootsverleih und Minigolfplatz ist ein beliebtes Ausflugsziel.

Am südlichen Rand des Waldes erwartet eine anspruchsvolle 18-Loch Golfanlage Golffreunde aus Nah und Fern.

Lohnend ist auch eine Wanderung auf den Spuren der Kartäusermöche entlang des 4,7 km langen Kartäuserweges. Dieser beginnt am Parkplatz am großen Weiher.

Veranstaltungen

Im Buxheimer Veranstaltungskalender finden sich neben geistlichen Konzer-ten und Sonderausstellungen auch Aufführungen der Theaterfreunde „Die Gaukler". Bei den Allgäuer Gartentagen im Mai in der Kartause erfreuen sich zahlreiche Gartenfreunde an der verführerischen Blütenpracht und erhalten wertvolle Anregungen für die Gartengestaltung.

Wichtige Adressen und Telefonnummern

Gemeindeverwaltung Buxheim
Kirchplatz 2
D-87740 Buxheim
Tel. +49 (0)8331 9770 0
Fax +49 (0)8331 9770 70
info@buxheim.de
www.buxheim.de

Heimatdienst Buxheim e.V.
An der Kartause 15
D-87740 Buxheim
Tel. +49 (0)08831 61804
Fax +49 (0)08831 963429
info@heimatdienst-buxheim.de
www.kartause-buxheim.de

Buxheimer Weiher

Internationale Küche in großer Auswahl

Restaurant Sonne

Besucher in Buxheim kehren nach einer ausgedehnten Besichtigung der berühmten Kartause oder einer erholsamen Wanderung im weitläufigen Buxheimer Waldgebiet gern im Restaurant Sonne gleich neben der Kartause ein.

Das ruhige Ambiente des Gastraums und des neu eröffneten Wintergartens lädt zu gemütlichem Verweilen ein. Im Sommer bei schönem Wetter kann man die leckeren Speisen auch in der angenehmen Atmosphäre des Biergartens genießen. Teilnehmer einer Busreise sind nach vorheriger Anmeldung willkommen.

Die Küche des Restaurants zeichnet sich durch die große Vielfalt des Angebots an frisch zubereiteten Speisen aus. Hier findet jeder das passende Gericht. Die Auswahl reicht von Steaks über italienische Speisen bis zu Balkan-Spezialitäten und internationaler Küche.

Neben einer großen Anzahl an köstlichen Pizzen, Spaghetti, Penne und Tortellini bietet die Speisekarte leckere Suppen und Salate. Die jugoslawischen Grillspezialitäten wie Raznjici, Cevapcici oder Räuberspieß mit Pommes frites und Djuvetschreis sollte man sich nicht entgehen lassen. Besonders beliebt sind die reichhaltigen Grillplatten für zwei Personen.

Bei den Steakspezialitäten des Hauses verarbeitet die Küche nur frische Argentinische Rindersteaks.

Freunde deutscher Küche freuen sich über die Auswahl an leckeren Schnitzeln und Fischgerichten. Zu allen Speisen mundet ein frisch gezapftes Bier vom Fass.

Zu den Angeboten des Hauses gehört die einzige öffentliche Kegelbahn in Buxheim, die von Hobby- und Freizeitkeglern nach vorheriger telefonischer Anmeldung genutzt werden kann.

Restaurant Sonne
An der Kartause 2, D-87740 Buxheim, Tel. +49 (0)8331 72690
voikic@web.de, www.gasthaus-sonne.net

Öffnungszeiten:
Täglich (außer Mittwoch – Ruhetag), von 11:30 – 14 und von 17 – 22 Uhr.

Erkheim

Moderne, lebendige Gemeinde

Die Marktgemeinde Erkheim (rund 3.000 Einwohner) im Landkreis Unterallgäu liegt 15 km östlich von Memmingen. Erkheim ist durch die eigene Autobahnauffahrt der A 96 von Memmingen nach München sehr bequem zu erreichen. Vom nächstgelegenen Bahnhof im drei Kilometer entfernten Sontheim bestehen stündliche Verbindungen nach Memmingen und München.

Die Gemeinde besteht aus dem Hauptort Erkheim und den Ortsteilen Arlesried, Daxberg, Schlegelsberg sowie einer Reihe von Weilern. Als attraktive, familienfreundliche Wohngemeinde zeichnet sie sich durch eine hervorragende Infrastruktur, ein vielfältiges Vereinsleben, hohes Bürgerengagement und moderne Freizeiteinrichtungen aus.

Kurzer Blick ins Geschichtsbuch

Erkheim wurde bereits im Jahr 764 erstmals urkundlich erwähnt. Große Teile des Gemeindegebiets gehörten zur Reichsabtei Ottobeuren. Seit der Säkularisierung 1803 gehört Erkheim zu Bayern. Im Rahmen der Verwaltungsreform 1818 entstand die politische Gemeinde Erkheim. 1906 wurde Erkheim zum Markt erhoben.

Erkheim
(Bilder Markt Erkheim)

Sehenswürdigkeiten

Die unter Denkmalschutz stehende Katholische Kirche Mariä Himmelfahrt mit Ursprung im 15. Jahrhundert wurde 1697 eingeweiht. Im Innenraum, der im Barockstil gestaltet wurde, sind der Hochaltar von 1772 mit einem marmorierten Holzaufbau und einem Gemälde von Johann Friedrich Sichelbein, die Rokokokanzel und verschiedene Gemälde und Skulpturen sehenswert.

Auch die Evangelisch-Lutherische Peter-und-Paul-Kirche aus dem Jahre 1433 steht unter Denkmalschutz und ist mit ihrem schön gestalteten Innenraum einen Besuch wert.

Ein Blickfang direkt neben der A96 ist der nach einem Entwurf des Ottobeu-rer Künstlers Diether Kunerth von der Firma Baufritz im Jahr 1996 gebaute größte Holzkopf Deutschlands.

Das Erste Allgäu Schwäbische Dorfschulmuseum im prachtvoll gelegenen ehemaligen Schulhaus in der Ortsstraße 17 in Daxberg wurde 1988 eröffnet. Es informiert in wechselnden Ausstellungen über das Leben in einer Dorfschule in früheren Zeiten. Bei den Führungen durch das Museum können Kinder und Erwachsene hautnah erleben, wie früher unterrichtet wurde. Zu sehen sind der hohe Kachelofen sowie Gegenstände aus dem Schulalltag wie das erhöhte Lehrerpult, die alten Zweisitzer-Schulbänke, die Zählmaschine und das Harmonium, welche bei älteren Besuchern wehmütige Erinnerungen wecken.

Gemeinschaftshaus Erkheim

Im geräumigen Dachgeschoss findet man Sammlungen von Schulbüchern aus verschiedenen Epochen und vieles mehr. Wechselnde Sonderausstellungen runden das Programm des Museums ab.

Es ist von Ostern bis zum letzten Sonntag im Oktober an Sonn- und Feiertagen von 14:00 bis 17:00 Uhr geöffnet. Für Schulklassen und Gruppen sind Führungen nach Voranmeldung ganzjährig möglich. Information und Auskunft unter Tel. +49 (0)8336 7760

Freizeit und Sport

Ein vielfältiges Vereinsleben in über 50 Vereinen sorgt für abwechslungsreiche sportliche, kulturelle und gesellschaftliche Aktivitäten.

Das Sportzentrum des TV Erkheim im Westen Erkheims ist mit Tennisplätzen, Eisplatz und mehreren Fußballplätzen ausgestattet. Der Fußball-Hauptplatz verfügt über eine Tribüne mit einem Fassungsvermögen von 400 Personen. Im Winter organisiert der Verein regelmäßige Fahrten für Kinder und Jugendliche mit dem Skibus zu Skikursen.

Rund um Erkheim sind beschilderte Wanderwege für Wanderer und Nordic-Walker angelegt. Startpunkte sind die Parkplätze beim Sportheim und beim Gemeindefriedhof.

Das beheizte Freibad in der Sontheimer Straße 15 am Südrand des Marktes zwischen den beiden Günzläufen ist im Sommer ein beliebter Treffpunkt. Es verfügt über Schwimmer- und Kinderbecken, Rutsche und Wassertrampolin, Liegewiese und Beachvolleyballplatz. Für das leibliche Wohl sorgt ein Kioskbetrieb mit Terrasse.

Veranstaltungen

Der Erkheimer Veranstaltungskalender ist geprägt von zahlreichen Vereinsfesten wie dem traditionellen Volksfest am 2. Juliwochenende, dem Nikolaus-Straßenlauf, dem Klausenumzug Anfang Dezember mit Klausenmarkt sowie Konzerten der Musikkapelle und des Gesangsvereins.

Orts- und Infrastruktur

In Erkheim haben sich zahlreiche moderne Handels-, Handwerks- und Industriebetriebe angesiedelt, die das Ortsbild prägen. Einkaufsmöglichkeiten mit qualifizierten Bäcker- und Metzgereibetrieben sorgen für die Deckung des täglichen Bedarfs. Ein familiär geführtes Hotel und gepflegte Gastronomie sind Wohlfühlgaranten für Erkheimer Gäste.

Die Gesundheitsversorgung ist durch Ärzte und Zahnärzte, Apotheke und Krankengymnastik umfassend gewährleistet.

An Bildungseinrichtungen für Kinder stehen Kindergarten, Kinderkrippe sowie Grund- und Mittelschule mit Mehrzweckhalle zur Verfügung.

Wichtige Adressen und Telefonnummern

Markt Erkheim
Marktstraße 1, D-87746 Erkheim
Tel. +49 (0)8336 805357 0
Fax +49 (0)8336 805357 50
rathaus@erkheim.bayern.de
www.erkheim.de

Freibad Erkheim

Im Herzen vom Unterallgäu

Wirtshaus Akut

In der schönen Gemeinde Erkheim im Unterallgäu gibt es seit langem einen beliebten Treffpunkt für Gäste aus Nah und Fern: das Wirtshaus Akut. Es liegt verkehrsgünstig direkt an der Erkheimer Ausfahrt der Autobahn A 96 gegenüber dem Sportgelände.

Das Wirtshaus mit der geräumigen, modern-rustikalen Einrichtung wurde in Pavillon-Bauweise errichtet und bietet eine gemütliche Atmosphäre.

Das freundliche Wirtshaus-Team legt großen Wert auf die Zufriedenheit der Gäste. Der sonnige Biergarten lädt von Frühjahr bis Herbst zum Verweilen und Genießen ein.

Die angebotenen Speisen werden mit heimischen Zutaten von Allgäuer Bauernhöfen frisch zubereitet und munden köstlich. Das preisgünstige, kulinarisch breite Spektrum reicht von der Ofenkartoffel über Nudel-und Maultaschenvariationen bis zum Zwiebelrostbraten. Selbstverständlich stehen auch leckere Suppen und frische Salate auf der Speisekarte, auf der man auch ausgefallene Waffelkreationen findet. Besonders beliebt sind das reichhaltige Mittagsbüffet am Mittwoch und das Schnitzelbüffet am Freitagabend.

Ideal für Feste und Events

Für Feiern oder Versammlungen steht ein Festsaal für bis zu 120 Personen zur Verfügung. Das erfahrene Wirtshaus-Team berät gern in allen Fragen der Organisation und versorgt die Gäste auf das Beste mit Speis und Trank.

Für Reisende mit dem Wohnmobil stehen drei Wohnmobilstellplätze zur Verfügung.

Öffnungszeiten:

Täglich von Mi. bis So. ab 18:00 Uhr; Montag und Dienstag Ruhetag; Mittwoch von 11:30 bis 13:15 Uhr, So. ab 11:00 Uhr, Fr. ab 17:00 Uhr.

Wirtshaus Akut

Memminger Str. 35A, 87746 Erkheim
Tel. +49 (0)83 36-81 30 01

Kettershausen
Auf dem Weg zur Naturgemeinde

Die Gemeinde Kettershausen (rund 1.820 Einwohner) im schwäbischen Landkreis Unterallgäu in der Region Donau-Iller ist Mitglied der Verwaltungsgemeinschaft Babenhausen. Zur Gemeinde gehören die Orte Kettershausen, Bebenhausen, Flüssen, Mohrenhausen, Tafertshofen und Zaiertshofen. Kettershausen liegt 25 km nördlich von Memmingen und 35 km südöstlich von Ulm.

Kurzer Blick ins Geschichtsbuch

Kettershausen wurde erstmals 1162 urkundlich erwähnt. Von 1556 bis 1806 gehörte die Gemeinde zur Herrschaft der Fürsten Fugger-Babenhausen. 1806 kam Kettershausen zum Königreich Bayern und wurde 1818 selbständige Gemeinde.

Sehenswürdigkeiten

In der Gemeinde gibt es eine Reihe von sehenswerten Kirchen, die unter Denkmalschutz stehen. Hierzu gehören die Pfarrkirche St. Michael in Kettershausen mit einer Madonna aus dem 16. Jahrhundert, die Filialkirche St. Leonhard und Sebastian in Mohrenhausen mit Stuck, Holzplastiken und Fresken und die Pfarrkirche St. Vitus in Tafertshofen mit einem Taufstein aus dem 16. Jahrhundert.

Im „Museumsdorf" Zaiertshofen laden ein sehenswertes Puppenmuseum, eine Kunstgalerie, eine Kristallsammlung in der „Steinguckerei", eine Kaffeekannensammlung und ein Kräuterlandhof zum Besuch ein.

Freizeit und Sport

Kettershausen entwickelt sich zunehmende zur Naturgemeinde. Infos über das Projekt findet man unter www.naturgemeinde.de. Ziel ist es, die Landschaft vielfältiger und das Grünland

Pfarrkirche St. Michael
(Bilder Gemeinde Kettershausen)

128

artenreicher zu gestalten. Es sollen mehr Wiesen wachsen und Braunvieh auf den Weiden im Günztal grasen.

Im Rahmen des Landkreisprojektes „Glückswege" ist die Errichtung von 19 Rad- und Wanderwegen geplant. Um die Naturgemeinde erlebbar zu machen, wird der Glücksweg „Wasserspiel" angelegt. Der Kettershausener Glücksweg führt durch das Naturschutzgebiet Kettershausener Ried und vorbei an einer Kneippanlage.

Die 30 Vereine in Kettershausen bieten vielfältige Möglichkeiten, die Freizeit aktiv zu gestalten. Sie sorgen mit ihren Festen und Veranstaltungen für ein abwechslungsreiches Jahresprogramm. Zu den Sportanlagen in der Gemeinde gehören ein Badeweiher, Sport- und Bolzplätze sowie drei Tennisplätze des TC Kettershausen.

Orts- und Infrastruktur

Kettershausen ist über die B 300 von Babenhausen nach Krumbach gut zu erreichen.

Für Kinder sind in der Gemeinde ein Kindergarten und eine Grundschule vorhanden.

Die Gesundheitsversorgung ist durch Ärzte und Apotheken in den umliegenden Gemeinden gesichert.

Wichtige Adressen und Telefonnummern

Gemeinde Kettershausen
Waldstraße 15, D-86498 Kettershausen
Tel. +49 (0)8333 8665
info@kettershausen.de
www.kettershausen.vg-babenhausen.de
www.naturgemeinde.de

Kirchheim

Auf einem Höhenrücken über dem Mindeltal gelegen

In der geografischen Mitte Bayerisch-Schwabens liegt der schon von weitem sichtbare Markt Kirchheim (581 m ü. M.) mit seinen Ortsteilen Derndorf, Hasberg, Tiefenried und Spöck. Das Ortsbild prägende Fuggerschloss aus dem 16. Jh. ist die bedeutendste Sehenswürdigkeit in der Kulturlandschaft zwischen Augsburg und Memmingen. Etwa 2.600 Einwohner leben in dem Ort, der gleichzeitig Sitz der Verwaltungsgemeinschaft ist, zu der auch die Gemeinde Eppishausen gehört. Auf einem Höhenrücken über dem Mindeltal und der Floßach gelegen, bestimmen zahlreiche kleine Seen und Wälder die idyllische Umgebung von Kirchheim in Schwaben.

Kurzer Blick ins Geschichtsbuch

Während Funde von Steinzeitwerkzeugen auf die frühe Besiedelung der Region schließen lassen, hinterließen auch die Römer und die Alemannen ihre Spuren. Später war Kirchheim im Besitz der Augsburger Bischöfe und nach wechselnden Eigentumsverhältnissen erwarb der Kaufmann Anton Fugger 1551 die Herrschaft Kirchheim von Ritter Hans Walther von Hürnheim (Wappenfigur Kirchheims). Johannes Fugger ließ in den Jahren 1578 bis 1585 das prachtvolle Renaissance-Schloss errichten. 1861 vernichtete ein Großbrand 62 Anwesen des Ortes.

Blick aufs Fuggerschloss
(Bilder Markt Kirchheim)

Fuggerschloss

Sehenswürdigkeiten

Das weithin sichtbare Wahrzeichen Kirchheims, das Fuggerschloss, wurde von dem Reichsgrafen Johannes Fugger im 16. Jh. erbaut. Weltbekannt ist das Schloss wegen seines Zedernsaales. Die Kassettendecke, das schönste deutsche Schnitzwerk der Renaissance, schuf der Augsburger Kunsttischler Wendel Dietrich. Zedernholz aus dem Libanon und 10 weitere Holzarten verschaffen dem Zedernsaal eine unübertroffene Akustik. Der skulpturenbesetzte Kamin, kunstvolle Portale, Gemälde und überlebensgroße Terrakottaskulpturen schaffen das prachtvolle Ambiente des Saales, der während der Sommermonate Musikfreunde aus Nah und Fern zum Besuch genussvoller Konzerte einlädt.

Ein weitläufiger Park umgibt das Fuggerschloss in Kirchheim.

Besonders hervorzuheben sind in der Pfarrkirche St. Peter und Paul, deren Bau von Johannes Fugger auf die Jahre 1581 bis 1583 zurück geht, das große Hochaltargemälde, das vom Münchener Hofmaler Alessandro Scalzi geschaffen wurde. Die Seitenaltäre zieren Gemälde berühmter Meister wie Peter Paul Rubens und Domenico Zampieri. Das Hochgrab des Schlosserbauers Johannes Fugger im Chorraum der Kirche gilt als eine der schönsten Renaissanceplastiken Süddeutschlands.

Im Rathaus von Kirchheim, das von einem barocken Schweifgiebel, von Türmchen und Zwiebelhaube geziert

Rathaus

In der Wallfahrtskirche Maria Hilf in Tiefenried, die 1640 im barocken Stil erbaut wurde, bestechen neuromanische Altäre und St. Ottilia in Hasberg gehört mit ihrer Ausstattung im Rokoko zu einer der schönsten Dorfkirchen in der Umgebung.

Die St. Anna Kapelle in Spöck wurde im Jahr 1872 nach den Plänen des königlichen Baubeamten Caemmerer aus Mindelheim neu gebaut.

Der Altar wurde 1873/74 nach dem Entwurf des Münchener Historienmalers Thomas Guggenberger von Schreiner März aus Kirchheim gefertigt. Das Gemälde der hl. Anna stammt von Guggenberger, die Figuren von Josef Hilber aus Krumbach.

wird, befindet sich das sehenswerte Heimatmuseum. Dieses ist an den Marktsonntagen und nach vorheriger Absprache geöffnet. Hier finden sich zahlreiche Exponate aus der Vor- und Frühgeschichte, aus Kunst und Volkskunde sowie Ortsgeschichte und Handwerk, die die Geschichte der Region lebendig werden lassen.

Die Kirche St. Vitus in Derndorf ist eine ehemalige Wallfahrtskirche, deren Bau auf eine Stiftung im Jahr 1490 zurückgeht. Pilgerscharen ließen die Wallfahrt zum „Gotteshaus des hl. Kreuzes" aufblühen. Den reichen Stuck im Innern der Kirche schuf Johann Merck aus Wessobrunn und die Deckengemälde der Kirchheimer Maler Pankraz Kober.

Freizeit und Sport

Die Umgebung von Kirchheim lädt mit einem ausgedehnten Rad- und Wanderwegenetz zu Ausflügen in den Naturpark Augsburg Westliche Wälder ein, der nordöstlich des Ortes liegt.

Orts- und Infrastruktur

Mit der Metallwarenfabrik Wanzl, die zu den Global Players gehört, verschiedenen Unternehmen der Kunststoffverarbeitung und technischen Präzisionsteilen bietet Kirchheim in Schwaben wirtschaftliche Perspektiven. Die Nahversorgung ist im Ort ebenso gesichert wie die Arbeits- und Ausbildungsplatzsitua-

tion. Neben zwei Kindergärten mit Kinderkrippe stehen den jungen Bewohnern des Ortes Grund- und Mittelschule zur Verfügung. Die Vereine am Ort bieten ein breites Freizeitangebot, das mit Musik, Sport, Kunst und Theater ein reichhaltiges Angebot an Unterhaltung bietet.

Wichtige Adressen und Telefonnummern

Markt Kirchheim in Schwaben
Marktplatz 6
D-87757 Kirchheim in Schwaben
Tel. +49 (0)8266 86 08 - 0
Fax +49 (0)8266 86 08 - 30
info@kirchheim-schwaben.de
www.kirchheim-schwaben.de

Kirchheim, Ortsteil Derndorf

Kronburg
Überragt vom Schloss

Die Gemeinde Kronburg (rund 1.800 Einwohner) im schwäbischen Landkreis Unterallgäu ist Mitglied der Verwaltungsgemeinschaft Illerwinkel. Kronburg ist bekannt durch das weithin sichtbare Schloss auf einem Hügel oberhalb des Ortes. Die Gemeinde liegt auf der östlichen Seite des Illertales, zehn Kilometer südlich von Memmingen. Zu Kronburg gehören die Dörfer Kronburg, Illerbeuren und Kardorf sowie einige Siedlungen. Die reizvolle Hügellandschaft mit Wiesen, Wäldern und dem tief eingeschnittenen Flussbett der Iller lädt zu Wanderungen ein. Der Südhang der Kronburg bietet bei guter Sicht herrliche Ausblicke auf die Alpenkette.

Kurzer Blick ins Geschichtsbuch

Die Geschichte der Gemeinde ist eng verknüpft mit dem Schloss Kronburg.

Die Kronburg wurde im 13. Jahrhundert erbaut. Die Orte Kronburg und Illerbeuren wuchsen im 14. Jahrhundert zusammen, als der Burgherr Illerbeuren erwarb. Die Herrschaft Kronburg verkörperte bis 1805 die staatliche Gewalt. 1806 kam Kronburg zum Königreich Bayern und wurde 1818 selbständige Gemeinde.

Sehenswürdigkeiten

Kronburg hat eine Reihe von bedeutenden Sehenswürdigkeiten zu bieten.

An erster Stelle ist das Schloss zu nennen, das Besucher mit seinen überwältigenden Ausmaßen überrascht. Im Rahmen einer Schlossführung durch den Schlossherrn können Besuchergruppen nach Voranmeldung von Ende April bis Oktober allerlei Interessantes über die wechselhafte

Kronburg
(Bilder Edmund Abel)

Schloss Kronburg

Geschichte der Kronburg erfahren. Der beliebte Weihnachtsmarkt im Schloss verzeichnet jedes Jahr zahlreiche Besucher.

Ebenfalls einen Besuch wert ist das Schwäbische Bauernhofmuseum in Illerbeuren.

Liebhabern von Kulturgeschichte sei der Besuch der im barocken Stil reich ausgestatteten Kirchen in der Gemeinde empfohlen. Zu ihnen gehören die Heiligste Dreifaltigkeitskirche in Kronburg, die Pfarrkirche Mariä Himmelfahrt in Illerbeuren sowie die Kirche St. Nikolaus in Kardorf.

Orts- und Infrastruktur

Die Gemeinde ist durch das nahe Autobahnkreuz Memmingen der A 96 von Lindau nach München und der A 7 von Füssen nach Ulm gut

zu erreichen. Gäste in Kronburg finden im Gästehaus des Schlosses und privat eine Reihe von Unterkünften. Für das leibliche Wohl sorgen einige gemütliche Gaststätten. Grundschule mit über 100 Kindern ist in der Gemeinde vorhanden. Die Gesundheitsversorgung ist durch eine Arztpraxis und Heilpraktiker gewährleistet. Zahlreiche Vereine sorgen mit ihren Festen und Veranstaltungen für ein abwechslungsreiches Gemeindeleben.

Wichtige Adressen und Telefonnummern

Gemeinde Kronburg
Museumstraße 1
D-87758 Kronburg
Tel. +49 (0)8394 206
Fax +49 (0)8394 1592
gemeinde.kronburg@vg-illerwinkel.de
www.vg-illerwinkel.de

Memmingen

Das Tor zum Allgäu

Die kreisfreie Stadt Memmingen (rund 43.000 Einwohner) nahe der Iller liegt 50 km südlich von Ulm im bayerischen Regierungsbezirk Schwaben an der Grenze zu Baden-Württemberg und ist im Norden, Osten und Süden vom Landkreis Unterallgäu umgeben. Sie ist das Schul-, Verwaltungs- und Handelszentrum der Region Donau-Iller.

Memmingen ist durch günstige Verbindungen auf Straße, Schiene und Luft der Verkehrsknotenpunkt von Allgäu, Ober- und Mittelschwaben. Durch die Lage am Autobahnkreuz der A 7 von Ulm nach Füssen und der A 96 von Lindau nach München sowie durch die Bundesstraßen B 300 von Augsburg nach Memmingen und der B 312 von Reutlingen nach Memmingen ist die schwäbische Stadt sehr

gut zu erreichen. Am Bahnhof Memmingen treffen sich die Bahnlinien München-Lindau und Ulm-Oberstdorf. Memmingen liegt an der Intercity-Strecke Dortmund-Oberstdorf und der Eurocity-Verbindung München-Zürich. Der Regionalverkehr wird durch den Allgäu-Schwaben-Takt bedient. Durch den Allgäu Airport Memmingen im nahen Memmingerberg bestehen Linien- und Charter-Verbindungen zu internationalen Zielen.

Memmingen ist bei Gästen sehr beliebt durch bedeutende Sehenswürdigkeiten in der historischen Altstadt, dem vielseitigen Programm mit kulturellen Veranstaltungen, Märkten und Festen, attraktiven Einkaufsmöglichkeiten in der Altstadt mit Fachgeschäften, Kaufhäusern und Boutiquen,

Marktplatz Memmingen
(Bild Dominik Berchtold, Allgäu GmbH)

Frauenkirche
(Bild Dominik Berchtold, Stadt Memmingen)

gepflegten Übernachtungsmöglichkeiten für jeden Geldbeutel sowie mehr als 150 Gaststätten, Restaurants und Cafés mit einem vielfältigen gastronomischen Angebot.

Kurzer Blick ins Geschichtsbuch

Archäologische Funde belegen die erste Besiedlung bereits in der Steinzeit. In der Römerzeit befand sich vermutlich ein Siedlungsposten in der Region. Im 5. Jahrhundert wurde eine alemannische Siedlung gegründet. Hier entstand ab dem 7. Jahrhundert ein fränkischer Königshof, der als Handelsposten an der Salzstraße von Böhmen nach Lindau und an der Straße von Ulm über den Fernpass nach Italien zunehmende Bedeutung erlangte. Erstmals urkundlich erwähnt wurde

Memmingen im Jahr 1128 und erhielt 1158 durch Herzog Welf VI. die Erhebung zur Stadt. Im 13. Jahrhundert entwickelte sich Memmingen zur freien Reichsstadt, Handel und Gewerbe blühten. Bereits 1506 schickten Memminger Händler die ersten deutschen Handelsschiffe nach Übersee. Die Stadt wurde zu einem der Zentren der Reformation. 1525 wählten aufständische Bauern Memmingen zum Versammlungsort. Hier wurden die 12 Bauernartikel als eine der ersten Menschenrechtserklärungen Europas verfasst. Memmingen nennt sich auch die „Stadt der Menschenrechte" und verleiht seit 2005 den „Memminger Freiheitspreis" für Verdienste um Recht, Freiheit und Gerechtigkeit.

Seit 1803 gehörte die ehemalige freie Reichsstadt zum Königreich Bayern.

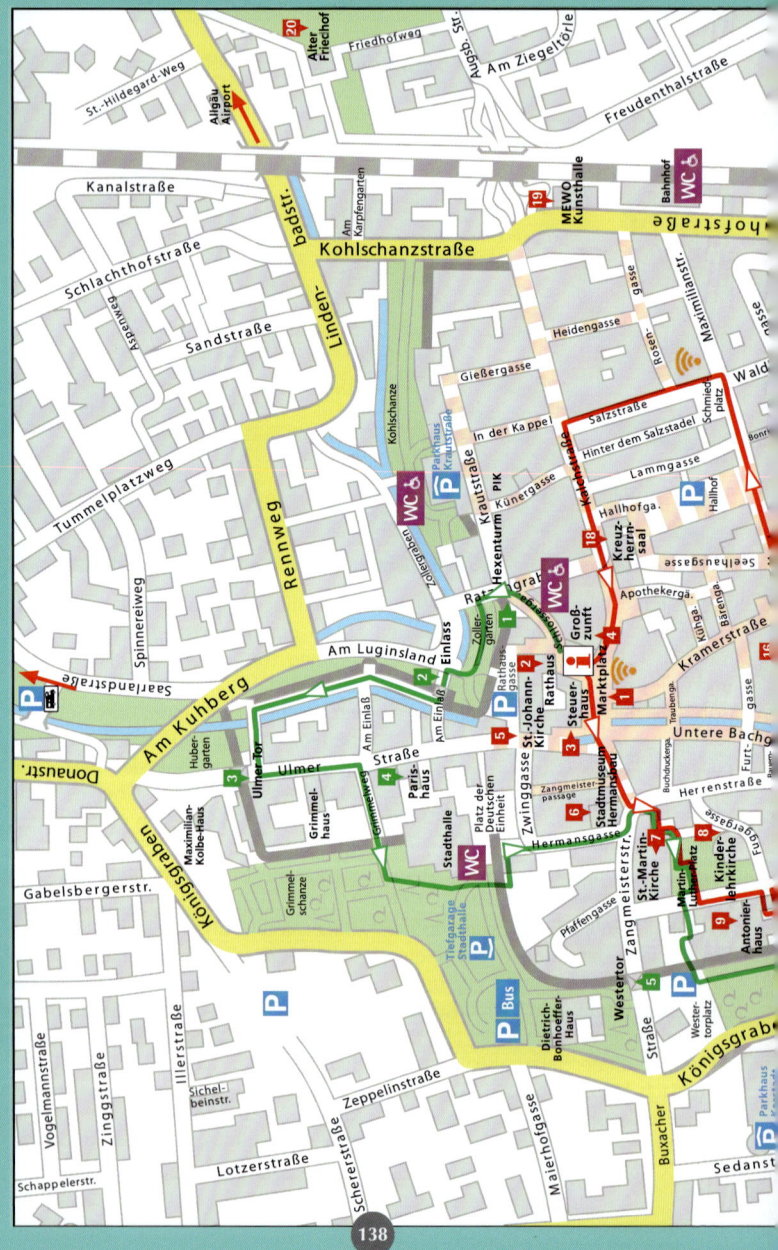

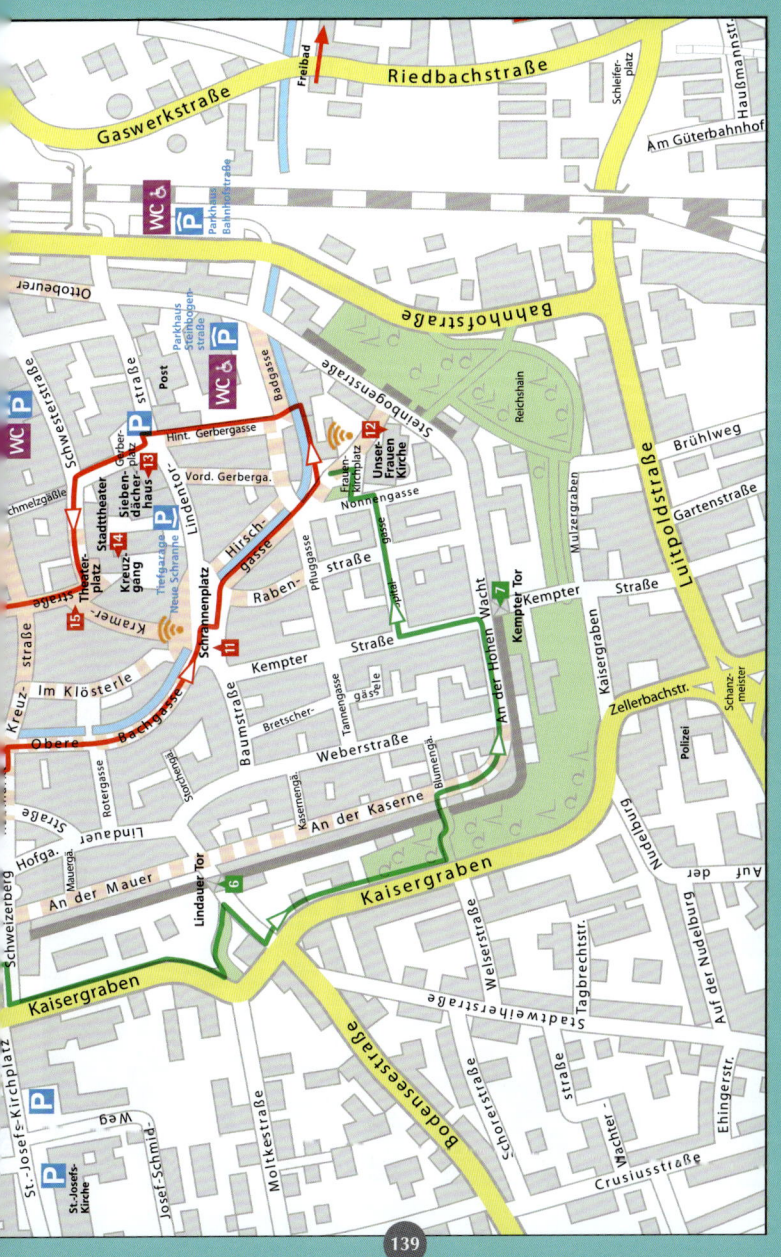

Freibad

Riedbachstraße

Gaswerkstraße

Am Güterbahnhof

Scheiferplatz

Haußmannstr.

WC &

Parkhaus
Bahnhofstraße

Ottobeuren

Bahnhofstraße

Steinbogenstraße

Reichshain

Brühlweg

Luitpoldstraße

Gartenstraße

Post

Parkhaus
Steinbogenstraße

WC &

Badgasse

Schwesterstraße

WC &

Schmelzgäßle

Hint. Gerbergasse

Gerber-
platz

Vord. Gerberga.

13 Sieben-
dächer-
haus

Stadttheater

14 Kreuz-
gang

Lindentor

Hirsch-
gasse

Pflugasse

Nonnengasse

Frauen-
platz

12 Unser-
Frauen-
Kirche

Mulzergraben

Straße

Theater-
platz

Tiefgarage
Neue Schranke

Raben-

straße

Frauen-
gasse

Abteil

Straße

Kempter

7 Kempter Tor

Wacht

An der Hohen

Zellerbachstr.

Kaisergraben

Schanz-
meister

Straße

15 Krämer-

Schrannenplatz

11

Kempter

Straße

Tannengasse

Blumenga.

Polizei

Auf der Nudelburg

Im Klösterle

Baumstraße

gäßele

Bretscher-

Weberstraße

Kaisergraben

Welserstraße

Nudelburg

Auf der

Obere

Bachgasse

Storchenga.

Kasernenga.

An der Kaserne

Schorerstraße

Tagbrechtstr.

Straße

Kreuz-
straße

Lindauer
Straße

Rotergasse

Hofga.

Mauerga.

An der Mauer

9 Lindauer Tor

Kaisergraben

Stadtweihelstraße

straße

Schweizerberg

Kaisergraben

Bodenseestraße

Wachter-

Wachter-
str.

Ehinger
str.

St.-Josefs-Kirchplatz

P
P

St.-Josefs-
Kirche

Josef-Schmid-
Weg

Moltkestraße

Crusiusstraße

139

Sehenswürdigkeiten

Die idyllische Altstadt entzückt Besucher aus Nah und Fern mit zahlreichen historischen Bauwerken und Plätzen. Die gut erhaltene mittelalterliche Stadtmauer und die vielen Patrizierhäuser zeugen von der 860 Jahre alten bewegten Stadtgeschichte. Memmingen wird auch die Stadt der Tore, Türme und Giebel genannt.

Die Stadt kann auf zwei gekennzeichneten Rundwegen, die zu vielen sehenswerten Orten führen, erkundet werden.

Der Rote Weg

Der Rote Weg führt zu den baulichen und geschichtlichen Highlights in Memmingen.

❶ Marktplatz

Der Weg beginnt an der Stadtinformation am mittelalterlichen Marktplatz, dem Herzstück der Stadt, mit neobarockem Brunnen und beeindruckenden Gebäuden.

❷ Rathaus

Hier steht das 1589 errichtete Rathaus, einer der berühmtesten Bauten in Memmingen. Die prächtige Re-

*Blick auf's Rathaus
(Bild Stadt Memmingen)*

naissancefassade des mehrstöckigen Gebäudes zieht die Blicke auf sich. Im 18. Jahrhundert wurde sie mit geschweiftem Giebel, reichen Stuckverzierungen und eleganten Türmen neu gestaltet.

3 Steuerhaus

Auch das Steuerhaus von 1495, das die Nordseite des Marktplatzes beherrscht, zeigt eine prachtvolle Fassade mit Laubengang und üppiger Malerei im Neurokokostil aus den Jahren 1906/09. Das Steuerhaus diente als Verwaltungsgebäude der ehemaligen freien Reichsstadt. Heute beherbergt es ein Café und mehrere Ämter.

4 Großzunft

Das Gebäude der Großzunft von 1453, neu erbaut 1718/19, war das Versammlungshaus der städtischen Patrizier, die sich in einer eigenen Zunft organisierten. Es dominiert die Ostseite des Marktplatzes. Heute sind Ämter im Haus untergebracht.

5 St. Johann

Die katholische Kirche St. Johann im Nordwesten des Marktplatzes ist die frühere Klosterkirche des 1803 säkularisierten Augustinerklosters. Sie wurde in den 1960er Jahren modern umgestaltet.

6 Hermansbau mit Stadtmuseum

Die großzügige Vierflügelanlage des Barockpalais Hermansbau in der Zangmeisterstraße wurde 1766 durch den Freiherrn Benedikt von Herman errichtet. Hier waren der bayerische König Ludwig I., Kaiser Franz I. und Zar Alexander zu Gast. Das Palais wird heute größtenteils als Stadtmuseum genutzt.

7 St. Martin

Der mächtige Turm der mittelalterlichen Basilika der evangelischen Kirche St. Martin am Martin-Luther-Platz, eines der Wahrzeichen von Memmingen, ist weithin sichtbar. 1496/99 errichtete der Ulmer Baumeister Matthias Böblinger den Tuffsteinchor. Im Inneren findet man Freskenmalereien aus dem 15. und 16. Jahrhundert, eine große, moderne Orgel und das großartige, kunstvoll geschnitzte Chorgestühl aus den Jahren 1501/07.

Täglich Mai bis Oktober werden Turmführungen angeboten, zweimal monatlich auch interessante Dachbodenführungen. Über die Wintermonate sind Kirche und Turm geschlossen und nur zu Sonderöffnungsterminen zugänglich.

8 Kinderlehrkirche

Die benachbarte evangelische Kinderlehrkirche aus den 14./15. Jahrhundert ist die ehemalige Spitalkirche des Antoniterordens und evangelisch-lutherische Predigtkirche. Sie ist nur eingeschränkt geöffnet, Infos unter www.stmartin-memmingen.de

9 Antonierhaus mit Strigel- und Antonitermuseum

Die gotische Vierflügelanlage des ehemaligen Kloster- und Spitalgebäudes des Antoniterordens am Martin-Luther-Platz wurde 1454 erbaut und gilt als die besterhaltene Anlage ihrer Art in Europa. In dem Gebäude ist heute die öffentliche Stadtbibliothek und das Strigel- und Antonitermuseum untergebracht.

⑩ Fuggerbau

Der fast wie ein Stadtschloss angelegte mächtige Fuggerbau am Schweizerberg wurde 1581-89 errichtet und hatte berühmte Gäste. Während des 30-jährigen Krieges wohnten hier zeitweise Wallenstein und der Schwedenkönig Gustav Adolf.

⑪ Schrannenplatz/Fischerbrunnen

Der Schrannenplatz am Stadtbach, der die gesamte Altstadt durchzieht, wird vom im Jahr 2000 erbauten Stadtbachspur-Springbrunnen und dem Fischerbrunnen von 1955 mit der Bronzegestalt eines Stadtbachfischers geschmückt. Auf dem Platz standen ursprünglich drei Getreidestadel, auch Schrannen genannt. Der Platz war früher Hauptumschlagplatz für Weizen und Roggen.

⑫ Kirche „Unser Frauen"

Die evangelische Frauenkirche am Frauenkirchplatz in der südlichen Altstadt ist vermutlich die älteste Kirche Memmingens. Ihre heutige Gestaltung im spätgotischen Stil erhielt die Kirche im 15. Jahrhundert. Im Innenraum können Kunstliebhaber bedeutende Fresken des Apostelzyklus von Hans Strigel d.J. (1450-1479) und die „Hawanger Madonna", die seinem Bruder Ivo Strigel zugeschrieben wird, bewundern. Öffnungszeiten unter www.unserfrauen.de

Frauenkirche
(Bild Walcz, Stadt Memmingen)

⑬ Siebendächerhaus

Das Siebendächerhaus, markantestes Memminger Gebäude und ein weiteres Wahrzeichen der Stadt, belegt die Bedeutung des Gerberhandwerks. Die Rot- und Weißgerber gehörten zu den reichsten Handwerkern der Stadt. Die hohen Giebel des Hauses mit aufklappbaren Seitenluken dienten dem optimalen Trocknen des Leders.

⑭ Kreuzgang

Der Kreuzgang am Theaterplatz ist der erhaltene Rest des ehemaligen sogenannten Elsbethenklosters. Die wertvollen Decken- und Wandmalereien aus dem 15. Jahrhundert sind leider zum Teil stark beschädigt und können nur von außen besichtigt werden.

15 Theaterplatz

Der Theaterplatz mit dem edlen barocken Theaterbau auf dem Areal des ehemaligen Klosters wurde im Jahr 2000 im Rahmen der Sanierungsmaßnahme „Neue Schranne" neu gestaltet.

16 Weinmarkt

Das Memminger Handwerk war in elf Zünften organisiert. Der Weinmarkt wird von den Zunfthäusern der Kramer, Weber, Metzger, Merzler (Kleinhändler), Lodner und Zimmerleuten umrahmt, was die Bedeutung des Handwerks für die Stadt dokumentiert. Zu den schönsten Fachwerkhäusern Memmingens gehört das Haus der Weberzunft, damals die zahlenmäßig stärkste Memminger Zunft.

17 Kramerzunft

In der neben der Großzunft angesehensten und vornehmsten Zunft der Kramer waren die 42 Berufe der Kaufleute vom Apotheker bis Zuckerbäcker, die nur innerhalb der Stadtmauern ihre Waren verkaufen durften, vereint. Im mittelalterlichen Haus der Zunft wurden im März 1525 die Zwölf Bauernartikel verfasst, die Freiheit und Abschaffung der Leibeigenschaft forderten und den süddeutschen Bauernkrieg auslösten.

18 Ehemaliges Kreuzherrnkloster (Kreuzherrnsaal)

Um 1210 gründeten Mönche des Heilig-Geist-Ordens, „Kreuzherren" genannt, das Kloster, das auch das reichsstädtische Hospital

Siebendächerhaus
(Bild Stadt Memmingen)

Einlass
(Bild Stadt Memmingen)

beherbergte. Die neu restaurierte Klosterkirche, auch Kreuzherrnsaal genannt, die 1480 -1484 erbaut wurde, bietet als zweischiffige, chorlose Halle ein ungewöhnliches Raumerlebnis. Die Besichtigung der wertvollen Stuckdecke aus dem Jahr 1709 vom Wessobrunner Meister Matthias Stiller mit ihren Girlanden, Muscheln und Akanthusblättern sowie die Fresken von Johann Friedrich Sichelbein (1648 – 1719) sollte man nicht versäumen. Die Kirche gilt als Perle an der Oberschwäbischen Barockstraße. Öffnungszeiten: April bis Oktober Di – So 14 -17 Uhr, zusätzlich Sa 10 – 12:30 Uhr.

19 MEWO Kunsthalle

Außerhalb des Roten Rundweges lohnt für Freunde der zeitgenössischen Kunst ein Besuch der Mewo-Kunsthalle im sanierten, denkmalge-

schützten Gebäude der ehemaligen Hauptpost am Bahnhof.

20 Alter Friedhof

Noch ein Stück weiter findet man in der Parkanlage des Alten Friedhofs beeindruckende Grabstätten aus dem 17. und 18. Jahrhundert mit zum Teil großzügig gestalteten architektonischen Aufbauten.

Der Grüne Weg

Der Grüne Weg zeigt die grüne Seite Memmingens mit Parkanlagen, Toren und Türmen.

1 Hexenturm

Der Hexenturm als ältester von drei Gefängnistürmen, früher „Ehebrecherturm" genannt, ist einer der zahlreichen Türme, die das Stadtbild prägen. Der Turm beim Zollergarten ist Teil der Stadtmauer, die den Park nach Süden abschließt. Der Zoller-garten auf einem zugeschütteten Wassergraben gehört neben Huber-garten, Ratzengraben/Zollergraben, Kohlschanze, Reichshain, Kaisergra-ben, Hohe Wacht, Westertorplatz und Grimmelschanze zu den grünen Oasen Memmingens.

❷ Einlass

Der Einlass wurde 1475 erbaut und war Teil der Ummauerung der nörd-lichen Vorstadt. Der Turm diente als Stadttor für Zuspätkommende nach Torschluss der großen reichsstädti-schen Tore. Der Einlass erfolgte gegen Entgelt. Das Tor mit seinem feinge-gliederten Giebel gilt als schönstes Tor Memmingens.

❸ Ulmer Tor

Das hohe, mächtige Tor im Norden der Stadt ist typisch für den Baustil vor dem 30-jährigen Krieg. Die Be-malung zeigt den Einzug von König Maximilian in Memmingen im Jahr 1489.

❹ Parishaus

Das Parishaus in der Ulmer Straße aus dem Jahr 1736 war das erste Ba-rockhaus in der Stadt. Der Besitzer trug den Namen Paris. Das frühere Ausstellungshaus ist nicht mehr öffentlich zugänglich.

❺ Westertor

Das Westertor war ein hohes Sattel-dachtor aus dem 14. Jahrhundert. 1660 erhielt es nach seiner teilweisen Zerstörung im 30-jährigen Krieg sei-ne heutige Gestalt mit Oktogon und

Haube. Es verbindet die Innenstadt mit dem westlichen Stadtgebiet.

❻ Lindauer Tor

Das Lindauer Tor im Südwesten der Innenstadt aus dem Jahr 1371 war das Tor am wichtigen Handelsweg nach Lindau und die Schweiz. Die eingemauerte Kanonenkugel stammt aus der neunwöchigen Belagerung der Stadt 1647. Das zerstörte Tor wur-de im sogenannten „Gartenhausstil" wieder aufgebaut.

❼ Kempter Tor

Das 1393 erbaute Kempter Tor im Süden der Stadt zeigt die Urform der einstigen Tore und Türme Mem-mingens. Daneben ist die erhaltene eindrucksvolle, hohe Stadtmauer an der Hohen Wacht mit Wehrgang zu bewundern.

Ulmer Tor
(Bild Walcz, Stadt Memmingen)

Kunst und Kultur in Museen

Die vielfältige Museumslandschaft Memmingens lädt Besucher ein, sich über Stadtgeschichte und Bildende Kunst in Memmingen zu informieren.

Stadtmuseum im Hermansbau

Das Stadtmuseum im spätbarocken Stadtpalais Hermansbau in der Hermansgasse präsentiert bei geringem Eintrittspreis die Stadt- und Kulturgeschichte Memmingens mit zahlreichen Exponaten, die das Leben der Menschen der Stadt in früheren Jahrhunderten lebendig werden lassen. Die bedeutende Rolle, die das Gemeinwesen in Gewerbe und Handel, Politik und Religion spielte, wird in der Ausstellung deutlich. In der Abteilung „Leben in der Reichsstadt Memmingen" wird den Besucher/innen eine erlebnishafte Begegnung mit der Stadtgeschichte vermittelt. Mehrere Räume mit zum Teil originaler Ausstattung zeigen Beispiele patrizischer Wohnkultur.

Die Besichtigung der Barockgalerie mit den eindrucksvollen Gemäldezyklen „Die Vier Elemente" und „Die Vier Jahreszeiten" von Johann Heiss (1640-1704) und den hochwertigen, prächtigen Beispielen der Feinkeramik der Memminger Fayencenmanufaktur „Künersberg" sollte man nicht versäumen.

Im Museum sind außerdem Abteilungen der Vor- und Frühgeschichte und dem jüdischen Leben in Memmingen von 1862 bis 1942 gewidmet.

Die Dauerausstellung wird durch Wechselausstellungen zu Themen der Stadtgeschichte ergänzt. Infos über Öffnungszeiten unter www.memmingen.de/Stadtmuseum, Tel. +49 (0)8331 850 245

Museen im Antonierhaus

Antonierhaus
(Bild Dominik Berchtold, Stadt Memmingen)

Der Museumstrakt des Antonierhauses am Martin-Luther-Platz 1 befindet sich in Teilen der gut erhaltenen Vierflügelanlage des ehemaligen Krankenspitals des Antoniterordens aus dem 15. Jahrhundert.

Das Antoniter-Museum präsentiert die Haus- und Alltagsgeschichte des Hospitalordens in Memmingen von 1214 bis 1562, der sich ausschließlich der Heilung des sogenannten „Mutterkornbrandes" widmete. Die Krankheit, bei der die Gliedmaßen abstarben, wurde durch den Genuss von pilzbefallenem Getreide verursacht.

Das besondere Museumskonzept besteht in der gelungenen Übereinstimmung von musealen Inhalten und den tatsächlichen Räumlichkeiten. Die Besucher/innen betreten die Flure und Zimmer, in denen Bewohner und Kranke vor 500 Jahren lebten.

Das Strigel-Museum ist der Künstlerfamilie Strigel gewidmet, die im 15. und 16. Jahrhundert weithin bekannte spätgotische Kunstwerke von hohem Wert schufen. Zu bestaunen sind eine Reihe von Porträts und Altargemälden von Bernhard Strigel (1460-1528), der Porträtmaler am Hofe Kaiser Maximilians I. war, sowie Gemälde und Skulpturen von anderen Angehörigen der Künstlersippe der Strigel. Zu sehen sind auch Beispiele spätgotischer Marienfrömmigkeit und Skulpturen dieser Kunstepoche.

Die sehr sehenswerten Museen sind für einen geringen Eintrittspreis zugänglich, freier Eintritt bis 18 Jahre. Geöffnet ist das Museum dienstags bis samstags von 10:00 bis 12:00 Uhr und 14:00 bis 16:00 Uhr, sonntags und feiertags von 10:00 bis 16:00 Uhr. Tel. +49 (0)8331 850 245

MEWO Kunsthalle

Die MEWO Kunsthalle in der Bahnhofstraße 1 zeigt in wechselnden, ambitionierten Ausstellungen Kunst des 20. und 21. Jahrhunderts. Die Kunstwerke auf der 750 qm großen Ausstellungsfläche bieten Besucher/innen direkten Zugang zur zeitgenössischen Kunst.

Die Präsentation erstreckt sich über drei Etagen rund um den überdachten Lichthof des ehemaligen königlich bayerischen Postamts, von der großzügigen Eingangshalle bis zum erstklassig besetzten Grafikabinett im Dachgeschoss. Öffnungszeiten: Dienstag bis Mittwoch und Freitag bis Sonntag/Feiertage von 11:00 bis 17:00 Uhr sowie Donnerstag von 13:00 bis 19:00 Uhr.

https://www.memmingen.de/564.html?&MP=564-685

Westertor
(Bild Stadt Memmingen)

Stadtführungen

Stadtführung
(Bild Dominik Berchtold, Stadt Memmingen)

Sehr zu empfehlen ist die Teilnahme an einer der zahlreichen Öffentlichen Stadtführungen, die vom erfahrenen Team der Gästeführer/innen, teils im Kostüm, mit viel Fachwissen und Witz begleitet werden. Hier erfährt man Interessantes über Memmingens Geschichte, Sehenswürdigkeiten und bedeutende Persönlichkeiten und lacht über lustige Anekdoten.

Die Führungen beginnen meist am Brunnen am Marktplatz. Bei einer Reihe von Führungen ist vorherige Anmeldung erforderlich, nach Absprache sind auch Gruppenführungen möglich.

Tel. der Stadtinformation: +49 (0)8331 850 173. Für die öffentlichen Führungen, die von Ende April bis Oktober jeden Freitagabend um 19:00 Uhr angeboten werden, ist dies nicht erforderlich.

Eine Fülle an spannenden Spezialthemen steht auf dem Programm. Um Geschichte und Geschichten geht es beim Stadtrundgang „Auf der Mauer – auf der Lauer". Der Rundgang „Nasenschilder und Wetterfahnen" führt zu Schildern an Häusern in der Altstadt, die von der hohen Handwerkskunst in früheren Zeiten zeugen. Memminger Wirtshäuser und Brauereien stehen im Mittelpunkt der Spezialführung „Etwas im Schilde führen". Die beliebten Führungen „Dunkle Ecken in der Altstadt", „Hochweisheiten und Habenichtse" und „Memminger Wahrzeichen" sind ebenfalls Beispiele aus dem Programm. Auch die Klassiker „Desperate Housewives im 17. Jahrhundert" und die „Gruselführung mit dem Nachtwächter" finden lebhaften Zuspruch. Kunstliebhaber/innen nehmen an der Führung „Kunst im öffentlichen Raum in Memmingen" teil. Sogar Wanderungen ins Memminger Umland findet man im Programm.

https://www.memmingen.de/91.html

Lindauer Tor
(Bild Walcz, Stadt Memmingen)

Blaue Stunde
(Bild Thanner, Stadt Memmingen)

Veranstaltungen

Im Jahreslauf erfreuen zahlreiche Konzerte, Theateraufführungen und Kunstausstellungen die Kulturfreunde/innen in Memmingen.

Die Bühnen des Landestheaters Schwaben, das seinen Sitz in Memmingen hat, bieten mit ihren drei Spielstätten ein kontrastreiches Programm und einem Repertoire von der Antike bis zu modernen Stücken, vom Klassischen Drama bis zur Rockoper.

Im Parterretheater im Künerhaus in der Künergasse treten Kabarettisten, Musiker und Laienkünstler auf. Auftritte von bekannten Künstlern auf Gastspielreisen finden in der Stadthalle statt.

Die Memminger Meisterkonzerte im kleinen Saal der Stadthalle oder im Kreuzherrnsaal begeistern mit hervorragenden Aufführungen. Bei den Kirchenmusikreihen in den Kirchen St. Josef und St. Martin treten renommierte Solisten auf.

Die beliebte Memminger Musiknacht lädt mit einem bunten Live-Musik-Programm in die zahlreichen Kneipen und Cafés der Altstadt. Stars der Rock-, Pop oder Musicalszene gastieren in der Stadthalle.

Die wechselnden Ausstellungen regionaler und auswärtiger Künstler in der MEWO Kunsthalle, im Antoniersaal und im Kreuzherrnsaal ziehen viele kunstinteressierte Besucher/innen an.

Beim zweiwöchigen Kulturfest „Memminger Meile" im Juni/Juli treten Künstler aus Nah und Fern auf Straßen, Plätzen und in Parks auf mit Musik, Kabarett, Straßentheater und vielem mehr.

https://www.memmingen.de/87.html

Fischertag
(Bild Stadt Memmingen)

Feste und Märkte

Einige Beispiele aus dem jährlich wechselnden Programm können sich derart darstellen:

Die Reihe der beliebten Feste und Märkte im Memmingen beginnt mit der Hochzeitsmesse im Januar und der Umweltmesse im März, die in der Stadthalle veranstaltet werden.

Die Verbraucherausstellung „MIR – Miteinander in der Region" im Mai im Stadtpark Neue Welt befasst sich mit Themen wie Bau, Gesundheit, High-Tech und vielem mehr.

Beim Einkaufs- und Familientag „Memmingen blüht" am Samstag vor Muttertag wird die Altstadt in ein Blütenmeer mit Verkaufsständen von Floristen und Landschaftsgärtnern verwandelt.

An einem Wochenende Anfang Juni ist die gesamte Innenstadt bei der „Street Food Meile" ein einziger Schlemmertreff. Mitte August erfreut ein weiteres Street Food Festival im Stadtpark Neue Welt die Freunde von kulinarischen Köstlichkeiten.

Aber auch Feste mit längerer und kürzerer Tradition haben ihren festen Platz im Veranstaltungsreigen.

Das traditionelle Stadtfest an einem Samstag im Juni vereint Jung und Alt bei Unterhaltung, Musik, Speisen und Getränken auf dem Marktplatz.

Das Fest der Kulturen an einem Samstag Ende Juni erwartet die Besucher mit volkstümlichen Tänzen und Liedern aus aller Welt sowie mit multikulturellen kulinarischen Genüssen.

Das Kinderfest im Juli gehört zu den historischen Festen in Memmingen mit historischem Kinderfestumzug der Memminger Grundschulkinder vom Marktplatz zum Stadion.

Beim traditionellen Fischertag im Juli, Memmingens höchstem Feiertag, treten etwa tausend Memminger Stadtbach-Fischer frühmorgens zum Wettkampf an. Derjenige, der die schwerste Forelle mit seinem „Bären", ein Memminger Ausdruck für ein handliches Gabelnetz, aus dem Bach fischt wird unter Jubel zum Fischerkönig gekrönt und mit einem Umzug mit historischen Gruppen und Musik geehrt. In den Straßen der Stadt bieten Kapellen und Bands schon am Abend vorher ein buntes Musikprogramm und die leiblichen Genüsse kommen auch nicht zu kurz.

In Erinnerung an den Aufenthalt des Feldherrn in Memmingen im Sommer 1630 findet alle vier Jahre (2020 wieder) im Anschluss an den Fischertag eine Woche lang der Wallensteinsommer statt, mit festlichem Umzug in historischen Kostümen und täglichen Freilichtaufführungen auf dem Marktplatz und dem historischem Markt. Auch Reiterspiele und Gauklerunterhaltung stehen auf dem Programm und knapp 5.000 Mitwirkende beziehen historische Lagerstätten rund um die Stadt. Größten Wert wird auf die authentische Darstellung gelegt, was beispielsweise Kostüme oder Fuhrwerke angeht, so sucht man Armbanduhren, Schmuck oder Schminke vergeblich. Auch eine Schlachtdarstellung findet Platz im Reigen der täglichen Veranstaltungen und beim Besuch der historischen Lager ist auch für das leibliche Wohl bestens gesorgt.

Beim Memminger Weinfest Anfang September bieten Weinhändler aus mehreren Regionen ihre Produkte mit passenden Schmankerln auf dem Weinmarkt an. Für fröhliche Feststimmung mit Musik ist gesorgt.

151

Kinderfest
(Bild Stadt Memmingen)

Am Stadtbach
(Bild Dominik Berchtold, Stadt Memmingen)

Rund 200.000 Besucher treffen sich im Oktober beim einwöchigen Jahrmarkt mit über 90 Schaustellerbetrieben auf Straßen und Plätzen am Rand der Innenstadt. Hierzu gehört auch der beliebte Krämermarkt mit mehr als 150 Verkaufsständen.

Der mehrwöchige Christkindlesmarkt auf dem Marktplatz bietet romantisches Ambiente mit zahlreichen Ständen voller Leckereien und Geschenkartikeln. Gesangs- und Bläsergruppen sorgen mit festlichen Klängen für Weihnachtsstimmung. Das Christkind erzählt den andächtig lauschenden Kleinen Märchen und auch das Kasperle sorgt für Vergnügen bei den Kindern.

Begleitet wird der Markt von der lebensgroßen Madlenerkrippe im beleuchteten Innenhof des Antonierhauses und einer Ausstellung mit Bildern des Memminger Malers Josef Madlener, dem Meister der schwäbischen Weihnacht. Eine lange Einkaufsnacht im Lichterglanz am Freitag vor dem 1.

Advent mit Musikunterhaltung und Feuerwerk, eine unterhaltsame Winterausstellung im Stadtmuseum sowie ein „Kulinarischer Wintermarkt" Mitte Dezember auf dem Schmiedplatz gehören ebenfalls zum Advents-programm.

Freizeit und Sport

Das rege Vereinsleben in Memmingen mit zahlreichen unterschiedlichen Angeboten im sportlichen, kulturellen und geselligen Bereich sorgt für vielfältige Freizeitmöglichkeiten.

Das breite Angebot an Sportstätten umfasst mehrere Sportstadien und Sporthallen, ein Eisstadion, ein Hallen- und ein Freibad sowie Tennisplätze und sogar eine Wakeboard Anlage.

Radfahren

In der abwechslungsreichen Voralpenlandschaft rund um Memmingen wartet unbeschwertes Radelvergnügen auf Freunde des Radwanderns. Ein Radwegnetz von über 1.000 Kilometern verbindet die Radwege der Region und lädt zu Erkundungstouren ein. Eine einheitliche Beschilderung mit Zielwegweisern und Entfernungsangaben sorgt für gute Orientierung. Die Radkarte „Radfahren im Kneippland Unterallgäu" bietet alle wissenswerten Informationen. Sie ist gegen geringes Entgelt bei der Stadtinformation erhältlich. Der beliebte Iller Radweg, ein vier Sterne Premiumradweg hat einen Zubringerweg in die Memminger Innenstadt.

Häusle am Hexenturm
(Bild Stadt Memmingen)

Glückswege

Auch für Wanderer gibt es eine passende Karte mit dem Titel „Wandern im Kneippland Unterallgäu". Im flachen, lieblichen Gelände mit den sanften Hügeln der herrlichen, aussichtsreichen Voralpenlandschaft, das für genussvolle Wanderungen hervorragend geeignet ist, kann man traumhafte Wanderwege im Wald, über Wiesen oder durch idyllische Flusstäler genießen.

Hier findet jeder die Tour nach seinem Geschmack; Themenwege wie der Walderlebnisweg, eine Wanderung auf den Spuren von Pfarrer Kneipp, oder ein Pilgerweg gehören zu den abwechslungsreichen Angeboten.

Bis 2020 sind im Unterallgäu zusätzlich 19 erlebnisreiche neue Wander- und Radstrecken, sogenannte „Glückswege" geplant. Vorgesehen sind 6 Rundradtouren und 13 Rundwanderwege zu Themen wie „Fabelhafte Storchenwelt", „Quellensteig" oder „Herrschaftszeiten" mit Rastbänken und Picknickplätzen.

Außerdem ist Memmingen auch Etappenziel auf den Wegen der Wandertrilogie Allgäu.

Kreuzherrnsaal
(Bild Stadt Memmingen)

Steuerhaus
(Bild Thanner, Stadt Memmingen)

Orts- und Infrastruktur

Parken

Über 2000 Plätze warten in den Parkhäusern der Innenstadt auf Gäste, die von dort aus zu günstigen Gebühren alle Bereiche der Stadt erkunden können. Diese Parkhäuser sind unmittelbar an den Altstadtring angebunden. Der Autofahrer wird durch ein elektronisches Parkleitsystem ohne Umweg zum nächsten freien Parkhaus geleitet. Am Bahnhof steht sogar ein Fahrradparkhaus zur Verfügung und am Schrannenplatz haben Besucher die Möglichkeit ihr E-Bike während ihres Aufenthalts kostenlos zu laden. Am Naherholungsgebiet Stadtpark Neue Welt mitten im Grünen und doch fußläufig zur Innenstadt ist auch der Wohnmobilparkplatz gelegen.

Wirtschaftsstandort

Die kreisfreie Stadt Memmingen übernimmt als Oberzentrum für einen großen Einzugsbereich wichtige zentralörtliche Versorgungsfunktionen. Dies wird im Bereich der Wirtschaft besonders deutlich. So ist die Stadt mit ihren Gewerbe-, Handels- und Dienstleistungsbetrieben täglich das Ziel von knapp 18.400 Einpendlern, die ihrer Arbeit nachgehen oder die Angebote der attraktiven Einkaufsstadt nutzen.

Die rund 30.000 Beschäftigten in Memmingen sind über alle Wirtschaftssektoren verteilt, wobei das produzierende Gewerbe seit jeher sehr stark ausgeprägt ist. Doch auch die Sektoren Dienstleistungen und Handel gewinnen zunehmend an Bedeutung.

Bildung

Neben allen Schultypen von Grund- über Haupt- bis zu weiterführenden Schulen und Berufsschulen bietet Memmingen auch die Möglichkeit einiger berufsbegleitender Studiengänge. Erwachsenenbildung bietet auch die Volkshochschule mit über 700 Kursen im Semester.

Tagungsmöglichkeiten

Die Stadthalle Memmingen bietet Tagungsfläche für 10 – 1.000 Personen. Mehrere Räume machen eine flexible Nutzung von der Tagung über Schulungen, Festliche Anlässe oder Ausstellungen möglich. Weitere Veranstaltungsflächen bietet das Kaminwerk Memmingen, Tagungen sind auch in den Räumlichkeiten verschiedener Hotels möglich.

Unterkünfte und Gastronomie

10 Hotels, darunter vier 4-Sterne Häuser, Gasthöfe und eine Pension bieten knapp 1.000 Betten an. Darüber hinaus können Gäste auch aus vielen Ferienwohnungen, Privatzimmern und Boarding Houses wählen. Über 80 Gastronomiebetriebe bieten allein in der Innenstadt ein breites Spektrum an Möglichkeiten für jeden Anlass.

Wichtige Adressen und Telefonnummern

Stadtinformation

Marktplatz 3
D-87700 Memmingen
Tel. +49 (0)8331 850 172
Fax +49 (0)8331 850 178
info@memmingen.de
www.memmingen.de

Am Stadtbach
(Bild Thanner, Stadt Memmingen)

155

Theater für die gesamte Region

Landestheater Schwaben

Das Landestheater Schwaben, beheimatet im Zentrum von Memmingen, begreift sich als Theater für die gesamte Region Schwaben. Mit Energie und Leidenschaft und einem spielfreudigen und vielseitigen Ensemble zeigt es 15 Eigenproduktionen pro Spielzeit im Großen Haus, im Studio und an zahlreichen Gastspielorten im Spielgebiet.

Theaterkunst für jeden Geschmack

Ein breit gefächertes Angebot von spannendem zeitgenössischem Schauspiel, über große klassische Stoffe und brillante Unterhaltung bis hin zu musikalischen Produktionen lädt das Publikum ein. Die Themen der Region, Neue Dramatik und junge Autoren werden in Ur- und Erstaufführungen auf die Bühne gebracht.

Margarete Maultasch, Foto: © Forster

Teamfoto: © Landestheater Schwaben, Peter Kesten

Peterchens Mondfahrt, Foto: © Forster

Das Junge Theater ermöglicht den jungen Zuschauern der verschiedenen Altersgruppen die aufregende Welt des Theaters zu entdecken. Es gibt in Workshops, Spielclubs, Publikumsgesprächen und Diskussionen für Alle die Möglichkeit, sich an ihrem Theater direkt zu beteiligen.

Haupteingang mit Theaterplatz,
Foto: © Landestheater Schwaben,
Claudia Herzog-Kaiser

Landestheater Schwaben

Theaterplatz 2, D-87700 Memmingen, Tel. +49 (0)83 31-94 59 16
info@landestheater-schwaben.de, www.landestheater-schwaben.de
facebook.com/landestheater.schwaben

Hier wird Tracht gelebt

Almwelt – Kempten, **Memmingen**, Augsburg, Salzburg

Ob Tradition oder Fashion – bei Almwelt findet jeder Geschmack die passende Tracht und aparte Kleidung, die auch im Alltag getragen werden kann. Das ist Alpiner Lifestyle, der Lebensgefühl ausdrückt und darüber hinaus auch fesch anzusehen ist.

In der Almwelt spiegelt sich die Trachtenwelt. Hier werden eigene exklusive Designerstücke kreiiert. Mit großer Leidenschaft und viel Gespür für modische Trends fertigt man im Haus Trachten- und Lifestyleprodukte. Innovative Trachtenmode, die modernen alpinen Lifestyle ausdrückt und aus hochwertigen Materialien hergestellt wird. Die Almwelt-Designs sind Unikate. So gibt es das fesche Dirndl, die zünftige Lederhose oder das Trachtenshirt kein zweites Mal.

Führende Markenhersteller

Darüber hinaus führt die Almwelt Trachtenmode führender Markenhersteller. Mehr als 150 verschiedene Dirndlmodelle stehen zur Wahl und auch bei den Lederhosen kann unter fast 100 verschiedenen Modellen gewählt werden. Das passende Outfit ist für jeden Geldbeutel erschwinglich. Bei den Dirndl liegen die Preise zwischen 59 und 499 Euro, die günstigste Lederhose ist als Einstiegsmodell schon für 79 Euro zu haben.

Eine hochwertige Hirschlederhose ist aber auch für 990 Euro erhältlich. Die Besucher der Almwelt sind herzlich zu einem Glas Bier oder einer Tasse Kaffee eingeladen. In der gastfreundlichen Atmosphäre werden sie kompetent und persönlich beraten

und das Ambiente bietet eine Fülle von Inspirationen, um sich das richtige Outfit für die nächste zünftige Feier zusammen zu stellen.

ALMWELT GmbH
Kramerstr. 18
D-87700 Memmingen
Tel. +49 (0)83 31-9 72 79 00
memmingen@almwelt.de
www.almwelt.de

Drexel's Parkhotel****

Stadt erleben – Ruhe genießen in Memmingens Altstadt

Im Herzen der romantischen Altstadt von Memmingen, direkt am idyllischen Stadtpark, liegt das Drexel's Parkhotel. Die zentrale, ruhige Lage lädt zum Bummel durch die Innenstadt mit Cafés, Restaurants und Shops ein. Kulturinteressierte Gäste können zu Fuß zahlreiche historische Gebäude, Barockkirchen und mittelalterliche Gassen entdecken.

Das Hotel ist durch die hervorragenden Verkehrsverbindungen leicht mit Auto, Bahn oder Flugzeug (Allgäu Airport Memmingen) zu erreichen. Geschäftsreisende, Tagungs- oder Urlaubsgäste fühlen sich in den 79 individuell gestalteten Zimmern des Hotels wohl. Alle Zimmer sind mit Dusche/Bad, WC, Fön, Schreibtisch und Telefon ausgestattet.

Auf den Flachbild-TV´s gibt es internationale Fernsehprogramme, 2 Sky-Sport-Kanäle und Radio. Die meisten Zimmer sind Nichtraucherzimmer.

Zusätzlich besteht die Möglichkeit Familienzimmer oder Zimmer mit getrennten Betten zu buchen.

Der Tag im Hotel beginnt mit einem reichhaltigen Frühstück vom Büffet. Im Hotel ist auch ein Restaurant mit Biergarten untergebracht. Zum Service des Hauses gehört die kostenlose Nutzung der Sauna. Für die Durchführung von Tagungen und Seminaren ist das Hotel bestens eingerichtet. Acht Räume in der Größe von 22 m² bis 424 m² stehen hierfür im Hotel und in der benachbarten Memminger Stadthalle sowie in der Kattunfabrik zur Verfügung. Die mit moderner Kommunikationstechnik ausgestatteten Räume bieten beste Voraussetzungen für eine erfolgreiche Veranstaltung in entspannter Atmosphäre.

Das Drexel´s Parkhotel ist der optimale Ausgangspunkt für zahlreiche Ausflüge ins schöne Allgäu und zum Bodensee.

Drexel's Parkhotel **
Ulmer Strasse 7
D-87700 Memmingen
Tel. +49 (0)8331 9320
Fax +49 (0)8331 48439
info@parkhotel-memmingen.de
www.parkhotel-memmingen.de

Mindelheim

Kultur und Lebensfreude

Charmant und lebensfroh gibt sich Mindelheim, die Kreisstadt des Unterallgäus. Die Stadt begeistert nicht nur Kunst- und Kulturliebhaber, sondern auch Natur- und Sportbegeisterte. Inmitten der historischen Altstadt mit ihren farbenfrohen Bürgerhäusern, mit romantischen Winkeln und der ehemaligen Stadtbefestigung laden Geschäfte und Cafés zum Flanieren und Verweilen ein.

Mindelheim liegt auf einer Höhe von 607 m ü.M. und bietet 15.000 Einwohnern eine Heimat. In der Stadt erzählen Museen vom Glanz vergangener Zeiten. Kirchen, Kapellen, Befestigungstürme und die Mindelburganlage laden zu Besichtigungstouren ein. Für sportliche Aktivitäten ist die Stadt ebenfalls bestens gerüstet. Beliebt ist auch der mehrfach ausgezeichnete Naturlehrgarten im Südwesten der Stadt.

Kurzer Blick ins Geschichtsbuch

Entlang der Mindel, dem Fluss, der an der Mindelmühle im Ostallgäu entspringt und nach 90 km Flusslauf bei Gundremmingen in die Donau mündet, haben sich schon zu vorchristlicher Zeit Menschen angesiedelt. Eine erste urkundliche Erwähnung Mindelheims findet sich im Jahr 1046. Zur Stadt erhoben wurde Mindelheim um 1250. Die wechselvolle Geschichte der Stadt, in der sie einmal den bayerischen Wittelsbachern, mal den Österreichern gehörte, war im frühen 18. Jahrhundert sogar in englischem Besitz.

Sehenswürdigkeiten

Faszinierend ist die historische Altstadt mit ihren stuckverzierten Bürgerhäusern, mit malerischen Winkeln

Mindelburg
(Bilder Allgäu GmbH, Dominik Berchtold)

162

Marienplatz und Rathaus

und Gassen, mit Toren und Türmen. Neben dem Rathaus aus dem 19. Jh., deren charakteristische Fassade in Formen der Neorenaissance von dem Münchener Architekten Eugen Drollinger geschaffen wurde, hat der Marienbrunnen aus dem Jahr 1763 einen Blick verdient.

Den Vorstellungen einer mittelalterlichen Burg entspricht die Mindelburg. Der einstige Sitz der Herzöge von Teck und der Familie Frundsberg, dessen bekanntestes Mitglied Georg I. von Frundsberg als „Vater der Landsknechte" galt, bietet ein lohnendes Ziel für einen ausgedehnten Spaziergang. Der Burghof mit dem 27 Meter tiefen Burgbrunnen ist ganzjährig zugänglich, der zum Aussichtsturm umgebaute Burgfried von April bis Oktober.

Imposant erhebt sich der Turm der Pfarrkirche St. Stephan an der äußersten Nord-Ost-Ecke der alten Stadtumfriedung. Sie datiert aus dem Jahr 1409 und zeigt sich von außen im barocken Stil. Im Innenraum sind die Grabsteine des Erbauers, Herzog Ulrich von Teck, und seiner beiden Gemahlinnen besonders beeindruckend.

Zu den bedeutendsten Sakralbauten Schwabens zählt die Jesuitenkirche Mariä Verkündung. Im 13. Jh. als erste Klosterkirche der Stadt für Augustinereremiten errichtet und im 17. Jh. durch die Jesuiten barockisiert, präsentieren sich prächtige Altäre und die elegante Kapelle Franz-Xaver. Im Chorraum wird von Dezember bis Januar mit barock gestalteten Großfiguren die „Jesuitenkrippe" gezeigt, die als Wiege der schwäbischen Krippenbaukunst gilt.

Museen

Die Museen der Stadt liefern interessante Einblicke in die Geschichte. So bilden im Jesuitenkolleg vier Museen das „Schwerpunktmuseum" des Bezirks Schwaben. Neben dem neu konzipierten Schwäbischen Krippenmuseum finden sich dort das Textilmuseum, das Südschwäbische Archäologiemuseum sowie die Carl-Millner-Galerie. Außer Montag sind die Museen täglich von 10 bis 12 Uhr und von 14 bis 17 Uhr geöffnet.

Seit 1948 befindet sich das 1903 gegründete Heimatmuseum im ehemaligen Franziskanerinnenkloster Hl. Kreuz. Die Geschichte der adeligen Stadtherren und die Historie der Stadt mit ihrer bürgerlichen Kultur und dem bäuerlichen Umfeld werden hier nachgezeichnet. Das Museum ist am Donnerstag und jeden zweiten Sonntag im Montag von 14 bis 17 Uhr geöffnet.

Ganzjährig regelmäßige Stadtführungen

Mit fünfzig Turmuhren aus fünf Jahrhunderten und dem zweitlängsten Uhrenpendel der Welt punktet das „Turmuhrenmuseum" in der ehemaligen Silvesterkapelle. Das Museum ist mit Führung am Mittwoch und jeden letzten Sonntag im Monat von 14 bis 17 Uhr geöffnet.

Frundsbergfest: Mindelheimer Kinder eröffnen den Festumzug. Nächster Termin: Ende Juni/Anfang Juli 2021. (Bild Robert Seitz)

Freizeit und Sport

Die Natur ist bester Nachbar Mindelheims. Der Besucher kann sie auf Pilgerpfaden und auf über 80 km beschilderten Wander- und Radwegen erkunden. Hallen- und Freibad, Mindelsee, Klettertürme, Reitanlage, Skater- und Basketballplatz und eine Minigolfanlage bieten Anreize für eine aktive Freizeit.

Veranstaltungen in Mindelheim

Alle drei Jahre kehrt die Stadt für 10 Tage ins späte Mittelalter zurück. Das „Frundsbergfest" zählt zu den großen Historienfesten Deutschlands.

Darüber hinaus sind die Mindelheimer Jazztage, das Mondlicht Open Air, die Altstadtnacht und der Mindelheimer Advent beliebte Vergnügungen.

Orts- und Infrastruktur

Zu einem attraktiven Lebensraum trägt die Leistungsfähigkeit der Wirtschaft in Mindelheim bei. Neben der verkehrsgünstigen Lage an der A96 zwischen München und Lindau, den guten Bahnverbindungen, der Kreisklinik und den Schulsystemen steigern qualitätsorientierte Ausbildungsstätten auch für die junge Generation die Lebensqualität am Ort.

Wichtige Adressen und Telefonnummern

Tourist-Information Mindelheim im Rathaus
Maximilianstr. 26
D-87719 Mindelheim
Tel +49 (0)8261 99 15 20
touristinfo@mindelheim.de
www.mindelheim.de

Radeln entlang der Mindel – Spaß für die ganze Familie

Ottobeuren

Allgäu für die Sinne

Der Markt Ottobeuren (rund 8.200 Einwohner) im Landkreis Unterallgäu liegt etwa 10 km südöstlich von Memmingen. Ottobeuren ist durch das Benediktinerkloster weithin bekannt.

Durch das Gemeindegebiet mit den Gemarkungen Ottobeuren, Betzisried, Guggenberg, Haitzen und Ollarzried verläuft die Westliche Günz.

Ottobeuren mit der reizvollen Umgebung in der Voralpenlandschaft, den attraktiven Sehenswürdigkeiten sowie dem hochwertigen Kulturprogramm ist ein beliebtes Urlaubs- und Ausflugsziel. Als anerkannter Kneippkurort verfügt Ottobeuren über vielfältige Wellness-Angebote.

Kurzer Blick ins Geschichtsbuch

Die Geschichte von Ottobeuren ist eng verknüpft mit der Geschichte des Benediktinerklosters.

Vermutlich ist das Dorf Ottobeuren im 6. Jahrhundert als Rodungssiedlung entstanden. 764 wurde das Benediktinerkloster Ottobeuren gegründet. Im 8. Jahrhundert wurde aus dem Dorf ein fränkischer Reichshof mit Grafensitz. Das Kloster wurde 972 zur Reichsabtei erhoben. Im Jahr 1365 verlor das Kloster seine Unabhängigkeit und gehörte zum Bistum Augsburg.

Seit 1802 gehört das Kloster im Rahmen der Säkularisation durch Na-

Ottobeuren
(Bild Luftbild Bertram)

166

Kneipp-Aktiv-Park
(Bild Touristikamt Ottobeuren)

poleon zum Königreich Bayern. Die Mönche durften in einem Teil des Klosters bleiben, Neuaufnahmen waren nicht mehr möglich. Markt und Kloster wurden vereinigt.

Sebastian Kneipp

Die bedeutendste Persönlichkeit Ottobeurens ist zweifellos der als „Wasserdoktor" bekannte Sebastian Kneipp, der 1821 im Ortsteil Stephansried als Sohn einer Weberfamilie geboren wurde und in Ottobeuren aufwuchs. Nach schwieriger Kindheit in armen Verhältnissen studierte Sebastian Kneipp Theologie und wurde 1852 zum katholischen Priester geweiht.

Bereits in jungen Jahren entdeckte er durch eine Lungenerkrankung die heilende Kraft des Wassers und ent-

wickelte seine Therapie, die ihn zunehmend bekannt machte. Seit 1855 war er Beichtvater in Wörishofen und behandelte dort viele Hilfesuchende mit seiner Wasserkur.

Ottobeuren wahrt das Erbe von Pfarrer Kneipp. Seine Erkenntnisse sind Bestandteil der in Ottobeuren angewandten Therapien. In Stephansried wurde ihm ein Denkmal gesetzt.

Sehenswürdigkeiten

Ottobeuren mit dem Kloster als Mittelpunkt ist in seiner Gesamtheit eine der Hauptsehenswürdigkeiten an der Oberschwäbischen Barockstraße.

Kloster Ottobeuren

Als einziges der großen oberschwäbischen Klöster hat Ottobeuren eine auch nicht durch die Säkularisation unterbrochene klösterliche Tradition. Heute leben etwa zwanzig Mönche im Kloster. Die Anlage des Klosters wird außerdem als Museum und Fortbildungsstätte genutzt.

Der lohnende Rundgang durch das Museum führt durch die barocke Gemäldegalerie mit Schnitzwerken, Altartafeln und Gemälden von der Gotik bis zur Barockzeit sowie Mobiliar aus dem 18. Jahrhundert. Der Weg führt auch durch die Barockbibliothek, den Theatersaal und den Kaisersaal. Das Museum ist von Palmsonntag bis Allerheiligen täglich von 10:00 bis 12:00 Uhr und von 14:00 bis 17:00 Uhr geöffnet.

Basilika St. Alexander und Theodor

Die von 1737 bis 1766 errichtete spätbarocke Basilika St. Alexander und Theodor des Klosters ist eine der schönsten Barockkirchen in Deutschland. Sie beherrscht mit ihren hohen Türmen das Ortsbild. Von Ostern bis Ende Oktober kann man samstags um 14:15 Uhr an einer Führung durch die Kirche teilnehmen.

Beim Betreten der Kirche werden Besucher in dem riesigen, verschwenderisch ausgestattetem Innenraum von der spätbarocker Pracht überwältigt. Vor allem die reich gestalteten Altäre und die zahlreichen Fresken an Wänden und Decken ziehen den Blick auf sich.

Basilika St. Alexander und Theodor
(Bilder Touristikamt Ottobeuren)

168

Die 1766 fertiggestellten weltberühmten Orgeln des Orgelbauers Karl Joseph Riepp sind ein Höhepunkt der Orgelbaukunst. Ihr Klang genügt höchsten Ansprüchen.

Museum für zeitgenössische Kunst

Das neu eröffnete Museum für zeitgenössische Kunst am Marktplatz ist dem Werk des 1940 geborenen Ottobeurer Künstlers Diether Kunerth gewidmet.

Museum für zeitgenössische Kunst

Hier werden in wechselnden Ausstellungen zu bestimmten Themen Werke von Diether Kunerth und anderen bekannten zeitgenössischen Künstlern gezeigt.

Öffnungszeiten: Anfang April bis Mitte November, Dienstag bis Freitag von 11:00 bis 17:00 Uhr, Samstag und Sonntag 12:00 bis 17:00 Uhr, Infos unter www.mzk-diku.de

Lourdesgrotte

Ebenfalls sehenswert ist die 1885 eingerichtete Lourdesgrotte am Bannwald und der darüber liegende Ölberg mit lebensgroßen gusseisernen Figuren.

Allgäuer Volkssternwarte

Allgäuer Volkssternwarte

Die Allgäuer Volkssternwarte Ottobeuren liegt einen Kilometer südlich vom Ort. Sie verfügt über ein 60-cm-Teleskop neuester Bauart. Sie ist jeden Freitag ab 19:30 Uhr öffentlich zugänglich. Infos unter www.avso.de

Freizeit und Sport

Wandern

Wanderfreunde haben in der idyllischen Umgebung von Ottobeuren mit romantischen Flusslandschaften, sanften Hügeln, Wiesen, Wäldern und prächtigen Ausblicken auf die Allgäuer Alpenkette eine breite Auswahl an Möglichkeiten für genussvolle Touren.

Die Wiesengänger Route der Wandertrilogie Allgäu führt durch Ottobeuren. Auch der Crescentia-Pilgerweg mit Ausgangspunkt Kaufbeuren führt nach Ottobeuren.

Zu den derzeit geplanten sogenannten „Glückswegen" im Unterallgäu werden auch zwei Wanderwege von Ottobeuren gehören. Weitere Wandermöglichkeiten bieten der Walderlebnispfad, ein Nordic-Wal-

Kurpark
(Bild Touristikamt Ottobeuren)

king-Parcours und die Terrainwege im Bannwald.

Auch Radfahrer schätzen die zahlreichen schönen Tourenmöglichkeiten rund um Ottobeuren.

Kurpark

Im Kurpark kann die Lehre von Pfarrer Kneipp im Tretbecken, Armbad und auf der Tretwiese ganzheitlich erlebt werden. Auf der „Himmelstreppe" erreicht man Ruheplätze, welche die fünf Grundsätze der Kneipp'schen Lehre zeigen: Bewegung, Wasser, gesunde Ernährung, Kräuter und bewusste Lebensordnung.

Durch den Park verlaufen die beiden lokalen Pilgerwege Marienweg und Ulrichsweg, die zum Kalvarienberg mit Lourdes-Grotte führen.

Freibad

Das Ottobeurer Freibad verfügt über Schwimmer- und Nichtschwimmer-

becken, Wasserrutsche, Planschbecken, Kiosk und Spielgeräte. Es ist von Mitte Mai bis zum Ende der Sommerferien geöffnet.

Die Sportwelt Ottobeuren am Galgenberg mit einer der größten Kletterhallen Deutschlands, Tennisplätzen, Fitnesseinrichtungen und vielem mehr bietet vielfältige Möglichkeiten für sportliche Betätigung.

Golffreunde schätzen die Golfanlage am Hofgut Boschach mit Blick auf die Basilika.

Veranstaltungen

Die Konzertreihe der Ottobeurer Konzerte gehört zu den herausragenden Kulturangeboten im Allgäu. Seit sechs Jahrzehnten gastieren berühmte Orchester mit weltbekannten Stardirigenten in Ottobeuren. Zahlreiche Besucher genießen in der Basilika und im Kaisersaal des Klosters Konzerte klassischer und sakraler Musik von höchster Qualität. Neben drei herausragenden Konzerten in der Basilika mit erstklassigen Orchestern bietet das Programm festliche Aufführungen im prachtvollen Kaisersaal mit einem breiten Spektrum an musikalischen Darbietungen von der Operngala bis zum Kammerkonzert.

Kaisersaal der Basilika
(Bild Christoffer Leitner)

Auch die Ottobeurer Orgelkonzerte im Sommer ziehen mit einem anspruchsvollen Programm Musikfreunde aus nah und fern an.

Im Oktober und November bietet das abwechslungsreiche Programm „Herbstzeitlose" im Haus des Gastes Kabarett, Lesungen, Ausstellungen sowie Kinder- und Volkstheater.

Orts- und Infrastruktur

Ottobeuren ist durch die Anschlussstelle Woringen der A 7 von Memmingen nach Kempten und die nahe A 96 von München nach Memmingen bequem zu erreichen. Buslinien verbinden Ottobeuren mit den nächsten Bahnhöfen in Memmingen, Bad Grönenbach und Sontheim.

Ottobeuren ist einer der Hauptorte der Ostroute der Oberschwäbischen Barockstraße.

Unterkünfte vom großen Hotel bis zur Ferienwohnung sind für jeden Geldbeutel vorhanden, darunter eine Sportjugendherberge und ein neu angelegter Campingplatz. Die gemütlichen Cafés und Restaurants in Ottobeuren bieten eine breite Auswahl von regionalen Gerichten bis zur internationalen Küche.

Die medizinische Versorgung ist durch die Kreisklinik Ottobeuren, mehrere niedergelassene Ärzte und zwei Apotheken gesichert.

Zu den Bildungseinrichtungen gehört neben zwei Grundschulen und einem Schulzentrum mit Mittelschule, Realschule und Gymnasium auch eine Musikschule.

Wichtige Adressen und Telefonnummern

Touristikamt Kur & Kultur
Marktplatz 14, D-87724 Ottobeuren
Tel. +49 (0)8332 9219 50
Fax +49 (0)8332 9219 92
touristikamt@ottobeuren.de
www.ottobeuren.de

Golfen im Grünen

Grünes Image und gepflegte Geselligkeit im Allgäuer Golf- und Landclub Ottobeuren

Es war die Zeit, in der karierte Sakkos gerade in Mode kamen, die Radiostationen die Hits der Neuen Deutschen Welle rauf und runter spielten und Bernhard Langer mit seinen ersten internationalen Erfolgen den Golfsport in Deutschland salonfähig machte. Auch im Allgäu wurden in den 1980er Jahren die ersten Golfplätze gebaut. Eine der ältesten Anlagen in der Region ist der Allgäuer Golf- und Landclub in Ottobeuren. Ginge es nach den gängigen Klischees, hätte die erste Vorstandssitzung wohl eher in

nah und ressourcenschonend auf rund 56 Hektar. In den ersten Jahren florierte der Golfclub. „Wegen des großen Andrangs gab es sogar Wartezeiten bei den Trainerstunden", erzählt Präsident Horst Klüpfel. Schnell waren fast 400 Mitglieder dabei. Knapp 700 hat der Golfclub mittlerweile – überwiegend aus dem Kemptener Raum, aus Memmingen, aus dem Unter- und dem Ostallgäu.

Der Platz ist nach wie vor genauso angelegt, wie er vor 30 Jahren geplant worden war. Nur die Natur selbst hat die Anlage verändert. Den modernen Anforderungen des Golfsports – beispielsweise den längeren Abschlägen der jungen Generation – ist er gewachsen. Denn, wo es etwa früher freie Sicht auf das Grün gab, kommen heute großge-

einem schicken Luxushotel stattfinden müssen. Alois Berger, einer der größten Förderer des Klubs, Gründungspräsident Friedrich Höcker und der Diplom-Kaufmann Harald Quednau trafen sich aber vielmehr in Bergers Wohnzimmer. Im Herbst 1985 wurde der Platz schließlich eröffnet – und war zu dieser Zeit mit seinen 24 Spielbahnen der größte seiner Art in Bayern. Denn in Ottobeuren entstanden neben dem 18-Loch-Platz auch sechs kürzere Übungsbahnen – natur-

wachsene Bäume und und enge Schneisen zwischen Sträuchern hindurch ins Spiel. „Unsere Spielbahnen sind ganz von selbst anspruchsvoller geworden", sagt Vizepräsident Manfred Stock. Das Layout des 18-Loch-Meisterschaftskurses ist geprägt durch alten Baumbestand und abwechslungsreiche Golfbahnen sowie kurze Wege vom Green zum Tee, immer wieder haben die Sportler freien Blick auf die barocke Basilika Ottobeurens. Mit seinen Wasserhindernissen und Bunkern ist er ideal in das leicht hügelige Gelände eingebettet.

Bei allen abwechslungsreichen Herausforderungen für den erfahrenen Golfer bietet der Platz auch Anfängern perfekte Bedingungen für die ersten Abschläge, um individuelles Spiel zu ermöglichen, gibt es neben den üblichen gelben und roten Abschlägen für Männer und Frauen auch extra geratete grüne Junioren-Abschläge. Der gepflegte 6-Loch-Kurzplatz ist vor allem bei Einsteigern beliebt. Durch die überdachte Übungsanlage ist ein ganzjähriger Spiel- und Trainingsbetrieb möglich.

Das Naturerlebnis steht auf dem riesigen Gelände des Allgäuer Golf- und Landclub im Mittelpunkt – überall grünt und blüht es. Der Golfclub ist seit Jahren Partner von GOLF&NATUR, dem Umweltprogramm des Deutschen Golfverbands, und hat inzwischen das Silber-Zertifikat erhalten. Mehrfach sind die Ottobeurer im Jahr 2017 für den sorgsamen Umgang mit der Natur ausgezeichnet worden. Unter anderem vom Bayerischen Golfverband (BGV) und der Allianz. Mit seinem Motto „Golfspielen unter Freunden" gehört der Allgäuer Golf- und Landclub zu den beliebtesten Golfanlagen im süddeutschen Raum.

Der Allgäuer Golf- und Landclub bietet Schnupperkurse, individuelle Platzreifekurse, Turniere und viele weitere Attraktionen für Golfeinsteiger und Neumitglieder. Mit Mark Southern steht dem Club seit 2016 ein beliebter Golf-Professional als Trainer zur Seite, der mit viel Geduld, Energie und Kompetenz sowohl den Erwachsenen als auch den Jugendlichen weiterhilft. Termine und Informationen gibt es auf der Homepage des Klubs. Auch der Internetauftritt des AGLC wurde 2017 für seine nutzer- und gastfreundliche Gestaltung als eine der besten Golfclub-Homepages Deutschlands ausgezeichnet. Unter anderem gibt es auf den Seiten im Netz die Möglichkeit, einen virtuellen Panorama-Rundflug über die 24 Löcher der Anlage, den Meisterschaftskurs und den Kurzplatz zu unternehmen. Die Bilder dazu sind mit einem aufwendigen Drohnenflug produziert worden.

Und weil auch das Gesellige in dem Klub nicht zu kurz kommt, geht's nach der Runde ins Restaurant am Golfplatz mit seiner sonnigen Terrasse direkt am Übungsgrün. Familie Perkovic serviert dort schwäbische und kroatische Küche sowie selbst gemachte Kuchen zum Kaffee. Außerdem kooperiert der Golfclub mit dem Akzent Brauerei Hotel Hirsch und dem Parkhotel Maximilian in Ottobeuren.

Allgäuer Golf- und Landclub Ottobeuren e.V.

Boschach 3, D-87724 Ottobeuren
Tel. +49 (0)8332 92 510
Fax +49 (0)8332 51 61
info@aglc.de, www.aglc.de

Pfaffenhausen

Schöner Marktflecken mit stolzer Tradition

Wenn man durch das nördliche Unterallgäu fährt, ist Pfaffenhausen (563 m ü. M.) im Mindeltal nicht zu übersehen. Mächtig grüßt die imposante Kirche in alle Richtungen und lenkt den Blick auf eine besondere Gemeinde. Der Marktflecken ist ein heimeliger Ort mit breiter Hauptstraße und einer prächtigen Kastanienallee. Die Marktgemeinde hat zusammen mit ihren drei Ortsteilen Egelhofen, Schöneberg und Weilbach fast 2600 Einwohner.

Kurzer Blick ins Geschichtsbuch

Pfaffenhausen ist ein alter Marktort, dessen Marktrecht schon anno 1360 belegt ist. Die Marktgemeinde gehörte von 1293 bis 1803 zum Hochstift Augsburg und wurde dank ihrer Bedeutung sogar Sitz eines Priesterseminars und eines wichtigen bischöflichen Pflegeamtes. Die begüterte Ur- und Großpfarrei Pfaffenhausen umfasste einst als Filialen die umlie-

Rathaus und Sitz der Verwaltungsgemeinschaft Pfaffenhausen
(Bilder Josef Hölzle)

174

Hauptstraße mit Kastanienallee

genden Gemeinden Hausen, Oberrieden, Mittelrieden, Unterrieden, Salgen, Bronnen, Schöneberg und Weilbach. Diese Gemeinden hatten damit eine sehr enge Verbindung mit Pfaffenhausen, deren Geist auch in unserer Zeit noch zu spüren ist.

Sehenswürdigkeiten

Groß und prächtig präsentiert sich im Ort die Pfarrkirche St. Stephan, die eine Bischofskirche war und im Jahre 1789 geweiht wurde. Die breite Marktstrasse mit zum Teil noch erhaltenen historischen Gebäuden ist in der geschichtlichen Entwicklung des Marktfleckens begründet. Herausragend im Ortsbild ist das ehemalige Seminargebäude und

heutige „Blindenheim" mit der herrlichen Rokoko-Kapelle St. Ulrich, die vom berühmten Wessobrunner Josef Schmuzer gestaltet wurde und als einer der schönsten Kirchenräume im Unterallgäu gilt. Ebenfalls sehenswert sind das große „Kastenhaus" als ehemaliger Zehentstadel sowie das „alte Rathaus" mit einstiger Schranne.

Der Heimatverein „Freunde Pfaffenhausens" unterhält im „alten Rathaus" ein „Heimathaus" mit einer alten Schmiede, einer Original-Schusterwerkstatt, einem nostalgischen Kramerladen und einem, dem bekannten Akademie-Professor Richard Berndl gewidmeten Zimmer mit vielen Zeichnungen sowie eine Militaria-Sammlung.

Blick auf die Allgäuer Alpen

Freizeit und Sport

Dank des breiten und ebenen Mindeltales gibt es ideale Spazier- und Fahrradwege in alle Richtungen durch die wiesen- und waldreiche Umgebung. Wer es gerne hügeliger will, braucht nur ein paar Kilometer in Richtung Westen oder Osten zu gehen, um die herrliche Naturlandschaft um Pfaffenhausen herum für sich zu entdecken. Am Rande des Ortes laden große, öf-

Störche auf dem Blindenheim

fentlich zugängliche Badeweiher mit sauberem Wasser zu einem erfrischenden Bad an heißen Sommertagen ein.

Die unterschiedlichsten Vereine in Pfaffenhausen bieten breite Sport- und Freizeitmöglichkeiten: Fußball, Tennis, Schießen, Reiten, Bogen- und Stockschießen oder Skigymnastik - für allerlei Vorlieben ist im Ort gesorgt.

Besonderheiten

Im Norden der Gemeinde hat sich ein gut 50 Hektar großes „Moos" erhalten, das als Naturschutzgebiet ausgewiesen ist und als ökologische Rarität gilt. Bemühungen der Naturfreunde der LBV-Ortsgruppe, die rund um Pfaffenhausen verschiedene Biotope angelegt haben, trugen dazu bei, dass der Storch als Beispiel für einen intakten Lebensraum seit vielen Jahren in Pfaffenhausen auf dem Nest über dem Blindenheim brütet. Mittlerweile haben sogar mehrere Storchenpaare den Flecken zu ihrer Brutheimat gemacht. Auch große Storchenansammlungen auf dem Kirchendach gehören immer wieder zum Ortsbild. Das Brutgeschäft und die Aufzucht der Jungstörche werden stets auch fasziniert verfolgt. Dafür gibt es sogar via Kamera eine Direktübertragung aus dem Storchennest auf eine Videowand im Foyer des Raiffeisenhauses.

Die Firma „Ruf-Automobile" in Pfaffenhausen stellt mit die schnellsten Sportwagen der Welt her und genießt in Automobil-Kreisen Weltruf als Produzent der exklusiven „Ruf-Porsche".

Orts-und Infrastruktur

Die vier Gemeinden der Verwaltungsgemeinschaft bilden auch einen Schulverband mit Sitz in Pfaffenhausen. Die große Verbandschule besteht aus einer Grund- und Mittelschule, die auch zur mittleren Reife führt.

Eine Dreifachturnhalle, Spielplätze und eine Aula werten die moderne Schule auf.

In Zusammenarbeit mit dem Dominikus-Ringeisen-Werk Ursberg schuf der Markt ein integratives Senioren- und Begegnungszentrum, das Senioren einen heimatnahen Altersruhesitz bietet. Außerdem erstellten die Marktgemeinde und die Pfarrei gemeinsam ein beispielhaftes Gemeinschaftshaus u. a. mit Musikerheim und Jugendzentrum.

Wichtige Adressen und Telefonnummern

Markt Pfaffenhausen
Hauptstraße 34
D-87772 Pfaffenhausen
Tel. +49 (0)8265 96 980
Fax +49 (0)8265 96 98 33
vorzimmer-pfaffenhausen@vgem-pfaffenhausen.de
www.pfaffenhausen.info

Schafe am Mindeldamm bei Pfaffenhausen

Pfarrkirche St. Stephan, Pfaffenhausen
(Bild Wikipedia, Mogadir, CC BY-SA 3.0)

Die Whisky-Destillerie im Allgäu

Bergwelt Brennerei

In Pfaffenhausen im Unterallgäu wartet ein ganz besonderes Ausflugsziel auf Liebhaber von hochwertigem Whisky. Die 2017 entstandene Bergwelt Brennerei ist eine der modernsten Whisky-Destillerien im Allgäu. Der leidenschaftliche Destiller Andreas von Bergwelt wurde mit dem Meisterpreis der bayerischen Staatsregierung ausgezeichnet. Die Familie von Bergwelt stellt mit einer eigenen Bio-Plantage und einer Holundermanufaktur bereits seit mehreren Jahren vorzügliche Spezialitäten wie Holunderbalsamico und Holunderlikör, Bergwelt Gin und Nusslikör her.

Der Besuch der Whisky-Erlebniswelt Bergwelt-Destillerie beginnt im gemütlichen Verkostungsraum mit Blick auf die 4,5 Meter hohe Whisky-Brennblase. Die besonders große Kupferoberfläche ermöglicht die Destillation eines Single Malt von höchster Qualität. Dieser entsteht durch modernste Brenntechnik, Verwendung von fünf Spezialmalzen, langsamen Brennen nach dem Fadenprinzip und Lagerung in hochwertigen Eichenfässern.

Termine der Verkostungen findet man auf der Homepage. Angeboten werden neben dem Bergwelt Tasting mit Whisky, Gin, Haselnuss-Schnaps und Haselnuss-Likör das spezielle Bergwelt Whisky Tasting sowie als besonderes Erlebnis das Exklusiv Bergwelt Tasting inklusive Brennkurs. Die Bergwelt-Brennerei bietet auch die Möglichkeit, Tagungen mit bis zu 80 Personen im einzigartigen Ambiente durchzuführen.

Öffnungszeiten der Brennerei:

Mo. bis Mi. nach Vereinbarung. Do. und Fr. von 9 bis 12 Uhr sowie von 14 bis 18 Uhr, Sa. von 9 bis 13 Uhr. Sämtliche Produkte der Brennerei können auch im Online-Shop bestellt werden.

Bergwelt Brennerei

Gewerbepark 100
D-87775 Pfaffenhausen-Salgen
Tel. +49 (0)8265-73050 und
+49 (0)170-5900 591
info@bergwelt-brennerei.de
www.bergwelt-brennerei.de

Tussenhausen

Erholung in reizvoller Landschaft

Die liebenswerte Gemeinde inmitten des Kneipplandes liegt an der Grenze zum Erholungsgebiet „Naturpark Augsburg - Westliche Wälder". In der Marktgemeinde zu der die Orte Tussenhausen, Mattsies und Zaisertshofen gehören, leben knapp über 3000 Einwohner auf einer Höhe von 575 m ü. M.

Kurzer Blick ins Geschichtsbuch

Im Jahr 943 schenkte König Otto I. den Ort Tussenhausen mit all seinem Besitz dem Fürststift Kempten. Kaiser Friedrich III. verlieh dem Ort 1455 das Marktrecht. Tussenhausen und Zaisertshofen waren von der Herrschaft Angelberg geprägt. 1680 wurde Tussenhausen Teil des Kurfürsten-

tums Bayern, bevor 1818 die heutige Gemeinde entstand.

Sehenswürdigkeiten

Die ältesten Baubestandteile der Pfarrkirche St. Martin in Tussenhausen gehen auf das 14. Jh. zurück. Der prächtige Kirchturm mit seinem auffälligen Spitzhelm wurde im 17. Jh. errichtet. Prächtige Altäre, eine mächtige Kanzel und wunderschöne Fresken machen das Kircheninnere sehenswert.

Weithin sichtbar ist das Schloss Mattsies, das ursprünglich ein welfisches Gut war. Im Mittelalter residierten dort unterschiedliche Herrschaften. Der wesentliche Teil des Schlosses

Tussenhausen
(Bilder Markt Tussenhausen)

Schloss Mattsies

stammt noch aus dem 16. Jh., nachdem es während der Bauernkriege zerstört und sofort wieder aufgebaut wurde. Ein prächtiges Turmhaus dominiert die Anlage, die sich in Privatbesitz befindet.

In Zaisertshofen ist das Pfarrhaus sehenswert, das 1767 nach den Plänen des Pfarrers Johann Maria Gelb erbaut wurde. Im Treppenhaus befindet sich ein sehenswertes Fresko mit der Darstellung Mariä Heimsuchung.

Freizeit und Sport

Das Unterallgäu ist ein beliebtes Wander- und Radlerdomizil, findet sich doch ein ausgedehntes Wegenetz, das durch eine reizvolle Landschaft führt. Tussenhausen ist Ausgangspunkt des Zusamradweges, von dem man von Kaufbeuren kommend, Donauwörth erreicht. Auch der Schwäbisch-Allgäuer Fernwanderweg Augsburg-Sonthofen führt durch Tussenhausen.

Für sportliche Radfahrer stellt der Angelberg eine Herausforderung dar. Der unvergleichliche Rundblick bei Föhnwetterlagen auf die Allgäuer Alpenwelt belohnt aber die größte Anstrengung.

Orts- und Infrastruktur

Große Industriebetriebe wie die Grob Aircraft SE haben in Tussenhausen ihren Firmensitz. Neben dem weltweit führenden Hersteller von Flugzeugen aus Verbundwerkstoff, der auch über einen eigenen Flugplatz verfügt, bieten mittelständische und kleine Gewerbebetriebe Arbeits- und Ausbildungsplätze. Die zentrale Lage beschert der Marktgemeinde eine gute Verkehrsanbindung und die ruhige Wohnraumsituation zieht vor allem Familien an.

Zahlreiche örtliche Vereine kommen den unterschiedlichsten Interessen ihrer Mitglieder nach und im Ort stehen der Bevölkerung eine Grundschule und zwei Kindergärten zur Verfügung.

Wichtige Adressen und Telefonnummern

Markt Tussenhausen
Marktplatz 9
D-86874 Tussenhausen
Tel. +49 (0)8268 90 910
Fax +49 (0)8268 90 91 25
info@tussenhausen.de
www.tussenhausen.de

Zaisertshofen

Drei Linien der Fugger und ihre Spuren

Vielfältige Spuren der Familie, die bis heute in drei Linien fortbesteht, finden sich hier in zahlreichen Orten. Diese Bedeutung spiegelt sich auch im Wappen des Landkreises wider: Es zeigt neben den bayerischen Rauten und der goldenen Rosette der Reichsabtei Ottobeuren nämlich auch eine blaue Lilie auf goldenem Grund, die aus dem 1473 verliehenen Wappen der Fugger „von der Lilie" stammt.

Zunächst waren die Fugger in der Reichsstadt Augsburg zu erfolgreichen Kaufleuten aufgestiegen. Doch bereits unter dem wohl bekanntesten Familienmitglied, Jakob Fugger dem Reichen (1457-1525), begannen sie damit, Grundbesitz auf dem Land zu erwerben. Diese Erwerbungen

spielten sich vorrangig innerhalb der damaligen Markgrafschaft Burgau ab und dehnten sich vom Ulmer Umland im Laufe der Jahre allmählich nach Süden aus.

Den Anfang der Erwerbungen machte 1507 die Grafschaft Kirchberg-Weißenhorn. Damit einher gingen auch die Standeserhebungen der Fugger: So wurde Jakob Fugger zunächst in den Freiherrenstand und dann lehensrechtlich in den Grafenstand erhoben. Seine Neffen und Nachfolger Raymund (1439-1535), Anton (1493-1560) und Hieronymus (1499-1538) erlangten nach Jakobs Tod die Aufnahme in den erblichen Reichsgrafenstand. Zu „Grafen von Kirchberg und Weißenhorn" wurden damit alle Nachkommen der

Fuggerschloss Babenhausen
(Bild Fürst Fugger Zentralverwaltung)

Fuggerei Augsburg
Bild Fürstlich und Gräflich Fuggersche Stiftungen

Neffen Jakob Fuggers – unabhängig davon, ob sie dort auch wirklich begütert waren. Tatsächlich sollten die Fugger ihren Grafentitel dann jedoch erst ab ca. 1620 führen.

Unter Jakob Fuggers Nachfolgern setzte sich die Erwerbspolitik fort. Bis zum Jahr 1618 konnten sie zahlreiche weitere Herrschaften und Güter an sich bringen. In mehreren Güterteilungen wurden im Laufe des 16. Jahrhunderts die Besitzungen unter Raymund und Anton bzw. ihren Nachfahren aufgeteilt, nachdem Hieronymus kinderlos gestorben war. Dabei fiel 1548 Kirchberg-Weißenhorn an Raymunds Sohn Georg Fugger(1518-1569), der somit zum Stammvater der heutigen Linie Kirchberg-Weißenhorn wurde.

Antons Anteil teilten im Jahr 1575 dessen Söhne untereinander auf:

Marx (1529-1597) erhielt Biberbach, Oberndorf und Gablingen, Hans (1531-1598) bekam Kirchheim, Glött, Mickhausen und Schmiechen, und Jacob (1542-1598) Babenhausen, Kettershausen und Boos.

Jacob Fugger wurde damit zum Begründer der Linie Babenhausen. Sein Vater Anton hatte Babenhausen 1538/39 erworben. Durch zahlreiche Baumaßnahmen u. a. am Schloss oder auch die Gründung einer Lateinschule noch unter Anton Fugger wurde der Stammsitz im Laufe der Jahre zum Herrschaftszentrum ausgebaut. Jacob Fugger führte – wie auch seine beiden Brüder – die Erwerbspolitik des Vaters fort und rundete seinen Herrschaftskomplex dadurch ab. Unter Jacobs Nachfahren wurden die einzelnen Bestandteile der Herrschaft über mehrere Generationen hinweg wieder getrennt geführt. Als jedoch Franz Karl Fugger (1712-1758) starb, gelangte Babenhausen an Anselm Victorian Fugger (1729-1793) aus der Booser Nebenlinie. Nach dem Tod seines Bruders Christoph Moritz Bernhard Fugger (1733-1777), der Inhaber von Boos gewesen war, kamen beide Herrschaften in der Hand Anselm Victorian Fuggers wieder zusammen. Anselm Victorians Sohn und Nachfolger, Anselm Maria Fugger (1766-1821), wurde von Kaiser Franz II. im Jahr 1803 in den erblichen Reichsfürstenstand erhoben. Das damit entstandene Fürstentum Babenhausen hatte freilich nur bis zum Ende des Alten Reiches Bestand. Den Fürstentitel trägt das jeweilige Familienoberhaupt der

Linie Babenhausen jedoch bis heute im Namen.

Die Linie Fugger von Glött ist die dritte Linie, die bis heute besteht. Sie geht auf Hans Fugger zurück. Dieser hatte, wie bereits erwähnt, im Jahr 1575 u. a. Kirchheim erhalten. Dort ließ er zwischen 1578 und 1585 das Schloss mit dem berühmten Zedernsaal sowie die Pfarrkirche errichten. Mit Hans Fuggers Urenkel Johann Eusebius (1617-1672) starb die ältere Kirchheimer Linie im Mannesstamm aus. Sein Erbe wurde Bonaventura Fugger (1619-1693), ebenfalls ein Urenkel Hans Fuggers. Bonaventuras Vater Ott Heinrich Fugger (1592-1644) besaß mit Matt-

Blick aufs Fuggerschloss Kirchheim
(*Bild Markt Kirchheim*) 184

sies und Grönenbach bereits zwei Herrschaften im Unterallgäu. Mit dem Tod Maximilian Joseph Fuggers (1801-1840) erlosch jedoch auch diese jüngere Kirchheimer Linie im Mannesstamm. Der Erbe, Philipp Karl Fugger (1830-1878) aus der Nebenlinie Kirchheim-Hocheneck, starb ebenfalls ohne Nachkommen, so dass Kirchheim an die Linie Fugger von Glött fiel, die durch die Erbteilungen zwischen Hans Fuggers Söhnen und Enkeln entstanden war. Carl Ernst Fugger von Glött (1859-1940) wurde 1914 in den erblichen Fürstentstand erhoben. Sein Sohn Joseph Ernst Fugger von Glött (1895-1981) war im Dritten Reich Mitglied der Widerstandsbewegung „Kreisauer Kreis"

und nach Kriegsende Politiker auf Landes-, Bundes- und Europaebene. Auch Joseph Ernst Fugger war kinderlos, sicherte jedoch durch die Adoption seines Neffen Albert, Sohn seiner Schwester Maria und Ferdinand von Arco-Zinnebergs, den Fortbestand der Linie Fugger von Glött.

Orte der Fugger

Babenhausen

Geprägt durch die Fugger

Der an der Günz gelegene Ort wird durch das Fuggerschloss geprägt. Es ist Sitz der Familie Fugger, die im Mittelalter und während der Renaissance große Bedeutung hatte. Zu Babenhausen gehören Klosterbeuren und Unterschönegg. Mit 5.500 Einwohnern ist Babenhausen (560 m ü. M.) auch der Sitz der gleichnamigen Verwaltungsgemeinschaft. Auf kulturellem Gebiet hat der staatlich anerkannte Erholungsort eine lange Tradition, die vor allem von der Musikpflege beeinflusst wird. Eugen, Georg-Ludwig und Otto Jochum machten Babenhausen weit über die Grenzen ihrer Heimat bekannt.

Kurzer Blick ins Geschichtsbuch

Eine erste urkundliche Erwähnung von Babenhausen findet sich im Jahr 1237. Im 12. Jahrhundert gehörte Babenhausen zusammen mit Schönegg zur Herrschaft Kellmünz. Anton Fugger erwarb 1539 die Grundherrschaft von Babenhausen. Dies brachte durch die rege Bautätigkeit einen merklichen Aufschwung für Handwerk und Gewerbetreibende. Wegen seiner Verdienste für Kaiser und Reich erhob Kaiser Franz II. Graf Anselm Maria Fugger im Jahr 1803 in den Fürstenstand. 1806 wurde das Fürstentum in das Königreich Bayern eingegliedert.

Sehenswürdigkeiten

Das beeindruckende Fuggerschloss beherrscht das Bild des Marktes Babenhausen. Das aus dem 13. Jhd. stammende Rechbergschloss wurde von Anton Fugger, dem „Fürst der Kaufleute", zusammen mit der Herrschaft von Babenhausen erworben. Er fügte die Schlossanlage und die von ihm erweiterte barocke Kirche St. Andreas (15. Jh.) zu einem großen Ensemble zusammen.

Fuggerschloss (Bilder Markt Babenhausen)

Schlossgarten

In den zwölf Räumen des Museums dokumentieren Zeugnisse aus sechs Jahrhunderten Familien- und somit auch europäische Geschichte des Hauses Fugger.

Das Museum ist von April bis November jeweils Dienstag bis Samstag von 10 bis 12 Uhr und von 14 bis 17 Uhr sowie sonntags von 10 bis 12 Uhr und von 13 bis 18 Uhr geöffnet.

Ein besonders Kleinod ist die Friedhofskapelle St. Maria von 1722 mit dem aus 7 Bildern geschaffenen Totentanz. Den Schlüssel zur Kapelle erhalten Sie in der danebenliegenden Gärtnerei Liedel.

Freizeit und Sport

Die Kulturlandschaft rund um Babenhausen liegt direkt am Günztalradweg und lädt zu Wander- und Fahrradausflügen in die nähere Umgebung ein. Das vielfältige Vereinsleben bietet den Bewohnern ein abwechslungsreiches Angebot zur Freizeitgestaltung.

Im Ort sorgen ein Vita Parcours, Tennisplätze mit -halle sowie ein Reitgelände mit Reithalle und zwei Wassertretanlagen in Babenhausen und Klosterbeuren für abwechslungsreiche und vielfältige sportliche Betätigungen.

Der Rothdach-Badesee bietet neben gepflegten Grünanlagen Möglichkeit zu Volleyball, Boule, Fußball und Freiluftschach und anschließender Einkehr am Kiosk.

Orts- und Infrastruktur

Der Markt Babenhausen ist ein Ort mit hoher Lebensqualität. Idyllisch im Günztal gelegen, mit einem Wirtschaftsleben, das durch Handel, Handwerk und Industrie geprägt ist. Vielfältige soziale, schulische und sportliche Einrichtungen erfüllen die Anforderungen eines Unterzentrums zwischen Memmingen und Krumbach. Das Theater „Am Espach", die Schlosskonzerte sowie die Vereine sorgen für ein breitgefächertes Kultur- und Freizeitangebot. Und der Jugend steht am Fuggerweiher mit dem Jugendzeltlagerplatz und der Jugendbildungsstätte des Bezirkes Schwaben ein interessantes Angebot zur Verfügung.

Wichtige Adressen und Telefonnummern

Markt Babenhausen
Marktplatz 1
D-87727 Babenhausen
Tel. +49 (0)8333 94 00-0
Fax +49 (0)8333 94 00-94
info@babenhausen.org
www.vg-babenhausen.de

Heimertingen
Kleine Gemeinde mit bewegter Vergangenheit

Die attraktive, zukunftsorientierte Gemeinde mit rund 1.800 Einwohnern ist sowohl gewerblich als auch landwirtschaftlich geprägt. Ganz im Westen des Landkreises Unterallgäu gelegen, angrenzend im Süden an die Stadt Memmingen und im Westen an die Landesgrenze zu Baden-Württemberg, ist sie von einer hervorragenden Infrastruktur und einem intakten Gemeinschaftsleben gekennzeichnet. Hier finden städtische Nähe und ländliches Flair in der reizvollen Lage des Illertales eine ideale Verknüpfung.

Kurzer Blick ins Geschichtsbuch

Die Gemeinde Heimertingen wurde bereits 853 erstmals urkundlich erwähnt. Doch vieles deutet darauf hin, dass ihre Geschichte bis ins 5. oder 6. Jahrhundert zurückreicht. Die Herren von Edlinstett erwarben 1386 die Ortsherrschaft in Heimertingen. 1589 ging die Herrschaft an die Fugger über, die bis 1806 im Besitz des Dorfes geblieben sind. Das Wappen der Gemeinde erinnert an die Herren von Edlinstett mit der silbernen Sichel und die Fugger mit der Lilie.

Sehenswürdigkeiten

Besonders sehenswert ist die Pfarrkirche St. Martin, die bereits seit 853 in Heimertingen steht. Die Römisch-Katholische Kirche beherbergt einige interessante Fresken von Ferdinand Wagner. Der Alte Pfarrhof, ein Fachwerkhaus aus dem 16. Jahrhundert, ist ebenfalls einen Besuch wert.

Rathaus und Pfarrkirche St. Martin
(Bilder Gemeinde Heimertingen)

Freizeit und Sport

Die Gemeinde bietet neben einem aktiven Dorfleben ein vielseitiges sportliches sowie kulturelles Vereins- und Freizeitangebot für Jung und Alt. Das idyllische Illertal lädt mit seinem bestens ausgeschilderten Rad- und Wanderwegenetz zu Entdeckungstouren rund um Heimertingen ein.

Orts- und Infrastruktur

Aufgrund seiner guten Verkehrsanbindung an die A7 und B300 und einer ebenso guten Infrastruktur präsentiert sich Heimertingen als beliebter Wohnort und attraktiver Wirtschaftsstandort.

Die örtliche Grundversorgung mit Kindertagesstätte, Grundschule, Arztpraxis, Apotheke, Banken, gastronomischen Einrichtungen und Einkaufsmöglichkeiten ist gewährleistet und das nachhaltige Angebot für Wohnbebauung und Gewerbeflächen bietet vielfältige Ansiedlungsmöglichkeiten und rundet das Bild der lebens- und liebenswerten Gemeinde ab.

Wichtige Adressen und Telefonnummern

Gemeinde Heimertingen
Ulmer Straße 5
D-87751 Heimertingen
Tel. +49 (0)8335 234
Fax +49 (0)8335 10 33
heimertingen@vg-boos.de
www.vg-boos.de

Heimertingen
(Bild Wikipedia, R. Mayer, CC BY 3.0)

Markt Wald

Wiege des Mathematikers und Astronomen Christoph Scheiner

Nicht weit von Memmingen, mitten im schönen Unterallgäu, befindet sich die Gemeinde Markt Wald. Umgeben von idyllischer, hügeliger Landschaft bietet Markt Wald knapp 2.200 Einwohnern ein wunderschönes Zuhause. Das Gemeindegebiet ist geprägt von Land- und Forstwirtschaft. Besucher genießen die atemberaubende Natur und entspannen gern nahe den umliegenden Gewässern.

Kurzer Blick ins Geschichtsbuch

Schon 1593 erhielt Markt Wald das Marktrecht. Die beiden Gemeinden Sohler und Irmatshofen bildeten ursprünglich den Marktflecken. Doch heute zählen auch Anhofen, Immelstetten und Oberneufnach zur Gemeinde.

Die Fürsten Fugger-Babenhausen waren seit 1660 stolze Besitzer von Markt Wald. Noch heute machen sie ihren Einfluss als Patronatsherren der Pfarrkirche und als Forstverwalter geltend.

Als berühmteste Persönlichkeit der Gemeinde Markt Wald gilt Christoph Scheiner. Der Mathematiker und Astronom wurde hier 1575 geboren und entwickelte verschiedene physikalische Geräte. Zu seinem größten Erfolg gelangte er 1611, als er die Sonnenflecken entdeckte.

Sehenswürdigkeiten

Markt Wald hat einige interessante Sehenswürdigkeiten zu bieten. Dazu gehört auch der Christoph Scheiner Turm, der Wanderern bei entsprechender Witterung einen atemberaubenden Ausblick auf die gesamte Umgebung erlaubt.

Eine besonders imposante Erscheinung ist das Fugger-Schloss, das schon seit einiger Zeit aufwendig restauriert wird. Das Gebäude steht

Markt Wald
(Bild Wikipedia, Flodur63, CC BY 3.0)

Markt Wald
(Bild Wikipedia, Flussar, CC BY 4.0)

unter Denkmalschutz und gilt als äußerst beliebtes Fotomotiv bei den Gästen der Gemeinde.

Auch die Pfarrkirche Mariä Himmelfahrt ist ein echtes Kleinod der Gemeinde Markt Wald. Die Kirche hat im Laufe der Jahrhunderte ihr Erscheinungsbild mehrfach geändert. So war sie früher im barocken Stil gehalten und wurde schließlich im neuromanischen Stil umgestaltet.

Außerdem gelten auch der Schnerzhofer Weiher und die Zusamquelle als besonders beliebte Ausflugsziele.

Freizeit und Sport

Obwohl Markt Wald eine sehr kleine Gemeinde ist, hat sie sich vor allem im Turnen einen großen Namen gemacht. In der Gemeinde gibt es ein aktives Vereinsleben, das neben Sport auch Musik und Theater umfasst.

Orts- und Infrastruktur

Markt Wald verfügt über eine sehr gute Anbindung an den öffentlichen Nahverkehr. Die Bewohner haben direkten Zugang zur Staudenbahn. In der Gemeinde gibt es Schule, Kindergarten, Apotheke und verschiedene Arztpraxen. Auch die wichtigsten Geschäfte für den täglichen Bedarf sind vor Ort vorhanden.

Wichtige Adressen und Telefonnummern

Marktgemeinde Markt Wald
Hauptstraße 6,1D-86865 Markt Wald
Tel. +49(0)8262 96 92 50
Fax +49 (0)8262 96 92 520
info@marktwald.de
www.marktwald.de

Weißenhorn
Die Fuggerstadt

Die Stadt Weißenhorn (rund 13.650 Einwohner) in der Region Donau-Iller im Landkreis Neu-Ulm zwischen Ulm und Memmingen ist von einer sanften Hügellandschaft umgeben.

Neben der Kernstadt gehören eine Reihe von Dörfern zur Stadt. Roth, Biber und Leibi sind die Flüsse im Stadtgebiet. Weißenhorn liegt verkehrsgünstig mit der Anschlussstelle Vöhringen an der Autobahn A7 von Ulm nach Memmingen.

Die liebenswerte Kleinstadt Weißenhorn ist durch ihre malerische historische Altstadt mit zahlreichen sehenswerten Gebäuden weithin bekannt und ein beliebtes Ausflugs- und Urlaubsziel. Eine Reihe von Übernachtungsmöglichkeiten vom Hotel bis zur Ferienwohnung stehen für Gäste zur Verfügung. Die Gaststätten in Weißenhorn bieten ein breites Spektrum an gastronomischer Vielfalt.

Kurzer Blick ins Geschichtsbuch

Weißenhorn wurde 1160 erstmals urkundlich erwähnt. Bereits im 13. Jahrhundert erhielt Weißenhorn Markt- und Stadtrecht. Nach wechselnden Besitzern hatte ab 1507 die Familie der Fugger über mehrere Jahrhunderte die Herrschaft über die Stadt. Die Fugger unterstützten die lokalen Weber und machten Weißenhorn zur blühenden Handelsstadt. Weißenhorn ist neben Augsburg die einzige Stadt, die noch den Titel „Fuggerstadt" führen darf.

*Das Obere Tor
(Bilder Stadt Weißenhorn)*

Rathaus

Sehenswürdigkeiten

Die weitgehend gut erhaltene historische Altstadt von Weißenhorn mit mittelalterlichen Bürgerhäusern in Fachwerkbauweise, stattlichen Wirtshäusern und bedeutenden Bauten aus dem 19. Jahrhundert steht als gesamtes Ensemble unter Denkmalschutz und zeugt von der Tradition als Handels- und Handwerkerstadt.

Der Rundgang beginnt beim imposanten Oberen Tor von 1470, das ehemals Teil der mittelalterlichen Stadtbefestigung war und heute zum Heimatmuseum gehört. Am Tor werden Besucher der Stadt mit einem Fresko des Weißenhorner Malers Anton Bischof begrüßt, es stellt eine Szene aus den Bauernkriegen im Jahr 1525 dar.

Durch das Tor hindurch gelangt man auf den Kirchplatz, der von zahlreichen Sehenswürdigkeiten umrahmt ist. Das Alte Schloss stammt aus dem Jahr 1460 und wurde 1735 barockisiert.

Das Neue Schloss wurde 1513 von Jacob Fugger erbaut und dient heute als Rathaus.

Das mächtige Bräuhaus der Fugger stammt aus dem Jahr 1565 und wurde um 1700 mit einer barocken Fassade versehen. Die katholische Stadtpfarrkirche Mariä Himmelfahrt, 1865 bis 1868 im Maximilianstil errichtet, zählt zu den wichtigsten Zeugnissen der Sakralbaukunst im 19. Jahrhundert.

In der malerischen Hauptstraße Richtung Unteres Tor stehen viele Bürgerhäuser aus dem 16. Jahrhundert. Die um 1350 erbaute „Schranne", das älteste Gebäude der Stadt und eines

Schranne

der ältesten noch erhaltenen Rathäuser in der Region, wurde später als Kaufhaus und Markthalle genutzt und fungiert heute als Veranstaltungsort.

Auch das Untere Tor von 1470/80 ziert ein Fresko mit historischem Motiv, welches die Übergabe des Stadtbuchs zeigt.

Nach dem Bahnanschluss von Weißenhorn im Jahr 1878 wurde die Bahnhofstraße am Ende des 19. Jahrhunderts und zu Beginn des 20. Jahrhunderts mit prachtvollen gründerzeitlichen Villen bebaut. In der Nähe der Bahnhofstraße findet man an der Nordwestecke der ehemaligen Stadtmauer den im späten 15. Jahrhundert in zylindrischer Form errichteten Diebsturm, auch Prügelturm genannt.

Das 1908 gegründete, überregional bedeutende Weißenhorner Heimatmuseum im Oberen Stadttor und im angebauten Woll- und Waaghaus aus dem Jahr 1534 beherbergt eine der reichhaltigsten Sammlungen in Schwaben zum Thema Stadtgeschichte sowie Kunst- und Kulturgeschichte des Ulmer Winkels. Der Besuch der

interessanten Dauerausstellung und der vielseitigen Wechselausstellungen lohnt sich. Kinder können das Museum auf einer spannenden Museumsrallye entdecken.

Empfehlenswert ist die Teilnahme an den Stadt- und Museumsführungen, die von der Stadt nach Voranmeldung angeboten werden.

Freizeit und Sport

Landwirtschaftswege und Spazierwege bieten Wanderern, Nordic Walkern und Radsportlern gute Möglichkeiten, die schöne Hügellandschaft rund um Weißenhorn kennenzulernen.

Ein abenteuerliches Erlebnis verspricht der Besuch des Waldseilgartens im Stadtteil Wallenhausen.

Unbeschwerten Badespaß erleben Besucher im Freibad mit großer Liegewiese. Es stehen ein großes Schwimmbecken, Nichtschwimmer- und Kinderbecken sowie eine lange Rutsche zur Verfügung. In der kalten Jahreszeit ist die Kleinschwimmhalle eine gute Option.

Stadttheater

Veranstaltungen

Im abwechslungsreichen Weißenhorner Veranstaltungskalender findet man neben Märkten und Brauchtumsfesten ein anspruchsvolles Kulturprogramm.

Das Historische Stadttheater von 1876 im ehemaligen Zehntstadel ist mit 150 Plätzen eines der wenigen gut erhaltenen kleinstädtischen Bürgertheater aus dem 19. Jahrhundert. Es wird von verschiedenen klassischen Ensembles und von Laientheatergruppen für Aufführungen sowie für Vorträge, Kabarett und Festveranstaltungen genutzt.

Kulturell Interessierte besuchen gern die Weißenhorner Kulturnacht am Abend vor Christi Himmelfahrt mit buntem Programm. Zu den beliebten Märkten und Festen gehören das Altstadtfest am zweiten Samstag im Juli, das Kinderfest Ende September, der Gallusmarkt im Oktober und der stimmungsvolle Nikolausmarkt.

Als Fastnachtshochburg feiert Weißenhorn am „Gumpigen Donnerstag" den traditionellen Straßenfasching und veranstaltet am Faschingsdienstag einen großen Umzug durch den Ort.

Der traditionelle Weißenhorner Leonhardiritt am letzten Sonntag im Oktober gehört zu den bedeutendsten in Bayerisch Schwaben.

Wichtige Adressen und Telefonnummern

Stadt Weißenhorn
Schlossplatz 1
D-89264 Weißenhorn
Tel. +49 (0)7309 84 0
Fax +49 (0)7309 84 50
info@weissenhorn.de
www.weissenhorn.de

Aitrach

Wohlfühlen zwischen Aitrach und Iller

Ortskern von Aitrach
(Bilder Gemeinde Aitrach)

Die Gemeinde Aitrach (rund 2.700 Einwohner) liegt zwischen Leutkirch und Memmingen an der Mündung der Aitrach in die Iller. Neben dem Kernort gehören die Ortsteile Mooshausen und Treherz zur Gemeinde. Aitrach ist durch die nahe A 96 von Lindau nach München gut zu erreichen.

Die lebendige Gemeinde verfügt über eine sehr gute Infrastruktur. Der nett gestaltete Ortskern ist mit einem breit gefächerten Angebot von Einzelhandel und Handwerk, dem Wochenmarkt sowie dem neuen Seniorenzentrum ein attraktiver Treffpunkt.

Die Handwerks- und Industriebetriebe in den Gewerbegebieten an der A 96 bieten mehrere hundert Arbeits- und Ausbildungsplätze.

Die Gemeinde verfügt über zwei Kindergärten und eine Grundschule.

Die Gesundheitsversorgung ist durch eine Arztpraxis und eine Apotheke gewährleistet.

In der Gemeinde mit über 20 aktiven Vereinen findet man ein reiches Angebot an kulturellen und sportlichen Freizeitmöglichkeiten. Hierfür stehen die Mehrzweckhalle und die neue Sporthalle zur Verfügung.

Kurzer Blick ins Geschichtsbuch

Aitrach entstand als Siedlung an einer Furt über die Iller. Es wurde bereits 838 erstmals urkundlich erwähnt.

Sehenswürdigkeiten

St. Giordanus und Epimachus

Zu den sehenswerten Gebäuden in der Gemeinde gehören die Kirche St. Giordanus und Epimachus in Aitrach, die Kirche St. Johann Baptist in Mooshausen, mehrere Kapellen und der ehemalige Zehntstadel aus dem Jahre 1511, das älteste noch erhaltene Haus in Aitrach.

Freizeit und Sport

In Aitrach gibt es viele schöne Wanderwege, die mit liebevoll gestalteten Holztafeln Ausgeschildert sind. Die handliche Wanderkarte des Wandervereins mit Tourenvorschlägen ist bei der Gemeindeverwaltung gegen ein geringes Entgelt erhältlich.

Für Feriengäste stehen mehrere Ferienwohnungen sowie der beliebte idyllische Campingplatz an der Iller zur Verfügung. Auch lädt der neue Aitrachsee in den Sommermonaten zum Baden ein. Hier sind auch Wohnmobilisten herzlich willkommen. Die Gaststätten in Aitrach bieten eine breite gastronomische Vielfalt.

Veranstaltungen

Die Vereine sorgen mit ihren Festen und Veranstaltungen für ein abwechslungsreiches Jahresprogramm; so findet Mitte November der traditionelle Kunsthandwerkermarkt statt.

Wichtige Adressen und Telefonnummern

Gemeinde Aitrach
Schwalweg 10, D-88319 Aitrach
Tel. +49 (0)7565 9800 0
Fax +49 (0)7565 5213
gemeinde@aitrach.de
www.aitrach.de

Zehntstadel

Breitenbrunn

Das Dorf der vier Kirchen

Breitenbrunn
(Bild Wikipedia, Flodur63, CC BY 4.0)

Die Gemeinde liegt mit ihren Ortsteilen Loppenhausen, Bedernau und Breitenbrunn im Tal der Kammel inmitten einer hügeligen Landschaft mit fruchtbaren Ebenen und waldreichen Hanglagen. Unsere wunderschönen Dörfer mit ihren mächtigen Pfarrkirchen und den zahlreichen gepflegten Gasthäusern sind über gut ausgebaute Straßen- und Bahnverbindungen, aber auch durch beschilderte Wander- und Radwege leicht erreichbar. Über den Jakobusweg sind wir auch an das europäische Pilgernetz angeschlossen.

Breitenbrunn, mit insgesamt 18 Ortsteilen und Weilern, ist eine lebendige Gemeinde. Zwei langjährige intensive Partnerschaften mit Gemeinden in Ungarn und Frankreich verschaffen wertvolle Blicke „über den Tellerrand" hinaus und brachten Freundschaften über alle Grenzen hinweg. Das sportliche Vereinsleben wird sichtbar durch die neue Freizeitanlage Loppenhausen, dem „Haus der Vereine" in Breitenbrunn oder die neu angelegten Sportplätze in Bedernau. Insgesamt 38 Vereine und Gruppen, darunter 4 Musikkapellen und sechs Schützen- und Sportvereine, sorgen für ein lebendiges Miteinander und ein gutes bürgerliches Zusammenwirken für die Pflege von Kultur und Brauchtum.

Kurzer Blick ins Geschichtsbuch

Geschichtliche Spuren von Breitenbrunn finden sich bereits im Jahr 1088. Vor 1800 gehörte Breitenbrunn der Herrschaft Mindelheim und Bedernau den Freiherren von Castell. Im Zuge des Gemeindeedikts von 1818 entstand die heutige Gemeinde.

Sehenswürdigkeiten

Die Wallfahrtskirche Maria Baumgärtle ist heute Missionshaus und Bildungsstätte. Bis zum Beginn des 19. Jahrhunderts stand die Wallfahrt dort in Blüte. Heute ist in der Kirche eine Nachbildung des Altöttinger Gnadenbildes zu bewundern.

An dem bekannten Jakobsweg findet sich im Ortsteil Loppenhausen ein Biotop mit einem Pavillon, dem sogenannten Jakobstor, einem Metallbaukunstwerk an der Kammel. Die Kneippanlage bietet eine gesunde Erfrischung.

Freizeit und Sport

Mit insgesamt sechs Wanderwegen und fünf Pilgerwegen zählt die Region zu einem wahren Wanderparadies. Ein Rundwanderweg, an dem auch die Naturtherme Bedernau liegt, steht ganz im Zeichen des Wassers, einem wichtigen Bestandteil des Kneipp`schen Heilverfahrens.

Wichtige Adressen und Telefonnummern

Gemeinde Breitenbrunn
Kirchstr. 1, D-87739 Breitenbrunn
Tel. +49 (0)8263 381
breitenbrunn@vgem-pfaffenhausen.de
www.breitenbrunn-schwaben.de

Jakobstor im Ortsteil Loppenhausen
(Bild Gemeinde Breitenbrunn)

Wellness, die aus der Tiefe kommt

Natur-Therme Bedernau (Breitenbrunn)

Inmitten des Kneippland® Unterallgäu, in Breitenbrunn, lagern große Mengen an warmen und mineralreichen Wasser. Schon früh erkannte man die gesundheitsfördernden Eigenschaften des kostbaren Nass und nutzt es für wohltuende Bäder. Seit 2007 lädt die Natur-Therme Bedernau in der Zeit von Mitte April bis Ende Oktober zum gesunden Badevergnügen ein.

Zwei Becken, ein großer Naturschwimmteich im Außenbereich und ein überdachtes Thermalwasserbecken, bilden die Natur-Therme. Der Naturschwimmteich im Garten hat sich als familienfreundlicher Ort herum gesprochen. An warmen Tagen ist die eigens angelegte Flachwasserzone ideal für die Kleinen zum Plantschen. Mit großer, windgeschützer Liegewiese, dem Beachvolleyballplatz sowie Café und Bistro kann man hier unbeschwert den Tag genießen. Die Wassertemperatur im Thermalbecken liegt bei 34° C. Die angenehme Wärme regt den Stoffwechsel an und fördert die Durchblutung. Über Haut und Atemwege werden die wertvollen Mineralien des Fluorid-Natrium-Hydrogencarbonat-Gemischs aus dem Thermalwasser aufgenommen.

Dabei reichen 20 Minuten im Becken bereits aus, um die Selbstheilungskräfte des Körpers anzuregen. Für wohltuende Entspannung sorgt ein Dampfbad und eine Infrarotkabine; zweimal täglich bietet die Therme kostenlose Wassergymnastik an.

(Im Thermalbecken gelten eingeschränkte Badezeiten für 6-16jährige, Kinder unter 6 Jahren haben zum Thermalbecken aus medizinischen Gründen keinen Zutritt.)

Als echter Geheimtipp gilt das monatliche Vollmondbaden. Während der Mond die Therme in ein angenehm sanftes Licht taucht, entspannen die Besucher am Lagerfeuer und lassen sich mit kleinen Brotzeiten und frisch gemixten Cocktails aus dem Bistro verwöhnen. Der Besuch der Dampfsauna und das Abtauchen ins warme Thermalwasser schaffen so Wellness für Körper, Geist und Seele.

Die Natur-Therme Bedernau ist barrierefrei erreichbar und hat ausreichend Parkraum zu bieten. Für Gäste, die mit dem Wohnmobil anreisen, stehen drei Wohnmobilplätze zur Verfügung.

Öffnungszeiten
Badesaison ist Mitte April
bis Ende Oktober;
Montag Ruhetag;
Di. bis Fr. 10 bis 21 Uhr;
Sa. 12-19 Uhr, So. 12 bis 21 Uhr.

Natur-Therme Bedernau
Hohenschlauer Str. 25
D-87739 Bedernau
Tel. +49 (0)8265 73 35 96
info@naturtherme-bedernau.de
www.naturtherme-bedernau.de

staatl. anerkannte Heilquelle

Märchenhafter Kaffeegenuss

Café Kunterbunt

Der Weg zu einem Ausflugsziel mit märchenhaftem Ambiente führt nach Breitenbrunn und dort direkt ins Café und Atelier Kunterbunt.

Inmitten des liebevoll dekorierten Kaffeehauses sitzen Gäste gemütlich unter einem Baum und lassen sich mit feinen Kaffee- und Teespezialitäten sowie hausgemachten leckeren Kuchen und Torten verwöhnen.

In der angrenzenden Bastelstube können Kinder unter Anleitung einer Bastelfee nach Herzenslust eigene Kunstwerke gestalten und mit nach Hause nehmen. Ideen hierfür erhalten sie bei einem Rundgang durch die Ausstellung des Künstlers Herbert Fleschutz, der mit seinen zauberhaften, teils motorisierten Figuren die Welt der Grimm'schen Märchen in verschiedenen Szenen so fantasievoll und detailgetreu inszeniert, dass man sich in die Geschichte hineinversetzt fühlt. Hier trifft man unter anderem auf Rotkäppchen und den Wolf, entdeckt die sieben Geißlein in ihren Verstecken, erlebt Peter Pans Abenteuer und träumt sich fernab vom Alltag in ein Märchenwunderland.

Abends ab 17 Uhr wird das Café Kunterbunt zu einem charmanten Bistro, in dem erlesene Pizzakreationen, Flammkuchen und andere leckere Schmankerln angeboten werden.

Jeden zweiten Sonntag im Monat ab 10:00 Uhr findet der allseits beliebte Brunch statt. Es gibt themenbezogene internationale Speisen, dazu jeweils Livemusik oder ein kleines kulturelles Programm. Danach können Gäste durch die Galerie flanieren, wo regio-

Öffnungszeiten:

Café und Galerie:
Ganzjährig Mi. bis So. sowie an
Feiertagen von 14 bis 23 Uhr.

Brunch-Termine:
Jeden 2. Sonntag im Monat ab 10
bis 14 Uhr. Voranmeldung erbeten.

Märchenausstellung:
Mi. bis So. 14 bis 20 Uhr.
Shop: Mo. bis Sa. 14 bis 20 Uhr.
Teeladen: Mo. bis Sa. 14 bis 18 Uhr.

Bastelstube:
Fr. bis So. von 14 bis 18 Uhr und
während des monatlichen Brunches.

nale Künstler ihre Werke präsentieren.
Es werden mehrmals jährlich neue Ausstellungen organisiert.

Für Feste oder private Feiern kann das
Café außerhalb der Öffnungszeiten an-
gemietet werden, umfangreicher Service inklusive.

Zur Erinnerung an den Aufenthalt im
Café Kunterbunt warten im Shop am
Eingang des Cafés viele dekorative Accessoires und Geschenkideen auf Käu-
fer. Wer lieber einen Tee mitnehmen
möchte, findet im Teeladen vierzig verschiedene Teesorten und Zubehör für
den gepflegten Teegenuss.

Café Kunterbunt
Atelier Fleschutz und Partner

Bürgermeister-Egger-Straße 9
D-87739 Breitenbrunn
Tel. +49 (0)8263 960 341
info@atelier-fleschutz.de
www.atelier-fleschutz.de

Kammlach

Kleine Gemeinde mit bewegter Geschichte

Die Gemeinde Kammlach (rund 1900 Einwohner) im schwäbischen Landkreis Unterallgäu ist Mitglied der Verwaltungsgemeinschaft Erkheim. Zu Kammlach gehören die Hauptorte Oberkammlach und Unterkammlach, sowie die Weiler Höllberg, Rufen, Wideregg, Kirchstetten und Sankt Johann. Kammlach liegt ca. 25 km östlich von Memmingen. Die Gemeinde ist durch die Abfahrt Stetten der nahen A 96 von Memmingen nach Buchloe gut zu erreichen.

Kurzer Blick ins Geschichtsbuch

Kammlach wurde 1167 durch eine Schenkung des Klosters Ottobeuren erstmals urkundlich erwähnt. Zu dieser Zeit bestand die Siedlung vermutlich schon mehrere Jahrhunderte.

Große geschichtliche Bedeutung hat die Schlacht bei Kammlach zwischen den französischen Armeen der Königstreuen und der Republikaner am 13. August 1796, bei der sich 42.000 Soldaten gegenüber standen und 1200 Soldaten ihr Leben verloren. Das sogenannte Franzosenkreuz am westlichen Ortsausgang von Oberkammlach und andere Denkmäler erinnern an dieses Ereignis. 1978 entstand im Rahmen der Gemeindereform durch Zusammenlegung der Ortsteile die Gemeinde Kammlach.

Sehenswürdigkeiten

Die katholische Pfarrkirche Mariä Himmelfahrt in Oberkammlach mit Ursprüngen aus dem 15. Jahrhundert steht unter Denkmalschutz. Die im

Dorfplatz Unterkammlach
(Bilder Gemeinde Kammlach)

Mariä Himmelfahrt, Oberkammlach

Lauf der Jahrhunderte mehrfach umgestaltete Kirche zeigt im Innenraum an der Langhauswand einen umfangreichen Gemäldezyklus mit Darstellungen aus dem Leben Christi aus der Zeit um 1500. Auch die Kanzel von 1679 und die Altäre aus den Jahren 1670/80 mit der gefassten Holzfigur der Muttergottes im Zentrum des Hochaltars sind sehenswert. In einer Rundbogennische ist seit 1968 die sogenannte Oberkammlacher Weihnacht dargestellt.

Einen Kontrast dazu bietet die Unterkammlacher Kirche, Maria Königin des heiligen Rosenkranzes, die 1955 eingeweiht wurde und moderner gestaltet ist. Einen Besuch wert sind auch die St. Sebastianskapelle in Unterkammlach, die St. Anna Kapelle in Höllberg und die St. Antonius Kapelle aus dem 17. Jahrhundert in Kirchstetten.

Die denkmalgeschützte Brücke über die Kammel in Oberkammlach stammt aus dem 18. Jahrhundert.

Freizeit und Sport

Rund 20 Vereine in der Gemeinde sorgen mit ihren Angeboten im sportlichen, geselligen und kulturellen Bereich für Möglichkeiten der sinnvollen Freizeitgestaltung. Die Feste, Veranstaltungen und sportlichen Wettbewerbe bieten ein abwechslungsreiches Jahresprogramm.

Wichtige Adressen und Telefonnummern

Gemeinde Kammlach
Pfarrer-Herb-Straße 11
D-87754 Kammlach
Tel. +49 (0)8261 1495
rathaus@kammlach.de
www.kammlach.de

Maria, Königin des Hl. Rosenkranzes Unterkammlach.

Lautrach

Am Illerdurchbruch

St. Peter und Paul
(Bild Edmund Abel)

Ein Zusammenklang von Flussland-schaft, Wäldern und Wiesen prägt die reizvolle Landschaft der Gemeinde Lautrach im Illerwinkel mit ihren ca. 1250 Einwohnern. Kenner der schwä-bischen und Allgäuer Heimat sagen oft, dass die Iller mit ihrem Durch-bruch bei Lautrach zu einem beson-deren landschaftlichen Höhepunkt führt, dass sich dort die Anmut des unteren Illertales ein letztes Mal mit dem gebirgigen Charakter des Berg-landes vermählt. Lautrach ist Mitglied der Verwaltungsgemeinschaft Iller-winkel und liegt etwa 10 km südlich von Memmingen. Die Gemeinde hat zweimal beim Wettbewerb „Unser Dorf soll schöner werden" den ersten Platz auf Kreisebene erreicht.

Ein kurzer Blick ins Geschichtsbuch

Der Name Lautrach (Luthraha, Lu-tiracha, Lutrach) ist keltischen Ur-sprungs und bedeutet „helle klare Ach". Urkundlich wird Lautrach im Jahre 840 das erste Mal genannt, als durch eine kaiserliche Kommission eine Grenzberichtigung zwischen dem Kloster Ottobeuren und Kemp-ten vorgenommen wurde. 1164 ist Heinrich als Ministeral der Staufer und seine beiden Söhne Hermann und Heinrich von Luthraha erwähnt. Nach wechselnden Besitzern ging Lautrach 1641 an das Stift Kempten. 1818 wurde das Gebiet der ehema-ligen Herrschaft Lautrach eine selb-ständige Gemeinde. Kirchlich gehör-te Lautrach bis 1821 zum damaligen Bistum Konstanz.

Sehenswürdigkeiten

Der architektonische Mittelpunkt des Ortes ist das Schloss, das von 1781 bis 1784 vom Fürstabt von Kempten als Probstei und Jagdschloss an der Stel-

Schloss Lautrach
(Bild Jens Weber)

le des abgebrannten, alten Schlosses errichtet wurde. Nach der Säkularisation ersteigerte der französische Graf Jean-Luis Firmas-Perier das Schloss. Ihm verdanken das Schloss die wertvolle handbedruckte Bildtapete aus der Pariser Manufaktur Dufour. Weltweit existieren von dieser Tapete noch vier Exemplare. In den 1920er Jahren war das Schloss im Besitz des Polarforschers und Erfinder des Kreiselkompasses Hermann Anschütz-Kaempfe. Er hielt hier mit von ihm ausgewählten Wissenschaftlern sogenannte „Fakultätssitzungen" ab. So waren unter anderem die Nobelpreisträger Albert Einstein, Karl von Frisch, Richard Willstätter, Albrecht Kossel und der bedeutende Mathematiker und theoretische Physiker Arnold Sommerfeld seine Gäste. Heute dient das Schloss als Management Zentrum und Tagungshotel. Auch die im barocken Stil prächtig ausgestattete Pfarrkirche St. Peter und Paul lohnt einen Besuch.

Vogelbeobachtungsstation
(Bild Gemeinde Lautrach)

Die Kneippanlage wird in Lautrach von Bürgern und Wanderern gern genutzt. Auch die Vogelbeobachtungsstation am Stausee ist einen Besuch wert.

Freizeit und Sport

Der Hauptverein TSV Lautrach/Illerbeuren bietet ein breites Angebot für sportliche Betätigungen. Wetterabhängig werden im Winter auch Langlaufloipen und eine Eislaufbahn angeboten. Die gepflegten Loipen in Lautrach sind für Anfänger und Geübte gleichermaßen geeignet und bieten Gelegenheit für erholsames Skiwandern in der romantischen Schneelandschaft. Einige Rad- und Wanderwege führen durch das Gemeindegebiet. Besonders zu erwähnen ist hier der Iller-Radweg.

Orts- und Infrastruktur

Das nahe Autobahnkreuz sorgt für eine gute Verkehrsanbindung. Die nächste Autobahnausfahrt ist Aitrach (5 km), der nächste Bahnhof ist in Aichstetten (5 km). Auch ist Lautrach an die Buslinie Memmingen-Legau angeschlossen. Im Ortszentrum befindet sich ein CAP-Lebensmittelmarkt und der gutbürgerliche Gasthof Rössle.

Wichtige Adressen und Telefonnummern

Gemeinde Lautrach
Deybachstraße 2
D-87763 Lautrach
Tel. + 49 (0)8394 239
Fax +49 (0)8394 93101
gemeinde.kronburg@vg-Illerwinkel.de
www.vg-illerwinkel.de

Legau

Beliebter Wallfahrtsort im Illerwinkel

Wallfahrtskirche Maria Steinbach
(Bilder Edmund Abel)

Die Marktgemeinde Legau (rund 3.200 Einwohner), Sitz der Verwaltungsgemeinschaft Illerwinkel, liegt auf einer Hochfläche im Städtedreieck Memmingen – Kempten – Leutkirch. Das Gemeindegebiet besteht aus den Gemarkungen Legau und Maria Steinbach mit ca. fünfzig Weilern und Einöden. Mit seinen berühmten Wallfahrtskirchen und dem Landschaftsschutzgebiet an der Iller bietet Legau attraktive Sehenswürdigkeiten und Freizeitmöglichkeiten.

Kurzer Blick ins Geschichtsbuch

Legau wurde bereits 766 erstmals urkundlich erwähnt. Seit 1448 gehörte Legau zum Fürststift Kempten. 1455 wurde der Gemeinde das Marktrecht verliehen. Durch die Säkularisation 1806 erhielt Legau seine Unabhängigkeit und wurde 1818 selbständige Gemeinde.

Sehenswürdigkeiten

Legau mit seinen bedeutenden Kirchen liegt an der Oberschwäbischen Barockstraße und ist einer der bekanntesten Pilgerorte im süddeutschen Raum. Die Wallfahrtskirche Maria Steinbach aus dem Jahr 1749 ist im Innenraum reich geschmückt mit prächtigen Altären, Fresken und Votivtafeln. Die Wallfahrtskirche Maria Schnee ist die älteste Wallfahrtskirche im ehemaligen Fürststift Kempten. Auch sie ist im Barockstil prachtvoll ausgestattet. Die unter Denkmalschutz Pfarrkirche St. Gordian und Epimachus birgt eine sehenswerte Krippe aus dem Jahr 1780 mit über hundert ca. 30 cm großen Figuren.

Freizeit und Sport

Das Bildungszentrum der Umweltstation Legau bietet mit einem breitem Programm einmalige Naturerlebnisse. Der Naturbadeteich des Legauer Freibades ist ein beliebter Treffpunkt im Sommer. Wintersportfreunde nutzen gern die gespurten Loipen im Gemeindegebiet. Zahlreiche Vereine prägen das Legauer Gemeindeleben.

Illerschleife

Veranstaltungen

Fasching

Zu den Höhepunkten im Legauer Veranstaltungskalender gehören die Faschingsveranstaltungen der Vereine „Die Löwen ´77 Legau e.V." und der Maskengruppe „d´r Schatzräuber von Waldegg" mit Festsitzungen, Narrensprüngen und großem Faschingsumzug.

Orts- und Infrastruktur

Legau ist durch die nahen Autobahnen A 7 und A 96 gut erreichbar. Die Gemeinde verfügt über zwei Kindergärten und eine Grund- und Mittelschule. Die beliebte Wohngemeinde bietet mit Handel, Handwerk, Gewerbe und Industrie zahlreiche Arbeitsplätze. Der weltweit tätige Naturkosthersteller Rapunzel ist mit rund 300 Mitarbeitern der größte Arbeitgeber in der Gemeinde. Für Gäste stehen Übernachtungsmöglichkeiten in Ferienwohnungen und im Bildungszentrum der Umweltstation Unterallgäu zur Verfügung.

Wichtige Adressen und Telefonnummern

Markt Legau
Marktplatz 1
D-87764 Legau
Tel. +49 (0)8330 9401 0
Fax +49 (0)8330 9401 21
info@vg-illerwinkel.de
www.vg-illerwinkel.de

Wasserkraft und Natur am Allgäuer Illerdurchbruch erleben

Flussraum Iller

Die idyllische Flusslandschaft der Iller ist ein Paradies für Radfahrer und Wanderer. Der Illerradweg entlang des Flusses führt durch romantische Auwälder und vorbei am spektakulären Illerdurchbruch. Früher konnte

der Fluss im Illerwinkel nur an wenigen Stellen überquert werden. Inzwischen ist im Rahmen des Leader-Projektes „Flussraum Iller" eine 80 Meter lange Hängebrücke bei Legau errichtet worden. Der neue Steg ist an das Wander- und Radwegenetz angeschlossen und stellt eine Verbindung zwischen Legau und Bad Grönenbach her. Die Brücke ist an einen Pylon mit einer Aussichtsplattform in 23 Meter Höhe angeschlossen.

Oben wartet auf die Besucher ein prächtiger Ausblick auf die nahegelegene Illersteilwand. Das Projekt „Flussraum Iller" verbindet Maßnahmen zum Naturschutz, Umweltbildung und Freizeitnutzung. Die Uferbereiche wurden abgeflacht und ein naturnahes Illerufer geschaffen, das Besuchern den Zugang zum Gewässer ermöglicht und neue Lebensräume für Pflanzen und Tiere schafft. So wird der Naturraum am Wasser ökologisch aufgewertet und für Wanderer und Radfahrer attraktiver gemacht. Das naturnah gestaltete Tretbecken bietet Gelegenheit, den Fluss im Kneippland Unterallgäu aktiv zu erleben.

Die Fischbeobachtungsstation mit Zählbecken an der neu errichteten Fischwanderhilfe bietet umweltpädagogische Möglichkeiten. Heimische Fischarten wie Huchen und Äsche können durch ein beleuchtetes Sichtfenster beobachtet werden.

Hauptziel des Projektes ist es, die Iller für Besucher zugänglicher und erlebbarer zu machen sowie den sanften Tourismus zu fördern.

Bilder (3) © Agentur Fouad Vollmer

Eine entsprechende Beschilderung soll zur rücksichtsvollen Nutzung des Geländes beitragen. Arbeitsgruppen der Umweltstation Unterallgäu können an einem Seitengewässer Bachpatenschaften übernehmen. Kinder und Jugendliche haben so die Möglichkeit, bei der Pflege der Gewässer und Uferbereiche mitzuhelfen und die Iller als Lebensraum verschiedener Tier- und Pflanzenarten zu entdecken.

Die flach in die Iller laufenden Kiesstrände laden zum Rasten und Baden ein. Die Parkplätze bei Legau/Graben und in Oberbinnwang ermöglichen einen bequemen Zugang zum Illersteg.

Bayerische Elektrizitätswerke GmbH

Technisches Zentrum Gersthofen
Adolf-von-Baeyer-Str. 1
D-86368 Gersthofen
Tel. +49 (0)821 328 0
www.bew-augsburg.de

Sontheim

Lebendige, moderne Gemeinde

Hauptstraße
(Bilder Gemeinde Sontheim)

Die Gemeinde Sontheim (rund 2.700 Einwohner) in der Region Donau-Iller im schwäbischen Landkreis Unterallgäu liegt ca. 15 Kilometer östlich von Memmingen nahe der Autobahn A 96 München - Lindau. Die Gemeinde besteht aus den Gemarkungen Sontheim und Attenhausen. Der Ortsteil Attenhausen liegt rund 1 km südlich von Sontheim.

Auch das Autobahnkreuz Memmingen mit Verbindung zur A 7 Richtung Ulm und Füssen ist gut erreichbar. Der Sontheimer Bahnhof an der Strecke Buchloe - Memmingen bietet im Stundentakt Verbindungen an.

Sontheim und Attenhausen verfügen über eine gute Infrastruktur und sind

attraktive Wohnorte für Einwohner jeden Alters.

Kurzer Blick ins Geschichtsbuch

Sontheim

Sontheim ist einer der Orte im östlichen Günztal, die früh besiedelt wurden. Er wurde bereits im Jahre 838 urkundlich erwähnt. Vermutlich lag ein fränkischer Königshof in der Nähe. Ein großer Teil der Gemeinde gehörte von 1126 bis 1803 zum Kloster Ottobeuren.

Im Mittelalter führte die kaiserliche Landstraße von Landsberg nach Memmingen durch Sontheim. Sie war bis ins 18. Jahrhundert ein wichtiger Handelsweg. 1874 wurde die Sontheimer Bahnstation an der Bahnlinie Memmingen – Buchloe eingerichtet.

Attenhausen

Attenhausen wurde bereits erstmals 764 urkundlich erwähnt und zählte zu den ältesten Besitzungen des Klosters Ottobeuren. Bis 1803 gehörte es zum Herrschaftsbereich des Klosters. Die Geschichte beider Ortsteile zeigt viele Gemeinsamkeiten. Nach der Säkularisation 1803 wurden beide Dörfer 1806 dem Königreich Bayern zugeschrieben. Durch die Gemeindegebietsreform 1978 wurde Attenhausen in Sontheim eingemeindet.

Sehenswürdigkeiten

Sontheim

Im ehemaligen Sontheimer Sägewerk ist heute das Veranstaltungszentrum „Dampfsäg" untergebracht. (siehe Seite 216)

Das im 15. Jahrhundert erbaute Gasthaus Adler gehört zu den ältesten noch bewirtschafteten Gasthäusern der Region.

Die unter Denkmalschutz stehende Pfarrkirche St. Martin aus dem 15. Jahrhundert wurde 1762 im Barockstil umgestaltet. Die Deckengemälde von Johann Baptist Enderle wurden in dieser Zeit geschaffen. Der größte Teil der Ausstattung stammt aus der Zeit nach 1951.

Attenhausen

Die römisch-katholische Pfarrkirche St. Andreas in Attenhausen steht ebenfalls unter Denkmalschutz. Sie entstand im 15. Jahrhundert und wurde um 1720/30 umgestaltet. Zu dieser Zeit entstand der in Wessobrunner Art ausgeführte Stuck im Chor. Altäre, Kanzel und das Taufbecken sind neugotisch. Die Holzfiguren im Innenraum stammen aus dem 18. Jahrhundert.

213

Pfarrkirche St. Martin

Im Pfarrhaus

Das denkmalgeschützte Pfarrhaus wurde 1730 errichtet.

Auch die 1677 gestiftete Kapelle St. Joseph mit schöner Innenausstattung ist sehenswert. Der im Jahr 1897 am Staudamm des ehemaligen Fischweihers errichtete Kalkofen, der bis 1952 in Betrieb blieb, ist der letzte seiner Art im Landkreis Unterallgäu.

Freizeit und Sport

An der Schweik

Die Umgebung von Sontheim bietet schöne Möglichkeiten zum Wandern und Rad fahren.

Das Landschaftsschutzgebiet „Hochfirst" östlich von Sontheim dient als Lebensraum für zahlreiche gefährdete Tier- und Pflanzenarten und ist ein beliebtes Naherholungsgebiet. Im Sommer laden die Badeweiher bei Attenhausen zum Schwimmen ein.

Die 45 Vereine in der Gemeinde bieten zahlreiche Möglichkeiten für abwechslungsreiche Freizeitbeschäftigungen im sportlichen, kulturellen und gesellschaftlichen Bereich. Der neu gestaltete Generationenspielplatz im Ortszentrum von Sontheim hat sich zum beliebten Treffpunkt entwickelt.

Generationenspielplatz

Veranstaltungen

Neben den vielseitigen Angeboten der „Dampfsäg" sorgen die Vereine mit ihren Festen und Veranstaltungen für ein abwechslungsreiches Jahresprogramm.

Orts- und Infrastruktur

Die weit entwickelte Infrastruktur der Gemeinde Sontheim zeigt sich in der guten medizinischen Versorgung mit Arzt, Zahnarzt, Heilpraktiker und Therapiehaus.

Für Familien mit Kindern stehen die Kindertagesstätte mit Krippe in Sont-

Gasthof Adler

heim und der Kindergarten im historischen Pfarrhaus in Attenhausen zur Verfügung. Die Grundschule in Sontheim bietet auch eine offene Ganztagsbetreuung.

Im Generationenhaus in Sontheim wird Jung und Alt eine besondere Art des Miteinanders geboten. Das Angebot umfasst neben dem Mittagstisch auch eine Krabbelgruppe und Kurse für Holzarbeiten oder Mal- und Bastelkurse, Spielenachmittage, Computerkurse, Vorträge, Seniorennachmittage und vieles mehr.

Für Feriengäste stehen eine Ferienwohnung und eine Frühstückspension zur Verfügung.

Das gastronomische Angebot wird durch drei Gaststätten und die Dampfsäg abgedeckt.

Eine Reihe von angesiedelten örtlichen Betrieben bieten Arbeits- und Ausbildungsplätze.

Wichtige Adressen und Telefonnummern

Gemeinde Sontheim
Hauptstraße 41 , D-87776 Sontheim
Tel. +49 (0)8336 8021 0
Fax +49 (0)8336 9526
www.sontheim.de

Badeweiher

Das lebendige Veranstaltungszentrum

Dampfsäg

Als Kulturbetrieb besonderer Art ist das am Ortsrand von Sontheim gelegene Industriedenkmal „Dampfsäg" schon seit über 25 Jahren weithin bekannt und beliebt. Klaus und Ortrun Bilgram haben das ehemalige Sägewerk nach der Schließung Anfang der 90er Jahre erworben und mit viel Engagement restauriert, die Sägehalle wurde unter Denkmalschutz gestellt. Seit 2012 leisten Yuri Bilgram und Verena Schrei hervorragende Kulturarbeit in zweiter Generation.

Durch die künstlerisch gestaltete Außenanlage führt der gepflasterte Weg zu der 370 qm großen ehemaligen Sägehalle, die mit ihrer imposanten freitragenden Holzkonstruktion einer der wenigen heute noch bestehenden Bauten dieser Art im deutschsprachigen Raum ist. 350 Personen finden hier Platz, zudem gibt es noch einen Seminarraum für bis zu 70 Personen so-wie eine zweite große Halle.

Das stimmungsvolle Flair der Räume eignet sich für Veranstaltungen aller

Art. Bei Konzerten, Kino und Kabarett sitzen Gäste gemütlich zusammen an den Tischen. Von 19:00 bis 20:00 Uhr können sie sich mit einem warmen Abendessen auf die Darbietungen einstimmen. Auch private Feierlichkeiten wie Hochzeiten werden in der einzigartigen „Dampfsäg"-Atmosphäre zu einem unvergesslichen Erlebnis, abgerundet durch das umfangreiche kulinarische Angebot von regionalen Spezialitäten.

Das großzügige Freigelände der Dampfsäg wird nicht nur für Mes-

sen, Festivals und Flohmärkte genutzt. Jeden Donnerstag kann man in familiärem Ambiente einkaufen und frisch zubereitete Speisen aus der Dampfsäg-Küche genießen. Man trifft sich im gemütlichen Biergarten, spielt danach eine Runde Boule oder Tischkicker und genießt das Leben. Für Kinder ist viel Platz auf dem wunderschön angelegten Spielplatz. Zur Erfrischung gibt es ein leckeres Eis. Auch bei widrigen Wetterbedingungen bietet der Markt in der Dampfsäg eine angenehme Atmosphäre und ein umfassendes Angebot regionaler Anbieter, wobei hier Frische und biologisch-nachhaltige Erzeugung im Vordergrund steht.

Wochenmarkt, Konzerte, Kino und Kabarett, zusätzlich Messen und Flohmärkte – mit der Dampfsäg wurde ein lebendiger Ort geschaffen, an dem sich Menschen wohl fühlen, Freunde und Gleichgesinnte treffen, einkaufen, feiern, philosophieren und Kultur genießen können.

Wochenmarkt

Donnerstags von 16 bis 19:15 Uhr. Veranstaltungs- und Flohmarkttermine: siehe Homepage.

Dampfsäg

Westerheimer Str. 10
D-87776 Sontheim
Tel. +49 (0)8336 226,
Fax +49 (0)8336 1513
info@dampfsaeg.de
www.dampfsaeg.de

Stöttwang

Das Dorf der fünf Kirchen

Kirchen und Kapellen prägen das Ortsbild der Gemeinde Stöttwang mit ihren Ortsteilen Thalhofen, Linden, Reichenbach und Gennachhausen. In dem Ort (726 m ü. M.) leben über 1.700 Einwohner. Inmitten der Allgäuer Kulturlandschaft hat sich Stöttwang sein charakteristisch ländliches Ambiente erhalten können.

Kurzer Blick ins Geschichtsbuch

Im letzten Drittel des 8. Jahrhunderts gründeten Missionsmönche ein kleines Kloster mit einer Marienkirche, das Karl der Große zu einem Reichskloster für Benediktiner ausbauen ließ. Eine erste urkundliche Erwähnung findet sich im Jahr 831, als das Reichskloster in den Besitz des Kloster Kemptens überging. 1692 gab Kempten das Lehensrecht zugunsten des Spitals Kaufbeuren auf, in dessen Besitz es bis 1803 blieb.

Sehenswürdigkeiten

Auf das Weihejahr 1746 geht die heutige Pfarrkirche St. Gordian und Epimach in Stöttwang zurück, die als herrlich ausgestattete Rokokokirche auch als „Kleine Wies" bezeichnet wird. Namhafte Künstler wie der Maler Franz Georg Habermann aus Kempten, der Stukkateur Franz Xaver Feichtmayr und Ägidius Verhelst mit seinem Sohn Placidus schufen hier ein Meisterwerk des Rokoko.

St. Gordian und Epimach
(Bild Wikipedia, Zairon CC BY 3.0)

Stöttwang
(Bild Wikipedia, Richard Mayer, CC BY 3.0)

Thalhofen
(Bild Wikipedia, Richard Mayer, CC BY 3.0)

Aus einer kleinen Kapelle entstand die Wallfahrtskirche Maria Schnee in Thalhofen, deren Bau auf das Jahr 1746 zurück geht.

Im gotischen Stil präsentiert sich St. Martin in Linden. Das Gotteshaus wurde um 1514 dem heiligen Martin von Tours geweiht und besticht durch seine gotische Bauweise, die trotz Umbauarbeiten im 17. und 18. Jahrhundert erhalten blieb.

Weitere Kleinode sakraler Kunst bilden die südwestlich von Stöttwang gelegene Kapelle St. Blasius im Weiler Reichenbach, die 1730 erbaut wurde und die dem hl. Antonius geweihte Kapelle aus dem Jahr 1770 in Gennachhausen.

Freizeit und Sport

Die Natur um Stöttwang herum lädt zu Wander- und Fahrradausflügen ein. Besonders beliebt ist der Fahrradweg der „Dampflokrunde". Dieser 80 Kilometer lange Radweg verläuft etwa zur Hälfte auf den Bahndämmen der in den 1970er-Jahren stillgelegten Bahnstrecken Kaufbeuren-Schongau und Marktoberdorf-Lechbruck. Während der Wintermonate laden zwei Langlaufloipen zwischen sechs und 11 Kilometern Länge zur sportlichen Betätigung an der frischen Luft ein.

Wichtige Adressen und Telefonnummern

Gemeinde Stöttwang
Kirchplatz 2
D-87677 Stöttwang
Tel. +49 (0)8345 326
Fax +49 (0)8345 1223
info@stoettwang.de
www.stoettwang.de

Trunkelsberg

Liebenswerte Wohngemeinde

Die Gemeinde Trunkelsberg (rund 1.900 Einwohner) in der Region Donau-Iller ist im schwäbischen Landkreis Unterallgäu die Gemeinde mit der kleinsten Fläche, jedoch der höchsten Bevölkerungsdichte. Trunkelsberg liegt am östlichen Stadtrand von Memmingen. Die Kombination von Wohnen im Grünen und Stadtnähe macht Trunkelsberg zu einem attraktiven Wohnort. Die Gemeinde hat eine eigene Abfahrt von der Autobahn A96 Memmingen – München und direkte Anbindung zum Allgäu Airport.

Kurzer Blick ins Geschichtsbuch

Trunkelsberg wurde bereits 972 in einer Urkunde des Kaisers Otto I. erwähnt. Nach wechselnden Besitzern im Lauf der Jahrhunderte kam Trunkelsberg 1806 mit der Rheinbundakte zum Königreich Bayern und wurde 1818 politische Gemeinde.

Sehenswürdigkeiten

Zu den Sehenswürdigkeiten in Trunkelsberg gehört die katholische Kirche St. Stanislaus Kostka aus dem Jahr 1782. Sie beherbergt einen Altar aus dem 18. Jahrhundert mit Seitenfiguren der Heiligen Katharina und der Heiligen Elisabeth sowie eine spätgotische Muttergottesfigur aus dem Jahr 1490.

Das Schloss Trunkelsberg aus dem 17. Jahrhundert ist heute in Privatbesitz. Sehenswert ist auch die ehemalige Arbeitersiedlung der Künersberger Manufaktur, die im 18. Jahrhundert wertvolle Fayencen herstellte.

Schloss Trunkelsberg
(Bilder Gemeinde Trunkelsberg)

220

Freizeit und Sport

An vielen Plätzen im Gemeindegebiet hat man, vor allem bei Föhn, eine herrliche Aussicht auf die Alpenkette. Gute Freizeitmöglichkeiten bieten die vorbildlichen Sportanlagen und die Abteilungen des örtlichen Turn- und Sportvereins, TSV. Der Schützenverein, der Tennisverein und der TSV haben weitere interessante Freizeitangebote im Programm.

Veranstaltungen

Zum Veranstaltungsprogramm der Gemeinde gehören das Maibaumfest Ende April, das Dorffest auf dem Schulhof Mitte Juli, der Antik- und Trödelmarkt in der Unterallgäuhalle und schließlich der Hobby- und Künstlermarkt im November.

Orts- und Infrastruktur

In Trunkelsberg gibt es einen Kindergarten mit 75 Plätzen und eine kleine Grundschule mit einer ersten und zweiten Klasse im Gemeindegebäude.

Die Gemeinde bietet vielfältige, preisgünstige Wohnmöglichkeiten in attraktiven Einzel- und Reihenhäusern sowie in Eigentums- und Mietwohnungen. In der reinen Wohngemeinde ist außer einer Großgärtnerei und einigen Handwerksbetrieben kein Gewerbe ansässig, jedoch besitzt die Gemeinde eine eigene Gastwirtschaft mit einem sehr attraktiven Biergarten gegenüber der Kirche.

Wichtige Adressen und Telefonnummern

Gemeinde Trunkelsberg
Schulstraße 1
D-87779 Trunkelsberg
Tel. +49 (0)8331 2391
Fax +49 (0)8331 80341
gemeinde@trunkelsberg.de
www.trunkelsberg.de

Türkheim

Marktgemeinde mit reicher Geschichte

Die Marktgemeinde Türkheim (rund 7.000 Einwohner) im schwäbischen Landkreis Unterallgäu liegt an der Südspitze des Naturparks Augsburg – Westliche Wälder.

Durch Türkheim fließt die Wertach, die über die Wertachbrücke überquert werden kann.

Türkheim ist durch die drei Kilometer entfernte Autobahnanschlussstelle Bad Wörishofen der A96 von Lindau nach München bequem zu erreichen.

Die Gemeinde zeichnet sich aus durch hohe Wohnqualität, sehr gute Bildungs- und Betreuungseinrichtungen, hervorragende Einkaufsmöglichkeiten, ein breites gastronomisches Angebot, vielfältige Freizeitmöglichkeiten und ein reges Vereinsleben.

Kurzer Blick ins Geschichtsbuch

Bereits in der Steinzeit war die Region besiedelt. Um 500 v. Chr. bauten die Kelten auf dem Haldenberg eine Wallanlage. In der Römerzeit führte die Straße von Augsburg nach Kempten durch das Türkheimer Gebiet. Anschließend siedelten sich Alamannen in der Region an. Sie wurden von fränkischen Merowingern verdrängt, die zur Herrschaftssicherung in Türkheim einen thüringischen Familienverband ansiedelten (Türkheim = Heim des Thüringers).

Maximilian-Philipp-Straße
(Bilder Markt Türkheim)

Rathaus mit Schlosshof

Nach wechselnden Herrschaftsverhältnissen im Mittelalter wurde 1666 die Herrschaft über Türkheim an Herzog Maximilian Philipp übertragen, der Türkheim als Residenzort wählte und durch den Umbau des Schlosses viele Kunsthandwerker nach Türkheim brachte. Im Jahr 1700 erhielt der Ort das Marktrecht.

Sehenswürdigkeiten

Der Ortskern mit seinen sehenswerten historischen Bauwerken lädt zu einem Rundgang ein.

Als Hauptstraße ist die Maximilian-Philipp-Straße gesäumt von Geschäften, Gaststätten und traditionellen Bauten. Hier findet man das Alte Rathaus von 1702 mit drei bemalten Reliefwappen und einem Türmchen. Die Wetterfahne zeigt die Sieben Schwaben.

Auch das Aurbacherhaus, Geburtshaus des 1784 geborenen Volksschriftstellers Ludwig Aurbacher, Autor von „Die Abenteuer der Sieben Schwaben" liegt in der Maxilian-Philipp-Straße. Das schön gestaltete Ludwigstor aus dem Jahr 1829 liegt zwischen der Hauptstraße und dem Markt.

Nächste Station ist das Große Türkheimer Schloss, das 1535 erbaut wurde. 1686 wurde es für Herzog Maximilian Philipp umgebaut. 1695 ließ seine Ehefrau das „Kleine Schloss" errichten. Die Schlösser sind von einem frei zugänglichen barocken Schlossgarten umgeben. Heute beherbergt das Große Schloss sowohl Rathaus als auch Heimatmuseum, im Kleinen Schloss befinden sich das Schlosscafé und Räume für Kunstausstellungen.

Ludwigstor mit Loretokapelle

Im Sieben-Schwaben-Museum im Großen Schloss sind Sammlungen zur Vor-, Früh- und Ortsgeschichte, Trachten und Möbel, schwäbische Landkarten, Originalzeichnungen und Druckgrafiken des Barockmalers Johann Georg Bergmüller sowie der schriftliche Nachlass des Volksschriftstellers Ludwig Aurbacher ausgestellt.

Sieben-Schwaben-Museum

Es ist jeden ersten Sonntag im Monat von 14:00 bis 17:00 Uhr geöffnet, außerdem im Mai und Oktober jeweils am zweiten Sonntag im Rahmen der Krämermärkte. Infos für Gruppenführungen außerhalb der Öffnungszeiten unter Tel. +49 (0)8245 53 24.

Freizeit und Sport

Das gut ausgebaute Rad- und Wanderwegenetz in der landwirtschaftlich geprägten Landschaft ist mit den Wanderwegen des Naturparks Augsburg – Westliche Wälder und des Kneippheilbades Bad Wörishofen verbunden. Bei Radfahrern ist der Radweg entlang der Wertach sehr beliebt.

Auf dem Ludwigsberg, dem südlichsten Berg des Naturparks, befindet sich ein Golfplatz mit einem 18-Loch-

Meisterschaftsplatz und einem 9-Loch-Kurzplatz. Im Winter ist auf dem Berg bei entsprechender Schneelage auf kurzen Loipen Skilanglauf möglich.

Im Sommer bieten der Wertachstausee und einige Baggerseen abwechslungsreiche Bademöglichkeiten in der Natur. Das Türkheimer Freibad verfügt über ein 50-m-Schwimmbecken, ein Kinderplantschbecken, ein 30-m-Nichtschwimmerbecken mit Wasserrutsche, eine große Liegewiese und zwei Beach-Volley-Ball-Felder.

Zu den sportlichen Einrichtungen der Gemeinde gehören die Eissporthalle, eine Reitsportanlage, das Wertach-Fußball-Stadion sowie eine Tennisanlage mit fünf Plätzen und Tennishalle.

Die rund 65 aktiven Türkheimer Vereine bieten mit ihren sportlichen und kulturellen Angeboten ein breites Programm für sinnvolle Freizeitgestaltung.

Veranstaltungen

Das Türkheimer Veranstaltungsprogramm wird durch zahlreiche Veranstaltungen der Vereine geprägt mit Festen, kulturellen Events und sportlichen Wettbewerben.

Beliebte Märkte sind die Krämermärkte im Frühling und Herbst, die Flohmärkte in der Eissporthalle, der Kunsthandwerkermarkt Anfang Mai und der Weihnachtsmarkt im Schlosshof.

Wichtige Adressen und Telefonnummern

Marktgemeinde Türkheim
Maximilian-Philipp-Straße 32
D-86842 Türkheim
Tel. +49 (0)8245 53 0,
Fax +49 (0)8245 53 22
rathaus@tuerkheim.de
www.tuerkheim.de

Herbstimpressionen

Westerheim

Sympathische Gemeinde im Herzen des Unterallgäus

Westerheim in der Region Donau-Iller mit Günz und Rummeltshausen stellt sich als sympathische und lebendige Gemeinde vor. Sympathisch mit 2100 offenen, freundlichen und aufgeschlossenen Bürgerinnen und Bürgern, lebendig in den Aktivitäten und den Unternehmungen. Westerheim ist Mitglied der Verwaltungsgemeinschaft Erkheim.

Die Gemeinde ist zentral in der Mitte des Landkreises gelegen und bietet ein gesundes Nebeneinander von Wirtschaft, Kultur, Freizeit, Sport so-

wie Bildungs- und Betreuungsangeboten. Die besondere Qualität von Westerheim liegt in den so genannten weichen Standortfaktoren. Westerheim ist ein geselliges Dorf, in dem die menschlichen Werte hochgehalten werden.

Kurzer Blick ins Geschichtsbuch

Westerheim

Westerheim wurde erstmals 764 in einer Stiftungsurkunde des Klosters

Westerheim
(Bilder Gemeinde Westerheim)

226

Ottobeuren erwähnt und gehörte bis zur Säkularisation 1802 zum Herrschaftsbereich des Klosters. 1818 entstanden die politischen Gemeinden Günz, mit Ortsteil Rummeltshausen und Westerheim.

Günz mit Ortsteil Rummeltshausen

Die Gründung der Dörfer Günz und Rummeltshausen geht auf die Jahre 900 - 1000 zurück. 1152 findet sich die erste urkundliche Erwähnung von Günz.

Sehenswürdigkeiten

Kulturell ein Leckerbissen ist die wunderbar restaurierte St.-Sebastians–Kapelle in Rummeltshausen, aber auch die Heilig-Kreuz-Kapelle in Westerheim birgt Schätze. Die Kirchen in Günz und Westerheim sind besonders sehenswert.

Günz hat besonderen Charme wegen seines ursprünglichen Dorfbildes, vor allem zur Zeit der Blüte der Rotdornbäume.

Freizeit und Sport

Zur Erholung stehen Rad- und Wanderwege zur Verfügung; darunter der schönste Radweg im Unterallgäu - der DB Radweg nach Ottobeuren entlang der einmalig schönen Landschaft des Hundsmoores und der westlichen Günz. Zur Rast oder Ab-

man die Kneippanlage im Wald bei der Fürsthalde auf.

Veranstaltungen

Die Westerheimer sind dafür bekannt, dass sie es verstehen Feste zu feiern, die Gastronomie ist vielfältig und ausgezeichnet. Man kann seinen Gaumen mit italienischer Küche, schwäbischen Spezialitäten, Feinschmeckergerichten sowie Kuchen und Kaffee in außergewöhnlichem Ambiente verwöhnen. Besondere Feste werden auch vor allem auch in der einladenden Festhalle und mit allseits bekannten Westerheimer Musikanten gefeiert.

Orts- und Infrastruktur

Natürlich ist Westerheim auch ein attraktiver Wirtschaftsstandort, mit seiner optimalen Anbindung an die Autobahnauffahrten Holzgünz und Erkheim zur A 96. Für die Ansiedlung neuer Betriebe werden ideale Gewerbeflächen geschaffen. Gäste, Gewerbetreibende und Einwohner fühlen sich in Westerheim rundum wohl.

Wichtige Adressen und Telefonnummern

Gemeindeverwaltung Westerheim
Bahnhofstr. 2
D-87784 Westerheim
Tel. +49 (0)8336 80310
Fax +49 (0)8336 80311
rathaus@gemeinde-westerheim.de
www.gemeinde-westerheim.de

St. Sebastianskapelle
Rummeltshausen

Gastlichkeit mit Tradition

Brauerei-Gasthof-Hotel Laupheimer

Seit langer Zeit ist die Brauerei-Gasthof-Hotel Laupheimer im idyllischen Günztal bei Memmingen bekannt für gutbürgerliche Gastfreundschaft auf hohem Niveau. Er befindet sich seit 1888 in Familienbesitz. Küchenmeister Martin Laupheimer und seine Frau Angela führen den zukunftsorientierten Hotel- und Gastronomiebetrieb mit Leib und Seele. Ständiges Qualitätsmanagement und eine Mannschaft von zum großen Teil langjährigen, motivierten Mitarbeitern sorgen für zufriedene Gäste. Das Haus wurde mit dem Ehrenpreis „Ausgezeichnete Bayerische Küche" des Regierungsbezirks Schwaben ausgezeichnet.

Die gemütlichen, modern ausgestatteten Zimmer des Hotels bereiten den Gästen einen angenehmen Aufenthalt im Brauerei-Gasthof. Grund für die

große Beliebtheit ist die hervorragende, frische saisonale Küche. Fisch, Wild und Fleisch stammen vorwiegend von ausgewählten Lieferanten aus der Region. Zu den rustikalen Schmankerln des Genießertreffs gehört auch als Spezialität des Hauses „Laupheimers knusprige

Ente" – goldbraun aus dem Ofen mit kräftigem Entenjus, Kartoffelknödeln und Apfelrotkraut. Die stilvolle Gaststube und das ländlich-gediegene Bräustüble laden zur gemütlichen Einkehr.

Im Sommer bietet der beliebte „Laupheimers Biergarten" zünftige Brotzeiten und ein frisch gezapftes Laupheimer Edelbräu im Schatten alter Kastanienbäume. Für Familienfeste und Betriebsfeiern steht neben dem Herrenzimmer und dem Nebenzimmer der helle, freundliche Festsaal mit 160 Plätzen zur Verfügung. Direkt am Brauerei-Gasthof-Hotel Laupheimer gliedert sich der charmante Feststadl an. Ein perfekter Raum für Feierlichkeiten von 120 bis 500 Personen. Das erfahrene Hotelteam sorgt für einen erfolgreichen Ablauf der Feier und garantiert höchste Qualität. Ein weiteres Standbein des Familienunternehmens ist das Laupheimer Catering mit einem breiten Leistungsspektrum. Vom kleinen Privatfest bis zu umfangreichen Veranstaltungen mit mehreren tausend Personen werden die Teilnehmer vom sachkundigen Team mit einem Full-Service Konzept bestens betreut und erstklassig bewirtet. Beim Messe-Catering geht die Laupheimer-Küche mit den Kunden sogar auf Reisen.

Brauerei-Gasthof-Hotel Laupheimer

Dorfstraße 19
D-87784 Westerheim/Günz
Tel. +49 (0)8336 76 63
Fax +49 (0)8336 76 93
info@laupheimer.de
www.laupheimer.de

Woringen

Ein geschichtsträchtiges Dorf

Die Gemeinde Woringen (rund 2.000 Einwohner) im Landkreis Unterallgäu grenzt an die Stadt Memmingen. Sie ist durch den eigenen Autobahnanschluss an die A 7 sehr gut zu erreichen, zu den Ausflugszielen München, Bodensee und Allgäuer Alpen ist es nicht weit.

Ein Gästehaus und ein Ferienhaus stehen für Gäste zur Verfügung. Zwei Bäcker, ein Metzger, ein Raiffeisenmarkt und zwei Wirtshäuser bieten fast alles, was man für das tägliche Leben braucht. In der familienfreundlichen Gemeinde sorgen ein dreigruppiger Kindergarten mit Krippe und eine Grundschule mit 10 Lehrern und 170 Schülern für die schulische und vorschulische Bildung.

Kurzer Blick ins Geschichtsbuch

Im Jahr 948 wurde Woringen erstmals urkundlich erwähnt. Nach wechselnden Besitzern gehörte die Gemeinde seit 1803 zum Königreich Bayern. Mit dem Gemeindeedikt von 1818 entstand die heutige Gemeinde.

Sehenswürdigkeiten

Die 1450 erbaute trutzige evangelisch-lutherische Pfarrkirche Unser Frauen dient seit der Reformation als Haupt-

kirche des evangelischen Dorfes. Der Turmhelm der Kirche mit seinen bunt glasierten Dachziegeln ist ein Blickfang im Ort. Im sehenswerten Innenraum beeindruckt die 1658 im Renaissancestil errichtete Kanzel mit Malereien von Johannes Sichelbein. Im 1892 geschnitzten Altar ist die Kreuzigungsszene dargestellt. Bemerkenswert ist auch der in den 1960er Jahren freigelegte, in der Form einer Armenbibel angelegte Freskenzyklus aus dem Jahr 1490 an der Nordwand der Apsis.

Freizeit und Sport

Das kulturelle Leben wird von über 30 Musik-, Gesang-, Sport-, Freizeit- und Brauchtumsvereinen geprägt, die mit ihren Festen und Veranstaltungen für ein abwechslungsreiches Jahresprogramm sorgen.

Die im Rahmen der Dorferneuerung von engagierten Bürger/innen erstellte Freizeitanlage am Sportplatz mit Skater-, Beachvolleyball- und Hockeyplatz bietet vielfältige Freizeitmöglichkeiten.

Zellerbach

Bei der lohnenden Teilnahme an einer etwa 2-stündigen Führung auf dem Geschichts- und Kulturlehrpfad mit 22 Stationen lernt man die wichtigsten historischen Stätten in Woringen kennen. Anmeldung und Infos bei der Gemeinde Woringen.

Wichtige Adressen und Telefonnummern

Gemeinde Woringen
Memminger Straße 1
D-87789 Woringen
Tel. +49 (0)8331 5513
Fax +49 (0)8331 89094
rathaus@woringen.de
www.woringen.de

Woringen
(Bilder Gemeinde Woringen)

Alles unter einem Dach

Augsburger Puppenkiste

Bei einem Aufenthalt in Augsburg sollte man auf keinen Fall einen Besuch der bekannten Augsburger Puppenkiste im denkmalgeschützten Heilig-Geist-Spital in der Spitalgasse 15 versäumen. Hier ist nicht nur das Puppentheater untergebracht, sondern auch das Puppentheatermuseum, ein Fan-Shop und ein Café & Restaurant. Die Puppenkiste ist ein überaus beliebter Treffpunkt für Jung und Alt von nah und fern. Wer kennt nicht die berühmten Figuren aus den bezaubernden Marionettenfilmen „Urmel aus dem Eis" oder „Jim Knopf und Lukas, der Lokomotivführer".

Premiere für die Puppenkiste war der 26. Februar 1948 mit dem Märchen vom gestiefelten Kater. Der Leiter Walter Oehmichen und sein Ensemble zeigten im Lauf der Jahre liebevoll inszenierte Märchen und Opernspiele sowie eigene Stücke für Kinder und Erwachsene. Durch viele Fernsehsendungen wurden die Figuren bundesweit bekannt und beliebt.

Bevor ein neues Stück aufgeführt wird, liegt über ein Jahr Arbeit hinter dem Ensemble. Ein guter Stoff muss gefunden und für das Marionettenspiel adaptiert werden. Anschließend werden sowohl Geschöpfe als auch Bühnenbild von den Puppenbauern phantasiereich erschaffen und angefertigt.

Infos zum Spielplan unter: http://www.puppenkiste.com/01-theater/03-spielplan/index.shtml

Das Museum der Puppenkiste ist mit 900.000 Besuchern inzwischen das erfolgreichste Puppentheatermuseum Eu-

ropas. Es zeigt auf 650 Quadratmetern alle berühmten Marionetten in ihrer „natürlichen Umgebung". Zu bewundern sind u. a. Kater Mikesch, Urmel, Jim Knopf, Lukas der Lokomotivführer, Kalle Wirsch und viele andere Puppenstars. Bühnenbilder und Kostümzeichnungen sind liebevoll zur Ansicht zwischen den Kisten ausgestellt. Puppenkistenfans können in aller Ruhe die fantasievollen Details studieren und in der Welt der Puppen versinken. Besucher

erfahren auch viel Interessantes über die Macher des Marionettentheaters. In zwei kleinen Museumskinos kann man die Fernsehhöhepunkte aus 60 Jahren genießen. Sonderausstellungen, museumspädagogische Workshops und vieles mehr runden das Programm des Museums ab.

Infos zum Programm des Museums mit Sonderausstellungen unter: http://www.puppenkiste.com/02-museum/02-programm/index.shtml

Im Fan-Shop im Foyer kann sich jeder ein Stück Puppenkiste als Andenken mit nach Hause nehmen. Erhältlich ist vieles, was das Sammlerherz höher schlagen lässt: DVDs, Poster, T-Shirts, Marionetten und Plüschfiguren. Eben-

falls im Foyer können sich die Besucher im Café & Restaurant stärken, für die Kleinen gibt es eine spezielle Puppenkisten-Kinderkarte.

Auch für Feiern wie Kindergeburtstag eignet sich die Puppenkiste. Ein Nebenraum für Gesellschaften bis zu 45 Personen seht zur Verfügung. Das Team des Hauses berät und unterstützt gern in allen Fragen der Gestaltung.

Öffnungszeiten

Museum: Di. bis So. 10 bis 19 Uhr, bei öffentlichen Abendvorstellungen bis 19.30 Uhr. Kassenschluss ist um 18 Uhr.

Fan-Shop: Di. bis So. 10 bis 18 Uhr bei öffentlichen Abendvorstellungen bis 19:30 Uhr.

Café & Restaurant: 11:30 Uhr bis Mitternacht, je nach Veranstaltung

Augsburger Puppenkiste und "die Kiste" – Das Augsburger Puppentheatermuseum

Spitalgasse 15, D-86150 Augsburg
Tel +49 (0)821 450345 0
info@diekiste.net
www.puppenkiste.com

Erlebnisraum Schlosspark

Schloss Neuschwanstein
(Bild Allgäu GmbH, Torsten Brönner)

Erlebnisraum Schlosspark

Zu Füßen der Königsschlösser von König Ludwig liegt der Erlebnisraum Schlosspark, der mit dem Landkreis Ostallgäu deckungsgleich ist, dessen Kreisverwaltung ihren Sitz in Marktoberdorf hat.

In den 45 Gemeinden, Städten und Märkten leben etwa 138.000 Menschen. Inmitten des Schlossparks liegt die kreisfreie Stadt Kaufbeuren, die ca. 41.750 Einwohner zählt.

Der Erlebnisraum erstreckt sich mit rund 1.400 km² von den Alpen im Süden bis zur schwäbisch-bayerischen Hochebene im Norden. Den höchsten Punkt bildet mit 2.082 m ü. M. die Hochplatte in den Ammergauer Alpen. Flüsse wie der Lech und die Wertach durchqueren den Schlosspark und zahlreiche Seen finden sich hier, wobei der Forggensee als Lechspeicher mit 16 km² der größte ist.

Eine Landschaft wie aus dem Märchenbuch

Zu jeder Jahreszeit ist der Erlebnisraum Schlosspark ein Paradies für Erholungssuchende. Die einmalig zu nennende landschaftliche Vielfalt präsentiert sich in einer mächtigen Bergwelt, lieblichen Hügellandschaften, stillen Wäldern und blühenden Weiden. Kristallklare Seen, Flüsse und Bäche runden das Bild der Urlaubsidylle ab.

Karte der Erlebnisräume Allgäu siehe Seiten 54/55

Im Schlosspark zeigt sich eine touristische Infrastruktur mit zahlreichen Freizeiteinrichtungen, gastfreundlichen Unterkünften aller Kategorien und ein gastronomisches Angebot, das für jeden Geschmack das Richtige zu bieten hat.

Einem Logenplatz gleich bietet der Blick aus dem Voralpenland auf das majestätische Alpenpanorama unvergessliche Eindrücke. Besucher mit Interesse an Kunst und Geschichte finden eine Fülle von sehenswerten Kulturdenkmälern, Museen und Kirchen. Vor allem die weltberühmten Königsschlösser Neuschwanstein und Hohenschwangau ziehen die Besucher in ihren Bann. Auch finden sich im Erlebnisraum Schlosspark zahlreiche Burgruinen wie Eisenberg, Hohenfreyberg und Falkenstein, die höchste Burgruine Deutschlands.

Die Freizeitmöglichkeiten im Allgäu scheinen unbegrenzt: Naturliebhaber genießen die gemütliche Wanderung durch die sanfte Hügellandschaft des Voralpenlandes oder die anspruchsvolle Bergtour, für die einige Bergbahnen eine willkomme Aufstiegshilfe bieten. Genussradler kommen hier ebenso auf ihre Kosten wie Mountainbiker, die sich auf den Weg zu einer der zahlreichen Berghütten machen. So ist die Schlossparkradrunde eine 219 Kilometer lange Qualitätsradroute der ADFC RadReiseRegion Schlosspark, die in fünf Abschnitte aufgeteilt ist und vom Allgemeinen Deutschen Fahrrad-Club (ADFC) mit fünf Sternen ausgezeichnet wurde. Sie stellt eine Ergänzung der rund 450 Kilometer langen Radrunde Allgäu dar.

Bilder Tourismusverband Ostallgäu e.V., Michael Schott

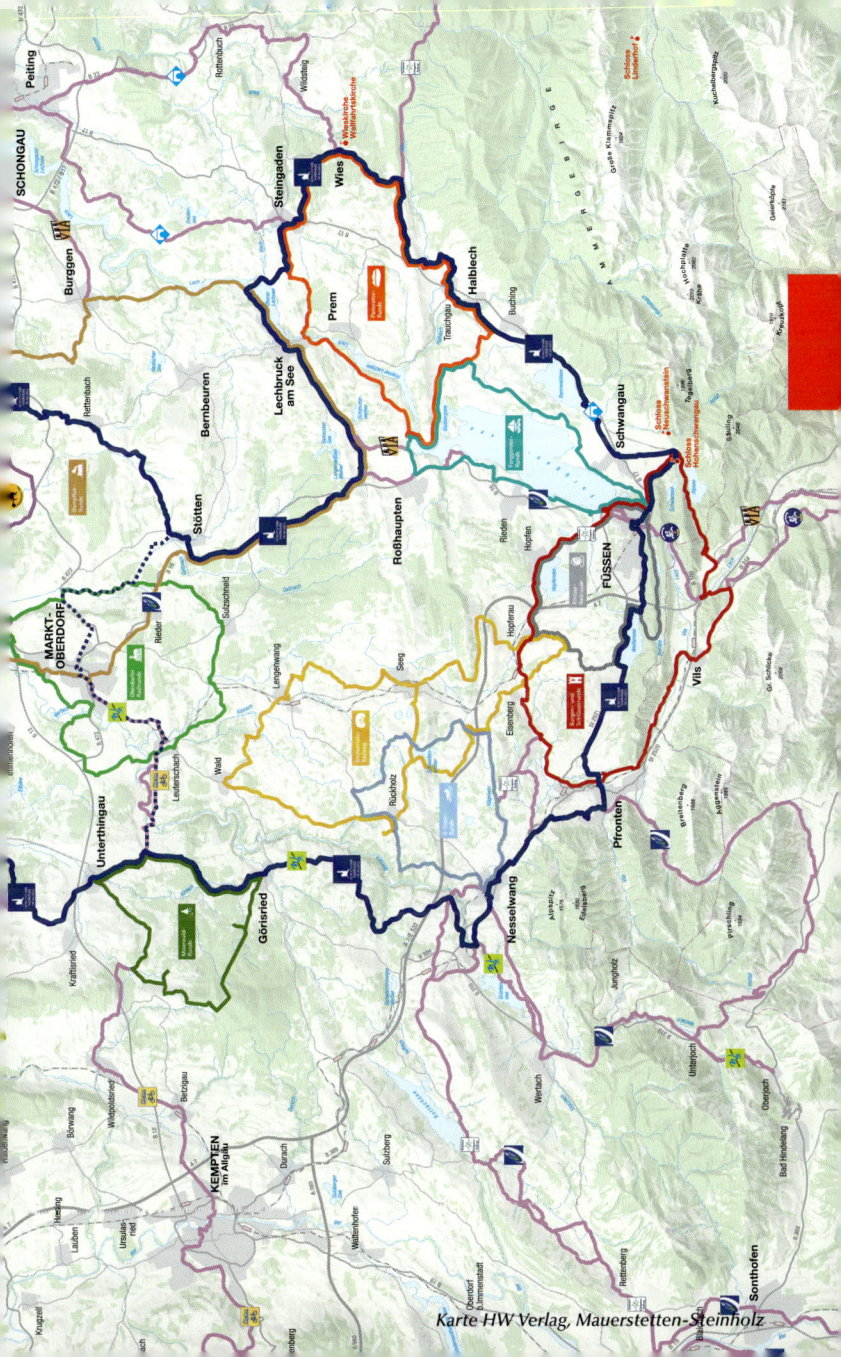

Für Wassersportler sind die zahlreichen Seen und Flüsse ein Paradies und ein erfrischendes Bad an einem heißen Sommertag macht den Urlaubstag perfekt.

Während des Winters tummeln sich Skifahrer, Langläufer und Schlittschuhläufer in der herrlichen Schneelandschaft.

Die Anreise

Den Erlebnisraum Schlosspark erreicht man über die Autobahn A7 Ulm-Füssen oder über die A96 München-Lindau, die bei Buchloe das Kreisgebiet quert. Mehrere Bahnlinien sorgen für den Anschluss an das deutsche Schienennetz: Von Augsburg über Kaufbeuren nach Kempten mit einer Abzweigung nach Marktoberdorf, die Linie von München über Buchloe nach Memmingen und im Süden von Kempten über Pfronten nach Reutte in Tirol.

Wichtige Adressen und Telefonnummern

Tourismusverband Ostallgäu e.V.
Schwabenstraße 11
D-87616 Marktoberdorf
Tel. +49 (0)8342 911-506
Fax +49 (0)8342 911-97313
info@schlosspark.de
www.schlosspark.de

Orte im Erlebnisraum Schlosspark

Baisweil

An 2 Römerstraßen gelegen

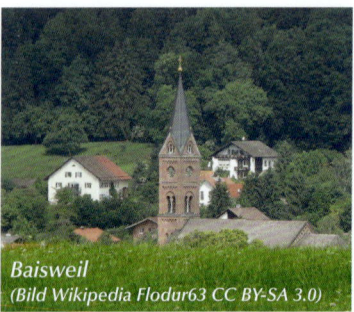

Baisweil
(Bild Wikipedia Flodur63 CC BY-SA 3.0)

Die Gemeinde Baisweil (rund 1.300 Einwohner) im Nordwesten des Landkreises Ostallgäu liegt im Dreieck zwischen Kaufbeuren, Mindelheim und Bad Wörishofen. Die Gemeinde ist Mitglied der Verwaltungsgemeinschaft Eggenthal und besteht aus den Ortsteilen Baisweil, Lauchdorf und Großried.

Baisweil ist durch die nahe B 16 mit Anschluss an die A 96 gut zu erreichen.

Kurzer Blick ins Geschichtsbuch

Durch das Baisweiler Tal verliefen zwei Römerstraßen von Kempten nach Augsburg.

Erstmals urkundlich erwähnt wurde Baisweil im Jahr 919. Vom 15. Jahrhundert bis zur Säkularisation 1803 gehörte das Gemeindegebiet zum Kloster Irsee, danach zu Bayern.

Sehenswürdigkeiten

Die Pfarrkirche St. Johann Baptist in Baisweil wurde Ende des 19. Jahrhunderts nach dem Einsturz des Kirchturms 1886 im neuromanischen Stil wieder aufgebaut. Sehenswert sind das Sandsteinrelief einer stehenden Madonna aus dem 16. Jahrhundert sowie 14 Kreuzwegstationen, die von Pfarrer Kneipp gestiftet wurden.

Einen Besuch wert ist auch die neu restaurierte Pfarrkirche Maria Himmelfahrt in Lauchdorf aus dem 17. Jahrhundert mit hellem Innenraum und Deckenfresken im Barockstil sowie der benachbarte wunderschön angelegte Äußere Friedhof.

Freizeit und Sport

Rund um Baisweil findet man zahlreiche ausgeschilderte Wanderwege und schöne Radwege. Für Gäste stehen verschiedene günstige Übernachtungsmöglichkeiten zur Verfügung.

Wichtige Adressen und Telefonnummern

Gemeinde Baisweil
Rathaus, St.-Anna-Straße 24
D-87650 Baisweil
Tel. +49 (0)8340 221
Fax +49 (0)8340 978 9877
gemeinde@baisweil.de
www.baisweil.de

Buchloe
Das Tor zum Allgäu

Buchloe
(Bild Wikipedia R. Mayer, CC BY-SA 3.0)

Buchloe (rund 13.000 Einwohner) im Norden des Ostallgäu ist nach Marktoberdorf und Füssen die drittgrößte Stadt im Landkreis und gilt als das Tor zum Allgäu. Zur Stadt gehören die Ortsteile Buchloe, Hausen, Honsolgen und Lindenberg.

Buchloe liegt mit eigener Anschlussstelle an der Autobahn 96 von Lindau nach München sowie an der Bundesstraße 12 Richtung Kaufbeuren und bietet so günstige Ausflugsmöglichkeiten zu den attraktiven Zielen im Allgäu. Die Stadt ist außerdem ein bedeutender Eisenbahnknotenpunkt mit günstigen Verbindungen in alle Himmelsrichtungen.

Sehenswürdigkeiten

Einen Besuch wert ist das Heimatmuseum im ehemaligen Gebäude der Raiffeisenbank. Zu den Exponaten gehören alte Kirchturmuhren, liturgische Gegenstände, Gemälde des Barockmalers Joseph Schwarz und von Eduard Bechteler (1890-1983), Alt-Buchloer Trachten, eine Schmetterlingssammlung und Modelle verschiedener historischer Gebäude.

Zu den sehenswerten Kirchen gehören die Stadtpfarrkirche aus dem 18. Jahrhundert und die Katholische Pfarrkirche St. Georg und Wendelin auf einem weithin sichtbaren Berg in Lindenberg mit barocker Innenausstattung.

Freizeit und Sport

Buchloe verfügt über eine Reihe von attraktiven Freizeiteinrichtungen mit Fußballstadion, Fitnessstudios, Hallenbad, Eissporthalle, Tennisanlage sowie einem solarbeheiztem Freibad mit Riesenwasserrutsche, Wildwasserkanal und großer Liegewiese.

Wanderfreunde, Jogger oder Radfahrer finden rings um die Stadt in der freien Natur ein ausgedehntes Wegenetz für schöne Touren.

Wichtige Adressen und Telefonnummern

Stadt Buchloe
Rathausplatz 1
D-86807 Buchloe
Tel. +49 (0)8241 5001 0
Fax +49 (0)8241 5001 40
stadt@buchloe.de
www.buchloe.de

Eggenthal

Sympathisches Dorf in ruhiger Lage

Eggenthal
(Bild Gemeinde Eggenthal)

Als besonders kinderfreundlicher Ferienort präsentiert sich Eggenthal. Idyllisch ist es hier und ursprünglich, inmitten der Allgäuer Kulturlandschaft, die so viel Natur zu bieten hat. Eggenthal liegt auf einer Höhe von 713 m ü.M. und bietet über 1.300 Einwohnern eine Heimat. Hier, wo einst die heilige Crescentia zwischen Kaufbeuren und Ottobeuren Station machte, empfangen den Gast einzelne familienfreundliche Unterkünfte und gastronomische Angebote mit typischer Allgäuer Küche und herzlicher Gastfreundschaft.

Kurzer Blick ins Geschichtsbuch

Weit in die Keltenzeit reicht die Besiedelung der Region. Die alte Römerstraße von Mailand kommend, führte von Kempten über Eggenthal nach Augsburg. Von vier Meilensteinen, der auf einer der römischen Straßen stand, ist heute einer im Maximilianmuseum in Augsburg zu bewundern. Eine wechselvolle Geschichte des Ortes mit Rittergeschlechtern endet im Eigentum des Klosters Irsee, zu dem es bis zur Säkularisation im Jahr 1803 gehörte.

Sehenswürdigkeiten

Der Pestfriedhof auf dem Seelenberg bildete im Jahr 1628 den Grundstein für eine kleine Kapelle, aus der ein Schmuckstück Eggenthals geworden ist. Die Marien-Seelen-Kapelle liegt auf einer Anhöhe hinter Bäumen verborgen und bietet wunderschöne Deckenmalereien. Hier finden immer wieder schöne Konzerte bei besonderer Akustik und Stimmung statt.

Marien-Seelenkapelle

Gäste und Einheimische während des Winters auf einigen Loipen dem Skivergnügen nachgehen.

Eine Gelegenheit für Angler bietet die Fischzucht Mindeltal.

Auf einer Hochebene in der Weilergemeinschaft Holzstätt (Holzstetten) freuen sich Künstler in ihren Ateliers mit Bilder, Plastiken, Skulpturen und Installationen auf ihren Besuch.

Freizeit und Sport

Der Crescentia-Pilgerweg ist ein rund 88 Kilometer langer Pilgerweg von Kaufbeuren über Mindelheim und Ottobeuren nach Kaufbeuren zurück. Die Wegführung orientiert sich an einer Strecke, die die heilige Crescentia im 17. Jahrhundert in ihrer Zeit als Klosterschwester im Franziskanerinnenkloster Kaufbeuren zurückgelegt haben soll. Die Wegführung des im Jahr 2003 eröffneten Weges verläuft meist abseits von Straßen auf schmalen Fußpfaden. Eine Vielzahl von Wegkreuzen, Bildstöcken und Kapellen liegen entlang des Weges.

Bei der zertifizierten und ausgewiesenen 219 km langen Schlossparkradrunde im Allgäu radeln Sie in Abschnitt 3 auch durch Eggenthal. Sehr bequem für jeden Genussradler zu schaffen.

Neben einem dicht gespannten Netz von Rad- und Wanderwegen können

Orts- und Infrastruktur

Ein breites Angebot an Handwerks-, Handels- und Dienstleistungsbetrieben sorgen im Ort für Arbeits- und Ausbildungsplätze. Ärzte am Ort oder in der Nachbarschaft, Geschäfte für die Grundversorgung, sowie Grundschule, Kindergarten und eine Sporthalle machen Eggenthal für die Einwohner zu einem liebenswerten Ort mit hoher Lebensqualität.

Ein aktives Vereinsleben mit viel ehrenamtlichem Engagement fördert die Gemeinschaft, bieten Heimat und Freude am Hobby an und versprechen bei unterschiedlichen Veranstaltungen willkommener Gast zu sein.

Wichtige Adressen und Telefonnummern

Gemeinde Eggenthal
Römerstr. 12
D-87653 Eggenthal
Tel. +49 (0)8347 92 00 0
gemeinde@eggenthal.de
www.eggenthal.de

Friesenried

Mit abwechslungsreichem Dorfleben

Die Gemeinde Friesenried (1500 Einwohner) liegt 736 m über Meereshöhe und besteht aus den Ortsteilen Blöcktach, Friesenried und Salenwang sowie zahlreichen Weilern und Einzelgehöften. Friesenried liegt an der Staatsstaße 2055 von Kaufbeuren nach Kempten, von dort besteht über die Bundesstraße B 12 bzw. die Autobahn A 7 Anschluß ans bundesweite Fernstraßennetz. Das abwechslungsreiche Dorfleben mit seinen Festen und Veranstaltungen im Jahresrhythmus wird von den Kirchengemeinden, den Vereinen und Musikkapellen gestaltet. Friesenried ist außerdem Schulstandort mit Grund- und Mittelschule und Sitz des Schulverbandes Friesenried.

Kurzer Blick ins Geschichtsbuch

Beim Ortsteil Blöcktach, auf dem dortigen Burgbichel, ist eine befestigte Höhensiedlung aus der Bronzezeit (1800-1200 v.Chr.) nachgewiesen, die älteste bekannte Siedlung im Allgäu.

Auf dem Höhenzug westlich von Blöcktach wurden Reste eines römischen Gutshofes aus dem 3. Jahrhundert entdeckt. Auf dem Burgbichel befand sich von 1230-1408 die Stammburg der Herren von Schwarzenburg. Friesenried gehörte bis zur Neuregelung durch den Reichsdeputationshauptschluss zum Fürststift Kempten. Seit 1803 gehört der Ort zu Bayern und ist seit 1818 selbständige Gemeinde, der Ortsteil Blöcktach war ebenfalls selbständige Gemeinde und wurde 1978 eingemeindet.

Sehenswürdigkeiten

Die markant auf einer Anhöhe zwischen Friesenried und Salenwang gelegene St.Bartholomä-Kirche (Fried-

Friesenried
(Bilder Gemeinde Friesenried)

Pfarrkirche St. Josef

Schon von weitem kann man die südöstlich von Friesenried auf dem Riedberg gelegene, der Schmerzhaften Muttergottes geweihte Riedkapelle, sehen. Es lohnt sich auch eine Besichtigung der Kapelle Hl. Drei Könige in Salenwang oder der neugotischen Kapelle St. Wendelin in Aschthal. Alle Friesenrieder Kirchen und Kapellen liegen am ausgeschilderten Wanderweg „Kapellenweg".

hofskirche) wurde im 15.Jahrhundert errichtet und im 17. und 18. Jahrhundert barockisiert. Die Pfarrkirche St.Josef in Friesenried wurde 1929 neu erbaut und ist mit von Professor Karl Baur kunstvoll geschnitzten Holzfiguren modern gestaltet. Die Pfarrkirche St. Wolfgang in Blöcktach, erbaut 1494, wurde 1934 um das Emporenjoch verlängert. Das Kircheninnere prägt eine moderne Kreuzigungsgruppe des Bildhauers Otto Kobel aus Waal - rechts Hl. Maria Magdalena um 1490, über dem Ambo Hl. Anna Selbdritt um 1500, über dem Seitenaltar Muttergottes um 1420 (mit moderner Krone).

Unmittelbar neben der Kapelle in Aschthal beginnt auch der Vogellehrpfad des Landesbundes für Vogelschutz durch den Königsberger Forst. Schaukästen und ein Infopavillon informieren hier über die gefiederten Bewohner des Waldes.

Wichtige Adressen und Telefonnummern

Gemeinde Friesenried

Hauptstraße 40, D-87654 Friesenried
Tel. +49 (0) 8347 920 500
Fax +49 (0) 8347 920 5015
gemeinde@friesenried.de
www.friesenried.de

Füssen

Die romantische Seele Bayerns

Die Stadt Füssen (rund 15.500 Einwohner) im bayerisch-schwäbischen Landkreis Ostallgäu ist umgeben von einer romantischen Schlossparklandschaft und mit 800 - 1200 Metern die höchstgelegene Stadt Bayerns. Sie grenzt im Süden an Österreich und im Osten an den Fluss Lech, der hier aus dem Gebirge austritt. Vor der südlichen Alpenkette erstreckt sich das Alpenvorland mit sanften Hügeln und zahlreichen Seen wie Forggensee, Hopfen- und Weißensee. Hier treffen sich die Ferienstraßen Romantische Straße, Deutsche Alpenstraße und die länderübergreifende Via Claudia Augusta.

Verkehrsverbindungen bestehen für Autofahrer durch die A 7, B 17, B 310 und B 16. Füssen liegt am Ende der A 7, die über die Grenze nach Österreich und weiter zum Fernpass führt, ein wichtiger Alpenübergang.

Für Bahnreisende bestehen stündliche Zugverbindungen nach Augsburg und München.

Der Weg durch die hübsche Altstadt von Füssen führt entlang historischer Gebäude und vieler Brunnen. Die von einer gut erhaltenen Stadtmauer umrahmte Stadt ist idealer Ausgangspunkt für einen Besuch der berühmten Königschlösser Ludwigs II. Neuschwanstein und Hohenschwangau sowie dem Museum der bayerischen Könige im nahen Hohenschwangau. Die perfekte Verbindung von kultureller Tradition mit vielfältigen Freizeit-, Kur- und Wellnessangeboten in einer abwechslungsreichen Ferienlandschaft bietet beste Voraussetzungen für einen erholsamen Urlaub. Unterkünfte für jeden Geldbeutel und gastfreundliche Gaststätten, Cafés und Restaurants sind in großer Zahl vorhanden.

Füssen
(Alle Bilder Füssen Tourismus und Marketing)

Die Stadt besteht aus mehreren Ortsteilen: dem Kneippkurort Füssen-Stadt,
dem Moorheilbad und Kneippkurort
Bad Faulenbach, dem Kneipp- und
Luftkurort Hopfen am See und dem
Luftkurort Weißensee (mit den dazugehörigen kleinen Weilern).

Kurzer Blick ins Geschichtsbuch

Füssen war bereits zur Römerzeit
besiedelt. Um 50 n. Chr. ließ Kaiser
Claudius die Staatsstraße Via Claudia
Augusta anlegen, die von Norditalien
über Füssen nach Augsburg führte.
Bei Ausgrabungen auf dem Füssener
Schlossberg wurden Fundamente eines römischen Militärlagers aus dem
4. Jahrhundert entdeckt.

Um 750 richtete der der später heilig
gesprochene Missionar Magnus aus
St. Gallen am Ort eine Zelle ein, Ursprung des um 840 gegründete Benediktinerklosters St. Mang.

Ende des 13. Jahrhunderts wurde das
Hohe Schloss erbaut und die schon
damals große Siedlung zur Stadt erhoben. Kloster und Stadt gehörten ab
1313 dem Hochstift Augsburg.

Anfang des 16. Jahrhunderts erlebte
die Stadt als wichtige Handelsstati-
on an der Via Claudia Augusta ihre
Blütezeit. Sie wurde von Kaiser Maximilian fast vierzigmal besucht. 1562
wurde in Füssen die europaweit erste
Lautenmacherzunft gegründet.

Im Jahr 1745 wurde in Füssen der
Friede im Österreichisch-Bayrischen
Erbfolgekrieg geschlossen. Durch den
Reichsdeputationshauptschluss 1803
wurde Füssen Teil des Kurfürstentums
Bayern und das Kloster St. Mang sä-
kularisiert.

In der zweiten Hälfte des 19. Jahrhunderts begann durch Sommerfrischler, Schlösserbesucher und Alpinisten die touristische Entwicklung der Stadt.
1972 wurden Hopfen am See und Weißensee eingemeindet.

Königliche Erlebnisse

In der Füssener Region haben die bayerischen Könige ihren Sehnsuchtsort gefunden.

Maximilian II. erbaute im 19. Jahrhundert am Fuß des mächtigen Säuling das Schloss Hohenschwangau als Residenz in der Sommerfrische. Sein Sohn Ludwig II. ließ auf dem steilen Pöllatfelsen gegenüber die mittelalterliche Gralsburg des weltberühmten Schlosses Neuschwanstein errichten, seine Zufluchtstätte fern vom Hofzeremoniell und Regierungspflichten. Die beiden Schlösser sind umrahmt von eindrucksvollen Alpengipfeln und bieten einen weiten Blick ins sanfte Voralpenland mit den vielen Seen, das sich wie ein Schlosspark zu Füßen der königlichen Schlösser ausbreitet.

Der Besuch der Schlösser gehört zum Pflichtprogramm eines Urlaubs in Füssen.

Auf zahlreichen Wanderwegen in der Region wandelt man auf königlichen Spuren und erreicht königliche Plätze wie auf dem Kalvarienberg mit Blick auf die beiden Königsschlösser und beim Besuch der Burg Falkenstein, wo Ludwig II. ein weiteres Schloss geplant hatte.

Sehenswürdigkeiten

Beim gemütlichen Bummel durch die mittelalterlichen Gassen und Plätze der historischen Altstadt sind einige sehenswerte Bauwerken zu entdecken. Die Begehung des ausgeschilderten Stadtrundgangs „Die Seele zum Klingen bringen" mit Start an der Tourist Information am Kaiser-Maximilian-Platz lohnt sich.

Empfehlenswert ist auch die Teilnahme an einer Stadtführung, die samstags um 10:00 Uhr bei der Tourist-Information beginnt. Keine Anmeldung erforderlich, geringer Unkostenbeitrag. Infos unter www.fuessen.de/romantische-altstadt.

Das Hohe Schloss

Das Hohe Schloss

Das Hohe Schloss hoch über der Stadt ist das Wahrzeichen von Füssen. Es gehört zu den bedeutendsten Profanbauten der deutschen Spätgotik und beeindruckt schon von außen mit einzigartigen Illusionsmalereien im Schlosshof.

Die ehemalige Sommerresidenz der Fürstbischöfe von Augsburg beherbergt heute die Filialgalerie der Bayerischen Staatsgemäldesammlungen.

Neben spätgotischen Tafelbildern und Skulpturen zeugt auch der Rittersaal mit seiner reliefgeschmückten Kassettendecke von der künstlerischen

Vielfalt in Allgäu und Schwaben während der Zeitenwende vom 15. ins 16. Jahrhundert. Zu sehen sind auch Glasgemälde von Hans Holbein dem Älteren zur Zeit Kaiser Maximilians I.

Die Städtische Gemäldegalerie ist ebenfalls im Schloss untergebracht. Sie zeigt Werke von Carl Spitzweg und anderen Münchener Malern des 19. Jahrhunderts. In Wechselausstellungen wird das zeichnerische Werk von Franz Graf von Pocci (1807-1876) präsentiert, ebenso Werke aus dem 20. Jahrhundert von Percy Rings und Gottfried Andreas Herrmann, den Kunst- und Kulturpreisträgern der Stadt. Infos unter www.fuessen.de/hohes-schloss

Kloster St. Mang

Das ehemalige Benediktinerkloster St. Mang mit Wurzeln im 8. Jahrhundert wurde in seiner heutigen Form von 1697 bis 1726 im Barockstil errichtet. Das Kloster war über Jahrhunderte kirchliches, kulturelles und wirtschaftliches Zentrum der Stadt und der Region.

Die prächtige Klosteranlage ist als barockes Gesamtkunstwerk überaus sehenswert. Als Mittelpunkt der Anlage imponiert der mit Stuck und Fresken reich geschmückte Kaisersaal.

Im Südtrakt des Klosters ist das Museum der Stadt Füssen untergebracht. Bei einem Museumsrundgang kann man die prachtvollen barocken Repräsentationsräume des Klosters erkunden. Kaisersaal, Klosterbibliothek, Colloquium und Kapitelsaal beeindrucken mit prunkvoller Dekoration und reizvoller Farbigkeit.

Gezeigt werden Exponate zur Stadt- und Klostergeschichte. Eine große Abteilung widmet sich dem Füssener Lauten- und Geigenbau mit einer umfangreichen Instrumentenausstellung. Ein weiteres Ausstellungshighlight ist der Museumsbereich, in dem die Entstehung des Klosters am Fluss Lech und seine Ausstrahlung und Bezüge flussaufwärts und flussabwärts gezeigt werden.

Vom mittelalterlichen Kreuzgang gelangt man in die Annakapelle mit dem berühmten monumentalen Füssener Totentanz von Jakob Hiebeler aus dem Jahr 1602, dem ältesten in Bayern erhaltenen Totentanz. Auf zwanzig Einzelbildern folgen verschiedene Ränge der damaligen Gesellschaft dem Tod, angeführt von Papst und Kaiser. Infos unter www.fuessen.de/museum-fuessen

Bibliothek im Kloster St. Mang

Kirchen

Spitalkirche

Für kulturinteressierte Gäste lohnt der Besuch der Füssener Barockkirchen.

Die ehemalige Klosterkirche und heutige Stadtpfarrkirche St. Mang zeigt im Innenraum einen Freskenzyklus aus dem Leben des Hl. Magnus. In der Ostkrypta ist ein Fresko der Reichenauer Schule zu sehen. Bei Kirchenführungen werden außerdem Krypta, Mönchsgruft und Mönchschor gezeigt.

Auch die Heilig-Geist-Spitalkirche mit farbenprächtiger Freskenfassade im Rokokostil und die Franziskanerkirche St. Stephan mit Rokokoausstattung sind sehenswert.

Gassen und Plätze

Die Reichenstraße als Herzstück Füssens lädt mit ihren bemalten Häuserfassaden zum Bummeln, Einkehren in den Cafés und Einkaufen in den kleinen, individuellen Läden ein.

Der Schrannenplatz ist einer der beliebtesten Plätze in Füssen. Hier kann man in der Markthalle, dem ehemaligen mittelalterlichen Kornhaus, regionale Produkte einkaufen und leckere Allgäuer Gerichte genießen.

Die günstigsten Fotopunkte sind der Magnusblick am südlichen Ende der Theresienbrücke unterhalb des Klosters St. Mang sowie Quaglioblick am Franziskanerkloster, wo man den dreistufigen Aufbau der Stadt mit den Bürgerhäusern, dem Kloster St. Mang und dem Hohen Schloss gut erkennen kann.

Auf den Plätzen der Stadt findet man eine Reihe von bemerkenswerten Brunnen. Hierzu gehören der Lautenmacherbrunnen am Brotmarkt, der Mädchenbrunnen in der Ritterstraße, der SiebenSteinBrunnen am Kaiser-Maximilian-Platz und der Stadtbrunnen in der Reichenstraße.

Sehenswert ist auch der gut erhaltene Abschnitt der mittelalterlichen Stadtmauer rund um den Alten Friedhof und das Franziskanerkloster.

Natur

Im Stadtpark Baumgarten, einer grüne Oase direkt hinter dem Hohen Schloss, findet man Ruhe und Erholung. Der Aufstieg auf den Kalvarienberg wird mit einer herrlichen Aussicht auf die Stadt, die Königsschlösser und das Lechtal belohnt.

Beim spektakulären Lechfall verlässt der Wildfluss das Gebirge. Das Ensemble aus Wasserfall und Schlucht gehört zu den zehn schönsten Geotopen in Bayern. Die besten Beobachtungsstellen sind der Magnussteg und die barrierefreie Aussichtsplattform am Ostufer.

Altstadt am Lech

Freizeit und Sport

Die vielfältigen Freizeitmöglichkeiten in der abwechslungsreichen Landschaft rund um Füssen lassen keine Wünsche offen. Hierzu gehören Nordic Walking, Inline Skating, Drachenfliegen, Paragliding, Segelfliegen, Ballonfahren, Tennis, Reiten und Golf.

Walderlebniszentrum

Wanderer vor der Gehrenspitze

Das Walderlebniszentrum Ziegelwies an der deutsch-österreichischen Grenze nahe dem Lechfall ist bei Familien mit Kindern sehr beliebt. Es bietet eine interessante Ausstellung über den Wald und seine Bewohner, rund 2 km lange Themenwege und Lehrpfade wie beispielsweise den Auwaldpfad und den Bergwaldpfad mit Erlebnis- und Spielstationen sowie einen großen Waldspielplatz mit Riesenrutsche. Ein kunterbuntes Ferienprogramm rundet das Angebot des Zentrums ab.

Top-Attraktion des Walderlebniszentrums ist der 480 Meter lange und bis zu 20 Meter hohe Baumkronenweg, der gegen geringes Entgelt zu einer spannenden Begehung einlädt. Der Weg ist barrierefrei und auch mit Kinderwagen gut zu begehen. Infos unter www.walderlebniszentrum.eu

Wandern

Die vielfältige Landschaft der Region Füssen am Schnittpunkt von Voralpenland und Gebirge bietet hunderte von Kilometern Wanderwege in drei Höhenlagen und für jeden Anspruch.

Ebene Routen auf den Seeuferwegen sind ebenso möglich wie aussichtsreiche Almwanderungen und anspruchsvolle Gipfeltouren.

In Füssen treffen sich einige der schönsten alpinen Weitwanderwege. Der Europäische Fernwanderweg E4 macht hier ebenso Station wie die Violette Route der Via Alpina, der Maximiliansweg am nördlichen Alpenrand, die Wanderroute entlang der Romantischen Straße oder die Via Claudia Augusta. Der König-Ludwig-Wanderweg und der Lechweg enden in Füssen. Füssen ist Portalort des Erlebnisraums „Schlosspark" der „Wandertrilogie Allgäu", die mit ihrem rund 870 km langen Weitwanderwegenetz die gesamte landschaftliche Vielfalt des Allgäu erschließt.

Auf der Homepage www.fuessen. de findet man eine reiche Auswahl an Touren für jeden Geschmack und Schwierigkeitsgrad.

Eine leichte Wanderung ist die aussichtsreiche 5-stündige Drei-Schlösser-Runde auf den Spuren der bayerischen Könige von Füssen nach

Neuschwanstein und zurück mit Sightseeing-Highlights und schönen Einkehrmöglichkeiten.

Die 4-stündige familienfreundliche Wanderung Lechschleife „Von See zu See" führt ab dem Startpunkt Lechfall vorbei an mehreren Seen bis zum Weißensee und zurück.

Die anspruchsvolle Gipfeltour auf den Füssener Hausberg Säuling mit abgesicherten Passagen und Kletterstellen eignet sich für geübte, ausdauernde Bergwanderer.

In Füssen findet man zahlreiche zertifizierte Qualitätsgastgeber „Wanderbares Deutschland", die einen umfassenden Service für Wanderer anbieten. Dazu gehören die Möglichkeit, ein Zimmer für eine Nacht zu bekommen, die Möglichkeit der Pflege und Trocknung der Wanderkleidung, spezielle Tourenberatung durch die erfahrenen Gastgeber und auf Wunsch das sorgenfreie Wandern

ohne Gepäck durch Gepäcktransport-service zur nächsten Unterkunft.

Radfahren

Füssen bietet für Mountain-Biker, Rennradler und Genussradfahrer eine breite Palette an möglichen Touren. Auch bei vielen Radfernwegen wie bei der Schlossparkradrunde ist Füssen Etappenort.

Der Allgemeine Deutsche Fahrrad-Club (ADFC) hat dem Erlebnisraum „Schlosspark im Allgäu" rund um Füssen durch die Auszeichnung als RadReiseRegion die sehr hohe Qualität des Radangebots bestätigt. Bewertet wurden beispielsweise das Radwegenetz, die Beschilderung, verschiedene Serviceleistungen und das Mobilitätsangebot in der Region.

An mehreren Stationen in Füssen können Räder und E-Bikes ausgeliehen werden. Die Bett+Bike-Gastgeber in Füssen sind auf die Bedürfnisse von Radlern ausgerichtet.

Forggenseeradweg

Auf dem Radtourenportal der Füssener Homepage findet man wichtige Infos.

Tipp: Der 32 Kilometer lange Forggenseeradweg vor prachtvollem Bergpanorama mit Einkehr und Badestopps ist die ideale Tour für Genussradler.

Erlebnis Wasser

Forggensee

Die Region um Füssen mit den sieben größeren und zahlreichen kleinen Badeseen ist ein Paradies für Wassersportler.

Der Forggensee entstand als Lechstausee für die wichtige Hochwasserregulierung bei der Schneeschmelze und ist fünftgrößter See Bayerns. Eine Schifffahrt auf dem See mit überwältigender Aussicht auf die Alpenkette ist ein unvergessliches Erlebnis. Die Saison für die Schiffsrundfahrten dauert vom 01.06. -15.10. Infos unter www.forggenseeschifffahrt.de

Der See gilt als ideales Segelrevier und ist Schauplatz internationaler Regatten.

Er ist zudem bestens als Badesee und Angelrevier geeignet, ebenso wie Hopfensee, Weißensee und Alatsee. Auf den Seen tummeln sich auch Windsurfer sowie Ruder- und Tretboote.

Winter in Füssen

Der Allgäuer Winter verspricht romantischen Naturfreunden höchsten Genuss. Was gibt es Schöneres als eine Wanderung bei Sonnenschein in kristallklarer Luft auf den gebahnten Winterwanderwegen.

Auch die Skilangläufer kommen auf den 300 Loipenkilometern rund um Füssen voll auf ihre Kosten. Beim Schneeschuhwandern abseits der Pisten und Loipen mitten durch das unberührte Weiß lässt sich die herrliche Schneelandschaft am besten genießen.

Zahlreiche Naturrodelbahnen bieten Rodelvergnügen für die ganze Familie.

Auch eine romantische Pferdeschlittenfahrt sollte auf dem Programm eines Winterurlaubs in Füssen stehen.

Veranstaltungen

Im Füssener Veranstaltungskalender findet man neben hochwertigen kulturellen Events auch beliebte Feste und Märkte. Infos unter www.fuessen.de/Veranstaltungen

Gleich zu Neujahr zieht das Neujahrsfackelschwimmen der Ostallgäuer Wasserwachten im Lech zahlreiche beeindruckte Besucher an. Bis zu fünfzig mutige Rettungsschwimmer lassen sich im Fackelschein im eiskalten Lech flussabwärts treiben. Das Ereignis wird begleitet von Böllerschüssen und einem Feuerwerk, um das neue Jahr zu begrüßen.

Im Sommer versprechen die Kammerkonzerte im Kaisersaal des Klosters St. Mang hochwertigen Musikgenuss. Auch das Musikfestival „Vielsaitig" im Spätsommer im Kaisersaal mit einem abwechslungsreichen Programm alter und zeitgenössischer Musik zieht Freunde klassischer Musik an.

Ludwigs Festspielhaus, eines der schönsten Theater in Deutschland, inmitten der einmaligen Naturkulisse, bietet ein reichhaltiges Programm mit dem Musical „Ludwig[2]", Konzerten, Musicals, Festen und vielem mehr. Infos unter www.bau-ein-schloss-wie-ein-traum, weitere Infos unter www.das-festspielhaus.de

Zu den historischen Umzügen „Füssen in der Renaissance" im Juni, die an die zahlreichen Besuche Kaiser Maximilians I. in Füssen erinnern, finden sich Besucher aus Nah und Fern ein.

Beim Füssener Stadtfest an einem Wochenende im August wird die ganze Altstadt zur Open-Air-Festmeile. Die Festgäste genießen den freien Eintritt zu allen Musikbühnen und werden von den Füssener Altstadtwirten bestens mit Speis und Trank versorgt.

Der Adventsmarkt am zweiten und dritten Adventswochenende in der romantischen Kulisse des barocken Innenhofs des Klosters St. Mang mit weihnachtlichen Verkaufsbuden, Glühweinständen und Musikprogramm ist ein gern besuchter Treffpunkt. Sobald der Abend naht, verwandelt sich die illuminierte Altstadt in ein verträumtes Lichterzauberland.

Wichtige Adressen und Telefonnummern

Füssen Tourismus und Marketing
Tourist Information Füssen
Kaiser-Maximilian-Platz 1
D-87629 Füssen
Tel. +49 (0)8362 9385 0
Fax +49 (0)8362 9385 20
tourismus@fuessen.de
www.fuessen.de

Panorama vom Tegelberg

Majestätisch – Magisch - Mitreißend

Ludwigs Festspielhaus in Füssen

Logenplatz im See

Eingebettet in der malerischen Schloss-parklandschaft mit ihren majestätischen Bergen, tiefblauen Seen und die weltberühmte Silhouette von Schloss Neuschwanstein immer im Blick, liegt Ludwigs Festspielhaus in Füssen am Forggensee. Willkommen an einem Ort königlicher Inspiration, wo romantische Traumwelten mithilfe modernster Architektur und Technik ins Hier und Jetzt geholt werden.

Das Erfolgsmusical Ludwig[2]

Ausgezeichnet wurde Ludwig[2] mit dem Musical 1 Award als beliebtestes Musical Deutschlands. Leben und Tod des bayerischen Märchenkönigs Ludwig II. sind bis heute Mysterium, das weltweit die Menschen in seinen Bann zieht. Sein legendenumranktes Leben ist voller Rätsel und Wiedersprüche, aber auch voller Romantik und Fantasie. Es bietet genügend Stoff für ein berührendes und zugleich extrem packendes

Musical. „Ludwig²" ist ein einzigartiges Musicalerlebnis für alle Sinne. Es bezaubert mit atemberaubenden Bildern, visuellen Effekten und gefühlvoller Musik. Es vereint einen spannenden Polit-Thriller mit einem Melodram voller Poesie und Leidenschaft. Schon während sich der Vorhang am Ende der Vorstellung senkt, springen begeisterte Zuschauer auf und danken den Darstellern mit jubelndem Applaus.

Faszinierende Inszenierungen auf Deutschlands größter Drehbühne

Fast alles ist möglich auf einer der größten Bühnen Europas. Sie ist nicht nur Heimat für das Erfolgsmusical „Ludwig²". Sie ist Plattform für Nachwuchskünstler und Profis aus allen Genres, TV-Stars und VIPs – ist Showroom, Podium, Kino, Ballsaal und gigantischer Wasserpool mit 90.000 l, zugleich.

Ludwigs Visionen in 3 D

Ein einzigartiges Bühnenerlebnis, das mithilfe modernster Animationen die visionären Erfindungen und Projekte des bayerischen Märchenkönigs neu in Szene setzt. Untermalt von der Musik Richard Wagners verknüpfen sich Bil-

der und Dialoge zu einem harmonischen Ganzen. Spielzeiten unter: www.das-festspielhaus.de

ErlebnisTräume

Die einzigartige Traumkulisse, die unverwechselbare Architektur, flexible und innovative Raumkonzepte, individuelle Genuss- und Erlebnisangebote: Ludwigs Festspielhaus bietet Raum für unvergessliche Momente, schafft bleibende Erinnerungen. Das kulinarische Angebot ist so abwechslungsreich wie das Spielprogramm selbst und reicht von einer bayerischen Brotzeit im Biergarten am See bis hin zu exklusiven Fine Dining.

Öffnungszeiten der Theaterkasse

Mo. bis Fr. 10.00 bis 18.00 Uhr,
Sa/So/feiertags. 10.00 bis 16.00 Uhr.
Änderungen vorbehalten,
Ticket-Service: +49 (0)83 62-50 77-7 77

Festspielhaus Management GmbH
Ludwigs Festspielhaus Füssen

Im See 1, D-87629 Füssen
Tel. +49 (0)83 62-50 77-0
Fax +49 (0)83 62-50 77-2 98
info@das-festspielhaus.de
www.das-festspielhaus.de

Waldwunder zwischen Bayern und Tirol

Walderlebniszentrum Ziegelwies

Zwischen dem Wildfluss Lech und den Steilhängen des Allgäuer Bergwaldes können sich Besucher des Walderlebniszentrums Ziegelwies auf deutschem und österreichischem Boden von der Schönheit des Waldes überzeugen und dabei viel Neues entdecken.

Das abwechslungsreiche Außengelände spricht alle Sinne an und lädt dazu ein, den Wald in seiner ursprünglichen Form und mit all seinen wichtigen Funktionen zu erleben.

Verschiedene kostenfrei zugängliche, Kinderwagen- und Rollstuhl geeignete Erlebnispfade führen durch die faszinierende Waldlandschaft. Hunde dürfen mitgeführt werden. Auf dem Auwaldpfad (1,5 km) warten viele Abenteuer auf die ganze Familie. Verschiedene

Spiel- und Erlebnis-Parcours vermitteln Wissenswertes, beantworten Fragen zur Natur und regen zum Mitmachen an. Wer steuert das Floß und wer hangelt sich am schnellsten über den Bach? Auf dem Bergwaldpfad (1,7 km) gibt es einige Gefahren wie Spinnennetze, Affenschaukeln und Weitsprungstationen zu meistern. Auf dem hölzernen Xylophon erklingen die Töne des Waldes. Wer die Augen offen hält, kann entlang des Pfades seltene Tier- und Pflanzenarten entdecken.

Ins Tal der Sinne inmitten des idyllischen Kneippkurortes Bad Faulenbach wandert man vom Walderlebniszentrum aus ca. 15 Minuten. Erfrischung bieten Arm- und Tretbecken, Moor- und Barfußpfad, Kneippwiese sowie ein

Bilder: Mathias Struck

Trinkbrunnen. Durch das Landschaftsschutzgebiet geht es weiter hinauf
zum Alatsee. Der GEOgrenzGÄNGER-
Rundweg (16 km) führt über Schwangau, vorbei am Walderlebniszentrum
Ziegelwies in Füssen, nach Pinswang/
Tirol und wieder zurück. Er vermittelt
anschaulich Wissenswertes über geologische Besonderheiten entlang der
Wegstrecke. Verschiedene Einstiege
und eine kürzere Variante des Weges
(5,6 km) sind möglich.

Auf dem 21 Meter hohen Baumkronenweg erleben Besucher auf 480 Metern spannende Einblicke in die Welt
des Waldes und genießen spektakuläre
Blicke in die Wildflusslandschaft des
Lechs sowie ins Gebirge. Erwachsene
zahlen Eintritt; für Kinder und Jugendliche sowie Menschen mit Behinde-
rung ist der Eintritt kostenlos. Auch mit
Rollstuhl und Kinderwagen befahrbar.
Weitere Informationen/Öffnungszeiten:
www.baumkronenweg.eu
Zum Abschluss gibt es im Waldimbiss
mit überdachtem Biergarten eine herzhafte Brotzeit, leckeren Kuchen und Eis.
In den Ausstellungsräumen des Walderlebniszentrums Ziegelwies sind bei
kostenfreiem Eintritt eine Dauerausstellung zu den Themen Bergwald, Wald-
funktionen und Waldarbeit, eine Ausstellung über die Imkerei einschließlich
eines echten fleißigen Bienenvolkes
(Mai bis September) sowie zeitlich
wechselnde Ausstellungen untergebracht, zudem Tastboxen, Duftorgeln
und alte Holzfunde.

Öffnungszeiten:
www.walderlebniszentrum.eu
Das vielfältige Jahresprogramm bietet
unterhaltsame und informative Veranstaltungen.

Walderlebniszentrum Ziegelwies
Tiroler Straße 10, D-87629 Füssen
Tel. +49 (0)8362 9387550
info@walderlebniszentrum.eu
www.walderlebniszentrum.eu

Bad Faulenbach

Der Kurort Bad Faulenbach liegt versteckt in einem größtenteils autofreien Waldtal mit mehreren kleinen Seen. Die Naturfreibäder Mittersee und Obersee laden zum Bad ein.

Archäologische Funde lassen vermuten, dass hier bereits zur Römerzeit eine Ansiedlung bestand. Im Mittel-alter hatten die Benediktinermönche des Klosters St. Mang hier ein eigenes Badehaus, in dem das Schwefelwasser des Tals genutzt wurde.

Von der Fischhauswiese führt der Pfad der Sinne mit Barfußpfad, Bewegungsparcours und Waldtelefon zur Kneipp-Wiese.

Am oberen Talschluss liegt der geheimnisumwitterte 32 Meter tiefe Alatsee, der aus dem Kluftinger-Krimi „Seegrund" bekannt ist. Als Besonderheit weist der See in 15 bis 18 Meter Tiefe eine leuchtend rote Schicht von Purpur-Schwefelbakterien auf. Rund um den beliebten Badesee verläuft ein lohnender Vogelerlebnispfad.

Weitere Infomationen

Füssen Tourismus und Marketing
Tourist Information Füssen
Kaiser-Maximilian-Platz 1
D-87629 Füssen
Tel. +49 (0)8362 9385 0
Fax +49 (0)8362 9385 20
tourismus@fuessen.de
www.fuessen.de

Baden am Alatsee

Hopfen am See

Der beliebte Kurort Hopfen am See (rund 1.500 Einwohner) liegt an einem der wärmsten Voralpenseen mit Strandbad. Der Ort wird auch als Allgäuer Riviera bezeichnet. Er liegt am Nordufer des Sees, rund 4 km von Füssen entfernt. Die Uferpromenade bietet ein überwältigendes Bergpanorama. Lohnend ist der 6 km lange Rundweg um den See.

Hopfen am See bietet zahlreiche Übernachtungsmöglichkeiten in Kurkliniken, Hotels und Ferienwohnungen. Der 5-Sterne Campingplatz gilt als beliebtester Campingplatz Deutschlands.

Die Burgruine Hopfen auf einem Hügel über dem Ort ist die älteste noch erhaltene Burgruine im Allgäu. Man kann sie per Aufstieg von der Tourist-Information Hopfen aus in 30 Minuten erreichen.

Sehenswert ist auch die Pfarrkirche St. Peter und Paul mit schönen Stuckarbeiten und Freskenfragmenten aus dem frühen 15. Jahrhundert, die den Kampf des Hl. Georg mit dem Drachen darstellen.

Weitere Infomationen

Füssen Tourismus und Marketing
Tourist Information Hopfen am See
Uferstraße 21 a
D-87629 Füssen
Tel. +49 (0)8362 7458
Fax +49 (0)8362 39978
hopfen@fuessen.de
www.fuessen.de

Hopfen am See

Die Mischung macht's

Aktiv und entspannt auf dem Campingplatz Hopfensee

Der Campingplatz Hopfensee gilt als einer der schönsten und komfortabelsten Campingplätze im Allgäu. Vom ADAC mit 5 Sternen bewertet, bieten die Betreiber ihren Gästen ein vielseitiges Angebot für den aktiven und erholsamen Urlaub inmitten atemberaubender Natur. Hier stehen den Urlaubern neben den Stellplätzen für Campingwagen auch 4 wunderschöne Ferienhäuser und eine moderne Ferienwohnung als Urlaubsdomizil zur Verfügung.

Die Komfort-Stellplätze bieten allen Urlaubern während ihres Aufenthaltes Strom-, Wasser- und Abwasseranschluss, sowie Kabel-TV. Außerdem besteht die Möglichkeit, eine Waschkabine zu mieten. Gäste können zwischen Dusche und Badewanne wählen. Außerdem sind auch Fön und Handtuchtrockner vorhanden.

Zusätzlich können alle Gäste die umfassenden Freizeitangebote auf dem Campingplatz Hopfensee ohne Extra-Kosten nutzen. Es gibt ein Hallenbad und ein spezielles Bad für die kleinen Gäste. Ein Spielhaus und der Zwergerl-Pavillon sorgen für viel Spaß und Abwechslung. Auf dem Spielplatz können sich die Kinder dann so richtig austoben. Wenn das Wetter mal nicht so mitspielt oder der Sinn nach ruhigerem Freizeitvergnügen steht, ist das Kino das perfekte Ziel.

Hinzu kommen wöchentliche Angebote, die ebenfalls kostenlos genutzt werden dürfen. Dazu gehören zum Beispiel Kräuterwanderungen und Puppentheater.

Die nähere Umgebung lädt zu verschiedenen sportlichen Aktivitäten ein. Radfahren, Wandern, Schwimmen und Wassersport sind nur einige der zahlreichen Freizeitmöglichkeiten am Campingplatz Hopfensee.

Eislaufen im Winter

Auch die Wintersaison hat ihre Reize. Inmitten von strahlendem Weiß bringt der platzeigene Skilift die Camper direkt zur Piste. Verschiedene Loipen und Rodelberge sorgen für viel Spaß in der

atemberaubenden Winterlandschaft. Seit 2017 verwandelt sich im Winter der Bolzplatz in ein Kunsteisstadion zum Schlittschuhlaufen, Eiskegeln und Eishockeyspielen.

Nach einem aktiven Urlaubstag darf auch das leibliche Wohl nicht zu kurz kommen. Das Restaurant Hoigarte verwöhnt seine Gäste mit abwechslungsreicher heimischer und internationaler Küche. Selbstverständlich wird hier vorwiegend mit regionalen Produkten gekocht. Der Gastraum bietet eine urige Atmosphäre, die zum gemütlichen Verweilen einlädt. Während die Erwachsenen in Ruhe genießen, können sich die kleinen Gäste in der Spielecke tummeln.

Camping Hopfensee GmbH & Co. KG

Fischerbichl 17
D-87629 Füssen im Allgäu
Telefon ı 49 (0) 8362 - 91 77 10
info@camping-hopfensee.de
www.camping-hopfensee.de

Weißensee

Der ländlich geprägte Luftkurort Weißensee (rund 2.000 Einwohner) besteht aus 23 kleinen Weilern. Der Ort bietet zahlreiche Unterkünfte als „Ferien auf dem Bauernhof" an, einer idealen Form des Familienurlaubs. Am Westufer des Sees, der bis zu 25 m Wassertiefe aufweist, kann das Naturfreibad kostenfrei genutzt werden. Auf dem 6,5 km langen, gemütlichen Rundweg um den See sind Wanderer ganz im Einklang mit der Natur.

Direkt am See steht die Pfarrkirche St. Walburga aus dem 12. Jahrhundert, sie wurde in der Barockzeit umgestaltet. Der Scagliola-Choraltar wurde 1715 vom Wieskirchen-Baumeister Dominikus Zimmermann geschaffen. Ebenfalls sehenswert ist die Kirche St. Nikolaus im Weiler Oberkirch mit schönem Kreuzrippengewölbe.

Weitere Infomationen

Füssen Tourismus und Marketing
Tourist Information Weißensee
Seeweg 4, D-87629 Weißensee
Tel. +49 (0)8362 6500
Fax +49 (0)8362 39265
weissensee@fuessen.de
www.fuessen.de

Weißensee, St. Walburga

Görisried

Vor traumhafter Alpenkulisse

Die Gemeinde Görisried (rund 1.300 Einwohner) liegt mitten in der idyllischen Landschaft des Allgäuer Voralpenlandes zwischen Kempten und Marktoberdorf am Rand des Kemptener Waldes. Görisried ist vor allem bei Familien ein beliebter Urlaubsort mit schönen Freizeitmöglichkeiten abseits des Massentourismus, eingebettet zwischen Wäldern und Moorlandschaften. Zahlreiche kinderfreundliche Ferienwohnungen und Bauernhöfe stehen für einen erholsamen Urlaub zur Verfügung. Gemütliche Gaststätten sowie bewirtschaftete Alpen laden zur Einkehr ein, für Selbstversorger sind Einkaufsmöglichkeiten im Ort vorhanden.

1998 erhielt Görisried die Goldmedaille beim Landeswettbewerb „Unser Dorf hat Zukunft" und Silber im Bundeswettbewerb.

Durch die nahe A 7 zwischen Kempten und Füssen ist Görisried leicht zu erreichen und bietet sehr gute Ausflugsmöglichkeiten zu vielen attraktiven Zielen im Allgäu.

Kurzer Blick ins Geschichtsbuch

Görisried entstand als Rodungssiedlung im frühen Mittelalter. Im Ort hatten der Fürststift Kempten, das Hochstift Augsburg und das Kloster St. Mang zu Füssen Besitztümer. 1375 wurde Görisried erstmals urkundlich erwähnt. Seit 1803 gehörte der Ort zu Bayern. Mit dem Gemeindeedikt von 1818 entstand die heutige Gemeinde.

Sehenswürdigkeiten

Die katholische Pfarrkirche St. Oswald mit Ursprüngen im 15. Jahrhundert wurde nach mehrfachen Umgestaltungen von 1840-49 in neugotischen Formen errichtet und hat einen sehenswert gestalteten Innenraum.

Die Kapelle St. Ursula von 1681 und die Kapelle St. Petrus von Alcantara beeindrucken mit schönen Deckengemälden.

Görisried
(Bilder Gemeinde Görisried)

Mariengrotte

durch die vielfältigen Informationen über Wald und Natur besonders interessant. Empfehlenswert ist auch die aussichtsreiche Wanderung zum frei schwebenden Hängesteg über die nahe Wertach.

In der kalten Jahreszeit bieten Skilanglaufloipen und ein Eislaufplatz abwechslungsreiche Winterfreuden.

Der Aufstieg zum Kalvarienberg mit Kreuzwegstationen, Kapelle und Lourdesgrotte aus dem 19. Jahrhundert beginnt bei der Ölbergkapelle im Ort.

Freizeit und Sport

Zu den Freizeiteinrichtungen im Ort gehören Kinderspielplätze, Reitmöglichkeiten, Sportplätze und ein Freibad. Das gut ausgebaute Netz an Rad- und Wanderwegen durch den Kemptener Wald und die Moorgebiete mit zahlreichen Aussichtspunkten und romantischen Weihern begeistert Naturfreunde zu jeder Jahreszeit. Die Begehungen des liebevoll angelegten Moorlehrpfades und des Naturerlebnispfades sind unter anderem auch

Hängesteg

Veranstaltungen

Zu den Höhepunkten im bunten Görisrieder Veranstaltungskalender gehören zahlreiche Brauchtumsfeste, das Dorffest im August, der Nikolausmarkt im Dezember sowie das Rockfestival „go to Gö" im April mit vielen überregional bekannten Bands.

Wichtige Adressen und Telefonnummern

Gemeinde Görisried
Kirchplatz 8
D-87657 Görisried
Tel. +49 (0)8302 9723
Fax +49 (0)8302 9724
info@goerisried.de
www.goerisried.de

Halblech – Buching – Trauchgau
an der Romantischen Straße

Im äußersten Südosten des Schlossparkes liegt in einer Landschaft wie aus dem Bilderbuch die Gemeinde mit den Orten Halblech, Buching und Trauchgau (800 m ü.M.). Mit 32 Ortsteilen bildet sie die flächenmäßig größte Gemeinde im Landkreis zwischen Schloss Linderhof und Schloss Neuschwanstein. In der mit dem Prädikat „Staatlich anerkannter Erholungsort" ausgezeichneten Gemeinde leben fast 3.700 Einwohner. Nur wenige Kilometer von den Königsschlössern Neuschwanstein und Hohenschwangau entfernt, erwartet die Besucher inmitten des Naturschutzgebietes Ammergebirge unberührte Natur mit Bergen, Wiesen, Wäldern, Seen und Flüssen. Zu allen Jahreszeiten ist die Region ein lohnendes Ziel.

Kurzer Blick ins Geschichtsbuch

Die Herrschaft Hohenschwangau hielt in der Frühzeit die Regentschaft über die Region, die seit 1567 zu Bayern gehört. Aufgrund des Gemeindeedikts entstanden 1818 im Rahmen der Verwaltungsreform die Gemeinden Buching und Trauchgau, die sich 1976 zur heutigen Gemeinde Halblech zusammenschlossen.

Sehenswürdigkeiten

Neben den Kirchen St. Andreas in Trauchgau und St. Michael in Bayerniederhofen lohnt sich ein Abstecher zur Kapelle St. Peter in Berghof. Darüber hinaus erzählt ein Besuch des Dorfmuseums „Hölzler" in Halblech die Geschichte von Land und Leuten in der Region aus vergangenen Zeiten.

Freizeit und Sport

Auf der einen Seite der Gemeinde wartet eine abwechslungsreiche Voralpenlandschaft auf aktive Urlauber, die zu Fuß oder mit dem Fahrrad die Region erkunden wollen. Vorbei an Bächen und Seen, durch blühende Weiden und zauberhafte Wälder führt

Halblech - Buching - Trauchgau
(Bild Gästeinformation Halblech/Wolfgang B. Kleiner)

sie der Weg auf bestens beschilderten und gepflegten Rad- und Wanderwegen durch die unberührte Natur. Auf der anderen Seite erwartet den Freizeitsportler das Ammergebirge. Durch das malerische Halblechtal geht der Weg ins Hochgebirge, auf dem der Kenzenbus Fahrgäste bis zur gleichnamigen Hütte auf 1.300 Metern transportiert. Hier ist auch der Startort für eine Tour auf die Hochplatte, den mit 2082 m ü. M. höchsten Berg im Schlosspark. Von dort bietet sich ein faszinierende Ausblick auf die Tiroler Bergwelt und das Voralpenland.

Bild Reiner Göhlich

Neben den zahlreichen Seen, die zum Badevergnügen einladen, bietet das beheizte Alpenfreibad in Trauchgau wohltemperiertes Wasser in den Schwimm- und Spaßbecken. Eine große Liegewiese und eine Caféteria garantieren entspannte Stunden mit einem traumhaften Ausblick auf die Berge. Auf den Buchenberg in Buching, auf dem sich ein lohnendes Wandergebiet erschließt, führt eine Sesselbahn, die gerne als Steighilfe genutzt wird.

Während des Winters ziehen Langläufer auf bestens gepflegten Loipen durch eine zauberhafte Winterlandschaft und die Freunde des alpinen Skifahrens finden ihr Betätigungsfeld auf präparierten Pisten am Buchenberg und am Skilift in Halblech.

Eine 2,5 Kilometer lange Rodelbahn am Buchenberg lädt zu spannenden Abfahrten bei Tag und auch bei Nacht ein, da die Strecke beleuchtet ist.

Orts- und Infrastruktur

Die Gemeinde lebt von Handwerk und Gewerbe, von Land- und Forstwirtschaft sowie vom Tourismus. Zahlreiche metallverarbeitende Betriebe im Gemeindegebiet schaffen innovative Produkte für Kunden aus aller Welt. Außerdem sorgt eine Fülle von öffentlichen Einrichtungen und ein attraktives Vereinsleben im Ort für eine hohe Lebensqualität.

Wichtige Adressen und Telefonnummern

Gästeinformation Halblech
Bergstr. 2 a
D-87642 Halblech
Tel. +49 (0)8368 285
Fax +49 (0)8368 72 21
info@halblech.de
www.halblech.de

Das Haus mit der besonderen Note

Hotel Bannwaldsee

Die liebliche Landschaft rund um Halblech lädt zum Entspannen ein und zu aktiven Freizeitbeschäftigungen an der frischen Luft. Einfach nur für sich da sein, sich etwas Gutes tun und neue Kräfte tanken.

Das Hotel Bannwaldsee im Ortsteil Buching verwöhnt seine Gäste mit einem großzügigen, hellen Hallenbad, das ganzjährig zum Schwimmen ein-

lädt. Während des Sommers genießen die Gäste die Poolterrasse oder verbringen geruhsame Stunden auf der großen Liegewiese.

Der Wellnessbereich des Hauses erstreckt sich von einer finnischen Sauna über eine BioSauna bis hin zu einer Schwalldusche. Gleich daneben, im Ruheraum, genießen die Gäste die angenehme Atmosphäre. Die hauseigene Massagepraxis Limoria bietet Massagen und Wellnessbehandlungen. Dort können die Gäste ihre Seele baumeln lassen. Kulinarisch beginnt der Tag im Hotel Bannwaldsee bereits mit einem regional zusammengestellten, hausgemachten Frühstück.

Während des Tages verwöhnt man die Gäste mit bayerischen Schmankerln und internationalen Köstlichkeiten, die das Küchenteam liebevoll kreiert und die von aufmerksamen Gastgebern serviert werden.

Gespeist wird in den stilvoll eingerichteten Räumlichkeiten des Hauses. Während des Sommers lockt der Biergarten oder die Sonnenterrasse. Dort warten am Nachmittag Kaffee und hausgemachte Kuchen auf die Gäste, die den einmalig schönen Blick in die Bergwelt genießen.

Komfortabel und gemütlich eingerichtet, präsentieren sich die Gästezimmer. Ausgestattet mit Dusche oder Bad und WC , SAT-TV und Minibar, fühlen sich die Gäste wohl und genießen von den Balkonen die herrliche Aussicht auf das Voralpenland und die Berge. Die Gastgeber Tatjana und Klaus Rehklau legen Wert auf eine familiäre Atmosphäre. Kinder sind im Hotel herzlich willkommen und finden einen Spielplatz, auf dem sie sich austoben können. Für Tagungsgäste stehen im Hotel Bannwaldsee tageslichtdurchflutete Räumlichkeiten in verschiedenen Größen zur Verfügung, die mit moderner Technik ausgestattet sind.

Hotel Bannwaldsee

Sesselbahnstr. 10
D-87642 Halblech-Buching
Tel. +49 (0)8368 9000
info@bannwaldseehotel.de
www.bannwaldseehotel.de

Mit eindrucksvollem Panorama

Hotel Alpenblick-Berghof

Familiär ist die Atmosphäre in dem großzügigen Haus von Uli und Micha Siebert. Die Gäste werden umsorgt und für Fragen und Ausflugtipps haben die Gastgeber immer ein offenes Ohr. Das Hotel, in dem man sich richtig wohlfühlen kann, hat eine traumhafte Lage. Prächtig liegt die Bergwelt der Ammergauer Alpen direkt vor der Tür. Die Zimmer des Hauses sind behaglich und komfortabel eingerichtet und verfügen über Dusche oder Bad/WC und Fernsehgerät, kostenfreies W-Lan, Haartrockner und Wasserkocher. Viele der Zimmer bieten über Balkon oder Terrasse einen herrlichen Bergblick. Der noch junge Urlaubstag beginnt nach einer erholsamen Nachtruhe im Hotel mit einem reichhaltigen Frühstück vom Buffet, an dem sich die Gäste stärken können. Am Abend kann auf Wunsch auch ein köstliches Essen bestellt werden. Für Biker, die das Hotel wegen der

zentralen Lage als Ausgangspunkt zu unzähligen Touren gerne besuchen, haben Micha und Uli immer einen Tipp parat, oder begleiten die Gäste zu den schönsten Plätzen und Strecken. Während der Sommermonate können die Gäste auf der herrlich gelegenen Sonnenterrasse verweilen, von der man einen eindrucksvollen Ausblick in die Bergwelt hat. Die Terrasse und das Kaminzimmer bilden den internationalen Treffpunkt für Jung und Alt, wo man nach einem ereignisreichen Tag bei Erfrischungen den Tag Revue passieren lassen kann.

Hotel Alpenblick-Berghof
Moorbadstr. 21
D-87642 Halblech-Berghof
Tel. +49 (0)8368 91 48 99-0
info@hotel-alpenblick-berghof.de
www.hotel-alpenblick-berghof.de

275

Markt Irsee

Kleines Dorf mit großem Programm

Die Marktgemeinde Irsee (rund 1.500 Einwohner) liegt im schwäbischen Landkreis Ostallgäu in der malerischen Voralpenlandschaft nordwestlich von Kaufbeuren. Das kleine selbstbewusste Dorf wird geprägt durch die weithin bekannte Klosteranlage. Bäuerliche Tradition, bunte Brauchtumsfeste, aktive Vereine und modernes kulturelles Leben mit einer Vielzahl attraktiver Veranstaltungen und hochwertigen Konzerten bestimmen das Jahresprogramm. Viele Künstler und Kunsthandwerker leben und arbeiten in dem lebendigen, liebenswerten Dorf und öffnen gern ihre Werkstätten für interessierte Besucher. Irsee wird deshalb auch das „Künstlerdorf" genannt. Auch die bedeutenden Sehenswürdigkeiten und ein vielfältiges gastronomisches Angebot mit Klosterbrauerei und Biergärten ziehen viele Gäste an.

Kurzer Blick ins Geschichtsbuch

Im Jahr 982 wurde Irsee (damals Ursin) erstmals urkundlich erwähnt. Rund um das 200 Jahre später von Markgraf Heinrich von Ronsberg gegründete Benediktiner-Kloster, das einen Bedarf an Arbeitern, Handwerkern und Dienstleistern hatte, entwickelte sich die eigene Siedlungsstruktur eines Ortes, der nie ein typisches Bauerndorf war. Viele der damals erbauten Wirtschaftsgebäude des Klosters sind heute noch erhalten und prägen maßgeblich das Ortsbild.

Nach wechselvollen Zeiten erlebten Reichsabtei und Dorf im 18. Jahrhundert eine Blütezeit, in der das Kloster und die Klosterkirche neu errichtet wurden und Irsee das Marktrecht erwarb. Seit der Säkularisation 1803 gehört Irsee zu Bayern.

Irsee
(Bilder Marktgemeinde Irsee)

Kloster Irsee

Im Kloster ist heute das Schwäbische Tagungs- und Bildungszentrum untergebracht, das jährlich von rund 20.000 Tagungsgästen besucht wird.

Sehenswürdigkeiten

Im Brauereimuseum der Irseer Klosterbräu Brauerei ist die jahrhundertealte Brautradition des Ortes dokumentiert. Es ist täglich von 09:00 bis 19:00 Uhr geöffnet.

Die ehemalige Abteikirche des Benediktinerklosters, die im 18. Jahrhundert neu errichtet wurde, ist eine der schönsten Barockkirchen in Bayern. Sie ist heute Pfarrkirche der Katholischen Pfarrgemeinde St. Peter und Paul.

Berühmte Prunkstücke der prachtvollen Innenausstattung sind die 1724/25 vom Bildhauer Ignaz Hillenbrand geschaffene Schiffskanzel mit einem Kanzelkorb in Form eines Schiffsbugs und die 1752-54 erbaute Orgel vom bedeutenden Orgelbauer Balthasar Freiwiß, eine der wenigen fast original erhaltenen Barockorgeln in Bayern.

Klosterbrauerei

Oggenrieder Weiher

Lohnend ist der Ortsrundgang auf dem Kunst- und Kultur Pfad zu den bedeutendsten Plätzen im Ort, der auf 17 Infotafeln die Geschichte von Kloster und Dorf erzählt. Er beginnt am Bürgerhaus auf dem Meinrad-Spieß-Platz und führt, vorbei an zeitgenössischen Kunstobjekten, hinauf zum Ursprung von Irsee, dem „Oberen Dorf", das den Aufstieg über 64 Höhenmeter mit einem Panoramablick auf das Kloster und ins Wertachtal belohnt. Für den Weg benötigt man ca. 1,5 Stunden.

Freizeit und Sport

Weit entfernt von den großen Tourismuszentren und in einer naturnahen, idyllischen Landschaft gelegen, ist Irsee der perfekte Ausgangspunkt für erholsame, erlebnisreiche Wanderungen oder im Winter für genussvolle Skilanglauftouren. Im Rathaus ist der Wanderführer „Irsee zu Fuß" mit zwölf Rundtouren von dreißig Minuten bis zu drei Stunden erhältlich.

Durch Irsee führt auch der „Crescentia-Pilgerweg" von Kaufbeuren nach Ottobeuren, ebenso der „Schwäbisch-Allgäuer Fern-Wanderweg" von Augsburg nach Sonthofen, der mit blauem Andreaskreuz ausgeschildert ist.

Rund um Irsee laden Radwege zu schönen Radtouren ein, wie die Route von Kaufbeuren über Leinau nach Irsee oder der grün beschilderte Weg von Bad Wörishofen über Pforzen nach Irsee.

Im Sommer lockt der von Bäumen und Röhricht gesäumte Oggenrieder Weiher am westlichen Ortsrand zu einem erfrischenden Bad. Für die Kleinen gibt es einen abgetrennten Planschbereich.

Veranstaltungen

Mehr als ein Dutzend Traditionsvereine sorgen mit ihren zahlreichen Veranstaltungen und Festen für eine Bereicherung des Irseer Veranstaltungskalenders.

Die Galerie und Kleinkunstbühne ALTBAU ist ein kleines, privat geführtes Kulturzentrum und die älteste Einrichtung dieser Art im Allgäu sowie eine der ältesten Kleinkunstbühnen in Bayern.

Die Veranstaltungen der Schwabenakademie im Kloster wie die jährlich im Januar stattfindende Literaturveranstaltung „Irseer Pegasus" der Regionalgruppe Schwaben des Verbandes deutscher Schriftsteller oder die Meisterkurse des „Schwäbischen Kunstsommers" Anfang August, die

mit einer großen öffentlichen „Kunst-Sommernacht Irsee" enden, begeistern Besucher aus Nah und Fern.

Zu den weiteren beliebten Festen und Märkten gehören der wöchentlich stattfindende Biomarkt, der Kunst- und Handwerkermarkt im Juni, das Fest zum 1. Mai, das Seefest Anfang Juli und das Kirchweihfest am ersten Sonntag im Oktober mit buntem Markttreiben der Irseer Vereine. Besonders stimmungsvoll zeigt sich am dritten Adventssonntag die Romantische Irseer Weihnachtswelt vor dem Bürgerhaus.

Wichtige Adressen und Telefonnummern

Marktgemeinde Irsee
Meinrad-Spieß-Platz 1
D-87660 Irsee
Tel. +49 (0)8341 2214
Fax +49 (0)8341 101529
info@irsee.de, www.irsee.de

Irsee

Kaufbeuren

Traditionsbewusste Stadt mit Charme

Inmitten von bewaldeten Hügeln und der idyllischen Landschaft des Allgäuer Alpenvorlandes liegt die ehemalige freie Reichsstadt Kaufbeuren. Die drittgrößte kreisfreie Stadt des bayrischen Regierungsbezirks Schwaben hat ca. 45.000 Einwohner. Die traditionsbewussten Bürger sind stolz auf das mittelalterliche Stadtbild der historischen Altstadt. Besucher erfreuen sich an den romantischen Gassen mit prächtigen Bürgerhäusern, sehenswerten Kirchen und malerischen Plätzen mit kunstvollen Brunnen. Ein Besuch dieser sympathischen Stadt mit ihren interessanten Sehenswürdigkeiten lohnt sich, besonders zum alljährlichen traditionellen Tänzelfest.

Beim Bummel durch das lebhafte Treiben in der Fußgängerzone laden vielfältige Geschäfte zum Einkauf ein. Gern verweilen die Besucher in einem der zahlreichen traditionellen Wirtshäuser und Cafés und fühlen sich in längst vergangene Zeiten versetzt. Das reiche kulturelle Leben der Stadt wird bestimmt durch Musikveranstaltungen und Ausstellungen. Im Stadttheater hängt der älteste noch genutzte Theatervorhang Deutschlands.

Der junge Stadtteil Neugablonz mit seiner durch Vertriebene aus dem Sudetenland aufgebauten Industrie hat sich zu einem Zentrum für Modeschmuck entwickelt. Interessierte Besucher finden dort auf Rundgängen

Kaufbeuren
(Bild H. Langer)

280

und in Ausstellungen reichhaltige Informationen.

Durch seine günstige Lage ist Kaufbeuren problemlos zu erreichen und bietet hervorragende Ausflugsmöglichkeiten. München und Augsburg sind nur ca. eine Autostunde entfernt. Ein Tagesausflug zum Bodensee oder zu den Königschlössern bei Füssen zählt zu den Höhepunkten eines Urlaubs im Allgäu. Feriengäste schätzen die zahlreichen Gelegenheiten zu schönen Wanderungen in der vielfältigen Allgäuer Landschaft.

Bild Kaufbeuren Marketing

Kurzer Blick ins Geschichtsbuch

Kaufbeuren entstand im Jahre 740 aus einem fränkischen Königshof, der als Verwaltungssitz und militärisches Rückzugsgebiet an der Grenze zum Herzogtum Bayern gegründet wurde. Gegen Ende des 11. Jahrhunderts übernahmen die Herren von Beuren, Gefolgsleute der Welfen den Hof als Adelssitz. Im Jahre 1126 wurde Kaufbeuren erstmals urkundlich erwähnt.

Nach dem Aussterben des Beuren-Geschlechts und dem Tod des Welfenherzogs nahmen im Jahr 1191 die Staufer die Stadt in Besitz. Sie sorgten für den Ausbau und die intensive Entwicklung der Stadt. Im Jahre 1286 erhielt Kaufbeuren von König Rudolf von Habsburg den Status als freie Reichsstadt, den es bis 1802 behielt. Im 14. Jahrhundert überstand Kaufbeuren erfolgreich mehrere Belagerungen.

Der stetige wirtschaftliche Aufschwung wurde durch die Bauernkriege und den 30-jährigen Krieg stark gebremst. Davon erholte sich die Stadt nur langsam. Im 18. Jahrhundert erlebte das Weberhandwerk der Stadt eine Blütezeit. Im Jahre 1802 verlor Kaufbeuren im Rahmen der Neuordnung des Reichsdeputationshauptschlusses den Status der freien Reichsstadt und wurde Stadt des Kurfürstentums Bayern.

Im Jahre 1948 wurde Kaufbeuren kreisfreie Stadt. Nach dem Zweiten Weltkrieg entstand im Nordosten der Stadt auf den Trümmern einer ehemaligen Munitionsfabrik der Stadtteil Neugablonz, gegründet von sudetendeutschen Vertriebenen aus Gablonz an der Neiße, die dort ihre traditionelle Schmuckindustrie wieder aufbauten. Kaufbeuren ist neben Geretsried, Neutraubling, Traunreut und Waldkraiburg eine von fünf bayrischen Vertriebenenstädten.

Berühmte Persönlichkeiten der Stadt

Kaiser Maximilian der I. (1459-1519), Stammgast in Kaufbeuren, kam sehr gern in die Stadt und kaufte sich hier sogar ein Haus. Die nach ihm benannte Straße ist die bedeutendste und schönste in der Altstadt.

Daniel Hopfer (1470-1536) gilt als der Erfinder der Ätzradierung und war einer der Wegbereiter der Renaissancekunst in Deutschland.

Maria Crescentia Höss (1682-1744) war Oberin im nach ihr benannten Crescentia-Franziskanerinnen-Kloster in Kaufbeuren. Sie wurde als Ratgeberin sehr geschätzt und stand mit vielen bedeutenden Persönlichkeiten ihrer Zeit in regem Briefkontakt. Trotz vieler mystischer Erfahrungen blieb sie eine lebenskluge, praktische Persönlichkeit, die ihr Kloster außerordentlich erfolgreich führte. Im Jahre 1900 wurde sie selig-, im Jahre 2001 heiliggesprochen. Jährlich kommen viele Pilgerinnen und Pilger in die Stadt.

Die Schriftstellerin Sophie von La Roche (1730-1807) verfasste 1771 mit dem empfindsamen Briefroman „Geschichte des Fräuleins von Sternheim" den ersten deutschsprachigen Roman, der von einer Frau geschrieben wurde.

Ludwig Ganghofer (1855-1920) gilt als einer der bedeutendsten Autoren von Heimatromanen. Seine vielfach verfilmten Bücher schildern das Leben in seiner bayrischen Heimat. In der lesenswerten Autobiographie „Lebenslauf eines Optimisten" beschreibt der Autor seine Kinderjahre in Kaufbeuren.

Der 1929 in Kaufbeuren geborene bekannte Schriftsteller und Essayist Hans Magnus Enzensberger wurde mit zahlreichen Literaturpreisen ausgezeichnet.

Sehenswürdigkeiten

Ein Rundgang durch die Stadt

Besuchern fällt beim Betreten der Altstadt das Rathaus am Beginn der Kaiser-Max-Straße ins Auge. Erbaut wurde es im Jahre 1879 vom bedeutenden Architekten Georg Hauberisser im Stil der Neurenaissance

Ein paar Schritte entfernt beeindruckt der 1753 errichtete Neptunbrunnen. Gleich gegenüber ist an der Südostecke des ehemaligen Weberzunfthauses, heute ein Café, die älteste Skulptur Kaufbeurens zu sehen, ein zwischen zwei Löwen hockendes Männlein.

Nicht weit entfernt wartet ein Tastmodell der Altstadt vor allem auf sehbehinderte Besucher. Auch Sehende sind von diesem vorbildlichen Modell fasziniert.

Eine weitere Sehenswürdigkeit in der Kaiser-Max-Straße ist die Evangelisch-Lutherische Dreifaltigkeitskirche mit spätbarocker Innenausstattung. Im Jahre 1821 wurde der 44 Meter hohe Turm errichtet.

Nun geht es weiter zum beschaulichen Crescentiaplatz, wo das Crescentiakloster mit Gedenkstätte und Reliquienschrein auf interessierte Besucher wartet.
Obstmarkt 5, Tel. +49 (0)8341 90 70, info@crescentiakloster.de, www.crescentiakloster.de

Im Crescentia-Klosterladen finden Besucher ein reiches Angebot an Literatur, Andenken und Klosterprodukten.
Obstmarkt 3, Tel. +49 (0)8341 90 71 84

Von hier führt der Weg hinauf durch den entzückenden Klosterberggarten. Er ist ein Besinnungsgarten, dessen Stationen dem Sonnengesang des heiligen Franziskus nachempfunden sind. Der Garten ist täglich von 9 -20 Uhr geöffnet, im Winter geschlossen.

Neptunbrunnen
(Bild Kaufbeuren Marketing)

Klostergarten
(Bild Peter Ernszt)

Oben an der Stadtmauer, die um 1200 errichtet wurde, ist der Weg nicht weit zur stilreinen spätgotischen Kath. St.-Blasius-Kirche aus dem 15. und 16. Jahrhundert. Zu den Schätzen mittelalterlicher Kunst zählen der Altar von Jörg Lederer aus dem Jahr 1518, das Kruzifix an einem Baumkreuz (14. Jahrhundert), Reliquien-Altärchen aus dem 15. Jahrhundert und 66 Bildtafeln.

Vorbei am Blasiusturm wandern die Besucher entlang der Mauer zum im Jahre 1420 erbauten Fünfknopfturm, dem Wahrzeichen der Stadt.

Mitten im Zentrum der Altstadt gelangen die Gäste zur imposanten Katholischen St.-Martins-Kirche, die im 12. Jahrhundert als romanische Basilika auf den Resten einer Burg erbaut wurde. Das Gotteshaus erfuhr dann

im Laufe der Jahrhunderte mehrere Umbauten. Im reich ausgestatteten Innenraum bestechen die ehemaligen Schreinfiguren des Hochaltars von Michael Erhart (um 1480). Im Volksaltar sind im Wechsel die Reliefs „Die Anbetung der Hl. Drei Könige" von Hans Kels d.Ä. um 1520 oder das im Jahre 1990 entstandene Bildwerk von Otto Kobel nach dem Relief „Das Wirken des Hl. Geistes" zu sehen.

Gegenüber befindet sich das Ganghoferhaus, in dem der Schriftsteller Ludwig Ganghofer 1855 geboren wurde.

Vorbei am Münzturm (15. Jahrhundert) geht es zum Obstmarkt mit dem Tänzelfestbrunnen, der zu Ehren des alljährlich stattfindenden historischen Kinderfestes errichtet wurde. Der Brunnen zeigt vier Tänzelfestkinder mit der Anna vom Hof, der Sage nach die Gründerin des Frauenklosters.

Stadtauswärts wandern die Besucher vorbei am Zollhäuschen zum Gerberturm, der um 1420 als Wehrturm der Gerberzunft gebaut wurde. Nach einem Halt am Brunnen „Erostische Damen und ihr Voyeur", im Jahr 2000 vom Irseer Künstler Peter Müller geschaffen, geht es weiter zum Ende des Rundgangs.

Der geschmackvoll gestaltete Spitalhof am ehemaligen Spital der Stadt ist wegen des filigranen Stelenbrunnens des Augsburger Architekten Andy Brauneis aus dem Jahre 2008 bemerkenswert. Im Hof finden Besucher die sogenannten Lebensbausteine, Bodenplatten mit den Lebensdaten berühmter Kaufbeurer Persönlichkeiten. Direkt am Spitalhof steht das Haus des Handwerks aus dem 14./15. Jahrhundert mit einer zweischiffigen spätgotischen Halle im Untergeschoss.

Rundgänge durch Neugablonz

Der Bunker-Rundgang führt zu einzelnen Stellen der ehemaligen Munitionsfabrik.

Der Weg des Schmucks verbindet das Isergebirgs-Museum mit der Erlebnisausstellung der Gablonzer Industrie und zeigt auf dem 1 km langen Weg durch das Neugablonzer Zentrum auf zehn Infotafeln die einzelnen Schritte der Schmuckproduktion.

Ebenfalls ausgehend vom Isergebirgs-Museum führt ein Rundgang durch Neugablonz zum Isergebirgsbrunnen aus Sudetengranit aus dem Jahre 1986.

Von dort geht der Weg zur im Jahre 1955 vom Augsburger Architekten Heinz Schenk erbauten Evangelischen Christuskirche, die mit einem Jerusalemleuchter im Innenraum beeindruckt. Er wurde von Gerhard Glüder und Thea Postel aus Materialien der Gablonzer Industrie gefertigt. Die Kirche ist täglich von 9.00-17.00 Uhr geöffnet.

Weiter geht es zum Neugablonzer Ehrenmal aus dem Jahre 1977 von Willi Ernst mit Symbolisierungen von Opfern der Kriege, Vertreibung und Gewalt.

Die Alt-Katholische Christi-Himmelfahrt-Kirche wurde 1953 vom Neugablonzer Architekten Eduard Pietsch erbaut. Im Innenraum ist eine Pietà aus Juramarmor von Otto Kobel sehenswert. Die Kirche ist Dienstag bis Sonntag von 10.00-19.00 Uhr geöffnet.

Fünfknopfturm und Stadtmauer
(Bild Förderverein Fünfknopfturm)

In Sichtweite erblicken Besucher den Rüdigerbrunnen, seit dem Jahre 1968 Wahrzeichen von Neugablonz, mit Szenen aus der Nibelungensage am Sockel.

Der Sudetenstraße folgend gelangen die Besucher zur imposanten Katholischen Herz-Jesu-Kirche des Baumeisters Thomas Wechs aus den Fünfziger Jahren mit einem 58 Meter hohen Turm. Ein Blickfang ist das frei schwebende Kruzifix von Andreas Bindl im Innenraum.

Gleich daneben wurde das Porsche-Denkmal zu Ehren von Ferdinand Porsche, der aus dem Isergebirge stammte, errichtet.

Vorbei am Vertriebenendenkmal, einer Plastik von Hanne Wondrak aus dem Jahr 1963, und dem Haus der Gablonzer Industrie endet der Rundgang bei der Staatlichen Berufsfachschule für Glas und Schmuck, die im Jahre 1957 eröffnet wurde.

Sitzungssaal im Rathaus
(Bild Kaufbeuren Marketing)

Museen

Kunsthaus Kaufbeuren

Das Kunsthaus Kaufbeuren ist ein Forum der Auseinandersetzung mit Kunst und Kultur der Vergangenheit und Gegenwart. Als Ort für kulturelles Leben in der Stadt zeigt es wechselnde Ausstellungen zu kunsthistorischen Themen und zur Kunst des 20. Jahrhunderts und der Gegenwart. Das Haus wurde im Jahr 1996 in Anlehnung an die Form mittelalterlicher Kornstadel erbaut. Auf zwei Etagen stehen 330 qm Ausstellungsfläche zur Verfügung. Öffnungszeiten: Dienstag bis Freitag 10.00-17.00 Uhr, Donnerstag 10.00-20.00 Uh, Samstag, Sonn- und Feiertage 10.00-18.00 Uhr, Spitaltor 2, Tel. +49 (0)8341 86 44, www.kunsthaus-kaufbeuren.de

Stadtmuseum

Das 1879 gegründete Stadtmuseum im Kaisergässchen zählt zu den ältesten Museen in Schwaben. Hier sind Sammlungen der „Volkskunst im Allgäu", die „Ludwig-Ganghofer-Gedächtnisstätte", die Kruzifix-Sammlung von Pfarrer Wiebel, Allgäuer Holzplastiken seit 1200, protestantische Hinterglasbilder und Zeugnisse der Stadt- und Regionalgeschichte zusammengefasst. Tel. +49 (0)8341 966 83 90, Di.-So. 10:00 -17:00 Uhr www.stadtmuseum-kaufbeuren.de

Puppentheater-Museum

Das Puppentheatermuseum wurde im Jahre 1987 vom Puppenspielverein in Zusammenarbeit mit dem

Bayrischen Nationalmuseum eröffnet. Die 60-jährige Sammeltätigkeit von Alois Raab (1911-1989) und der Nachlass des Puppenhistorikers Hans Purschke bildet die umfangreiche Grundausstattung des Museums. Gezeigt werden Drehorgelausstattung, Märchenkutsche, historische Plakate, Theaterpuppen aus aller Welt und vieles mehr. Öffnungszeiten: Donnerstag bis Samstag 10.00-12.00 und 14.30-17.00 Uhr, Ludwigstr. 41 a, Tel. +49 (0)8341 141 21 oder 143 29, www.puppenspielverein.de

Feuerwehrmuseum

Die Sammlung des Feuerwehrmuseums am Bleichanger 50 zeigt historische Feuerlöschgeräte seit dem Mittelalter. An konkreten Beispielen werden die Gefahren des Feuers im Alltag und die Formen der Brandbekämpfung gezeigt. Im Museum werden viele Sonderführungen vor allem für Schulklassen durchgeführt. Öffnungszeiten: April bis Dezember jeden 1. Samstag im Monat von 10.00-14.00 Uhr, jeden 3. Sonntag 13.00-17.00 Uhr und jeden 2. Mittwoch 18.00-20.00 Uhr. Am Bleichanger 50, Tel. +49 (0)173 866 00 10, www.feuerwehrmuseum-kaufbeuren.de

Isergebirgs-Museum Neugablonz

Im Museum werden 400 Jahre deutsche Kultur- und Industriegeschichte im nordböhmischen Isergebirge, von der Vertreibung der dortigen deutschen Bevölkerung im Jahre 1945 und vom Neubeginn der Neugablonzer Glas- und Schmuckindustrie gezeigt. Ottfried Preußler, Ferdinand Porsche und Daniel Swarovski stammen aus dem Isergebirge. Öffnungszeiten: täglich außer Montag 14.00-17.00 Uhr, Bürgerplatz 1, Tel. +49 (0)8341 96 50 18, www.isergebirgs-museum.de

Erlebnisausstellung der Gablonzer Industrie

Die Neugablonzer Glas- und Schmuckindustrie wird in der interessanten, interaktiven Ausstellung in ihrer Leistungsfähigkeit und Vielfalt präsentiert. Freier Eintritt! Öffnungszeiten: Montag bis Freitag 9.30-12.00 Uhr, Montag bis Donnerstag 14.00-17.00 Uhr, Neue Zeile 11, Tel. +49 (0)8341 989 03, www.erlebnisausstellung.info

Stadtsaal
(Bild Kaufbeuren Marketing)

Veranstaltungen und Feste

Tänzelfest

(Bild Tourismusverband Allgäu/Bayerisch-Schwaben)

Eine ausführliche Beschreibung des Tänzelfestes finden Sie auf den Seiten 292 bis 295.

Im September wird das traditionelle Bürgerfest mit Musik und Kultur im Stadtteil Neugablonz gefeiert.

In der Adventszeit lädt der Kaufbeurer Weihnachtsmarkt auf dem Kirchplatz St. Martin zum Bummeln ein.

Am Neptunbrunnen ist der größte echte Adventskranz der Welt zu bestaunen, mit acht Meter Durchmesser und eineinhalb Meter hohen Wachskerzen. Die Fassade des historischen Rathauses verwandelt sich in einen großen Adventskalender mit weihnachtlichen Geschichten in 24 Türchen.

Auf dem Kaufbeurer Weihnachtsweg sind die Schaufenster verschiedener Altstadtgeschäfte zum Thema Weihnachtsbrauchtum geschmückt.

Freizeit und Sport

Kaufbeuren und Umgebung bietet eine Fülle an Möglichkeiten der Freizeitgestaltung.

Im Sommer lädt der Jordan Badepark mit großem Schwimmbecken und Sauna/Solarium zur Erholung und Abkühlung ein. Auch das Neugablonzer Erlebnisbad ist einen Besuch wert.

Liebhaber des Tennissports finden in den Tennisvereinen der Stadt Plätze zum Mieten.

Unterhaltung pur verspricht die Allgäuer Hallenkartbahn im Kaufbeurer Gewerbegebiet.

Im Vereinszentrum des deutschen Alpenvereins im Wertachpark beeindruckt eine imposante Outdoor-Kletterwand.

Naturfreunde finden in der Umgebung zahlreiche Wandermöglichkeiten. Empfehlenswert ist der 90 km

Rathaus
(Bild Kaufbeuren Marketing)

lange Crescentia-Pilgerweg. Hier verbinden sich Eindrücke der vielfältigen Allgäuer Landschaft mit der Besichtigung von Kunstdenkmälern ersten Ranges und innerer Einkehr auf den Spuren der hl. Crescentia.

Neben anderen schönen Wanderwegen bietet sich der 7 km lange Naturpfad „Via Aqua" an, der in der Hochfläche westlich von Kaufbeuren zu zahlreichen Quellen mit informativen Schautafeln führt.

Im Winter finden Sportbegeisterte in der herrlichen Winterlandschaft der Umgebung insgesamt 80 km gespurte Langlaufloipen. Alpinski- und Rodelmöglichkeiten sind in der Umgebung ebenfalls vorhanden.

Das Eisstadion in der Bahnhofstraße ist im Winter ein beliebter Treffpunkt. Hier finden die Wettkämpfe des bekannten Eishockeyvereins ESV Kaufbeuren statt. Ein Besuch der spannenden Ligakämpfe lohnt sich.

Wichtige Adressen und Telefonnummern

Tourist Information
Kaiser-Max-Straße 3 a
D-87600 Kaufbeuren/Allgäu
Tel. +49 (0)8341 437 190
Fax +49 (0)8341 437 197
tourist-info@kaufbeuren.de
www.kaufbeuren-tourismus.de

Kaiser-Max-Straße
(Bild Kaufbeuren Marketing)

Das Tänzelfest in Kaufbeuren

Das älteste Kinderfest Bayerns –
Kinder spielen die Geschichte ihrer Stadt

Das Tänzelfest in Kaufbeuren ist nicht nur das älteste Kinderfest Bayerns, es ist ein Fest für die ganze Familie. Tradition wird hier über Generationen hinweg weitergegeben und nur wer das Fest und seine besondere Atmosphäre selbst erlebt hat, kann erahnen, wie tief verwurzelt die Kaufbeurer mit ihrer Geschichte und ihrem Tänzelfest sind.

Die Gründung des Festes liegt im Dunkeln der Vergangenheit. Erstmals schriftlich erwähnt wurde es im Jahre 1567. Damals hat ein Schullehrer die Feier auf ganze 10 statt auf drei Tage ausgedehnt und wurde deshalb zu Gefängnis verurteilt. Geschichtsforscher vermuten, dass sich das Kinderfest aus den Zunftfesten, den sog. Dinzel- oder Tänzeltagen entwickelt hat. Bereits zu Zeiten Kaiser Maximilians I (1459 – 1519) wurden die Dinzeltage „seit alters her" gefeiert und manchmal sogar für ein Jahr wegen zu üblen Treibens verboten.

Heute steht das Tänzelfest unter dem Motto „Kinder spielen die Geschichte ihrer Stadt". Wenn 1.650 Kinder in ihren historischen Kostümen als bunter Geschichtsreigen durch die Stadt ziehen, dann nehmen sie die Besucher mit durch viele Jahrhunderte ihrer Stadt Kaufbeuren.

Schon bei der Eröffnung, jeweils Donnerstag vor den Haupttagen, wird durch Spiel, Tanz und viel Musik auf das Fest eingestimmt. Und seit Jahren gibt es immer wieder ein neues Thema. Da war der Herold des König Rudolf und hat Kaufbeuren das Marktrecht gebracht; da hat die Tänzelfest-Knabenkapelle Geburtstag gefeiert und alle großen Figuren

des Festes haben gratuliert; da durfte endlich einmal die Kaiserin Bianca von ihren Problemen mit dem kaiserlichen Gatten sprechen; da hatten die kleinen Räte der Stadt ihre liebe Not, dem Kaiser einen gebührenden Empfang zu bereiten oder die Kinder von heute trafen auf Buronia, den Schutzgeist der Stadt und die Kinder einer fernen Vergangenheit. Viele dieser Eröffnungen wurden im Tänzelfest-Rondell gefeiert.

Sogar Kaufbeurens Partnerstädte Ferrara (Italien) und Sombathely (Ungarn) waren mit eigenen Darbietungen zu Besuch. Das Fest für die Erwachsenen, das Lagerleben wurde 199o ins Leben gerufen und erfreut sich besonderer Beliebtheit. Freitag- und Samstagabend können sie ins Mittelalter eintauchen und Ritter, edle Damen, Vagabunden und Bettler erleben. Lauschige Ecken, fantasievolle Brotzeiten, der Geruch des Feuers, das Dröhnen der Trommeln und Fanfaren, Lustbarkeiten, ob in der Badstube oder beim fröhlichen Tanze, all das lässt das Lagerleben mit allen Sinnen genießen. In romantischen Hinterhöfen und versteckten Winkeln unserer wunderschönen Altstadt wird der Besucher in die Vergangenheit versetzt, mal laut, mal leise – ganz nach seinem Geschmack.

Am Samstag findet im Festzelt der traditionelle Bieranstich statt. Ein stattlicher Zug von Schützen- und Trachtenvereinen aus unserer Stadt und der Umgebung, zieht vom Rathaus zum Festplatz. Viele Musikkapellen und prachtvolle Gespanne ergeben ein stimmungsvolles Bild.

Beim Häfelesmarkt am Samstag/Sonntag und Montagvormittag sind die Tänzelfestkinder mit Leib und Seele begeistert dabei. Dürfen sie hier so manches ausprobieren, das für Kinder der heutigen Generation schon nicht mehr alltäglich ist. Ob das der Brotteig oder die Wurstmasse, das Leder der Gerber oder die Farbe beim Färberstand ist. Ganz besonders begehrt ist der Schmiede-Stand und der Stand der Münze, bei dem richtig draufgehauen werden darf und der Wochenmarkt, bei dem lautstark verkauft wird. Weber, Bäcker, Metzger, Schmiede, Brauer, Töpfer, sie alle werden ermahnt vom Marktmeister der um 10 Uhr den Markt eröffnet. Und natürlich freuen sich die kleinen Handwerker besonders über ganz viel kauflustiges Publikum.

Sonntag und Montag können die Besucher um 13.3o Uhr den Einzug Kaiser Maximilian I mit seinem Gefolge vor dem Rathaus miterleben. Mit Glockengeläut zieht Seine Majestät auf einem prächtigen Pferd in seine „vielliebe" Stadt ein und nimmt vor dem Rathaus den Treueeid seiner Bürger und die Geschenke der Zünfte entgegen. Mit diesem Einzug wird einer der 14 Besuche Kaiser Maximilians I in der Reichsstadt Kaufbeuren nachgestellt. Alle dargestellten Personen sind historisch belegt. Anschließend beginnt der große Festzug, bei dem 1.650 Kinder in stilreinen Kostümen, 35 geschmückten Festwagen und 150 Pferden durch die Stadt ziehen.

Der Festzug gibt einen Überblick über die Stadtgeschichte von der Karolingerzeit bis ins 2o. Jahrhundert. Erleben muss man die Begeisterung der Kinder, mit der sie ihre Rolle spielen. Ob als Kaiserin, als Hofdame, als Nonne oder schwedischer Landsknecht, als Fähnrich zu Pferde, als Kettenpanzer oder als kleiner Bürgerbub, der seiner Schwabenliesl den Kranz tragen hilft. Und es macht auch gar nichts, wenn die kleinen Biedermeierkinder manchmal auf der Kutsche mitten im Winken einschlafen. Es hat ihnen trotzdem gefallen.

Danach können die Besucher auf dem Tanzplatz des Tänzelfestrondells noch die historischen Tänze der Kinder bewundern. Mit viel Trainingsfleiß und Freude werden monatelang die Tänze einstudiert. Von den kleinen Bürgerkindern aus der ersten Grundschulklasse bis hin zu den Abschlussklassen der Gymnasien und Realschulen üben die jungen Tänzer die schwierigen Schritte ein. Den jeweiligen Abschluss der bei-

den Haupttage bildet der große Zapfenstreich, der von der Tänzelfestknabenkapelle jeweils um 21 Uhr vor dem Rathaus gespielt wird. Kaum eine Gruppe des Festes ist so oft im Einsatz wie die Tänzelfestknabenkapelle.

Ob bei der Eröffnung, beim Gottesdienst am Sonntag, beim Umzug Sonntag und Montag, beim Fahnenschwingen, bei den Tänzen im Rondell oder eben beim Zapfenstreich, immer sind die Jungs dabei. Die Kapelle wurde 1867 gegründet und umfasst ca. 80 Musiker zwischen 10 und 20 Jahren. Ihre schmucken Uniformen sind der Kaufbeurer Bürgerwehr von 1850 nachgeschneidert. Der Tänzelfestverein ist sehr stolz auf seine „Buben", denn auch bei Auftritten im In- und Ausland konnte die Kapelle das Publikum durch musikalische Leistung überzeugen.

Doch was wäre ein Fest dieser Größenordnung ohne Rummelplatz und Festzelt. Seit über 50 Jahren verwöhnt der Festzeltbetrieb Römersperger-Richter die Gäste mit zünftigen Brotzeiten und einer kühlen Maß Bier. Die Abende im Zelt werden von namhaften Kapellen gestaltet. Viele Fahrgeschäfte, wild oder

gemütlich, erfüllen die Wünsche der Besucher. Zuckerwatte, gebrannte Mandeln, Fischsemmeln, Bratwürste und das Kinderkarusell für die Allerkleinsten dürfen natürlich auch nicht fehlen. Der Abschluss des Festes wird durch ein großes Feuerwerk verkündet. Am letzten Sonntag können die Besucher über die glitzernden Sterne, die sich am Nachthimmel entladen, die glänzenden Fontänen, die mit langen Fingern Richtung Erde greifen und die bunten geheimnisvollen Blüten, die laut krachend in die Nacht bersten, freuen. Und manch einer wird sagen: „Schade, dass das Fest schon vorbei ist."

Die Verantwortlichen laden die Besucher herzlich ein, mit den Kaufbeurer Kindern, vielen jungen Musikanten, kleinen Tänzern und Schauspielern ein fröhliches und stimmungsvolles Fest zu feiern. Ein Fest, das Geschichte bewahrt, sie aber lebendig, farbig und mit Herz weitergibt.

Tänzelfestverein e.V. Kaufbeuren

Spitaltor 5, 87600 Kaufbeuren
Tel. +49 (0)8341 28 28
Fax +49 (0)8341 10 11 78
info@taenzelfest.de
www.taenzelfest.de

Lechbruck

Zu Gast im Flößerdorf

Lechbruck
(Bilder Hubert Hunscheidt)

Lechbruck liegt am Schnittpunkt zwischen dem Königswinkel im Süden und dem Pfaffenwinkel im Osten. Auf einer Höhe von 735 m ü. M. ist es von der Gemeinde zu den Märchenschlössern König Ludwig II. ebenso weit ist wie zur Wieskirche, dem Juwel des Pfaffenwinkels. In der lieblichen Allgäuer Voralpenlandschaft mit ihren Weiden, Wäldern, Bächen und Seen finden sich freundliche Gastgeber und eine Fülle attraktiver Freizeitangebote.

war schon damals mit dem Lech verbunden. Der Fluss war ein wichtiger Handels- und Verkehrsweg auf dem Holz aus dem Gebirge, Sandstein aus Lechbruck und Lebensmittel flussabwärts über die Donau bis ans Schwarze Meer transportiert wurden. Aber auch zu Zeiten der Römer war Lechbruck, an der Via Claudia gelegen, ein wichtiger Handels- und Umschlagplatz für Waren, die zwischen Augsburg und der Adria gehandelt wurden.

Kurzer Blick ins Geschichtsbuch

Eine erste urkundliche Erwähnung Lechbrucks geht auf das Jahr 1398 zurück. Das Leben der Menschen

Sehenswürdigkeiten

Die Pfarrkirche Maria Heimsuchung liegt weithin sichtbar auf einem Hügel inmitten des Dorfes. Sie ist ein frühklassizistisches Kleinod sakraler

Baukunst. Besonders sehenswert sind die Reliefs am Hochaltar und zwei Wallfahrtsbilder.

Freizeit und Sport

Die Natur rund um den Ferienort bietet für vielerlei Freizeitaktivitäten das ideale Terrain. Ob wandern, radeln oder reiten, Wassersport im Sommer oder skifahren, langlaufen und rodeln im Winter - für Abwechslung und Spaß in der Natur ist Vielerlei geboten.

Mit Feriendörfern, einem 4-Sterne-Campingplatz sowie der 18-Loch-Golfanlage „Auf der Gsteig" ist die Gemeinde am Lechsee ein Anziehungspunkt, der weit über die Region hinaus bekannt ist.

Wichtige Adressen und Telefonnummern

Gemeinde Lechbruck am See
Flößerstr. 1
D-86983 Lechbruck am See
Tel. +49 (0)8862 98 78 30
info@lechbruck.de
www.lechbruck.de

Ein Ort der zauberhaften Momente

Hotel „Auf der Gsteig"

Schon die Anreise offenbart, dass dieser Ort ein besonderer sein muss. Nachdem man Lechbruck verlassen hat, führt der Weg durch den Wald weit hinauf und oben, auf der Anhöhe angekommen, erschließt sich dem Besucher das weitläufige Areal „Auf der Gsteig". Weit schweift der Blick über die Voralpenlandschaft bis hin zur Ammergauer-, Allgäuer- und Tiroler Bergwelt.

Wohlfühlatmosphäre inklusive

Das 4-Sterne-Hotel „Auf der Gsteig" bietet 42 komfortabel und gemütlich eingerichtete Zimmer und Suiten. Eine traumhafte Ruhe, die angenehme Nächte verspricht. Ein bezaubernder Ausblick auf die Umgebung verwöhnt die Gäste, die sich morgens an einem reichhaltigen und abwechslungsreichen Frühstücksbuffet für den neuen Tag stärken.

Inspirieren und beschenken lassen

Der Wellnessbereich des Hauses gleicht einem Präsent. In dem stilvollen Ambiente des hauseigenen Pools mit Bergblick, im Ruhe- und Fitnessraum sowie in Sauna, Dampf- und Aromabad kann man die Seele baumeln lassen und eine Auszeit aus dem Alltag finden.

Kulinarische Kostbarkeiten

Geschickt kombiniert die Küche bayerisch-schwäbische Schmankerl mit mediterranen Genüssen. Man achtet auf den regionalen Bezug der Rohstoffe, um den Gästen die Frische der Produkte zu garantieren. Gespeist wird in dem stilvollen Ambiente des Restaurants oder im Panorama-Wintergarten. Während der warmen Jahreszeit ist die Sonnenterrasse der gebotene Platz, denn hier inmitten der Natur schmeckt es noch einmal so gut.

Golf mit besten Aussichten

Das Areal des 18-Loch-Golfplatzes „Auf der Gsteig" umschließt das gleichnamige Hotel. Auf einer Gesamtfläche von

93 Hektar bespielt man den sorgsam in die einmalige Landschaft integrierten Platz, auf dem man von herrlichen Ausblicken auf die Alpen begleitet wird. Zusätzlich verfügt das Hotel über einen Indoor-Golfanlage. Mitglieder wie Gäste der Golfanlage können somit an 365 Tagen im Jahr trainieren – ganz unabhängig von jeder Wetterlage.

Hotel Auf der Gsteig GmbH
Gsteig 1
D-86983 Lechbruck am See
Tel. +49 (0)8862 98 770
info@aufdergsteig.de
www.aufdergsteig.de

Campingfreuden direkt am See

Via Claudia Camping

Entlang des türkis schimmernden Lechsees ist der Campingplatz Via Claudia angelegt. Großräumige Stellflächen für Caravan, Zelt und Reisemobil bieten sich hier ebenso wie Blockhütte und Pod, Schlaffass und Kuschelkota. Dieses neue Angebot ist ideal für Reisende, die wandernd zu Fuß oder mit dem Rad das Campingleben genießen möchten.

Von dem weitläufigen Gelände des Platzes haben die Gäste den See direkt vor ihren Füssen liegen und ständig das beeindruckende Bergpanorama der Allgäuer Alpen vor Augen.

Das ist Camping vom Feinsten

Die verschiedenen Ausstattungsvarianten der Stellplätze für Caravan und Wohnmobil bieten für jeden Geschmack das Richtige. Eingebettet in das Gelände sind Zeltwiesen, auf denen das faltbare Zuhause seinen großräumigen Platz findet. Die barrierefrei erreichbaren Sanitäranlagen werden auch gehobenen Ansprüchen gerecht und das gemütliche Restaurant des Campingplatzes verwöhnt seine Gäste mit regionalen Spezialitäten und regionalen Produkten. Für die vierbeinigen Gäste findet sich auf dem Gelände eine Hundefreilaufwiese.

Ferienunterkünfte einmal anders

Wie wäre es, den Urlaub einmal in einer Blockhütte, einem Pod oder einem Schlaffass zu verbringen? Zahlreiche Mietobjekte auf dem Via Claudia Camping laden ein, die Campingfreuden mit einem „festen Dach über dem Kopf", aber vor allem individuell und romantisch zu erleben.

Viel Raum für Wohnmobile

Mobile Freiheit erleben Reisende, die mit Ihrem Wohnmobil den Camping-platz ansteuern. Wer keine Lust auf einen Stellplatz auf dem Gelände hat, der wird sich auf dem Wohnmobil-Stellplatz außerhalb wohlfühlen. Hier findet das Mini-Mobil neben dem Luxusliner eine komfortable Fläche, die schrankenfrei erreichbar ist.

Eine Atmosphäre zum Wohlfühlen

Neben der idyllischen Uferlinie des Lechsees besticht der Via Claudia Camping durch ein Biotop, das inmitten des Platzes angelegt ist. Der etwas oberhalb, aber fußläufig erreichbar liegende Naturbadesee sorgt mit seinem Moorwasser und den herrlichen Liegewiesen für entspannende Stunden an warmen Sommertagen.

Via Claudia Camping

Via Claudia 6
D-86983 Lechbruck am See
Tel. +49 (0)8862 8426
Fax +49 (0)8862 7570
info@camping-lechbruck.de
www.camping-lechbruck.de

301

Lengenwang
Vor dem Panorama der Allgäuer Bergwelt

Mit ihren 14 Ortsteilen liegt die Gemeinde zwischen Füssen und Marktoberdorf. Auf einer Höhe von 807 m ü. M. bietet der Ort vor den Alpen einen idealen Wohn- und Ferienort. Während des Sommers lockt das hügelige Voralpenland zu Ausflügen. Ein ausgedehntes Rad- und Wanderwegenetz steht den Freizeitsportlern zur Verfügung um die frische Luft und die blühenden Blumenwiesen zu genießen. Inmitten dieser herrlichen Landschaft leben ca. 1.450 Einwohner, die - ebenso wie die Gäste - von der Infrastruktur des Ortes profitieren, die alles bietet, was man zum täglichen Leben braucht.

Kurzer Blick ins Geschichtsbuch

Eine erste Erwähnung der spätmittelalterlichen Rodungssiedlung „Lengenwank" findet sich im Jahr 1386. Der Ort gehörte den Freiherren von Freyberg und dem Hochstift Augsburg. 1818 entstand die heutige Gemeinde, die bis 1972 südlichste im ehemaligen Landkreis Marktoberdorf.

Sehenswürdigkeiten

Auf einer Länge von 22 Kilometern erschließt sich auf der reizvollen Kapellentour die herrliche, intakte Naturlandschaft rund um Lengenwang und gleichzeitig kommt man zu Fuß oder per Fahrrad an sehenswerten Kapellen und Wegkreuzen vorbei.

Freizeit und Sport

Die 10-Seen-Radtour ist ein Fahrradweg, der vorwiegend über Land- und Wirtschaftsstraßen sowie Forstwege führt; eine landschaftlich reizvolle Strecke über 40 Kilometer, auf denen der Sportler auf Naturschätze aus Fauna und Flora trifft. Kleine Seen und Weiher, die entlang des Weges liegen, laden an heißen Sommertagen zu einem erfrischenden Bad ein.

Auf den Kleeblatt-Wegen, deren Zentrum der Lengenwanger Bahnhof ist, führen in Form eines Kleeblattes vier familienfreundliche Themenwege. Etliche Erlebnisstationen machen auf die Besonderheiten der Natur aufmerksam und bieten interessante Informationen.

Lengenwang
(Bilder Christoph Jorda)

Während der Wintermonate bieten zwei Langlaufloipen in der Gemeinde Gelegenheiten, dem Sport nachzugehen. Je nach Fitnesszustand kann man sich für die kurze Hausloipe über vier Kilometer oder eine variantenreiche, die über 40 Kilometer bis zu den Nachbargemeinden reicht, entscheiden. Für all jene, die lieber zu Fuß die gesunde Winterluft genießen möchten, stehen zahlreiche geräumte Wanderwege zur Verfügung. Und während sich die Kinder auf den Hügeln rund um die Gemeinde beim Rodeln vergnügen, können die Eltern eine geruhsame Fahrt mit dem Pferdeschlitten machen.

Veranstaltungen

Ein besonderes Ereignis in der Gemeinde ist die „Bethlehemer Dorfweihnacht". Benannt nach einem Ortsteil der Gemeinde, findet der romantische Weihnachtsmarkt jedes Jahr am 2. Adventswochenende von Freitag bis Sonntag im Ortszentrum statt.

Orts- und Infrastruktur

Zu einem lebens- und liebenswerten Wohn- und Ferienort wird die Gemeinde durch eine gute Infrastruktur. Moderne Wirtschaftsbetriebe, die mit hoch technisierten Produkten zu den Global Players gehören, bieten Arbeits- und Ausbildungsplätze. Rührige Vereine sorgen für die dörfliche Gemeinschaft und für Kinder stehen neben Kindertagesstätte und -garten auch eine Grundschule zur Verfügung. Zahlreiche Organisationen fördern das Zusammenleben von Jung und Alt.

Wichtige Adressen und Telefonnummern

Gemeinde Lengenwang
Bahnhofstr. 8
D-87663 Lengenwang
Tel. +49 (0)8364 307
info@lengenwang.de
www.lengenwang.de

Marktoberdorf

Höchstgelegene Kreisstadt Deutschlands

Die Kreisstadt Marktoberdorf (rund 18.400 Einwohner) im Landkreis Ostallgäu, 100 Kilometer südwestlich von München, ist ein staatlich anerkannter Erholungsort und gehört mit 758 Metern zu den höchstgelegenen Städten in Bayern. Die von der Wertach durchflossene Stadt im Allgäuer Erlebnisraum Schlosspark ist landschaftlich geprägt durch sanfte Voralpenhügel mit Wiesen, Wäldern und kleinen Seen mit prächtiger Aussicht auf die Alpenkette. Das breite Kultur- und Freizeitangebot der Stadt zieht viele Besucher und Urlauber an.

Kurzer Blick ins Geschichtsbuch

Der fränkische Ort Oberdorf gehörte seit 1299 zum Hochstift Augsburg. 1453 erhielt der Ort das Marktrecht. Durch die Regelungen des Reichsdeputationshauptschlusses 1803 kam Oberdorf zu Bayern. Marktoberdorf wurde 1953 zur Stadt erhoben.

Sehenswürdigkeiten

Die weithin sichtbare Stadtpfarrkirche St. Martin an erhöhter Stelle über der Stadt wird von einem hohen haubengekrönten Turm überragt. Die Ursprünge der Kirche stammen aus dem 12. Jahrhundert. Der heutige Kirchenbau wurde 1730 bis 1734 errichtet. Der Innenraum ist im Barockstil prächtig ausgestattet. Sehenswert sind vier Figuren im Vorchor, die reich geschmückten Altäre und das Deckenfresko. Zur Kirche gehört die Grabkapelle des Kurfürsten Clemens Wenzeslaus von Sachsen.

In unmittelbarer Nähe der Kirche steht das ehemalige Fürstbischöfliche Schloss mit einer 2 km langen Lindenallee aus dem 18. Jahrhundert zum Aussichtspunkt Tempel. Das Schloss war Jagdschloss der Augsburger Fürstbischöfe. Heute ist im Schloss die bayerische Musikakademie sowie das Vermessungsamt untergebracht.

Blick auf Marktoberdorf
(Bild Christoph Jorda)

304

Sankt Martin
(Bild Stadt Marktoberdorf)

Auch die Pfarrkirche St. Michael im Stadtteil Bertoldshofen ist einen Besuch wert. Sie gilt als eine der bedeutendsten barocken Landkirche in der Region. Im Innern faszinieren die Wessobrunner Stuckaturen und ein Freskenzyklus.

Eine Reihe von interessanten Museen in Marktoberdorf laden zu einem Besuch ein.

Das Künstlerhaus in der Kemptener Straße zeigt zeitgenössische Kunst aus der Region und darüber hinaus. Es dient auch als Ort der Kunstvermittlung und bietet museumspädagogische Programme für Kinder und Jugendliche an.

Weitere Museen sind das Paul-Röder-Museum und das Riesengebirgsmuseum in der Eberle-Kögl-Straße, das Heimatmuseum im Hartmannhaus in der Meichelbeckstraße sowie das Eisen-

bahnmuseum im Stadtteil Thalhofen.

Lohnend ist ein Besuch der Ausgrabungsstätte des Römerbades im Stadtteil Kohlhunden.

Zu sehen ist die größte bekannte Villa-Rustica-Anlage im Allgäu.

Freizeit und Sport

Die schöne Landschaft rund um Marktoberdorf bietet viele Möglichkeiten der aktiven Freizeitgestaltung. Wanderer und Radfahrer kommen voll auf ihre Kosten.

Bei Radfahrern beliebt ist die 32 km lange Oberdorfer Radrunde auf ebenen Wegen durch alle Stadtteile. Der Radwanderweg nach Lechbruck auf der Trasse einer stillgelegten Bahnlinie ist Teil der so genannten „Dampflokrunde".

Marktplatz
(Bild Christoph Jorda)

Wanderern steht eine große Auswahl an attraktiven Routen zur Verfügung. Lohnend sind die Terra-Nostra-Lehrpfade. Der erste beginnt am Römerbad und vermittelt auf einem 4 km langen Rundweg Interessantes über die geologischen und kulturhistorischen Besonderheiten der Region.

Der aussichtsreiche zweite Lehrpfad führt über 6 km vom malerischen Kuhstallweiher nach Rieder und zurück. Auf 13 Bildtafeln wird über naturkundliche und historische Themen informiert.

Der thematische Fernwanderweg „Prälatenweg" beginnt am Kurfürstlichen Schloss und führt durch das Voralpenland bis nach Kochel am See in Oberbayern.

Weitere sommerliche Freizeitmöglichkeiten bieten die kleinen Seen der Umgebung wie der Ettwieser Weiher mit Naturfreibad und Waldseilgarten „Klette am Ette". Das komfortable Anton Schmid Hallen- und Freibad in der Bahnhofstraße bietet mit Schwimmbecken, Dampfbädern und Saunen familienfreundlichen Freizeitspaß.

Im Winter bieten der Eisplatz Marktoberdorf und der Skilift im Stadtteil Leuterschach unbeschwerte Wintersportfreuden. Geräumte Wege und gespurte Loipen sorgen für genussvolle Winterwanderungen und Skilanglauftouren in der idyllischen Schneelandschaft.

Veranstaltungen

Zu den Höhepunkten im Veranstaltungskalender von Marktoberdorf gehört der Gaudiwurm zur Fasnacht, einer der größten Faschingsumzüge in Schwaben.

Kulturelles Zentrum ist das überregional bekannte Veranstaltungshaus MODEON. Hinzu kommen Bayerische Musikakademie, Künstlerhaus, Theaterkino filmburg und Kleinkunstbühne mobilé. International wird es jedes Jahr bei den Pfingstfestivals, wenn im Wechsel der Internationale Kammerchor-Wettbewerb bzw. Musica Sacra Teilnehmer und Gäste aus aller Welt anlocken. Veranstaltungen wie das Stadtfest im Juli, der Urbanimarkt Sonntag und Montag vor Christi Himmelfahrt, der Martinimarkt Ende Oktober/Anfang November und der romantische Weihnachtsmarkt sind beliebt bei Jung und Alt. Marktoberdorf ist eine Kulturstadt!

Orts- und Infrastruktur

Der sehr gut aufgestellte Einzelhandel bietet vielfältige Einkaufsmöglichkeiten. Das gastronomische Angebot kann sich ebenfalls sehen lassen – vom Schnellimbiss bis zum Gourmetkoch ist für jeden Geschmack und jeden Geldbeutel etwas dabei. Ob in der kleinen aber feinen Privatunterkunft oder im Hotel (bis 4-Sterne) – Gäste finden auf jeden Fall ein passendes Angebot für einen längeren Aufenthalt.

Vor allem Pilger auf dem Jakobsweg von München Richtung Bodensee kommen gern nach Marktoberdorf, das mit seinen Übernachtungsmöglichkeiten für jeden Geldbeutel und einer vielfältigen Gastronomie überzeugt.

Wichtige Adressen und Telefonnummern

Touristikbüro der Stadt Marktoberdorf
Richard-Wengenmeier-Platz 1
D-87616 Marktoberdorf
Tel. +49 (0)8342 4008 45
Fax +49 (0)8342 4008 65
touristik@marktoberdorf.de
www.touristik-marktoberdorf.de

MODEON
(Bild Stefan Schmid)

Nesselwang

Im Allgäu. Mittendrin.

Die Marktgemeinde Nesselwang (rund 3.600 Einwohner) in der Schlossparkregion im Landkreis Ostallgäu liegt auf 900 Meter Höhe im hügeligen Voralpenland am Fuß der Hausberge Alpspitze (1.575 m über NN) und Edelsberg (1630 m) in der Nähe des Grüntensees. Der staatlich anerkannte Luftkurort ist geprägt durch Landwirtschaft und eine weit entwickelte touristische Infrastruktur mit zahlreichen Übernachtungsbetrieben, einem vielfältigen gastronomischen Angebot und attraktiven Freizeiteinrichtungen.

Das Nesselwanger Gebiet war bereits 500 v. Chr. von Kelten besiedelt. Während der Römerzeit führte eine Verbindungsstraße zur Heerstraße Via Claudia von Verona nach Augsburg durch die Region. Später gehörte Nesselwang zum ostfränkischen Herrschaftsgebiet.

1429 erhielt Nesselwang das Marktrecht. Vom 14. Jahrhundert bis zur Säkularisation 1803 gehörte Nesselwang dem Hochstift Augsburg, danach zum Königreich Bayern.

Sehenswürdigkeiten

Kirchen

Wahrzeichen von Nesselwang ist die neubarocke Pfarrkirche St. Andreas mit ihrem Zwiebelturm und prachtvoller Innenausstattung im Neurokokostil, die von 1904 bis 1906 neu errichtet wurde.

An einer Lichtung vor einer 350 Jahre alten Linde auf halber Berghöhe oberhalb von Nesselwang steht Maria Trost, die berühmteste Marienwallfahrtskirche im Allgäu. Die 1725 erbaute Kirche mit reicher barocker Innenausstattung ist einen Besuch wert und zu Fuß über einen Kreuz-

Nesselwang
(Bilder Nesselwang Marketing GmbH)

weg erreichbar. Jährlich im Mai findet die traditionelle Trachtenwallfahrt des Allgäuer Gauverbandes zur Kirche statt.

Freizeit und Sport

Sommerfrische

Ein Sommerurlaub in Nesselwang bietet erstklassige Möglichkeiten für aktive Erholung in der abwechslungsreichen Allgäuer Voralpenlandschaft. Ein ausgedehntes Netz an beschilderten Wanderwegen mit unterschiedlichen Schwierigkeitsgraden zu Aussichtbergen und idyllischen Seen in der prachtvollen Natur stehen für geübte Wanderer und Spaziergänger zur Verfügung, wobei die Alpspitzbahn eine willkommene Aufstiegshilfe für Bergwanderer darstellt. Besondere Erlebnisse versprechen die sieben

Nesselwanger Symbolwege wie der Besinnungsweg „GE(h)ZEITEN" oder die Gipfelglücktour. Sehr zu empfehlen ist auch die Teilnahme an einer geführten Wanderung, die von Mai bis Oktober angeboten wird.

Paradiesische Aussichten bietet die Radreiseregion Schlosspark im Allgäu rund um Nesselwang mit weitläufigen Tourenmöglichkeiten für Radwanderer und Mountainbiker.

Zu den attraktiven Freizeitangeboten in Nesselwang gehören unter anderem die Alpspitzbahn mit dem atemberaubenden Zipline AlpspitzKICK für besonders Mutige und die Sommerrodelbahn.

Urlaubsspaß bei jedem Wetter bietet das Alpspitz Bade-Center mit Erlebnis-Wasserwelt und verschiedenen

Rutschen sowie einer vielfältigen Saunalandschaft.

Nesselwang bietet für einen Familienurlaub mit Kindern zahlreiche vergnügliche Möglichkeiten der Freizeitgestaltung. Das Kinderferienprogramm sorgt mit einer Nachtwanderung inklusive Lagerfeuer und Stockbrot grillen, mit dem Zauberer Magic Martin sowie mit der Familien-Floßbau-Gaudi, einem Erlebnisnachmittag mit der Bergwacht und Lama-Erlebniswanderungen für gelungene Kinderferien.

Neben dem Abenteuerspielplatz im Kurpark bietet das Spielehaus im Feriendorf Reichenbach mit Boulderraum, Riesenrutsche und vielem mehr abwechslungsreichen Spielespass.

Winterfreuden

Nesselwang sorgt stets für einen sicheren und erlebnisreichen Winterurlaub. Auf den präparierten Pisten von 8 km Länge ab der Bergstation Alpspitzbahn haben schon viele Nesselwanger Wintersporthelden ihre Karriere begonnen. Das schneesichere Skigebiet mit zwei Kombibahnen und drei Schleppliften bietet breite Familienpisten, rasante Abfahrten, einen Snowpark der Extraklasse, tägliches Nachtskifahren, urige Hütten und ein atemberaubendes Panorama mit 300 Gipfeln der Allgäuer und Tiroler Berge.

Für Urlauber, die sich in Ruhe erholen wollen, stehen in der herrlichen Schneelandschaft rund 50 km geräumte Winterwanderwege zur Verfügung. Wer sich etwas sportlicher bewegen möchte, nimmt an einer Schneeschuhwanderung teil, eine wunderbare Art, Sport und Entspannung zu verbinden und in unberührter Natur den Allgäuer Winter zu erleben.

Weitere Möglichkeiten, den Winterurlaub zu genießen, bieten die gespurten Langlaufloipen rund um den Ort, eine Rodelbahn und eine Saunalandschaft. Ein besonderes Erlebnis ist die Teilnahme an einem spannenden Biathlon-Schnupperkurs im Trendsportzentrum Allgäu.

Veranstaltungen

Der Nesselwanger Veranstaltungskalender ist geprägt von traditionellen Brauchtumsfesten, Konzerten und attraktiven Sportwettbewerben.

Sehr beliebt sind die Heimatabende des Trachtenvereins im Juli und August auf dem Waldfestplatz mit Musik und Tanz. Auch die Sommerkonzerte mit Blasmusik, Chorgesang oder Rockmusik finden zahlreiche Zuhörer.

Jedes Jahr Mitte Mai findet die Trachtenwallfahrt zu Kirche Maria Trost statt. Am 16. September werden beim „Viehscheid" die festlich geschmückten

Jungrinder von den Bergalpen ins Tal getrieben und ihren Eigentümern zurück gegeben, Anlass zu einem mehrtägigen Herbstfest unterhalb der Alpspitzbahn.

Eine weitere beliebte Veranstaltung im Sommer ist das Bergfest im Juli und das große Marktfest Anfang August.

Wichtige Adressen und Telefonnummern

Nesselwang Marketing GmbH
Hauptstraße 20, D-87484 Nesselwang
Tel. +49 (0)8361 9230 40
Fax +49 (0)8361 9230 44
info@nesselwang.de
www.nesselwang.de

Badespaß für Jung und Alt

Alpspitz-Bade-Center in Nesselwang

Mitten im atemberaubenden Alpenvorland befindet sich die Gemeinde Nesselwang, die mit einer ganz besonderen Freizeitattraktion aufwarten kann. Das Alpspitz-Bade-Center Nesselwang bietet seinen Gästen ein Freizeitvergnügen der Spitzenklasse, gepaart aus Badespaß und Wellness. Hier kommen Jung und Alt voll auf ihre Kosten.

Das Bad in Nesselwang erfreut sich einer enormen Beliebtheit bei Einheimischen und Gästen. Das Gesamtkonzept basiert auf dem perfekten Zusammenspiel zwischen Aktivität und Entspannung. In verschiedenen Bereichen stehen den Gästen des Freizeitbades auf insgesamt 600 Quadratmetern zahlreiche Angebote zur Verfügung.

Mit dem Erlebnisbecken garantiert das ABC ein ganz besonderes Badeerlebnis. Hier sorgen ein Strömungskanal und Sprudelliegen für ein außergewöhnliches Vergnügen. Auf den Luftperlliegen können die Gäste bei einer Massage in angenehmer Atmosphäre entspannen und vom Stress des Alltags abschalten. Ein weiteres Highlight ist die wunderschöne Unterwasserbeleuchtung, die eine ganz besondere Stimmung schafft. Außerdem haben die Gäste im Sportbecken die Möglichkeit, aktiv zu werden. Für die Kleinsten steht ein liebevoll gestaltetes Kinderbecken zur Verfügung. Hier können sie nach Herzenslust im Wasser plantschen oder auch im Kinderaußenbereich im Wasser spielen.

Eine aufregende Wasserröhre und ein Wasserrad sind nur einige der tollen Attraktionen für die Kleinsten.

Ganzjährig können die Besucher des Bades in Nesselwang auch das beheizte Außenbecken nutzen. Vor allem in den kalten Monaten des Jahres und in den Abendstunden sorgt dieses für eine ganz besondere Stimmung. Schwimmen unter dem Sternenhimmel – was gibt es Schöneres?

Das umfangreiche Wellnessprogramm sorgt für wohlige Entspannung nach einem aktiven Urlaubstag. Die attraktive Saunalandschaft begeistert durch ihre enorme Vielfalt. Die verschiedene Saunen machen deutlich, mit wieviel Liebe zum Detail das gesamte Bad konzipiert wurde. Die finnische Sauna im typischen Kelo-Blockhaus, die Mentalsauna, das Dampfbad Nautilus für einen phantasievollen Ausflug in die Welt von Jules Verne und die Seesauna,

die über einen eigenen Naturbadesee verfügt, sind nur einige der Höhepunkte des Saunabereiches.

Um das Erholungserlebnis abzurunden, steht ein vielfältiges Massageangebot zur Verfügung. Hier können die Gäste mit allen Sinnen genießen und sich einfach treiben lassen.

Alpspitz-Bade-Center
Badeseeweg 11
D-87484 Nesselwang
Tel. +49 (0) 8361 92 16 20
Fax +49 (0) 8361 92 16 21
info@abc-nesselwang.de
www.abc-nesselwang.de

Vielseitige Angebote für Bierliebhaber

Brauerei-Gasthof Hotel Post***^{S}

Nach dem deutschen Reinheitsgebot von 1516 gehören ins Bier nur Gerste, Hopfen und Wasser. Allein die Braukunst vermag, dass aus diesen Zutaten ein hervorragendes Bier entsteht. Die bekannten Bier-Spezialitäten der Post-Brauerei Nesselwang werden im dazugehörigen traditionsreichen Brauerei-Gasthof Hotel Post ausgeschenkt, der sich seit 1883 im Besitz von Familie Meyer befindet. Tochter Stephanie weiß als ausgebildete Braumeisterin und Bier-Sommelière, wie ein gutes Bier schmecken soll.

Den köstlichen Gerstensaft genießen Gäste bei einer Brotzeit im Bayerischen Biergarten oder in einer der drei gemütlichen Gaststuben.

Ein grüner Kachelofen verleiht der traditionellen Adler-Stube ein ganz besonderes Ambiente. Hier können bis zu 50 Personen gemütlich beisammensitzen. In der eleganten Blauen Stube ist der Kachelofen mit handbemalten Motiven geschmückt. Von bis zu 40 Gästen wird die Blaue Stube als Frühstücksraum, Tagungsraum oder für kleinere Familienfeiern genutzt.

Die Posthorn-Stube lädt mit Interieur aus heimischem Lärchenholz, wertvollen Bildhauerarbeiten und einem Deckengemälde zum gemütlichen Schlemmen ein. Auch hier verleiht ein eleganter Ofen der Stube ein besonderes Flair. Sie bietet den passenden Rahmen für Reisegruppen oder Familienfeiern bis 70 Personen. Zu den frisch gezapften Bier-Spezialitäten aus der familieneigenen

Brauerei genießt man echte Allgäu-Bayerische Küche, was im Restaurantführer "Der Feinschmecker" besonders hervorgehoben wird und der „Ausgezeichnete Bayerische Küche" mit drei Rauten klassifiziert wurde. Küchenchefin Hilde Straubinger und ihr Team zaubern feine Klassiker wie Allgäuer Kässpätzle, ofenfrischer Schweinsbraten, geschmorten Hirschbraten oder Rinder-Bier-Braten auf den Tisch.

Sehr beliebt sind die kulinarischen Veranstaltungen zu allen Jahreszeiten. Das Bier-Kulinarium, ein 5-Gänge-Menü mit

Wer das wunderschöne Ostallgäu mit seiner herrlichen Seenlandschaft und den weltbekannten Sehenswürdigkeiten Schloss Neuschwanstein und Schloss Hohenschwangau ausgiebig genießen möchte, ist im Brauerei-Gasthof Hotel Postgut aufgehoben. Die 22 schönen Doppel-, Familien- und Einzelzimmer sind alle komfortabel mit Dusche/WC, Flachbild-TV, WLAN, Telefon und Fön ausgestattet. Zur Begrüßung gibt es eine frische Bierspezialität, eine Flasche Mineralwasser und die KönigsCard für freien Eintritt in über 250 Freizeiteinrichtungen im ganzen Allgäu.

sieben korrespondierenden Biersorten gibt es wohl nirgendwo sonst. Vergnügliche Highlights sind unter anderem die Bierverkostungen inklusive Haxenschmaus, der Mittagstisch für Senioren und die Schnitzelparade mit hauseigenen Craft-Bieren. Freitags und samstags kann die Post-Brauerei nebenan besichtigt werden. Zum echten Bierkenner wird man beim Selber Bier-Brauen inklusive Verkostung. Musikalische Veranstaltungen sowie verschiedene Jahreszeiten-Feste und Märkte runden das vielfältige Programm ab.

Öffnungszeiten

Restaurant ganzjährig geöffnet, warme Küche täglich von 11:45 bis 14:00 und 18:00 bis 21:30 Uhr; nachmittags kleine Speisekarte; Wochenende und Feiertage durchgehend warme Küche.

Brauerei-Gasthof Hotel Post ***ˢ

Hauptstr. 25, D-87484 Nesselwang
Tel. +49 (0)8361 30910
Fax +49 (0)8361 30973
info@hotel-post-nesselwang.de
www.hotel-post-nesselwang.de

Obergünzburg

Im Herzen des Allgäus

Er zählt zu einem der ältesten Orte im Altlandkreis Marktoberdorf. Obergünzburg, verkehrsgünstig auf halbem Weg zwischen der Allgäumetropole Kempten und Kaufbeuren gelegen, bietet ein vielfältiges Angebot für ein attraktives Leben. Inmitten einer eindrucksvollen Kulturlandschaft mit Wiesen und Wäldern, die zu Ausflügen einlädt, überrascht die Marktgemeinde mit einem historischen Ortskern und einer eindrucksvollen Kulturszene. In der Marktgemeinde, die auf einer Höhe von etwa 737 m ü. M. liegt, leben ca. 6.400 Einwohner.

Kurzer Blick ins Geschichtsbuch

Die Wurzeln der Marktgemeinde liegen im 1. Jh. Nur etwa 300 Meter vom Ortskern entfernt, auf dem sogenannten Nikolausberg, siedel-

ten schon die Römer. Durch den Ort führte auch die Römerstraße Bregenz – Kempten – Augsburg. Diese Straße wurde durch Straßenposten gesichert, wovon sich einer im nahegelegenen Weiler Kleinreichholz durch Bodenuntersuchungen nachweisen ließ. Im weiteren Umkreis konnten auch drei römische Gutshöfe lokalisiert werden. Durch die verkehrsgünstige Lage erhielt der Ort bereits zu Zeiten der Römer seine Bedeutung. Während des Mittelalters sorgten Handel und Gewerbe für einen Aufschwung, war doch Obergünzburg ein Versorgungszentrum für die umliegenden Orte. 1407 verlieh König Rupprecht zu Heidelberg dem Ort das Marktrecht.

Sehenswürdigkeiten

Auf dem historischen Marktplatz von Obergünzburg finden der Wo-

Historisches Museum und Südsee-Sammlung
(Bild Heidi Sanz)

Verkündhaus mit Mohrenbrunnen
(Bild Heidi Sanz)

chenmarkt und über das Jahr verteilt mehrere Krämermärkte statt. Vor der Kulisse des geschichtsträchtigen Ensembles des Marktplatzes ist dies ein besonderer Anziehungspunkt.

Auf das 15. Jahrhundert geht der Bau der Pfarrkirche St. Martin zurück. Mit dem als Baudenkmal geschützten Pfarrhof aus dem 18. Jahrhundert mit seinem Fachwerkgiebel und dem Pfarrstadel bildet das Ensemble ein Kleinod früher Baukunst.

In seinem Historischen Museum bietet Obergünzburg seinen Gästen Einblicke in die Geschichte der Region. Bäuerliche Kunst ist hier ebenso mit zahlreichen Exponaten vertreten wie altes, zum Teil längst vergessenes Handwerk.

Die weit über die Region hinaus bekannte Südsee-Sammlung in Ober-

günzburg geht auf den „Allgäuer Seefahrer" Karl Nauer zurück. Anfang des vergangenen Jahrhunderts brachte der Sohn der Gemeinde zahlreiche Ausstellungsstücke von seinen Seefahrten mit. Im Lauf der Zeit entstand daraus eine sehenswerte und einmalige Sammlung. Faszinierende Exponate aus der Inselwelt Melanesiens im Pazifischen Ozean sind hier zu bestaunen: Gebrauchs- und Kultgegenstände, Waffen, Skulpturen, Schmuck und wertvolle Totenmasken aus Tropenholz. Die familienfreundliche Präsentation der Exponate brachte dem Museum den Förderpreis „Vermittlung im Museum" ein.

Freizeit und Sport

Die Umgebung von Obergünzburg lädt zu Rad- und Wandertouren auf einem gepflegten und bestens beschilderten Wegenetz ein.

Freibad Hagenmoos
(Bild Peter Roth)

Auf halbem Weg zwischen Obergünzburg und Ronsberg erwartet
den abenteuerlustigen Entdecker ein
Spaziergang zu einem einzigartigen
Natur-Highlight: Die Teufelsküche.
An einem hölzernen Wasserrad beginnt der Weg zu dem eindrucksvollen Geotop. Riesige Felsbrocken, die
sich bei näherer Betrachtung als, aus
vielen kleinen Steinen gebackene,
Türme entpuppen und an die Berge
der Nagelfluhkette erinnern, säumen
den Weg. Aus den Gesteinsmassen
wachsen hohe Bäume hervor. Einige
der Brocken sind von Gängen und
kleinen Höhlen durchzogen.

Für ein belebendes Badeerlebnis zu
jeder Jahreszeit sorgt das Hallenbad
in Obergünzburg, und während des
Sommers laden gleich zwei Bäder
zum Verweilen ein. Das bereits 1930
erbaute Freibad Hagenmoos ist ein
herrliches Waldbad mit Liegewiese
und Kiosk, und das Sebastiansbad in
Ebersbach wird als familienfreundliche Anlage vom Turn- und Sportver-
ein Ebersbach e.V. gepflegt.

Kultur

Vereine bilden in einer Gemeinde die
Grundlage für das gesellschaftliche,
kulturelle und sportliche Leben. In
Obergünzburg gibt es davon 78, sodass für jeden Geschmack etwas geboten wird. Eine besondere Stellung
nehmen allein die sechs Schützenver-
eine im Ort ein. Bereits 1525 stiftete
Fürstabt Wolfgang von Grünenstein

Freibad Sebastiansbad/Gfällmühle
(Bild Markus Frick)

318

das sogenannte Freischießen. Ursprünglich als reines Schützenfest gedacht, entwickelte sich dies zu einem Volksfest, das weit über die Region hinaus Jung und Alt in seinen Bann zieht. Der große Schützenumzug findet jedes Jahr am letzten Sonntag im August statt.

Orts- und Infrastruktur

Während des Mittelalters war Obergünzburg ein Zentrum des Handwerks. Hier traf man Wachszieher und Leinenweber, Färber, Gerber, Strumpfwirker und Schindelmacher. Aus den Handwerkszünften der Salpeterschürfer und Schmalzsieder entwickelte sich das heute größte Unternehmen im Ort. Ein weltweit bekannter Milchverarbeiter produziert hier Kaffeesahne, Kondensmilch, Milchmischgetränke und Trockenmilcherzeugnisse sowie Vorprodukte für die Baby- und Kliniknahrung. Handel, Handwerk, Dienstleistung und das produzierende Gewerbe weltweit agierender Unternehmen sorgt für eine große Zahl von Arbeits- und Ausbildungsplätzen.

Neben Kindergarten, Grund- und Mittelschule sowie Realschule hat der Ort eine hervorragende Infrastruktur zu bieten und schafft für seine Bewohner und Gäste eine hohe Lebensqualität.

Wichtige Adressen und Telefonnummern

Markt Obergünzburg
Marktplatz 1
D-87634 Obergünzburg
Tel. +49 (0)8372 92 000
Fax +49 (0)8372 92 00 17
info@oberguenzburg.de
www.oberguenzburg.de

319

Pflegerschloss (Rathaus)
(Bild Heidi Sanz)

Pforzen

Im Wertachtal gelegen

Die Gemeinde Pforzen liegt mit ihren vier Gemeindeteilen Hammerschmiede, Ingenried, Irpisdorf und Leinau inmitten der Allgäuer Kulturlandschaft. Die Wertach, einer der beiden größten Flüsse, die in den Allgäuer Alpen entstehen, durchfließt das Gemeindegebiet. Der Ort, der durch den imposanten Turm der Pfarrkirche ins Auge fällt, liegt auf einer Höhe von ca. 656 m ü. M. und bietet über 2.300 Einwohnern eine Heimat.

Kurzer Blick ins Geschichtsbuch

Weit in die Vergangenheit reicht die Geschichte des Ortes. Die erste Spur menschlicher Besiedlung geht mit dem Fund einer Feuersteinspitze auf die mittlere Steinzeit zurück. Bereits im vorletzten Jahrhundert entdeckte man in der Flur „Lohmäder" ein großes Gräberfeld mit 143 Grabhügeln, das wohl aus der Hallstattzeit um 500 v.Chr. stammt. Außerdem stieß man nahe der Pforzener Flur „Zeller Feld" auf Teile eines römischen Gutshofes.

Die bedeutendste archäologischen Entdeckungen machte man jedoch am nordöstlichen Ortsrand. Mit den bis heute 442 untersuchten Bestattungen gehört das dort gefundene Gräberfeld aus dem 5. Jahrhundert zu den größten, bisher bekannten, Fund-

Pforzen
(Bilder Gemeinde Pforzen)

320

Pfarrkirche St. Valentin

stellen in Südbayern. Die beachtliche Anzahl von Gräbern lässt darauf schließen, das hier größere Siedlungen von Alemannen und Franken den frühmittelalterlichen Vorläufer der Gemeinde bildeten.

Außerdem fand man zu Beginn der 1990er Jahre Bestattungen aus der Hügelgräberbronzezeit um 1500 v.Chr. Im Allgäu sind diese Ausgrabungen einzigartig und gelten als hoher wissenschaftlicher Fund. In einem alemannischen Grab aus dem späten 6. Jh. wurde eine silberne Gürtelschnalle gefunden, deren Inschrift einen der ältesten Stabreime in einer westgermanischen Sprache darstellt. Wegen dieser Besonderheit hat die Gemeinde einen Lehrpfad „ArchäologieTourWert-

achtal" mit 11 Stationen errichtet. Startpunkt für die Tour ist Burgenstall in der Dorfmitte.

Sehenswürdigkeiten

Imposant ist der Turm der Pfarrkirche St.Valentin im Ortskern, deren Bau auf das 15. Jh. zurück geht. Das Innere der Kirche ist einen Blick auf die neugotische Gestaltung wert, die Ende des 19. Jh. vorgenommen wurde. Einen Besuch wert sind unsere Pfarrkirchen St.Nikolaus Leinau und St.Laurentius-Ingenried.

Ein originalgetreues Bauwerk aus dem Jahr 1573 ist die alte Klostermühle mit Mühlenmuseum und Mühlenschänke. Sie liegt im Wertachtal am Pforzener Mühlbach.

Freizeit und Sport

Neben dem Allgäuer Wander- und Radwegenetz, das durch das Pforzener Gemeindegebiet führt, lässt sich die idyllische Region zu Fuß und per Rad erkunden. Der Fernradweg „wertacherleben" von Hindelang nach Augsburg führt durch Pforzen. Hier wurde eine Rast-Infostation in den Wertachauen eingerichtet. Daneben verbindet der „Seenhüpfer-Rundweg" fünf Stauseen und Weiher der Gemeinden Pforzen-Rieden und Bad Wörishofen.

Kunst und Kultur

Mehrere Kunstschaffende haben sich in der kleinen Gemeinde angesiedelt. So finden sich neben einem Aquarellmaler, der auch Malkurse anbietet, ein Atelier für Seidenmalerei und Rahmenbau sowie ein Metalldesigner, der Ideen in Stahl verwirklicht.

Orts- und Infrastruktur

Mit einem breiten Angebot von Handel, Handwerk, Gewerbe und produzierenden Unternehmen bie-

Rathaus

tet Pforzen eine ansehnliche Anzahl von Arbeits- und Ausbildungsplätzen. Neben der Gaststätte „Weißes Rößle" in Leinau und den beiden Cafés „Am Schlößle" in Leinau und dem „Kräuter-Café" in Ingenried lädt das „Bistro in der Blöschhalle" zur Einkehr ein. Für den täglichen Bedarf steht ein Einkaufsmarkt und eine Metzgerei im Ort zur Verfügung. Und nachdem durch die Vielzahl von Vereinen am Ort für jeden Geschmack etwas geboten ist, genießen die Bewohner der Gemeinde eine hohe Lebensqualität.

Wichtige Adressen und Telefonnummern

Verwaltungsgemeinschaft Pforzen
Bahnhofstr. 7
D-87666 Pforzen
Tel. +49 (0)8346 92 090
info@pforzen.de
www.pforzen.de

Pfronten

Europäisches Wanderdorf am Nordrand der Allgäuer Alpen

Die Ostallgäuer Gemeinde Pfronten (rund 8.200 Einwohner) liegt an der Grenze zu Tirol auf einer Höhe von 853 m ü. NN mitten in der Erlebnisregion Schlosspark. Der Luftkurort mit seinen dreizehn Ortsteilen wird von der Vils durchflossen und ist eine der größten Streusiedlungen im Allgäu. In abwechslungsreicher Landschaft mit Seen, Flüssen, Wiesen und Wäldern bietet der Urlaubsort Pfronten eine Fülle von attraktiven Freizeitmöglichkeiten im bayerischen Alpenvorland.

Die weit entwickelte touristische Infrastruktur von Pfronten mit Bergbahn, ausgedehntem Wanderwegenetz, einer großen Auswahl an Übernachtungsmöglichkeiten und einer Reihe von gemütlichen Gaststätten ist wie geschaffen für einen erholsamen Urlaub. Im Ortsteil Pfronten-Ried findet man neben wichtigen Anlaufstellen wie Rathaus, Bahnhof, Haus des Gastes und Krankenhaus auch nette Ladenlokale für einen genussvollen Einkaufsbummel.

Pfronten ist mit dem Auto bequem über die A 7 von Kempten nach Füssen zu erreichen.

Bahnverbindungen zu den Strecken Kempten-Ulm-Augsburg und nach

Pfronten
(Bilder Pfronten Tourismus, E. Reiter)

St. Niklaus und Heimathaus

1687 bis1692 erbaut, der Turm im Jahr 1746. Ende des 18. Jahrhunderts wurde der Innenraum im frühklassizistischen Stil gestaltet. Herausragend sind die prachtvollen Deckengemälde und die reich geschmückten Altäre. Besonders wertvoll ist das Gemälde der Heiligen Familie des venezianischen Malers Pellegrini im rechten Seitenaltar.

Garmisch-Partenkirchen stehen auf den drei Pfrontener Bahnhöfen zur Verfügung.

Sehenswürdigkeiten

Einen Besuch der sehr sehenswerten Pfarrkirche St. Nikolaus im Ortsteil Berg mit markantem Turm und prachtvoller Innenausstattung sollte man unbedingt einplanen. Die Kirche wurde in ihrer heutigen Form von

Kulturgeschichtlich interessierte Gäste finden im Gemeindegebiet eine Reihe weiterer bemerkenswerter Kirchen und Kapellen.

Auch ein Besuch der Burgruine Falkenstein sorgt für eindrucksvolle Momente. Von der Aussichtsplattform der höchstgelegenen Burgruine Deutschlands hat man in einer Höhe von

Wandern in den Allgäuer Alpen

1.277 m ü. NN einen überwältigenden Fernblick auf die Alpenkette und kann nachvollziehen, warum König Ludwig II. an dieser Stelle ein weiteres Traumschloss errichten wollte.

Das bei freiem Eintritt täglich geöffnete kleine Burgmuseum informiert mit Schaukästen, Modellen und Exponaten über die Geschichte der Burg.

Das Bild der Pfrontener Dörfer wird von den zahlreichen stattlichen Bauernhöfen geprägt, die teilweise mehrere hundert Jahre alt sind. Das unter Denkmalschutz stehende Heimathaus in Pfronten-Berg zeigt eine Ausstellung mit Werkzeugen und Hausrat aus dem 19./20. Jahrhundert. Es ist geöffnet am Montag von 14 bis 17 Uhr sowie im Sommer am Donnerstag von 16 bis 18 Uhr. Eintritt frei.

Auch das private Kristallweltmuseum mit spannenden Einblicken in die Welt der Kristalle im Ortsteil Kappel ist einen Besuch wert. Bei freiem Eintritt ist es montags, mittwochs und freitags von 15:30 bis 18:30 Uhr geöffnet.

Freizeit und Sport

Pfronten bietet für Aktivurlauber zu jeder Jahreszeit vielfältige Möglichkeiten der Freizeitgestaltung.

Alpenbad Meilingen

Das Alpenbad in Meilingen bietet mit Innen- und Außenbecken sowie einzigartigem Alpenpanorama Badespaß pur.

Im Waldseilgarten im Ortsteil Kappel warten verschiedene Parcours mit vielen spannenden Aufgaben auf Abenteuerlustige. Er ist von Anfang April bis Anfang November geöffnet. Die zwölf vom ADAC ausgezeichneten Themenspielplätze im Gemeindegebiet mit Märchenspielplatz, Schatzinsel und vielem mehr sorgen bei Kindern für großes Vergnügen.

Zünftige Hütteneinkehr

Radfahren

Freunde von Fahrradtouren und Mountainbikestrecken finden ein breites, abwechslungsreiches Angebot von speziell angelegten Wegen durch die Region. Dreizehn ausgeschilderte Regionalrouten führen durch die vom ADFC zertifizierte „Radreiseregion Schlosspark".

Ausleihstationen für Räder und zahlreiche „Bett + Bike"- Gastgeber runden das Angebot ab.

Wandern

Als Europäisches Wanderdorf ist Pfronten der perfekte Startpunkt für genussreiche Wanderungen, gemütliche Spaziergänge oder zünftige Bergtouren in der idyllischen Landschaft zu Füßen der Alpen. Die Breitenbergbahn bringt Wanderer auf den 1838 Meter hohen Breitenberg mit prächtiger Aussicht und einer großen Auswahl an möglichen Routen.

Mountainbiken in Pfronten

Herrliche Skipisten

Zu den attraktiven Wanderwegen mit Einkehrmöglichkeiten in Pfronten gehören drei neu angelegte, besonders schöne Wege, die jeweils beim Haus des Gastes beginnen.

Die ausgedehnte, 14 km lange Talwanderung „Drachenblick" führt zu den aussichtsreichen Burganlagen Hohenfreyberg und Eisenberg. Die 18 km lange, traumhafte Tagestour „Königstraum" führt mit mehreren Auf- und Abstiegen zum Falkenstein, zum Vierseenblick am Salober und über Vils zurück nach Pfronten. Die anspruchsvolle Bergwanderung „Sagengipfel" führt durch die Reichenbachklamm in die sagenumwobene Gipfelwelt von Aggenstein und Breitenberg. Zertifizierte Wandergastgeber bieten auf die Bedürfnisse

von Wanderern perfekt abgestimmte Übernachtungsangebote.

Im Winter

Die verschneite Winterwelt Pfrontens bietet Pistenglück in 3 Skigebieten mit insgesamt ca. 20 Pistenkilometern, 45 km angelegte Loipen für Skilangläufer sowie ausgeschilderte Winterwander-

Winterwandern

wege. Eine romantische Pferdeschlittenfahrt oder eine rasante Rodelpartie ins Tal sind oft Höhepunkte eines gelungenen Winterurlaubs.

Im Eisstadion Pfronten können sich Eisläufer nach Herzenslust austoben.

Veranstaltungen

Im Pfrontener Tal wird jährlich eine Reihe von traditionellen Brauchtumsfesten gefeiert.

Hierzu gehören die größte Viehscheid im Ostallgäu am zweiten Samstag im September, der beliebte Pfrontener Trachtenmarkt im August und der romantische Weihnachtsmarkt.

Von Ende Mai bis Ende Oktober finden in Gastwirtschaften und im Kurpark Brauchtumsabende mit örtlichen und regionalen Jodler-, Trachten- und Musikgruppen statt.

Weitere Höhepunkte im Veranstaltungskalender sind das internationale

Wandern im Tal

Oldtimertreffen am zweiten Juliwochenende und der große MTB-Marathon im Juni mit zahlreichen Zuschauern.

Wichtige Adressen und Telefonnummern

Pfronten Tourismus
Vilstalstraße 2
D-87459 Pfronten
Tel. +49 (0)8363 698 88
Fax +49 (0)8363 698 66
info@pfronten.de
www.pfronten.de

329

Aussichtssteg Breitenberg

Tropisches Paradies mit Erholungseffekt

Allgäuer Schmetterling-Erlebniswelt

„Mama schau mal, ein blauer Schmetterling sitzt auf meiner Schulter" ruft ein Junge freudig aus einer Ecke des tropischen Gewächshauses. Er hält ganz still und genießt die unmittelbare Nähe zu dem filigranen Tier. Der Schmetterling, ein Blauer Morphofalter, wippt kurz mit den Flügeln wie zum Gruß und fliegt dann auf der Suche nach Nektar weiter von Blüte zu Blüte.

Mit viel Liebe und Herzblut hat Familie Hartmann ein kleines Paradies für die schillernden Schönheiten und ihre Besucher geschaffen. In dem 25 °C warmen subtropischen Klima des Hauses fliegen unzählige exotische Schmetterlinge aus Südamerika, Asien und Afrika frei zwischen den zahlreichen Pflanzen umher und landen auch schon einmal auf Besuchern, darunter so prachtvolle Exemplare wie orangefarbene Maracujafalter, exotische Schwalbenschwanzfalter, Bananenfalter und viele mehr, insgesamt etwa 35 verschiedene Arten. Der riesige Atlasspinner, der nur nachts aktiv ist und tagsüber schläft, gehört zu

den größten Schmetterlingen der Welt. Wer begleitet vom Rauschen des kleinen Wasserfalls durch die zauberhafte Grünanlage spaziert, kann den gesamten Lebenszyklus eines Schmetterlings

Inmitten der grünen Pflanzenpracht können Besucher die Seele baumeln lassen und in einer der liebevoll gestalteten Sitzecken im Stein-Oasen-Café einen Kaffee aus Costa Rica mit Kuchen oder Eis genießen. Hinter dem Vergnügen steht zudem ein ökologischer Ausgleich: Familien aus den Herkunftsländern verzichten bei der Aufzucht der empfindlichen Schmetterlinge auf Pflanzenpestizide und Kunstdünger.

So verdienen sie ihren Lebensunterhalt und schützen gleichzeitig die Umwelt. Mit diesem Hintergrundwissen macht der Besuch in der Allgäuer Schmetterling-Erlebniswelt gleich doppelt so viel Spaß. Bevor es nach Hause geht, unbedingt

erkunden, angefangen bei der Paarung über das auf der Pflanze abgelegte Ei bis zur Verpuppung der Raupe.

Vor den Augen der begeisterten Zuschauer schlüpft aus der Puppe ein wunderschöner zarter Schmetterling. In der Schmetterlings-Erlebniswelt in Pfronten geschehen täglich Wunder. Neben den Schmetterlingen gibt es auch Reptilien und Vögel zu beobachten.

noch Bob die Riesenschildkröte streicheln und mit etwas Glück füttern!

Allgäuer Schmetterling-Erlebniswelt

Gernweg 5
D-87459 Pfronten-Weißbach
Tel. +49 (0)8363 393
schmetterlinge@online.de
www.schmetterling-erlebniswelt.de

Prem

Hier flirtet Oberbayern mit dem Allgäu

Das ehemalige Flößerdorf am Lech liegt in der herrlichen Kulturlandschaft des Pfaffenwinkels. Aus der urwüchsigen Voralpenlandschaft genießt man aus jedem Winkel einen beeindruckenden Blick auf die Berge von den Ammergauer Alpen bis weit ins Allgäu hinein. Prem liegt auf einer Höhe von ca. 749 m ü. M. und bietet etwa 950 Einwohnern eine Heimat.

Die zentrale Lage des Ortes ist ein günstiger Ausgangspunkt für Ausflüge zu den weltberühmten Sehenswürdigkeiten der Region: Die Wieskirche und das Welfenmünster in Steingaden, Kloster Ettal und die Königsschlösser Neuschwanstein, Hohenschwangau und Linderhof liegen vor der Haustüre und sind schnell erreichbar.

Kurzer Blick ins Geschichtsbuch

Prem ist eine der ältesten Siedlungen am Lech und wurde bereits 1147 erstmals urkundlich erwähnt. Der Ort gehörte bis 1803 zur geschlossenen Hofmark Steingaden des gleichnamigen Klosters. Im Jahr 1818 wurde die heutige Gemeinde errichtet.

Sehenswürdigkeiten

Bereits im Jahr 1147 besaß Prem eine Kirche. Das Gotteshaus „Unserer lieben Frau" gehörte den Bischöfen von Augsburg. Auf das Jahr 1774 geht die heutige Pfarrkirche St. Michael zurück, deren Turm mit Satteldach schon von Weitem zu sehen ist. An der Restaurierung der Kirche war 1755 auch der Erbauer der Wieskirche, Abt Marinus II., beteiligt. Die verschiedenen Stilarten aus Gotik, Barock und romanischer Kunst beeindrucken die Besucher.

Freizeit und Sport

Die südwestliche Grenze zwischen Oberbayern und dem Allgäu ist von Wiesen, Weiden, Wäldern und Mooren geprägt. Hier durchqueren die

Prem
(Bilder Gemeinde Prem)

Geschichte und Geologie des Moores kennen. Dort begegnet man auch dem „Huidingerle", der riesenhaften Sagengestalt des Premer Filzes. Ab Mai wird wöchentlich informativ und unterhaltsam durch das Moor geführt und die außergewöhnliche Nachtwanderung, die unter dem Motto „Verschollen im Moor" stattfindet, ist nichts für schwache Nerven. Informationen dazu gibt es bei der Tourist Information Prem.

drei Fernwanderwege „König-Ludwig-Weg", „Lech-Erlebnisweg" sowie der „Prälatenweg" das Land. Prem ist an dieses weiträumige, überregionale Wegenetz angeschlossen. Aber auch um den Ort herum bietet sich eine Fülle von Wander- und Radwegen, auf denen man die naturbelassene Landschaft erkunden kann. Zu einem erfrischenden Bad an heißen Sommertagen lädt der Kaltenbrunner See ein, den sich die Badegäste mit den Anglern teilen, die am Ufer auf einen guten Fang warten. Der Naturpark Lechaue bietet neben Kneippschem Wassertreten einen abenteuerlichen Kinderspielplatz, an dem sich die Kleinen austoben können, während an einem Grillplatz das Essen zubereitet werden kann. Für sportliche Aktivitäten steht ein Fußball- und Tennisplatz zur Verfügung sowie die Möglichkeit, Tischtennis und Federball zu spielen.

Auf einem Ausflug ins Premer Filz, einem ausgedehnten Moorgebiet direkt am Ortsrand, lernt man durch den Moorlehrpfad eine Menge über die

Während der Wintermonate laden attraktive Loipen klassische Langläufer und Skater zu sportlichen Stunden im Schnee und der Übungshang, dessen Lift kleine Skifahrer gerne nutzen, ist auch ein beliebter Rodelberg.

Wichtige Adressen und Telefonnummern

Tourist Information Prem
Schulweg 6
D-86984 Prem am Lech
Tel. +49 (0)8862 7256
Fax +49 (0)8862 6739
info@prem-am-lech.de
www.prem-am-lech.de

Premer Filz

Das Geheimnis feiner Käsespezialitäten

Schönegger Käsealm

Aus kleinen Anfängen heraus entstand seit 1988 ein Unternehmen der Käsekultur, das seinesgleichen sucht. Sepp Krönauer, Käsermeister und Inhaber der Schönegger Käse-Alm, begann bereits damals auf seinem Hof mit dem Verkauf von Heumilchspezialitäten." Zunächst von Kollegen belächelt, gab ihm der Erfolg bald recht: Kunden kamen aus Nah und Fern, um sich in seinem Hofladen von den Käsespezialitäten verwöhnen zu lassen.

Das Geheimnis liegt in der Heumilch

Etwa 500 Milchbauern im Einzugsgebiet zwischen dem Pfaffenwinkel und dem Allgäu und von Tirol bis zum Bregenzerwald beliefern täglich die Schönegger Käse-Alm mit frischer Heumilch. Das Alpenvorland mit seinen saftig grünen Wiesen liefert das Futter für die Milchkühe. Unbelastetes Gras, Bergkräuter und -blumen so-

wie das bergfrische Quellwasser, das den Kühen zur Verfügung steht, sind rein und klar. Dass daraus eine Milch resultiert, die gesund und schmackhaft ist, versteht sich von selbst. Die Milchbauern verzichten bewusst auf genmanipulierte Zusätze oder Silage. Während der Wintermonate, wenn die Kühe im Stall stehen, erhalten sie nur das Heu, das während des Sommers auf den Bergwiesen geerntet und getrocknet wurde, zusammen mit Getreideschrot.

Nur etwa drei Prozent des europäischen Milchaufkommens dient heute der Heumilchproduktion. Da darf man schon behaupten, dass die Käsespezialitäten, die aus dieser Milch gewonnen werden, etwas ganz Besonderes sind. Neben der geschmacklichen Fülle, die die Köstlichkeiten bieten, ist der gesundheitliche Aspekt bemerkenswert. Heumilchprodukte

haben einen doppelt so hohen Wert an Omega-3-Fettsäuren und konjugierten Linolsäuren, also zweifach ungesättigte Fettsäuren, die das Herz- und Kreislaufsystem des Menschen unterstützen und für den Zellaufbau sehr wichtig sind. Da der Körper diese Säuren nicht selber produzieren kann, müssen sie mit der Nahrung aufgenommen werden. Und wenn Gesundheit so lecker schmeckt, wie der Bergkäse, der Emmentaler oder die Schnittkäsespezialitäten wird gesunde Ernährung zum Vergnügen.

Wertvolle Rohstoffe und Handwerkskunst

Neben der hochwertigen Milch ist auch die herkömmliche Produktion der Käsesorten wichtig, um ein wertvolles Nahrungsmittel herzustellen. In der Schönegger Käse-Alm besinnen sich die Käsermeister auf die alten Traditionen der Käseherstellung.

Unter den Händen der erfahrenen Fachleute und nach alten Rezepturen entstehen kulinarische Produkte, die ohne Zusatz- oder Konservierungsstoffe zubereitet und schonend verarbeitet werden.

Regionale Herkunft und Fachkompetenz

Für die Menschen wird der regionale Bezug ihrer Lebensmittel immer wichtiger. Seit nunmehr über 30 Jahren schätzen die Käseliebhaber die fachliche Beratung in den Verkaufsläden. Dort wird zartschmelzender Schnittkäse in den vielfältigsten Geschmacksrichtungen ebenso angeboten wie lange gereifter Hartkäse oder cremiger Weichkäse. Darüber hinaus enthält das Angebot Spezialitäten aus Schafs- und Ziegenmilch sowie Bergbauern- und Buttermilch. Joghurt und Butter sowie weitere regionale Spezialitäten runden das kulinarische Sortiment ab. So finden sich in den Regalen der Verkaufsläden geräucherter Bauernspeck, Wildspezialitäten und Honigköstlichkeiten sowie nach alter Handwerkskunst gebackenes, aromatisches Bauernbrot aus Natursauerteig.

Der Blick hinter die Kulissen

Wahre Genießer möchten in die Geheimnisse ihrer Lebensmittel einge-

weiht werden. Auf der Schönegger Käsealm hat man von Mai bis Oktober jeden Donnerstag und im Juli und August jeweils am Dienstag und Donnerstag um 11 Uhr die Gelegenheit, viel Wissenswertes über die Käseherstellung zu erfahren.

In einer einstündigen Vorführung stellt ein Käsermeister in einem Kupferkessel und mit historischen Gerätschaften Käse her. So erfahren die Besucher vieles über die Herkunft der Milch, die Herstellung des Käses und dessen Lagerung. Bei der anschließenden Probeverkostung genießen die Besucher die Köstlichkeiten.

Der Pfaffenwinkler Milchweg

Auf dem 4,2 Kilometer langen Rundweg erhalten die Wanderer ebenfalls interessante Einblicke in die Käsekultur. Anhand von 10 Stationen, die auf der Strecke liegen, lernen Groß und Klein unterhaltsam jede Menge über die wertvolle Milch und welch köstlich schmeckende Produkte man daraus herstellen kann. Eine Station davon ist auch die Schönegger Käse-Alm.

Schönegger Käse-Alm

Schönegg 6, D-82401 Rottenbuch/Schönegg
Tel. +49 (0)8867 489
info@schoenegger.com
www.schoenegger.com

Rieden mit Zellerberg

In idyllischer Landschaft gelegen

Die Gemeinde Rieden bei Kaufbeuren im nördlichen Landkreis Ostallgäu wird aus den Ortsteilen Rieden und Zellerberg gebildet und beheimatet ca. 1300 Einwohner.

Das breite Wertachtal mit seiner Auenlandschaft, dem überwiegend moorigen Untergrund und dem naturbelassenen Schlingener Stausee grenzt an eine trockene östliche Anhöhe aus der aber verschiedene Quellen entspringen. Auf der erhabenen Ebene finden sich die beiden Ortschaften.

Weiter nach Osten erstreckt sich der Lindenberg als Moräne in die Landschaft, dessen steil abfallender Rücken ein extremer Trockenstandort ist.

Durch diese wechselseitigen Begebenheiten auf relativ engem Raum

ist hier eine besonders interessante und breite Artenvielfalt entstanden, die unter einem besonderen Schutz steht.

Auch für den stillen Betrachter bietet sich ein breites Spektrum an Natur z.B. am See mit seiner bunten Vogelwelt bis zum Blick auf das gesamte Alpenpanorama von der markanten Anhöhe des Lindenbergs aus.

Die Wald-und Ackerwirtschaft findet auf den weitläufigen Ebenen statt.

Kurzer Blick ins Geschichtsbuch

Rieden gehörte zur Reichsabtei Irsee und wurde 1242 erstmals urkundlich erwähnt. Der Irseer Abt Honorius Grieninger errichtete 1793 einen

(Bilder Gemeinde Rieden)

imposanten Pfarrhof in Rieden , der 1980 originalgetreu wiederhergestellt wurde. Über der Tür des Pfarrhofes befindet sich ein Wappen des Klosters mit dem Irseer Löwen, des Konvents und des Abtes. Durch die Säkularisation 1803 kam Rieden zu Bayern und wurde mit dem Gemeindeedikt von 1818 eine selbständige Gemeinde.

Der Ortsname Zellerberg rührt von den Flurnamen „Zeller Berg" und „Zeller Wiesen" her, deren Ursprung die um 1500 niedergegangene Mönchsniederlassung „Zell" des Klosters Ottobeuren ist.

Zellerberg entstand als neuer Ortsteil von Rieden am nun stillgelegten Bahnhof Pforzen,der ab 1848 mit einigen Nebengebäuden erbaut wurde und heute auf Riedener Flur liegt. Hier siedelten sich nach dem 2.Weltkrieg überwiegend Heimatvertriebene an. Durch rasantes Wachstum und eine enorme Aufbauleistung näherte sich diese Siedlung in Richtung des landwirtschaftlich geprägten Ortes Rieden an, grenzte sich aber damals durch eine eigen entstandene Infrastruktur eher ab.

Heute profitieren beide Ortsteile voneinander und bilden als staatliche Gemeinde mit ihren Institutionen eine Einheit.

Sehenswürdigkeiten

Weithin sichtbar ist ein imposantes Wahrzeichen, das Ridmonument auf dem Lindenberg. Diese quadratische,

Ridmonument

turmartige Marienkapelle wurde 1848 vom Gutsbesitzer Johann Martin Rid und dessen Ehefrau errichtet.

Sehenswert ist auch die neu renovierte Pfarrkirche St. Martin. Bereits 1242 gab es in Rieden einen Pfarrer.Im Jahr 1472 wurden der Chor und der Turm umgebaut und diente zusammen mit dem umzäunten Friedhof als Fluchtburg. Im 17. Jahrhundert wurde das Langhaus neu umgestaltet. Später bekam das Kirchenschiff ein Tonnengewölbe und wurde barockisiert. Ab 1924 wurde die Kirche vergrößert.

Den Eingang zum ihr angegliederten alten Friedhof bildet die denkmalge-

Erlebnisraum Schlosspark

Pfarrkirche St. Martin

Freizeit und Sport

Die idyllische Riedener Landschaft wird durch ein weitläufiges Wander- und Radwegenetz erschlossen, das zu naturnahen und geschichtlichen Touren wie z.B. den "Seenhüpfern" und der "ArchäologieTourWertachtal" einlädt.

Das rege Vereinsleben bietet im Jahreslauf ein buntes Programm und sorgt mit seinen Veranstaltungen für ein Angebot, das alle Generationen anspricht.

Von den Glückswegen im Unterallgäu kommend, trifft man beim Eintritt in den Schlosspark vom Ostallgäu tatsächlich auf eine erste Parklandschaft.

Der Golfclub Bad Wörishofen e.V. ist in der Gemeinde Rieden beheimatet und wartet neben seiner Zertifizie-

schützte "Guckenhöhle",ein Spitzbogenportal aus dem Jahr 1472,das Teil der Fliehburg war. Im Zimmer darüber befand sich zeitweilig die Schule. Seit 1830 ist das Friedhofstor Gedächtnisstätte für die Opfer aller Kriege.

In Zellerberg hingegen besticht die moderne Kirche "St. Josef der Arbeiter", deren Ursprung in einem Gelübde zum Bau einer Kapelle lag. 1962 wurde der Entschluss zur Errichtung von" St. Josef-Kirche von Pforzen-Bahnhof", das 1963 in "Zellerberg"umbenannt wurde, gefasst. Nach einem verheerenden Brand wurde diese ab dem Jahr 1984 wiederhergestellt und weiter verschönert.Den Innenhof ziert ein moderner Marienbrunnen, der 1998 gestiftet wurde.

rung in Golf &Natur mit 18 Bahnen mit neuangelegten Grüns, Abschlägen und Bunkern auf. Man kann hier ganz deutlich das Naturerlebnis wahrnehmen, auf dessen ständiger Weiterentwicklung hier äußerst viel Wert gelegt wird.

Das weitläufige Sportgelände, Spiel- und Tennisplätze und das moderne Schützen-und Musikerheim bieten die Basis für eine vielseitige Betätigung und Begegnung vor Ort.

Zwei großzügige, aber gemütliche Gasthöfe mit Terrasse oder Biergarten und Fremdenzimmern laden mit ihren anspruchsvollen Speisekarten und speziellen „Dinners" zur Einkehr ein.

Beide Standorte verfügen jeweils über eine e-bike Ladestation.

Die ländliche Umgebung und die Nähe zu den Städten Bad Wörishofen, Buchloe, Kaufbeuren und dem Markt Irsee bietet eine ideale Ausgangslage für weitere Unternehmungen

Wichtige Adressen und Telefonnummern

Gemeinde Rieden-Zellerberg
Saalfeldstraße 4 a
D-87668 Rieden-Zellerberg
Tel. +49 (0)8346 358
Fax +49 (0)8346 982296
info@rieden-zellerberg.bayern.de
www.rieden-zellerberg.de

Schwangau

Dorf der Königsschlösser

Die Gemeinde Schwangau befindet sich im Landkreis Ostallgäu, eingebettet in eine der märchenhaftesten Urlaubslandschaften Bayerns. Das Naturschutzgebiet Ammergebirge mit seinen mächtigen Alpengipfel, eine sanfte Hügellandschaft und idyllisch gelegene Seen, lassen Urlaubsträume wahr werden.

Als Heilklimatischer Kurort und Allergikerfreundliche Kommune wird Schwangau von Urlaubsgästen aber auch von Wellnessliebhabern sehr geschätzt.

Das Ortsbild wird geprägt durch die ländliche Kultur, die in liebevoll gepflegten Bauerngärten, blumengeschmückten Balkonen und lebendigem Brauchtum zum Ausdruck kommt. Zahlreiche gastfreundliche Unterkünfte in allen Kategorien stehen für die Gäste zur Verfügung. Ein abwechslungsreiches gastronomisches Angebot in den Gaststätten sorgt für das leibliche Wohl.

Die Königsschlösser Neuschwanstein und Hohenschwangau thronen über den Fluren Schwangaus und können während einer Führung besichtigt werden. Neben einer herausragenden Naturlandschaft, bietet Schwangau auch ein vielseitiges Angebot an Freizeiteinrichtungen. Die Königliche Kristall-Therme mit einer großen Saunalandschaft und Thermalsolebecken, das Museum der bayerischen Könige oder auch die Tegelbergbahn laden zum Entdecken ein.

Blick über Schwangau auf Schloss Neuschwanstein
(Bilder Gemeinde Schwangau)

Kurzer Blick ins Geschichtsbuch

Das Schwangauer Gebiet war bereits in vorchristlicher Zeit besiedelt. Nach der Römerzeit bestand bereits um 600 eine alemannische Dorfsiedlung. Erstmals urkundlich erwähnt wurde Schwangau im Jahr 1090. Nach wechselnden Herrschaften gehörte Schwangau seit Beginn des 19. Jahrhunderts zum Königreich Bayern. 1832-36 wurde die Burg Schwanstein als Schloss Hohenschwangau von Maximilian I. wieder aufgebaut. König Ludwig II., sein Sohn, ließ 1869-86 Schloss Neuschwanstein errichten. Ende des 19. Jahrhunderts hielt der Fremdenverkehr Einzug in Schwangau, heute die wichtigste Einnahmequelle in der Gemeinde.

Sehenswürdigkeiten

Schloss Neuschwanstein

Jährlich besuchen etwa 1,5 Millionen Touristen aus aller Welt das „Märchenschloss" Neuschwanstein, eines der bekanntesten Sehenswürdigkeiten Deutschlands. König Ludwig II. ließ das Schloss, das als Hauptwerk des Historismus gilt, als Sinnbild einer mittelalterlichen Ritterburg errichten. Während einer geführten Tour durch das Schloss lassen sich die prachtvollen im romantischen Stil gestalteten Räume und die zahlreichen Wandmalereien bestaunen.

Schloss Hohenschwangau

Gegenüber im Schloss Hohenschwangau, in dem Ludwig II. zeitweise seine Kindheit verbrachte, kann man während einer Führung die in großen Teilen unveränderte Einrichtung aus der Biedermeierzeit anschauen. Mehr als 90 Wandgemälde behandeln Themen aus der Geschichte Schwangaus und aus mittelalterlichen Heldensagen.

Einen Besuch ist auch das Museum der bayerischen Könige nahe dem Schloss Hohenschwangau wert, das einen Einblick in die Geschichte der Wittelsbacher Königsfamilie vermittelt.

Im Ticket-Center in Hohenschwangau erhalten Sie die Eintrittskarten für die Königsschlösser. Infos über Öffnungszeiten der Königsschlösser und das Ticket-Center in Hohenschwangau, finden Sie unter www.hohenschwangau.de.

St. Coloman

Weitere Highlights in Schwangau sind die Marienbrücke mit Blick zum Schloss Neuschwanstein und die barocke Wallfahrtskirche St. Coloman aus dem 17. Jahrhundert.

Freizeit und Sport

Auf über 120 km Wanderwegen und 90 km Radwegen in Schwangau kann man eine der schönsten Regionen des Allgäus auf drei verschiedenen Ebenen kennenlernen, vom gemütlichen Spaziergang oder einer Genussradltour im Tal über herrliche Hüttenwanderungen bis zu anspruchsvollen Bergtouren. Bewirtschaftete Alpen und Hütten laden zur zünftigen Einkehr mit herzhaften Brotzeiten ein.

Zu den schönsten Wanderungen gehören der Rundweg um den Alpsee, der Panoramaweg „Königsrunde am Tegelberg" mit prächtigen Ausblicken oder die Wanderung für erfahrene Bergwanderer vom Tegelberg zur Jägerhütte über die Bleckenau zurück ins Tal. Ein Highlight für Familien und Erwachsene ist der GEOgrenzGÄNGER. Der grenzüberschreitende Rund-wanderweg ist 16 km lang und führt von Schwangau, über das

Walderlebniszentrum Ziegel-wies, nach Pinswang/Tirol und wieder an den jeweiligen Ausgangspunkt zurückführt. Für zusätzliche Motivation zum Wandern bei Kindern und Erwachsenen sorgt der Schwangauer Wanderpass, den Sie in der Tourist Information kostenlos erhalten. Ein 32 km lange Tour mit dem Rad um den Forggensee oder ein Ausflug zur Wieskirche lassen keine Wünsche offen. Infos über die Wander- und Radwege gibt es bei der Tourist Information Schwangau, www.schwangau.de.

Das einzigartige Bergpanorama rund um Schwangau können Gäste während einer Fahrt mit der Kabinenbahn auf den 1730 m hohen Tegelberg genießen. Ein Blick in die Vergangenheit lässt sich bei einem Besuch der römischen Ausgrabungen an der Tegelberg-Talstation tätigen, denn Schwangau liegt an einer alten römischen Handelsstraße, der Via Claudia Augusta. Am Fuße des Tegelbergs wartet auf Kletterer ein im Alpenraum einzigartiges Bergsportzentrum. Der stufenweise Aufbau umfasst u.a. einen Klettersteig-Lehrpfad für Familien sowie an-spruchsvollere Routen in der steilen Felswand für ambitionierte Sportkletterer. Der Schwansee, Alpsee,

Bannwaldsee und der Forggensee eignen sich perfekt zum Baden, Segeln, Surfen und Bootfahren. Eine Fahrt mit der Forggenseeschifffahrt sollte man nicht versäumen.

Im Winter

Die Wintersportarena an der Tegelbergbahn bietet mit vier Schleppliften fantastisches Wintersportvergnügen für Skiläufer, Carver und Snowboarder. Schwangau verfügt über ein 32 km langes Loipennetz für Skilangläufer im klassischen und Skatingstil mit unterschiedlichen Routen.

50 km geräumte Winterwanderwege laden zu erholsamen Wanderungen in der glitzernden Schneelandschaft ein. Besonders schön ist eine Kutschfahrt durch die romantische Winterlandschaft z.B. zur Wildfütterung in Schwangau Brunnen. Diese findet ab dem 25. Dezember statt solange der Schnee noch liegt.

Veranstaltungen

Kulturliebhaber genießen in Schwangau lebendige Tradition, sowohl beim Colomansfest mit Pferdebenediktion, beim Alpenländischen Marien- und Adventsingen, bei Heimatabenden und Kurkonzerten oder beim Alphornblasen am kristallklaren Alpsee. Durch die bevorzugte Lage direkt am Alpenrand, dort wo sich zwei der beliebtesten Ferienstraßen Deutschlands – die Romantische Straße und die Alpenstraße – kreuzen, gilt Schwangau als idealer Ausgangspunkt für Ausflüge in die Umgebung. Von hier aus lassen sich Schloss Linderhof mit einer wunderschönen Parkanlage, Oberammergau oder die Wieskirche als UNESCO Weltkulturerbe bequem erreichen. Auch die Städte München und Augsburg liegen nur jeweils 100 km weit entfernt von Schwangau und die nächstgrößere Stadt Füssen erreichen Sie in 4 km.

Wichtige Adressen und Telefonnummern

Tourist Information Schwangau
Münchener Straße 2
D-87645 Schwangau
Tel. +49 (0)8362 8198 0
Fax +49 (0)8362 8198 25
info@schwangau.de
www.schwangau.de

345

Geplanter Rückzugsort des bayerischen Königs

Schloss Neuschwanstein

Oberhalb von Hohenschwangau bei Füssen steht das sogenannte „Märchenschloss" König Ludwigs II. Ab 1869 ließ der romantisch veranlagte Ludwig den prachtvollen Bau auf der Burgruine von Vorderhohenschwangau nach seinen Visionen als idealisierte Vorstellung einer mittelalterlichen Ritterburg erbauen. In den Grundstein wurden der Bauplan, Porträts des Bauherrn und Geldmünzen eingelegt. Das Schloss sollte der dauerhafte persönliche Rückzugsort des Königs werden, doch die Geschichte nahm einen anderen Lauf. König Ludwig II starb 1886, sieben Wochen später wurde Neuschwanstein dem Publikum zugänglich gemacht. Er selbst hatte nur kurze Zeit im Schloss gelebt.

Heute gehört Neuschwanstein zu den meistbesuchten Schlössern und Burgen Europas. Auf dem ganzen

Gelände hört man verzückte Ausrufe wie „wunderschön" in vielen verschiedenen Sprachen, denn jährlich besichtigen rund 1,4 Millionen Menschen aus aller Welt die prächtige Anlage. Vom Parkplatz aus spazieren Besucher vorbei an Restaurants und Andenkenläden zum Ticketcenter Hohenschwangau unter-halb des Schlosses. Da die Eintrittskarte nur für eine bestimmte Uhrzeit gilt und die Führungen pünktlich beginnen, ist es ratsam, sich rechtzeitig auf den Weg zu machen. Dafür stehen drei Möglichkeiten zur Auswahl: entweder mit dem Shuttle-Bus fahren, zu Fuß den Berg hinauf wandern (ca. 30 Minuten), oder sich – ganz royal – von einer Pferdekutsche auf das Schlossgelände bringen lassen. Oben angekommen lässt der imposante Innenhof des Schlosses mit Blick auf die wildromantische Pöllatschlucht bereits erahnen, wie eindrucksvoll die 30-minütige Führung durch das Schloss sein wird. Der Eintritt erfolgt gruppenweise. Die Führung beinhaltet sowohl die einfachen Zimmer der Dienerschaft im ersten Obergeschoss als auch die königlichen Wohn- und Repräsentationsräume im dritten und vierten Obergeschoss.

Vom unteren Vorplatz mit Wandmalereien aus der Sigurd-Sage geht es in den sakral wirkenden Thronsaal mit sternengeschmückter Kuppel. Durch ein Vorzimmer gelangt man danach ins Speisezimmer, das bereits 1885 über ein elektrisches Klingelsystem verfügte. Vom königlichen Schlafzimmer mit originellem Waschtisch führt der Rundgang schließlich über die Hauskapelle zum Ankleidezimmer, das eine illusionistische Deckenmalerei aufweist.

Dann folgt das Wohnzimmer. Die Wandgemälde zeigen Motive aus Wagners Lohengrin-Saga. Anschließend kommt man von der phantasievoll gestalteten Grotte in den Wintergarten. Hier öffnet sich der Blick auf das Alpenvorland. Weiter geht es zum Arbeitszimmer und zum

ligen Zeit völlig neuen Konstruktions-
weise ersetzen: mit Trägern ohne
weitere stützende Rüstung. Im Jahr
1984 wurde die Brücke restauriert
und die Träger erneuert, die Gelän-
der sind jedoch bis heute im Original erhalten. Die Aussicht von der
Marienbrücke auf Neuschwanstein
ist wahrlich märchenhaft – und ein
belieb-tes Fotomotiv.

TIPP: Wer weiter auf royalen Pfaden
wandeln und den Lieblingsbadesee
König Ludwigs kennenlernen möchte,
kann sich auf einer Wanderung rund
um den idyllisch gelegenen Alpsee
hinter Hohenschwangau von der herrlichen Landschaft bezaubern lassen.

Adjudantenzimmer. Der Sängersaal,
ein Lieblingsprojekt des Königs und
neben dem Thronsaal der wichtigste
Raum im Schloss, erstreckt sich über
das gesamte vierte Obergeschoss. Die
Führung endet im zweiten Obergeschoss (Shop, Cafeteria, Multimedia-
Raum). Wer möchte, kann im Erdgeschoss noch die historische Küche
besichtigen.
Nach der Schlossführung sollte man
unbedingt die nahe gelegene Marienbrücke aufsuchen, der Weg ist gut
beschildert. Die Brücke in neunzig
Metern über dem Pöllatfall ist nach
der Mutter Ludwigs II, Königin Marie,
benannt und wurde ursprünglich von
König Maximilian II als hölzerner Reit-
steg erbaut. Sein Sohn Ludwig ließ
die Brücke 1866 durch eine filigrane
Eisenkonstruktion in einer zur dama-

Deutsch- und englischsprachige Besucher werden durch das Personal der Bayerischen Schlösserverwaltung geführt, für alle anderen Besucher werden begleitete Audio-Guide-Führungen in vielen Sprachen angeboten.

Ticketverkaufszeiten:
April bis 15. Oktober: 8 bis 17 Uhr
16. Oktober bis März: 9 bis 15 Uhr.

Öffnungszeiten
Schloss Neuschwanstein:
28. März bis 15. Okt.: 9 bis 18 Uhr;
16. Okt. bis 27. März: 10 bis 16 Uhr.
Täglich geöffnet außer am 1. Januar und am 24., 25. und 31. Dezember.

Eintrittskarten ausschließlich hier:
Ticket-Center Hohenschwangau

Alpseestraße 12
D - 87645 Hohenschwangau
Tel.: +49(0) 83 62 9 30 83-0
Fax: +49(0) 83 62 9 30 83-20
info@ticket-center-hohenschwangau.de
Anmeldungen für exklusive Sonderführungen – auch Rollstuhlfahrer/innen und Gehwagenbenutzer/innen – bitte vorab bei:

Schlossverwaltung
Neuschwanstein

Neuschwansteinstraße 20
D - 87645 Hohenschwangau
Tel.: +49(0) 83 62 9 39 88-0
Infoline +49(0) 83 62 9 39 88-77
Fax: +49(0) 83 62 9 39 88-19
svneuschwanstein@bsv.bayern.de
www.neuschwanstein.de

Kristalltherme Schwangau

Wasser, Wärme, Wohlbefinden

In der neu gestalteten, königlich ausgestatteten Kristall-Therme in Schwangau am Forggensee, dem viertgrößten See im Allgäu, erleben Besucher königliches Ambiente als Fortsetzung der Baderäume des Märchenkönigs Ludwig II. Bei der Einrichtung wurden Gestaltungselemente aus den Königsschlössern übernommen und eine Therme mit modernster Badekultur geschaffen. Entsprechend der Heilslehre von Hildegard von Bingen verzieren fünfzehn Tonnen Edel- und Halbedelsteine die Thermen- und Saunalandschaft. Aus jedem Bereich der Therme sind die Märchenschlösser Neuschwanstein und Hohenschwangau vor der prachtvollen Kulisse des Ammergebirges zu sehen.

Das 30 bis 32° C warme Thermenbecken ist mit Gebirgsmineralwasser befüllt, das mit GRANDER-Technologie und Edelsteinen aufbereitet wird. Sprudelsitzbänken, Sprudelliege und Massagedüsen sorgt für herrliche Entspannung. In der Wohlfühltherme des Natursolebeckens mit einer Temperatur von 32 bis 36° C erleben Badegäste die wohltuende Heilkraft des amtlich geprüften Thermalsole-Heilwassers.

Der Zauberberg der Edelsteine ist eine weitere Attraktion in der Kristall-Therme. Im Ruheraum wurden 30 Tonnen ausgesuchter Amethyste, Bergkristalle, Citrine und ein Smaragd künstlerisch verarbeitet. Die Hintergrundbeleuchtung verändert in regelmäßigen Abständen die Farbenpracht und sorgt für ein Feuerwerk von Licht und Farben.

Im prachtvoll ausgestatteten, angrenzenden Hildegard-von-Bingen-Schatzkästchen erwartet die Besucher ein ganz besonderes Ambiente.

Königlich ausgestattete Kristall-Therme

Am Kurpark Schwangau GmbH
Am Ehberg 16
D-87645 Schwangau
Tel. +49 (0)83 62-92 69 40
Fax +49 (0)83 62-92 69 41 90
info@kristalltherme-schwangau.de
www.kristalltherme-schwangau.de

Die Kristall-Therme bietet außerdem eine Sauna-Landschaft mit sieben Themensaunen, zwei Dampfbädern sowie einem Salz-Dampfbad Venusgrotte.

Der Wellnessbereich bietet eine Fülle von Möglichkeiten, um mit Hilfe von Massagen, therapeutischen Anwendungen, Ayurveda oder Kosmetikbehandlungen das Wohlbefinden zu steigern.

In allen Bereichen, ob in der Therme, im Foyer oder in der Sauna-Landschaft, werden die Besucher königlich mit Speis und Trank bewirtet.

Drei Berge – ein Erlebnis

Tegelbergbahn in Schwangau

Direkt neben den Märchenschlössern König Ludwig II. von Bayern gelegen, lädt der Tegelberg zu Bergabenteuern der besonderen Art ein. Auf einer Höhe von 1.730 m Höhe erschließt sich das Naturschutzgebiet "Ammergebirge", das im Sommer zu Berg-, Wander- und Klettertouren und während des Winters zu einzigartigen Wintersportfreuden einlädt.

Auf Themenwegen können sich die Besucher über Eiszeit, Geologie und Kultur informieren und sich über manche Anekdote aus dem bayerischen Königshaus amüsieren. Seit den Pioniertagen des Drachenflugs ist der Tegelberg sowohl bei den Drachen- wie auch den Gleitschirmpiloten ein beliebter Flugberg. Bei den ansässigen Flugschulen kann man bei einem Tandemflug Höhenluft schnuppern oder sich bei einem Kurs für die luftige Sportart ausbilden lassen. An der Talstation der Tegelbergbahn stehen den Besuchern neben einer 760 Meter langen Sommerrodelbahn auch ein gemütlicher Biergarten und erlebnisreicher Kinderspielplatz zur Verfügung.

Im Winter bieten moderne Beschneiungsanlagen und beleuchtete Liftanlagen im Tal ein schneesicheres Vergnügen für alle Wintersportler. Die 4,2 km lange Skiroute ab der Bergstation ist für sportliche Skifans eine Herausforderung und wahre Attraktion.

Langlaufsportler erfreuen sich an der beleuchteten Nachtloipe direkt unterhalb vom Schloss Neuschwanstein. Winterwanderwege ab der Bergstation und im Schwangauer Tal bieten auch Fußgängern ein unvergessliches Wintererlebnis.

Neben zahlreichen Berghütten, die sich in diesem Paradies finden, bietet die Panorama-Gaststätte einen spektaku-lären Blick über Allgäuer und Tiroler Alpen, während man die regionale Küche des Hauses genießt.

Tegelbergbahn GmbH & Co. KG

Tegelbergstraße 33
D-87645 Schwangau
Tel. + 49 (0)8362 98 360
info@tegelbergbahn.de
www.tegelbergbahn.de

Breitenbergbahn in Pfronten

Zu jeder Jahreszeit ist der Breitenberg ein Erlebnis. Die Hochalpe auf etwa 1.600 m Höhe erschließt ein weites Gebiet, das zum Wandern, Bergsteigen und Mountainbiken einlädt. GEO-Pfade laden zu Entdeckungstouren ein und ideale Verhältnisse finden die Drachen- und Gleitschirmflieger vor.

Während der Wintermonate ist die Hochalpe ein wahres Eldorado für Wintersportler. Mit einer Vierer-Sesselbahn und mehreren Schleppliften wird ein Skigebiet von ca. 13,0 km variablen Abfahrten erschlossen. Zurück zur Talstation der Breitenbergbahn geht´s entweder mit der Gondel oder auf der 6 km langen Hochalp-Skiroute. Das besondere Highlight am Breitenberg ist jedoch die mit 6 km längste

Naturrodelbahn im Allgäu, die von der Bergstation der Hochalpbahn bis ins Engetal führt. Für das leibliche Wohl sorgen mehrere Hütten, in denen neben den herrlichen Ausblicken auf das Allgäuer und Tiroler Voralpenland die regionale Küche nicht zu verachten ist.

Breitenbergbahn Pfronten GmbH & Co. KG
Tiroler Str. 176, D-87459 Pfronten
Tel. + 49 (0)8363 5820
info@breitenbergbahn.de
www.breitenbergbahn.de

Buchenbergbahn in Buching

Während des Sommers erschließt sich den Naturfreunden ein familienfreundliches Wandergebiet inmitten des Naturschutzgebietes "Ammergebirge".

Auf reizvollen Wanderwegen kann man das einmalig schöne Paradies für sich entdecken, während der Blick über das Voralpenland mit seinen zahlreichen Seen und weiter in die Allgäuer und Tiroler Alpen schweift. Seit vielen Jahren ist der Buchenberg ein beliebter Startplatz für Drachen- und Gleitschirmflieger.

In den Wintermonaten bietet das Skigebiet am Buchenberg mit der Familienabfahrt Freizeitspaß für Groß und Klein. Auf über 1.100 m Höhe sind die Hänge für Skifahrer sowie Snowboarder ein wahrer Genuss... und für Nichtskifahrer ist die 4,2 km lange beleuchtete Winterrodelbahn ein unvergessliches Erlebnis aus Sport und Spaß. Die Buchenberg-Alm, direkt neben der Bergstation gelegen, hat neben der regionalen Küche einen faszinierenden Blick über die Allgäuer Bergkulissen und das Voralpenland zu bieten. Neben dem großen Spielplatz freuen sich zwei Eselchen und Ziegen auf ein paar Streicheleinheiten.

**Doppelsesselbahn
Buching Buchenberg**

Füssener Straße 19
D-87642 Buching/Halblech
Tel. + 49 (0)8368 91020
info@tegelbergbahn.de
www.buchenbergbahn.de

Beliebter Campingplatz am Forggensee

Camping Brunnen

Der mehrfach ausgezeichnete und von allen Campingführern empfohlene Campingplatz Brunnen am Forggensee bietet alles, was das Camperherz begehrt. Die prachtvolle, ruhige Lage direkt am See mit Blick auf die Ammergauer Alpen und Schloss Neuschwanstein und die perfekte Ausstattung lassen keine Wünsche offen. Der kinderfreundliche Platz ist ganzjährig geöffnet. Großzügig angelegte Stellplätze für Caravans, Wohnmobile und Zelte sind vorhanden.

Alle Plätze außer den Zeltplätzen verfügen über einen eigenen Stromanschluss. Zum Angebot gehören auch Komfortstellplätze mit Wasser- und Abwasseranschluss. Auf dem ganzen Platz kann kostenloses W-LAN genutzt werden. Die modernen Sani-

täranlagen sind mit modernstem Komfort ausgestattet. Hierzu gehören Fußbodenheizung, Einzeldusch- und Waschkabinen, behindertengerechtes Bad und WC, Kinderbadezimmer, Babybad, Wickelraum, Spülküche mit Spülmaschine, Waschraum mit Waschmaschinen, Schleuder und Trockner sowie Hundebad und Hundedusche.

In der neuen Wellness- und Saunaanlage im zweiten Obergeschoss des Wirtschaftsgebäudes können Gäste in drei Saunen, im Whirlpool und in einem großen Ruheraum Entspannung finden.

Kinder dürfen sich auf dem Abenteuer- und Kinderspielplatz und dem Bolzplatz richtig austoben. Auch ein Beach-Volleyball Platz ist vorhanden. An Regentagen gibt es im Spielstadl

herrliche Spielmöglichkeiten. Für die Größeren stehen Billardtisch, Flipper, Tischtennis, Tischfußball sowie ein großer Fernseh- und Aufenthalts-raum zur Verfügung.

Im Happy Family Club wird in der Hauptsaison professionelle Kinderanimation angeboten. Für Ausflüge in die nähere Umgebung kann der Fahrradverleih genutzt werden.

Im Mini-Markt erhalten Gäste alles für den täglichen Bedarf zu fairen Preisen. In der gemütlichen Gaststätte Brunnenstüberl mit Biergarten und herrlicher Aussicht kann man sich mit regionalen Spezialitäten und bayerischen Schmankerln verwöhnen lassen.

Camping Brunnen
Seestr. 81
D-87645 Schwangau/Brunnen
Tel. +49 (0)83 62-82 73
info@camping-brunnen.de
www.camping-brunnen.de

Zwischen See und Königsschloss

Camping Bannwaldsee

Dort, wo die Wellen ans Ufer des Bann-waldsee plätschern, liegt inmitten eines Naturschutzgebietes der 4-Sterne Campingplatz. In der lieblichen Landschaft zwischen Bergen und See blickt man auf die Schlösser von König Ludwig II., die sich majestätisch an die Bergkulisse des Ammergebirges schmiegen.

Dieses Land, das dem erholungssuchenden Reisenden ebenso viel zu bieten hat wie dem Aktivurlauber, bietet auch dem Campinggast jede Menge Abwechslung. Das freundliche Team vom Camping Bannwaldsee gibt gerne den einen oder anderen Tipp.

Die Stellplätze für Wohnmobil, Caravan und Zelt sind komfortabel ausgestattet.

Außerdem können Schlaffässer, Ferienwohnungen und Mietwohnwagen gebucht werden. Der direkte Zugang zum See mit Badesteg, eine herrliche Liegewiese und ein Kinderspielplatz tragen dazu bei, dass sich Familien wohlfühlen und entspannte Ferien genießen.

Die Ausstattung des Platzes lässt keine Wünsche offen: So entspricht das Sanitärgebäude den neuesten Anforderungen, ist gepflegt und barrierefrei erreichbar. Eine Internetecke und Hotspots bieten WLAN-Empfang und die Kinder kommen in der „Räuberhöhle" auf ihre Kosten. Im Schwangauer Bauernmarkt werden regionale Köstlichkeiten angeboten.

Das zum Platz gehörende „Restaurant Bannwaldsee" verwöhnt die Gäste mit bayerischer Küche und fangfrischen Fischspezialitäten aus dem See. Ein Besuch der Caféterrasse oder des gemütlichen Biergartens am Abend lohnt sich, genießt man doch hier entspannende Stunden.

Während der Sommersaison von Mai bis September bietet die „Pizzeria Madeleine" italienische Spezialitäten und

viele Pizza- und Salatvariatio-
nen. Auf der sonnigen Terrasse wird man mit Espresso und
Cappuccino verwöhnt.
Der „Bannwaldsee-Stadl" in
dem bis zu 300 Personen
Platz finden, ist ein besonderes Schmankerl für die Gäste,
die dort wie auch auf der
Freifläche mit Biergartenbe-
trieb bayerische Gastlichkeit bei
Stimmungs- und Allgäuer Unter-
haltungsabenden finden. Der Wohn-
mobilpark des Camping Bannwaldsee
ist komfortabel für bis zu 24 Fahrzeu-
ge ausgestattet. Die Flächen sind mit
Strom versorgt und haben Frisch- und
Abwasseranschluss. Die sanitä-
ren Einrichtungen des Cam-
ping-platzes und der Badestrand sowie
die gastronomischen Angebote können
von den Wohnmobilgästen genutzt werden. Der mobile Reisegast, der mit Auto
und Caravan, mit Reisemobil und Zelt
unterwegs ist, findet hier eine einzigartige Location, in der er erholsame Ferientage in einmaliger Umgebung genießt.

Camping Bannwaldsee
Münchner Str. 151
D-87645 Schwangau
Tel. +49 (0)8362 93 000
Fax +49 (0)8362 93 00 20
info@camping-bannwaldsee.de
www.camping-bannwaldsee.de

Stötten am Auerberg

Liebliche Gemeinde am Fuß des Auerbergs

Von Weitem erblickt man aus allen Himmelsrichtungen kommend den Auerberg, der sich mit über 1.055 m ü.M. aus dem Alpenvorland erhebt. An seinem westlichen Fuße liegt Stötten a.Auerberg, eine der Gemeinden des Auerberglandes. Von den Stöttener Hochmooren umgeben liegt der Ort auf 733 m ü. M. und bietet 1.800 Einwohnern ein behagliches Zuhause.

Durch die Anbindung an die B 16 zwischen Füssen und Marktoberdorf, die aber das Dorf großräumig umfährt, ist von Stötten a.Auerberg aus der Weg nicht weit zu den kulturellen Höhepunkten des Füssener Königswinkels. Die Schlösser König Ludwig II und die vielen Burgen im Ostallgäu sind in wenigen km erreichbar. Auch zum Forggensee, dem viertgrößten See Bayerns, ist es nur ein Katzensprung.

Kurzer Blick ins Geschichtsbuch

Eine erste Erwähnung Stöttens findet sich im Jahr 1314 unter dem Namen „Steten auf dem Urberc", obwohl Spuren der ersten Besiedelung um den Auerberg herum auf die Jungsteinzeit zurückgehen. Mit Einwanderung der Kelten im 8. Jh. v. Chr. kam die Eisenverhüttung und -verarbeitung ins Voralpenland – sie legten auch den Grundstein für eine intensive bäuerliche Wirtschaftskultur. Nach der Besiedelung durch die Römer kam es im 6. bis 7. Jh. n. Chr. zu einer keltisch-alemannisch-römischen Mischbevölkerung.

Stötten am Auerberg
(Bild Wikiedia, Flodur63 CC SA-BY 3.0)

Sehenswürdigkeiten

**Pfarrkirchen
St. Peter und Paul**

Nach dem Bau der Kirche, der auf des 12. Jh. zurückgeht und in einer Urkunde des Kloster Stams erwähnt wird, wird die Kirche im 17. Jh. erweitert und von dem berühmten Wessobrunner Gipsmeister, Johann Schmuzer, mit einer sehenswerten Stuckdecke im Chor geschmückt. 1780 wurde die Kirche nochmals vergrößert und von Joseph Keller aus Pfronten mit einem Deckenfresko im Stil von Rokoko zum Klassizissmus versehen.

Besonders sehenswert sind die Kreuzigungsgruppe am Altar aus dem Jahr 1525 sowie eine Weltkugeluhr im Apsisbogen, die von den beiden Kirchpatronen St. Peter und Paul gehalten wird.

Freizeit und Sport

Wer Ruhe und Erholung inmitten idyllischer Natur sucht, ist in Stötten a.Auerberg gut aufgehoben. Durch seine Nähe zu den Sehenswürdigkeiten des Pfaffenwinkels, des Füssener Landes mit seinen Schlössern und Burgen und den Allgäuer und Ammergauer Alpen hat sich Stötten a.Auerberg als Urlaubsort einen Namen gemacht. Doch auch in der näheren Umgebung warten vielfältige Freizeitaktivitäten.

Wichtige Adressen und Telefonnummern

Gemeinde Stötten a.Auerberg
Füssener Str. 11
D-87675 Stötten a.Auerberg
Tel. +49 (0)8349 92 040
Fax +49 (0)8349 92 04 15
info@stoetten.de
www.stoetten.de

Waal

Heimat der Singoldquelle

In dem beschaulichen Markt Waal hat die Singold mitten im Ortskern ihre Quelle. Der Fluss fließt 51 Kilometer durch das Land, um schließlich in Augsburg in den Augsburger Fabrikkanal zu münden. In der Gemeinde Markt Waal leben derzeit rund 2.250 Menschen in idyllischer Umgebung ganz nah der Alpen. Gäste des Marktfleckens sind begeistert von dem Charme, den die Architektur der Gemeinde und die umliegende Landschaft versprühen. Weit über die Region hinaus bekannt ist Markt Waal durch seine Passions- und Heiligenspiele, die zu den ältesten Spielen in Bayerisch-Schwaben zählen.

Kurzer Blick ins Geschichtsbuch

Markt Waal blickt auf eine bewegte Geschichte zurück. Wie im Gemeindenamen deutlich erkennbar, wurde schon frühzeitig das Marktrecht

an den Ort verliehen. Dies geschah 1444 durch Kaiser Friedrich III. Die Verleihung des Marktrechtes bedeutete zur damaligen Zeit einen wichtigen Schritt in Richtung wirtschaftliche Unabhängigkeit. Allerdings fand Waal schon 890 erstmals Erwähnung in der Dokumentation des Klosters Ottobeuren. Verschiedene Herrschaften sorgten für eine bewegte Geschichte. Im Jahr 1806 wurde die Gemeinde Markt Waal durch die Rheinbundakte Bayern zugeordnet. Später kam es dann zur Eingliederung anderer Gemeinden. Dazu zählen beispielsweise Emmenhausen und Bronnen.

Sehenswürdigkeiten

Auch wenn die Gemeinde Markt Waal auf den ersten Blick klein und vielleicht sogar ein wenig unscheinbar wirkt, so hat sie ihren Besuchern doch einige interessante Sehenswürdigkeiten zu bieten. Das Schloss

Waal
(Bilder: Markt Waal)

Passionsspiele

gilt als eine davon. Hier residiert die Fürstenfamilie von der Leyen. Es wurde Mitte des 16. Jahrhunderts errichtet und steht heute unter Denkmalschutz. Das Walmdachhaus mit den Ecktürmen wirkt besonders eindrucksvoll. Dazu gehört außerdem eine imposante Schlossparkanlage.

Ein weiteres Kleinod ist die katholische Pfarrkirche St. Anna, die sich direkt neben dem Schloss befindet. Früher gehörte sie zum Schloss. Freunde der Architektur werden die neugotischen Formen des Gotteshauses sofort erkennen. Die Kirche wurde erst im 19. Jahrhundert entsprechend umgestaltet. Das Kircheninnere begeistert durch barocke Formen, die erst nach dem Dreißigjährigen Krieg entstanden. Ein besonderer Blickfang wurde mit dem Dreikönigsaltar geschaffen.

Auch die im frühen Hochmittelalter gebaute Kirche St. Nikolaus gilt als wichtige Sehenswürdigkeit der Gemeinde Markt Waal. Bevor St. Anna zur Pfarrkirche wurde, fiel diese Aufgabe St. Nikolaus zu. Inzwischen ist die Kirche zur Filialkirche geworden. Die eingegliederten Gemeinden Waalhaupten, Bronnen und Emmenhausen haben ebenfalls attraktive Sehenswürdigkeiten vorzuweisen. In Waalhaupten steht die Pfarrkirche St. Michael, deren wertvolle Deckengemälde die Besucher in ihren Bann ziehen. Die Gemälde stammen aus dem Jahr 1787.

Auch die Pfarrkirche St. Margareta in Bronnen und die Pfarrkirche St. Ulrich in Emmenhausen ziehen zahlreiche Besucher an. Ein weiterer Besuchermagnet ist die Mariengrotte in Emmenhausen.

Gemeindehaus, Feuerwehrhaus und Rathaus

Freizeit und Sport

Markt Waal gilt als idealer Ausgangspunkt für Wanderungen und Radtouren. Das gut ausgebaute Wegenetz führt durch das gesamte Allgäu und bietet Touristen viele attraktive Routen zu Fuß oder mit dem Rad. Die wunderschöne Landschaft lässt jede Wanderung zu einem unvergesslichen Erlebnis werden. Natürlich hält auch die Singold ein kleines Highlight für die Gäste der Gemeinde bereit. Die Wassertretanlage bereitet Jung und Alt ein äußerst gesundes Vergnügen.

Orts- und Infrastuktur

Die Gemeinde Markt Waal ist in das öffentliche Nahverkehrsnetz gut integriert. Hier verkehrt eine Buslinie, die die umliegenden Gemeinden anfährt und an den Endhaltestellen Anschluss zu den Zügen der Bayerischen Allgäubahn bietet. Wer mit dem Auto unterwegs ist, erreicht den Ort über die A96 oder die B12. Direkt in Markt Waal gibt es einen Kindergarten und eine Grundschule. In den umliegenden Gemeinden sind weiterführende Schulen vorhanden.

Schule

Seniorenheim

Wichtige Adressen und Telefonnummern

Markt Waal
Marktplatz 1
D-86875 Waal
Tel. +49 (0)8246 252
Fax +49 (0)8246 222
waal@buchloe.de
www.waal.de

Auch eine Senioreneinrichtung ist vor Ort. In einem idyllischen Umfeld verbringen die älteren Menschen ihren Lebensabend und genießen eine äußerst zuvorkommende Betreuung.

Selbstverständlich nutzt Markt Waal das verliehene Marktrecht und veranstaltet dreimal im Jahr gut frequentierte Märkte in einzigartiger Atmosphäre. Dabei handelt es sich um den Pfingstmarkt, den Kunsthandwerkermarkt im Juli und um den Adventsmarkt in der Vorweihnachtszeit.

Singoldquelle

Waal im Winter

Wald

Staatlich anerkannter Erholungsort – Schönstes Dorf Schwabens 2017

Der traumhaften Bergkulisse, die sich im Süden der Gemeinde zeigt, kann man sich nicht entziehen. Aus jedem Winkel des Gemeindegebietes erblickt man hinter den Hügeln des Voralpenlandes die prächtige Kette der Alpen. Wald ist ein idyllisches Dorf und ein staatlich anerkannter Erholungsort. In der Gemeinde (800 m ü. M.) und seinen 21 Ortsteilen leben ca. 1.100 Einwohner. Die gepflegte Kulturlandschaft um Wald herum bietet zahllose Möglichkeiten für einen naturnahen Aktivurlaub. Ein bestens gepflegtes und beschildertes Rad- und Wanderwegenetz erschließt dem Freizeitsportler eine harmonische Region für entspannende Stunden in der Natur. Doch auch für Ausflüge zu den Sehenswürdigkeiten des Allgäus mit seinen Schlössern und Burgen ist die zentrale Lage der Gemeinde ideal.

Kurzer Blick ins Geschichtsbuch

Urkundlich erwähnt wird Wald, das als Rodungsort durch die schrittweise Urbarmachung des Kemptner Waldes hervorging, im Jahr 1397 mit dem Bau der Kirche. Die Siedler unterstanden seinerzeit der Herrschaft Kemnat und der Reichsvogtei Aitrang. Ab 1493 gehörte Wald dem Hochstift Augsburg und ab 1806 dem Königreich Bayern.

Sehenswürdigkeiten

Die katholische Pfarrkirche, die dem Heiligen Nikolaus geweiht ist. Der Innenraum wurde um 1670 im barocken Stil ausgestattet. Die Deckengemälde im Langhaus gehen auf den berühmten Kirchenmaler Josephus Keller aus Pfronten zurück, der diese 1782 schuf.

Ein alter Stadel im Pfarrgarten beheimatet das Dorfmuseum der Gemeinde, dessen Exponate die Geschichte des Ortes erzählen. Handwerkszeug aus frühen Jahren, das die schwere Arbeit und das mühsame Leben der Landbevölkerung dokumentieren. Bei einem Besuch des Museums können die Besucher in längst vergangene Zeiten eintauchen. Als gewidmeter Trauungsort ist das nostalgische Ambiente sehr beliebt.

Blick auf Wald
(Bild Gemeinde Wald)

Freizeit und Sport

Östlich der Gemeinde liegen die drei Walder Weiher aufgereiht wie an einer Perlenschnur Der erste lädt zum Baden ein, der zweite wird zum Angeln genutzt und am dritten findet man Ruhe. Am Badeweiher befinden sich Liegewiese, Kinderspielplatz, Badeplattform und ein Kiosk. Hier entlang führt ein Naturpfad, mit Schautaufeln und Infos über die Entstehung der Walder Weiher, ebenso Beschreibungen von Fauna und Flora. Am Schluss wartet noch ein gemütliches „Gruabar –Plätzle" mit 2 Liegen.

Die herrliche Natur rund um Wald lässt sich bei einer Wanderung am besten entdecken. Empfehlenswert ist ein Ausflug in das Landschaftsschutzgebiet Wertachtal. Auf einem Rundweg lernt man die Pflanzen- und Tierwelt kennen. Bei der Rückkehr aus dem Tal wird man mit einem herrlichen Bergblick belohnt. Darüber hinaus fordert der Hängesteg bei Kaltenbrunn - die einzige Querung über die Wertach zwischen Wald und Nesselwang - zu einer Mutprobe heraus: Auf einem schwankenden, 30 Meter langen, wildromantischen Steg überquert der Wanderer die Wertach.

Am anderen Ufer kann ein einzigartiger, terrassenförmiger Wasserfall bewundert werden.

Während des Winters sorgt ein professionelles Skating- und Loipennetz mit verschiedenen Schwierigkeitsgraden und fantastischen Ausblicken auf die Bergwelt für Abwechslung.

Orts- und Infrastruktur

Obwohl die Gemeinde von der Landwirtschaft geprägt ist, siedelten sich verschiedene Handwerks-, Gewerbe- und Dienstleistungsbetriebe an. Die Vereine der Gemeinde engagieren sich mit unterhaltsamen und interessanten Veranstaltungen, die häufig in der „WaldHalla", dem örtlichen Sport- und Kulturzentrum stattfinden.

Wichtige Adressen und Telefonnummern

Gemeinde und Gästeinformation Wald
Nesselwanger Straße 4
D-87616 Wald
Tel. +49 (0)8302 473
Fax +49 (0)8302 1420
info@wald-allgaeu.de
www.wald-allgaeu.de

Berghof mit Walder Käskuche

Restaurant - Landhotel - Käserei - Hofladen - Bauernhof

Weit schweift der Blick über die Allgäuer Voralpenlandschaft. Hier, in sonniger Alleinlage hat die Familie Babel ein kleines Paradies geschaffen, in dem die Sinne verwöhnt werden.

Landhotel und Restaurant

Liebe- und stilvoll eingerichtete Familienappartements und Gästezimmer empfangen die Gäste mit komfortabler Ausstattung und Einrichtung. Ein Erlebnisgarten mit Saunalandschaft, Hallenbad sowie Schwimmteich und großzügigen, geschmackvoll angelegten Außenanlagen laden zum Entspannen und Wohlfühlen ein und runden das freundliche Ambiente des Hauses ab.

Urig und gemütlich präsentiert sich das Restaurant, das die Gäste mit einem herrlichen Panoramablick verwöhnt. Den Gaumen wird mit kreativ zubereiteten, regionalen und internationalen Köstlichkeiten aus der Küche geschmeichelt und der Genuss von Rind-, Schwein- und Kalbspezialitäten ist gesund, stammen sie doch aus artgerechter Aufzucht vom hauseigenen Hof.

Walder Käskuche

Die von den eigenen Kühen stammende Milch wird in der Käseküche verarbeitet. Wie auch im Stall kann man dort die sach- und fachgerechte Herstellung der hochwertigen Käsespezialitäten verfolgen und viel Wissenswertes erfahren,

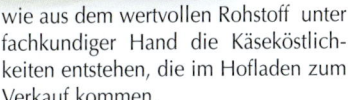

wie aus dem wertvollen Rohstoff unter fachkundiger Hand die Käseköstlichkeiten entstehen, die im Hofladen zum Verkauf kommen.

Berghof Waldbräu – hausgemacht gut gemacht

Urig und gemütlich präsentiert sich das Bräustüberl. In der hauseigenen Brauerei wird einmal in der Woche von erfahrenen Braumeistern nach dem Reinheitsgebot von 1516 Bier gebraut. Bierspezialitäten der Spitzenklasse wie Hefeweizen und Helles und je nach Saison ein hopfiges Pils, Bockbier, Märzen oder Weihnachtsbier warten hier auf Genießer.

Herzblut in der Landwirtschaft

Das Tierwohl wird bei der Familie Babel groß geschrieben. Die Milchkühe, Schweine und Pferde werden auf dem Hof artgerecht gehalten. Den Besuchern gestattet man gerne einen Blick in die Stallungen. Dort können sie sich ein Bild machen, dass sie die tierischen Produkte in der Gastronomie und der Käseküche mit ruhigem Gewissen genießen können. Außerdem erfreuen sich die kleinen Gäste an dem Streichelzoo, in dem sie mit Pony, Esel, Ziegen, Hasen und Katzen schmusen dürfen.

Berghof Babel

Nesselwanger Str. 44
D-87616 Wald
Tel. +49 (0)8302 200
info@berghof-babel.de
www.berghof-babel.de

Der Logenplatz vor den Alpen

Traumhafte Panoramablicke begleiten die Urlauber im südlichen Allgäu, dem Logenplatz im Schlosspark.

In der sanft hügeligen Voralpenlandschaft liegen die sechs Dörfer Eisenberg, Hopferau, Rieden am Forggensee, Roßhaupten, Rückholz und Seeg. Aus jedem Winkel erschließt sich dem Besucher der freie Blick ins Bergpanorama. Diese Region, in der mächtige Burgruinen, genussvolle Sennereien und unzählige Naturerlebnisse auf Entdeckungsfreudige warten, gehört zu den seenreichsten in Bayern. Etwa 50 Seen und kleinere Weiher verleihen der Landschaft ihr einmaliges Erscheinungsbild. Und

Bilder Tourismusgemeinschaft Südliches Allgäu

jeder Ort hat seinen eigenen Charme und seine Geschichten, die er dem Besucher gerne erzählt.

Einheimische wie auch die Gäste schätzen die Idylle der Region, in der Natur, Kultur und regionale Produkte perfekt gemischt sind und für jeden Geschmack etwas geboten wird. In dieser Bilderbuchlandschaft lädt eine bunte Vielfalt von Hotellerie und Gastronomie zum Wohlfühlen und Genießen ein. Und ein flächendeckendes Wander- und Radwegenetz erschließt den Menschen eine der schönsten Gegenden des Allgäus.

Grüne Wiesen, blau schimmernde Seen und der Blick auf die Königsschlösser sowie das nahe Bergpanorama prägen die Eindrücke im südlichen Allgäu, in dem sich die Gemeinden Eisenberg, Hopferau, Rieden am Forggensee, Roßhaupten, Rückholz und Seeg dem Besucher präsentieren.

Neben der idyllischen Landschaft, die man bei Spaziergängen und Radtouren genießt, bieten sich mit den zahlreichen Kirchen und Burgen kulturelle Höhepunkte, die es zu entdecken gilt. In einer Vielzahl von Museen kann man in die Vergangenheit des Allgäus eintauchen und der Besuch der Burgruinen Eisenberg und Hohenfreyberg entführt in die Zeit der Ritter und Adligen. Sagenumwoben geht es auf dem Drachenweg in Roßhaupten zu, wo man auf einem heimatkundlichen Erlebnisweg manch Furcht erregendes über die Legende erfährt. Und hier, wo die Kühe noch frische Bergkräuter zu fressen bekommen, schmeckt die Milch besonders gut. In fünf Sennereien können Interessierte zusehen wie aus der Milch der Käse gemacht wird. Im ersten Honigdorf Bayerns, in Seeg, kommen die Besucher in den Genuß des Honigs und erfahren so manch Wissenswertes über die nützlichen Insekten.

Umrahmt wird der Aufenthalt im südlichen Allgäu von Musikfest, Heimatabend und Bauerntheater, die zur Unterhaltung von Einheimischen und Gästen abgehalten werden. Das Narrentreiben während des Faschings und vor allem die Viehscheide in Seeg und Eisenberg-Zell ziehen alljährlich im Herbst viele Tausend Besucher in ihren Bann.

Wichtige Adressen und Telefonnummern

Tourismusgemeinschaft Südliches Allgäu GbR
Hauptstraße 33, D-87637 Seeg
Tel. +49 (0)8364 98 73 20
Fax +49 (0)8364 98 73 15
info@suedliches-allgaeu.de
www.suedliches-allgaeu.de

Ortsbeschreibungen

Marchspitze 2610 m
Gr. Krottenkopf 2657 m
Kratzer 2424 m
Mäde
Tre
Kanzelwand 2059 m
Höfats 2258 m
Einödsbach
Fellhori 2037 m
Hochvogel 2593 m
Nebelhorn 2224 m
Freibergsee
Tiefe
Oberstdorf
Gr. Daumen 2280 m
Schreckensee
Rotspitz 2033 m
Langenwang
Schölläng
Fische
Geishorn 2249 m
Hinterstein
Altstät
Iseler 1886 m
Bad Oberdorf
Spieser 1650 m
Sc
Vilsalpsee
Hindelang
Grünten 1738 m
Köllespitze 2240 m
Aggenstein 1987 m
Oberjoch
Sorgschrofen 1636 m
Unterjoch
Jungholz
Weißensee
Weißensee
Eisenberg
Säuling 2047 m
Hopfensee
Hopferau
Rückholz
Grün
Hopfen a. See
Tegelberg 1720 m
Alpsee
See
Schwan
Rieden
Seeg
Wald
309
Haslac
esselwang
Hohenschwanga
Roßhaupten
Maria Rain
Schwangau
Buching
B 17
uerberg m
B 16
Eisenberg
Wertach
At
Görisrie
Bannwaldsee
Forggensee
Marktoberdorf
ald
Halblech
Roßhaupten
B 472
Garmisch P.
München
Augsburg
Lech
Auerberg 1055 m
B 16
Wertach
Aitrang
Lechbruck
Marktoberdorf
Rettenbach
B 472
Schongau
rismusverband Allgäu Bayerisch Schwaben
Kaufbeuren

Eisenberg

Zu Füßen der Burgruinen

Auf einer Höhe von etwa 815 m ü.M. liegt die Gemeinde Eisenberg mit ihren Ortsteilen in der idyllischen Voralpenlandschaft zwischen Pfronten und dem Hopfensee. Der ländlich geprägte Urlaubsort hat ca. 1.190 Einwohner und beeindruckt mit einem herrlichen Blick auf die Alpen. Zu jeder Jahreszeit ist die Region eine Reise wert, bietet sie doch Ruhe und Beschaulichkeit einerseits, aber auch vielfältige Möglichkeiten für Sport und Kultur andererseits. Abgerundet wird der Aufenthalt in Eisenberg von einer vielfältigen Gastronomie, die von der urig regionalen Küche bis zu einem gehobenen Angebot von Speisen und Getränken reicht.

Sehenswürdigkeiten

Prächtig ausgestattet präsentiert sich im Ortsteil Speiden die Wallfahrtskirche Maria Hilf. Mit der gleichnamigen Kirche in Passau gehört sie zu den ältesten Maria-Hilf-Wallfahrtsorten. Das Gotteshaus aus dem 17. Jh. beeindruckt Besucher und Kulturhistoriker mit ihrer reichen und sehenswerten Ausstattung im Stil des Rokoko.

Zusammen mit der Burgruine Hohenfreyberg bildet die Burg Eisenberg hoch über der Gemeinde eine landschaftsbeherrschende und weithin sichtbare Burgengruppe. Der Bau dieser beiden beeindruckenden Ruinen geht auf das 14. Jh. zurück. 1980 kaufte die Gemeinde Eisenberg die gleichnamige Ruine, um bereits ein Jahr später zusammen mit dem „Verein zur Erhaltung der Burg Eisenberg" mit der Sanierung zu beginnen. Von 1995 bis 2006 konnte die Ruine Hohenfreyberg, der ehemalige Adelssitz, im Rahmen einer vielbeachteten Mustersanierung aufwändig gesichert und konserviert werden.

Das Burgenmuseum im Ortsteil Zell bietet in fünf Themenräumen Einblicke in die spannenden Forschungsergebnisse rund um die Burgen Eisenberg und Hohenfreyberg. Auf eine virtuelle Zeitreise in die Vergangenheit leitet das Burgenkino seine Besucher und Kinder lernen spielerisch auf Kinderstationen die Geschichte kennen.

Freizeit und Sport

Ein bestens ausgebautes Rad- und Wanderwegenetz führt die Freizeit-

Burgruinen Eisenberg und Hohenfreyberg
(Bilder Gemeinde Eisenberg)

Eisenberg

sportler durch eine beeindruckende Voralpenlandschaft mit sanften Hügeln, Weiden, Wäldern und Seen. Während der Wintermonate tummeln sich Skifahrer auf den präparierten Loipen und Naturfreunde genießen ihre Wanderung in der klaren Luft auf geräumten Wegen.

Eisenberg originell

Neben einer traditionsreichen Holzschnitzerei, die eine ganzjährige Krippenausstellung anbietet, findet sich im Ortsteil Speiden das Maria-Hilfer-Sudhaus. In der gemütlichen Brauereigaststätte können immer wieder neue Biersorten zu bayerischen Schmankerln gekostet werden. Außerdem bietet die Käserei Weizern Milch- und Käsespezialitäten aus silofreier Milch und dadurch

einen einmaligen Geschmack versprechen.

Orts- und Infrastruktur

Neben der Landwirtschaft bildet der Fremdenverkehr eine wichtige Erwerbsquelle der Gemeinde. Das Dorfleben ist durch eine Vielzahl von Vereinen geprägt, die für ein vielfältiges kulturelles Programm im Jahreslauf sorgen.

Wichtige Adressen und Telefonnummern

Gemeinde Eisenberg
Pröbstenerstraße 9
D-87637 Eisenberg
Tel. +49 (0)8364 1237
Fax +49 (0)8364 98 71 54
info@eisenberg-allgaeu.de
www.eisenberg-allgaeu.de

Hopferau

Inmitten herrlicher Kulturlandschaft

Mit dem Panorama der Allgäuer Alpen vor der Haustüre ist die Gemeinde Hopferau mit ihren Ortsteilen der ideale Ort zum Leben und Urlaub machen. Auf einer Höhe von 811 m ü. M. leben etwa 1.100 Einwohner. Die Gemeinde, die an das Westufer des Hopfensees, der Allgäuer Riviera, grenzt, hat so manches zu bieten, was zu einer hohen Lebensqualität seiner Bewohner wie auch der Besucher beiträgt. Die kurzen Entfernungen nach Füssen und Pfronten sorgen für kurzweilige Ausflüge in die nähere, reizvolle Umgebung.

Kurzer Blick ins Geschichtsbuch

Die Gemeinde gehörte vor 1800 den Freiherren Freyberg-Eisenberg zu Hopferau. Mit der Rheinbundakte kam der Ort im Jahr 1806 zum Königreich Bayern und 1818 entstand mit der Gemeindeverfassung die Gemeinde in ihrer heutigen Form.

Sehenswürdigkeiten

Schloss Hopferau

Mit dem Schloss zu Hopferau besichtigt man hier eines der ältesten Schlösser Deutschlands. Im Jahr 1468 von Ritter Sigmund-Friedrich von Freyberg-Eisenberg erbaut, bildet es heute das Schmuckkästchen des Dorfes und bezaubert mit seinem Anblick und Ambiente. Ein besonderes Highlight ist der Weihnachtsmarkt, der am ersten Adventswochenende vor und im Schloss stattfindet. Vor imposanter Schlosskulisse stimmt er romantisch auf die Adventszeit ein. Konrad Zuse, der deutsche Computerpionier lebte

Hopferau
(Bilder Gemeinde Hopferau)

Schaukäserei

sorgen Langlaufloipen und geräumte Winterwanderwege durch die zauberhafte Kulisse der schneebedeckten Landschaft für unvergessliche Momente.

Orts- und Infrastruktur

Ländlich geprägt und mit einem lebendigen Vereinsleben bietet der Ort eine hohe Lebensqualität für die Gäste und seine Bewohner. Das soziale Miteinander in der Gemeinde und die Versorgung mit allem, was zum Leben nötig ist, schaffen einen attraktiven Ort inmitten der Allgäuer Kulturlandschaft.

von 1945 bis 1949 in Hopferau. In dieser Zeit arbeitete und forschte er an dem ersten programmgesteuerten und frei programmierbaren Rechner der Welt, dem Z4, der schon damals automatisch das Milchgeld der Sennerei Lehern berechnete. Die heute als Schaukäserei im Ortsteil Lehern geführte Sennerei vermittelt allerlei Wissenswertes über die Allgäuer Milchwirtschaft und das Käsehandwerk.

Der Künstler Helmut Zellner zeigt mit seiner Blechkunst naturgetreue Skulpturen aus Blech, die in einer Galerie besichtigt werden können. Außerdem lernt man in der Seifenmanufaktur Leovinus das Seifensiederhandwerk kennen.

Wichtige Adressen und Telefonnummern

Gemeinde Hopferau
Hauptstraße 8
D-87659 Hopferau
Tel. +49 (0)8364 85 48
Fax +49 (0)8364 98 70 93
info@hopferau.de
www.hopferau.de

Freizeit und Sport

Wanderungen und Radtouren durch das Allgäuer Voralpenland begeistern auf einem bestens gepflegten Rad- und Wanderwegenetz die Freizeitsportler, die mit Badeausflügen an die nahe gelegenen Seen abwechslungsreiche Urlaubstage genießen können. Und während der Wintermonate

Emmentaler Radweg

Für entspannende Ferientage

Landhaus Hauser

Allgäuer Gastfreundschaft und traumhafte Ausblicke auf die Bergwelt genießen die Gäste der Ferienwohnungen im Landhaus Hauser. Hier werden die Urlaubstage zu einem aktiven und entspannenden Erlebnis. Naturliebhaber kommen hier auf ihre Kosten, liegen doch die Wohnungen inmitten des Wander- und Radparadieses der Voralpenlandschaft.

Ferienresidenz für Familien

Sieben Ferienwohnungen, die in dem Landhaus eingerichtet sind, präsentieren sich in geschmackvollem Ambiente und sind komfortabel ausgestattet.

Sie sind die ideale Ferienresidenz für Familien. Kaum etwas, woran die Gastgeber nicht gedacht haben: Die Küchen sind komplett eingerichtet, bieten Backofen oder Mikrowelle, Kaffeemaschine und Toaster. In den Bädern sind Dusche/WC und teilweise auch Badewannen installiert und an Haartrockner wurde auch gedacht. SAT-Fernsehen, Radio, Telefon sowie Wlan sind ebenfalls vorhanden. Und von den Balkonen und Terrassen der Ferienwohnungen schließlich, bietet sich eine grandiose Aussicht auf die Landschaft. Eine urige Blockhütte mit einer Kneippanlage hinter dem Haupt-

haus sowie ein Kinderspiel- und Bolzplatz runden das vielfältige Angebot
des Landhauses ab.
All das bildet den richtigen Rahmen
für ruhige und erholsame Ferientage.

Landhaus Hauser

Marianne Hauser
Wiedemen 150 ½
D-87659 Hopferau
Tel. +49 (0)8362 93 96 222
info@ferienwohnungen-hauser.de
www.ferienwohnungen-hauser.de

Käsespezialitäten vom Feinsten

Sennerei Lehern

Inmitten der malerischen Voralpenlandschaft liegt, umgeben von saftig grünen Wiesen, die Sennerei Lehern. Weit schweift der Blick über das Land bis zu den Königsschlössern Neuschwanstein und Hohenschwangau. Und wahrlich königlich präsentieren sich die Käsespezialitäten der Sennerei, die in reiner Handarbeit hergestellt werden.

Acht heimische Heumilchbauern liefern den wertvollen Rohstoff, der hier zu köstlichen Gaumenfreuden verarbeitet wird. Dass schon bei der Fütterung der Tiere nur frisches Gras im Sommer und luftgetrocknetes Heu im Winter zum Einsatz kommen, versteht sich von selbst. Schließlich wird auch auf künstliche Zusätze bei der Zubereitung der Milchprodukte verzichtet. Und die Reinheit der Rohstoffe, die traditionelle und meisterhafte Verarbeitung in der Sennerei schmeckt man in den Produkten.

Vom Hartkäse wie dem „Original Allgäuer Bergkäse Royal" über den Schnittkäse, der mit Bärlauch, Heublumen oder Rotwein verfeinert wird, bis hin zum Weichkäse, einem würzigen Brie oder „Bergwacht-Camembert" reicht hier das Angebot, das von feiner Sennereibutter abgerundet wird. Geschmackvoll präsentieren sich die Spezialitäten in dem Ladenlokal der Sennerei. Hell und freundlich ist die Einrichtung und die kom-

380

petenten Mitarbeiter stehen mit Rat und Tat zur Verfügung, um sachkundig zu beraten.

Bei einem Besuch des „Informationszentrums für Allgäuer Milchwirtschaft und Käsehandwerk" erfährt der Käseliebhaber so manch Wissenswertes über das traditionelle Käserei-Handwerk.

Käsegenuss vor Ort

Viel Holz prägt die gemütliche Atmosphäre des Restaurants. In der „Käse Alp" werden die Gäste mit regionalen Gerichten verwöhnt. Dass auf der Speisekarte der Käse nicht fehlt, dafür sorgt der Küchenchef, der neben dem Käsefondue und den traditionellen Allgäuer Kässpätzle noch viele weitere geschmackvolle Käsegerichte zubereitet.

Bei schönem Wetter speist man auf der sonnigen Terrasse des Restaurants, inmitten einer Allgäuer Landschaft, wie sie typischer nicht sein kann. Wiesen, Wälder und sanfte Hügel vor der Bergwelt machen Appetit auf landestypische Schmankerl. Unvergessliche Stunden werden auch aus einer privaten oder geschäftlichen Feier, die in der „Käse Alp" veranstaltet wird. Die urige Atmosphäre, der professionelle Service und die Köstlichkeiten aus der Küche tragen zum Gelingen jedes Events bei.

Sennerei Lehern

Lehern 158, D-87659 Hopferau
Tel. +49 (0)8362 75-12
Fax +49 (0)8362 29-07
info@sennerei-lehern.de
www.sennerei-lehern.de

Rieden am Forggensee

Urlaub genießen wie ein König

Rieden am Forggensee
(Bilder Gemeinde Rieden)

Eingebettet in die Allgäuer Voralpen-landschaft mit der imposanten Berg-kette der Allgäuer Alpen und zu Füßen des Forggensees liegt die Gemeinde auf einer Höhe von 840 m ü. M. Die Gemeinde bietet etwa 1300 Einwoh-nern eine Heimat in einer idealen Urlaubslandschaft. Ländlich ist es hier und neben der Ruhe bietet die Natur alle Voraussetzungen für erholsame und entspannende Ferientage.

Wer als Feriengast in Rieden am Forg-gensee ankommt, ist tief beeindruckt von der überwältigenden Kulisse der idealen Urlaubslandschaft rund um den Ort.

Man kann sich gar nicht sattsehen am malerischen Forggensee mit der im-posanten Kette der Allgäuer Alpen im Hintergrund.

Kurzer Blick ins Geschichtsbuch

Rieden gehörte seit dem Mittelalter zum Hochstift Augsburg und kam 1802 nach der Säkularisation zum Kurfürstentum Bayern, das 1806 zum Königreich wurde. Ab 1867 unter-stand die Gemeinde dem Bezirksamt Füssen. Mit dem Bau des Forggensees 1954 entwickelte sich das abgelegene Dorf zu einem beliebten Ferienort.

Sehenswürdigkeiten

Die aus dem 17. Jh. stammende Pfarr-kirche „Zu den hl. fünf Wunden" ist im barocken Stil ausgestattet. Beein-druckende Schnitzarbeiten, Wand- und Deckengemälde sowie Skulp-turen überzeugen von der hohen handwerklichen Qualität, mit denen sie geschaffen wurden. Der mächtige quadratische Turm der St.-Urban-Kirche aus romanischer Zeit beherbergt drei Glocken, die älteste aus dem 15. Jahrhundert. Im Innenraum kann man wertvolle Kunstwerke aus verschiedenen Epochen bewundern. Auf einem schönen Aussichtsplatz südwestlich vom Ort lädt eine Votivkapelle aus dem Jahre 2005 zur Einkehr und zum Verweilen ein.

Das Puppenmuseum ist einen Besuch wert, zu finden sind verschiedene Puppen, Unikate und Portrait-Puppen.

Freizeit und Sport

Die Ruhe rund um Rieden am Forggensee ist das Markenzeichen einer Gemeinde, die dem Urlauber zu jeder Jahreszeit eine Menge zu bieten hat. Reizvolle Wander- und Radwege in einer Voralpenlandschaft, in der man überall mit herrlichen Ausblicken belohnt wird. Neben der modernsten Kletterhalle Bayerns findet sich eine Gleitschirmschule sowie eine Yacht-

und Segelschule am Ort. Idyllisch eingebettet in die Natur liegt der kleine Faulensee. Ein neues Naturbad mit schöner Liegewiese und Wasserspielplatz wurde angelegt. Die gemütliche Faulenseehütte ladet zur Einkehr ein. Während des Winters, wenn sich das Land in ein weißes Paradies verwandelt hat, laden Langlaufloipen und Winterwanderwege zu Entdeckungstouren in die nähere Umgebung ein.

Orts- und Infrastruktur

Rieden am Forggensee ist zentral gelegen. Über die B16 sind es nur fünf Kilometer in das benachbarte Füssen. In der blühenden Gemeinde konnte sich ein gutes Nebeneinander von Land- und Forstwirtschaft, Tourismus, Handel und Handwerk entwickeln. Außerdem ist es zu einem bedeutenden Zentrum für Metallbearbeitung geworden.

Veranstaltungen

Auf dem Veranstaltungskalender der Gemeinde finden sich Dorffeste, Bauerntheater und Standkonzerte sowie Alphornblasen u.v.m.

Wichtige Adressen und Telefonnummern

Gemeinde Rieden am Forggensee
Tourismusbüro
Lindenweg 4
D-87669 Rieden am Forggensee
Tel. +49 (0)8362 37 025
info@rieden.de
www.rieden.de

Roßhaupten

Gastfreundschaft am Forggensee

Inmitten einzigartiger Landschaft liegt die Gemeinde Roßhaupten auf 817 m ü. M. mit ihren etwa 2.100 Einwohnern. Der Forggensee, der viertgrößte See Bayerns, breitet sich vor dem Ort in Richtung Süden aus und bildet eine malerische Kulisse vor der imposanten Bergwelt der Ammergauer und Allgäuer Alpen. Die Gemeinde hat zu jeder Jahreszeit ihren Reiz, kommen doch während des Sommers Wassersportfreunde, Fahrradtouristen und Wanderer auf ihre Kosten, während der Winter herrliche Langlaufloipen und Wanderwege in nahezu unberührter Natur für wintersportbegeisterte Urlauber bereithält.

Kurzer Blick ins Geschichtsbuch

Der Ortsname geht auf die Legende zurück, dass der Hl. Magnus im 8. Jahrhundert einen Drachen getötet hat. Dieser hatte den Ort heimgesucht und verschlang mit Vorliebe Pferde, deren Köpfe er übrigließ. Seit dem 13. Jahrhundert gehörte die Gemeinde zum Herrschaftsgebiet des Hochstifts Augsburg. Durch den Reichsdeputationsbeschluss von 1803 kam Roßhaupten dann zu Bayern.

Sehenwürdigkeiten

Die in ihrer Größe imposante Pfarrkirche aus dem 17. Jh., die dem hl. Apostel St. Andreas geweiht ist, ist einen Abstecher ebenso wert wie die kostbar ausgestattete Kapelle Maria Sieben Schmerzen im Ortsteil Sameister, die von dem Roßhauptener Baumeister Johann Jakob Herkomer stammt. Diesem ist auch im Dorfmusem des Ortes, dem Pfannerhaus, eine Ausstellung gewidmet, in der darüber hinaus das Leben und Wirken des Roßhauptener Lautenbauers Caspar Tiefenbrugger (1514 - 1570) und des Bildhauers Roman Anton Boos (1733 - 1810) nachgezeichnet wird. Außerdem befindet sich hier das Informationszentrum der Via Claudia Augusta.

RОßhaupten
(Bilder Gemeinde Roßhaupten)

Freizeit und Sport

Die abwechslungsreiche Landschaft mit Seen, sanften Hügeln, mit Wäldern und Weiden ist ein Paradies für Radsportler und Wanderfreunde. Zig Kilometer gepflegter Wege stehen den Freizeitsportlern zur Verfügung, um die Region zu erkunden. Das Forggenseeufer mit dem gemeindeeigenen Badestrand bietet Wassersportfreuden. Schwimmen, Segeln, Angeln oder eine Kahnfahrt - das faszinierende Bergpanorama hat man hier immer im Blick. Im Kurpark von Roßhaupten, der am südlichen Ortsrand zu finden ist, lädt ein biologischer Kneippnaturteich und eine Kneippanlage zum Wassertreten ein. Auf der benachbarten 18-Loch-Spielgolfanlage kann man sein Handicap verbessern und der Kiosk versorgt die Gäste mit Erfrischungen.

Der neu gestaltete Drachenweg bringt Kindern und Erwachsene als heimatkundlicher Erlebnisweg die Geschichte Roßhauptens und des Drachens auf unterhaltsame Art und Weise näher.

Orts- und Infrastruktur

Die lebendige Gemeinde bietet den Bewohnern wie auch ihren Gästen eine ausgezeichnete Infrastruktur. Verkehrsgünstig an der B16 zwischen Marktoberdorf und Füssen gelegen, sind im Ort alle Einkaufsmöglichkeiten gegeben.

Wichtige Adressen und Telefonnummern

Gemeinde Roßhaupten
Hauptstr. 10, D-87672 Roßhaupten
Tel. +49 (0)8367 364
info@rosshaupten.de
www.rosshaupten.de

Rückholz

Dorf mit liebenswertem Charme

Rückholz mit seinem heimeligen Ambiente liegt zwischen Marktoberdorf und Nesselwang. Der kleine Ort mit seinen 24 Ortsteilen und Weilern ist ein Zentrum der Allgäuer Käseerzeugung und ein wahres Anglerparadies, ist er doch von vier idyllisch gelegenen Seen umgeben. Auf einer Höhe von 869 m ü. M. leben etwa 870 Einwohner.

Kurzer Blick ins Geschichtsbuch

Die Vergangenheit von Rückholz gründet sich im Mittelalter auf den Besitz einer Herrschaft, die dem Kloster Sankt Mang gehörte, einerseits und andererseits der Herrschaft Falkensberg, die einen weiteren Teil des heutigen Gemeindegebietes umfasste. Zum Königreich Bayern kam Rückholz mit der Rheinbundakte im Jahr 1806. Mit dem Gemeindeedikt von 1818 entstand im Zuge der Verwaltungsreform die heutige Gemeinde.

Sehenswürdigkeiten

Neben der sehenswerten Pfarrkirche St. Georg aus dem 15. Jh., die malerisch hoch über den Häusern von Rückholz thront, ist die Mariengrotte einen Abstecher wert. Beschaulich am Waldrand gelegen, bietet sich von dort ein herrlicher Ausblick auf die Alpen.

Pfarrkirche St. Georg
(Bilder Gemeinde Rückholz)

Luimoosweiher

Freizeit und Sport

Rückholz und seine Umgebung sind ein Paradies für Wanderer und Fahrradtouristen. Herrliche Wander- und Radwege erschließen die ursprüngliche Natur mit ihren Wäldern, Weiden und Seen. Die Seen und Weiher, die rund um Rückholz liegen, sind ein wahres Paradies für Angler. Neben dem Fischbesatz sorgt auch die ländliche Ruhe an den Gewässern für entspannende Momente.

Bereits seit 1874 ist die Käseerzeugung in Rückholz zu Hause. Von der großen Milchverwertung Ostallgäu eG bis hin zum traditionell und handwerklich geführten Familienbetrieb reicht die Bandbreite der Käseherstellung. Neben einer Bauernhofführung finden auch Käsereibesichtigungen statt, die dem Interessierten Einblicke in das Handwerk bietet.

Orts- und Infrastruktur

Neben dem beschaulichen Dorfleben, das auch heute noch in der Gemeinde gepflegt wird, trägt die Infrastruktur des Ortes ihren Teil zu einer hohen Lebensqualität für Einheimische wie auch Gäste bei. Die milchverarbeitenden Betriebe und eine bunte Mischung von Handwerks- und Dienstleistungsbetrieben sorgen für Arbeits- und Ausbildungsplätze und ein aktives Vereinsleben bietet vielfältige Freizeitaktivitäten.

Wichtige Adressen und Telefonnummern

Gemeinde Rückholz
Ortsstraße 10, D-87494 Rückholz
Tel. +49 (0)8369 227
Fax +49 (0)8369 92 66 01
info@rueckholz.de
www.rueckholz.de

Schwaltenweiher
(Bild Gemeinde Rückholz)

Mit der Natur auf Du

Bauern- und Ferienhof Hirsch

Idyllisch geht es zu bei der Familie Eberle, die auf ihrem ökologisch geführten Bauernhof mit Kühen, Kälbchen, Katzen, Hasen und Hühnern den Urlaub zu einem naturnahen Erlebnis macht. Hier kann man das Leben auf einem Bauernhof einmal hautnah erleben. Die Gäste sind gerne im Stall gesehen und wer möchte, darf auch mitanpacken.

Auf dem Hof stehen den Gästen gemütlich eingerichtete Ferienwohnungen zur Verfügung. Der Ferienhof Hirsch ist mit 4 Sternenen klassifiziert, so werden die Urlaubstage zu einem erholsamen Vergnügen. Mit Wohnungsgrößen zwischen 58 und 124 m² sind die Wohnungen familienfreundlich für zwei bis acht Personen ausgestattet. Wohn- und Schlafräume, Küchen und Bäder bieten eine komplette Ausstattung, wie man es von zuhause gewöhnt ist. Ein behaglich eingerichtetes Doppelzimmer mit Dusche/WC und einem Balkon, von dem der Blick über die atemberaubende Voralpenlandschaft schweift, runden das Angebot im Bauern- und Ferienhof Hirsch ab.

Als wahres Kinderparadies entpuppt sich der Hof beim näheren Hinsehen. Familien mit ihrem Nachwuchs werden herzlich willkommen geheißen und die kleinen Gäste genießen die Wiese vor dem Haus, die mit Spielplatz, Tretfahrzeugen und einem Riesentrampolin viel Freiraum zum Spielen und Toben bietet. Doch auch die Erwachsenen kommen auf dem Hof auf ihre Kosten: Im Naturschwimmteich kann man seine Bahnen ziehen, ein behagliches Gartenhaus mit Terrasse lädt zu gemütlichen Stunden auf dem Liegestuhl oder einem Grillabend ein. Und der Senior des Hauses betreibt auf dem Hof eine Bierwirtschaft in der urgemütlichen Bauernstube. Alle Gäste bekommen die Königscard für tolle Freizeitgestaltung zum Nulltarif! Na dann, schöne Ferien.

Bauern- und Ferienhof Hirsch
Holzleuten 32, D-87494 Rückholz
Tel. +49(0)8369 209
Fax +49(0)8369 926708
info@hirsch-allgaeu.de
www.hirsch-allgaeu.de

Hofkäserei Lipp

Feine Käsespezialitäten aus dem Familienbetrieb

Einen „Guten Appetit" kann man jenem wünschen, der die Hofkäserei in Rückholz betritt. Die feinen Käsespezialitäten, die der Familienbetrieb herstellt und vertreibt, lassen dem Käseliebhaber das Wasser im Munde zusammenlaufen.

Worin liegt das Geheimnis des besonderen Wohlgeschmacks? In der Hofkäserei Lipp wird nur die unbehandelte Milch der eigenen Kühe verarbeitet.

Die Kühe dürfen vom Frühjahr bis in den späten Herbst die feinen Gräser auf den Weiden genießen und erhalten kein Silagefutter. Dem Rohstoff bleiben bei der Herstellung des Käses die wertvollen Inhaltsstoffe erhalten und durch den Verzicht auf das Erhit-

zen gewinnt der Käser den Rohmilchkäse. Die fachkundige Hand stellt die feinen Käsespezialitäten nach alter

390

Handwerkstradition und ohne künstliche Zusatzstoffe her: So entstehen der Weichkäse, Limburger Art, der Bauernkäse oder der Allgäuer Bergkäse. Bei den herrlich aromatischen Schnittkäsesorten scheinen der Phantasie keine Grenzen gesetzt. Kümmelkäse entdeckt man hier ebenso wie Knoblauch- oder Kräuterkäse, Pfeffer- und Bockshornkleekäse.

Verkauft werden die Köstlichkeiten in dem geschmackvoll eingerichteten Ladenlokal. Appetlich präsentieren sich die einzelnen Käsesorten. Für Kunden von außerhalb unterhält die Hofkäserei einen Internetshop, in dem nach Lust und Laune bestellt werden kann. Und wer auf den Geschmack gekommen ist und tiefer in das Wissen rund um die Käseherstellung einsteigen möchte, dem sei eine Führung durch die Hofkäserei empfohlen. Dabei erfahren die Besucher so manch Informatives. Die kleinen Besucher dürfen sogar ihre eigene Butter herstellen und haben dabei eine Menge Spaß.

Zu einem ganz besonderen Erlebnis lädt die Familie Lipp mit ihren Raclette-Abenden ein. Bei schöner Witterung schmeckt das Raclette am Lagerfeuer besonders gut und bei kühlem Wetter wartet der urig ausgebaute Wirtschaftsraum auf einen Besuch.

Hofkäserei Lipp

Stelle 1, D-87494 Rückholz
Tel. +49 (0)8369 361
fragen@hofkaeserei-lipp.de
www.hofkaeserei-lipp.de

Seeg
Das Honigdorf im Allgäu

Ausgedehnte Weideflächen, Moore und Wälder umgeben die beschauliche Gemeinde. Zahlreiche kleine Seen und Weiher sorgen zusammen mit dem Blick auf das herrliche Alpenpanorama für ein unvergessliches Erlebnis, wenn man das Allgäuer Honigdorf besucht. Dieser Logenplatz vor den Bergen liegt auf einer Höhe von 854 m ü. M. und bietet etwa 2.700 Einwohnern eine Heimat.

Kurzer Blick ins Geschichtsbuch

Eine erste urkundliche Erwähnung Seegs findet sich zwischen den Jahren 1138 und 1147. Der Ort gehörte zum Hochstift Augsburg und kam 1803 mit dem Reichsdeputationsbeschluss zu Bayern. Die Gemeinde wurde 1818 gegründet und erhielt im Jahr 1987 das Prädikat „Luftkurort".

Sehenswürdigkeiten

Ein kleines Juwel des Rokoko ist die Pfarrkirche St. Ulrich in Seeg. Um 1730 löste das Rokoko den opulenten Stil des Barock ab. Vom berühmten Baumeister Johann Jakob Herkomer im 17. Jh. entworfen, schuf hier eine Handvoll erstklassiger Künstler eine Kirche, die der weltberühmten Wieskirche in Steingaden ähnlich ist und daher auch die „kleine Wies" genannt wird. Die Altäre, Deckengemälde, Fresken und Bilder beeindrucken heute Besucher und Kunsthistoriker aus aller Welt.

Harte Arbeit bestimmte das Landleben in früherer Zeit. Wer sich auf eine Zeitreise begeben möchte, der ist im Heimatmuseum der Gemeinde bestens aufgehoben. Auf über 800 qm Ausstellungsfläche wird dem Besu-

Seeg
(Bilder Gemeinde Seeg)

Ulrichskirche

Freizeit und Sport

Neben einem ausgedehnten Wan-
der- und Radwegenetz, das durch
das idyllische Voralpenland gezogen
ist, spielen Bienen und die Imkerei
in Seeg eine Hauptrolle und haben
sich zu einem Allgäuer Highlight entwickelt. Neben einem informativen
Bienen-Erlebnispfad bietet auch die
Erlebnisimkerei tiefe Einblicke in das
Leben der nützlichen Insekten.

cher mit zahlreichen Exponaten diese
Zeit näher gebracht. Neben der historischen Imkerei, die im Museum eine
große Abteilung einnimmt, ist auch
die Geschichte des Skis nachgezeichnet. Von Holzbrettern aus dem 19. Jh.
bis zu den Rennskiern der bekannten
Seeger Rennläuferinnen Irene und
Maria Epple sind hier zu bestaunen.

Am Rand des Ortsteils Burk findet
sich der Burgstall Burk. Dieser ehemalige Adelssitz aus dem 12. Jh. ist
eines der anschaulichsten Beispiele
für eine hochmittelalterliche Turmhü-
gelburg, einer sog. Motte, in Bayern.
Die Anlage gehört seit 2004 zur Bur-
genregion Allgäu und kann nur von
außen besichtigt werden.

Bienenerlebnispfad

Orts-und Infrastruktur

Das Leben in der blühenden Gemein-
de wird durch ein intaktes Vereinsle-
ben geprägt. Neben der gepflegten
Natur genießen Einwohner wie auch
Gäste die hohe Lebensqualität in dem
Ort, dem 2014 die Goldmedaille als
„Schönstes Dorf in Schwaben" verlie-
hen wurde.

Wichtige Adressen
und Telefonnummern

Minigolf

Gemeinde Seeg
Hauptstraße 33, D-87637 Seeg
Tel. +49 (0)8364 98 30 33
info@seeg.de
www.seeg.de

Zeit für Genuss und Entspannung

Landhotel Seeg

Am Ortsrand des Honigdorfes Seeg liegt das Landhotel Seeg von blühenden Wiesen umrahmt. Der Hektik und dem Stress des Alltags entfliehen und die Seele baumeln lassen - wo könnte dies schöner sein, als dort, wo man in einzigartigen Räumlichkeiten verweilen und sich kulinarisch verwöhnen lassen kann.

Den Gast erwarten in dem komfortabel ausgestatteten Haus großzügig geschnittene und liebevoll gestaltete Zimmer, in denen man sich geborgen und behaglich fühlt. Von den Balkonen der Komfortzimmer erschließt sich den Gästen der einmalig schöne Blick auf die Kette der Allgäuer Alpen.

Abgerundet wird der Aufenthalt durch Wellnessanwendungen, die Körper, Geist und Seele wieder in Gleichklang bringen.

Für erfrischende Momente sorgt der hauseigene Swimmingpool, der durch vitalisiertes Wasser eine besonders schonende Wirkung auf die Haut hat. Finnische Sauna, Infrarotkabine und Solarium sorgen für weitere Wohlfühlangebote des Hauses.

Zeit zum Genießen

Dem Körper etwas Gutes tun bedeutet auch, sich mit Köstlichkeiten für den Gaumen zu verwöhnen. Das Restaurant des Landhotel Seeg bietet seinen Gästen eine niveauvolle und abwechslungsreiche Küche, frisch zubereitet

aus Produkten der Region. Es kommen regionale Spezialitäten und auf die Jahreszeiten abgestimmte Speisen auf die Teller der Gäste.

Einzigartig sind die Gerichte, die mit dem heimischen Honig verfeinert werden. Als Hotel inmitten des Honigdorfes, ist das Küchenteam auf Rezepturen spezialisiert, bei denen das gesunde Naturprodukt verwendet wird.

Wie wäre es heute, z. B., mit einem „Honig-Rinderlendensteak auf Ingwersauce mit Romanescoröschen und Herzoginkartoffeln" oder als Dessert eine „Honigeisvariation mit frischen Früchten"?

Regionales Bier und eine feine Weinkarte ergänzen das kulinarische Angebot. Gespeist wird in den behaglichen eingerichteten Gaststuben, der lichtdurchfluteten Sonnenstube oder auf der Sonnenterrasse mit herrlichem Blick ins Grüne.

Landhotel Seeg

Wiesleutener Str. 9
D-87637 Seeg
Tel. +49 (0)8364 88-0
Fax +49 (0)8364 88-608
info@landhotel-seeg.de
www.landhotel-seeg.de

Der Sagenhafte Weg

Familienfreundlicher Radweg im Allgäu

Da, wo sich das Allgäu von seiner ruhigen und beschaulichen Seite zeigt, lädt ein familienfreundlicher Radweg zu entspannenden und unterhaltsamen Stunden in der Natur ein.

Die Gemeinden Aitrang, Bidingen, Biessenhofen und Ruderatshofen schufen eine Radrunde, die ein vielfältiges Angebot an Kultur und Geschichte und vor allem an einer beeindruckenden Sagenwelt für die Besucher bereit hält. Spannend und dramatisch geht es in den Geschichten über Geister, Hexen, Feen und Ungeheuern zu, die auf den einzelnen Etappen des Fahrradweges erzählt werden.

Hexenfahrt am Korbsee
(Bilder Dieter Bergmann)

396

Im Verlauf der Tour entdeckt man lebensgroße Sagenfiguren, die spannende Mythen bereithalten. Dazwischen laden die Spielplätze in den beteiligten Dörfern, der Märchenweg am Elbsee oder das Hirten- und Heimatmuseum in Ebenhofen zu einem unterhaltsamen Abstecher ein. Rastplätze wurden eingerichtet, auf denen man sich stärken und von den Mühen der Tour erholen kann. In den Ortschaften, durch die der „Sagenhafte Weg" führt, finden sich gastronomische Einrichtungen, in denen die Reisenden mit regionaltypischen Allgäuer Gerichten verwöhnt werden.

Roter Musketier, Immenhofen

Natürlich kommen auch die Naturschönheiten des Allgäus nicht zu kurz. Die Radler begleitet auf den Routen die reizvolle Kulturlandschaft des Allgäuer Alpenvorlandes mit ihren Wiesen und Wäldern, mit Flüssen und Seen. Insgesamt vier Routen, die durch Verbindungsstrecken kombiniert werden können, laden zu einer Reise durch die Sagen- und Legendenwelt des Ostallgäus ein.

Orte am „Sagenhaften Weg"

Aitrang
Inmitten einer intakten Kulturlandschaft

Der staatlich anerkannte Erholungsort inmitten einer intakten Kulturlandschaft im Allgäuer Voralpenland ist dank seiner zentralen Lage ein beliebter Ort, um die nähere Umgebung zu erkunden. Mit dem Landschaftsschutzgebiet Elbsee liegt eine Naturperle unmittelbar vor der Haustüre des Ortes, in dem über 2.040 Einwohner auf einer Höhe von etwa 745 m ü.M. leben. Aitrang ist ein ländliches Dorf geblieben, in dem noch heute jahrhundertealte Traditionenen gepflegt werden.

Kurzer Blick ins Geschichtsbuch

Aitrang gehört zu den ältesten Siedlungsgebieten der Region. Laut einer Urkunde schenkte der Frankenkönig Pipin der Kurze (741-768) die Meierhöfe Aitrang und Geisenried dem Kloster St. Mang in Füssen, dem es bis zu Säkularisation gehörte.

Sehenswürdigkeiten

Von dem Rundweg um den idyllisch liegenden Elbsee bieten sich herrliche Ausblicke auf den See und die Voralpenlandschaft. Auch die auf einer Anhöhe über Görwangs thronende Wallfahrtskirche St. Alban ist sehenswert, gilt doch der Hochaltar aus Stuckmarmor als Frühwerk von Dominikus Zimmermann, dem Rokokobaumeister, der auch die Wieskirche schuf.

Freizeit und Sport

Die Kulturlandschaft des Allgäus mit ihren Wiesen, Wäldern und Mooren lädt zu jeder Jahreszeit zu Entdeckungstouren ein. Während im Sommer den Freizeitsportlern ein gepflegtes Wander- und Radwegenetz zur Verfügung steht, locken im Winter geräumte Wanderwege und Loipen zur Bewegung an der frischen Luft.

Aitrag
(Bilder Gemeinde Aitrang)

398

Wie eine Perle liegt der Elbsee mit seinen ausgedehnten Schilfufern, umsäumt von Streuwiesen. Der Moorsee ist ein Relikt aus der letzten Eiszeit, der zum Schwimmen, Angeln, Boot fahren und Wandern einlädt. Große Teile des Sees und seiner Umgebung stehen unter Naturschutz. Der Infopavillon am See gehört zur Allgäuer Moorallianz. Dort wird über die Fauna und Flora erzählt und am Traktorspielplatz an der Seealpe erfahren die kleinen Besucher, wie die Landschaft mit der Landwirtschaft zusammenhängt.

Aitrang ist eine Station am „Sagenhafter Weg". Auf der familienfreundlichen Fahrradrunde zwischen Marktoberdorf und Kaufbeuren erzählen Geister, Hexen und Feen die Geschichten einer beeindruckenden Sagenwelt.

Orts- und Infrastruktur

Die lebenswerte Gemeinde bietet ihren Einwohnern und Gästen eine gute Infrastruktur. Einkaufsmöglichkeiten für den täglichen Bedarf sind hier ebenso gegeben wie eine ärztliche Versorgung. Zahlreiche Vereine, Musikkapellen und Chöre bieten Unterhaltung und Veranstaltungen während des Jahres.

Wichtige Adressen und Telefonnummern

Gemeinde Aitrang
Lindenstr. 30, D-87648 Aitrang
Tel. +49 (0)8343 218
Fax +49 (0)8343 1308
info@aitrang.bayern.de
www.aitrang.de

Biessenhofen

Unweit zweier Stauseen

Biessenhofen
(Bilder Dieter Bergmann)

Nicht unweit von Bachtel- und Bärensee, zweier Stauseen der Wertach, liegt Biessenhofen mit den Ortsteilen Altdorf, Ebenhofen und Hörmanshofen sowie Kreen.

Der wirtschaftliche florierende Ort (710 m ü. M.) hat etwa 4.070 Einwohner. Bereits Mitte des 19. Jh. existierte hier eine Haltestelle an der „König Ludwig Süd-Nordbahn", die von König Ludwig II. als Umsteige von der Bahn auf die Pferdekutsche diente, um weiter nach Hohenschwangau zu kommen.

Kurzer Blick ins Geschichtsbuch

Eine erste Erwähnung des Dorfes findet sich im Jahr 929, in der König Heinrich I. eine Schenkung urkund-

lich bestätigte. Der Ort war neben der Fürstabtei Kempten ab 1610 im Besitz des Hochstift Augsburg, zu dem es bis 1803 gehörte. 1852 erhielt Biessenhofen den Anschluss an die Eisenbahn und im Jahr 1905 siedelte sich hier die Allgäuer Alpenmilch AG an. Das heute zum Nestlé-Konzern gehörende Unternehmen ist der größte Arbeitgeber am Ort.

Sehenswürdigkeiten

Die Gemeinde ist reichlich mit sakralen Bauen bestückt, wie z. B. die aus dem 15. Jh. stammende Pfarrkirche Mariä Himmelfahrt in Altdorf, die bereits um 1684 im barocken Stil ausgestattet wurde; die Wallfahrtskirche St. Ottilien in Hörmanshofen aus dem 15.Jh, die Pfarrkirche St. Peter und Paul in Ebenhofen aus dem 15. -16.

Jh. und das Brünnele in Hörmanshofen mit dem fünf Wundenbrunnen, bei dem Wallfahrer heute noch Hilfe und Genesung bei Augenleiden suchen.

In einem typischen Allgäuer Einfirsthof aus dem 17. Jahrhundert, dem „Baschtlehaus", ist das heimatkundliche Museum untergebracht. Hier wird Kultur und Handwerk vergangener Jahrhunderte lebendig. Außerdem wird mit zahlreichen Exponaten das harte und entbehrungsreiche Leben der Hirten aus der kollektiven Weidewirtschaft nachgezeichnet.

Freizeit und Sport

Die herrliche Allgäuer Voralpenlandschaft mit ihren Wiesen, Weiden und Wäldern lädt zu Entdeckungstouren ein. Ob mit dem Fahrrad oder zu Fuß – überall findet sich ein ausgedehntes Netz an Wander- und Radwegen, die zu entspannenden Stunden in der Natur einladen.

Tipp: Biessenhofen ist eine Station des „Sagenhaften Weges". Auf der familienfreundlich angelegten Fahrradrunde werden Geschichten rund um die beeindruckende Sagenwelt mit Geistern, Hexen und Feen erzählt.

Orts- und Infrastruktur

Verkehrsgünstig ist die Lage Biessenhofens zwischen Kaufbeuren und Marktoberdorf und mit der Anbindung an die Bahnlinien zwischen München, Augsburg, Füssen und Lindau.

Zahlreiche Vereine bieten den unterschiedlichsten Interessengruppen Betätigungsfelder und sorgen für ein abwechslungsreiches Veranstaltungsjahr.

Wichtige Adressen und Telefonnummern

Verwaltungsgemeinschaft Biessenhofen
Füssener Str. 12
D-87640 Biessenhofen
Tel. +49 (0)8341 93 650
info@biessenhofen.de
www.biessenhofen.de

Ruderatshofen

Lebendig und gesellig

In der herrlichen Kulturlandschaft des Allgäuer Alpenvorlandes liegt die Gemeinde Ruderatshofen. Auf einer Höhe von etwa 728 m ü. M. leben etwas über 1.800 Einwohner. Ruderatshofen mit den Ortsteilen Apfeltrang, Elbsee, Geisenhofen, Heimenhofen, Hiemenhofen, Immenhofen und Leichertshofen ist ein lebendiges und geselliges Dorf, in dem es sich vorzüglich leben lässt.

Kurzer Blick ins Geschichtsbuch

Urkundlich erwähnt wurde Ruderatshofen im 9. Jahrhundert. Um 1551 gehörte es dem Kloster Kempten, bevor es 1610 an das Hochstift Augsburg ging. Westlich der Wertach gelegen, musste es beiden Herren dienen – Hochgerichtsbarkeit und Forsthoheit übte das Fürststift Kempten aus, die niedergerichtlichen, grund- und leibherrlichen Belange regelte der Bischof von Augsburg.

Sehenswürdigkeiten

Sehenswert ist die Kapelle St. Walburga, die im 15. Jahrhundert erbaut wurde. Die reiche barocke Ausstattung schuf man um 1700. Im – nach der Pfarrkirche St. Jakobus – zweitältesten Gebäude von Ruderatshofen, lässt sich Geschichte atmen: 2007 ist die „Alte Schmiede" restauriert worden, in der altes Handwerkszeug der Metallbe- und verarbeitung präsentiert wird. Ein außergewöhnliche Naturdenkmal findet sich oberhalb von Apfeltrang am „Schwäbisch-Allgäuer Wanderweg". Dort, wo man eine herrliche Fernsicht auf die Alpenkette genießt, wächst ein „Mammutbaum". Den aus Kalifornien stammenden Sequoia-Setzling hatte 1880 ein Apfeltranger Bürger aus Kalifornien mitgebracht und am Waldrand eingepflanzt. Nicht entgehen lassen sollte man sich den traditionellen Apfeltranger Viehscheid. Am ersten Sonntag im Oktober werden

Ruderatshofen
(Bild Wikipedia, OrderCrazy, CC BY 3.0)

Viehscheid
(Bild Gemeinde Ruderatshofen)

die reich geschmückten Jungtiere, die den Sommer auf der Alpe Schrofenstein verbracht haben, unter dem ohrenbetäubenden Läuten der Schellen ins Dorf getrieben.

Freizeit und Sport

Über ein bestens beschildertes und gepflegtes Rad- und Wanderwegenetz kann man die Landschaft mit ihren Weiden, Wäldern, mit Mooren, Seen und Flüssen am besten kennenlernen. Während des Winters laden Wanderwege und Loipen ein, die winterliche Natur rund um Ruderatshofen zu erkunden.

Inmitten eines Landschaftsschutzgebietes liegt der Elbsee. Der Moorsee bietet mit Wanderwegen, einer Badeanstalt, Campingplatz und Ausflugsgaststätte einen hohen Freizeitwert inmitten unberührter Natur.

Ruderatshofen ist eine Station des „Sagenhaften Weges". Auf dieser familienfreundlichen Radrunde durch die Region werden Geschichten über Geister, Feen, Hexen und Ungeheuer und deren Mythen erzählt.

Ruderatshofen verfügt über zwei Brauereien: Zum einen lädt der Brauereigasthof Kirnachstuben zu Bier und Einkehr ein, zum anderen sind beim Landgasthof Hubertus Brauereiführungen, - besichtigungen und -kurse möglich. Die Feinkäserei Stich, die bereits seit 1895 Käseköstlichkeiten herstellt, bietet exklusive Führungen durch den Herstellungsprozess der Käsespezialitäten.

Orts- und Infrastruktur

In dem lebendigen und geselligen Dorf lässt es sich gut leben. Aktive Vereine tragen ebenso zur hohen Lebensqualität bei wie eine zuverlässige Handwerkerschaft, innovative Landwirtschaft und eine traditionelle Gastronomie.

Wichtige Adressen und Telefonnummern

Gemeinde Ruderatshofen
Marktoberdorfer Straße 7
D-87674 Ruderatshofen
Tel. +49 (0)8343 306
Fax +49 (0)8343 1477
info@ruderatshofen.bayern.de
www.ruderatshofen.de

Wassermühle
(Bild Gemeinde Ruderatshofen)

Willkommen in einer Welt aus Glas

Hanne Glaskunst

Als kleines Paradies kann man das schmucke Bauernhaus am Ortsrand von Ruderatshofen beschreiben. Hier, wo aus Glas wahre Kunstwerke geschaffen werden, die dem Auge und der Seele gut tun.

Im großen Garten, in dem Blumen zu jeder Jahreszeit zu blühen scheinen, begegnen dem Betrachter faszinierende Glasobjekte, Gartenstecker und Stelen. Der märchenhafte Garten ist ganzjährig Teil der Ausstellungfläche. Highlight ist das Gartenfest im Juli, an dem auch der private Garten erkundet werden kann. Bei Kaffee und Kuchen auf der Terrasse über dem Bach oder anderen herrlichen Sitzplätzen, genießen die Besucher eine bezaubernde Atmosphäre.

Betreten sie schließlich die Galerie von Hanne Glaskunst, entdecken sie die vielfältigen Schönheiten aus Glas. Ob Namenschilder und Hausnummern, Geburtenschilder oder Kreuze, Wanduhren, Mobile und Vasen – alles präsentiert sich in einer faszinierenden Farbenpracht.

Hergestellt werden die gläsernen Kostbarkeiten in der so genannten Fusing-Technik. Durchsichtiges, Gebrochenes, gewalzte bunte Platten werden geschnitten, in Form gebracht, verziert und arrangiert. Scharfkantige Bruchstücke und Glaskrösel werden in einem Ofen bei etwa 800°C zum Verschmelzen gebracht, bis sich die ein-

zelnen Teile dauerhaft miteinander verbinden. In einem zweiten Brenngang werden schließlich die noch flachen Werkstükke geformt und sinken in eine Form aus Keramik. Danach können die Glas-Objekte nach Bedarf durch sandstrahlen veredelt werden, bis sie ihre gewünschte unnachahmliche Form und Oberfläche erhalten.
Reine Handarbeit bei der Herstellung schafft hier wertvolle Unikate.

Hanne Brennich ist schon seit mehr als 21 Jahren die kreative Kraft, die mit immer neuen Ideen eine fantasievolle Welt aus Glas erschafft. Unterstützt von ihrem Mann, der das Bohren, Schleifen und Sandstrahlen übernimmt und zusammen mit ihrem Team bieten sie in ihrer Galerie oder über ihren Onlineshop die farbenprächtigen Glasprodukte an, an denen man sich selbst erfreut oder Anderen eine unvergessliche Freude bereiten kann.

Öffnungszeiten:
Mi. – Fr. 9 – 12 & 14 – 18 Uhr,
Sa. 9:30 – 13 Uhr,
Montag und Dienstag geschlossen.

Hanne Glaskunst GmbH
Bgm.-Andreas-Müller-Str. 7
D-87674 Ruderatshofen
Tel. +49 (0)8343 643
Fax +49 (0)8343 646
info@hanne-glaskunst.de
www.hanne-glaskunst.de

Hier werden Leib und Seele verwöhnt

Landgasthof Hubertus

Auf dem Land, aber nur wenige Kilometer von Kaufbeuren entfernt, findet sich ein Kleinod kreativer Gastlichkeit. Im Landgasthof Hubertus stösst man auf kulinarische Kostbarkeiten bayerischschwäbischer Küche, die geschickt mit modernen Elementen der Kochkunst kombiniert wird. Das brachte auch die Goldmedaille im Wettbewerb Bayerische Küche „Regionale Speisen genießen" ein. Kein Wunder also, dass der Hausherr, Thomas Petrich, für den regionalen Fernsehsender TV-Allgäu immer wieder vor der Kamera steht.

Gespeist wird in den gemütlich im Allgäuer Stil eingerichteten Gasträumen, die neben Kegelbahnen auch Platz für Feierlichkeiten aller Art bieten. Die kreative Küche und die gediegen ausgestatteten Räumlichkeiten sowie der professionell agierende Service bieten dazu den besten Rahmen, der den Gästen unbeschwerte Stunden beschert und die Veranstaltung zu einem unvergesslichen Erlebnis macht. Bei schönem Wetter ist während der warmen Jahreszeit der traditionelle Biergarten der richtige Ort, um sich unter freiem Himmel kulinarisch verwöhnen zu lassen. Dazu zählt auch das Apfeltranger Bier, das der Hausherr im eigenen Haus selber produziert. Gebraut wird nach dem bayerischen Reinheitsgebot und bei einem Brauerkurs, den die Gastgeber anbieten, lernt man die Kunst des Bierbrauens kennen.

Abgerundet wird der angenehme Aufenthalt im Landgasthof Hubertus durch einen Außenpool, in dem die Gäste während der Sommermonate eine angenehme Erfrischung genießen können. Und während einer Massage, die im Haus gebucht werden kann, lässt so mancher Gast die Seele baumeln.

Übernachten in der Wohlfühlatmosphäre

Direkt neben dem Gasthof verschönern im Landhaus Hubertus angenehme Gästezimmer den Aufenthalt. Ebenfalls im Allgäuer Stil und mit viel Liebe zum Detail eingerichtete Räumlichkeiten versprechen neben hohem Komfort auch eine angenehme Nachtruhe. Mit dem Aufzug sind die Quartiere barrierefrei erreichbar. Teilweise genießen die Gäste aus den Zimmern einen beeindruckenden Blick auf das Allgäuer Alpenpanorama. Besondere Arrangements wie z.B. die „Romantikpauschale im Himmelbettzimmer" versüßen so manchem Gast den Augenblick

Landgasthof Hubertus

Wenglinger Str. 2
D-87674 Apfeltrang
Tel. +49 (0)8341 81 976
info@hubertus-apfeltrang.de
www.hubertus-apfeltrang.de

St. Martin, Jengen
(Bild Wikipedia/G. Freihalter, CC BY-SA 3.0.)

Jengen
An der Gennach

Die Gemeinde Jengen (rund 2.400 Einwohner) im schwäbischen Landkreis Ostallgäu liegt etwa fünf Kilometer südlich von Buchloe. Jengen wird vom Fluss Gennach durchflossen. Zur Gemeinde gehören die Ortsteile Beckstetten, Eurishofen, Jengen, Koneberg, Ummenhofen, Weicht, und Weinhausen. Durch die nahe Bundesstraße 12 von Buchloe nach Kaufbeuren und die Autobahnabfahrt Buchloe der Autobahn 96 von Lindau nach München ist Jengen gut zu erreichen.

Kurzer Blick ins Geschichtsbuch

Der Ort wurde vermutlich um das Jahr 800 gegründet. Jengen gehörte über Jahrhunderte zum Hochstift Augsburg. Nach dem Reichsdeputationshauptschluss 1803 gehörte Jengen zu Bayern und wurde durch das Gemeindeedikt 1818 zur politischen Gemeinde.

Sehenswürdigkeiten

Die katholische Pfarrkirche St. Martin in Jengen ist ein spätgotischer Backsteinbau aus der Zeit um 1500, der im 18. Jahrhundert im Rokokostil umgestaltet wurde. Die beeindruckenden Deckenfresken im Stil der Nazarener stammen aus dem 19. und 20. Jahrhundert.

Freizeit und Sport

Die zahlreiche Vereine in der Gemeinde sorgen mit ihren vielseitigen Angeboten für Möglichkeiten der sinnvollen Freizeitgestaltung. Sie tragen mit ihren Festen und Veranstaltungen zum abwechslungsreichen Jahresprogramm in Jengen bei.

Wichtige Adressen und Telefonnummern

Gemeinde Jengen
Kirchplatz 7, D-86860 Jengen
Tel. +49 (0)8241 902 23
Fax +49 (0)8241 90225
jengen@buchloe.de
www.jengen.de

Jengen
(Bild Wikipedia Jörgens.mi, CC BY-SA 3.0.)

409

Es ist die Leidenschaft, die mit dem wächst, was Du aus Deiner Region machst

Senfmanufaktur Ostallgäu

Senf ist eines der ältesten Gewürze der Menschheit. Bereits bei den Ägyptern, Griechen und Römern wurde das Senfkorn ersten Jahrhundert bekannt. Erst im achten Jahrhundert, kam der Senf nach Mitteleuropa und wurde sogar viel später von Hildegard von Bingen hoch gelobt.

In Jengen hat sich der gelernte Koch, Denny Kahl, eine Senfmanufaktur eingerichtet. Hier wird alles, was er für die feinen Senfspezialitäten braucht, in Handarbeit zusammen gestellt und gefertigt. Beim Mahlen der Senfkörner legt er größten Wert darauf, dass die Temperatur 35° C nicht überschreitet, um die wertvollen Inhaltsstoffe des Kornes nicht zu zerstören. Er fügt dem Senfschrot, Gewürze, Kräuter, Essig und Wasser hinzu und lässt den Ansatz eine Zeit lang quellen. Erst, wenn die sogenannte Maische ihr volles Aroma entwickelt hat, füllt er von Hand die Gläser ab.

Die Senfmanufaktur Ostallgäu ist die erste ihrer Art, die einen Bio-Dinkel-Senf und Bio Senfessig anbietet. Mit dem Bio-Dinkel-Senf lassen sich Senfsaucen vorzüglich binden. In der Manufaktur finden sich neben dem Klassiker Bio-Dinkel-Senf, auch der mit Kräutern verfeinerte, ein Dinkel-

Zwiebel-Senf, ein süßer Senf und Senfspezialitäten die mit der Weinbeere der Mapuche-Indianer oder der Hagebutte veredelt wurden. Denn Senf kann man zum Kochen verwenden, in Dips rühren oder Salatsaucen den letzten Pfiff geben. Und Senf schmeckt zum Käse so gut wie zu einer Wurst oder pur auf einem Butterbrot.

Neben den köstlichen Senfsorten finden sich in der Manufaktur und in seinem Onlineshop auch Gewürzmischungen, Senfessig und andere Dinkelprodukte vom Biohof.

Das die Zutaten, die Denny Kahl für seine Senfherstellung verwendet, aus der Region kommen, ist für Ihn eine Selbstverständlichkeit. Wichtig ist ihm, dass er seine Lieferanten und Bio-Landwirte persönlich kennt. Sein Leitsatz lautet: „Man muss Vertrauen aufbauen um mit dem Lieferanten und Bio-Landwirten eins zu werden in der Region." Denn das Allgäu hat vieles an regionalen Bio-Produkten zu bieten, aus denen man etwas Gutes und Gesunden zaubern kann.

Senfmanufaktur Ostallgäu

Ketterschwanger Str. 4
D-86860 Weinhausen
Tel +49 (0)8241 99 73 157
Fax +49 (0)8241 99 73 157
bio-senfmanufaktur@outlook.de
www.dinkel-macht-senf.de

Rettenbach am Auerberg

Hier ist die Sonne zu Hause

Im wunderschönen Ostallgäu liegt auf 831 m ü. M. die Gemeinde Rettenbach am Auerberg. Rund 850 Einwohner sind hier zuhause und genießen die idyllische Landschaft des Alpenvorlandes. Gäste erleben ein harmonisches Ambiente aus moderner Technologie und traditionellem Brauchtum. Als staatlich anerkannter Erholungsort ist Rettenbach am Auerberg der ideale Ort, um neue Energie zu tanken.

Wie wichtig die Sonne in Rettenbach ist, zeigt die Vielzahl an Photovoltaik-anlagen, die im Ort zu finden sind. Die Gemeinde versorgt sich zu großen Teilen selbst mit Strom und hat sich den Beinamen „Sonnendorf in Bayern" redlich verdient.

Kurzer Blick ins Geschichtsbuch

Die nachweisliche Geschichte der Gemeinde begann 1167, als sie erstmals urkundliche Erwähnung fand. Damals hieß sie noch „Roden am Bach" und wurde in den nächsten

Rettenbach am Auerberg
(Bilder Gemeinde Rettenbach am Auerberg)

Jahren durch verschiedene Hände gereicht. Auch der Graf von Redenbach
wurde zum Lehnsherrn. Im Laufe der
Jahre erlebte das heutige Rettenbach
am Auerberg Kriege, Plünderungen
und Hungersnöte, die der Gemeinde
schwer zusetzten. Auch Krankheiten
wie die Pest und die Cholera forderten
zahlreiche Opfer. Erst ein paar Jahre
nach dem Dreißigjährigen Krieg kehrte
ein wenig Ruhe im Ort ein. Als schließlich 1978 die eigene Unabhängigkeit
abgegeben werden musste, war der
Tiefpunkt der Geschichte Rettenbachs
erreicht. Erst 1993 gelang es nach
langem Kampf, die Selbstständigkeit
wieder zu erlangen. Der 6. Oktober ist
noch heute der örtliche Feiertag.

Sehenswürdigkeiten

Weichbergkapelle

Auch eine kleine Gemeinde hat ihre
Attraktionen. So gehört die Pfarrkir-
che St. Vitus, die bereits um 1500
erbaut wurde zu den interessantesten
Sehenswürdigkeiten der Gemeinde.
Auch die Weichbergkapelle, die der

Pfarrkirche St. Vitus und Rathaus

heiligen Magdalena geweiht ist, wird ebenfalls gern besucht. Die traditionelle Ausstattung der kleinen Kapelle untermalt das inspirierende Ambiente. Ein Besuch im Fuhrwerkerstadel lohnt sich allemal, hier werden landwirtschaftliche Geräte aus den 50iger-Jahren ausgestellt.

Feizeit und Sport

Urlauber können die umliegenden Wanderwege nutzen, um das Alpenvorland zu erkunden. Von verschiedenen Anhöhen werden sie mit einem atemberaubenden Blick auf die Alpen belohnt. Der Badeweiher lockt vor allem in den Sommermonaten viele Gäste zum vergnüglichen Badespaß an. Ein Beach-Volleyball-Platz rundet das Angebot ab.

Hotellerie und Gastronomie

Mit dem „Gästehaus Lindenhof" und „Gästehaus Maria" hält Rettenbach zwei attraktive Urlaubsdomizile für seine Besucher bereit. Hier werden Körper und Geist in Einklang gebracht und neue Kräfte für die Herausforderungen des Alltags getankt.

Auch für das leibliche Wohl ist in Rettenbach gesorgt. Im Café im Weichbergmarkt gibt es neben einem Angebot von selbstgemachten Kuchen ein Mittagstischangebot, das gerne von Wanderern und Radfahrern angenommen wird. Mit der „Skihütte" gibt es einen sehr guten Gastronomiebetrieb, der seine Gäste mit kroatischen aber auch deutschen Speisen in urigem Ambiente verwöhnt. Im

Gasthof „Goldenes Kreuz" genießen die Gäste den dörflichen Stammtisch und regionale Spezialitäten.

Orts- und Infrastruktur

Obwohl Rettenbach am Auerberg eine sehr kleine Gemeinde ist, gibt es einige mittel-ständische Unternehmen, die zu den „Global Players" zählen. Die Firma Kugelmann gilt als Spezialist für Kommunalfahrzeuge, die u.a. Winterdienstgeräte und Rasenkehrmaschinen anbietet. 2006 waren beim sog. „Sommermärchen" in allen deutschen WM-Stadien Kugelmann Maschinen im Einsatz. Näheres unter www.kugelmann.com.

Die Pfanzelt-Maschinenbau zählt zu den führenden Unternehmen der Forsttechnik.

Es wird das umfangreichste Forstprogramm „Made in Germany" - von der Dreipunktseilwinde für den Waldbauern bis hin zum Forstspezialschlepper Felix für den Profi angeboten. www.pfanzelt-maschinenbau.de

Rettenbach schafft mit dem niedrigsten Gewerbesteuersatz ganz Bayerns ein unternehmerfreundliches Klima.

Die Gemeinde sorgt zudem mit dem Dorfladen „Weichbergmarkt" für ein regionales Einkaufserlebnis. In dem Lebensmittelmarkt werden auch heimische Produkte vermarktet und das Gebäude ist ein Blickfang inmitten des Dorfes, das das Gesamtbild bereichert.

Wichtige Adressen und Telefonnummern

Gemeinde Rettenbach am Auerberg
Dorfstraße 1
D-87675 Rettenbach am Auerberg
Tel. +49 (0)8860 8616
info@sonnendorf-rettenbach.de
www.rettenbach-amauerberg.de

Weichbergmarkt

Balsam für Körper, Geist und Seele

Gästehaus Lindenhof

Ganzheitlich wohlfühlen sollen sich die Urlauber im Gästehaus Lindenhof, im traumhaft schönen Ostallgäu. Hier setzen die Betreiber auf ein Konzept, das Körper, Seele und Geist befreien und stärken soll. Schon bei der Ankunft spürt jeder Gast, dass sein Wohlbefinden hier bei allen Mitarbeitern oberste Priorität hat.

Im Gästehaus Lindenhof gibt es gemütlich eingerichtete Zimmer, die einen erholsamen Aufenthalt versprechen. Hier können die Besucher einfach einmal die Seele baumeln lassen und neue Kraft und Energie tanken. Christliche Nächstenliebe ist im gesamten Lindenhof allgegenwärtig. Aufmerksames Personal kümmert sich gern um jeden Gast und demonstriert auf eindrucksvolle Weise, wie ein harmonisches Miteinander auch am Arbeitsplatz funktionieren kann. Kleine Extrawünsche werden gern erfüllt, sodass sich der Gast rundum wohlfühlt.

Die Außenanlagen versprechen pure Erholung. Der schöne Garten ist der ideale Ort, um einfach nur auszuspannen. Kinder finden hier einen Platz zum ausgelassenen Spielen, während die Eltern es sich mit einem guten Buch und einem Gläschen Wein auf einer der rustikalen Bänke gemütlich machen können. Außerdem gibt es einen traumhaften Pool, der von Jung und Alt gern genutzt wird.

Auch an das leibliche Wohl der Gäste ist gedacht. In dem hellen und freundlich eingerichteten Speisesaal genießen sie ein abwechslungsreiches Angebot verschiedenster Speisen. Sie wählen zwischen Halb- und Vollpension.

Ein reichhaltiges Frühstücksbuffet hält alles bereit, was der Körper für einen gelungenen Start in den Tag braucht. Zum Mittag wird ein ausgewogenes 3-Gänge-Menü serviert. Das Abendbuffet rundet schließlich das kulinarische Angebot mit warmen und kalten Speisen ab.

Damit der Aufenthalt maximale Erholung bietet, stehen auch Wellnessangebote zur Verfügung.

Es gibt eine Sauna im Haus. Außerdem können verschiedene Massagen gebucht werden.

Auf Wunsch besteht auch die Möglichkeit, den Tag mit einer christlichen Andacht ausklingen zu lassen. Der christliche Gedanke wird im Gästehaus Lindenhof jederzeit gelebt und in die Tat umgesetzt.

Gästehaus Lindenhof
Oberlöchlers 7, D-87675 Rettenbach am Auerberg
Tel. +49 (0)8860 91 30 00, info@lindenhof.com, www.lindenhof.com

Unterthingau
Idyllisches Dorf mit großer Geschichte

Eingebettet in die hügelige Allgäuer Voralpenlandschaft mit Wiesen, Wäldern, und Aussicht auf die Alpenkette liegt der Markt Unterthingau (2856 Einwohner) zwischen Kempten und Marktoberdorf. Zur Marktgemeinde gehören die Ortsteile Oberthingau und Reinhardsried. Die Kirnach fließt seit Urzeiten durch den Ort, der bereits nachweislich im Neolithikum besiedelt war. Feriengäste schätzen die ausgezeichnete Infrastruktur mit Geschäften, gastfreundlichen Unterkünften und gastronomischen Angeboten sowie die zahlreichen markanten geschichtlichen Ausflugsziele.

Die Anreise mit dem Auto auf der nahegelegenen B12 ist problemlos. Ausflugsziele wie die Allgäuer Hochalpen, Bodensee oder München sind innerhalb einer Stunde erreichbar.

Kurzer Blick ins Geschichtsbuch

943 erstmals anlässlich einer Schenkung Ottos des Großen urkundlich erwähnt, gehörte Unterthingau im Mittelalter dem Kloster Kempten. 1485 wurde dem Ort von Kaiser Friedrich III. das Marktrecht zugesprochen. Während der Bauernkriege, dem 30-jährigen Krieg und der Pestepidemie 1628-30 hatten die Einwohner oft unter schweren Entbehrungen zu leiden. Im Lauf der Jahrhunderte kam es zu Einquartierungen fremder Armeen im Gemeindegebiet. Mit der Verwaltungsreform des Reichsdeputationshauptschlusses kam Unterthingau zu Bayern. 1818 wurde der Ort selbständig.

Sehenswürdigkeiten

Das Schloss Unterthingau aus dem 15. Jahrhundert steht in seinem vollen Glanz inmitten des Ortes. Seit 1485 diente es als Sitz de Stiftkemptischen Vögte, überstand 1525 unbeschadet den Bauernkrieg und wurde von 1805 bis 1976 als Gasthof „Zum Schwanen" geführt. Heute ist es Sitz der Gemeindeverwaltung.

Um das Schloss herum gruppieren sich das Häringer-Heimathaus aus dem 17. Jahrhundert, das Scharpf-

Unterthingau
(Bilder Gemeinde Unterthingau)

Häringer-Heimathaus

haus und weitere vorbildlich restaurierte Gebäude am Marktplatz, die das stimmige Ortsbild abrunden.

Die Pfarrkirche St. Nikolaus in Unterthingau gibt es urkundlich seit dem 8. Jahrhundert, sie wurde 963 von Bischof Ulrich geweiht. Außer der Pfarrkirche St. Stephan in Oberthingau aus dem 14. Jahrhundert und der Filialkirche St. Anna in Reinhardsried aus dem 16. Jahrhundert findet man in der Umgebung etliche Kapellen, die mit ihrer schönen Innenausstattung kulturinteressierte Besucher anziehen. Im gesamten Gemeindegebiet stösst man auf Steinkreuze und Gedenktafeln, die von mittelalterlichen Bauten und Fliehburgen Zeugnis ablegen.

Freizeit und Sport

Das Wanderwegenetz in der Umgebung von Unterthingau reicht bis zum riesigen Kemptener Wald, einem grünen Paradies mit zahlreichen Wander- und Radwegen. Durch den Ort verläuft der Allgäu-Radweg. Außerdem kann man auf dem Jakobsweg bis Kempten und weiter zum Bodensee pilgern. Im Sommer sorgt das Freibad im Ort für Erfrischung. Ein kleiner Spaziergang führt von Aitrang an den idyllisch liegenden Elbsee. Die familienfreundliche Wanderung, die auch mit Kinderwagen bewältigt werden kann, führt an der bewirtschafteten Seealpe vorbei, die zu Brotzeiten und Erfrischungen einlädt.

Tennisplätze und Gelegenheiten zum Reiten stehen ebenfalls zur Verfügung. Eine gut sortierte Bücherei im Schloss lädt zum Verweilen ein. Ständig wechselnde Bilderausstellungen im Festsaal des Schlosses zeigen die künstlerische Vielfalt der Hobbykünstler aus der Region. Verschiedene Konzerte im Schloss runden das kulturelle Angebot ab. Während des Winters genießt man die verschneite Natur auf geräumten Wanderwegen und gepflegten Langlaufloipen.

Veranstaltungen

Die örtlichen Vereine und Musikkapellen sorgen im Ort für abwechslungsreiche Unterhaltung mit den verschiedensten Veranstaltungen. Außerdem wird ein Frühjahrs- und ein Herbstmarkt abgehalten, im November ein Kultursonntag und alle vier Jahre ein Mittelaltermarkt veranstaltet.

Wichtige Adressen und Telefonnummern

Verwaltungsgemeinschaft Unterthingau
Marktplatz 9
D-87647 Unterthingau
Tel. +49 (0)8377 92 010
Info@unterthingau.de
www.unterthingau.de

Tiroler Zugspitz Arena
Freizeitparadies in überwältigender Bergkulisse

Herzlich willkommen auf der Sonnenseite der Zugspitze – in der Tiroler Zugspitz Arena.

Selten findet man ein Urlaubsgebiet mit einer derartigen Fülle von attraktiven Freizeitangeboten in reizvoller Landschaft mit hohen Bergen, Wäldern, Wiesen, Seen und Bächen. Hier finden Familien Erholung und Freizeitspaß, Wanderer genießen die Natur auf mehr als 150 lohnenden Routen unterschiedlicher Schwierigkeitsgrade in herrlicher Berglandschaft, Mountainbiker freuen sich über spannende Trails und Paraglider über spektakuläre Startplätze. Im Winter warten sieben Skigebiete, ein ausgedehntes Loipennetz und präparierte Winterwanderwege auf erholungsbedürftige Feriengäste.

Ein großes Angebot von Unterkünften in der Region für jeden Geldbeutel vom Sternehotel bis zum Urlaub auf dem Bauernhof lassen keine Wünsche offen. Zahlreiche Gasthöfe, Cafés und Almhütten sorgen mit einem breit gefächerten gastronomischen Angebot von internationalen Speisen bis zu Tiroler Schmankerln für das leibliche Wohl der Gäste.

Die Arena umfasst die Orte Ehrwald, Lermoos, Berwang, Bichlbach, Biberwier, Heiterwang am See, Lähn-Wengle und Namlos. Sie ist eingerahmt von den Bergen des Wettersteinmassivs, der Mieminger Kette und den Ammergauer Alpen.

Das Gebiet ist über die Autobahnen München – Garmisch-Partenkirchen oder über die Autobahn Ulm – Füssen mautfrei ohne Überwindung eines Passes gut zu erreichen.

Blick auf Ehrwald und die Zugspitze
(Bilder Tiroler Zugspitz Arena, U. Wiesmeier)

Am Seebensee

Zugspitze

Die Zugspitze ist mit 2.962 Meter der höchste Berg Deutschlands und auch der Tiroler Zugspitz Arena. Der Berg ist das attraktivste Ausflugsziel weit und breit. In nur zehn Minuten erreicht man mit der Tiroler Zugspitzbahn die Bergstation am Gipfel und kann auf den großzügigen Aussichtsterrassen den grandiosen Fernblick in vier Länder genießen.

Im Erlebnismuseum „Faszination Zugspitze" erfährt man viel über die Geschichte des Berges. Mutige trauen sich auf die begehbare Glasfläche, wo sie dem Abgrund ins Auge schauen können. Im Panoramarestaurant werden Gäste bei fantastischer Aussicht mit leckeren Speisen verwöhnt. Eine Sonnenaufgangsfahrt inklusive Frühstück und eine Vollmondfahrt mit anschließendem Fondue-Abend bei Kerzenschein gehören zu den Gipfelevents, die man sich nicht entgehen lassen sollte.

Wasserspaß

Der Heiterwanger See am Eingang zur Zugspitz Arena ist zusammen mit dem Plansee die zweitgrößte Wasserfläche Tirols. Die Seen sind durch einen 300 Meter langen Kanal verbunden. Der Heiterwanger See bietet neben Badevergnügen auch beliebte Bootsfahrten in der fjordähnlichen Landschaft.

Der 1.400 m² große Naturbadesee Bichlbach im Natur- und Freizeitpark des Ortes verspricht Badespaß für die ganze Familie mit Kinderbereich, großer Liegewiese, Sprungturm und Rutsche.

Das Ehrwalder Schwimmbad, größtes Hallenbad der Region, ist durch sein vielfältiges Angebot mit Sportbecken, Kinderbereich, Solebecken, Dampfbad, Saunabereich und Fitnessstudio bei Erholungssuchenden sehr beliebt. Auch das Panoramabad in Lermoos mit drei Schwimmbecken, einer Superwasserrutsche und einer Breitwasserrutsche mit Wasserspielgarten sowie das Waldschwimmbad in Berwang ziehen zahlreiche Besucher an.

Die Gebirgsseen der Region sind lohnende Ziele für Wanderer. Der türkis leuchtende Seebensee in 1.675 Metern Höhe und traumhafter Lage in der Mieminger Gebirgskette oberhalb der Ehrwalder Alm gehört zu den schönsten seiner Art. Auch der glasklare Drachensee auf 1.910 Meter Höhe oberhalb des Seebensees ist ein beliebtes Wanderziel.

Familienurlaub

In der Tiroler Zugspitz Arena fühlen sich Familien zu jeder Jahreszeit wohl. Viele familienfreundliche Unterkünfte sind auf die Bedürfnisse von Kindern ausge-

Gartnerwand-Gratwanderung

richtet und ermöglichen unter anderem durch kindgerechte Zimmerausstattung und Ernährung einen erholsamen Urlaub für die ganze Familie.

Das vielseitige Programm und die professionelle Betreuung im Kinder-Abenteuerclub begeistert Kinder und lässt Eltern den Urlaub entspannt genießen. Erlebnisreiche Ferien für die ganze Familie bieten der Streichelzoo und der Kletterwald in Bichlbach. Der Sport- und Freizeitpark in Bichlbach hat neben dem Badesee auch eine Kinder-Raftinganlage, Minigolf, einen schönen Spielplatz und einen Beachvolleyballplatz zu bieten. In Biberwier sausen Klein und Groß auf der längsten Sommerrodelbahn Tirols den Berg hinunter.

Auf zahlreichen Erlebniswegen mit Spielstationen kann man kurzweilig die Natur entdecken. Dazu gehören der Wassererlebnisweg „Zugspitzi am Gaisbach" in Ehrwald und Moosles Reich in Lermoos.

Wandern

Die Tiroler Zugspitz Arena ist eine beliebte Wanderregion in der faszinierenden Bergwelt. Über 150 Routen stehen zur Verfügung, von geruhsamen Talwanderungen bis zu anspruchsvollen Bergtouren. Die Wege führen durch Wiesen und Wälder zu romantischen Wasserfällen, geheimnisvollen Bergseen und auf Tirols schönste Aussichtsgipfel.

Als bequeme Aufstiegshilfe eignen sich die Tiroler Zugspitzbahn und die Ehrwalder Almbahn in Ehrwald, die Grubigsteinbahnen in Lermoos, die Marienbergbahn in Biberwier sowie die Almkopfbahn in Bichlbach und die Sonnalmbahn in Berwang.

Wanderer können auch an den klassischen Höhenwanderungen und den beliebten Themenwanderungen teilnehmen, die von den örtlichen Bergschulen angeboten werden.

Die Angebote reichen von der Sonnenaufgangstour bis zur Kräuterwanderung.

Auch für Kletterer bieten sich in der Zugspitz Arena vielfältige Möglichkeiten für genussreiche Touren in allen Schwierigkeitsgraden.

Radfahren

Die Tiroler Zugspitz Arena ist ein Eldorado für Mountainbiker. Mehr als 100 markierte Touren mit unterschiedlichen Schwierigkeitsgraden und einer Gesamtlänge von mehr als 4.300 Kilometern warten auf abenteuerlustige Biker. Vom mäßig steilen Grubigalm-

trail bis zum rasanten Blindseetrail ist für alle Trailfans etwas dabei.

Auch Radwanderer kommen auf den sanfteren Routen im Tal wie bei der genussvollen Umrundung des Heiterwanger Sees voll auf ihre Kosten.

Wintersportarena

In der Tiroler Zugspitz Arena garantieren sieben abwechslungsreiche Skigebiete mit 139 Pistenkilometern, davon 93 Kilometer beschneit, und 58 Bergbahnen für ein unvergessliches Schneevergnügen. Von einfachen Pisten für Anfänger und Familien bis zu anspruchsvollen Abfahrten für geübte Skifahrer ist für jeden etwas dabei. Vom Gletscherskilauf auf dem Zugspitzblatt bis zu den sonnigen Pisten auf der Ehrwalder Alm und den Skigebieten in Biberwier, Berwang und Lermoos findet vom Skirennläufer bis zum Genussskifahrer und

(Bild Tiroler Zugspitz Arena, C. Jorda)

Einsteiger jeder seine Traumstrecke. Das Skigebiet Zugspitze bietet bereits zum Saisonstart ab Ende November Schneesicherheit mit Pulverschnee und Gletschersonne.

Die professionellen Skilehrer in den zahlreichen Skischulen der Region betreuen kompetent jeden Wintersportler, vom kompletten Anfänger bis zum geübten Skifahrer, der seine Technik verbessern möchte. Besonders die Kinder haben viel Spaß beim spielerischen Lernen des Skilaufs.

In zahlreichen Skiverleihstationen und Sportgeschäften kann man die Ski-Ausrüstung für Piste und Langlauf ausleihen oder käuflich erwerben.

Skilanglauf in der Tiroler Zugspitz Arena auf 110 km gespurten, kosten-losen Loipen mit Blick auf das Bergpanorama ist das perfekte Vergnügen. Die abwechslungsreichen Strecken bieten sowohl für anspruchsvolle als auch für gemütliche Läufer die passende Route. Auf den hochgelegenen Loipen ist Schneesicherheit garantiert.

Erlebnisraum Schlosspark/Ausflugsziele

Zu den schönsten Strecken gehören die leichte Ehrwalder Golf-Rundloipe, die mittelschwere Bichlbacher Mühlbachloipe und die schwere Heiterwanger Moosloipe.

Für Wanderer sind die 60 km umfassenden, geräumten Winterwanderwegen in traumhafter Schneelandschaft ein Genuss, hinzu kommt die gesunde, einzigartige Höhenluft. Beim Schneeschuhwandern im kniehohen Tiefschnee spürt man die unberührte Natur hautnah.

Zu einem Winterurlaub in der Region gehört unbedingt eine romantische Pferdeschlittenfahrt, bei der man in Decken gehüllt die Winteridylle unmittelbar erleben kann.

Den erlebnisreichen Wintertag lässt man idealerweise in einem gemütlichen Gasthof bei Kerzenschein mit geschmackvoller Unterhaltung durch lokale Musiker ausklingen. Eine Nachtrodelpartie auf der Ehrwalder

Alm oder eine Fackelwanderung in Lermoos sorgen vor allem bei Kindern für großen Spaß und leuchtende Augen.

Wichtige Adressen und Telefonnummern

Tiroler Zugspitz Arena
Schmiede 15,
A-6632 Ehrwald
Tel. +43 (0)5673 20 000
info@zugspitzarena.com,
www.zugspitzarena.com

Das Tor zu Tirol

Naturparadies Reutte

Die Naturparkregion Reutte in Tirol an der Fernpassbundesstraße B 179 von Füssen ins Inntal bietet für Urlauber zu jeder Jahreszeit vielfältige Natur- und Kulturerlebnisse. Die elf Ortschaften der Region am Fuß des Hochgebirges sind Breitenwang, Ehenbichl, Höfen, Lechaschau, Musau, Pflach, Pinswang, Reutte, Vils, Wängle und Weißenbach.

Das Element Wasser spielt eine große Rolle in dieser wunderschönen Urlaubslandschaft. Neben dem Lech, dem letzten Wildfluss der Alpen, und dem Plansee, dem zweitgrößten See in Tirol findet man in der Region zahlreiche Bergseen - alle in Trinkwasserqualität. Der Plansee lädt im Sommer zu abwechslungsreichen Freizeitaktivitäten am und im Wasser ein (Wassertemperatur 17 bis 21° C). Badegäste sowie Angler, Segler, Surfer und Taucher kommen hier voll auf ihre Kosten. Lohnend ist auch eine beschauliche Schifffahrt auf dem See. Die Alpentherme Ehrenberg bietet vielfältigen Badespass und erholsame Entspannung.

Für Wanderer steht in der Region ein 400 km langes Wanderwegenetz mit Routen vom gemütlichen Talspaziergang bis zur anspruchsvollen Bergtour zur Verfügung. Die Wege führen durch stille Wälder, über saftige Almwiesen und entlang der Bergketten. Eine besonders schöne Wanderung führt zu den eindrucksvollen Stuibenfällen. 17 Almen und Hütten laden

Alpentherme Ehrenberg

Burgenwelt Ehrenberg und highline179

nach einem anstrengenden Aufstieg zur zünftigen Jause und bieten grandiose Fernblicke auf die imposanten Bergriesen. Die Reuttener Seilbahnen eignen sich vorzüglich als willkommene Aufstiegshilfe zum aussichtsreichen Wandergebiet Hahnenkamm.

Auch im Winter sind den Freizeitaktivitäten keine Grenzen gesetzt: Vom genussvollen Skifahren auf präparierten Pisten bis zu erholsamen Skiwanderungen auf gebahnten Loipen und vielem mehr erleben Urlauber hier ein wahres Winterparadies.

Zu den zahlreichen attraktiven Sehenswürdigkeiten in der Naturparkregion gehören die Burgenwelt Ehrenberg mit Erlebnismuseum und die spektakuläre Fußgängerhängebrücke „highline 179", die mutige Besucher in Schwindel erregender Höhe über ein Tal führt.

Alljährlich finden die Ritterspiele in Ehrenberg statt sowie Platzkonzerte und Tiroler Abende. Auch den Almabtrieb im September und die stimmungsvollen Weihnachtsmärkte sollte man nicht verpassen. Diverse Sportveranstaltungen, hochwertige Ausstellungen und Konzerte runden das vielfältige Angebot ab.

Wichtige Adressen und Telefonnummern

TVB Naturparkregion Reutte
Untermarkt 34, A-6600 Reutte
Tel. +43 (0)5672 62336
Fax +43 (0)5672 62336 40
info@reutte.com
www.reutte.com

Atemberaubender Ausblick
in schwindelerregender Höhe
highline179

Im wunderschönen Norden Tirols lädt die Burgenwelt Ehrenberg zu einem Ausflug ins Mittelalter ein. Rund 700 Jahre Geschichte werden durch die vier gepflegten Burganlagen und wechselnde Ausstellungen auf beeindruckende Weise dargestellt.

Mitten in der Burgenwelt Ehrenberg befindet sich eine Attraktion, die es bereits ins Guinnessbuch der Rekorde

der Umgebung lassen den Spaziergang über die highline179 zu einem unvergesslichen Erlebnis werden. Die Hängebrücke befindet sich in einer Höhe von 114,60 Metern. Von unten betrachtet, wirkt sie fast wie ein dünnes Drahtseil, das von Gipfel zu Gipfel gespannt ist. Auf einer Länge von 406 Metern können bis zu 500 Personen gleichzeitig das gigantische

geschafft hat. Die Brücke, die nach ähnlicher Bauart tibetischer Hängebrücken konstruiert ist, verzaubert jeden Besucher. Sie ist als highline179 bekannt und gilt als wahrer Besuchermagnet. Wer all seinen Mut zusammen nimmt und den Schritt nach oben wagt, wird mit einem beeindruckenden Ausblick über die Burgenwelt Ehrenberg belohnt. Imposante Bergketten und die idyllische Landschaft

Panorama auf sich wirken lassen. Ein Schrägaufzug verbindet die Haltestelle Besucherzentrum Klause auf 954 Meter mit dem Hornwerk auf 1055 Meter.

Für die Gesamtlänge von 267 Metern beträgt die Fahrzeit gerade mal drei Minuten. Ein weit ausladender Weg für den letzten Anstieg zum Brückenportal macht die Hängebrücke so barrierefrei erreichbar.

Öffnungszeiten

Tägl. von 8 bis 22 Uhr geöffnet. Tickets können im Ticketcenter oder direkt an der Brücke am Automaten erworben werden. Kinder von 4 bis 14 Jahren zahlen einen ermäßigten Eintrittspreis von 5 Euro. Ab 15 Jahren ist der Normalpreis von 8 Euro zu entrichten.

highline179 – Blick mit Kick

Klause 2, A-6600 Reutte
Tel. +43 (0)5672 / 6 20 07
info@highline179.tirol
www.highline179.tirol

Bilder: © highline179

Wohlfühl- und Relax-Erlebnis

Alpentherme Ehrenberg

Den Alltag hinter sich lassen und für einige Stunden erholen und entspannen – das ist das Motto, eines der schönsten Schwimmbäder und v. a. Saunaanlagen in Tirol und im Allgäu. Herrliche Ausblicke auf die umliegende Bergwelt und das Burgenensemble Ehrenberg begleiten die Badegäste bei ihrem Badevergnügen in der Alpentherme.

In der Badewelt trifft sich die ganze Familie zu einem Gemeinschaftserlebnis,

bei dem Spiel und Spaß angesagt ist. Die erwachsenen Besucher schätzen die Wärme des Sole-Außenbeckens, das mit 34° C ganzjährig nutzbar ist und für wohltuende Momente sorgt. Auf Sprudelbänken kommt der ganze

Körper zur Ruhe und auf den 25-Meter-Bahnen kann man richtig sportlich schwimmen. Im Innenbereich finden die Besucher der Alpentherme unter anderem Massagedüsen, Nackenduschen und Sprudelliegen. Bei Wassertemperaturen zwischen 31° C und 34° C ist der Aufenthalt dort ein wahrer Jungbrunnen. Auf die kleinen Gäste des Bades warten eine 12 Meter lange Drachen-Rutsche und die verschiedensten Spritztiere. Dieser Kleinkindbereich ist zur Sicherheit durch eine Glaswand abgetrennt. Auch die größeren Sprößlinge, die eine 120 Meter lange Reifenrutsche und einen Strömungskanal finden, haben hier einen Riesenspaß und können abwechslungsreiche Stunden erleben. Zum Spielen und Toben lädt während des Sommers auch der Außenbereich ein: Mit Kleinkindaußenbecken, Beachvolleyballplatz, Fußballtoren, Tischtennisplatte sowie Sandfläche zum Spielen und einem Kinderspielplatz ausgestattet, verspricht der Aufenthalt zu einem vielseitigen Freizeitspaß zu werden.

Ausgezeichnet mit fünf Sternen

Das Highlight der Alpentherme Ehrenberg finden Gäste im Saunaparadies, welches keine Wünsche offen lässt und nicht umsonst mit "5-Sterne-SaunaPremium" vom deutschen Saunabund ausgezeichnet wurde. In einer exklusiven Atmosphäre, die fünf verschiedene Saunen, ein Dampfbad und ein Außenbecken mit 34° C bietet, erfahren die Gäste den perfekten Sauna- und Wohlfühlgenuss.

Vier gemütliche Ruheräume sowie die Saunalounge mit insgesamt 250 Liegemöglichkeiten runden den Komfort ab. Und während man auf den Wasserbetten, Infrarot- und Wärmeliegen liegt, genießt man den einmalig schönen Panoramablick auf die Berge und kann dabei die Seele so richtig baumeln lassen. Zur Krönung des Saunabesuches lädt eine Verwöhn-Massage ein. Hier kann man verkrampfte Muskeln lösen und Schmerzen sanft wegstreicheln lassen. Das ist ein wahrer Hochgenuss, der den menschlichen Körper wieder mit frischer Energie versorgt. Termine für die Massagen sind auf Anfrage erhällich, wobei eine Reservierung empfohlen wird.

Alpentherme Ehrenberg

Thermenstr. 10
A-6600 Reutte
Tel. +43 (0)5672 72 222
Fax +43 (0)5672 72 22 211
info@alpentherme-ehrenberg.at
www.alpentherme-ehrenberg.at

Der Pfaffenwinkel

Wandern und Pilgern in der heiligen Landschaft Pfaffenwinkel

„Es wär als hätt' der Himmel, die Erde still geküsst." Ein Zitat Eichendorff's, das die reizvolle Natur- und Kulturlandschaft des Pfaffenwinkels nicht trefflicher darstellen könnte. Der Pfaffenwinkel, voll sinnlicher Schönheit mit all seinen Kirchen, Klöstern und Kraftorten in der Natur lässt immer wieder ein tiefes Empfinden entstehen, an einem besonderen Ort dieser Erde zu sein.

Diese besonderen Orte und Landschaften werden seit 2015 durch die Pilger-Wander-Wege „Heilige Landschaft Pfaffenwinkel" miteinander verbunden. Drei Wegschleifen starten und enden alle auf dem Hohen Peißenberg – einem dieser besonderen Kraftorte im Pfaffenwinkel mit seinem grandiosen 360°- Panorama und der bedeutenden Wallfahrtskirche - dem Himmel ganz nah.

Der Wanderer und Pilger hat die Wahl zwischen drei Pilgerschleifen mit den wohlklingenden Namen: „Sprudelnde Quellen", „Spiegelnde Wasser" und „Wilde Flüsse".

Die Nordschleife mit einer Länge von 96km und 7 Tagesetappen verbindet den Hohen Peißenberg mit den Klöstern Wessobrunn, Andechs und Polling, durchquert dabei den Paterzeller Eibenwald ebenso wie die einzigartige Hardtlandschaft nördlich von Weilheim. „Sprudelnde Quellen" – das Thema der Tour – sind nicht nur in Wessobrunn zu finden, das der Legende nach von Herzog Tassilo III an dem Ort gestiftet wurde, an dem er eine Quelle in Kreuzesform fand, nachdem er im Traum eine Quelle gesehen hatte, deren Wasser in vier Richtungen floss.

Blick auf den Starnberger See
(Bilder Wolfgang Ehn)

Wieskirche

Auf der Ostschleife mit dem Thema „spiegelnde Wasser" führen 8 Tagesetappen mit einer Gesamtlänge von 139 km zu den bedeutenden Klosterorten Polling, Bernried und Benediktbeuern. Landschaftlich geprägt ist die Route vom Starnberger See und den Osterseen sowie den unzähligen Seen und Weihern am Weg, in denen man sich und sein Leben spiegeln kann.

„Wilde Flüsse" - Ammer und Lech prägen die Landschaft der Westschleife. Die etwas kürzeren, aber hügeligeren und anspruchsvolleren 6 Tagesetappen mit 76 km verbinden Highlights wie die wild-romantische Ammerschlucht, den Brettleweg durch das Wiesfilz oder die Besteigung des Auerbergs mit den Klosterorten Rottenbuch, Steingaden und Schongau und den bedeutendsten Kirchen der Region u. a. dem UNESCO Welterbe Wieskirche.

Entlang der Pilgerwege erwartet den Wanderer und Pilger Rastplätze und Themenstationen mit rund 70 Impulstafeln, die an passender Stelle neben kulturellen Informationen vor allem spirituelle Impulse mit auf dem Weg geben.

Die Pilgerwege bieten sich ideal für Ein- und Mehrtageswanderungen an. Wer die Wege nicht alleine erleben möchte, für den bietet sich die Möglichkeit an einer geführten Pilgerwanderung teilzunehmen.

Wichtige Adressen und Telefonnummern

Tourismusverband Pfaffenwinkel
Bauerngasse 5, D-86956 Schongau
Tel. +49 (0)8861 21 13 200
Fax +49 (0)8861 21 14 000
info@pfaffen-winkel.de
www.pfaffen-winkel.de

Steingaden
Wo Oberbayern dem Allgäu die Hand gibt

Die Gemeinde Steingaden (rund 2900 Einwohner) im oberbayerischen Landkreis Weilheim-Schongau an der Grenze zum Landkreis Ostallgäu ist ein staatlich anerkannter Erholungsort mit 53 Ortsteilen.

Die Gemeinde in 763 m ü. NN im malerischen Alpenvorland wird geprägt durch die bedeutenden Baudenkmäler des Welfenmünsters und der Wieskirche, die zu den berühmtesten Sehenswürdigkeiten in Bayern gehören.

Gäste schätzen die Vielfalt an Freizeit- und Erholungsmöglichkeiten mit einem ausgedehnten Wanderwegenetz in herrlicher Landschaft und das breite Angebot an kulturellen Veranstaltungen. Rund 600 Gästebetten aller Kategorien stehen zur Verfügung.

Gemütliche Gaststätten mit regional geprägten Speisekarten sorgen für das leibliche Wohl der Gäste.

Marktplatz

Steingaden ist mit dem Pkw über die B 17 von Schongau nach Füssen gut zu erreichen.

Steingaden
(Bilder Gemeinde Steingaden, WilmiAndi Photography)

Kurzer Blick ins Geschichtsbuch

1147 wurde von Welf VI. das Prämonstratenserkloster Steingaden gegründet. Der Ort Steingaden gehörte zur geschlossenen Hofmark des Klosters. Im Rahmen der Säkularisation 1803 wurde das Kloster aufgehoben. Die zum Kloster gehörigen Orte Fronreiten, Lauterbach und Urspring wurden durch die Verwaltungsreform im Königreich Bayern 1818 zu selbständigen politischen Gemeinden. 1939 wurden sie zur Gemeinde Steingaden zusammengefasst.

Welfenmünster

Sehenswürdigkeiten

Wieskirche

Beschreibung siehe Seite 442.

Welfenmünster

Eine weitere Sehenswürdigkeit ersten Ranges ist das Welfenmünster, die ehemalige Prämostratenser-Stiftskirche St. Johannes Baptist. Mit ihren wuchtigen, weiß gekalkten Türmen ist sie das Herzstück von Steingaden.

Die romanische Klosterkirche wurde 1176 geweiht. Sie wurde 1470 bis 1491 im spätgotischen Stil umgestaltet. Im 17. und 18. Jahrhundert wurde die Kirche barockisiert. Seit der Säkularisation des Klosters Anfang des 19. Jahrhunderts dient die Kirche als Pfarrkirche.

Im Welfenmünster sind die wichtigsten Epochen der Kunstgeschichte auf harmonische Weise von der Romanik bis zur Moderne vereint. In der überaus prächtig ausgestatteten Kirche findet man herrliche Deckengemälde aus der Barockzeit, zahlreiche Putten und die prachtvolle Kanzel aus dem Rokoko sowie reich gestaltete Altäre. Ein weiterer Höhepunkt ist der gotische Kreuzgang.

Ein kleiner Führer zum weitläufigen ehemaligen Klosterareal (Auf klösterlichen Pfaden) ist in der Tourist Information erhältlich.

Klostermuseum

Jeden Donnerstag (April – September) von 16:00 bis 18:00 Uhr ist das Klostermuseum im Pfarrhof geöffnet. Im ehemaligen Apothekertrakt des Chorherrenstifts wird eine Sammlung mit vielfältigen Exponaten aus der 650-jährigen Steingadener Klostergeschichte präsentiert.

Klostergarten

Klostergarten

Besonders lohnend ist der Besuch des Klostergartens St. Johannes mit vielerlei duftenden Kräutern und Heilpflanzen sowie einem gotischen Steinlabyrinth, eine Oase der Ruhe und Erholung.

Wallfahrtskirche Mariä Heimsuchung

Die Wallfahrtskirche Mariä Heimsuchung im Ortsteil Ilgen wurde vom Wessbrunner Baumeister Johann Schmuzer von 1670 bis 1676 erbaut. Mittelpunkt der mit Stuckaturen reich geschmückten Kirche ist der Hochaltar mit einer spätgotischen Holzplastik der Muttergottes mit Kind aus dem 15. Jahrhundert und dem Altarbild der Heimsuchung Marias.

Heilig Kreuzkirche auf dem Kreuzberg

Die barocke Heilig Kreuzkirche auf dem Aussichtspunkt Kreuzberg im Süden Steingadens kann im Sommer besichtigt werden. Höhepunkt ist der alljährliche Ulrichsritt, der immer am Sonntag nach dem Ulrichstag (4. Juli) stattfindet.

Filialkirche St. Maria Magdalena

Die Filialkirche St. Maria Magdalena im Ortsteil Ursprung ist eine stimmungsvolle Dorfkirche mit romanischen Wurzeln, die in der Spätgotik und zur Barockzeit umgestaltet wurde. Bemerkenswert sind die monochromen Gemälde der acht Kreuzwegstationen an der Emporenbrüstung.

Von der Tourist-Information werden Führungen zu unterschiedlichen Themen angeboten.

St. Maria Magdalena

Freizeit und Sport

Wandern

Die malerische Voralpenlandschaft Steingadens lädt zu schönen Wanderungen ein.

Die Rundwanderwege in Steingaden beginnen und enden am Wanderparkplatz in der Kissingerstraße oder bei der Tourist-Information, wo eine Wanderkarte mit Beschreibung der Wege erhältlich ist.

Brettleweg

Der 10 km lange Brettleweg (Rundweg) von Steingaden zur Wieskirche verbindet die berühmten Sehenswürdigkeiten mit dem einzigartigen Naturerlebnis durch das idyllische Wiesfilz.

Der 7 km lange Panorama-Rundweg ist eine abwechslungsreiche Wanderung nach Urspring, Oberen Lechsee, Illach und Storchenmoosweiher mit herrlichen Rundblicken.

Der gemütliche 4,5 km lange Spaziergang des Osterbichl-Rundwegs führt in den malerischen Brunnhäuslwald.

Der 9,5 km lange Illach-Rundweg ist eine Wanderung zum türkisfarbenen Lechstausee.

Der rund 7 km lange Reitersau-Rundweg führt in die sanfte Hügellandschaft südlich von Steingaden.

Weiter führen die Fernwanderwege König-Ludwig-Weg, Münchner Jakobsweg, Pilgerweg Hl. Landschaft Pfaffenwinkel, Lecherlebnisweg und der Meditationsweg Ammergauer Alpen durch unsere Gemeinde.

Radeln

Die Umgebung von Steingaden bietet zahlreiche Möglichkeiten für genussvolle Radtouren.

Radwanderkarten sind in der Tourist-Information erhältlich, ein Fahrradverleih in Steingaden verleiht auch E-Bikes.

Baden

Eine Reihe von Badeseen rund um Steingaden bietet naturnahe Badefreuden. Hierzu gehören der Bismarkweiher in Steingaden, der Deutensee bei Steingaden, der Schwaigsee bei Wildsteig, der Kaltenbrunnersee in Prem und der Schmutterweiher bei Sameister.

Im Winter

Im Winter heißt es auf dem Steingadener Hausberg „Gagras" mit kleinem Schlepplift: Ski und Rodel gut. Eine weitere kleine Liftanlage befindet sich im Ortsteil Ilgen.

Zwei gespurte Loipen stehen für Skilangläufer bei ausreichender Schneelage zur Verfügung. Kilometerlange, geräumte Winterwanderwege führen durch die verschneite Landschaft in erholsamer, kristallklarer Luft. Lohnend ist auch eine romantische Pferdeschlittenfahrt.

Veranstaltungen

Sternsinger

Das Veranstaltungsjahr in Steingaden ist geprägt von zahlreichen kirchlichen Festen sowie hochwertigen Konzerten im Welfenmünster und den Konzertreihen in der Wieskirche. Traditionelle Brauchtumsveranstaltungen, die von der Musikkapelle Steingaden und den drei Trachtenvereinen arrangiert werden, sind ebenfalls Bestandteil des Veranstaltungskalenders.

Hierzu gehören das Neujahrsanblasen des Musikvereins und der Sternsingerbrauch am Dreikönigstag.

Viele Natur- und Gartenfreunde kommen zu den Steingadener Blütentagen, die alle zwei Jahre an einem Wochenende im Juni stattfinden. Sie bieten Gartenliebhabern alles, was das Herz begehrt. Zum bunten Rahmenprogramm gehören Ausstellungen von Kunsthandwerk, musikalische und kulinarische Angebote.

Wichtige Adressen und Telefonnummern

Tourist Information Steingaden
Krankenhausstr. 1
D-86989 Steingaden
Tel. +49 (0)8862 9101 13
Fax: +49 (0)8862- 6470
tourist-info@steingaden.bayern.de
www.steingaden.de

Wieskirche

Wieskirche

Tor zum Himmel, Tor zum Glauben

Zu sich finden im Gebet – bereits in der Antike haben sich Menschen auf den Weg gemacht, um eine Pilgerreise zu unternehmen, um ein religiöses Gebot zu erfüllen oder ein Gelübde abzulegen. Diese Reise, in früherer Zeit meist ins Heilige Land, nach Rom oder Santiago de Compostela, war getragen von der Hoffnung, dass die Gebete erhört werden. Die Pilger fühlten sich gestärkt im Glauben an die Göttliche Allmacht. Ziel einer Wallfahrt ist von alters her ein als heilig betrachteter Ort. Und so nimmt es nicht Wunder, dass die „Kirche auf der Wies" bereits im 18. Jahrhundert ein herausragendes Wallfahrtsziel war. Die Wallfahrt als Weg

zu Gott, als Weg zu sich selbst, sich zu finden im Gebet, Kraft zu schöpfen in einem spirituellen Umfeld – heute, in einer stressgeplagten Zeit, ist dies wichtiger denn je.

Wallfahrtskirche „Zum Gegeißelten Heiland auf der Wies"

Entstehung der Wallfahrt

Diese Wallfahrt entwickelte sich aus der Verehrung einer Statue des Gegeißelten Heilands, die 1730 von Pater Magnus Straub und Bruder Lukas Schweiger im Kloster Steingaden gefertigt und in den Jahren 1732 bis 1734 bei der

Karfreitags-Prozession des Klosters mit-
getragen wurde. Dann hat es der Abt,
weil er es gar so erbärmlich fand, in
eine Abstellkammer des Klosters ver-
bannt. Einige Jahre später, 1737, hat
sie der Tafernwirt in Steingaden für sich
erbeten und von dort kam sie am 4. Mai
1738 in das Haus der Familie Lori in die
Wies – in eine unwegsame, unbekannte
Einöde. Knapp sechs Wochen später, in
der Nacht zum 14. Juni 1738, der ein
Sonntag war, entdeckte Frau Maria Lori
Tränen im Gesicht des Gegeißelten.
Man solle, so das Kloster auf die Mit-
teilung der Frau Lori hin, alles der
„Göttlichen Anordnung" anheimgeben.
Dieses Tränenwunder verbreitete sich
dann wie ein Lauffeuer über die westliche Welt, Christen aller Herren Länder
kamen, um zum Gegeißelten Heiland
zu beten. Mehr und mehr Pilger und
Wallfahrer kamen, um in tiefer Gläubigkeit das Bildnis des Heilands zu
verehren. Dies machte den Bau einer
kleinen Feldkapelle notwendig. 1744

wurde die Erlaubnis eingeholt, in dieser
Kapelle die Messe zu lesen, womit die
Wallfahrten den offiziellen Segen der
Kirche erhielten.

Wallfahrt heute

Nun so will ich alles lassen,
auf die Wies zu Jesus geh'n,
mich begeben auf die Straßen
und mit Freuden ihn anseh'n.
Schönster Jesus auf der Wies,
der so voller Gnaden ist.

(Auszug aus einem alten Wallfahrtslied aus Franken)

Richtig erleben kann man die Wieskirche am besten zu Fuß – man muss
sie sich erwandern, eben wallfahren.
20 Minuten oder 2 ½ Stunden – ganz
individuell lässt sich der Weg nach
eigener Konstitution planen (im Winter sind die Wege z. T. nicht begehbar). Nach vorheriger telefonischer
oder schriftlicher Anmeldung ist es
möglich, mit einem Priester die Heilige
Messe zu feiern. Vorschläge für die

Gestaltung eines Wallfahrtsgottesdienstes werden gerne unterbreitet. Auch eine eigene Wallfahrtsandacht kann – nach vorheriger Anmeldung – gehalten werden. Diesbezügliche Fragen werden unter der Tel.-Nr. 08862-93293-0 gerne beantwortet.

Jeden Dienstag, Mittwoch und Samstag wird um 10 Uhr eine Wallfahrtsmesse gefeiert. Am Sonntag sind die Gottesdienste um 8.30 und 11 Uhr.

Das „Fest der Tränen Christi" wird jedes Jahr am Sonntag nach dem 14. Juni im Andenken an das „Tränenwunder" mit einem Festgottesdienst gefeiert. Es stellt neben dem „Schutzengelfest", welches an jedem ersten Sonntag im September und dem „Bruderschaftsfest", welches an jedem zweiten Sonntag im Oktober gefeiert wird, eines der großen Wiesfeste dar. An diesen Sonntagen wird nur eine Heilige Messe gefeiert, nämlich um 10.00 Uhr.

Kirche „In der Wies"

„Hoc loco habitat fortuna, hic quiescit cor" An diesem Ort wohnt das Glück, hier kommt das Herz zur Ruhe – so steht es in einem Fenster des Prälatensaales der Wies.

Ruhe suchen, Ruhe finden, Ruhe zulassen. Ruhe als Ausdruck des Berührtseins, ehrfürchtige Ruhe für dieses besondere Gotteshaus, für die besondere Ausstrahlung dieses Heiligtums, Ruhe, die alle Saiten der Seele zum Schwingen bringt, Ruhe im Ankommen an einem Ort, wie er kaum schöner sein kann auf dieser irdischen Welt. Der Besucher steht und staunt über die Herrlichkeit und lauscht hinein in diese reiche Bilderwelt, welche ein Programm der Barmherzigkeit Gottes entwirft.

Die Wieskirche – ein Gotteshaus

Die Barmherzigkeit (Lateinisch: misericordia) öffnet ihr Herz fremder Not und nimmt sich ihrer mildtätig an. Wem es gelingt, hinein zu lauschen in das jubelnde Lied, das der große Baumeister Dominikus Zimmermann mit diesem harmonischen Kunstwerk angestimmt hat, der sieht die Wieskirche in strahlender Verehrung des Allmächtigen.

Vater unser im Himmel…, Pater imôn o en tîs uranîs…, Abu-n d-ba-schm-ayo …,aba:-na: allazi: fi: al-sama:wa:t-i…, Vor Fader du som er i himlene …, Our Father which art in heaven …, Padre nuestro que estás en los cielos …

Vielfältig sind die Sprachen, die man in der Wieskirche vernehmen kann – Gott versteht sie alle. Vielfältig sind die Gebete, die vor den Herrn getragen werden: Lieber Gott, mache meine Mutter wieder gesund; lieber Gott, hilf mir bitte, zeige mir den richtigen Weg, den ich verloren habe; danke, Gott, dass ich in einem so schönen Land leben darf … So ist es zu lesen in den Chorumgängen der Wieskirche. Zettel liegen bereit, auf denen jeder sein Anliegen ausbreiten darf, denn Gott ist ein gütiger, ein barmherziger Gott, ER ist die Achse, um die sich die Welt dreht. Er hält alle Fäden in seiner führenden Hand, die er in der Figur des Gegeißelten in der Wies allen Menschen hinhält, so als ob er sagen möchte: „Du Mensch, vertrau mir doch, nimm meine Hand, ich führe dich sicher auf deinem Weg durchs Leben."

Die Wieskirche – ein Ort der Begegnung

Frieden beginnt da, wo man sich begegnet, wo Zuneigung und Verständnis füreinander wachsen können. Unter diesem Leitgedanken ist die Wieskirche ein Ort der Begegnung für alle, die nicht nur an Kunst und Musik Freude haben, sondern auch – und noch viel wichtiger – eine zu Herzen gehende Liturgie mitfeiern möchten. Zu oftmals außergewöhnlichen Begegnungen kommt es auch auf dem Jakobsweg, der als historischer Pilgerweg direkt an der Wieskirche vorbei führt (ein Jakobsstempel ist an der Südseite der Wieskirche vorhanden).

Die Wieskirche – eine der schönsten Rokoko-Kirchen der Welt

Aus aller Welt kamen die Pilger, um das Gnadenbild des Gegeißelten Heilands auf der Wies zu schauen. Die kleine Kapelle, die noch heute am Parkplatz steht, und auch der später an diese Kapelle hinzugefügte hölzerne Anbau konnten die vielen Wallfahrer längst nicht mehr fassen, so dass Abt Hyazinth

Gassner sich auf Drängen des gläubigen Volkes hin entschloss, eine große Wallfahrtskirche bauen zu lassen.

Bereits 1745 erteilte er Dominikus Zimmermann den Auftrag zum Bau der Wallfahrtskirche. Für das Gnadenbild des „Gegeißelten Heilandes" wurde die Wieskirche konzipiert und gebaut. Es bleibt anzunehmen, dass dieser, von tiefer persönlicher Frömmigkeit und pastoraler Sorge geprägte Abt und Theologe, das tiefsinnige theologische Bildprogramm der Barmherzigkeit Gottes entworfen hat. Er verstarb am 28. März 1745.

Am 16. Mai 1745 wurde Nachfolger Marianus II. zum Abt gewählt. Die offizielle Grundsteinlegung der Kirche – ein Teil des Prälatenhauses war zu diesem Zeitpunkt bereits gebaut – erfolgte am 10. Juli 1746. Abt Marianus Mayr realisierte schließlich den begonnenen kostspieligen Bau der „Wallfahrtskirche zum Gegeißelten Heiland auf der Wiß". Den Wessobrunner Brüdern Dominikus und Johann Baptist Zimmermann ist es gelungen, mit der Wieskirche ein Meisterwerk des Rokoko zu schaffen (1745 – 1754). Jeder Wieswallfahrer und jeder Wiesbesucher ist von diesem grandiosen Bauwerk in den Bann gezogen, nicht zuletzt auch vom harmonischen Licht, das die Baumeister eingefangen haben. Die Wieskirche ist eine der berühmtesten Rokokokirchen der Welt und wurde 1983 in die Liste der UNESCO-Welterbestätten aufgenommen.

Die Orgel der Wieskirche

Dominikus Zimmermann hat den Klangkörper der Orgel in der Wies mit seinem Einfühlungsvermögen ohnegleichen in die Gesamtarchitektur eingefügt, indem der Rokokoprospekt das Oval des Raumes im Westen schließt. Die Orgel wurde 1757 von dem Orgelbauer Joh. Georg Hörterich aus Dirlewang bei Mindelheim erbaut.

Nach mehreren Umbauten, zuletzt durch die Firma Claudius Winterhalter, Oberharmersbach, konnte sie im Jahr 2010 von Grund auf erneuert wieder geweiht werden. Sie verfügt über 42 Register auf drei Manualen.

Von der Hörterichorgel sind das Gehäuse, die Prospektpfeifen und noch ca. 400 weitere Innenpfeifen erhalten bzw. wiederverwendet. Sie ist als „Stilorgel" im Sinne des süddeutschen Rokoko konzipiert. Die „Königin der Instrumente" erklingt auch außerhalb der Gottesdienste im Rahmen der Reihe „Musik und Wort in der Wieskirche". Zu dieser meditativen Kirchenmusik ist jeder herzlich eingeladen.

Die Konzertreihen „Festlicher Sommer in der Wies", „Musik im Pfaffenwinkel" und weitere hochkarätige Kirchenkonzerte begleiten festlich durch das Kirchenjahr, stehen aber nicht in der Verantwortung der Wallfahrtskuratiestiftung. Das aktuelle Programm mit den Terminen ist der Homepage zu entnehmen: www.wieskirche.de

Katholische Wallfahrtskuratiestiftung
St. Josef – Wies

Wies 12, 86989 Steingaden
Tel. 08862/93 2 93-0
Fax 08862/ 93 2 93-10
www.wieskirche.de

Landsberg

Sonnige Stadt im Süden Bayerns

Landsberg am Lech an der Romantischen Straße rund 40 Kilometer südlich von Augsburg ist mit der gut erhaltenen, sehenswerten Altstadt, zahlreichen Kunstschätzen und gemütlichen Traditionsgasthäusern ein attraktives Ausflugsziel.

Sehenswürdigkeiten

Bei einem gemütlichen Rundgang durch die Stadt gibt es viel zu entdecken. Empfehlenswert ist die Teilnahme an einer Stadtführung, die von Mai bis Oktober regelmäßig jeden Mittwoch, Samstag und Sonntag um 14:30 Uhr stattfindet, Treffpunkt Marienbrunnen. Bei den Führungen erfährt man wahre Geschichten und Anekdoten aus der Geschichte von Landsberg.

Einen Stadtrundgang beginnt man am besten auf dem dreieckigen Hauptplatz, der mit dem imposanten Schmalzturm am östlichen Eingang, seinen stattlichen Bürgerhäusern, dem Marienbrunnen und dem Rathaus mit prachtvoller Rokokofassade die reiche Geschichte der Stadt präsentiert, die nach dem Dreißigjährigen Krieg ihre Blütezeit erlebte.

Die Besichtigung des Rathauses, das in mehreren Bauabschnitten zwischen 1700 und 1721 entstand, lohnt sich. Es wurde von Dominikus Zimmermann (1685-1766), einem der bedeutendsten deutschen Rokokobaumeister und Bürgermeister von Landsberg, errichtet, der am Bau von vielen Häusern in Landsberg beteiligt war.

Zu sehen sind beeindruckende Stuckdecken, Gemälde von bedeutenden Landsberger Bürgern, großformatige Monumentalgemälde, wertvolle Ka-

Hauptplatz
(BilderToursmusverband Ammersee-Lech)

chelöfen und im Festsaal im 3. Stock vier Fresken aus der Stadtgeschichte.

Vom Schmalzturm aus führt die Alte Bergstraße hinauf auf das östliche Hochufer mit der Häuserzeile des romantischen Hexenviertels und dem Schlossberg.

Die Altstadt ist bis heute fast vollständig von der alten Stadtmauer mit einer Reihe von Türmen eingerahmt. Zu den Türmen gehören der Dachlturm und das Sandauer Tor im Norden, Bäckertor und Färbertor im Westen, Nonnentörl und Jungfernsprung im Süden sowie am östlichen Eingang zur Altstadt das spätgotische Bayertor aus dem Jahr 1425, das als schönstes Stadttor Oberbayerns gilt.

Bayertor

Ursulinenkloster

Kirchen

Heilig-Kreuz-Kirche

Die Heilig-Kreuz-Kirche mit ihren zwei Rokoko-Haubentürmen steht weithin sichtbar auf einer Anhöhe über der Altstadt. Sie wurde 1752-54 von dem Jesuiten Ignatius Merani erbaut.

Die Gewölbe überspannenden, reich gestalteten Deckenfresken stammen von Christoph Thomas Scheffler. Der prachtvolle Hauptaltar zeigt Plastiken aus der Weilheimer Bildhauerwerkstatt und ein Gemälde mit der Kreuzigung Christi.

Klosterkirche

Auch die um 1719 erbaute Kirche Zur Hl. Dreifaltigkeit im ehemaligen Ursulinenkloster mit wertvoller Rokokoausstattung ist sehenswert.

Johann Baptist Bergmüller schuf die Gemälde im Saalraum, Chor und Empore. Von seinem Vater Johann Georg Bergmüller stammt das Hochaltarbild von 1748 mit der Hl. Dreifaltigkeit in Form von drei männlichen Gestalten.

Stadtpfarrkirche Mariä Himmelfahrt

Nördlich des Hauptplatzes beherrscht die mächtige Stadtpfarrkirche Mariä Himmelfahrt das Bild der Landsberger Altstadt. Der spätgotische Bau der Kirche aus dem 15. Jahrhundert wurde ab 1678 im barocken Stil umgestaltet.

Im Innenraum beeindruckt die überwältigende Pracht des Hochbarock der reich ausgestatteten Kirche mit zahlreichen Skulpturen und reizvoll verziertem Wessobronner Stuck. Sehenswert sind vor allem der Hochaltar von 1680 mit dem Gemälde der Verehrung Mariens durch die vier

Erdteile, die wertvollen spätgotischen Glasmalereien in fünf Fenstern im Chor, darunter ein Passionsfenster von Hans Holbein d. Ä. sowie die Statue von einer Maria mit Kind von 1430/40 in einem Stuckmarmoraltar von Dominikus Zimmermann.

Johanniskirche

Auch am Bau der Katholischen Filialkirche St. Johannes am Vorderanger im Norden der Altstadt aus dem mittleren 18. Jahrhundert hat Dominikus Zimmermann mitgewirkt.

Die einstige Friedhofskirche ist kunstvoll ausgestattet mit Fresken von Carl Joseph Thalheimer, einem zierlichen Hochaltar mit der Taufe Christi vor gemaltem Landschaftshintergrund und Seitenaltären mit Figuren und Gemälden von Johann Luidl.

Ebenfalls sehenswert ist die ehemalige Klosterkirche St. Benedikt, die mit karolingischen Ursprüngen zu den ältesten Kirchen Bayerns gehört.

Im Nordosten des Stadtteils Pitzling liegt das Schloss Pöring mit der Schlosskirche Maria von der Versöhnung, die 1764-66 von Dominikus Zimmermann erbaut wurde.

Museen

Das neue Stadtmuseum ist im barocken Gebäude des ehemaligen Gymnasiums im Osten der Altstadt gegenüber der Heilig-Kreuz-Kirche untergebracht. Im Erdgeschoß finden wechselnde Ausstellungen statt.

Das neu eröffnete Herkomer Museum mit Mutterturm und Parkanlage am westlichen Lechufer ist dem englischen Maler Sir Hubert von Herkomer gewidmet, der sich oft in Deutschland aufhielt.

Den Mutterturm ließ er in den 1880er Jahren zu Ehren seiner in Landsberg verstorbenen Mutter errichten. Er ist ein Beispiel für den historistischen Stil und beeindruckt mit seiner kunsthandwerklichen Innenausstattung.

Das Weiß-Egger-Anwesen in Ellighofen ist eine Außenstelle des Stadtmuseums. Das Haus aus dem 17. Jahrhundert mit weitgehend erhaltenem hölzernem Wohnteil zeigt hautnah bäuerliche Wohnkultur aus drei Jahrhunderten.

Mutterturm

LechErlebnisWeg

Freizeit und Sport

Wandern

Landsberg und Umgebung bietet eine Fülle von Möglichkeiten, sich bei Spaziergängen und Wanderungen in der idyllischen Flusslandschaft des Lechtales mit Seen und Wäldern zu erholen. Der Fernwanderweg LechErlebnisWeg nach Füssen beginnt in Landsberg.

Lechpark

Nur wenige Minuten südlich vom Landsberger Hauptplatz entfernt liegt zwischen dem Lech und dem Lechsteilhang der Lechpark Pössinger Au, ein ideales Naherholungsgebiet. Das landschaftlich reizvolle Waldgebiet mitten im Stadtgebiet zwischen Landsberg im Norden und dem Stadtteil Pinzling im Süden ist bei Familien sehr beliebt.

Der Park als Teil des Landschaftsschutzgebietes Lechtal-Süd ist als wichtiger Lebensraum für selten gewordene Tiere und Pflanzen von großer Bedeutung für den Naturschutz. Beim Spaziergang durch den Park passiert man ein Damwildgehege mit Wildfütterungsanlage, ein Kneippbad und ein Schwarzwildgehege.

Inselbad

Unter den zahlreichen Freizeitanlagen in Landsberg ist das Inselbad besonders beliebt. Das beheizte Freibad zwischen Altstadt und Lech bietet neben einem Zugang zum Fluss mit natürlichem Kies-Badestrand puren Badespass mit einem Sportbecken, Wellenbecken, Sprungbecken und einem Kinderbadebereich. Nervenkitzel verspricht die 10 Meter hohe Freefallrutsche und die Breitbahnrutsche mit 4 Metern Höhe.

Gastronomie

In den gemütlichen Traditionsgasthäusern warten bayerische Schmankerl wie deftige Schweinshaxen mit Knödeln oder Krautwickel sowie leckeres frisch gezapftes Bier auf die Gäste. Das Erlebnis eines Sonnenuntergangs in einem Biergarten am Lechufer beschließt einen schönen Ausflugstag in Landsberg.

Ruethenfest

Veranstaltungen

Der abwechslungsreiche Veranstaltungskalender in Landsberg bietet hochwertige Kultur- veranstaltungen wie die Orgelkonzerte in der Stadtpfarrkirche im Sommer mit berühmten Interpreten, die Kammerkonzerte im Festsaal des Rathauses uvm.

Feste und Märkte

Snowdance, das independent Filmfestival, das jährliche Stadtfest und das alle vier Jahre stattfindende Ruethenfest (wieder 2019), mit dem Landsberg seine über 800-jährige Geschichte mit einem Festumzug in historischen Kostümen feiert, gehören

zu den Höhepunkten im umfangreichen Festkalender.

Zu den beliebten Märkten zählen die beiden Jahrmärkte Veitsmarkt und Kreuzmarkt, der Süddeutsche Töpfermarkt und natürlich der stimmungsvolle Christkindlmarkt.

Wichtige Adressen und Telefonnummern

**Tourist-Information
im Historischen Rathaus**
Hauptplatz 152
D-86899 Landsberg
Tel. +49 (0)8191 128 246
Fax +49 (0)8191 128 160
info@landsberg.de
www.landsberg.de

Lechwehr

Der Ammersee

Das westliche Ufer

Der Ammersee, nach dem Chiemsee und dem Starnberger See der drittgrößte See Bayerns, ist der nördlichste Voralpensee. Er ist ein beliebtes Ausflugsziel für Münchner und Augsburger und gehört im Sommer zu den wichtigsten Tourismusgebieten Bayerns.

Der See bietet unzählige Freizeitmöglichkeiten für Wassersportler und Erholungssuchende im und auf dem Wasser sowie rund um den See mit attraktiven Rad- und Wanderwegen. Vier Fahrgastschiffe laden zu einer beschaulichen Schiffstour ein.

Die Orte am Westufer des Sees bieten außerdem interessante Sehenswürdigkeiten, Kulturveranstaltungen und ein breites gastronomisches Angebot.

(Bilder Edgar Maginot)

Dießen

Der bezaubernde Luftkurort Dießen am Südwestufer des Sees mit seinen Ortsteilen Dettenhofen, Dettenschwang, Obermühlhausen, Rieden und St. Georgen ist umgeben von Hügeln, ausgedehnten Mischwäldern, Hochmooren und Naturschutzgebieten. Im historisch bedeutenden Markt Dießen haben Gäste Gelegenheit, Handwerk, Kunst und Kultur zu erleben.

Marienmünster

Die zahlreichen Kirchen und Kapellen im Gemeindegebiet sind einen Besuch wert. Die bedeutendste Kirche ist das überregional bekannte Marienmünster des Baumeisters Johann Michael Fischer, das 1739 geweiht wurde. Sie gilt als einer der großartigsten Barockkirchen Süddeutschlands. Der spätbarocke Bau mit wertvoller Rokokoausstattung beeindruckt mit seiner prachtvollen Westfassade. Der reich ausgestattete Innenraum birgt Deckengemälde von Johann Georg Bergmiller, vier Seitenaltäre mit Gemälden der Venezianer Tiepolo und Pittoni und viele weitere Kunstwerke.

Schacky-Park

Ein besonders schönes Ausflugsziel ist der Schacky-Park, ein großer Landschaftspark am südlichen Ortsrand von Dießen, der um 1900 vom Freiherrn von Schacky angelegt wurde.

Wichtige Adressen und Telefonnummern

Tourist-Info Diessen
Bahnhofstr. 15
D-86911 Dießen am Ammersee
Tel. +49 (0)8807 1048
info@tourist-info-diessen.de
www.tourist-info-diessen.de

Marienmünster Dießen
(Bild Toursmusverband Ammersee-Lech)

Schondorf

Die Gemeinde Schondorf am westlichen Ufer des Ammersees gehört mit ihrem vielfältigen Freizeitangebot zu den beliebten Ausflugszielen in Bayern.

Die beiden Kirchen im Ort sind einen Besuch wert.

Die weithin sichtbare ehemalige Pfarrkirche St. Anna auf einem Berg im Norden von Schondorf stammt aus dem Jahr 1499. Sie ist von einem Friedhof mit alten Grabsteinen umgeben.

Die romanische Kirche St. Jakobus stammt aus dem 12. Jahrhundert und gilt als eine der bedeutendsten hochmittelalterlichen Kleinkirchen in Bayern.

Auf dem 1,5 km langen Skulpturenweg präsentieren Künstlerinnen und Künstler, die am Ammersee leben und arbeiten ihre Werke, die durch Einblicke, Durchblicke und Lichtblicke der Skulpturen im Einklang mit der Natur überraschen.

Neben unbeschwertem Badespaß im Schondorfer Strandbad ist die Minigolfanlage an der Seepromenade sehr beliebt. Wanderfreunde schätzen den 12 km langen aussichtsreichen Rundweg, der an der St. Anna Kirche beginnt.

Wichtige Adressen und Telefonnummern

Rathaus Schondorf
Rathausplatz 1
D-86938 Schondorf
Tel. +49 (0)8192 9335 0
vg@schondorf.de
www.schondorf.de

St. Jakobus
(Bild Toursmusverband Ammersee-Lech)

Künstlerhaus Gasteiger
(Bild Gemeinde Utting)

Utting

Die idyllische Gemeinde Utting am westlichen Ammersee zieht als ideales Naherholungsgebiet zahlreiche Besucher und Urlaubsgäste an. In Utting haben seit langer Zeit Schriftsteller, Maler und Bildhauer eine Heimat gefunden, die das Lebensgefühl am See schätzen.

Zu den Sehenswürdigkeiten des Ortes gehören die barocke Wallfahrtskirche St. Leonhard aus dem Jahr 1712, die Pfarrkirche Mariä Heimsuchung, das Seeschlössl im neugotischen Stil von 1890 sowie die gut erhaltene Keltenschanze aus dem 2. Jh. V. Chr.

Einen Besuch wert ist auch das Künstlerhaus- und garten Gasteiger. Das romantische Haus wurde 1910 im Münchner Jugendstil errichtet und zeigt historische Fotografien sowie Skulpturen und Gemälde des Künstlerehepaars Gasteiger. Es ist von April bis Oktober an Sonntagen geöffnet.

Beliebte Freizeiteinrichtungen sind das Strandbad mit dem alten hölzernen 10 Meter hohen Sprungturm, Liegewiese und traditionellem Biergarten, der Klettergarten mit einem 13 Meter hohen alten Piratenschiff sowie ein schön angelegter Minigolfplatz.

Wichtige Adressen und Telefonnummern

Gemeinde Utting am Ammersee
Eduard-Thöny-Str. 1
D-86919 Utting am Ammersee
Tel. +49 (0)8806 9202 0
Fax +49 (0)8806 9202 22
info@utting.de
www.utting.de

Tourismusverband Ammersee-Lech e.V.
Hauptplatz 152, D-86899 Landsberg
Tel. +49 (0)8191 128 247
Fax +49 (0)8191 128 160
info@ammerseelech.de
www.ammerseelech.de

Der Ammersee

Das östliche Ufer im Starnberger Fünf-Seen-Land

Herrsching

Die Gemeinde Herrsching a. Ammersee (rund 10.400 Einwohner) im oberbayerischen Landkreis Starnberg besteht aus den Ortsteilen Herrsching, Breitbrunn und Widdersberg.

Das ehemalige Fischerdorf unterhalb des berühmten Klosters Andechs ist beliebtes Ausflugsziel nicht nur der Münchner, die Herrsching mit der S-Bahn erreichen können.

In Herrsching erwartet die Gäste mit rund 10 km die längste Seeuferpromenade Deutschlands mit Picknick- und Spielplätzen, Cafés, Biergärten und Minigolfplatz.
Für Wanderer und Radfahrer stehen eine Reihe aussichtsreicher Wanderwege am See und in Wald und Feld zur Verfügung.

Wahrzeichen von Herrsching sind das Kurparkschlösschen und der Kurpark, das ideale Gelände für Sportler, Spaziergänger und Erholungssuchende. Im Sommer finden im Kurpark eine Reihe von Festen und Konzerten statt, darunter das beliebte Schlossgartenfest am letzten Wochenende im Juli mit Festumzug, Fischerstechen, Sautrogrennen und vielem mehr.

Zu den sehenswerten Kirchen in der Gemeinde gehören die barocke St. Martins-Kirche aus dem 18. Jahrhundert, die ihre Ursprünge im 11. Jahrhundert hat sowie die St. Nikolaus-Kirche aus dem 12. Jahrhundert mit wertvoller Innenausstattung.

Wichtige Adressen und Telefonnummern

Gemeinde Herrsching
Bahnhofstraße 12
D-82211 Herrsching a. Ammersee
Tel. +49 (0)8152 3740
Fax +49 (0)8152 5218
info@herrsching.de
www.herrsching.de

Herrschinger Bucht
(Bild Siegfried Polednik)

458

Kaiserhaus und Kirche
(Bild Gemeinde Inning)

Inning

Die Gemeinde Inning a. Ammersee (rund 4.100 Einwohner) mit seinen Ortsteilen Inning, Stegen und Buch am Ammersee sowie Bachern und Schlagenhofen am Wörthsee liegt in landschaftlicher reizvoller Umgebung mit ausgedehnten Wäldern. Inning gehört zu den beliebten Ausflugszielen der Bevölkerung von München, Augsburg und Landsberg.

Die Gemeinde bietet vielfältige Freizeitmöglichkeiten vor allem im und auf dem Wasser mit Baden, Segeln und Angeln. Wanderwege in der herrlichen Natur und an den Seen stehen ebenso zur Verfügung wie Einrichtungen zum Kegeln, Minigolf, Reiten und Tennis.

Gemütliche Wirtshäuser und Biergärten laden zur Einkehr.

Zu den sehenswerten Kirchen in Inning zählt vor allem die Kirche St. Johannes-Baptist mit ihrem doppelten Zwiebelturm. Sie wurde in der zweiten Hälfte des 18. Jahrhunderts an Stelle einer spätgotischen Vorgängerkirche errichtet. Der reich geschmückte Innenraum beeindruckt mit wertvollem Rokoko-Stuckdekor, Deckenfresken und kunstvoll gestalteten Altären.

Wichtige Adressen und Telefonnummern

Gemeinde Inning a. Ammersee
Pfarrgasse 13
D-82266 Inning a. Ammersee
Tel. +49 (0)8143 921 0
gemeinde@inning.de
www.inning.de

Der „Heilige Berg" am Ammersee

Kloster Andechs

Durch seine Lage auf einer Höhe von 700 m ü.M. ist der „Heilige Berg" mit seinem Kloster schon von Weitem zu sehen. Schon im frühen 12. Jh. war die damalige Nikolauskapelle in der Andechser Burg das Ziel der Wallfahrer. Das Kloster Andechs zählt damit zu den ältesten Wallfahrten in ganz Bayern. Seit den Jahren 1423-27 steht die Kirche auf dem „Heiligen Berg", die heute ein Juwel des Rokoko darstellt. Lichtdurchflutet zeigt sich der Charakter des Innenraumes, der zumeist hauptsächlich von dem berühmten Maler und Stukkateur Johann Baptist Zimmermann um 1755 geschaffen wurde. Für die Benediktinermönche, die noch heute das Kloster bewirtschaften, steht die Gastfreundschaft an ers-

ter Stelle. Schließlich heißt es in der Regel des hl. Benedikt, „... dass alle Fremden, die kommen, aufgenommen werden sollen wie Christus ..." Und an diesem Leitmotiv hat sich bis heute nichts geändert. Nachdem Klöster schon immer Zentren spiritueller, kultureller und ökonomischer Zusammenkünfte waren, ist auch Kloster

Andechs ein Ort der Geselligkeit. So ist die Klosterbrauerei das größte, von einer noch existierenden Ordensgemeinschaft geführte Brauhaus in Deutschland. Bier gilt als Botschafter benediktinischer Gastfreundschaft und mit den Bierspezialitäten aus dem Kloster Andechs lässt sich die barocke Kultur und die bayerische Lebensart „erschmecken".

Speis und Trank im Bräustüberl

Neben dem Klostergasthof spielt das gemütlich und urig bayerisch eingerichtete Andechser Bräustüberl seine Rolle als Pilgergaststätte, indem es sich seiner jahrhundertealten Tradition bewusst ist. Eine Vielzahl bayerischer Brotzeiten und regionaler Schmankerl findet sich auf der Speisekarte, zu denen die süffigen Andechser Klosterbiere vorzüglich munden. Doch nach altem Pilgerbrauch kann sich der Gast seine Brotzeit auch selber mitbringen, die er zu einem frisch gezapften Bier verspeist. Auf den Bräustüberl-Terrassen wird er darüber hinaus mit einem herrlichen Ausblick auf die Voralpenlandschaft verwöhnt. Zur Tradition einer Pilgergaststätte gehört es auch, dass der klösterliche Tagesrhythmus die Schankzeiten im Bräustüberl bestimmt. So endet der Ausschank mit dem Nachtgebet der Mönche um 20 Uhr.

Tipp: Falls Sie mit einem E-Bike zu uns kommen, können Sie es kostenlos an der Ladestation aufladen.

Kloster Andechs

Bergstraße 2, D-82346 Andechs
Tel. +49 (0)8152 3760
Fax +49 (0)8152 37 61 43
info@andechs.de
www.andechs.de

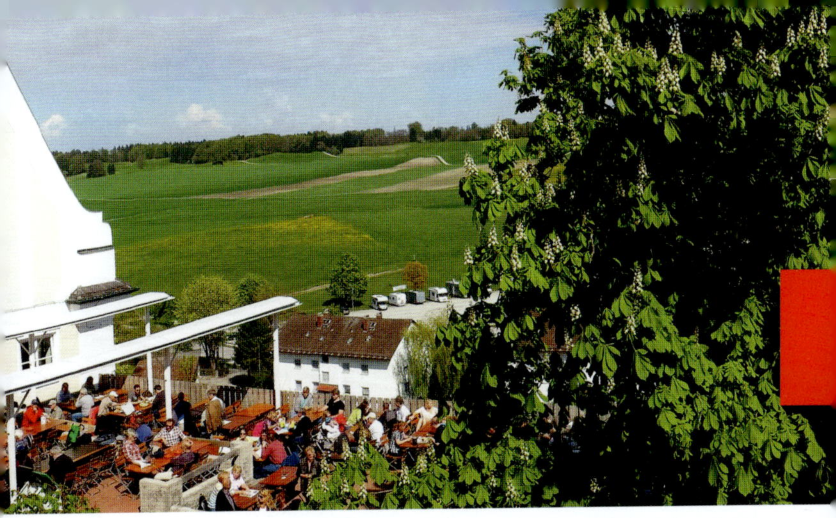

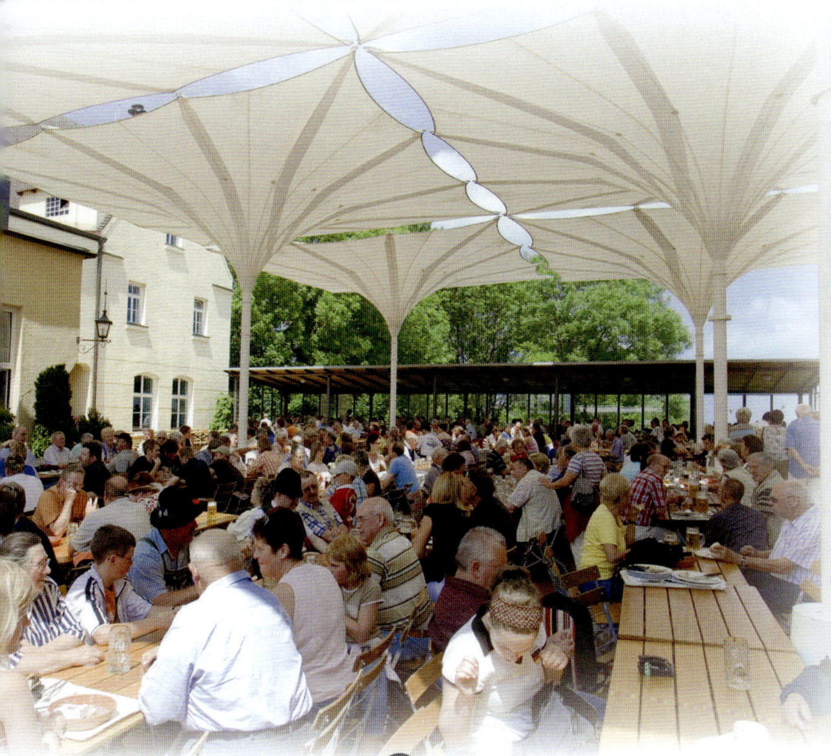

Kristall trimini Kochel am See

Mit Panoramablick auf den Kochelsee

Das Kristall trimini in Kochel am See beherbergt neben einem Thermalbad und einem Saunabereich auch ein Freizeitbad. Das Vital Freizeitbad bietet Badespaß für die ganze Familie mit einem 33°C warmen Panorama-Innebecken, einem beheizten Freibad mit Sprungturm, einem 34° C warmen Familienbecken sowie der 160 m langen Rutsche Kochelexpress mit zwölf Kurven (nur im Sommer) und der ganzjährigen 80 m langen Rutsche Karwendelblitz mit acht Kurven.

Das Bad hat einen Zugang zum See und zu einem großen Freigelände mit Liegebereich. Für die Kleinen hat das Bad viel zu bieten: Eine Kinderspielhöhle mit Wasserfontäne, ein Kleinkinderplanschbecken, das Kinderland mit Ballpool und ein Außenkinderbecken mit Sonnensegel laden zum Spielen ein. In der Kristall-Therme haben Besucher die Wahl zwischen verschiedenen Becken mit unterschiedlichen Temperaturen und Heilwirkungen. Hierzu gehören Thermalbecken, Solebecken, Natronbecken, Kristallbecken und Kaltbecken. Zum Saunabereich gehören die Kristall-Sauna mit 85° C, die Birken-Sauna mit 70° C, die Zirben-Sauna mit 75° C, die Hubertus-Sauna mit 80° C, eine Panorama-Sauna mit Raum für 300 Saunagäste, ein osmanisches Hamam sowie ein Dampfbad und großzügige Ruhebereiche.

Im Wellnessbereich werden wohltuende Massagen, Kosmetikbehandlungen und vieles mehr angeboten. Für das leibliche Wohl sorgen zwei Restaurants mit herrlicher Aussichtsterrasse.

Kristall trimini Kochel am See GmbH
Seeweg 2, D-82431 Kochel a. See
Tel. +49 (0)88 51-53 00
Fax +49 (0)88 51-8 45
info@kristall-trimini.de
www.kristall-trimini.de

Am Kochelsee

Alpenrosenpanorama
(Bild Markt Wertach)

Erlebnisraum Panoramalogen

Erlebnisraum Panoramalogen

Im Zentrum der Erlebnisräume liegen die Panoramalogen - einer Aussichtsterrasse gleich - zwischen Voralpenlandschaft und der imposanten Bergkulisse. Hier finden sich zauberhafte Seen, romantische Wälder, sanfte Hügel und verträumte, ländliche Dörfer. In dieser Region genießt man von jedem Gipfel und jedem Höhenzug den Ausblick in alle Himmelsrichtungen.

Landschaftliche Vielfalt hat hier ein Paradies geschaffen

Erlebnisreiche Ferientage verspricht der Aufenthalt in den Panoramalogen. Für Familien mit Kindern gibt es zahlreiche Unterkünfte für jeden Anspruch. Eine gepflegte Gastronomie und ein buntes Veranstaltungsprogramm mit volkstümlichen Festen und kulturellen Höhepunkten sorgen für

Rennradtour vor der Kulisse der Allgäuer Hochalpen
(Bilder Allgäu GmbH)

Unterwegs auf der Wandertrilogie Allgäu

einen abwechslungsreichen Urlaub. Ein ausgedehntes Wander- und Radwegenetz erschließt die Schönheiten der Natur. Auf Themenwanderwegen und Erlebnispfaden kann die Natur auf die spielerische Art unterhaltsam erkundet werden. Zahlreiche Wellnessangebote werden von gesundheitsbewussten Gästen genutzt und mit einer Vielzahl von Freizeiteinrichtungen findet jeder das seinem Gusto entsprechende Angebot zu jeder Jahreszeit. Kulturinteressierten liegen in den Panoramalogen zahlreiche Kulturdenkmäler, Sehenswürdigkeiten und Museen zu Füßen.

Während der Sommermonate laden idyllische Seen oder attraktive Freizeitbäder zum Wassersportvergnügen ein. Golf, der Besuch eines Freizeitparks, eine Fahrt mit der Sommerrodelbahn oder ein spannender Ausflug in einen Hochseilgarten lassen keine Langeweile aufkommen.

Im Winter können die Wintersportler auf Skipisten jeder Schwierigkeit und ein ausgedehntes Loipennetz für Langläufer zurückgreifen. Schlittschuhvergnügen, eine Schneeschuhwanderung oder eine Rodelpartie runden den Aufenthalt während der kalten Jahreszeit ab.

Umgeben von saftigen Wiesen und sanften Hügeln liegt der Kneipp- und Luftkurort Oy-Mittelberg in der beeindruckenden Allgäuer Voralpenlandlandschaft. Die Gemeinde hat ihren idyllischen Charme bewahrt und ist ein idealer Ausgangsort für Bergtouren und abwechslungsreiche Ausflüge in die Umgebung. Die herrlichen Seen und Weiher rund um Oy-Mittelberg sind Freizeitparadiese, die nicht nur herrliche Bademöglichkeiten bieten, sondern auch auf einem gut ausgebauten Rad- und Wanderwegenetz erkundet werden können.

Am Fuße des Grünten, dem „Wächter des Allgäus" wie er gemeinhin genannt wird, liegt das „Knappendorf" Burgberg. In den „Erzgruben – Erlebniswelt am Grünten" wird die mit dem Eisenerzbergbau verknüpfte Geschichte des Ortes in einem Museumsdorf dargestellt. Abwechslungsreich und reizvoll präsentiert sich Burgberg dem Wanderer und Fahrradfahrer, der interessante Ausflugsziele wie den Grünten oder die Starzlachklamm erkunden kann.

Das südlichste Brauereidorf Deutschlands erwartet den Besucher in Rettenberg. Neben den Kirchen und

Kapellen der Gemeinde, die einen Besuch lohnen, finden Interessierte auf dem Grat des Rottachberges die Burgruine Rettenberg. Zahlreiche Freizeiteinrichtungen, Bergtouren und Waldspaziergänge sowie Themen- und Erlebniswege stehen den Gästen in Rettenberg zur Verfügung.

Wertach gilt als höchstgelegene Marktgemeinde Deutschlands. Am

gleichnamigen Fluss gelegen, kommt der Besucher hier in den Genuss einer Führung durch die Bergkäse-Sennerei, in der 1874 der berühmte Weißlacker-Käse erfunden wurde. Zwei Drittel des Gemeindegebietes steht unter Natur- und Landschaftsschutz, das durch ein markiertes Wanderwegenetz zu leichten Spaziergängen oder anspruchsvollen Bergtouren einlädt. So ist das Wertacher Hörnle mit seinen 1695 m ein besonders lohnendes Wanderziel.

Orte im Erlebnisraum Panoramalogen

Skitag bei strahlendem Sonnenschein

Karte der Erlebnisräume Allgäu siehe Seiten 54/55

Burgberg
Das Knappendorf am Grünten

Die Gemeinde Burgberg (rund 3.200 Einwohner) im Landkreis Oberallgäu liegt am Fuß des weithin sichtbaren Grünten (1.738 m ü. NHN), der wegen seiner markanten Lage auch Wächter des Allgäus genannt wird.

Das sonnige Dorf ist eine der Mitgliedsgemeinden der Ferienregion Alpsee-Grünten und bekannt für seine traditionellen Brauchtumsfeste. Burgberg bietet für Naturliebhaber und Wanderer zahlreiche Freizeitmöglichkeiten in der herrlichen Natur rund um den Grünten. Durch die günstige Lage lassen sich viele attraktive Ausflugsziele vom Bodensee bis zu den Königsschlössern gut erreichen.

Günstige Übernachtungsmöglichkeiten sowie mehrere Gaststätten mit Allgäuer Spezialitäten laden Feriengäste zum Verweilen ein.

Kurzer Blick ins Geschichtsbuch

Burgberg verdankt seinen Namen der heutigen Burgruine Burgberg im Südosten des Dorfes. Bis ins 19. Jahrhundert war der Eisenerzabbau an der Grüntensüdseite ein wichtiger Wirtschaftsfaktor, daher der Beiname „Knappendorf".

Sehenswürdigkeiten

Ein Besuch der Erzgruben Erlebniswelt (siehe Seite 474) sollte man nicht versäumen.

Auch die Teilnahme an einer interessanten Kirchenführung in der kleinen katholische Kirche St. Agatha im Ortsteil Agathazell mit Ursprüngen aus dem 9. Jahrhundert und kostbarer Innenausstattung lohnt sich.

Burgberg
(Bilder Tourist-Info Burgberg)

Grünten

Freizeit und Sport

Eine Wanderung auf den Grünten mit Einkehrmöglichkeiten in den Alpen gehört zum Pflichtprogramm eines Allgäuurlaubs und wird mit prächtiger Aussicht belohnt.

Auch die bequeme Wanderung zum Weinberg und ins Agathazeller Moos bietet prächtige Panoramablicke.

An warmen Sommertagen genießt man die erfrischende Badevielfalt des familienfreundlichen Naturbads im Vitalpark Blaichach-Burgberg. Für Familien ist der Besuch des Burgberger Tierparadieses ein besonderes Erlebnis.

Im Winter bieten zahlreiche Langlaufloipen Gelegenheit zur sportlichen Freizeitgestaltung. Naturliebhaber genießen den Winter bei einer Schneeschuhwanderung.

Veranstaltungen

Auf traditionelle Brauchtumspflege wird bei den Burgberger Vereinen großer Wert gelegt.

Zu den beliebten Festen im Jahreslauf gehören der in geraden Jahren stattfindende Nachtumzug, einer der größten Faschingsumzüge im Oberallgäu, die Aufstellung des Maibaumes, die sommerlichen Dorfabende des Trachtenvereins, das in ungeraden Jahren stattfindende Burgberger Dorffest und das wilde Klausentreiben vom 4. bis 6. Dezember.

Wichtige Adressen und Telefonnummern

Tourist-Info Burgberg
Rettenbergerstr. 2, D-87545 Burgberg
Tel. +49 (0)8321 6722 20
tourist-info@burgberg.de
www.burgberg.de

473

Bergbau im Museumsdorf
Erzgruben-Erlebniswelt am Grünten

Was gibt es Schöneres als Neues zu entdecken und dabei Spaß zu haben? Ein vergnüglicher Familienausflug führt in die Erzgruben-Erlebniswelt am Grünten in Burgberg im Allgäu, wo die Geschichte des traditionellen Bergbaus auf besondere Weise für Besucher erfahrbar gemacht wird. Das Museumsdorf ist bequem mit dem Erzgrubenbähnle zu erreichen, das vom Parkplatz am Steinbruch erst die Dorfmitte ansteuert und dann bis zur hoch über Burgberg gelegenen Erlebniswelt weiterfährt.

Auf dem großzügigen Freigelände direkt hinter dem Kassengebäude beginnt die spannende Welt des Bergbaus. Schon im Mittelalter spielte der Bergbau am Grünten eine wichtige Rolle für die Gemeinde am Fuße des sogenannten „Allgäuwächters", denn hier lag das einzige größere Erzvorkommen im ganzen Umkreis. Der Weg führt zu verschiedenen Themenhütten sowie zu den Stationen Kohlemeiler, Hochofen und Rennofen.

Neben einer Kurzeinführung in die Bergbaugeschichte am Grünten gibt es in der Geologiehütte anschauliche Darstellungen von Fossilien wie Haifischzähne, Seesterne und andere Versteinerungen, die am Grünten gefunden wurden. In der Bergbauhütte wird unter anderem das Werkzeug der Bergleute, die Knappen genannt wurden, präsentiert. Das Prunkstück in der Schmiedehütte ist die original-getreu aufgebaute Schmiede der Familie Neidhardt aus Oberstdorf/Rubi mit Werkzeugen aus dem frühen 19. Jahrhundert.

An Aktionstagen können sich Kinder in der extra aufgebauten Schauschmiede ein Glückshufeisen schmieden. Gut zu wissen: Um das Glück anzulocken, stellt oder hängt man das Hufeisen mit der Öffnung nach unten auf!

Für die ca. zwei- bis zweieinhalbstündige Rundwanderung werden alle Teilnehmer mit bunten Schutzhelmen ausgestattet und dann von einem erfahrenen „Grubi" durch das hügelige Gelände zum Andreas-Tagebau sowie zu den beiden Erzgruben Theresien-Grube und Anna-Grube geführt. Für die Wanderung hält der Kiosk an der Kasse erfrischende Getränke und Süßigkeiten bereit. In den historischen Grubenanlagen erfährt man Interessantes über das karge Leben und die mühsame, gefährliche Arbeit der Bergknappen zu früheren Zeiten. In der 200 Meter langen Andreas-Grube wurde ein Teilstück mit einer imposanten Tiefe von ca. 10 Metern freigelegt.

Die relativ spät aufgefahrene Theresien-Grube war von ca. 1820 bis zur Einstellung des Bergbaus im Jahr 1859 in Betrieb. Ein Stück hangabwärts liegt die Anna-Grube. Besucher stehen auf einem Podest und blicken auf den über 10 Meter tiefen und 120 Meter langen, von Menschenhand geschaffenen Spalt hinunter.

Das Erlebnis, im Inneren eines Bergwerks zu stehen, ist einzigartig und der Höhepunkt des Tages! Mythen und Legenden wie die vom „Venedigermännle" und dem „Goldbrünnele" werden in dieser geheimnisvollen Kulisse vom „Grubi" zum Leben erweckt. Nach diesem ereignisreichen Abenteuer speist man gemütlich in der Einkehrhütte "Knappenhock". Kinder können sich auf dem Spielplatz vergnügen oder an der "Erzgruben-Rallye" teilnehmen.

Eine schöne Auswahl an Souvenirs und Mitbringseln wie Bergwichtel, T-Shirts oder Knappentrunk gibt es im Erzgruben-Shop. Als besonders originelles Andenken machen Besucher zum Abschluss gerne ein Knappenfoto an der Fotowand.

Öffnungszeiten:

Von Anfang Mai bis Ende Oktober ist das Museumsdorf täglich von 10:30 bis 17:00 Uhr geöffnet. Kein Ruhetag!
Informationen siehe Homepage.

Geführte Rundwanderungen mit Besichtigung der Erzgruben finden täglich statt, Dauer ca. 2,5 Stunden. Sonderführungen und spezielle Gruppenarrangements, auch in englischer Sprache, nach Vereinbarung.

Führungszeiten, Fahrplan Erzgrubenbähnle und Veranstaltungshinweise siehe www.erzgruben.de.

Auf der Rückfahrt bringt das Erzgrubenbähnle Gäste, die über die Starzlachklamm gekommen sind, bis zum Parkplatz Reitplatz (600 m bis Parkplatz Winkel) zurück.

Es gibt keine öffentliche Zufahrt zum Museumsdorf!

Erzgruben Burgberg

D-87545 Burgberg
Tel. +49 (0)8321 7884646
info@erzgruben.de
www.erzgruben.de

Spirits of Nature Outdoor & More

Die Profis für das außergewöhnliche Outdoor Abenteuer

Aufregende Aktivitäten in der freien Natur, Teamevents der ganz besonderen Art und abenteuerliche Ausflüge unter fachkundiger Führung organisiert das Team von Spirits of Nature. Dabei sind kaum Grenzen gesetzt. Wer die körperliche Herausforderung unter freiem Himmel in atemberaubenden Landschaften liebt, wird die Angebote dieses besonderen Outdoorveranstalters in jeder Hinsicht genießen.

Der Familienbetrieb hat sich seinen hervorragenden Ruf in der Outdoorszene in den vergangenen 20 Jahren mit vielen spektakulären Erlebnisangeboten erarbeitet. Dazu zählen spannende Rafting-und Canadiertouren ebenso wie Canyoning, Flying Fox und Hochseilgarten oder Floßbau. Bei der Organisation aller Aktivitäten ist das Team von Spirits of Nature stets darauf bedacht, sich verantwortungsbewusst in der Natur zu bewegen. Gleiches vermittelt das Team seinen abenteuerlustigen Kunden.

In den warmen Sommermonaten ist Wasser das Element, um das sich die aufregenden Aktivitäten von Spirits of Nature vorwiegend drehen. Die Kunden haben Gelegenheit, selbst ein Floß zu bauen und den Fluss damit zu befahren oder bei einer Rafting-Tour den Adrenalinspiegel in die Höhe schnellen zu lassen. Wer lieber mit dem Canadier oder mit dem Kajak auf dem Wasser unterwegs

ist, erlernt in der Kajakschule die wichtigsten Fertigkeiten, um seine Tour entspannt genießen zu können. Wer es noch aufregender mag, wird die Canyoning-Touren lieben. Traumhaft schöne Wasserfälle, beeindruckende Felswände und die sportliche Herausforderung machen den Reiz dieser Outdooraktivität aus. Hier kann jeder an seine persönlichen Grenzen gehen. Sehr beliebt im Sommer – das Familienrafting für Kinder ab 5 Jahren.

Auch der Winter bietet verschiedene Möglichkeiten, die eindrucksvolle Natur zu genießen. Ein besonderes Highlight sind die Schneeschuhwanderungen, die durch die unberührte Winterlandschaft führen. Wer noch nie mit Schneeschuhen unterwegs war, erlernt den Gebrauch innerhalb kürzester Zeit dank der fachkundigen Anleitung der Outdoorprofis. Schneeschuhwanderungen lassen sich auch wunderbar mit einem gemeinsamen Iglubau verbinden. Je individueller die Kundenwünsche, desto besser. Michael Pruss und sein Team erfüllen sie mit Hingabe und Leidenschaft. Akribische Planung unter Berücksichtigung strengster Sicherheitsvorschriften ist dabei die Grundvoraussetzung für den Erfolg eines jeden Abenteuers. Das Team von Spirits of Nature hat es sich zur Aufgabe gemacht, die eigene Liebe zur Natur mit spektakulären Outdooraktivitäten an die Kunden weiterzugeben.

Spirits Of Nature
Michael Pruss
Moosweg 2, D-87545 Burgberg
Tel. +49 (0)8321 61 94 65
Fax +49 (0)8321 61 94 63
info@spirits-of-nature.de
www.spirits-of-nature.de

Oy-Mittelberg

Seele trifft Natur

Umgeben von saftig grünen Wiesen und sanften Hügeln liegt der Kneipp- und Luftkurort unweit der A7 auf einer Höhe von 800 bis 1150 m ü. M. Von der Gemeinde, die ihren idyllischen Charakter bewahren konnte, genießt man wundervolle Panoramablicke auf die Allgäuer Voralpenlandschaft. Fernab vom Massentourismus bietet die Gemeinde mit ihren etwa 4.500 Einwohnern dem erholungssuchenden Gast herrliche Ruhe. Die Ortsteile Oy, Mittelberg, Faistenoy, Maria Rain, Petersthal, Haslach, Oberzollhaus und Schwarzenberg und viele kleine Weiler liegen im milden Höhenreizklima mit einer allergen-, pollen- und schadstoffarmen Luft.

Kurzer Blick ins Geschichtsbuch

Eine erste urkundliche Erwähnung von Mittelberg findet sich im Jahr 800. Bis 1803 gehörte die Region zum Hochstift Augsburg.1822 vernichtete ein verheerender Brand Mittelberg. Im Ort blieben nur die Kirche und der Pfarrhof verschont. Aus der Pfarrgemeinde Mittelberg, zu der die umliegenden Dörfer gehörten, entstand die politische Gemeinde Mittelberg. Seit 1980 trägt die Gemeinde den Namen Oy-Mittelberg.

Sehenswürdigkeiten

Neben der ältesten Wallfahrtskirche des Allgäus, der Wallfahrtskirche Heilig Kreuz in Maria Rain, ist der Kreuzweg sehenswert, der hinter der Kirche oberhalb der Wertachschlucht entlang führt. Am Muttertag im Mai findet in der Pfarrkirche Heilig Kreuz das „Mariensingen" zu Ehren der Muttergottes statt. Auch die Bruder-Klaus-Kapelle bei Petersthal ist wegen ihrer hübschen Kassettendecke einen

Bilder Kur- und Tourismusbüro Oy-Mittelberg,
Kees van Surksum

Wallfahrtskirche Maria Rain

Abstecher wert. Bis ins 8. Jahrhundert reicht die Entstehung der Pfarrkirche St. Michael in Mittelberg zurück und die St.-Anna-Kapelle aus dem 17. Jahrhundert ist mit ihren Kunstwerken ein Kleinod. Am Panoramaweg in Mittelberg stößt der Wanderer auf die größte Wanderbank Deutschlands. Mit 12 Metern Länge und sechs Metern Höhe ist die 13,7 Tonnen schwere Bank eine Attraktion, die weit über die Region hinaus bekannt ist.

Freizeit und Sport

Oy-Mittelberg ist ein idealer Ausgangspunkt für Wanderungen, Bergtouren und Ausflüge mit dem Fahrrad. Einem Logenplatz vor den Allgäuer Bergen gleich, bietet die Region herrliche Aussichtspunkte inmitten intakter Natur. Moore, Seen und Teiche und die hügelige Voralpenlandschaft laden zu vielerlei Aktivitäten ein. Ein bestens gepflegtes und ausgeschildertes Wander- und Radwegnetz erschließt dem Besucher diese traumhafte Region. Während des Sommers laden Seen und Weiher zu einem erfrischenden Bad ein. Die beiden größten Seen, der Grüntensee und der Rottachsee versprechen beste Wassersportmöglichkeiten mit Surf- und Segelbereichen. Am Grüntensee, Schwarzenberger Weiher sowie am Rottachsee finden sich außerdem Badewiesen und Kiosk.

Der Hochseilgarten am Grüntensee bietet ein echtes Naturerlebnis. Ins-

gesamt stehen acht Parcours mit 85 Einzelelementen zur Verfügung. Ob hangelnd von Baum zu Baum oder in atemberaubender Höhe balancierend – bei einem Besuch ist hier der Nervenkitzel vorprogrammiert.

Verschiedenste Themenwege bieten interessante Einblicke in die Flora und Fauna. Als Mitgliedsgemeinde der Allgäuer Moorallianz ist das

Moosaikreich von Oy-Mittelberg ein attraktives Naturerlebnis, das den Besuchern den Zugang in die Natur und die Moore ermöglicht. Hier werden spielerisch und verständlich die Zusammenhänge von Naturlandschaft und Klimaschutz vermittelt.

Zu einem beliebten Anziehungspunkt ist der mystische Kneippgarten am oberen Mühlbach im Ortsteil Oy geworden und vom Faistenoyer Felsengarten genießt der Besucher eine grandiose Aussicht auf den Grüntensee.

Im Winter locken geräumte Wanderwege, zwei Schlepplifte für alpine Skifans und ein etwa 40 km langes Loipennetz zur Bewegung an der frischen Luft. Geführte Schneeschuhwanderungen oder Fahrten mit dem Pferdeschlitten über glitzernde Schneeflächen locken die Wintersportler ebenso an wie die Vollmondpartys am Skilift und die teilweise beleuchteten Pisten, die einen wahren Skigenuss während der Abendstunden versprechen.

Kunst und Kultur

Im Jahreslauf kommt das Feiern in Oy-Mittelberg mit seinen Ortsteilen nicht zu kurz. Traditionelle Heimat- und Dorfabende, Bauerntheater und Kurkonzerte sorgen ebenso für unterhaltsame Stunden wie das Alphornblasen. Im Frühjahr locken der Ostermarkt und zu Weihnachten der besinnliche Weihnachtsmarkt die Gäste aus Nah und Fern an. Feste Bräuche sind im Frühjahr das Aufstellen des Maibaumes und im Herbst der Viehscheid in Haslach. Auf diesen Veranstaltungen werden die Gäste mit regionalen Schmankerln verwöhnt, die unter der Begleitung von traditioneller Blasmusik serviert werden.

Wichtige Adressen und Telefonnummern

Kur- und Tourismusbüro
Wertacherstr. 11
D-87466 Oy-Mittelberg
Tel. +49 (0)8366 207
tourist@oy-mittelberg.de
www.oy-mittelberg.de

Aromatherapie & Naturkosmetik
PRIMAVERA LIFE GMBH

Viele Naturfans kennen den Weg bereits: Von der A7, Ausfahrt 137 Oy-Mittelberg gelangt man mit dem Auto in kürzester Zeit zu PRIMAVERA, der wohl bekanntesten Marke für naturreine Wellness-Produkte aus Aromatherapie und Bio- & Naturkosmetik.

Der PRIMAVERA Duft- & Naturkosmetikshop liegt inmitten eines weitläufigen Rosen- & Heilkräutergartens und macht seiner Anschrift „Naturparadies" alle Ehre. Bereits das Betreten des Licht durchfluteten, nach modernsten baubiologischen Erkenntnissen gestalteten Gebäudes der PRIMAVERA LIFE GMBH ist ein olfaktorisches Erlebnis. Naturduft liegt in der Luft und macht Laune, sich im 600 m² großen Shop näher umzusehen. Die PRIMAVERA Duftmischungen aus naturreinen ätherischen Ölen haben wohlklingende Namen, die selbsterklärend sind: „Gute Laune", „Ganz entspannt", „Clean Air", „Verwöhn Dich", „Samt und Rosen" und viele mehr bestehen aus Rezepturen hochwertiger ätherischer Öle. Auch reinste Pflegeöle, die Speiseölqualität haben, findet man hier. Ein paar wenige Tropfen ätherisches Öl dazu – und schon hat man sein persönliches Körperöl gemischt und kann die wunderbaren Aromatherapie-Produkte über Nase und Haut erleben. Wer es lieber praktisch haben möchte, kann auf das breite Angebot von Ready-to-Use-Mischungen vertrauen.

PRIMAVERA bezieht seine Rohstoffe vorwiegend aus biologischem Anbau. Die langjährigen Verbindungen zu Bio-

Anbaupartnern weltweit kennzeichnen die hohen Ansprüche an die Qualität der Pflanzenwirkstoffe. Darüber hinaus gilt PRIMAVERA als Beispiel für nachhaltiges Handeln. Denn mit den Bio-Anbaupartnerschaften wird den Menschen in den jeweiligen Ländern die Möglichkeit gegeben, durch die Herstellung und den Export der hochwertigen Rohstoffe ein selbstbestimmtes Leben zu führen. Die ätherischen Öle von PRIMAVERA werden direkt naturbelassen aus der Ursprungspflanze gewonnen, also am besten von dort, wo die Pflanze am besten gedeiht. Kunden können die Herstellung ihrer Lieblingsprodukte von der Pflanze bis zum fertigen Produkt rückverfolgen, somit besteht vollständige Transparenz.

Die PRIMAVERA Sortimente sind 100 % naturrein: Es werden keine Mineralöle oder synthetischen Zusätze verwendet, es wird keine Gentechnik eingesetzt, Tierversuche sind tabu. Im Duft- & Naturkosmetikshop kann man sich von der Reinheit der Produkte überzeugen, vieles schnuppern und testen. Das PRIMAVERA Shop-Team berät kompetent und freundlich. Ein buntes Potpourri von Veranstaltungen übers Jahr (Workshops, Vorträge, Konzerte, Firmen- & Gartenführungen) machen den Besuch beim Allgäuer Bio-Pionier zum lohnenden Erlebnis. Hier wird Nachhaltigkeit sicht- und erlebbar für die Besucher.

Für PRIMAVERA LIFE sind seit mehr als 30 Jahren die Liebe und der Respekt für Mensch und Natur die Basis des unternehmerischen Handelns. Was man der Natur nimmt, soll man auch wieder zurück geben, so die Vision der Unternehmensgründer Ute Leube und Kurt L. Nübling. Denn nur so bleibt die Natur im Gleichgewicht, zum Nutzen und zur Freude nachfolgender Generationen. Dies verdeutlicht auch der Claim von PRIMAVERA „Die Liebeserklärung an Mensch & Natur".

Öffnungszeiten:

Montag bis Freitag 9 bis 18 Uhr,
Samstag 10 bis 18 Uhr
(außer an bayerischen Feiertagen)

PRIMAVERA
Duft- & Naturkosmetikshop

Naturparadies 1, D-87466 Oy-Mittelberg
Tel. +49 (0)8366 8988 880
erlebnis@primaveralife.com
www.primaveralife.com

Die Liebeserklärung an Mensch & Natur

4-Sterne-Superior-Hotel – Wandern, Wellness, Weitblick

Vitalhotel Die Mittelburg

Mitten drin im Allgäu. Zwischen den Ostallgäuer Seen und den Oberallgäuer Alpen. Und auch die Königsschlösser Neuschwanstein und Hohenschwangau sind nicht weit. Am Rande des Ortsteils Mittelberg der Gemeinde Oy-Mittelberg auf 1036 Metern über dem Meer liegt der Familienbetrieb Vitalhotel Die Mittelburg. Klein, nur 27 Zimmer und doch ganz groß. Das kleinste 4 Sterne Superior Hotel Bayerns. Durchgangsverkehr kennt man hier nicht, außer die Kühe, die vom Bauern morgens auf die Felder getrieben werden. Ein Ort für Ruhesuchende, abseits der ausgetretenen Pfade des Massentourismus.

Ein Familienbetrieb mit Ecken und Kanten, kein durchgestyltes Lifestyle Hotel. Charme und Klasse aus Überzeugung und mit Leidenschaft.
Dazu die besondere Kulinarik der Mittelburg. Nah an der Region und doch offen für die Welt. Leicht ja, aber ohne es einfach zu machen. Traditionell und verwurzelt mit dem Allgäu und doch neu gedacht. Ein Aperitif auf der Panoramaterrasse mit Blick auf die Zugspitze. Ein Glas Wein am prasselnden Feuer des offenen Kamins am Abend, Glück kann so einfach sein. Die hauseigene Konditorei zaubert Kuchen nach geheimen Familienrezepten. Rhabarber, Erdbeere,

und der einzigartige Allgäuer Käsekirsch. Dazu Kaffeekultur, im Silberkännchen selbstverständlich.
Vom Frühstück bis zum Abendessen schnalzt der Gaumen.

Wellness in malerischer Umgebung mit Blick auf die bayrische Bergwelt.

Blockhaussauna, Dampfbad, Indoor-Pool und Infrarot Thermium. Qualifizierte Masseure und Kosmetikerinnen mit klaren Behandlungen. Und weil Entspannung erst durch Aktivität vollkommen wird, rundet die Allgäuer Seen- und Berglandschaft den perfekten Wellness Urlaub ab.
Wandern, Spazieren, Radfahren, Stand-Up-Paddling, Golfen, Langlaufen direkt vor dem Hotel, Schneeschuhwandern, Baden oder Skifahren. Dazu das Mittelburger Aktivprogramm mit Yoga Stunden, Wassergymnastik und begleiteten Wanderungen.

Frühling, Sommer, Herbst oder Winter. Urlaub in der Mittelburg ist Urlaub in und mit der Natur.

Vitalhotel "Die Mittelburg"

Mittelburgweg 1-3
D-87466 Oy-Mittelberg
Tel. +49 (0)8366 180
info@mittelburg.de
www.mittelburg.de

Erholsamer Urlaub im Wanderhotel
Hotel Rose

Das familiengeführte Hotel Rose im sonnigen Bergdorf Mittelberg ist der ideale Ort für einen erholsamen Aktivurlaub zu jeder Jahreszeit. Hier können die Gäste genussvoll wandern, Rad fahren und im Winter Skilanglaufen oder Skifahren.

Im Hotel kann man sich in den modern ausgestatteten, komfortablen Wohlfühlzimmern nach einem erlebnisreichen Tag herrlich entspannen und vom Balkon die wundervolle ruhe mit Blick auf die Allgäuer Berge genießen. Bei Halbpension beginnt der Tag für Gäste mit einem ausgiebigen Frühstück inklusive hausgemachter Wurst und Marmelade, am Nachmittag gibt es Kaffee und Kuchen.

Nach einem erlebnisreichen Tag wird man abends mit einem 3-Gänge-Wahlmenü auf das Beste kulinarisch verwöhnt. Im Restaurant erleben die Gäste gepflegte, gastfreundliche Allgäuer Wirtshauskultur mit Gemütlichkeit und guter Laune. Die leckeren regionalen Speisen werden frisch zubereitet vom freundlichen Serviceteam serviert. Die Küche des Gasthofs hat eine Besonderheit – Chef Alfred Endres kocht mit Heu, das ist eine alte Allgäuer Tradition. Das Heu sorgt für die besondere geschmackliche Note. Die Bergwiesenheusuppe mit Pfifferlingen und Kräutern sowie das Rumsteak mit gebackenen Heukartoffeln sollte man unbedingt probieren. Am Freitagabend bietet das Heuwirt´s Schmankerlbüffet erlesene Genüsse. Im Sommer lockt am Freitag der Grillabend mit Grillbüffet in den wunderschönen Biergarten.

Das engagierte Team des Gasthofs Rose richtet auch gern Ihre Familien oder Firmenfeier aus und sorgt für einen gelungenen Ablauf. Die Gaststuben bieten für 20 bis 50 Personen Platz.

Hotel Rose
Dorfbrunnenstraße 10
D-87466 Oy-Mittelberg
Tel. +49 (0)8366 98200
info@hotel-rose-allgaeu.de
www.hotel-rose-allgaeu.de

Ankommen im Ferienzuhause

Gasthaus Krone Mittelberg

Die Krone – ein Juwel abseits großer Verkehrswege, jenseits von Lärm und Hektik. Hier erfreuen sich die Gäste an der Wohlfühl-Atmosphäre, die mit viel Liebe zum Detail gestaltet wurde. An diesem wunderschönen Fleckchen Erde kann der Gast seine Ferientage aktiv verbringen oder einfach nur die Seele baumeln lassen. Der Zauber der Region zieht sich durch alle Jahreszeiten hindurch.

Charmant präsentieren sich die unterschiedlichen Stilrichtungen in den Einzel- und Doppelzimmern sowie den Appartements des Gasthaus Krone. Wohlfühlen, heißt die Devise der Betreiber, die die Gäste mit hingebungsvoller Gastfreundschaft empfangen. Die Übernachtungsgäste ebenso wie die Tagesgäste, die die typische Allgäuer Küche genießen möchten. Darüber hinaus werden aber auch national und international bekannte Köstlichkeiten angeboten.

Zu einem besonderen Vergnügen wird während der warmen Jahreszeit der Aufenthalt im großen, beschatteten Biergarten, in dem es im Sommer jeden Mittwoch Spanferkel „satt" vom Grill gibt.

Gasthaus Krone Mittelberg

Dorfbrunnenstraße 2
D-87466 Oy-Mittelberg
(OT Mittelberg)
Tel. +49 (0)8366 98 32 00
info@krone-mittelberg.de
www.krone-mittelberg.de

Erleben Sie die älteste Familien-Brauerei der Welt

Familienbraukunst seit 1447 – Privat-Brauerei Zötler

Die Privat-Brauerei Zötler in Rettenberg im Allgäu, Deutschlands südlichstem Brauereidorf, ist die älteste Familienbrauerei der Welt. Seit 21 Generationen und über 570 Jahren werden in der Zötler Brauerei am Fuße des Grünten Biere gebraut.

Familie Zötler mit dem jungen Chef Niklas Zötler sowie die engagierten Mitarbeiter zeichnen sich durch die Leidenschaft zum Brauen und die freundschaftliche Verbundenheit zu den Kunden aus. Aus Liebe zur Allgäuer Heimat fördern sie Traditionen und Brauchtum und tragen mit ihren Produkten allgemein zur Lebensfreude bei.

Modernste Brautechnik

In der Brauerei werden erstklassige, charaktervolle Bierspezialitäten nach dem bayerischen Reinheitsgebot mit großer Erfahrung und modernster Brautechnik hergestellt. Die individuellen Marken Gold, Bayerisch Hell, 1447 Naturtrüb, Korbinian Dunkel und viele mehr präsentieren die breite Angebotspalette der Brauerei.

Die verschiedenen Sorten der hochwertigen Zötler Berglimo enthalten als echtes Allgäuer Produkt 40% Saftanteil, keinen Zuckerzusatz und keinerlei Zusatzstoffe. Verwendet werden nur Früchte, Wasser, Kohlensäure und je nach Sorte Bergwiesenheuextrakt oder frische Allgäuer Minze.

Brauereiführungen

Auch durch die unterhaltsame Vermittlung von Wissenswertem zum Thema Bier während der angebotenen Erlebnis-Führungen trägt die Brauerei zur Pflege bayerischer Bierkultur bei. Selbstverständlich gehört auch eine Verkostung der Biere zur Führung.

Die Führungen finden ab
12 Personen statt:
dienstags um 10:30 Uhr,
mittwochs um 18:30 Uhr,
donnerstags um 14:00 Uhr und
samstags um 14:00 Uhr.

Eine Anmeldung bis zum Vortag ist
erforderlich.
Ein besonderes Erlebnis ist der Besuch
des beliebten Vollmondfestes im Besucherzentrum der Bauerei, bei dem
unter dem magischen Einfluss des
Mondes eine begrenzte Menge des
besonderen Vollmondbieres gebraut
wird. Beginn 19:00 Uhr, Anmeldung
erforderlich.

Privat-Brauerei Zötler GmbH

Grüntenstr. 2, D-87549 Rettenberg
Tel. +49 (0)8327 921 0
Fax +49 (0)8327 7487
zoetler@zoetler.de, www.zoetler.de

Getränkemarkt

Grüntenstraße 2, Brauerei Gelände
Telefon: 0 83 27/78 00
brauereimarkt@zoetler.de
www.zoetler.de

Öffnungszeiten:

Mo.-Fr., 9:30-12:30 u. 14:30-18 Uhr.
Sa., 9:30 - 12:30 Uhr

Rettenberg

Südlichstes Brauereidorf Deutschlands

Die Gemeinde Rettenberg (4.500 Einwohner) im Oberallgäu liegt auf einem sonnigen Hochplateau oberhalb des Illertals. Zur Gemeinde gehören die Ortsteile Kranzegg, Rottach, Untermaiselstein, Vorderburg und Wagneritz.

Rettenberg wird wegen der drei ansässigen Brauereien, die als große Arbeitgeber in der Gemeinde fungieren, als Brauereidorf bezeichnet.

Zu den bekanntesten Künstlern der Gemeinde gehört die Malerfamilie Weiß, die während der Barockzeit in vier Generationen zahlreiche Kirchen und Kapellen weit über das Allgäu hinaus mit ihren Gemälden schmückte.

Kurzer Blick ins Geschichtsbuch

Der Name des Ortes leitet sich durch das vom Eisenoxyd rötlich verfärbte Gestein ab (früher Rötenberg).

Rettenberg war vom Beginn des 12. Jahrhunderts bis 1350 Sitz der Herren von Rettenberg auf der Burg Rettenberg. Der Ort gehörte zum Hochstift Augsburg. Seit der Säkularisation 1803 gehört Rettenberg zu Bayern und wurde 1818 mit dem Gemeindeedikt zur heutigen Gemeinde.

Orts- und Infrastruktur

Zwei Kindergärten in Kranzegg und Untermaiselstein sowie eine Volksschule mit den ersten vier Klassen gehören zum Bildungsangebot der Gemeinde für Kinder.

Wichtige Adressen und Telefonnummern

Rathaus Rettenberg
Bichelweg 2, D-87549 Rettenberg
Tel. +49 (0)8327 920 0
Fax +49 (0)8327 920 19
vorzimmer@rettenberg.de
www.gemeinde-rettenberg.de

Rettenberg
(Bild Wikipedia, R. Meyer CC BY-SA 3.0)

492

Gipfelglück und Badespaß

Camping-Grüntensee-International
Wertach

Camping-Feeling inmitten der grandiosen Bergwelt des Oberallgäus gibt es für die Gäste des Camping-Grüntensee-International in Wertach zu erleben. Der mit weitläufiger Spiel- und Liegewiese direkt am Grüntenseeufer gelegene idyllische Camping- und Wohnmobilstellplatz eignet sich ideal für den Sommer- und Winteraufenthalt, ob mit Caravan, Zelt, Wohnmobil oder in exklusiven Ferienappartements und -wohnungen, Gästezimmern oder den neuen „Iglu-Häuschen".

Alles ist hier für die ganze Familie zu finden, wie ein großer Spiel- und Fußballplatz, Fernseh-, Jugendraum, Hundedusche, Tretboot- und Sup Pad Verleih, Sauna- Igluhut, Aktivmöglichkeiten in der Umgebung wie Wandern, Walking, Schwimmen, Segeln, Angeln, Surfen, Klettergarten und im Winter die Langlaufloipe direkt ab Platz sowie Skilifte in nur 100m Entfernung.

Die komfortablen Sanitärräume vermitteln echte Wohlfühlatmosphäre mit viel Platz und praktischem Service mit kinderfreundlicher Ausrichtung, Familienduschen, Haartrockner, Schminkecke, Waschmaschinen und Wäschetrocknern, geräumigem Spülraum und einem Hundebad.

Dem Genuss italienischer Gerichte, Allgäuer Spezialitäten und feinen hausgemachten Kuchen kann man sich im gemütlichen Restaurant mit großer Sonnenterrasse hingeben, ebenso der Gelassenheit und dem kleinen Hunger zwischendurch am gemütlichen See-Kiosk.

Camping-Grüntensee-International

Grüntenseestr. 41
D-87497 Wertach/Oberallgäu
Tel. +49 (0)83 65-3 75
Fax +49 (0)83 65-12 21
info@camping-gruentensee.de
www.camping-gruentensee.de

Wertach

Alles, was das Allgäu zu bieten hat

Nach dem gleichnamigen Fluss ist der Ort benannt, der im südlichen Oberallgäu den höchst gelegenen Marktflecken Deutschlands bildet. Idyllisch im Tal und umgeben von Moränenhügeln, die bis fast 1.700 m ü. M. hinaus ragen, bietet das Dorf seinen etwa 2.900 Einwohnern und den Gästen eine Umgebung, die vieles zu bieten hat. Schließlich stehen über zwei Drittel des Gemeindegebietes unter Landschafts- und Naturschutz.

Freizeit und Sport

Wenn sich im Frühsommer, von etwa Mitte bis Ende Juni, die Berghänge in ein leuchtendes Rot verwandeln, blühen die Alpenrosen. Der beliebte 1.700 m hohe Wanderberg, das „Wertacher Hörnle", ist bekannt für seine üppigen Alpenrosenbestände, die auf einer Wanderung erlebbar werden.

Auf sechs familienfreundlich angelegten Themen- und Erlebnispfaden sowie einem Waldspielplatz genießen Groß und Klein die Natur und erfahren Nützliches und Amüsantes. Neben Fischerei-, Imker- und Waldlehrpfad informiert der Grüne Pfad über die Allgäuer Land- und Milchwirtschaft und auf dem Naturerlebnispfad lernt man ein Baumtelefon kennen. Der Sebaldweg bewegt sich auf den Spuren des bekannten Schriftstellers W.G. Sebald. Hier sind Textstücke aus seinem Werk „Schwindel. Gefühle" am Originalschauplatz zu finden. Darüber hinaus lädt der Waldspielplatz „Großer Wald" auf die Fährte des schlauen Fuchses ein. Auf dieser Tour gelangt der Gast zu verschiedenen Alphütten, in denen er sich mit Brotzeiten stärken kann. Die Längen der gut begehbaren Strecken liegen zwischen 1,5 und 11 Kilometern.

Während der Wintermonate bietet die Gemeinde schneesichere Bedingungen für Langlauf auf gepflegten Loipen durch die herrliche Voralpenlandschaft und bestens präparierte Pisten für Skifahrer.

Blick auf Wertach
(Bilder Markt Wertach)

Grüntensee

Kultur am Ort

Die verschiedenen Sehenswürdigkeiten wie die St. Sebastianskapelle, die sich auch „Kleine Wies" nennt, sollte man bei einem Besuch in Wertach ebenso in Augenschein nehmen wie die Bergkäsesennerei und die fast 400 Jahre alte Hammerschmiede sowie das Heimatmuseum, das dem Besucher die Vergangenheit der Region lebhaft vor Augen führt.

In Wertach ist das gesamte Jahr hindurch viel geboten: Vom Maifest mit der traditionellen Maibaumaufstellung bis hin zum großen Viehscheid Mitte September bietet die Marktgemeinde jede Menge Unterhaltung und Abwechslung.

Kulinarisches rund um Wertach

Auf regionale Herkunft bedacht sind die Wertacher Marktprodukte, die unter dem Label „vo eis dahoim" ver-

marktet werden. Von frischen Wertacher Forellen, über Kräuterschinken und Löwenzahnblütenwein reicht das Sortiment, zu dem auch der „Weißlackerkäse" gehört. Der wurde 1874 von den Gebrüdern Josef und Anton Kramer in Wertach erfunden. Wertach wurde 2018 zu einem der 100 Genussorte Bayerns gekürt.

Wichtige Adressen und Telefonnummern

Markt Wertach
Rathausstr. 3, D-87497 Wertach
Tel. +49 (0)8365 70 21 99
info@wertach.de, www.wertach.de

Buron-Kinderpark und Skilifte

Ein Kinderparadies und noch viel mehr…

Wer von Wertach auf der Nebenstrekke nach Nesselwang fährt, erreicht nach wenigen Kilometern eine Freizeitanlage, die sommers wie winters für die ganze Familie ein attraktiver Tummelplatz für sportliche Aktivitäten ist. Der längste Schlepplift des Allgäus (1650 m) bringt den Wintersportler bequem zur Mittelstation. Vor allem Kinder und Neueinsteiger starten hier zum anfängergerechten

schen, XXL-Outdoor-Brettspiel, Fred-Feuerstein-Wagen, Leitergolf, Kletterturm mit Affenschaukel, Mini-Rutschen, großer Natursandkasten und die Eisenbahn und Elektro-Autos sorgen für Kurzweil bei den Kindern. Besondere Attraktionen sind die 70-Meter-Riesenrutsche, die 300-Meter-Tubing-Bahn (eine Reifenrutsche mit Steilkurven und Jumps), die Kletterwiese mit 22 Stationen zum Klettern

Pistenspaß. Der anspruchsvolle Skifahrer lässt sich mit dem ca. 950 m langen Schlepplift noch weiter in die obere Sektion bringen, wo steile Abfahrten die sportliche Herausforderung bieten.

Für Familien mit Kindern ist der Buron-Kinderpark ein lohnendes Ausflugsziel im Allgäu. Zahlreiche Spielgeräte, z.B. Hüpfburgen, Wasserspielplatz, Kindertraktoren, Trampoline, Rut-

und Balancieren und einer Seilbahn sowie die Cross-Kart-Strecke.
Der Kinderpark befindet sich direkt am großen Biergarten des Buron- Stadls, in dem man bei Kaffee und Kuchen, einer Brotzeit und regionalen Schmankerln die Kinder stets im Blick hat.

Buron Kinderpark & Skilifte

MaXL GmbH & Co. KG
Grüntenseestr. 44
D-87497 Wertach
Tel. +49 (0)8365 70 35 36
www.buron-skilifte.de
info@maxl-gmbh.de

Das Allgäuer Seenland

Impressionen vom Feinsten

Die Urlaubsregion südlich von Kempten ist ein wahres Naturparadies. Hier kann man aus dem Vollen schöpfen, wenn man das Allgäuer Voralpenland genießen möchte. Hügel, Berge, sanfte Täler, Flüsse, Seen und Weiher eröffnen ein Urlaubsparadies, das seinesgleichen sucht. Hier zeigt sich das Allgäu von seiner abwechslungsreichsten Seite.

Fünf Seen und Weiher inmitten einer Kulturlandschaft, die Natur, Landleben und Kultur zu bieten hat und über die Autobahn A7 bequem erreichbar ist. Die Ferienregion „Allgäuer Seenland" erstreckt sich auf die vier Gemeinden Buchenberg, Sulzberg, Waltenhofen und Weitnau.

Die idyllische Lage von Niedersonthofener See, Rottachsee und Sulzberger See sowie dem Eschacher Weiher, Moorweiher und Widdumer Weiher entzückt und lädt zu Wassersportfreuden ein. Das gut ausgebaute Rad- und Wanderwegenetz bietet acht verschiedene Themenwander-

Speckbach-Wasserfall

Panorama vom Niedersonthofener See
(Bilder Allgäuer Seenland)

Radfreunde

wege, die zu Aussichtspunkten und Burgen leiten und die prachtvolle Natur des Alpenvorlandes vor Augen führen. Denn aus jedem Blickwinkel erschließt sich das Panorama der Berge, das den Reisenden begleitet. Ein beliebtes Ausflugziel für jeden Wanderfreund ist dabei der Aussichtsturm „Alpkönigblick" auf dem Hauchenberg bei Weitnau. Der grandiose, majestätische Rundblick in 1.250 m Höhe reicht von der Zugspitze über die Allgäuer Alpen, die Nagelfluhkette bis hin zum Säntis in der Schweiz.

Während des Winters lädt das Land zu Entdeckungstouren auf geräumten Wanderwegen, auf Loipen und Skipisten oder Rodelbahnen ein.

Doch das Allgäuer Seenland hat noch viel mehr zu bieten: Hier kann man noch das echte bäuerliche Landleben genießen, sich von der typischen Allgäuer Küche in den gastronomischen Betrieben verwöhnen lassen und die kulturellen Highlights der Region erleben. Ob beim Funkenfeuer, dem Maibaumaufstellen oder dem Viehscheid – überall wird Brauchtum gelebt und den Einheimischen wie Reisenden als unterhaltsame Veranstaltung präsentiert.

Ortsbeschreibungen

Burgruine Alttrauchburg

Buchenberg
Auf der Sonnenterrasse des Allgäus

Zwischen 740 m ü. M bei Ahegg bis zum 1.129 m ü. M. hoch gelegenen Urserberg im Kürnacher Wald reicht die Höhe des Luftkurortes in der Region Allgäuer Seenland. Etwa 4.300 Menschen erfüllen das Dorf mit seinen Ortsteilen Kreuzthal und Eschach sowie etlichen Weilern mit Leben. Umrahmt von idyllischen Naturseen, gemütlichem Landleben und abwechslungsreicher Kultur bietet Buchenberg seinen Bewohnern und Gästen eine hohe Lebensqualität.

Kurzer Blick ins Geschichtsbuch

Bereits in der Antike war die Region besiedelt. Eine erste urkundliche Erwähnung des Ortes findet sich im Jahr 1275. Am 17. März 1460 kam es zwischen Schweizer Söldnern und dem Heer des Kemptener Fürstabtes zu einer Schlacht am Buchenberg. Sein Marktrecht erhielt Buchenberg 1485. Die heutige Gemeinde entstand im Jahr 1818.

Sehenswürdigkeiten

Die Grundsteinlegung der Pfarrkirche St. Magnus erfolgte 1792. Sehenswert ist der Saalbau der im frühklassizistischen Stil ausgestatteten Kirche. Die Reste eines römischen Militärstandortes sind im Ortsteil Ahegg zu sehen. Der Burgus Ahegg ist die einzige Anlage dieser Art in Süddeutschland, von der noch oberirdische Fragmente vorhanden sind. In einem ehemaligen Kleinbauernhaus ist das Heimatmuseum Buchenberg untergebracht. Es erzählt die Heimatgeschichte der Region anhand von Exponaten eines bäuerlichen Haushaltes.

Freizeit und Sport

Das idyllisch anmutende Allgäuer Seenland bietet ein bestens gepflegtes Rad- und Wanderwegenetz, auf dem man die Natur erkunden kann. Die Seen und Weiher, die an den Strecken liegen, laden im Sommer zu einem erfrischenden Bad ein. Mehre-

Blick auf Buchenberg
(Bilder Markt Buchenberg)

Eschacher Weiher

re Themenwege erschließen den Reiz der Region. Auf dem Bodenlehrpfad lernt man spielerisch und unterhaltsam die Flora und Fauna des Allgäus kennen. Der Wasserschmeckerweg wird der Wanderer zum Wünschelrutengänger, findet er dort doch Wasseradern, Verwerfungen und Gitter. Der Glasmacherweg schließlich, führt 20 Kilometer quer durch die Wälder und über die Berge der Adelegg. Hier wird die Geschichte und Natur lebendig und bietet ein Erlebnis für alle Sinne.

Neben der Freizeitanlage in Buchenberg befindet sich der idyllisch gelegene Moorweiher. Hier kann man entspannen, das Kneipptretbecken nutzen oder eine kleine Wanderung auf dem Moorlehrpfad unternehmen.

Der Eschacher Weiher verzaubert mit einem hervorragenden Bergblick. Er liegt auf einer Höhe von 1000 m ü. M. Dieses Badeparadies liegt zwischen Hügeln und Wäldern verborgen – ein landschaftliches Kleinod

inmitten eines Naturschutzgebietes.

Während der Wintermonate laden Langlaufloipen, Skipisten, Rodelstrecken und geräumte Wanderwege rund um Buchenberg zur Bewegung im Schnee ein.

Wichtige Adressen und Telefonnummern

Markt Buchenberg
Rathausstr. 2
D-87474 Buchenberg
Tel. +49 (0)8378 92 02 22
tourismus@buchenberg.de
www.buchenberg.de

Moorweiher

Sulzberg
Erholungsort im Allgäuer Seenland

Die Marktgemeinde Sulzberg (ca. 4.900 Einwohner) besteht aus den Hauptorten Sulzberg, Moosbach und Ottacker sowie über 70 Weilern und Einöden. Zwischen 700 und 990 m ü. NN erstreckt sich eine reizvolle Landschaft, die zu idyllischen Wanderungen, Radtouren und weiteren, vielfältigen Freizeitaktivitäten einlädt. Vor allem die beiden Seen, Sulzberger See (Öschlesee) und Rottachsee, sind gern besuchte Ausflugsziele.

Kurzer Blick ins Geschichtsbuch

Schon die Römer siedelten sich in „Sulceberch" an und wussten um die Heilkraft der damals schon vorhandenen Quellen in Sulzbrunn, der ältesten Heilquelle im Allgäu. Im Jahre 1059 wurde Sulzberg erstmals in einem Vertrag über den Verlauf der Wildbanngrenze von König Heinrich IV urkundlich erwähnt. Noch heute sind Gemarkungen dieser Grenze sichtbar. Im Mittelalter herrschten verschiedene Adelsgeschlechter auf der Burg Sulzberg, die heute die besterhaltende Burganlage im Oberallgäu ist. Mit dem 1674 erhaltenen Marktrecht war die höhere Gerichtsbarkeit (Stock und Galgen) verbunden.

Sehenswürdigkeiten

Die Burgruine Sulzberg ist bequem auf einem Spaziergang zu erreichen. Im Burgturm befindet sich ein Museum, in dem unter anderem Funde aus sechs Jahrhunderten besichtigt werden können. Die Plattform auf dem Turm bietet eine grandiose Aussicht über die ganze Umgebung. Die Burgruine ist von Mai bis Oktober an Sonn- und Feiertagen von 13.30 bis 16.30 Uhr bei guter Witterung geöffnet.

Burgruine Sulzberg

In vielseitig angelegten Beeten können im Kreislehrgarten Oberallgäu in Sulzberg-Ried über 8.000 Pflanzen betrachtet werden. Neben einem Bienenhaus und einem alten Eisenbahnwaggon gibt es auch einen Kinderspielplatz. Der Lehrgarten ist samstags und sonntags von Mai bis Oktober von 13.00 bis 17.00 Uhr bei freiem Eintritt geöffnet.

Moosbach und Rottachsee
(Bilder Gemeinde Sulzberg)

Freizeit und Sport

Im Wandergebiet Sulzberg mit 140 km Wanderwegen hat man die Auswahl vom bequemen Spaziergang bis zur anspruchsvollen Wanderung. Besonders zu empfehlen ist der Historische Erlebnis-Wanderweg, auch Heinrichweg genannt. In zwei Routen mit jeweils 10,5 km führt er an geschichtlichen Höhepunkten, wie der Burgruine Sulzberg, der Jodquelle oder der Wildbanngrenze vorbei. Neben zahlreichen Informationstafeln finden sich auch verschiedene Spielstationen für Kinder am Wegesrand.

Ob zu Fuß oder mit dem Fahrrad – der Rottachsee-Rundweg mit seinen rund 15 km bietet traumhafte Aussichten auf die Allgäuer Alpen. Auch der 3,7 km lange Rundweg um den Sulzberger See ist bei Erholungssuchenden sehr beliebt.

Im Winter ist der Kinderskilift in Moosbach ideal für die ersten Rutschversuche und sorgt ebenso wie das große Winterwanderwegenetz für Vergnügen in der romantischen Winterlandschaft. Auch die Langläufer kommen auf gut 20 km gespurten Loipen auf ihre Kosten.

Veranstaltungen

Funkenfeuer, Faschingstreiben und Maibaumaufstellen sind traditionelle Veranstaltungen, die auch im Sulzberger Jahreslauf ihren festen Platz einnehmen. Während der Sommermonate können sich Gäste wie Einheimische über Standkonzerte, Staudammführungen am Rottachsee und über Alphornserenaden freuen. Immer am dritten Donnerstag im September bieten zahlreiche Fieranten auf dem Krämermarkt ihre Ware an. Eine tolle Attraktion im Januar ist das beliebte Sulzberger Hornschlittenrennen am Skilift in Oberthannen.

Wichtige Adressen und Telefonnummern

Gästeinformation Sulzberg
Rathausplatz 4
D-87477 Sulzberg
Tel. + 49 (0)8376 92 01-19
Fax + 49 (0)8376 92 01-40
gaesteinformation@sulzberg.de
www.sulzberg.de

Sulzberger See

Werkstatt des puren Genusses

Allgäu-Brennerei

Wer die faszinierende Welt der Destillate näher kennen lernen und köstliche Obstbrände und Liköre probieren möchte, ist bei der Allgäu-Brennerei in Sulzberg im Herzen des Allgäus rund 6 km südlich von Kempten an der richtigen Adresse.

Während einer unterhaltsamen Führung erleben die Besucher hautnah, wie in den großen Kupferkesseln der Brennerei mit einem Fassungsvermögen von 500 Litern aus Früchten feinste Edelobstbrände entstehen. Sie erfahren viel Wissenswertes rund um die Schnaps- und Likörherstellung und können sich bei der anschließenden Verkostung vom einmaligen Fruchtaroma

der hervorragenden Destillate selbst überzeugen. Das Sortiment der Brennerei umfasst über 50 verschiedene, hausgemachte Sorten.

Die Brennerei kann auf über 100 Jahre Firmen- und Familiengeschichte in der vierten Generation zurückblicken und vereint traditionelle Brennkunst mit modernster Technik, die den neuesten Standards entspricht. Bei der professionellen Herstellung der Obstbrände und Liköre wird auf beste Qualität und aromaschonende Destillation großer Wert gelegt.

Der liebevoll eingerichtete Verkaufsladen bietet eine große Auswahl an edlen Bränden, köstlichen Likören und vollmundigen Spirituosen, die sich durch ein einmaliges mildes Geschmackserlebnis auszeichnen.

Kenner und Genießer schätzen vor allem die hochwertigen Brände der Produktlinie Selection 45, die vom Meister persönlich destilliert und auf 45%Vol. heruntergesetzt wurden. Hierzu gehören Williams-Christbirnenbrand, Obstler, Enzian, Grappa, Himbeergeist und Kirschwasser. Auch die „Alten Milden" Schnäpse aus der 100-Jahres-Edition sind ein absolutes Muss für jeden Genussfreund! Unbedingt probieren! Neben den hausgemachten Destillaten werden im Laden auch regionale Spezialitäten und originelle Geschenkartikel und Souvenirs angeboten. Alle Produkte kann man auch von zu Hause im Online-Shop der Brennerei bestellen.

Öffnungszeiten des Verkaufsladens

Montag, Dienstag, Donnerstag
von 9:00 bis 17:00 Uhr,
Mittwoch und Freitag
von 9:00 bis 18:00 Uhr und
Samstag von 9:00 bis 14:00 Uhr.

Führungen durch die Brennerei

für Einzelpersonen finden stets donnerstags um 17:30 Uhr statt, eine verbindliche Anmeldung ist erforderlich. Gruppen bis zu 60 Personen können auch eine Führung während der Ladenöffnungszeiten buchen.

Allgäu-Brennerei Günther GmbH

Gewerbepark 1, D-87477 Sulzberg
Tel. +49 (0)8376 92992 0
Fax +49 (0)8376 92992 22
info@allgaeu-brennerei.de
www.allgaeu-brennerei.de

Waltenhofen
In der malerischen Allgäuer Voralpenlandschaft

Inmitten des Allgäuer Seenlands liegt die Gemeinde mit ihren Ortsteilen Hegge, Lanzen, Martinszell, Oberdorf, Memhölz und Niedersonthofen. Auf einer Höhe ab 722 m ü. M. leben ca. 9.100 Einwohner. Der Niedersonthofener See, eingebettet in blühende Wiesen und Wälder und inmitten der malerischen Allgäuer Voralpenlandschaft, lädt zum Schwimmen, Rudern, Segeln, Surfen und Angeln ein. Besonders beliebt ist der 10 km lange Rundweg um den See. Der Ortsteil Niedersonthofen ist das erste anerkannte Allgäuer Kräuterdorf im Oberallgäu, in dem der Reisende die Wunderwelt der Kräuter kennenlernen kann. Jedes Jahr erscheint ein Kräuterflyer, der über geführte Kräuterwanderungen und interessante Mitmach-Aktionen in der Kräuterwerkstatt sowie über viel Wissenswertes rund um das Kräuterdorf informiert.

Kurzer Blick ins Geschichtsbuch

In Martinszell auf einem bewaldeten Hügel innerhalb einer romantischen Flussschleife am Steilufer der Iller, liegt die Burg Langenegg. Hier hatte einst das Ortsgeschlecht seinen Sitz, bevor es bis zur Säkularisation dem Fürststift Kempten gehörte. Berühmtheit erlangte die Burg, soll doch während der Hexenverfolgung auf ihr die letzte Hexe, Anna Schwäglin, inhaftiert worden sein. Von der einst mächtigen Burganlage ist heute nur noch die Ruine des Bergfrieds erhalten, die aber zu einem beliebten Ausflugsziel geworden ist.

Blick auf den Stoffelberg
(Bilder Gemeinde Waltenhofen)

Niedersonthofener See

Sehenswürdigkeiten

Am Fuße des 1.063 m hohen Stoffel-
berges liegt der Niedersonthofener
See. An dem beliebten See, der zu
Wassersportfreuden einlädt, finden
sich alle Einrichtungen wie Campingplätze, Cafés und Gasthäuser sowie
Kioske. Themen-Kinderspielplätze,
Beachvolleyballplätze und Bootsverleih runden das Angebot am liebevoll
bezeichneten „Nieso" ab.

Inmitten des Naturschutzgebietes
Widdumer Weiher liegt der gleichnamige See. Neben dem idyllisch angelegten Rundweg genießt man von
einer Aussichtsplattform, die auf einer
Anhöhe errichtet wurde, eine herrliche Aussicht auf den Weiher.

Den romantischen Wasserfall Niedersonthofen entdeckt man am Ortsende
des Ortsteils. Über einen dschungel-
artigen Wanderweg, den Falltobel-
weg, erreicht man den Schrattenbach.
Über 10 Meter stürzt das Wasser in
die Tiefe. Auf dem Weg wachsen jede
Menge Kräuter und wilde Orchideen,
die es zu entdecken gilt.

Freizeit und Sport

Ein ausgedehntes Netz an gepflegten
Wanderwegen bietet Naturliebhabern
viele Möglichkeiten für genussvolle
Wanderungen. Auf vielen Rund- und
Themenwanderwegen kann man die
herrliche Allgäuer Voralpenlandschaft
kennenlernen. Sollte das Wetter einmal nicht so schön sein, lässt das „Lina
Launeland" die Herzen von Kindern
höher schlagen. Auf 4.000 m² eröffnet
sich hier ein Indoor-Kinderparadies
mit Gastronomiebereich, von dem
man einen Überblick auf die gesamte
Anlage hat. Und auch im Winter hat
Waltenhofen seine besonderen Reize:
Über 60 km Langlaufloipen, viele gut
präparierte Winterwanderwege, eine
Rodelbahn sowie romantische Pferde-
schlittenfahrten laden zu aktiver Erholung und Unterhaltung an der frischen
Luft ein.

Widdumer Weiher

Wichtige Adressen
und Telefonnummern

Gemeinde Waltenhofen
Rathausstr. 4
D-87448 Waltenhofen
Tel. +49 (0)8303 7929
gaesteinformation@waltenhofen.de
www.waltenhofen.de

Spaß bei jedem Wetter für die ganze Familie

Lina Laune Land

„Und was machen wir jetzt?" Alle Eltern kennen diese Frage: Wer antwortet „Wir gehen ins Lina Laune Land" hat schon gewonnen, denn im Lina Laune Land gibt es alles, was Kindern Spaß macht. Nach der Ankunft auf dem 4.000 Quadratmeter großen Indoor-Spielplatz schnell die Schuhe ausziehen und in die mitgebrachten Socken schlüpfen: das Vergnügen beginnt!

In den Hüpfburgen und auf den Trampolinen wird ausgetestet, wer am höchsten und weitesten springen kann. Manche Kinder fassen sich an den Händen und hüpfen in den verschiedensten Formationen. Fröhliches Gelächter ertönt, ein Mädchen hat sich das erste Mal getraut, von der Rutsche herunterzurutschen. Die Eltern applaudieren. Im gemütlichen Gastronomiebereich trifft man nette Leute. Mehrere Mütter unterhalten sich über die Vorteile, die das Lina Laune Land bietet. Es gibt zum Beispiel einen extra Kleinkindbereich für die jüngsten Familienmitglieder. Ein Vater am Nebentisch findet besonders das kostenlose WLAN toll. So kann er neben der Arbeit am Laptop auch Zeit mit seinen Kindern verbringen. Andere Eltern sind Mitglieder des Sportparks Waltenhofen. Sie dürfen im Sportpark etwas für ihre Fitness tun, während der Nachwuchs (8 Jahre und darüber) rumtobt. Gemeinsamkeiten werden entdeckt, neue Freundschaften entstehen.

Zwischendurch kommen die Kinder zum Essen an den Tisch. Pasta, Pizza,

Würstchen oder Salat, für jeden gibt es das jeweilige Lieblingsgericht und ein erfrischendes Getränk. Mmmh, schmeckt das lecker! Gestärkt geht es weiter zum nächsten Abenteuer: Bumper Cars fahren oder mit einem Rennwagen auf der Kartbahn um die Kurve brausen – und danach zum Klettern in den Tiefseilgarten. Am Ende des Tages sind alle zufrieden und wollen auf jeden Fall wiederkommen.

Im Lina Laune Land kann man auch einen unvergesslichen Kindergeburtstag erleben mit Spiel, Spaß, Spannung und der Kuh Lina, dem herzigen Spielplatz-Maskottchen. Auf Wunsch werden köstliche Geburtstagsmuffins vorbereitet. Oder man gibt einen selbstgemachten Kuchen und die gewünschte Dekoration am Tag zuvor beim Lina-Laune-Land-Team ab, das den Geburtstagstisch gratis damit eindeckt. Geschirr und Besteck werden gestellt. Zusätzlich erhält das Geburtstagskind ein kleines Geschenk von Lina.

Öffnungszeiten:

Mo. bis Fr. 14:00 bis 19:00 Uhr.
Sa., So., Feiertage u. Schulferien (BY) 10:00 bis 19:00 Uhr.
Happy Hour tägl. von 17:30 bis 19:00 Uhr (ermäßigter Eintritt).
Sonderöffnungszeiten n. Vereinbarung.
WICHTIG: Bitte Socken für den Spielbereich mitbringen!

Lina Laune Land
Sportpark Waltenhofen GmbH & Co. KG
Plabennecstr. 30, D-87448 Waltenhofen
Tel. +49 (0)8303 9207-21
Fax +49 (0)8303 920730
linalauneland@web.de
www.linalauneland.de

Modische Trachten nach Maß

Allgäuer Trachtenschneiderei

Liebhaber von Allgäuer Trachtenmoden sind bei der Allgäuer Trachtenschneiderei von Christina Carle in Memhölz an der richtigen Adresse.
Sie fertigt originale Trachten und stellt modische Trachtenkleidung für festliche Anlässe her. Die Trachten zeichnen sich durch hervorragende Verarbeitung und maßgeschneiderte Passform aus.
Alle Kleidungsstücke sind Unikate und werden nach ausführlicher Beratung traditionsbewusst entsprechend den individuellen Wünschen hergestellt.
Verarbeitet werden nur hochwertige Baumwollstoffe, Woll-Brokat, Loden, Seiden- und Halbseidenstoffe sowie moderne pflegeleichte Synthetikstoffe.
Dieselben Stoffe werden fleißigen "SelbernäherInnen" im Laden der Schneiderei auch zum Kauf angeboten. Die nötigen Accessoires wie Knöpfe, Miederhaken, Schmuck, Nähgarn und vieles mehr gehören ebenfalls zum Angebot.

An den Nähtagen montags und dienstags sowie am Samstag sind Termine nur nach Vereinbarung möglich.
Die in der Schneiderei kreierten faszinierenden, weithin bekannten und bewunderten Brautkleider werden der Trägerin auf den Leib geschneidert und schenken ihr ein romantisches königliches Aussehen wie einst „Sissi", modern interpretiert.
Die Schneiderei ist auf den Volksmusiktagen des Bauernhofmuseums Illerbeuren mit einem Stand und einem Stickkurs für Edelweißhosenträger sowie mit Ständen auf verschiedenen Trachtenmärkten im Allgäu vertreten.

Allgäuer Trachtenschneiderei
Christina Carle
Laubgarten 8
D-87448 Waltenhofen-Memhölz
Tel. +49 (0)8303 7032
info@allgaeuer-trachtenschneiderei.de
www.allgaeuer-trachtenschneiderei.de

Angler auf dem Grüntensee
(Bild Markt Wertach)

Weitnau

Malerisch in der Landschaft der Allgäuer Voralpen gelegen

Der staatlich anerkannte Luftkurort liegt in der malerischen Landschaft der Allgäuer Voralpen und ist ein ideales Urlaubsziel für Familien und Naturgenießer: Bunte Sommerwiesen, idyllische Wälder, Hochmoore, plätschernde Wildbäche und traumhafte Ausblicke laden zu sportlichen Aktivitäten oder zum stillen Naturgenuss ein. Neben einer Vielzahl von Wanderrouten hält Weitnau für seine Gäste ein breit gefächertes Sport- und Freizeitangebot bereit, u. a. eine 18-Loch-Golfanlage, Freibad in Seltmans, Kletterhalle, Nordic-Walking- und Mountainbikerouten, Langlaufen und Skifahren.

Kurzer Blick ins Geschichtsbuch

Weitnau wurde im Jahre 726 erstmals als „Witunavia" erwähnt. Es war seit dem 13. Jahrhundert Amts- und Gerichtssitz der bedeutenden Allgäuer Herrschaft „Hohenegg" und besaß das Marktrecht. Der Ort kam Mitte des 15. Jahrhundert zum Haus Habsburg und gehörte bis 1806 zu Vorderösterreich. Nach den Friedensverträgen von Brünn und Preßburg gehörte Weitnau dann zu Bayern. Im 20. Jahrhundert erfolgte die Eingemeindung von Rechtis, Hellengerst und Wengen. Der berühmteste Bewohner Weitnaus ist der bedeutende Agrarreformer Carl Hirnbein (1807-1871).

Sehenswürdigkeiten

In den einzelnen Ortsteilen findet man zahlreiche bedeutende Kirchen und Kapellen.

Die Kirche St. Pelagius in Weitnau aus dem 18. Jahrhundert (1862 teilweise erneuert) ist eine Station auf dem Bayrisch-Schwäbischen Jakobusweg von München zum Bodensee.

Sehenswert sind auch die schön ausgestatteten Kirchen in Hellengerst, Kleinweiler, Rechtis, Sibratshofen und Wengen und die malerische Kapelle in Waltrams.

Weinau
(Bilder Gemeinde Weitnau)

Historisch Interessierte zieht es in die Burgruine Alttrauchburg aus dem 13.Jahrhundert, einer der besterhaltenen Burganlagen im Allgäu, mit traditionellem Burgfest. Von Ende Juli bis Anfang September finden jeden Mittwoch um 15.00 Uhr Burgführungen statt.

Freizeit und Sport

Auf dem Carl-Hirnbein-Weg

Das weitläufige, gut ausgebaute und beschilderte Wanderwegenetz umfasst ca.200 km. Der 7 km lange Themenwanderweg „Carl-Hirnbein-Erlebnisweg" von Weitnau nach Missen ist ein landwirtschaftlich kultur-historischer, ökologischer Erlebnisweg mit zahlreichen Infotafeln über Geschichte, Kultur, Fauna und Flora des Allgäus und vielen Spielbereichen für Kinder. Ein beliebtes Ausflugsziel für jeden Wanderfreund ist der Aussichtsturm „Alpkönigblick" auf dem Hauchenberg bei Weitnau. Der majestätische Rundblick in 1.250 m Höhe reicht von der Zugspitze über die Allgäuer Alpen, die Nagelfluhkette bis hin zum Säntis in der Schweiz. Das Wenger Egg auf 1035 m Höhe ist eine der letzten noch bewirtschafteten Alpen des heute fast vollständig bewaldeten Gebirgszuges der Adelegg. Von hier ist der Schwarzen Grat (1118 m)

mit seinem markanten hölzernen Aussichtsturm leicht erreichbar. Der grandiose Weitblick reicht von den Alpen bis zum Bodensee.

Im Winter ist eine Winterwanderung mit Schneeschuhen oder Tourenski durch die faszinierende Schneelandschaft ein besonderes Ereignis. Wer auf der Piste nicht nur Trubel und Geschwindigkeit sucht, der ist hier genau richtig, denn Skilaufen bedeutet Erlebnis und Familienspaß! Skilifte in der Region laden Ski und Snowboardfahrer dazu ein.

Veranstaltungen

Höhepunkte im umfangreichen Jahresveranstaltungsprogramm sind das Funkenfeuer am Abend des ersten Sonntags nach Fastnacht, am 1. Mai das Maibaumaufstellen, am 3. Sonntag im August das Burgfest auf der Alttrauchburg, der Herbstmarkt am 2. Samstag im September, der Viehscheid am 3. Samstag im September sowie der Christkindlesmarkt mit adventlicher Musik am 1.Samstag im Dezember und das traditionelle Konzert „Weitnauer Advent" in der Weitnauer Pfarrkirche kurz vor Weihnachten.

Wichtige Adressen und Telefonnummern

Tourismusbüro Weitnau
Hoheneggstr. 25, D-87480 Weitnau
Tel. + 49 (0)8375 - 920241
Fax + 49 (0)8375 – 9202641
tourismus@weitnau.de
www.weitnau.de

Rodeln am Imberger Horn
(Bild Bad Hindelang Tourismus)

Erlebnisraum Gipfelwelten

Erlebnisraum Gipfelwelten

Unendliche Kraft und Ruhe strahlen die Wächter des Allgäus, die Berge aus.

Es ist eine Welt der Herausforderungen, denn angesichts der Bergriesen empfindet man tiefen Respekt vor der Natur und ihrer Kraft. Zwischen die

Welt der Gipfel haben sich einige Dörfer geschlichen, die sich in die Täler schmiegen.

Die Allgäuer Hochalpen bieten unvergessliche Erlebnisse, führen sie die Menschen doch zurück zum Wesentlichen und lassen sie Abstand finden in der Höhe.

Am Seealpsee
(Bilder Allgäu GmbH)

516

Genussmomente

Hier heißt es hoch hinaus

Im Erlebnisraum Gipfelwelten entdeckt man in romantischen Tälern wie dem Ostrach- oder Illertal so manches Kleinod, das die Natur hervorgebracht hat. Es sind aber auch die Ausgangspunkte zu den Gipfeln der Allgäuer Bergwelt. Das Naturschutzgebiet Allgäuer Hochalpen ist eines der größten Naturschutzgebiete Deutschlands.

In dem Erlebnisraum finden Naturliebhaber ein gut ausgebautes Rad- und Wanderwegenetz, die durch wildromantische Täler und über blühende Alpenwiesen auf aussichtsreiche Gipfel führen

Der heilklimatische Kurort und das Kneipp-Heilbad Bad Hindelang liegt an der historischen Salzstraße, die einst über den Oberjochpass nach Österreich führte. Der beliebte Urlaubsort ist die erste zertifizierte „Allergikerfreundliche Gemeinde" des Alpenraums. Im Sommer ist Bad Hindelang Ausgangspunkt zahlreicher schöner Wanderwege und hat ein attraktives Wegenetz für Radfahrer und Mountainbiker zu bieten. Während des Winters verwandelt sich die Region ist ein Wintersportparadies mit präparierten Pisten, gepflegten Loipen und geräumten Wanderwegen, die den Freizeitsportler durch eine romantisch verschneite Landschaft führen.

Die südlichste Stadt Deutschland liegt inmitten der Gipfelwelten. In Sonthofen, dem beliebten Urlaubziel, stehen den Gästen ein breit gefächertes Freizeit- und Kulturangebot sowie vielfältige Einkaufsmöglichkeiten zur Verfügung. Die im Jahr 2005 zur Alpenstadt des Jahres gekürte Stadt hat zahlreiche sehenswerte Kirchen und Kapellen, die dem kunstinteressierten Besucher zu empfehlen sind. Für Freizeitsportler hat Sonthofen neben einem gut ausgebauten Wanderwegenetz, das vom gemütlichen Spaziergang bis zur anspruchsvollen Bergtour reicht, beeindruckende Radwege, auf denen Fahrradtouristen und Mountainbiker die Region erkunden können.

Grenzüberschreitend ist Tannheim und das Tannheimer Tal, das zu dem Erlebnisraum Gipfelwelten gehört, über den Oberjochpass erreichbar,. Das Tannheimer Tal im Herzen der Allgäuer Alpen ist ein etwa 1.100

Meter hoch gelegenes Tal von ungefähr 20 Kilometer Länge. Mehrere Bäche und kleinere Flüsse verwandeln die Region in ein liebliches Kleinod der Natur, das von der Gebirgswelt der Allgäuer Alpen und den Tannheimer Bergen umrahmt wird. Grän-Haldensee, Tannheim, Zöblen, Schattwald und Jungholz sind die sechs Ferienorte der Region, die den Gästen im Sommer und Winter jede Menge zu bieten haben. Reizvolle Naturkulisse und traumhafte Aussichten ins Tal, kristallklare Flüsse und Seen, romantische Bergdorfkulisse und die Ruhe der Bergwelt verwöhnen die Menschen zu jeder Jahreszeit.

Orte im Erlebnisraum Gipfelwelten

Herrlicher Gratanstieg auf der Gipfelstürmerroute der Wandertrilogie Allgäu

*Karte der Erlebnisräume
Allgäu siehe Seiten 54/55*

Bad Hindelang

Hindelang, Vorderhindelang, Bad Oberdorf, Hinterstein, Oberjoch, Unterjoch

Eine malerische Landschaft umgibt Bad Hindelang, das als Heilklimatischer Kurort und Kneipp-Heilbad anerkannt ist. In der Gemeinde, die aus den Ortsteilen Hindelang, Vorderhindelang, Bad Oberdorf und Hinterstein sowie Oberjoch und Unterjoch besteht, leben über 5.000 Einwohner. Die Höhenlage ist zwischen 780 m ü. M. an der Ostrachbrücke und dem Hochvogel, einem der höchsten Gipfel der Allgäuer Alpen, mit 2.592 m ü. M. beziffert.

Die Gemeinde liegt im Ostrachtal an der historischen Salzstraße, die einst über den Jochpass nach Österreich führte. In der „Allergikerfreundlichen Gemeinde" fühlt man sich wie im Paradies: Eindrucksvoll sind die Berggipfel, die die Gemeinde umgeben, beschaulich die Orte, Flüsse und Seen, die von blühenden Almwiesen umsäumt sind. Die bunte Mischung aus Erholung und Sport macht aus dem Aufenthalt in Bad Hindelang ein besonderes Erlebnis.

Für Urlauber bietet die Gemeinde mit der „Bad Hindelang PLUS-Karte" ein Rundum-Sorglos-Paket: Kostenfreie Bus- und Bergbahnfahrten, freien Eintritt in die Hindelanger Bäder und im Winter verwandelt sich die Karte in einen Ski- und Rodelpass.

Kurzer Blick ins Geschichtsbuch

Das Marktrecht wurde Hindelang schon 1429 zuteil. Im 16. Jh. baute man den Saumpfad über das Oberjoch aus, um den Salztransport von Österreich zum Bodensee zu erleichtern. Gleichzeitig förderte man im Ostrachtal Eisenerz, das in Hammerschmieden zu Waffen verarbeitet wurde. Eine Pestepidemie während des 30-jährigen Krieges raffte die Hälfte der Bevölkerung hin. Zu Beginn des 19. Jh. fiel Hindelang durch die Säkularisation an das Königreich Bayern und zum Ende des 19. Jh. wurde die neue Jochpass-Straße gebaut.

Panorama Bad Hindelang
(Bilder Bad Hindelang Tourismus)

Freizeit und Sport

Während des Sommers kommen Wanderer und Kletterer auf ihre Kosten. So lässt die „Himmelsstürmer-Route", eine der Fernwandertouren aus der Allgäuer Wandertrilogie, erahnen, dass man hier dem Himmel nah und mit der Natur eins sein kann. Hochalpine Logenplätze mit atemberaubenden Ausblicken, bunte Blumenwiesen, romantische Wasserfälle und glückliche Kühe, die am Wegesrand stehen.

Radfahrer und Mountainbiker finden in Bad Hindelang ein attraktives Wegenetz, das für jeden Geschmack und jede Kondition etwas zu bieten hat. Mehrere Fahrradverleihstationen sowie der Bikepark an der Hornbahn runden das Angebot ab.

Zu einer Erfrischung nach schweißtreibender Tour laden das Hindelanger Freibad , das Moorbad Oberjoch und der Kneipp-Kurgarten „Prinze Gumpe" ein.

Im Winter verwandelt sich Bad Hindelang in ein Wintersportparadies, in dem 38 km präparierte Pisten die Ski- und Snowboardfahrer und rund 90 km gepflegte Loipen die Langläufer und Skater verwöhnen.

Genussort Bad Hindelang

Zur außergewöhnlichen kulinarischen Vielfalt trägt die Berglandwirtschaft sowie die Wald- und Forstwirtschaft bei. Die Berg- und Alpkäseproduktion in Bad Hindelang, die seit Jahrhunderten praktiziert werden, bringen ökologisch hochwertige und gesunde Molkereierzeugnisse hervor und die Bad Hindelanger Metzgereien stehen für eine hochwertige Verarbeitung von Wildprodukten.

Veranstaltungen

Die unterschiedlichsten Veranstaltungen sorgen in Bad Hindelang für eine abwechslungsreiche Zeit. Während des Sommers locken

Skifahren in Oberjoch

Trachtenfeste und Ostrachtaler Heimatabende ebenso zum Besuch wie der alljährliche Viehscheid oder das Jochpass-Memorial mit Historic Rallye für Oldtimer. Der Winter steht im Zeichen von Schlittenhunde- und Hornerschlittenrennen und dem Deutsch-Österreichischen Ski-Trail Tannheimer Tal – Bad Hindelang. Der Filmevent „European Outdoor Film Tour" begeistert Outdoor-Fans aus Nah und Fern. Der Hindelanger Erlebnis-Weihnachtsmarkt gilt als einer der schönsten im bayerischen Alpenraum und ist weit über die Region hinaus bekannt. Mit über 100 Märchenfiguren, vielen Kunsthandwerkerständen und der Aufführung des Bühnenstückes „Stille Nacht" stimmt der Markt die Besucher besinnlich auf die Weihnachtszeit ein.

Ortsteile

Hindelang

Hindelang begeistert als Zentrum der Gemeinde mit einem schön gestalteten Marktplatz und dem Rathaus, das 1660 als Jagdschloss erbaut wurde.

Vorderhindelang

Der Ortsteil, der sein dörfliches Ambiente erhalten konnte, bietet die sehenswerte, historisch bedeutende Leonhardskapelle aus dem Jahr 1145 in Liebenstein. Auf der Naturbühne „Im Gund" finden traditionelle Heimatveranstaltungen statt.

Bad Oberdorf

Wegen seiner Mineralschwefelquelle wurde der Ort schon 1900 als Bad anerkannt. Neben den historischen Hammerschmieden ist die Kirche „Unserer lieben Frau im Ostrachtal" wegen ihrer wertvollen Kunstschätze sehenswert.

Hinterstein

Das idyllische Bergdorf, das von eindrucksvollen Berggipfeln umgeben wird, ist Ausgangspunkt vieler Bergtouren zu bewirtschafteten Hütten. Eine Besichtigung wert sind die frühklassizistische Kirche St. Antonius von 1805, die Antoniuskapelle sowie der Kneipp-Kur-Garten „Prinze Gumpe". Dieser wunderbar angelegte Kneippgarten mit Stegen und Teichen ist der ideale Ort für entspannende Stunden.

Oberjoch

Deutschlands höchstgelegenes Bergdorf ist über die kurvenreiche Pass-Straße erreichbar. Im Sommer ist die pollenarme Luft für Allergiker ideal und auf der Passhöhe finden sich eine Vielzahl von familienfreundlichen Wandertouren. Während des Winters ist Oberjoch mit seine Skiliften, Loipen und Winterwanderwegen ein Paradies für Wintersportfreunde.

Unterjoch

Ländlich idyllisch präsentiert sich der Ortsteil in der Hochtallage. Einladend ist der Dorfgarten mit Wasserfallanlage bei der sehenswerten Pfarrkirche „Heilige Dreifaltigkeit". Im Winter laden die Spieserlifte zum Skifahren und Loipen und Winterwanderwege zu Touren bis ins benachbarte Tannheimer Tal.

Wichtige Adressen und Telefonnummern

Bad Hindelang Tourismus
Unterer Buigenweg 2
D-87541 Bad Hindelang
Tel. +49 (0)8324 89 20
Fax +49 (0)8324 89210
info@ badhindelang.de
www.badhindelang.de

523

Wandern am Iseler

Wanderweg Grenzgänger

Fernwanderweg zwischen Bad Hindelang, Tannheimer Tal und Lechtal

Der neue hochalpine Fernwanderweg „Grenzgänger" führt in sechs Tages-Etappen über 94 Kilometer und über insgesamt 7.000 Höhenmeter rund um den Hochvogel (2.592 m) in den Allgäuer Alpen an der Grenze von Deutschland und Österreich; für erfahrene Bergwanderer eine reizvolle Herausforderung.

Bei der anspruchsvollen Tour über ausgedehnte Geröllfelder, entlang ausgesetzter Grate und über steile Bergflanken wird häufig die Landesgrenze überschritten. Übernachtungen sind in den Hütten oberhalb der Waldgrenze im Naturschutzgebiet Allgäuer Alpen (Willersalpe, Landsberger Hütte und Prinz-Luitpold-Haus) oder in den kleinen Talorten Schattwald (Tannheimer Tal), Hinterhornbach (Lechtal) und Hinterstein (Hintersteiner Tal) möglich.

Zu den Highlights der Wanderung gehören die Umrundung des Hochvogels, ein Besuch des weithin bekannten Schrecksees, die Aussicht auf einige der höchsten Wasserfälle Deutschlands (Etappe 5 und 6), eine düstere Nordwand (Etappe 2), ein Berg, der sich spaltet (Etappe 5), ausgedehnte Blumenwiesen und immer wieder prachtvolle Panoramaausblicke.

Auf dem Weg kann man mit etwas Glück Steinadlern und Bartgeiern, die seit einigen Jahren wieder in den Allgäuer Bergen leben, begegnen, ebenso Steinböcken und Edelweißblumen am Wegesrand.

Der Wanderweg „Grenzgänger" ist ein Gemeinschaftsprojekt der Tourismusverantwortlichen des Tannheimer Tals, des Lechtals und Bad Hindelang sowie des Deutschen Alpenvereins und wird von der Europäischen

Die Aussicht genießen
(Bilder Erika Spengler)

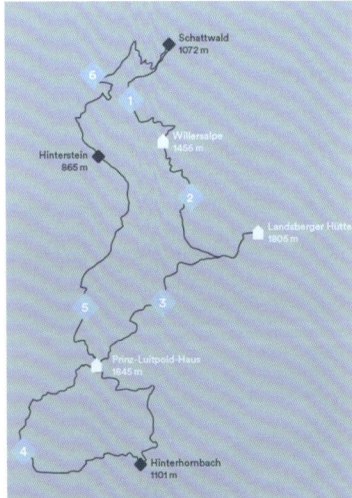

Union im Rahmen des Interreg-Programms gefördert.

Die Etappen führen am ersten Tag von Schattwald zur Willersalpe (Länge 8,7 km, ca. 4 h).

Die zweite Etappe folgt von der Willersalpe dem Jubiläumsweg entlang des Grats zwischen Bschießer, Ponten und Zirleseck zum Schrecksee und weiter zur Landsberger Hütte (Länge 11,5 km, ca. 5 h).

Am dritten Tag wandert man von der Landsberger Hütte zum Prinz-Luitpold-Haus (Länge 12 km, ca. 6-7 h). Die vierte Etappe führt vom Prinz-Luitpold-Haus über Himmelecksattel, Hornbachjoch, Karlesspitze und Kanzberg nach Hinterhornbach (Länge 15 km, ca. 8 h). Hier kann die Tour bei Bedarf abgebrochen werden.

Die fünfte lange Etappe von Hinterhornbach nach Hinterstein (Länge 24,4 / 16,4 km, ca. 9-10 / 7-8 h) über den Hochvogel, dem höchsten Punkt des „Grenzgängers", kann auf der Straße in Richtung Giebelhaus durch Nutzung des Busses um rund 8 km abgekürzt werden.

Bei der sechsten und letzten Etappe von Hinterstein nach Schattwald (Länge 13,5 km, Dauer ca. 5-6 h) werden Iseler, Kühgundkopf und Kühgundspitze überschritten. Von der Kühgundspitze gelangt man zur Bergstation der Wannenjochbahn.

Wichtige Adressen und Telefonnummern

Projekt Grenzgänger
Thilo Kreier, Bad Hindelang Tourismus
Unterer Buigenweg 2
D-87541 Bad Hindelang
Tel. +49 (0)8324 892 551
Mobil: +49 (0)151 526 14 879
Fax +49 (0)8324 892 1551
thilo.kreier@badhindelang.de,
www.grenzgaenger-wandern.com
www.lechtal.at, www.tannheimertal.com

Uraltes Handwerk in Bad Hindelang

Hammerschmiede

Rußgeschwärzte, aus Bruchsteinen gemauerte, Gebäude stehen fast unmittelbar an der Ostrach, deren unerschöpfliche Wasserkräfte die Wasserräder den frühen Waffenschmieden die notwendige Energie lieferten, um die schweren Hämmer, Schleifsteine und Blasebälge anzutreiben.

Zu Beginn des 19. Jahrhunderts standen noch zehn dieser Hammerschmieden entlang der Ostrach, südlich der Orte Hindelang-Bad Oberdorf.

Voraussetzung für ihr Entstehen war der Erzbergbau im Hintersteiner Tal, in dem heute als „Erzberg" benannten Gebiet. Hinzu kam damals die logische Folgerung, das gewonnene Erz in

eigenen „Eisenschmelzen" zu Eisen zu verarbeiten und damit die Hammerschmieden zu beliefern. So entstand im Tal der Ostrach eine richtige kleine Rüstungsindustrie.

Die Produkte der damaligen Waffenschmiede waren wohl nur die in jener Zeit gebräuchlichen Waffen.

In den Raitbüchern der Statthalterei von Innsbruck finden sich heute noch Aufzeichnungen von Waffenlieferungen der Hindelanger Waffenschmiede. In den Jahren 1520 – 1524 wurden insgesamt 19.500 Landsknechtsspieße beliefert, was eine beachtliche industrielle Leistung darstellt.

Nach dem im Laufe der Jahrhunderte Spieße und Hellebarden durch die Schusswaffen abgelöst wurden, mussten die Ostrachtaler Waffenschmiede ihre Produktion auf friedlichere Erzeugnisse umstellen. So waren es dann alle Geräte und Werkzeuge, die von den Bergbauern, Holzfällern und Bauhandwerkern gebraucht wurden wie Gabeln, Spaten, Schaufeln, Pickel, Äxte und vieles mehr. Durch die

fortschreitende Technisierung und Motorisierung aller einschlägigen Arbeitsbereiche wurde die Existenzbasis dieses Schmiedehandwerks immer mehr geschmälert. Eine Feueresse nach der anderen erlosch für immer wie auch ein Wasserrad nach dem anderen dem Zahn der Zeit zum Opfer fiel.

Eine Umstellung auf absatzfähige Produkte und einige Modernisierungen der Arbeitsmethoden machten es in jüngerer Zeit wieder möglich, dass die noch übriggebliebene Hammerschmiede mit ihrer Arbeit wieder eine ausreichende Existenz fand und noch heute mit durch Wasserrad angetriebenen Hämmern arbeitet, ganz noch so, wie in den vergangenen Jahrhunderten. Für besondere Arbeiten setzte man geeignetere Schmiedehämmer und Gebläse mit Blasebälgen ein und die gewaltigen Sandstein-Schleifsteine wurden kaum mehr gebraucht. An ihre Stelle traten Trockenschleifmaschinen. So blieb innen wie außen der romantische Eindruck der traditionellen Arbeitsstätten im Wesentlichen erhalten. Heute stellt man hauptsächlich schmiedeeiserne Bratpfannen her, die, trotz des industriellen Bratpfannenangebotes, ihren Siegeszug durch die Küchen der Welt angetreten haben.

Öffnungszeiten:

Montag bis Freitag 8.30 bis 12.00 und 13.30 bis 16.00 Uhr, Samstag 8.30 bis 12.00 Uhr.

Hammerschmiede, Franz Scholl

Schmittenweg 17
D-87541 Bad Hindelang
Tel +49(0)8324 1230
mail@hammerschmiede-badoberdorf.de
www.hammerschmiede-badoberdorf.de

527

Trendig den Berg hinauf

Trend Shop

Verkehrsgünstig, am großen Parkplatz, direkt an der B308 von Bad Hindelang gelegen, finden Gäste, die ohne ihren Drahtesel anreisen, den E-Bike-Verleih. Hier warten über 60 bequeme und sportliche Elektrofahrräder auf ihre Fahrer und Fahrerinnen, die Ausflüge in die Umgebung unternehmen möchten. Für die gemächlichen Touren auf flachem Gelände steht die C-Serie mit Tiefeinstieg oder die sportliche Variante der T-Serie zur Verfügung. Wer Ausflüge in die Bergwelt unternehmen möchte, der findet eine reiche Auswahl an Mountainbikes. Darüber hinaus eignet sich das Lastenrad für den Familienausflug, denn in der Transportbox finden zwei Kinder bequem ihren Platz.

Alle Räder sind mit starken Elektromotoren ausgestattet und die Energie stammt vorwiegend aus umweltfreundlichem Ökostrom.

Dass die Fahrräder mit diversen Ausrüstungsgegenständen auf den Bedarf der Gäste abgestimmt werden können und jeder Mieter einen Helm erhält, versteht sich dabei schon von selbst. Außerdem finden sich in dem freundlich gestalteten Ladenlokal am Bauernmarkt praktische Mitbringsel und Geschenkideen. Vom T-Shirt über Hüte, Kappen und Jacken reicht das Angebot der Allgäu Kollektion.

Bequem und chic zu Fuß
Trend Shop

Erfunden wurde der Haferlschuh im Allgäu. Bestes Leder, gutes Garn, Handwerkskunst und das typische Design machen den Schuh zu einem Original. Diese findet man im Trendshop in der Marktstraße ebenso wie hochwertig verarbeitete Schuhe, die chic sind, sich bequem tragen und viele Jahre Freude bereiten.

Besonders leichte Sport- und Bergschuhe für die Dame und den Herren prägen das Bild in dem Geschäft und den Schuhen sieht man an, dass die Hersteller einen hohen Qualitätsanspruch bei der Produktion anlegen. Hochwertige Socken aus Merino-Wolle in großer Auswahl und modischen Farben runden das Angebot in dem Ladengeschäft im Herzen Bad Hindelangs ab.

Trend Shop

Marktstr. 18 (Schuhgeschäft)
Am Bauernmarkt 1 (E-Bike-Verleih)
D-87541 Bad Hindelang
Tel. +49 (0)160 99 10 20 24
info@sabine-trendshop.de
www.sabine-trendshop.de

Dort, wo das Abenteuer der Alpen ruft

The Over and Out

Die Natur bietet den schönsten Spielplatz für abenteuerlustige Menschen. Die Alpen mit ihren Naturschätzen sind reich an Attraktionen, um sich den richtigen „Kick" zu holen.

Canyoning-Touren durch die Alpen

Die Urgewalten erlebt man hautnah beim Canyoning durch die faszinierenden Schluchten des Oberallgäus. Die Kraft des Wassers inmitten der Gesteinsformationen, nutzt der Canyoning-Sportler in seinem Neoprenanzug durch springen, klettern und rutschen. Abseilen in tosenden Wasserfällen, Sprünge in kristallklare Gumpen – die sportliche Bewegung inmitten der abenteuerlichen Schluchten fordert Mut und Forschergeist.

Die Touren, die das Canyoning-Team von The Over and Out bietet, werden von erfahrenen Guides begleitet, die für den respektvollen Umgang mit der Natur und für die Sicherheit der Teilnehmer sorgen. Ein Schulungsangebot für Einsteiger und Fortgeschrittene rundet das Angebot von The Over and Out ab.

Mountainbiketouren und Guiding in den Alpen

Die faszinierende Bergwelt des Allgäus erleben und dabei sportlich, attraktive Herausforderungen meistern, gelingt mit dem Mountainbike. The Over and Out bietet professionell geführte Cross-Country- und Enduro-Mountainbiketouren in den Alpen für Einzelpersonen und Gruppen.

Bei den Touren gehen die Guides auf die individuellen Wünsche der Teilnehmer ein, berücksichtigen deren Können und Leistungsstufen. Dadurch können die Biker ihr Leistungspotenzial ausschöpfen ohne sich überfordern zu müssen. Das bringt viel Spaß und man kann die Touren durch die Alpen vom Anfang bis zum Ende genießen.

Ski-Touren und
Freeride-Touren in den Alpen

Mit einem Guide an seiner Seite genießt man den Winter in den Alpen so richtig. The Over and Out zeigt den Teilnehmern der geführten Ski- und Freeride-Touren die wahre Schönheit und Stille in den winterlichen Bergen. Individuell auf das Leistungslevel der Teilnehmer abgestimmt, erreichen sie effizient ihr Lernziel. Die Verbesserung der Aufstiegstechnik und der Tiefschneekünste wird ebenso erarbeitet wie das Training mit der Sicherheitsausrüstung. So ist man auch für den Ernstfall gewappnet und kann das Tiefschneevergnügen in den Alpen so richtig auskosten.

Café am Lift

Eine besondere Location ist das kleine Café an der Hornbahn. Direkt am Fuß des Imbergs gelegen, bietet es Einkehr für eine Erfrischung oder eine kleine Stärkung und einen Kaffee mit hausgemachtem Kuchen. Mit Frühschoppen und zünftiger Livemusik und Hüttengrillabenden ist das kleine Café schon heute über die Region hinaus bekannt.

The Over and Out
und Café am Lift

Stenger & Newlands GbR
Ostrachstr. 20
D-87541 Bad Hindelang
Tel +49 (0)176 63 13 05 47
info@theoverandout.com
amlift@mail.de
www.theoverandout.com
www.amlift.de

Die Leidenschaft für den Skisport

SnowAcademy

Wenn sich im Winter das Allgäu in eine weiße Schneelandschaft verwandelt hat, heißt eines der schönsten Familienskigebiete die Wintersportler Willkommen.

Bestens präparierte Pisten und Langlaufloipen laden zum Skivergnügen ein. Und damit man sich beim Schneesport mit viel Spaß sicher fühlt, bieten die Profis der SnowAcademy der ehemaligen Weltcupfahrerin Monika Berwein für Anfänger, Fortgeschrittene und sportliche Fahrer, Telemarker oder Langläufer und Skater passende Kurse an.

Ob hocheffektives Einzeltraining mit einem privaten Coach, Refresher Stunden für alle, die länger pausiert haben, Crashkurse für intensive Ski-Anfängerstunden oder moderne Telemarktechnik auf jeden Teilnehmer gehen die Profis der SnowAcademy individuell ein und stecken mit Ihrer Leidenschaft für den Skisport an.

Modernes Skimaterial kann dazu im Verleih der SnowAcademy gleich ausprobiert werden.

SnowAcademy Monika Berwein

An der Grenzwiesbahn, Paßstr. 80
87541 Bad Hindelang – Oberjoch
Tel: 0049 171 95 10 598
mail@snow-academy.info
www.snow-academy.info

Ein Feriendomizil vom Feinsten

Haus Schmid

In ruhiger und sonniger Südhanglage von Bad Hindelang liegt das Haus Schmid, das komfortabel und großzügig ausgestattete Ferienwohnungen bietet. Von dort genießen die Gäste einen herrlichen Ausblick auf die umgebende Bergwelt der Allgäuer Alpen. Die Wege zu den Einkaufsmöglichkeiten des Ortes sind ebenso kurz wie die Wege zu einer der schönsten Naturlandschaften Deutschlands, die zu allen Jahreszeiten eine Fülle von Freizeitaktivitäten bietet. Während des Sommers locken die Berge zum Wandern und Bergsteigen und In den Wintermonaten liegt die traumhafte Skiwelt des Oberallgäu zu Füssen. Und um die ersten Fahrversuche auf den Brettern zu machen oder seine Fahrkünste zu verfeinern, bietet die Snow Academy eine individuelle Betreuung.

Haus Schmid

Monika Berwein-Schmid
Hirschbergstr. 24
87541 Bad Hindelang
Tel. +49 (0)8324 2869
Fax +49 (0)8324 1409
info@berwein-schmid.de
www.berwein-schmid.de

Alpenstadt Sonthofen

Südlichste Stadt Deutschlands

Die Kreisstadt Sonthofen (rund 22.000 Einwohner) im Oberallgäu liegt zwischen den Flüssen Iller und Ostrach im Norden der Allgäuer Alpen. Zur Stadt gehören zahlreiche eingemeindete Ortsteile: Altstädten mit Hinang, Beilenberg und Hochweiler sowie die inzwischen mit der Stadt zusammengewachsenen Orte Binswangen, Berghofen und Rieden. Weitere Ortsteile sind Winkel, Tiefenbach, Walten, Staig, Unterried, Breiten, Oberried, Imberg, Hofen, Illersiedlung und Margarethen.

Sonthofen wird geprägt durch Gegensätze. Die Stadt ist lebendiges Zentrum der Region mit vielen wichtigen Funktionen und gleichzeitig Luftkurort mit einem gesunden, nebelfreien Höhenklima zwischen 750 und 1.100 Meter ü. N. N., hohem Erholungswert, gepflegter alpenländischer Tradition und einem großen Naturschutzgebiet in der Umgebung mit vielfältigen Freizeitmöglichkeiten. Rund um die Stadt findet man eine gepflegte Kulturlandschaft mit zahlreichen kleinen bäuerlichen Betrieben.

Die moderne, lebendige Fußgängerzone der Stadt mit unterschiedlichen Fachgeschäften, einladenden Cafés und Gasthäusern bildet den Rahmen für einen angenehmen Einkaufsbummel. Hierzu gehören auch der wöchentliche Bauernmarkt am Samstag mit regionalen Bio-Produkten und zwei traditionelle Herbstmärkte. In der Innenstadt stehen 1.500 Parkplätze zur Verfügung. Die kostenlose Nutzung von Toiletten in Gasthäusern unter dem Titel „Nette Toilette" gehört zum Service der Stadt Sonthofen.

In Sonthofen sind Tradition und Moderne, Brauchtum, Kultur und Natur auf harmonische Weise miteinander verbunden.

Blick auf Sonthofen
(Bilder Stadt Sonthofen)

Oberer Markt

Eine Reihe von gastfreundlichen Unterkünften aller Art von Hotel bis zur Ferienwohnung sowie Urlaub auf dem Bauernhof werden für Gäste angeboten. Eine große Auswahl an Gasthäusern und Restaurants sorgt für ein vielfältiges gastronomisches Spektrum.

Kurzer Blick ins Geschichtsbuch

Archäologische Funde belegen die Anwesenheit von Menschen in vorchristlicher Zeit. Im 6./7. Jahrhundert wurde das Sonthofener Gebiet am Fuße des Kalvarienbergs von Alemannen besiedelt. Die erste urkundliche Erwähnung von Sonthofen stammt aus dem Jahr 1145. Sonthofen gehörte zum Hochstift Augsburg. 1429 erhielt der Ort das Marktrecht.

Durch den Reichsdeputationshauptschluss 1803 kam Sonthofen zu Bayern. Mit dem Gemeindeedikt von 1818 entstand die heutige Gemeinde. 1963 wurde Sonthofen zur Stadt erhoben. 2005 erhielt Sonthofen die Auszeichnung „Alpenstadt des Jahres", 2009 die Auszeichnung „Fairtradestadt".

Sehenswürdigkeiten

In den Ortsteilen von Sonthofen kann man zahlreiche sehenswerte Kirchen und Kapellen besichtigen. Gästen mit Interesse an Kulturgeschichte sei der Besuch der denkmalgeschützten neobarocken Katholischen Pfarrkirche St. Michael unterhalb des Kalvarienberges mit Ursprüngen aus dem 15. Jahrhundert empfohlen. Sie wurde nach schwerer Zerstörung durch

St. Michael

lich tausende Besucher. Zu sehen sind fossile Fundstücke, sakrale Kunst und Alltagsgegenstände aus früheren Jahrhunderten.

Öffnungszeiten: Di, Mi, Do, Sa, So 15:00 – 18:00 Uhr, geschlossen jeweils vom 05.11. bis Anfang Dezember sowie an folgenden Tagen: Fasnachtsdienstag, Karfreitag, Ostersonntag, 1.Mai, Pfingstsonntag, während des Stadtfestes, Heilig Abend, 1. Weihnachtsfeiertag, Silvester, Neujahr.

Luftangriffe 1945 wieder aufgebaut und zeigt heute prächtige Deckengemälde von Arnulf Heimhofer aus dem Jahr 1991.

Die Kapelle St. Leonhard in Berghofen aus dem 14. Jahrhundert beeindruckt mit volkstümlichen Votivtafeln und einem bedeutenden Flügelaltar.

Ein sehenswerter Profanbau ist die Alte Schule am oberen Ende der Fußgängerzone, die im 15. Jahrhundert als Rathaus diente. Die Giebelgemälde zeigen Szenen aus der Stadtgeschichte. Das Gebäude wurde im Lauf der Jahrhunderte unterschiedlich genutzt und beherbergt heute die Musikschule und die Stadtbücherei.

Das gemütliche, denkmalgeschützte Heimathaus Sonthofen in der Sonnenstraße 1 aus dem 18. Jahrhundert mit seinen umfangreichen Sammlungen lohnt einen Besuch. Es zeigt auf drei Etagen und einer Fläche von 650 m² viele liebevoll zusammengetragene Einzelstücke zur Geschichte des Ostrachtals und begeistert jähr-

Weitere interessante Museen sind das Gebirgsjägermuseum mit der historischen Sammlung der Gebirgstruppe Sonthofen und das Modellmuseum „Minimobil" für die ganze Familie.

Marktstraße

Aussicht vom Burgberger Hörnle

Freizeit und Sport

Sonthofen bietet zu jeder Jahreszeit ein breites Spektrum an Freizeitmöglichkeiten. Sport- und Freizeitanlagen wie Sporthallen und Freizeitbäder stehen hier zur Verfügung.

Das ausgedehnte Wanderwegenetz in der reizvollen Sonthofener Umgebungslandschaft mit idyllischen Tälern und Flusslandschaften, blühenden Alpenwiesen und schroffen Felsen lädt zu erholsamen Touren und Wanderungen ein und ist ein Paradies für Naturliebhaber.

Von der gemütlichen Wanderung im Illertal bis zur anspruchsvollen Bergtour ist für jeden etwas dabei. Das beeindruckende Naturdenkmal der Starzlachklamm ist ein lohnendes Wanderziel.

Sonthofen mit seinem großen Radwegenetz, freundlichen Radgastgebern, dem Rad- und E-Bikeverleih, der Radwaschanlage und den E-Bike-Ladestationen ist bei Radl-Freunden sehr beliebt. Lohnend ist die Dörferrunde, eine aussichtsreiche Radrunde zu den schönsten Stellen rund um Sonthofen. Es gibt direkte Anbindungen an den Bodensee-Königsee-Radweg, den Illerradweg und die Radrunde Allgäu.

Sonthofer See

Transalp

Sonthofen ist oft Etappenort großer internationaler Radsportwettbewerbe wie der Deutschlandtour oder Transalp.

Sonthofen hat als Wintersportplatz viel zu bieten. Rund 100 Bergbahnen und Lifte in der nahen Umgebung sind in kurzer Zeit erreichbar. 20 km gespurter aussichtsreicher Langlaufloipen für Einsteiger und Geübte mit Anschluss an das Loipennetz von Fischen und Oberstdorf sorgen für zufriedene Langlaufbegeisterte. Viele geräumte Winterwanderwege bieten Gelegenheit, sich in der klaren Winterluft zu erholen.

Weitere Möglichkeiten der aktiven winterlichen Freizeitgestaltung sind Schlittenpartien oder Schlittschuhlauf und Eisstockschießen in der Eissporthalle.

In Sonthofen gibt es sogar einen winterfesten Campingplatz!

Der Skiclub Sonthofen ist mit rund 1.000 Mitgliedern einer der größten Skiclubs im Oberallgäu. Er bietet ein großes Spektrum an Aktivitäten für alpinen und nordischen Skisport, Tourenskifahren, Gesundheitssport und Skigymnastik. Der Club führt auch viele Sportveranstaltungen und gesellige Events durch.

Nikolausballonstart

Veranstaltungen

Stadtfest

Im abwechslungsreichen Sonthofener Veranstaltungskalender findet man beliebte Märkte, Konzerte aller Art, Brauchtumsfeste wie das Klausentreiben Anfang Dezember und traditionelle Trachtenveranstaltungen. Alle drei Jahre veranstaltet der Gebirgstrachtenerhaltungsverein Sonthofen am Funkensonntag das Egga-Spiel, ein wiederbelebter Fasnachtsbrauch.

Das vielfältige Programm der Kleinkunstbühne der Sonthofener Kulturwerkstatt beinhaltet Kabarett, Literatur, Konzerte und Vorträge.

Die Sonthofer Vereine tragen mit ihren Festen und sportlichen Wettbewerben zum bunten Veranstaltungsprogramm bei.

Das große Stadtfest im Juli gilt als eines der größten seiner Art und zieht zigtausende Besucher aus Nah und Fern an.

Wichtige Adressen und Telefonnummern

Stadt Sonthofen - Tourist-Info
Rathausplatz 1, D-87527 Sonthofen
Tel. +49 (0)8321 615 291
Fax +49 (0)8321 615 293
tourist-info@sonthofen.de
www.sonthofen.de

Sonthofen im Winter

Handgefertigte Kostbarkeiten

ALLGÄUER KERAMIK

Kulinarische Spezialitäten aus dem Allgäu wie Kässpatzen schmecken in einem traditionellen Allgäuer Geschirr noch mal so gut. Die seit 95 Jahren bestehende Manufaktur ALLGÄUER KERAMIK in Altstädten bei Sonthofen ist eine der bekanntesten Keramikmanufakturen Deutschlands und sorgt mit ihren liebevoll in Handarbeit hergestellten Produkten für ein stilvolles Zuhause.

Im Jahre 1923 wurde hierfür der Grundstein gelegt. Per Seilbahn wurden damals Braunkohle und Ton transportiert, ein gewaltiges hölzernes Viadukt überspannte den Löwenbach-Tobel und zeugte von großartigen Ingenieurleistungen. Zuerst wurden Drainagerohre und Baukeramik hergestellt. Ab 1936 produzierten die Allgäuer dann unter der Leitung von Hans Rebstock mit großem handwerklichen Geschick Gebrauchs- und Zierkeramik. Dabei entstanden in kürzester Zeit beste Resultate in Bezug auf Qualität, Gebrauchstüchtigkeit und Formgebung.

Auch heute noch entstehen bei der ALLGÄUER KERAMIK unter den Händen von talentierten Keramikern, einzigartige Formen und Dekore, die es nur im Allgäu gibt. Es sind etwa 200 verschiedene Artikel aus rotem, beigem und elfenbeinfarbigem Ton in Steingut-, Feinsteinzeug- und Steinzeug-Qualität im Angebot.

Zudem stellt die ALLGÄUER KERAMIK exklusiv für Firmen, Restaurants, Kommunen und Vereine Gegenstände (ab zehn Stück) mit einem kurzen Text oder Spezialdekor und Geschirr mit Namenszug her. Im Laufe der Jahre wurden zusätzlich neue Produkte entwickelt, die Qualität wurde weiter verbessert und zeitgenössische Dekore kamen hinzu. Dabei wird weiterhin großer Wert auf Tradition gelegt, denn – so sagt man in Altstädten bei Sonthofen – Tradition hat Zukunft. Jedes von Hand bemalte, im Ofen gebrannte Stück ist ein einzigartiges Kunstwerk und schafft es nicht nur, jeden Trend zu überstehen, sondern auch, selber Trend zu sein.

Die ALLGÄUER KERAMIK findet man in dem hübschen Oberallgäuer Dörfchen Altstädten zwei Kilometer südlich von Sonthofen in der Nachbarschaft einer sehenswerten Barockkirche, umgeben von der herrlichen Allgäuer Naturlandschaft. In den ansprechend dekorierten Räumen mit ca. 1.000 qm Ausstellungsfläche werden sämtliche Produkte der Manufaktur zum Verkauf angeboten, unter anderem das Harlekin-Steingut-Service, das 2015 beim

„Manufaktur-Produkt des Jahres"-Wettbewerb auf die Shortlist gewählt wurde. Beim Flanieren entdeckt man neben besonders robustem, spülmaschinenfestem Geschirr wie dem Service „Alpgenuss" und anderen keramischen Geschenkideen einmalige Traditionsschätze, zum Beispiel die sogenannte „Spatzenschüssel", die heute meist als Kässpatzenschüssel verwendet wird und als Paradeprodukt der Manufaktur gilt. Es gibt sie in flacher und tiefer Ausführung in drei verschiedenen Größen sowie unterschiedlichen, von Hand gemalten Dekoren wie Hörnle, Toni, Herz, 3-Punkt und Zenzi. Wunderschön und teilweise in Fayencetechnik dekoriert sind auch die Brottöpfe, Teekannen, Kaffeegedecke, Speiseteller und Butterdosen.

ALLGÄUER KERAMIK
Hans Rebstock GmbH & Co. KG
Töpferweg 16
87527 Sonthofen-Altstädten
Tel. +49 (0)83 21-34 54
Fax +49 (0)83 21-24 71
kontakt@allgaeuer-keramik.de
facebook.com/allgaeuer.keramik
www.allgaeuer-keramik.de

Führungen durch die ALLGÄUER KERAMIK

Spätestens jetzt regt sich bei interessierten Besuchern die Neugier. Wie kam es zur Entdeckung der Spatzenschüssel? Woher kommen die Rohstoffe für diese wundervollen Keramik-Kreationen? Wie werden die einzelnen malerischen Elemente auf den Ton aufgebracht und was ist die Besonderheit an der Hörnlemalerei? Welche Rolle spielt die italienische Stadt Faenza bei der ALLGÄUER KERAMIK? Antworten hierauf und auf

Nikolausmarkt

Ein weiteres Highlight ist der jährlich stattfindende Nikolausmarkt am Samstag vor dem ersten Advent. Neben Keramik-Artikeln gibt es handgefertigte Gegenstände aus Holz, Stoff und Naturmaterialien sowie kulinarische Spezialitäten von Genuss- und Kunsthandwerkern aus der Region nach dem Motto „Von Hand, von Herzen, von hier".

viele Fragen mehr rund um den Keramik-Betrieb gibt es bei einer Führung, während der man auch erfährt, warum es überhaupt eine Keramik-Werkstatt im Allgäu gibt und was das mit den Bergknappen aus Penzberg zu tun hat. Die Führung wird nach vorheriger Absprache ab zehn Personen angeboten, größere Gruppen werden aufgeteilt. Der Unkostenbeitrag beträgt 3 Euro pro Person, dafür erhält jede Teilnehmerin und jeder Teilnehmer eine Keramikmünze im Wert von 2 Euro, die bei einem Einkauf im Laden gutgeschrieben werden. Während der Ladenöffnungszeiten können alle Besucher in die Werkstatt und beim Bemalen, Glasieren oder bei der Formgebung zuschauen. Ein wunderbarer, lohnender Ausflug in die Welt der Keramik-Herstellung!

Eine eigens für den Nikolausmarkt eingerichtete Cafeteria im stimmungsvoll dekorierten Glashaus sorgt mit Kaffee und leckerem Kuchen für das leibliche Wohl der begeisterten Besucher. Außerdem werden Glühwein, Apfelpunsch, Waffeln und Würstchen angeboten. Die Kleinsten werden vom Nikolaus beschenkt. Für Kinder gibt es die Kinder-Keramik-Malwerkstatt, diese Artikel werden noch vor Weihnachten glasiert und gebrannt. Oder zum gleich mit nach Hause nehmen können die Kinder Lebkuchenengel hübsch verzieren.

ALLGÄUER KERAMIK

Hans Rebstock GmbH & Co. KG
Töpferweg 16, D-87527 Sonthofen-Altstädten
Tel. +49 (0)83 21-34 54
Fax +49 (0)83 21-24 71
kontakt@allgaeuer-keramik.de
facebook.com/allgaeuer.keramik
www.allgaeuer-keramik.de

Allgäuer Leckerschmecker-Original
Schoko-Kuhfladen-Manufaktur

Fragt man Menschen, die bereits einmal im Allgäu waren, was Ihnen als erstes dazu einfällt, so lautet eine der ersten Antworten meist „die glücklichen Kühe". Man könnte meinen, das Allgäu mit seinen grünen Wiesen, den würzigen Kräutern und der guten Luft wurde extra für die Vierbeiner geschaffen.

Glückliche Kühe liefern gute Milch.

In der Schoko-Kuhfladen-Manufaktur in Altstädten wurde daraus ein ganz besonderes Produkt kreiert. Aus Edelvollmilchschokolade, knusprigen Bio-Dinkelflakes, Bio-Dinkelpops, und Haselnüssen entstand der erste Allgäuer Schoko-Kuhfladen, der, weil er so lecker schmeckt und nirgendwo sonst zu finden ist, inzwischen im Gepäck begeisterter Schokoladen- und Allgäu-Fans bis nach Japan, Hawaii, Kanada und in die USA transportiert wurde. Auch für Allergiker ein Genuss, denn es gibt den Schoko-Kuhfladen nicht nur in zwei Größen, sondern auch in der milch-, hühnereiweiß- und laktosefreien Variante.

Die Geschenkidee

Ein prima Geschenk für die Liebsten und sich selbst. Auch viele Firmen – wie beispielsweise die Firma Bosch im Allgäu – erfreuen damit ihre Geschäftspartner. Gute Qualität mit einer Prise Humor – die Produkte der Schoko-Kuhfladen-Manufaktur sorgen immer für gute Laune.

Aus dieser Stimmung heraus wurde von der Chefin persönlich ein Kuhfladenlied geschrieben, das man auf der Rückseite der putzigen Kuhfladen-Verpackung entdecken kann. Ein echtes handgefertigtes Original aus dem Allgäu!

Schoko-Kuhfladen-Manufaktur

Am Anger 1
D-87527 Sonthofen-Altstädten
Tel. +49 (0)83 21-8 72 89
ab 13:30 +49 (0)83 21-7 80 48 48
info@schoko-kuhfladen.de
www.schoko-kuhfladen.de

Lass die Wonne rein

WONNEMAR Erlebnisbad

Wer eine Auszeit vom Alltag genießen möchte, findet in dem Erlebnisbad in Sonthofen ein abwechslungsreiches Angebot an Erlebnis, Sport, Gesundheit, Erholung und Gastronomie. Auf 10.400 Quadratmetern bieten zahlreiche Wasserbecken eine unbeschwerte Zeit voller Spaß und Erholung. Mit Wellenbecken und Strömungskanal, 25-Meter-Sportbecken, Whirlpool und dem Erlebnis-Außenbecken mit Bodenstrudlern und Sprudelbänken genießen die Gäste Freuden mit und im Wasser.

Wasser ist Leben

Der Thermalbereich mit seinen 1.000 Quadratmetern Wasserfläche bietet den gesundheitsbewussten Gästen mit Thalasso- und Kaskadenbecken, mit Sole-Außenbecken und vielen weiteren Einrichtungen vieles, was die wohltuenden und heilenden Kräfte des Meeres hervorbringen.

Die Saunawelt zum Relaxen

Besonders liebevoll gestaltet ist die Saunalandschaft. Aus der Allgäu-Brennerei-Panoramasauna genießen die Gäste den herrlichen Blick auf die Allgäuer Bergwelt. Außerdem stehen für einen rundum entspannenden Aufenthalt fünf weitere Saunen zur Verfügung: Von der Feuersauna über eine Blockhaus- und Vitalsauna bis hin zum Steinbad oder der Finnischen Sauna. So richtig verwöhnen lassen kann man sich im WONNEMAR SPA mit seinem vielfältigen Angebot von

klassischen Massagen bis zu Wellness- und Schönheits-Anwendungen aus aller Welt.

Nervenkitzel und Abenteuerlust

Für alle Besucher, die das Besondere suchen, verspricht der Riesenrutschentower mit der rauschenden Abfahrt in der „Black Hole" einen Kick. Darüber hinaus lassen sich wilde Stromschnellen auf dem „Crazy River" meistern. Mit aufgeblasenen Ringen geht's hinab – Wirbel, enge Kurven und ruhige Gleitbecken lassen die Herzen von großen und kleinen Rutschenfans höher schlagen.

Kulinarische Genüsse

Für eine Stärkung oder Erfrischung während des Besuches im WONNE-MAR finden sich Restaurants wie das SB-Restaurant „Tropicana", in dem es leckere Snacks, Gerichte für Gesundheitsbewusste und natürlich alles für einen Bärenhunger gibt. Auch Kindergeburtstage mit Programm können hier gefeiert werden. Im „La Pergola" im Wellness- und Saunabereich relaxt man nach dem einen oder anderen Aufguss oder einer entspannenden Massage. Immer inklusive: eine sonnige Atmosphäre und herzlicher Service.

InterSPA Gesellschaft für Betrieb WONNEMAR Sonthofen mbH

Stadionweg 5, D-87527 Sonthofen
Tel. +49 (0)8321 78 09 70
Fax +49 (0)8321 78 09 729
info@wonnemar.de
www.wonnemar.de

Tannheimer Tal
Urlaubsfreuden für jeden Geschmack

Das Tannheimer Tal ist ein Tiroler Hochtal auf rund 1.100 Metern Höhe an der Grenze zum Allgäu. Das ca. 20 km lange Tal erstreckt sich vom Oberjochpass in Bayern bis nach Weißenbach im oberen Lechtal. Durch das Tal fließen die Vils, die Berger Ache, die Nesselwängler Ache, der Warpsbach und der Weißenbach. Es wird umrahmt von Gebirgsgruppen - von der Kette der Allgäuer Alpen im Süden, sowie von den markanten Gipfeln Rote Flüh und Gimpel im Nordosten sowie Einstein und Aggenstein im Norden.

Das Tal ist mit dem Auto von Sonthofen und Pfronten/Ried im Allgäu und von Reutte in Tirol gut zu erreichen.

Von den örtlichen Bahnstationen gibt es Busverbindungen ins Tannheimer Tal. Rund 3.000 Einwohner leben in den Orten Jungholz, einer funktionalen Enklave in Bayern, (siehe Seite…), Schattwald, Zöblen, Tannheim, Grän-Haldensee und Nesselwängle-Haller. Hauptwirtschaftszweig im Tal ist der Tourismus. Zahlreiche Ferienunterkünfte vom Wellnesshotel bis zur Ferienwohnung auf dem Bauernhof bieten Gästen das ganze Jahr über gemütliche Entspannung.

Das Tannheimer Tal ist ein sehr beliebtes Urlaubs- und Ausflugsziel für Familien, Wanderer und Erholungssuchende und gilt nicht umsonst als das schönste Hochtal Europas: Idyllische Dörfer, malerische Bergseen wie der Haldensee und der Vilsalpsee sowie herrliche Panoramawanderwege bieten ein vielseitiges Freizeitangebot und beglückende Naturerlebnisse. Gäste genießen außerdem die traditionelle Tiroler Gastfreundschaft und die Spezialitäten der Tiroler Küche.

Herrliche Ausblicke
(Bilder TVB Tannheimer Tal)

Wellness

Erholungsbedürftige Urlaubsgäste können in den sechzehn Viersterne-Wellnesshotels im Tal die Seele baumeln lassen. Sie werden verwöhnt mit Tiroler Schwitzstuben, großzügigen Saunalandschaften, Bädern, vielfältigen Massageangeboten und Heilkräuteranwendungen. Auch internationale Relaxingmethoden wie Ayurveda oder Shiatsu sowie effektive Beauty-Anwendungen werden angeboten.

In zahlreichen Kneippbecken im ganzen Tal kann man zusätzlich etwas für seine Gesundheit tun. Das kühle Nass in Wassertretbecken und Armbädern fördert die Durchblutung und das Wohlbefinden.

Kulinarisches

Die Gourmetrestaurants im Tal mit ihren kulinarischen Delikatessen Tiroler Art sind ein Geheimtipp für jeden Feinschmecker.

Vier durch GaultMillau Hauben ausgezeichnete Betriebe bieten ihren Gästen ursprüngliche Gerichte aus hochwertigen Zutaten der Region wie Fisch, Honig, Käse- und Wurstspezialitäten, die auf traditionelle Weise hergestellt und verarbeitet werden.

Bei der Einkehr auf den Hütten und Almen im Tannheimer Tal lässt man sich in geselliger Runde Tiroler Gröstl, Käspressknödel und vieles mehr schmecken.

Wer auch zuhause auf die leckeren Tiroler Spezialitäten nicht verzichten will, kann in den Hof- und Bauernläden einkaufen. Hier findet man auch Kräutertees, Liköre und Schnäpse.

Sehenswürdigkeiten

Neben zahlreichen sehenswerten Naturschönheiten bietet das Tal in rund dreißig historischen Kapellen Gelegenheit, Eindrücke über vergangene Zeiten zu sammeln. Die St. Nikolauskirche in Tannheim birgt eine einzigartige Besonderheit. Das Löfflergeläut warnt seit knapp 500 Jahren vor drohenden Unwettern. Die mit einem Durchmesser von 161 Zentimetern größte Glocke – genannt „Wetterglocke" - leistet den Talbewohnern bis heute treue Dienste. Einen Besuch wert ist auch das Heimatmuseum oder das Felixe Minas Haus in Tannheim.

Veranstaltungen

Das Tannheimer Tal zeichnet sich durch eine Reihe von attraktiven Veranstaltungen wie sportlichen Events und traditionellen Brauchtumsfesten aus.

Traildays

Sportliche Events im Winter sind die Nordic Fitness Wintertage und der Ski-Trail Ende Januar sowie die Alpstern-Trophy, die disziplinübergreifend für den Wintersport begeistern will.

Mit den kunstvollen Bergfeuern der Herz-Jesu-Feuer im Juni wird der erfolgreiche Widerstand gegen Napoleons Truppen 1796 gefeiert. Auch der Talfeiertag im September mit Prozession, Musik, Tanz und kulinarischen Angeboten erinnert an dieses historische Ereignis.

Bei den Traildays Ende Mai können Neugierige die Trendsportart Trailrunning ausprobieren und am Seen-Lauf teilnehmen.

Freunde des Radsports nehmen an den Rennrad-Wochen im Mai und Ende Juni teil. Höhepunkt der Rennradsaison ist der Rad-Marathon.

Beim Ballonfestival verwandeln Ballonfahrer den Himmel über dem Tal in ein Farbenmeer.

Herz-Jesu-Feuer

Die liebevoll gepflegte Tradition mit dem Almabtrieb der prächtig geschmückten Kühe wird im September im Tal gefeiert.

Die Raiffeisengalerie „Augenblick" im restaurierten Frühmesserhaus in Tannheim trägt mit Ausstellungen und Konzerten zum kulturellen Programm bei.

Freizeit und Sport

Im Sommer

Das Tannheimer Tal gehört zu den beliebtesten Wandergebieten in Österreich mit einem vielseitigen Wanderangebot und einem Wegenetz von 300 km Länge. Die Traumkulisse des Hochtals lädt zum Entspannen und Entdecken ein.

Im Tannheimer Tal findet man Wanderrouten auf drei Ebenen. Auf der ersten Ebene genießt man entspannte Spaziergänge auf malerischen Wegen von Dorf zu Dorf, vorbei an historischen Bauernhöfen und kleinen Kapellen mit gemütlichen Einkehrmöglichkeiten, oder entlang der romantischen Bergseen Haldensee und Vilsalpsee.

Auf der nächsten Ebene locken Panoramawege mit traumhaften Aussichtspunkten wie der Sonnenpanoramahut am Füssener Jöchle. Die Touren können mit oder ohne Seilbahn individuell gestaltet werden.

Auf der dritten Ebene warten aussichtsreiche Gipfel wie die Rote Flüh, abwechslungsreiche Routen und Klettersteige auf erfahrene Bergwanderer und ambitionierte Bergsteiger.

Zu den beliebten Themenwegen im Tal gehören der Schmugglersteig in Schattwald, der 9erlebnisweg zum Neunerköpfle mit dem größten Gipfelbuch der Alpen und elf Infostationen, der „Vater unser Weg" mit acht Stationen, die zum Meditieren einladen, sowie die Wanderung zum Gamskopf mit dem Panoramainformator in Grän.

Zu den Serviceleistungen im Tannheimer Tal gehört das Ticket „Sommerbergbahnen inklusive", das in den teilnehmenden Gastbetrieben kostenlos erhältlich ist.

Die Urlaubs-App „Tannheimer Tal" informiert perfekt über Bergtouren, Freizeitangebote und Einkehrmöglichkeiten.

Von Rennradfahrern wird die günstige Ausgangslage für insgesamt 22 Rennradtouren ins Allgäu und ins Lechtal

und die gut ausgebaute Talstraße sehr geschätzt. 16 radfreundliche Betriebe bieten besten Service für Radsportfreunde.

Das Tannheimer Tal ist das ideale Gebiet für erholsame Familienferien mit kindgerechten Unterkünften beim Urlaub auf dem Bauernhof und entsprechend eingerichteten Pensionen und Hotels. Das abwechslungsreiche Freizeitangebot im Tal mit dem Tanni Kinderclub, dem Kletterwald und dem bei schlechtem Wetter beliebten Indoor-Spielplatz „Tanni's Kinderparadies" und dem „Kletter- und Bouldertreff" lässt keine Langeweile aufkommen.

Im Winter

In der Wintersaison stehen im Tal sechs nicht direkt miteinander verbundene Skigebiete zur Verfügung inklusive 55 km präparierter Pisten und 20 Lift- und Seilbahnanlagen.

In den Skigebieten erfreuen Schneeparks wie das Ice Age Kinderland in Tannheim die kleinen Skifahrer mit spannenden Attraktionen.

Das breite Tal ist ideal für Skilanglauf geeignet. Gespurte Loipen mit insgesamt 140 Loipenkilometern für klassischen Langlauf und Skating lassen keine Wünsche offen. Das mehrfach ausgezeichnete Langlaufgebiet zählt zu den besten Loipenrevieren Europas. Langlaufschulen und Skiverleih erleichtern den Einstieg in den Langlaufsport.

Winterwanderwege im ganzen Tal laden zu erholsamen Spaziergängen in der gesunden Winterluft ein. Mehr

Wintervergnügen bietet eine romantische Pferdeschlittenfahrt oder eine rasante Abfahrt auf einer der Rodelbahnen im Tal.

Wichtige Adressen und Telefonnummern

Tourismusverband Tannheimer Tal
Vilsalpseestr. 1
A-6675 Tannheim
Tel. +43 (0)5675 6220 0
Fax +43 (0)5675 6220 60
info@tannheimertal.com
www.tannheimertal.com

553

Freizeitspaß zu jeder Jahreszeit

Sonnenbergbahnen Grän

Die 8-er Gondelbahn von Grän in 1.205 m Höhe zum Füssener Jöchle in 1.821 m Höhe befördert in nur neun Minuten die Besucher komfortabel und behindertengerecht in ein Wanderparadies mit prächtigen Ausblicken. Das Restaurant Sonnenalm auf der Bergstation bietet Speisen und Getränke inmitten des herrlichen Bergpanoramas.

Auf dem hier verlaufenden Geo-Pfad kann man sich auf einer spannenden Wanderung auf eine Zeitreise durch die geologisch vielfältigste Region der Alpen begeben und wird an 31 Stationen über die Entstehung der Alpen sowie über Geologie, Bergwald, Eis und Gebirge umfassend und anschaulich informiert.

Der grenzüberschreitende geologische Panoramaweg gliedert sich in vier Wanderungen, die sich gut als Tagestouren eignen. Er beginnt an der Bergstation Füssener Jöchle in Richtung Bergstation Breitenbergbahn Pfronten. Für beide Bergbahnen sind Kombitickets erhältlich.

In der Nähe der Bergstation der Sonnenbergbahn ist der 880 kg schwere Sonnenpanoramahut aufgestellt. Man kann sich auf die Hutkrempe setzen, den Hut drehen und dabei den vollen Rundblick ins Tannheimer Tal und das Allgäu genießen. Im Wandergebiet Füssener Jöchle laden eine Reihe von Alpenvereinshütten zur zünftigen Einkehr oder zur Übernachtung während mehrtägiger Touren ein.

Im Winter erschließt die Sonnenberg-bahn das Skigebiet am Füssener Jöchle mit einem herrlichen Panorama ins Tannheimer Tal und Allgäu.

Das herrliche Schigebiet der "Jochalpe" ist durch die neue kuppelbare 6er-Sesselbahn kreuzungsfrei befahrbar (keine Schlepplifttrassen mehr). Absolut sichere Schneelage bis Ende April. Der Doppelschlepplift „Schachen" und der Anfängerbereich „Märchenwiese" gehören ebenfalls zum Gräner Skige-biet. Lohnend ist auch der gebahnte Winterpanoramaweg an der Bergsta-tion am Füssener Jöchle.

Sonnenbergbahnen Grän

Füssner Jöchle GmbH & Co.KG.
Füssener-Jöchle-Strasse 8
A-6673 Grän
Tel. +43 (0)56 75-63 63
Fax +43 (0)56 75-63 63-22
info@lifte-graen.com
www.lifte-graen.com

Jungholz
Tiroler Perle im Allgäu

Die Tiroler Gemeinde Jungholz liegt umgeben von bayerischem Gebiet auf einer Höhe von 1.054 Metern ü. M. und ist nur an einem geometrischen Punkt auf dem Gipfel des 1.636 m hohen Sorgschrofens mit Tirol verbunden.

Jungholz kann man mit Verkehrsmitteln nur über deutsche Straßen erreichen. Von der Queralpenstraße führt eine Abzweigung von Oberjoch nach Wertach und endet im Ort. Dieser liegt auf einer sonnigen Höhenterrasse und ist wegen des fehlenden Durchgangsverkehrs eine Oase der Ruhe und Erholung. Der Tourismus ist ein wichtiger Wirtschaftszweig in Jungholz. Urlaubsgäste fühlen sich in den gemütlichen Unterkünften vom Hotel bis zur Ferienwohnung rundum wohl und werden von den freundlichen Gastgebern bestens betreut. Jungholz gehört zum Tourismusverband Tannheimer Tal.

Durch gemeinschaftliches Engagement von Jungholzer Wohnungsvermieterinnen wurde das Bergdorf Jungholz in das erste Alpenkräuterdorf Tirols verwandelt. Bereits am Ortseingang schreiten Besucher durch ein großes Kräutertor. In zahlreichen Kräutergärten im Ort wachsen Wild-, Tee- und Duftkräuter in großer Vielfalt. Direkt bei der Kirche „Maria Namen" verschönert ein großer Kräutergarten mit verschiedenen Frauenkräutern das Ortsbild.

Urlaubsgäste können in Kursen die Herstellung von Kräutersalben und Kräuterseifen sowie das Backen von Kräuterbrot erlernen. Bei einer Kräu-

Blick auf Jungholz
(Bilder TVB Tannheimer Tal)

Kräutertor

terwanderung in der herrlichen Landschaft erfährt man von der Jungholzer Kräuterpädagogin viel Wissenswertes über Wildkräuter. Unbedingt teilnehmen, es lohnt sich!

Kurzer Blick ins Geschichtsbuch

Erstmals urkundlich erwähnt wurde Jungholz in einem Kaufvertrag von 1342 zwischen einem Wertacher Bewohner und einem Tiroler aus dem Tannheimer Tal. Dadurch kam das Gebiet von Bayern zu Tirol und blieb dort trotz gelegentlicher Grenzstreitigkeiten. 1844 und 1850 wurde durch Verträge zwischen Österreich und Bayern die endgültige Grenze und die Zugehörigkeit geregelt. Mit dem Zollvertrag von 1868 wurde Jungholz deutsches Zollanschlussgebiet. Durch die besonderen Bedingungen in Jungholz haben sich mehrere Bankenfilialen im Ort angesiedelt, die für ihre gute Anlageberatung bekannt sind.

Jungholz hat neben der österreichischen auch eine deutsche Postleitzahl.

Telefonisch ist der Ort nur über die österreichische Vorwahl erreichbar. Der Wohnanteil von bundesdeut-

schen und österreichischen Staatsbürgern beträgt jeweils ca. 50%.

Veranstaltungen

In Jungholz bieten Brauchtumsveranstaltungen mit Standkonzerten, Alphornblasen, Tanzabenden und Zithermusik abwechslungsreiche Unterhaltung. Am Sonntag nach Aschermittwoch, dem Funkensonntag, wird mit einem großen Funkenfeuer der Winter vertrieben. Der traditionelle, festliche Viehscheid im September, bei dem das Vieh von den Sommeralpen zurück ins Dorf getrieben wird, zieht viele Besucher an.

Auf dem beliebten Kräutermarkt Anfang August wird neben Kräutern, Gewürzen, Tees und Honig auch kreatives Handwerk wie Töpferware, Seifen, Schnitzereien und Schmuck angeboten.

Sehenswertes

Beim Besuch der 1714 erbauten Pfarrkirche „Maria Namen" lohnt ein Blick auf das prächtige Deckenfresko von 1781, das Maria als Gnadenspenderin darstellt.

Pfarrkirche Jungholz

Ballonfestival

Freizeit und Sport

Im **Sommer**

Mit der reinen Höhenluft des Bergsommers ist Jungholz ein Ferienparadies für die ganze Familie. Ein Netz von markierten Wanderwegen mit prachtvollen Ausblicken und zünftigen Einkehrmöglichkeiten erschließt die idyllische Gebirgslandschaft für Naturfreunde und Wanderer. Empfehlenswert ist die Teilnahme an einer geführten informativen Wanderung mit einem ortskundigen Führer.

Zu den schönsten Wanderwegen gehören der bequeme Panoramaweg, die attraktive Tour um den Sorgschrofen zur Scheidbachalpe sowie zur Schrofenhütte mit sonniger Aussichts-

terrasse im Wandergebiet oberhalb von Jungholz. Nach einer genussvollen Wanderung kann man in der Freiluft-Kneipp-Anlage eine kühlende Erfrischung für die Füße genießen.

Jungholz ist auch idealer Ausgangspunkt für spannende Mountainbiketouren in der Umgebung.

Das Felsenbad bietet an warmen Tagen herrliche Badefreuden. Das beheizte Freibad mit Sport- und Kinderbecken und Minigolfplatz liegt an einem sonnigen Hang mit prächtiger Aussicht.

Im Winter

Das Skigebiet direkt am Ortsrand von Jungholz bietet zwei kindgerechte Sesselbahnen, vier Schlepplifte, leichte bis mittelschwere Pisten und Beschneiungsanlagen, die für die nötige Schneesicherheit sorgen, und ist für Familien bestens geeignet. Die Kinder sind begeistert vom „N'Ice Bear Kinderland" mit Skikarussell, Indianerdorf, Hüpfburg und vielem mehr.

Für Skilangläufer sind gespurte Loipen in der winterlichen Schneelandschaft vorhanden. Weitere Loipen gibt es Richtung Unterjoch, Oberjoch und Tannheimer Tal.

Lohnend ist auch die Teilnahme an einer geführten Schneeschuhwanderung abseits gebahnter Wege.

Im Ort kann man Sportartikel für Skifahrt und Langlauf leihen oder einkaufen.

Die drei Kilometer lange Rodelbahn mit Flutlichtbeleuchtung ab Alpe Stubental bietet reines Rodelvergnügen. Rodelverleih gibt es direkt bei der Alpe.

Wichtige Adressen und Telefonnummern

Infobüro Jungholz
Im Gemeindehaus 55,
A-6691 Jungholz
D-87491 Deutschland
Tel. +43(0)5676 8120
gemeinde@jungholz.tirol.gv.at
www.jungholz.tirol.gv.at

Tourismusverband Tannheimer Tal
Vilsalpseestr. 1
A-6675 Tannheim
Tel. +43 (0)5675 6220 0
info@tannheimertal.com
www.tannheimertal.com

Jungholz im Winter
(Bild Christian Esser)

Ofterschwang, Hörner-Panoramatour
(Bild Tourismus Hörnerdörfer GmbH)

Erlebnisraum Alpgärten

Erlebnisraum Alpgärten

Bizarre Felsen aus dem Herrgottsbeton – dem Nagelfluh -, die aus Millionen von Jahren der Erdgeschichte erzählen, treffen auf saftig grüne Landschaften voller natürlicher Wunder. Die zahlreichen Alpen machen die „Gärten" zu einem unverwechselbaren Paradies.

Ein Juwel der Natur

Die landschaftliche Vielfalt dieses Erlebnisraumes verzaubert den Besucher und lädt zu Entdeckungstouren ein. In den Alpgärten wird mit nachhaltiger Bewirtschaftung eine einzigartige Kulturlandschaft bewahrt, die die höchste Alpdichte im gesamten Alpenraum aufweist. Der Naturpark Nagelfluhkette, in der sich eine hohe Vielfalt an Lebensräumen auf engstem Raum entwickelt hat, verleiht der Region zwischen Iller und Bregenzerach ein einzigartiges Gesicht.

Liebenswerte Dörfer und Städte, bezaubernde Berge, Seen, Flüsse und Wälder, denen sich saftig grüne Wie-

Die Aussicht genießen
(Bilder Allgäu GmbH)

562

Alpenwellness Allgäu - entspannte Bergferien

sen anschließen, sind ein Eldorado für Aktivurlauber und Erholungssuchende. Entdeckungstouren zu Fuß oder mit Fahrrad und Mountainbike werden hier im Sommer zu einem spannenden Erlebnis. Während der Wintermonate begeistern Skipisten, bestens präparierte Loipen und Winterwanderwege den Wintersportler.

Ein Urlaubsort wie aus dem Bilderbuch ist Fischen. Aus dem Naturdorf, das im malerischen Illertal liegt, genießt man eine herrliche Aussicht auf die Allgäuer Bergriesen und die Hörnerkette. Romantische Genusswege führen durch die nahen Auwälder und über sonnige Hochplateaus. Fischen zählt mit seiner frischen Bergluft und dem kristallklaren Alpenwasser zu den 15 heilklimatischen Kurorten der „Premium Class".

Am Ostufer des Großen Alpsees liegt Immenstadt. Der See und der angrenzende Naturpark Nagelfluhkette machen den Ort zu einem viel besuchten Naherholungsgebiet. Die Hausberge Immenstadts, das Immenstädter Horn mit seinen 1.490 m ü. M, und der Mittagberg mit seinen 1.451 m ü. M. sind herrliche Aussichtsberge und ideale Ausgangspunkte für herrliche Wanderungen. Eine willkommene Aufstiegshilfe bietet Bayerns längste Sesselbahn zum Mitttaggipfel.

Abendstimmung genießen

Genuss und Lifestyle liegen in Oberstaufen dicht beisammen. Die mehrfach mit Tourismuspreisen ausgezeichnete Region liegt am Fuß der Nagelfluhkette auf einer Höhenlage zwischen 654 und 1.834 m ü. M. Das Freizeitangebot in der traumhaft schönen Naturlandschaft ist vielfältig und das ganze Jahr hindurch attraktiv. Erlebnisreiche Wanderwege zu urigen Hütten, beste Einkaufsmöglichkeiten und wohltuende Angebote für die Gesundheit zeichnen das einzige anerkannte Schroth-Heilbad Deutschlands aus.

Im Illertal liegt in reizender Landschaft Blaichach und Gunzesried. Abwechslungsreiche Wanderwege, die eine gemütliche Talwanderung ebenso zu bieten haben wie eine anspruchsvolle Bergtour, bieten dem Freizeitsportler ein vielfältiges Angebot für Aktivitäten. Weithin bekannt ist das Gunzesrieder Tal für seine Kräuter- und Gesundheitshöfe, auf denen dem Interessierten die heimische Kräuterwelt näher gebracht wird.

Malerisch gelegen präsentiert sich Missen-Wilhams. Das ursprüngliche Fleckchen Erde inmitten von

Karte der Erlebnisräume Allgäu siehe Seiten 54/55

duftenden Wiesen, stillen Wäldern und plätschernden Bächen bietet traumhafte Ausblicke auf die Allgäuer Alpen. Zu den mehr als 80 Kilometer Wanderwegen gesellt sich im Gemeindegebiet auch der Carl-Hirnbein-Erlebniswanderweg. Dem bedeutendsten Sohn der Gemeinde und Agrarreformer ist im Haus des Gastes auch ein Museum gewidmet, in dem viel Wissenswertes über den Alpkönig zu erfahren ist.

Die Geschichte der Hörnerdörfer, im Erlebnisraum Alpgärten gelegen, ist geprägt durch den Naturpark Nagelfluhkette. Jeder der Orte Fischen, Bolsterlang, Obermaiselstein, Balderschwang und Ofterschwang haben ihren unverwechselbaren Charme und Charakter und bezaubern Gäste und Einheimische gleichermaßen.

Orte im Erlebnisraum Alpgärten

Winterlandschaft im Allgäu

Naturpark Nagelfluhkette

Dein Freiraum. Mein Lebensraum

Kaum ein Naturliebhaber kann sich der atemberaubenden Landschaft des grenzüberschreitenden Naturparks zwischen dem Allgäu und Vorarlberg entziehen.

Auf einer Fläche von 405 Quadratkilometern und Höhenunterschieden von bis zu 1.400 Metern breitet sich eine wertvolle und abwechslungsreiche Landschaft aus, die es zu schützen gilt. Der Naturpark Nagelfluhkette mit seinen 15 Gemeinden aus dem südlichen Allgäu und dem Vorderen Bregenzerwald, ist der einzige grenzübergreifende Naturpark zwischen Deutschland und Österreich. Mit seinem Projekt „Bewegende Natur – Geschützte Lebensvielfalt" verwirklicht

der Naturpark den Schutz, die Pflege und die Entwicklung von Natur und Kulturlandschaft. Eine nachhaltige Land-, Alp- und Forstwirtschaft sind dabei ein Schlüsselbeitrag zur Erhaltung dieser einmaligen Kulturlandschaft. Daneben wird im Naturpark auf schonenden, hochwertigen Tourismus gesetzt sowie auf eine nachhaltige regionale Entwicklung.

Nagelfluh – dieses betonartig feste Gestein, das auch „Hergottsbeton" genannt wird, besteht aus kleinen und größeren runden Flusskieseln, die auf natürliche Weise verkittet worden sind. Damit hat sich ein poriger, aber recht fester Stein bilden können, der

Blick vom Hochgrat
(Bild Rolf Eberhardt)

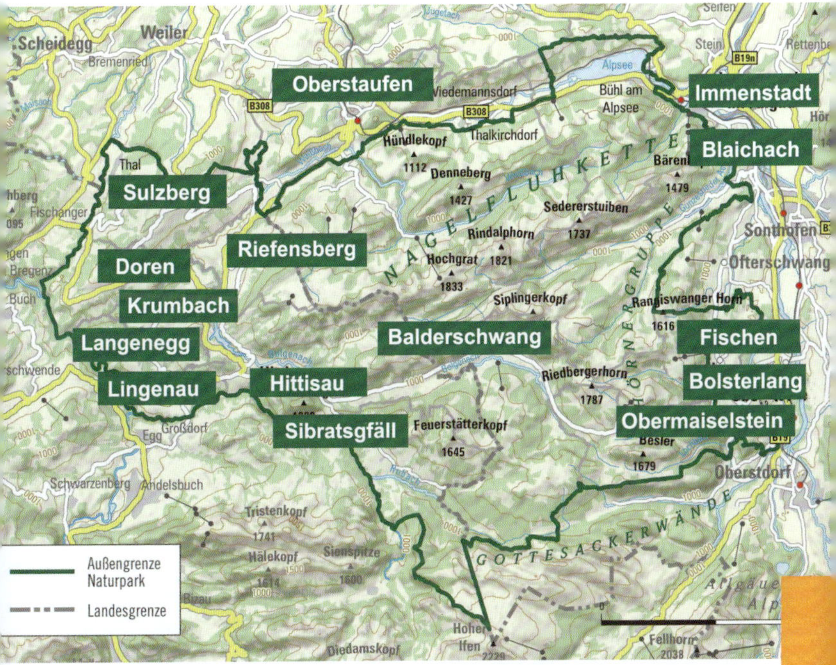

Map labels:
Scheidegg · Weiler · Bremenried · Oberstaufen · Niedemannsdorf · Alpsee · Bühl am Alpsee · Immenstadt · Blaichach · Thal · Hündlekopf · Thalkirchdorf · Denneberg · Bären · Sulzberg · Sedererstuiben · Sonthofen · Riefensberg · Rindalphorn · Hochgrat · Ofterschwang · Doren · Siplingerkopf · Ranfiswanger Horn · Krumbach · Langenegg · Balderschwang · Fischen · Lingenau · Hittisau · Riedbergerhorn · Bolsterlang · Sibratsgfäll · Feuerstätterkopf · Obermaiselstein · Besler · Oberstdorf · Schwarzenberg · Andelsbuch · Tristenkopf · Halekopf · Sienspitze · GOTTESACKERWÄNDE · Hoher Ifen · Diedamskopf · Fellhorn

Außengrenze Naturpark
Landesgrenze

sich im Naturpark zur 24km langen Nagelfluhkette geformt hat.

Durch eine pflegliche Nutzung der Natur durch die Land- und Forstwirtschaft konnte diese naturnahe Heimat erhalten werden. Die Richtlinien des Naturparks, der seit dem Jahr 2008 besteht, machten es möglich, dass hier eine Tier- und Pflanzenwelt beheimatet ist, die inzwischen selten geworden ist. Circa 1200 verschiedene Gefäßpflanzen haben ihren Lebensraum im Naturpark. Auch andere seltene Arten wie das Birkhuhn oder der Steinadler können mit etwas Glück beobachtet werden.

Birkhahn
(Bild Rolf Eberhardt)

gefördert durch
Bayerisches Staatsministerium für
Umwelt und Verbraucherschutz

Interreg
Österreich–Bayern 2014–2020
Europäische Union · Europäischer Fonds für Regionale Entwicklung

Entdeckungstouren in einer einmaligen Kulturlandschaft

Alpenwiese
(Bild: Rolf Eberhardt)

Wandern, Biken, Skilauf … der Naturpark bietet zahlreiche Aktivitäten zu jeder Jahreszeit, um entdeckt zu werden. Fast 1000 abwechslungsreiche Wanderungen laden dazu ein, diese unverwechselbare Landschaft in den Alpen mit ihren Bergwäldern und Alpflächen, mit Mooren und Feuchtwiesen, Schluchten und Bächen kennen- und liebenzulernen. Wer naturverträglich im Gebiet unterwegs sein möchte kann sich an zahlreichen Informationstafeln der Kampagne „Dein Freiraum. Mein Lebensraum." über die sensiblen Arten informieren.

Naturpark-Ranger begleiten das Projekt

Zu einem guten Mit- und Nebeneinander tragen Naturpark-Ranger bei, die regelmäßig draußen unterwegs sind und die Besucher informieren und wertvolle Tipps geben. Außerdem helfen sie bei der Umsetzung der Naturparkschulen und führen Sommercamps für die jungen Bewohner des Schutzgebietes durch. Dadurch sensibilisieren sie bei der Jugend den sorgsamen Umgang mit der Natur.

Für die Besucher bieten die Naturpark-Ranger geführte Touren „Mit dem Ranger unterwegs" an. Hier erfahren Interessierte vieles über die Arbeit der Ranger und erhalten so einen Blick hinter die Kulissen dieses einmaligen Kulturraums.

Wichtige Adressen und Telefonnummern

Naturpark Nagelfluhkette e.V.
Seestr. 10
D-87509 Immenstadt
Tel. +49 (0)8323 99 88 750
info@naturpark-nagelfluhkette.eu
www.nagelfluhkette.info

Allgäuer Orte im Naturpark Nagelfluhkette

Ranger
(Bild Thomas Gretler)

Blaichach-Gunzesried

Im Illertal

Die Gemeinde Blaichach (rund 6.000 Einwohner) im Illertal im Oberallgäu besteht aus den Gemarkungen Blaichach und Gunzesried. Sie ist Mitglied im Naturpark Nagelfluhkette, der einzigartigen, zwischen Österreich und Deutschland grenzübergreifenden Natur- und Kulturlandschaft.

In der Gemeinde ist das geschäftige Blaichach im belebten Illertal mit dem idyllischen Gunzesried, einem beliebtem Urlaubsziel, harmonisch verbunden.

Die günstige Verkehrslage an der Bundesstraße 19 von Immenstadt nach Oberstdorf sorgt für gute Erreichbarkeit und attraktive Ausflugsmöglichkeiten.

Kurzer Blick ins Geschichtsbuch

Blaichach wurde 1275 erstmals urkundlich erwähnt. Es gehörte bis 1804 zur Grafschaft Königsegg-Rothenfels. Durch den Bau einer Zollbrücke über die Iller im Jahr 1494 führte die bedeutende Salzstraße von Oberjoch nach Lindau direkt an Blaichach vorbei. Seit 1805 gehört Blaichach zu Bayern. Die heutige Gemeinde entstand mit dem Gemeindeedikt des Jahres 1818.

Sehenswürdigkeiten

Einen Besuch wert sind der neuromanische Saalbau der Katholischen Pfarrkirche St. Martin in Blaichach mit dem prachtvollen Altarschrein sowie die zahlreichen Kapellen im Gemeindegebiet.

Blaichach
(Bild Siegfried Bruckmeier)

570

Gunzesrieder Tal
(Bild Daniel Gehring)

Überall in Blaichach und Gunzesried kann man schöne, gut erhaltene Bauernhäuser aus den vergangenen Jahrhunderten entdecken.

Freizeit und Sport

Das Gunzesrieder Tal ohne Durchgangsverkehr zwischen der Hörnergruppe und der Nagelfluhkette ist ein Paradies für Erholungsuchende und Naturfreunde.

Die Landschaft ist geprägt durch eine vielfältige Tier- und Pflanzenwelt und durch die Alpwirtschaften in den Hochlagen. Hier sind das Birkhuhn, der Steinadler, die seltene Steinnelke und der Apollofalter beheimatet. Das Tal bietet Wanderern, Radfahrern und Mountainbikern schöne Tourenmöglichkeiten. Auf den Alpen ist für den Gaumenschmaus mit deftiger Brotzeit

oder Kässpatzenessen bestens gesorgt. Die 3-stündige Wanderung von Blaichach auf schattigen Wegen durch den Haldertobel nach Gunzesried lohnt vor allem für Familien. Die Kinder können ihre Füße ins kalte Bergwasser stecken, Steinmännchen bauen und vieles mehr. Gemütliche Einkehrmöglichkeiten am Weg sind vorhanden.

Im Winter kommen Skifahrer im Skigebiet Ofterschwang-Gunzesried, Skitourengeher und Langläufer auf zwei gespurten, schneesicheren Loipen im Gunzesrieder Tal voll auf ihre Kosten. Auch für Schneeschuhtouren sind Möglichkeiten vorhanden.

Besonders erholsam sind ausgedehnte Wanderungen auf gebahnten Wanderwegen in der kristallklaren Luft durch die romantische Schneelandschaft.

Veranstaltungen

Viehscheid
(Bild tigital/Gerhard Wolf)

Höhepunkt des Blaichacher Veranstaltungsprogramms ist der Gunzesrieder Viehscheid Mitte September, bei dem die Hirten die festlich geschmückten Viehherden von den Alpen hinab ins Tal treiben. Im Tal wird das Eintreffen der Kühe von Einheimischen und vielen Gästen gebührend gefeiert. Für Unterhaltung und Verpflegung im Festzelt ist gesorgt. Zum Fest gehört auch ein Krämermarkt mit regionalen Produkten.

Weitere Veranstaltungen in der Gemeinde sind die beliebten Standkonzerte von Ende Juni bis Anfang August, der Martiniritt im November mit großem Festumzug und das internationale Hornerschlittenrennen.

Der Käse-Kräuter-Sommer vom 1. Juni bis 30. September bietet Kräuterworkshops, geführte Wanderungen, Kulinarisches z.B. auf der Sennalpe sowie Wellnessangebote.

Wichtige Adressen und Telefonnummern

Tourist-Info Blaichach
Immenstädter Str. 7
D-87544 Blaichach
Tel. +49 (0)8321 6076950
Fax +49 (0)8321 26481
tourist-info@blaichach.info
www.blaichach.de

Alpe Ornach
(Bild Siegfried Bruckmeier)

Gutes für Leib und Seele

Sennalpe Gerstenbrändle

Inmitten des Naturparks Nagelfluhkette liegt die Sennalpe, die schon seit sieben Generationen von der Familie Endreß bewirtschaftet wird. Gemütlich ist es hier und die Alpe, die bequem mit dem Auto erreichbar ist, hat neben der Ruhe der Bergwelt so manche kulinarische Köstlichkeit zu bieten.

Auf der Sennalpe, die im Jahr etwa 60.000 Liter Rohmilch in traditioneller Handwerkskunst zu feinen Käsespezialitäten verarbeitet, wird der Gast verwöhnt. Neben deftigen Brotzeiten, die aus Zutaten aus eigener Herstellung zusammengestellt werden, gibt es leckere hausgebackene Kuchen und während man sich die feinen Sachen auf der Zunge zergehen lässt, genießt man das urige Ambiente in der Gaststube oder auf der Sonnenterrasse und fühlt sich dem Himmel ein Stückchen näher zu sein.

Hier, im Gunzesrieder Tal, erschließt sich ein vielfältiges Wanderangebot.

Direkt am bekannten K-L-Fernwanderweg vom Bodensee an die Adria gelegen, bietet sich eine gemütliche Unterkunft. Die Zimmer sind geschmackvoll im rustikalen Bauernstil eingerichtet und garantieren eine wohlige Nachtruhe. Und für die kleinen Besucher der Alpe steht ein kleiner Spielplatz zur Verfügung, auf dem sie sich so richtig austoben können.

Sennalpe Gerstenbrändle

Autalweg 5, D- 87544 Gunzesried
Tel. Sommer: +49 (0)8321 89 871
Tel. Winter: +49 (0)8321 83639
info@gerstenbrändle.de
www.gerstenbrändle.de

Immenstadt i. Allgäu

Am Großen Alpsee

Die Stadt Immenstadt i. Allgäu (rund 14.200 Einwohner) befindet sich zwischen Kempten im Norden und Oberstdorf im Süden. Das Stadtgebiet erstreckt sich bis zum Ostufer des Großen Alpsees, der mit seinem Naturschutzgebiet ein beliebtes Naherholungsgebiet für Einheimische und Touristen ist.

Die Konstanzer Ach fließt von Westen kommend durch den Alpsee und Immenstadt und mündet zusammen mit dem Steigbach in die Iller.

Der Ort beeindruckt durch die historische Altstadt mit vielen Sehenswürdigkeiten und den vielfältigen Freizeitmöglichkeiten im nahen Naturpark Nagelfluhkette. Zu den Bergen rund um die Stadt gehören der Mittagberg, das Immenstädter Horn, der Steineberg und der Stuiben, der mit 1.749 m Gipfelhöhe höchste Immenstädter Hausberg.

Kurzer Blick ins Geschichtsbuch

Die Ortschaft Immendorf entstand im Mittelalter und wurde 1275 erstmals urkundlich erwähnt. Bis sie 1360 zur Stadt erhoben wurde, hatte sie häufig wechselnde Besitzer.

1360 wurde Immendorf zur Stadt erhoben. Die Lage an den Handelsstraßen von Oberjoch zum Bodensee und nach Kempten führte durch Salzstapel und Leinwandhandel zu wirtschaftlichem Wohlstand.

Sehenswürdigkeiten

Historische Bauten

Das mittelalterliche Zentrum der Stadt, die 2010 ihr 650-jähriges Jubiläum feierte, ist der Marienplatz mit seinen bedeutenden historischen Gebäuden. Hier steht die Mariensäule aus dem Jahr 1773, die von Hugo

Immenstadt
(Bild Alpsee Immenstadt Tourismus GmbH)

Stadtschloss, Rathaus
(Bild Wikipedia, Rufus46, CC BY 3.0)

Graf zu Königsegg-Rothenfels aus Dankbarkeit für das Erlöschen der Pest gestiftet wurde. Sie wird von einem Brunnen mit Figuren der traditionellen Immenstädter Handwerkszweige umsäumt.

Der Marienplatz wird vom Stadtschloss beherrscht, das 1550 von Graf Hugo von Montfort errichtet wurde. Es steht unter Denkmalschutz. Die Räume des Schlosses werden heute für Konzerte und Kunstausstellungen genutzt. Im ehemaligen Festsaal sind bemerkenswerte Stuckarbeiten aus der Zeit um 1730 zu bewundern. Die „Schlosspassage" bietet reizvolle Einkaufsmöglichkeiten.

Das denkmalgeschützte Rathaus am Marienplatz wurde 1640 als herr-schaftliches Haus erbaut und dient seit 1753 als Rathaus. 1864-1866 wurde es im neugotischen Stil umgebaut.

Weitere historische Gebäude am Marienplatz sind das Alte Schulhaus hinter dem Rathaus, das ehemalige gräfliche Amtshaus von 1646/48 an der Ostseite des Platzes sowie der sogenannte Alte Hof mit geräumigem Innenhof und Brunnen.

Beim Rundgang durch die Altstadt sind noch mehr gut erhaltene historische Bauten zu entdecken wie das ehemalige gräfliche Brauhaus und der ehemalige gräfliche Marstall in der Bräuhausstraße, die ehemalige gräfliche Kanzlei und das Hofjäger-haus in der Bahnhofstraße sowie das Hörmannhaus am Klosterplatz.

Sehenswert sind die Skulpturen eines Brauereigespanns und eines Biertrinkers auf dem Bräuhausplatz. Auch die Skulptur von Kühen beim Almabtrieb auf dem Landwehrplatz ist einen Besuch wert. Hier lenken reizvolle Fresken an den Fassaden eines alten Bürgerhauses am nördlichen Ende des Platzes den Blick auf Darstellungen der Vieh- und Weidewirtschaft, des weltweiten Handels und des heimischen Handwerks.

Kirchen

Pfarrkirche St. Nikolaus
(Bild Wikipedia, Lokilech, CC BY 3.0)

In Immenstadt findet man eine Anzahl von sehenswerten Kirchen und Kapellen. Hierzu gehört die Kapuzinerkirche St. Josef am Klosterplatz aus dem 17. Jahrhundert.

Die Stadtpfarrkirche St. Nikolaus am Kirchplatz wurde bereits 1275 urkundlich erwähnt. Nach mehreren Bränden wurde die Kirche mit ihrem barocken Turm Anfang des 18. Jahrhunderts errichtet. Ihre heutige Form erhielt sie bei einem Umbau 1907/08 im neubarocken Stil.

Die Ursprünge der Wallfahrtskirche Maria Loreto mit Anna-Kapelle in Bühl stammen aus dem 18. Jahrhundert, als in Bühl eine Gnadenkapelle errichtet wurde. Wegen wachsender Pilgerzahlen wurde eine kleine Kirche mit zwei Altären angefügt. Die Altarbilder zeigen Stationen aus dem Leben der Eltern Mariens. Auch das Verkündigungsbild über dem Eingang der Loretokapelle verdient Aufmerksamkeit.

Direkt von der Altstadt, entlang von vierzehn Bildstöcken, erreicht man über eine steile Treppe die Kalvarienkapelle an einem Südhang. In der Kapelle befindet sich eine eindrucksvolle, überlebensgroße Darstellung der Kreuzigung in wild bewegter Barockmanier.

Museen

Das Heimatmuseum „Hofmühle", An der Aach 14, regionales Schwerpunktmuseum des oberen Allgäus, zeigt Immenstadt von der mittelalterlichen Stadtgründung bis zur Gegenwart. Zur Sammlung gehören Exponate zur Bedeutung der Stadt als Warenumschlagplatz für Salz und Leinwand, außerdem zur Industrialisierung 1855 mit der Mechanischen Bindfadenfabrik, zur Wirtschaftswunderzeit und zur postindustriellen Epoche des Computerzeitalters. Das Museum ist von Mittwoch bis Sonntag von 14:00 Uhr bis 17:00 Uhr geöffnet.

Aussicht vom Mittag
(Bild Alpsee Immenstadt Tourismus GmbH)

Das Allgäuer Bergbauernmuseum im Ortsteil Diepolz ist ein über 1.000 Meter hoch gelegenes Freilichtmuseum am Fuße des Hauchenberges. Es führt Besucher in die Welt der Allgäuer Bergbauern vor 200 Jahren ein.

Das AlpSeeHaus im Ortsteil Bühl zeigt eine interaktive Naturkunde-Ausstellung über den Naturpark Nagelfluhkette.

Freizeit und Sport

Immenstadt bietet zu jeder Jahreszeit vielfältige Möglichkeiten zur aktiven Freizeitgestaltung.

Bei der Tourist-Info im AlpSeeHaus in Bühl sind eine Reihe von Info-Broschüren mit Wandertipps und vielem mehr erhältlich.

In der Stadt laden die Parkanlagen Klostergarten, die Hofgartenanlagen, der Edelweiss-Park und der Auwald-Park zu erholsamen Spaziergängen ein. Im Auwald-Park zwischen Klinik, Iller und Schulzentrum findet man den künstlich geschaffenen Auwaldsee, eine Wassertretanlage und einen Hain mit historischen Obstbäumen.

Im Auwald-Sportzentrum lädt das Hallenbad mit zwei beheizten Becken zu Badespass und erholsamen Stunden in der Sauna ein.

In der Alpseebergwelt mit Bergbahn wartet Bayerns größter Hochseilgarten und Deutschlands längste Ganzjahres-Rodelbahn auf abenteuerlustige Besucher.

Im Sommer

Wandern

Rund um Immenstadt gibt es zahlreiche Wanderwege in der herrlichen

Landschaft des Naturparks Nagelfluhkette. Die Wege führen durch Wälder und blühende Wiesen hinauf in die felsigen Bergregionen mit prächtigen Ausblicken und gemütlichen Einkehrstationen.

Radfahren

Rund um Immenstadt finden Radsportler eine Fülle von genussvollen Tourenmöglichkeiten.

Zu den schönsten Touren gehören die Allgäu-Triathlon-Runde über Niedersonthofen, Missen und Sibratshofen, die Bergstättrunde und die Konstanzer Talrunde. Infos im AlpSeeHaus.

Wassersport

Der große Alpsee ist ein Paradies für Badefreunde und Wassersportler. Er bietet beste Möglichkeiten für Schwimmen, Segeln und Surfen.

Auch eine gemütliche Bootstour mit Tret- oder Ruderboot ist möglich. Wer einmal die trendige und wackelige Sportart des Stand up Paddeling ausprobieren oder ein Kajak leihen möchte, ist bei der Wassersportschule Oberallgäu am Großen Alpsee genau richtig.

Im Winter

Der Winter in Immenstadt, am Großen Alpsee und im Naturpark lockt mit Aktivitäten wie Wanderungen in der herrlichen Schneelandschaft, Schneeschuhwandern, Ski-Langlaufen auf gut gespurten Loipen und unbeschwertem Rodelspaß. Bei entsprechenden Witterungsverhältnissen ist sogar Eislaufen auf Großen Alpsee möglich. Alternativ gibt es eine Eislaufbahn im Innenhof des Schlosses direkt am Marienplatz im Stadtzentrum.

Marienplatz
(Bild Alpsee Immenstadt Tourismus GmbH)

Veranstaltungen

Viehscheid
(Bild Alpsee Immenstadt Tourismus GmbH)

Das jährliche Seenachtsfest im Juli in Bühl am Alpsee wird mit einem großen Brillantfeuerwerk gefeiert.

Der jährlich stattfindende „Immenstädter Sommer" bietet mit Konzerten und Kabarett bekannter Künstler auf Bühnen in der Innenstadt sowie Open-Air-Kino ein attraktives Programm, das zahlreiche Besucher anlockt.

Jährlich am dritten Samstag im September werden bei der festlichen Viehscheid rund 1.000 Rinder beim Almabtrieb von den Alpen ins Tal auf den Viehmarktplatz getrieben.

Mehrmals im Jahr werden in der Innenstadt weithin bekannte Märkte veranstaltet, auf denen fahrende Händler ihre Waren feilbieten. Hierzu gehören der Maimarkt, der Michaelimarkt im September und der Gregorimarkt im November. Am Ende des Sommers findet auf dem Marienplatz der beliebte Käse- und Bauernmarkt statt.

Auch die besonders stimmungsvolle Bühler Seeweihnacht am Alpseehaus zieht mit Handwerk und kulinarischen Köstlichkeiten zahlreiche Besucher an.

Zu den sportlichen Wettbewerben in Immenstadt gehören Segelregatten auf dem Großen Alpsee und der Allgäu-Triathlon im Sommer.

Orts- und Infrastruktur

Immenstadt verfügt über gute Verkehrsverbindungen durch die vierspurige Bundesstraße B 19 von Kempten nach Oberstdorf und die west-östlich verlaufende Bundesstraße B 308 (Deutsche Alpenstraße), die von Lindenberg zur B 19 führt.

Der Öffentliche Stadt- und Regionalverkehr wird von Buslinien versorgt. Im Immenstädter Bahnhof verkehren Züge Richtung Kempten, Oberstdorf und Lindau mit Anschluss nach Ulm, Augsburg, Nürnberg und München. Im Fernverkehr erreichen die Intercity-Züge aus Hamburg und Leipzig den Immenstädter Bahnhof.

Wichtige Adressen und Telefonnummern

Tourist-Info AlpSeeHaus
Seestraße 10
D-87509 Immenstadt/Bühl
Tel. +49 (0)8323 9988 77
info@immenstadt-tourist.de
www.immenstadt.de

Stadt Immenstadt i. Allgäu
Marienplatz 3 - 4
D-87509 Immenstadt i. Allgäu
Tel. +49 (0)8323 9988 0
Fax +49 (0)8323 9988 199
info@immenstadt.de
www.stadt-immenstadt.de

Im Sommer und Winter ein Genuss

Mittagbahn

Der Immenstädter Hausberg ist der östlichste Ausgangspunkt in den Naturpark Nagelfluhkette. Seinen Namen hat er, weil um die Mittagszeit die Sonne genau über dem Gipfel steht.

Am bequemsten ist der Gipfel mit der Mittagbahn erreichbar. Die moderne Doppelsesselbahn bringt die Fahrgäste in kurzer Zeit auf eine Höhe von 1452 m ü. M. Während der Fahrt genießt man die herrlichen Ausblicke auf die Bergwelt und das Allgäuer Alpenvorland. Oben angekommen, erschließen sich dem Naturfreund während des Sommers herrliche Grat- und Höhenwanderungen zu den Blumenbergen der Nagelfluhkette. Während der Wintermonate bieten bestens präparierte Pisten, Tiefschnee und Rodelbahnen ein Wintersportvergnügen der besonderen Art. Auch Snowboarder und Freerider kommen in den Genuss eines eigens für sie präparierten Geländes. Abgerundet wird der Service durch einen Winterwanderweg zum Bärenköpfle.

Während allen Jahreszeiten begleiten die Gäste des Mittags die Gleitschirm-

und Drachenflieger, für die der Berg ein ideales Fluggebiet darstellt. Und für Kinder ist die Mittelstation ein wahres Paradies, wurde doch für die kleinen Gäste ein großer Kinderspielplatz mit Schaukel, Rutsche und Seilbahn sowie Schiffsschaukel und Sandkasten eingerichtet.

Kulinarische Genüsse am Berg

An der Bergstation lädt das „Gasthaus Gipfelwirt" zu gemütlicher Einkehr. Während der zünftigen Brotzeit, Kaffee und Kuchen oder einem leckeren Eis genießen die Gäste den prächtigen Panoramablick in die Allgäuer Alpen. Im Sommer stehen

160 Kühe und Kälber auf den Bergwiesen am Mittag. In der „Sennalpe Oberberg" kann man köstlichen, handgemachten Käse bei einer Hüttenbrotzeit kosten. Eine Führung der Sennen bringt den Interessierten die Herstellung des Käses näher, von dessen Qualität man sich nach der Führung bei einer Käseprobe überzeugen kann.

Das an der Mittelstation gelegene „Rasthaus am Mittag" ist der ideale Treffpunkt für Wanderer und Biker, die sich ausruhen und mit einem kühlen Getränk erfrischen möchten. Zum Kaffee wird hausgemachter Kuchen gereicht.

Mittagbahn

Mittagstr. 30, D-87509 Immenstadt
Tel. +49 (0)8323 6149
info@mittagbahn.de
www.mittagbahn.de

Richtig Spaß und Abenteuer pur in einer einmaligen Naturkulisse

Alpsee Bergwelt

Die Alpsee Bergwelt zwischen Immenstadt und Oberstaufen liegt inmitten des Naturpark Nagelfluhkette – dem ersten grenzüberschreitenden Naturpark zwischen Deutschland und Österreich. Hier kann man nicht nur wunderbar wandern, sondern auch richtig etwas erleben! Denn mit gleich drei Attraktionen der Superlative gehört die Alpsee Bergwelt zu den absoluten Freizeit-Highlights im Allgäu.

Rasanter Rodelspass

Auf einer Länge von 2,8 Kilometern führt Deutschlands längste Ganzjahresrodelbahn „Alpsee Coaster" durch 68 Kurven von der Bergstation der Sesselbahn hinab zum „Rodelwirt" an der Talstation. Dabei werden knapp 350 Höhenmeter überwunden. Die Fahrt dauert rund 6 bis 10 Minuten, denn jeder bestimmt selbst, wie schnell er fahren möchte. Die Höchst-

geschwindigkeit liegt bei bis zu 40 km/h. Auch nach Sonnenuntergang ist am Alpsee Coaster noch lange nicht Schluss. Beim regelmäßig stattfindenden Nachtrodeln durchbrechen starke Scheinwerfer die Dunkelheit und tauchen die Trasse in ein magisches Licht. Dann wird die Fahrt zum unvergesslichen Erlebnis.

Deutschlands größtes Bergspiel-Abenteuer

Die „Abenteuer Alpe" befindet sich in unmittelbarer Nachbarschaft zum Alpsee Coaster und ist bequem mit der Sesselbahn zu erreichen. Auf über 10.000m² Fläche gibt es für kleine Abenteurer so einiges zu entdecken. In sechs verschiedenen Spielbereichen nach Lust und Laune herumtoben, klettern, mit Wasser spielen, schaukeln, rutschen und noch viel mehr – hier ist alles möglich.

Klettervergnügen für die ganze Familie

Mit 18 verschiedenen Parcours und über 180 Kletterelementen ist der „Kletterwald Bärenfalle" nicht nur Bayerns größter Hochseilgarten, sondern dank seiner exponierten Lage auf 1.100m Höhe auch noch einer der schönsten in ganz Europa. Beim Kraxeln in den Baumwipfeln steigt neben dem Vergnügen auch der Puls ordentlich an.

Die perfekte Ergänzung zu Spaß und Abenteuer sind die Hütten und Einkehrmöglichkeiten in der Alpsee Bergwelt. Die Gastronomie der „Abenteuer Alpe" hält Stärkungen für den kleinen und großen Hunger bereit. Die „Berghütte Bärenfalle" lockt mit ihrer großen Sonnenterrasse zu einer Pause und im „Rodelwirt" an der Talstation lässt sich ein spannender Tag in der Alpsee Bergwelt bei einem zünftigen Einkehrschwung beginnen und beschließen.

Öffnungszeiten:
siehe: www.alpsee-bergwelt.de

Alpsee Bergwelt

Ratholz 24, D-87509 Immenstadt
Infotelefon +49 (0)8325 252
Fax +49 (0)8325 927693
info@alpsee-bergwelt.de
www.alpsee-bergwelt.de

Ein Museum für alle.
Mitmachen, Be-greifen und Entschleunigen

Allgäuer Bergbauernmuseum

Bei einem Urlaub im Allgäu sollte man einen Ausflug zum Allgäuer Bergbauernmuseum im Immenstädter Ortsteil Diepolz zwischen Niedersonthofen und Missen-Wilhams nicht versäumen. Vor einer faszinierenden Bergkulisse, zeigt das auf über 1.000 Meter Höhe gelegene Freilichtmuseum, die Welt der Allgäuer Bergbauern vor 200 Jahren.

In den historischen Gebäuden des Museums gibt es viel Interessantes zu entdecken. Anschaulich wird das harte Leben der Bergbauern dokumentiert. Die Besucher begegnen vielen alten Tierrassen wie Allgäuer Braunvieh, Bergschafen, Schwäbisch-Hällischen Schweinen und Sulmtaler Hühnern. Rund um die Kuh und die

Milchwirtschaft werden unterschiedliche Themen dargestellt. Der Senn-Alltag der Allgäuer Alpwirtschaft und der Viehscheid im Spätsommer werden dem Besucher auf der historischen Museumsalpe näher gebracht, die früher vom Bayerischen Prinzregenten Luitpold als Jagdquartier für höfische Jagden benützt wurde.

Beim Rundgang durch das Museum passiert man zunächst die Dauerausstellung im Eingangsgebäude mit Dokumenten von der historischen Entwicklung der Allgäuer Milchwirtschaft. Hier kann man auch den Museumsladen besuchen, der neben Produkten aus der Region auch Allgäu-Andenken und Mitbringsel anbietet.

584

Hinter dem Eingangsgebäude wartet der Abenteuerspielplatz mit Holzspielgeräten und dem Dorfbach auf begeisterte Kinder. Nach einem Blick auf den prächtigen Bauern- und Kräutergarten geht es in den Museumsbauernhof von 1787, wo der begehbare, kunstvoll gestaltete Kuhmagen einleuchtend den Weg vom Gras zur Milch darstellt. Kinder können sich hier beim Heuhüpfen im Heustock so richtig austoben.

Im Bienen- und Imkerhaus erfahren die Besucher viel Wissenswertes über Bienen und die Imkerei.

Im nachfolgenden 300 Jahre alten Sattler-Hof wird man auf eine Zeitreise mitgenommen. Nun folgt mit dem Spielwäldle wieder eine Station für Kinder. Zum Schluss kann man in der historischen Höfle-Alpe eine zünftige Brotzeit mit grandiosem Blick auf die Berge genießen. Wer will, kann von hier aus den 5 km langen Kuhnigunden-Erlebnispfad durch Wald, Wiesen und Hochmoor in Angriff nehmen. Als Abschluss lohnt ein Besuch der nahen Bergkäserei, wo es Käsespezialitäten und frische Milchprodukte gibt.

Das Museum bietet interessante Führungen zu verschiedenen Themen wie milchwirtschaftliche Führungen mit Besuch der Bergkäserei und Käseverkostung an sowie spannende Mitmachkurse zur Käse- und Butterherstellung.

Öffnungszeiten

Das Museum ist von Palmsonntag bis Ende der bayerischen Herbstferien täglich von 10 bis 18 Uhr geöffnet.

Allgäuer Bergbauernmuseum e.V.

Diepolz 44, D-87509 Immenstadt
Tel. +49 (0)8320 925929 0
info@bergbauernmuseum.de
www.bergbauernmuseum.de

Gastfreundschaft am Alpsee

Hierlhof

Herzlich Willkommen im Hierlhof in Bühl am schönen Alpsee. Im umfassend renovierten Hof wird die jahrzehntealte Tradition, Gäste zu beherbergen, weiter gepflegt. In dem gastfreundlichen Haus, das für Kurzaufenthalte oder einen erholsamen Familienurlaub bestens geeignet ist, stehen Komfort, Wohlbefinden und Entspannung der Gäste an erster Stelle. Das Haus ist nur zwei Gehminuten vom Alpsee entfernt und somit ein günstig gelegener Ausgangspunkt für Wander-, Berg- und Radtouren in der herrlichen Landschaft rund um den See.

In den zehn gemütlichen Zimmern, den fünf großzügigen Apartments und dem luxuriösen Chalet wohnen die Gäste komfortabel und stilvoll. In den Räumen verbindet sich hundertjähriges Altholz mit modernen, hochwertigen Materialen zu einem harmonischen Ambiente. Die Unterkünfte sind

mit erstklassigen Betten in Übergröße, gemütlichen Sitzgelegenheiten, Dusche/WC und TV liebevoll ausgestattet. Die ca. 50 m² großen Apartments und das Chalet mit 70 m² Wohnfläche bieten außerdem eine voll ausgestattete, funktionale Küchenzeile. Im Chalet stehen für Gäste unter anderem zwei Schlafzimmer, zwei Bäder und ein Ka-

minofen im Wohnraum zur Verfügung. Landwirtschaft gehört auch weiterhin zum Leben auf dem Hof.

Auf der privaten Halbinsel direkt am Seeufer, die nur einen Kilometer vom Wohnhaus entfernt ist, liegt die Weide für die Kühe und Kälber des Hierlhofes. Hier ist auch ein Badeplatz extra für die Gäste reserviert.

Ein Urlaubstag im Hierlhof startet mit einem abwechslungsreichen Frühstücksbüffet mit regionalen Produkten im traditionell eingerichteten Frühstücks- und Aufenthaltsraum. Dort kann man auch nachmittags am Kaminofen bei einem Kaffee entspannen oder abends gesellig zusammensitzen. Für geschäftliche Sitzungen steht moderne Beamertechnik bereit. Abends haben die Gäste die Gelegenheit, beim Melken im Stall zuzusehen.

Saunafreunde finden im kleinen Saunabereich Erholung und Entspannung. Als Wohlfühl-Plus für Gäste bietet die ausgebildete Physiotherapeutin Tina individuelle Behandlungen an.

Hierlhof
Seestraße 3, D-87509 Bühl am Alpsee
Tel. +49 (0)83 23-98 71 89, info@hierlhof.de
www.hierlhof.de

Burgcafe Werdenstein

Herrliches Bergpanorama, himmlische Ruhe, köstlicher Kuchen – mit dieser unschlagbaren Kombination wurde das Burgcafe Werdenstein zum Geheimtipp. Es liegt sechs Kilometer nördlich von Immenstadt unterhalb der Burg Werdenstein in sonniger Höhe an der Bundesstraße 19.

Burg Werdenstein und ein an der Burg angebrachtes Hufeisen, das im Jahr 2000 als größtes Hufeisen der Welt ins Guiness-Buch der Rekorde eingetragen wurde, befinden sich seit 1898 in Familienbesitz. Die traumhafte Sicht vom Burgcafe auf zahlreiche Berggipfel der Allgäuer Alpenkette wie Mädelegabel (2445 m) oder Nebelhorn (2224 m) machen den Nachmittagscafe auf der großen Son-

nenterrasse für Gäste zu einem wahren Gipfeltreffen. Draußen und in den liebevoll eingerichteten Gasträumen bewirtet Familie Rapp ihre Gäste mit heimischen Spezialitäten, für die weitestgehend Produkte aus dem eigenen Schlosshof verwendet werden. Verführerische Torten und Kuchen, phantasievolle Eiskreationen und andere Köstlichkeiten entlocken so manchem Gast ein genießerisches „Mmmh, lecker". In der behaglichen Atmosphäre des Hauses lässt es sich wunderbar abschalten, hier vergisst man den Alltag und gibt sich ganz dem Augenblick hin. Ein idealer Ort auch für Familienfeiern und Veranstaltungen bis zu 45 Personen.

Öffnungszeiten:

Mo. bis Sa. 12 bis 19 Uhr, Sonn- und Feiertag 10 bis 19 Uhr, Do. Ruhetag, abends nach Vereinbarung. Von 12 bis 19 Uhr durchgehend warme Küche.

Schlosshof + Burgcafe Werdenstein

Familie Rapp, Burgweg 5
D-87509 Immenstadt
Tel. +49 (0)8379 74 91
Tel. +49 (0)8379 7 28 90 56
Fax +49 (0)8379 72 87 92
info@schlosshof-werdenstein.de
www.schlosshof-werdenstein.de

Golfen in traumhafter Landschaft

Golfclub Oberstaufen-Steibis

Der Schroth-Kurort Oberstaufen ist bei Freunden des Golfsports sehr beliebt. Das liegt vor allem am Golfclub im Ortsteil Steibis, einem prachtvollen 18-Loch Golfplatz in herrlicher Lage mit Aussicht auf die Allgäuer Berge. Die von April bis November geöffnete Anlage überzeugt durch höchsten Komfort und abwechslungsreiche Fairways. Dies ist der ideale Platz für erholsame Stunden beim Golfen. Dank der günstigen Lage des Clubs sind im Umkreis von vierzig Kilometern dreizehn weitere Golfplätze erreichbar.

Zum Golfclub gehört die Golfschule "golf made easier". Erfahrene Lehrer zeigen bei einem Kurs oder beim individuellen Training, wie man die passende Schwungtechnik erlernt. Ein abwechslungsreiches Turnierprogramm sorgt für sportliche Herausforderungen für jeden Golfspieler, ob Anfänger oder Könner. Der Shop des Clubs bietet pures Einkaufsvergnügen mit einer breiten Auswahl an Kleidung, Accesoires und Sportartikeln, die man zum Golfen benötigt.

Im Restaurant des Clubs kann man nach erfolgreicher Absolvierung des 18-Loch Golfplatzes beim Genuss von leckeren, frisch zubereiteten regionalen Speisen wunderbar entspannen. Oberstaufener Urlaubsgäste sind im Restaurant ebenso willkommen. Auch für Veranstaltungen und Feste bieten die Räumlichkeiten den passenden Rahmen.

Golfclub Oberstaufen-Steibis

In der Au 5, D-87534 Oberstaufen
Tel. +49 (0)8386 8529
Fax +49 (0)8386 8657
info@golf-oberstaufen.de
www.golf-oberstaufen.de

Oberstaufen

Mehr Allgäu geht nicht!

Die Marktgemeinde Oberstaufen (rund 7.800 Einwohner) mit den Ortsteilen Steibis, Aach und Thalkirchdorf liegt am Fuß der Nagelfluhkette und ist der touristische Hauptort im deutsch-österreichischen Naturpark Nagelfluhkette. Oberstaufen ist durch die Lage an der Deutschen Alpenstraße B 308 zwischen Lindau/Bodensee und Immenstadt und der Allgäubahn von München nach Lindau sehr gut zu erreichen und bietet hervorragende Ausflugsmöglichkeiten zu den attraktiven Zielen am Bodensee und in den Allgäuer Alpen.

Der sehr beliebte heilklimatische Kurort in einer Höhe von 654 m bis zum Hochgratgipfel in 1.834 m Höhe wurde schon mehrfach mit Tourismuspreisen ausgezeichnet.

Oberstaufen ist Deutschlands einziges Schroth-Heilbad und der Ort mit den meisten Wellnesshotels in Bayern, davon acht mit dem WellVital-Gütesiegel. Das milde Reizklima (Hochgebirgsklima unterer Stufe) ist bestens geeignet für die Behandlung von Atemwegs-, Herz-, Gefäß- und Kreislauferkrankungen, Hautkrankheiten und Frauenleiden. Die in Oberstaufen angebotene Original Oberstaufener Schrothkur ist ein ganzheitliches Naturheilverfahren nach Johann Schroth (1798 – 1856), das bei zahlreichen Krankheiten erfolgreiche Wirkungen erzielt und zudem ideale Bedingungen für Gäste bietet, die an einer Gewichtsreduzierung interessiert sind.

Die rund 600 Unterkunftsbetriebe, davon 50 Schrothkur-Gastgeber, vom Sternehotel mit Beauty- und Wellnessangeboten über Ferienwohnungen bis zum Privatzimmer, bieten knapp 7.800 Gästebetten. 2017 verzeichnete Oberstaufen rund 270.000 Gäste mit 1,37 Mio. Übernachtungen.

Bei rund 300 Gastgebern erhalten Feriengäste die Oberstaufen PLUS-Gästekarte, die zahlreiche kostenfreie Freizeitaktivitäten wie Bergbahnfahrten, Eintritt ins Erlebnisbad, Fahrten mit der Sommerrodelbahn und vieles mehr ermöglicht. Auch Parken und der Gästebus sind gratis. Im Winter ersetzt die Gästekarte den Skipass.

Blick auf Oberstaufen
(Bilder Oberstaufen Tourismus)

Rathaus

Oberstaufen ist der digitalste Kurort Deutschlands mit 24-h-Service der TI, Web-/Orts-TV, Bewertungen vieler Dienstleister auf der Webseite, Public WLAN-Hotspots, Online-Gutscheinen.

In Oberstaufen findet man die ideale Kombination von Genuss und Lifestyle. Die in den Restaurants und urigen Almhütten angebotene bodenständige Allgäuer Küche mit würzigem Bergkäse, leckerem Fleisch von einheimischen Tieren, saftigen Knödeln, frisch gezapftem Bier aus den umliegenden kleinen Brauereien und feurigen Schnäpsen bietet herzhafte Gaumenfreuden. Abends genießt man in geselliger Runde pure Lebensfreude mit einem Glas Wein oder einem Cocktail in den zahlreichen Bars, Tanz- und Nachtlokalen.

Der lebendige Ortskern ist das kulturelle und kulinarische Zentrum von Oberstaufen. Bei einem gemütlichen Ortsspaziergang durch die Einkaufsstraßen kann man nach Herzenslust shoppen.

Sehenswürdigkeiten

Zu den sehenswerten Bauwerken in Oberstaufen gehören die katholische Pfarrkirche St. Peter und Paul mit einer beeindruckenden Kreuzigungsgruppe von 1510 im Innenraum und die Kapelle St. Bartholomäus in Zell bei Oberstaufen von 1440 mit drei gotischen Altären und Originalfresken aus dem 15. Jahrhundert.

Einen Besuch wert ist auch das Heimatmuseum „Beim Strumpfar" in Oberstaufen, das die Geschichte Oberstaufens präsentiert und das Bauernhofmuseum „S'Huimatle" im Ortsteil Knechtenhofen, das von Mai bis Oktober den Besuchern einen Einblick in das bäuerliche Leben im 17. Jahrhundert vermittelt. Ebenfalls lohnend ist ein Besuch der Käseschule Allgäu in Thalkirchdorf.

Weißwurstfrühstück

Frühlingserwachen

Freizeit und Sport

Im Sommer

Im weitläufigen Wanderparadies Oberstaufen mit über 300 km markierten Wanderwegen in drei Höhenlagen im 800 m, 1.100 m und 1.700 m findet jeder Wanderer die passende Route.

Die Wege in der Hügellandschaft und den blühenden Bergweiden bieten ideale Bedingungen für einen aktiven, erholsamen Sommerurlaub.

Die Bergbahnen auf den Hochgrat, den Imberg und das Hündle sind willkommene Aufstiegshilfen für aussichtsreiche Wanderungen. Drei Premiumwanderwege sind mit dem Wandersiegel des Deutschen Wanderinstitutes ausgezeichnet und bescheinigen den Touren einen besonders hohen Erlebnischarakter.

Nordic Walker können aus 90 Kilometer DSV-zertifizierten Routen auswählen.

Auch Radfahrer und Mountainbiker kommen in Oberstaufen voll auf ihre Kosten. Das Wegenetz reicht bis in die höheren Bergregionen und erlaubt anspruchsvolle Fahrten mit dem Mountainbike ebenso wie beschauliche Radwanderungen. Bei Radverleihstationen können Fahrräder und auch E-Bikes ausgeliehen werden.

Liebhaber des Golfsports sind in Oberstaufen genau richtig. Drei 18-Loch Golfplätze, ein 9-Loch-Kurzplatz sowie 15 Plätze im Umkreis, die in einer Autostunde zu erreichen sind, bieten abwechslungsreiche Spielmöglichkeiten auf herrlich gelegenen Plätzen mit Alpenblick.

Weitere Sommer-Freizeitfreuden versprechen der Badespaß im Erlebnisbad „Aquaria", das Freibad in Thalkirchdorf, der Klettergarten auf dem Imberg sowie die Sommerrodelbahn und der Minigolfplatz am Hündle.

Winterurlaub in Oberstaufen

Auch im Winter bietet die romantisch verschneite Hügellandschaft um Oberstaufen optimale Möglichkeiten, sich sportlich zu betätigen und sich zu erholen.

Auf den gebahnten 60 km Winterwanderwegen kann man die sonnige Winterlandschaft und die kristallklare Luft genießen. In Oberstaufen wurde der erste Premium-Winterwanderweg im Allgäu eingerichtet. Sportliche Wanderer können an einer geführten Schneeschuhwanderung teilnehmen.

Für die Skilangläufer stehen elf präparierte Loipen von insgesamt 80 km Länge zur Verfügung, darunter eine Flutlichtloipe und drei Höhenloipen auf dem Hochplateau des Hochhäderich.

Drei Bergbahnen und über 20 Schlepplifte bringen erlebnishungrige Skifahrer zu den vier Skigebieten mit insgesamt 40 Pistenkilometern.

Unbeschwerten Winterspaß bieten auch die Naturrodelbahnen am Imberg und am Hochgrat und der Eislaufplatz. Eine romantische Pferdeschlittenfahrt sollte ebenfalls zu einem Winterurlaub in Oberstaufen gehören. Nach einem erlebnisreichen Tag wartet abends eine gesellige Hüttengaudi auf alle Wintersportliebhaber.

Veranstaltungen

Das bunte Veranstaltungsprogramm in Oberstaufen sorgt für Abwechslung und Unterhaltung mit Sport-Events, Ausstellungen, kulturellen Highlights und traditionellen Brauchtumsfesten.

Im Kurhaus Oberstaufen, in der Festhalle Steibis und im Thaler Festsaal finden regelmäßig Konzerte und Theateraufführungen statt.

Wichtige Adressen und Telefonnummern

Oberstaufen Tourismus Marketing GmbH - OTM
Hugo-von Königsegg-Straße 8
D-87534 Oberstaufen
Tel. +49 (0)8386 9300 0
Fax +49 (0)8386 9300 20
info@oberstaufen.de
www.oberstaufen.de

Auf dem Hündle

Ein Paradies für zwischendurch

Erlebnisbad Aquaria

Das Erlebnisbad Aquaria ist eines der schönsten Bäder im süddeutschen Raum.

Mit einem breit gefächerten Angebot werden sowohl der „Aktive" als auch der „Ruhebedürftige" angesprochen.

Die 1000-qm Wasserlandschaft mit 25 m Sportbecken, Außenbecken, 3- und 5- Meter Sprungturm, 100-m Rutsche, Wildwasserkreisel und einem Solebecken wird durch ein Saunaangebot der Extraklasse ergänzt.

Als einziges Bad in der Region bietet das Aquaria eine eigene Damen-Sauna-Abteilung mit Trockensauna, Biosauna, Dampfbad und Infrarotkabine. In der gemischten Sauna haben sie die Auswahl zwischen Trockensaunen bis zu 100°, Dampfsauna und Infrarotkabine.

Der Außenbereich mit 2 Außensaunen beeindruckt mit einer grandiosen Aussicht auf den Hochgrat, am allerschönsten nach einer gelungenen Berg- oder Skitour.

Für alle Aktiven bieten wir jeden Mittwoch und Freitag-Vormittag kostenlose Wassergymnastik an, am Montag-Abend und Dienstag-Vormittag ist Aqua-Nordic-Walking und am Donnerstag-Abend die sehr effektive Tiefengymnastik.

Physiotherm-Ruhezone

Das gesamte II. Obergeschoss wurde neu gestaltet. Es entstanden neue Massageräume, Räume für Solarium, Wasser-Massageliege und Massagestühle und als Höhepunkt eine Infrarot-Physiotherm-Ruhezone.

Insgesamt können 6 Physiotherm-Sitzplätze mit Frontstrahlern und 7 Wärmeliegen – alle kostenlos – genutzt werden um das Wohlfühlerlebnis unter unserem Panorama-Glasdach abzurunden.

Erlebnisbad Aquaria Betriebs GmbH

Alpenstr. 5, D-87534 Oberstaufen
Tel. +49 (0)8386 93130
Fax +49 (0)8386 931340
info@aquaria.de
www.aquaria.de

Öffnungszeiten:

Tägl. von 9 bis 22 Uhr

Wanderparadies Hochgrat

Hochgratbahn

Der Hochgrat bei Oberstaufen ist mit 1.834 m der höchste Berg im Naturpark Nagelfluhkette im westlichen Allgäu. Der aussichtsreiche Gipfel mit Fernblikken vom Bodensee bis zur Zugspitze ist ein sehr beliebtes Ausflugsziel für Wanderer, Bergsteiger und Wintersportbegeisterte in der einzigartigen Naturparklandschaft.

Seit 1973 bringt die Hochgratbahn, auch liebevoll „Nostalgiebahn" genannt, mit ihren kleinen gelben Viererkabinen täglich im Sommer wie im Winter zahlreiche Besucher sicher in Gipfelnähe. Nach einer 15-minütigen Auffahrt über 850 Höhenmeter mit faszinierenden Ausblicken erreicht man die Bergstation auf einer Höhe von 1.708 Metern.

Zu den beliebten Erlebnisfahrten der Bahn gehören die Sonnenaufgangs- und Sonnenuntergangsfahrten, die Vollmondfahrten und die Fahrten zu den Bergmessen auf dem Hochgrat, Termine siehe Homepage.

Die Bergstation ist Ausgangspunkt für viele attraktive Wanderungen. Zum Hochgrat führt ein bequemer Wanderweg in einer halben Stunde zum Hochgratgipfel.

Erfahrene, ausdauernde Bergwanderer wählen die 6-stündige abwechslungsreiche Gratwanderung zum Mittag in Immenstadt, eine der schönsten Berg-

200 weiteren Plätzen auf der Sonnenterrasse sowie ein Kinderspielplatz auf erholungsbedürftige Besucher. Im SB-Restaurant werden frisch zubereitete, einheimische Spezialitäten wie Allgäuer Kässpatzen oder Maultaschen ebenso angeboten wie frische Salate und hausgemachte Kuchen.

Im Winter kommen am Hochgrat Tiefschneefahrer, Freerider, Schneeschuhwanderer und Rodler in der zauberhaften Winterwelt voll auf ihre Kosten. Für Ski- und Snowboardfans stehen fünf bis sechs Kilometer lange Abfahrten zur Verfügung. Für erfahrene Skitourengänger bietet die Nagelfluhkette optimale Bedingungen für anspruchsvolle Touren.

Die sportliche, fünf Kilometer lange Rodelbahn sorgt für eine Riesengaudi bei ambitionierten Rodlern.

touren im Allgäu. Empfehlenswert ist auch der 2,5-stündige Panorama-Rundwanderweg über den Hochgratgipfel mit Abstieg zur Brunnenauscharte, über mehrere Alpen und zurück zur Bergstation.

Nach den schönen Wandererlebnissen am Berg warten ein gemütliches Bergrestaurant mit 120 Plätzen und

Hochgratbahn

Lanzenbach 5
D-87534 Oberstaufen-Steibis
Tel. +49 (0)8386 8222
Fax +49 (0)8386 8554
info@hochgrat.de
www.hochgrat.de

Hinauf auf die Allgäuer Berggipfel

Mit Hündlebahn und Imbergbahn

In den Kabinen der Hündlebahn finden acht Personen bequem Platz. Die beheizten Sitze sind vor allem in den kalten Monaten des Jahres äußerst angenehm. Die Bahn ist eine der modernsten der gesamten Region.

An der Talstation stehen Jung und Alt verschiedene, spannende Freizeitangebote zur Verfügung. So gibt es eine Sommerrodelbahn, ein Kleintiergehege, Bungee-Trampolinspringen und vieles mehr. Die spektakulären Freizeitangebote werden durch die beeindruckende Kulisse zu unvergesslichen Erlebnissen.

Wer gern wandert, findet hier zahlreiche Wanderrouten, sowohl für den ambitionierten Wanderer als auch für Familien mit Kindern und Senioren. Auf dem Weg locken verschiedene Hütten und Gasthöfe mit leckeren regionalen Speisen zur Einkehr. In den Wintermonaten zieht das Skigebiet mit seinen abwechslungsreichen Pisten unzählige Wintersportfreunde an. Um das Imbergplateau zu besuchen, gibt es keine komfortablere Möglich-

gebung kennenzulernen. Es gibt Erlebniswanderungen mit mehreren interessanten Stationen oder Premiumwanderungen, die unterschiedlich lang gestaltet sind. Dadurch sprechen sie alle Altersgruppen an.

Etwa 15 Geh-Minuten von der Imbergbahn Bergstation entfernt befindet sich der Wald-Hochseilgarten. Hier können sich Kletterfreunde unterschiedlichen Herausforderungen in luftiger Höhe stellen.

Auch das leibliche Wohl darf keinesfalls zu kurz kommen. Rustikale Berghütten und urige Gasthöfe laden zum gemütlichen Verweilen ein und entführen mit ihren leckeren Speisen in die Genusswelt des Allgäus.

keit als die Fahrt mit der Imbergbahn. Sie bringt ihre Fahrgäste in modernen Kabinen bequem auf das 1.100 Meter hoch gelegene Plateau. Von dort aus können verschiedene Wanderrouten gewählt werden, um die idyllische Um-

In der kalten Jahreszeit kommen Wintersportler hier voll auf ihre Kosten. Inmitten beeindruckender Landschaft kann hier auf den Skipisten das individuelle Können unter Beweis gestellt werden.

Hündle GmbH & Co. KG

Hinterstaufen 10
D-87534 Oberstaufen
Tel. +49 (0)8386 27 20
info@huendle.de
www.huendle.eu

**Imbergbahn & Skiarena
Steibis GmbH & Co. KG**

In der Au 19
D-87534 Oberstaufen
Tel. +49 (0)8386 81 12
info@imbergbahn.de
www.imbergbahn.de

Ankommen und aufatmen

Hotel Alpenkönig****S

Herzlich willkommen im familienge-führten Wellnesshotel Alpenkönig. Es liegt in einem ruhigen Wohngebiet am Ortsrand des heilklimatischen Kurorts Oberstaufen, der in 800 Metern Höhe von den Wiesen und Wäldern der sanften voralpinen Allgäuer Hügel-landschaft umgeben ist und zahlreiche attraktive Freizeitmöglichkeiten bietet. Das Hotel bietet mit gepflegter Ge-mütlichkeit und harmonischer Aus-stattung den perfekten Rahmen für Ruhe- und Erholungssuchende, die ih-ren Urlaub aktiv gestalten und sich kulinarisch verwöhnen lassen möch-ten. Empfangen werden die Gäste an der Rezeption, die 2019 vollständig erneuert wird. Familie Bentele führt das Hotel mit Leidenschaft,

Begeisterung und viel Liebe zum De-tail und sorgt so gemeinsam mit ih-rem Service-Team für eine einzigartige Wohlfühlatmosphäre.

Die geräumigen, hochwertig und ge-schmackvoll ausgestatteten Hotelzim-mer bieten jeden gewünschten Kom-fort. Sie sind alle mit Dusche/WC oder Badewanne, TV-Flatscreen, Telefon, kostenfreiem WLAN, Föhn, Safe, Bademantel, Badeschuhen und Kosmetikspiegel ausgestattet. Je nach Zimmertyp stehen zudem Wohn-/ Schlafbereich, separates WC, Balkon oder Terrasse, Minibar, DVD-Player sowie ein begehbarer Kleiderschrank

zur Verfügung. Alle Zimmer sind Nichtraucherzimmer. Zwei neu gestaltete Garten-Suiten gehören ebenfalls zum Wohlfühlangebot.

Die Hotelgäste haben die Möglichkeit, mittags und abends im hoteleigenen, behaglichen Restaurant „Esslust" oder in der Gourmet-Stube „Laurentius" köstliche Speisen zu genießen. Zur Auswahl stehen drei Menüs oder Essen à la Carte.
Die Gerichte aus der gehobenen, modern ausgelegten Küche von Küchenchef Sascha Bulander begeistern täglich aufs Neue. Auf den Tisch kommt das Beste aus der Region mit frischen Zutaten zubereitet. Angeboten werden Köstlichkeiten wie in Spätburgunder geschmorte Rinderroulade oder hausgemachte Topfen-Spinat-Maultäschle. Dazu mundet ein edler Tropfen aus dem hauseigenen Weinkeller.

Die Wellnessabteilung des Hotels bietet ein Hallenbad mit beheiztem, 5 x 10 Meter großem Schwimmbecken, das 2019 komplett umgebaut wird, einen Ruheraum mit ergonomisch geformten Relax-Liegen, eine Finnische Sauna, eine Tepidarium-Biosauna sowie einen Fitnessraum mit Solarium. Die Nutzung dieser Einrichtungen ist im Hotelpreis inbegriffen.

Zusätzlich werden fachmännische Kosmetikbehandlungen, Bäderanwendungen und Massagen angeboten.

Hotel Alpenkönig****S
Kalzhofer Strasse 25
D-87534 Oberstaufen
Tel: +49 (0)8386 9345 0
Fax +49 (0)8386 4344
info@hotel-alpenkoenig.de
www.hotel-alpenkoenig.de

Traumhafte Tage im Paradies

Hotel-Café Berghof am Paradies

Herzlich willkommen im Kur- und Ferienhotel Berghof am Paradies in Oberstaufen.

Das familiär geführte, gastfreundliche Hotel in idealer Höhenlage bietet einen einmaligen Panoramablick auf die Bergwelt von Allgäu, Österreich, Liechtenstein und der Schweiz.

Die behaglichen, modernen Gästezimmer mit großen Aussichtsfenstern bieten beste Voraussetzungen für einen erholsamen Urlaub. Das einmalige Bergpanorama der Alpen genießen die Gäste nahezu von überall im Hotel aus – von der gepflegten Liegewiese an der Südseite des Hauses sowie der großzügigen Sonnenterrasse vor dem hauseigenen Café und Speiseraum bis hin zur Sauna im Wellnessbereich.

Im Hotel wird die Durchführung der klassischen Schrothkur durch Entgiftung des Körpers und Förderung der Selbstheilungskräfte erfolgreich unterstützt. Die Wellness-Abteilung ist mit verschiedenen Saunen, Dampfbad, Solarium, Fitnessraum und vielem mehr ausgestattet, zudem werden Lymphdrainagen, Massagen und Fango-Behandlungen angeboten.

Gäste des Hotels erhalten die wertvolle Gästekarte „Oberstaufen plus" und können damit viele Freizeiteinrichtungen in und um Oberstaufen kostenfrei bzw. ermäßigt nutzen. So bezahlt der Hotelgast weder seine Fahrt mit einer der drei Gondelbahnen (Hündle, Imberg und Hochgrat) noch den Besuch im ansprechenden Erlebnisbad Aquaria. Der Berghof am Paradies ist zudem ein idealer Ausgangspunkt für Wanderungen und Ausflüge.

Der Urlaubstag im Hotel beginnt mit einem reichhaltigen Frühstücksbüffet. Nach einem erlebnisreichen Tag entspannen die Gäste in angenehmer Atmosphäre und schlemmen am Abend à la carte oder entscheiden sich für die Halbpension mit Menüwahl. Die köstlichen Gerichte werden in der Küche vom Chef persönlich zubereitet.

Café Paradies

Auf unserer 4-Länder-Panornamablick-Terrasse oder in den hellen, gediegenen Gasträumen könnten die Voraussetzungen auch sonst nicht besser sein, um die schönen Momente des Lebens in aller Ruhe ausgiebig zu genießen.

Mit einem stets freundlichen Lächeln werden Ihnen hausgebackene Kuchen, erfrischende Eisspezialitäten und selbstverständlich auch eine Auswahl an kleinen Gerichten und ordentlichen Brotzeiten serviert. Das beliebte Café Paradies ist täglich außer mittwochs von 11:30 bis 17:00 Uhr geöffnet.

Hotel Café Berghof am Paradies

Berg 8, D-87534 Oberstaufen
Tel. +49 (0)8386 93320
info@berghof-am-paradies.de
www.berghof-am-paradies.de

Allgäuer Gemütlichkeit mit nordischem Charme

Café Blaues Haus

Das Blaue Haus in Oberstaufen ist bis weit über die Gemeindegrenze hinaus bekannt und beliebt. Der leuchtend pastellblaue Anstrich des traditionellen Allgäuer Holzhauses steht für die entspannte Caféhaus-Atmosphäre mit individuellem Flair. Im Blauen Haus kann man Freunde treffen, leckeren Kuchen verspeisen, schöne Dinge erwerben und die Seele baumeln lassen. An warmen Tagen lädt der romantische Garten zum Verweilen ein. Die Atmosphäre erinnert an ein Gartenfest bei Freunden. Man sitzt auf pastellfarbenen Stühlen an einzeln verteilten Tischen ganz idyllisch im Grünen und genießt das kulinarische Angebot. Zu Kaffee oder Tee gibt es hausgemachte Kuchen. TIPP: Unbedingt den Zwetschgenkuchen probieren! Auch wechselnde warme Tagesgerichte und erfrischende Getränke stehen auf der Speisekarte.

Bestellt wird direkt im Blauen Haus am Tresen, dort wird alles sofort zubereitet und auf ein Tablett gestellt, das man mit an den Tisch nimmt.
Auf zwei Etagen gibt es gemütliche Sitzgelegenheiten in verschiedenen Räumen, die allesamt liebevoll dekoriert sind und einen einzigartigen Charme verströmen. Allgäuer Behaglichkeit trifft auf nordischen Purismus, eine Kombination, die wunderbar harmoniert.

Stockwerken fündig. In jedem Winkel und in jeder Ecke, sogar entlang der Treppe zum Obergeschoss, gibt es Gelegenheiten zum Stöbern und Entdecken. Bonbons nach Großmutters Rezept neben stilvollem Geschirr, bunter Weihnachtsschmuck und skurrile Kleinigkeiten, dekorativer Zierrat, interessante Literatur, Lampen, ausgefallene Back-Accessoires, trendiger Schmuck, Postkarten und vieles mehr – die Auswahl ist riesengroß.

Der Zauber des Blauen Hauses ist seit vielen Jahren ungebrochen. Gäste, die einmal hier waren, kommen immer wieder gerne zurück und genießen das einzigartige Flair bei Kaffee, köstlichem Kuchen und anderen hausgemachten Spezialitäten inklusive Shopping-Erlebnis.

Beim Genießen der kulinarischen Köstlichkeiten lässt man das Interieur auf sich wirken. Das Wohlfühlambiente des Hauses können Gäste mit nach Hause nehmen, denn viele Dekorationsstücke sind käuflich zu erwerben. Wer ausgefallene Geschenkideen sucht, wird im Blauen Haus auf beiden

Café Blaues Haus

Freibadweg 2, D-87534 Oberstaufen
Tel. +49 (0)8386 4476
Info@blaueshaus-oberstaufen.de
www.blaueshaus-oberstaufen.de

Auf dem Weg zum eigenen Käse

Käseschule Allgäu

Wer auf einem Kreuzfahrtschiff den Passagieren das Käserhandwerk näher bringt, der muss schon ein Könner auf seinem Gebiet sein. Die Erlebniskäserei, die inmitten des Allgäus beheimatet ist, konnte schon so manchen Prominenten und bekannte Unternehmen in die Kunst des Käsens einführen.

Die Produktion des Käses wird hier als Handwerk gesehen, das man mit viel Freude und Unterhaltung erlernen kann. Schließlich gibt es für den Käsegourmet nichts Schöneres, als bei der Entstehung seiner Gaumenfreude selbst Hand anzulegen.

So machen die Teilnehmer der Käseschule im Dorfhaus in Thalkirchdorf unter der fachkundigen Anleitung des Käsermeisters Georg Gründl in einem kleinen Kuperkessel ihren eigenen kleinen Weichkäse.

Viel Wissenswertes rund um den Käse

Aus drei Liter Milch gewinnen sie in zweieinhalb Stunden etwa 350 Gram Weichkäse. Dabei lernt man viel Wissenswertes rund um den Käse und seinen Genuss. Die Wartezeit bis das eigene Kunstwerk gekostet oder den Lieben daheim

als Beweis der Könnerschaft mitgenommen werden kann, überbrückt man mit einer geselligen Käseverkostung und einem Schnapserl. Stolz präsentieren die Teilnehmer nach Abschluß der Veranstaltung die Urkunde, die sie als Käsekönner auszeichnet.

Schaukäsen im Allgäu

Ein besonderes Gruppenerlebnis für 20 bis 45 Personen bietet das mobile Schaukäsen. Ob auf einer Berghütte, im Hotel, am See oder direkt bei den Teilnehmern zu Hause, führen die Käsermeister in die Kunst des Käsens ein. Unter fachkundiger Anleitung stellt man den Käse her, ganz so, wie es im Allgäu schon seit Generationen gemacht wird. Die "Käsertaufe" mit einem Schnapserl ist der Höhepunkt der Veranstaltung.

Das Käseerlebnis auf der Allgäuer Käsestraße

Neben der Käseschule im Dorfhaus in Thalkirchdorf werden die Seminare für die Butter- und Käseherstellung auch im Lindenberger Hof in Lindenberg angeboten.

Käseschule Allgäu

Kirchdorfer Str. 7
D-87534 Oberstaufen-Thalkirchdorf
Tel +49 (0)8304 97 38 03
info@kaeseschule.de
www.kaeseschule.de

Geprägt durch Sorgfalt und Qualität

Bergkäserei Steibis

Zweimal täglich liefern die neun Bauern der Genossenschaft die frische Milch in die Sennerei. Milch von Kühen, die nur das Gras von den saftig grünen Berghängen des Hochgrates und im Winer luftgetrocknetes Heu als Futter erhalten.

Frei von chemischen Zusätzen und ohne Silagefutter ernährt, liefern sie die hochwertige Rohmilch, die in der Sennerei zu den unnachahmlichen Molkereiprodukten verarbeitet werden.

Wie vor 100 Jahren stellen die zwei Käsermeister in handwerklicher Vollendung die Käseköstlichkeiten her, die in den Kellern der Sennerei bis zu zwei Jahren reifen und ihren Geschmack entwickeln.

Ein Blick hinter die Kulissen

Wer Käse geniesst und erforschen möchte, wieviel Handarbeit, Mühen und Kenntnis mit der Herstellung einhergehen, dem sei eine Führung durch die Sennerei empfohlen. Jeden Dienstag um 10.30 Uhr erfährt man so manch Wissenswertes über die Entstehungsgeschichte des Käses. Bei einer anschließenden Brotzeit

im Kässtüble überzeugt man sich schließlich vom einzigartigen Geschmack und der Qualität, die aus der erstklassigem Rohstoff und traditioneller Handwerkskunst entsteht.

Gaumenfreuden frisch auf den Tisch

Dem Käseliebhaber wird bei dem Angebot, das sich im Ladengeschäft darbietet, „das Wasser im Munde zusammen laufen". Die Präsentation des Warenangebotes macht so richtig Appetit. Würziger Bergkäse ist hier neben Emmentaler und Bauernkäse oder feinem Tilsiter ebenso zu finden wie Petersilien-Knoblauchkäse, Pfeffer- oder Zwiebelkäse. Auch die frische Fassbutter, die Buttermilch und Sahne oder den Topfen sollte man sich nicht entgehen lassen.

Das gesamte Angebot des Sennerei ist auch im Online-Shop über www.berg-kaese.de erhältlich.

Wer es gar nicht abwarten kann, der besucht das Kässtüble. Hier wird man mit den Käseköstlichkeiten vor Ort verwöhnt. In der urig eingerichteten, gemütlichen Stube lässt man sich die Brotzeit mit den Käsespezialitäten der Bergkäserei Steibis gerne schmecken.

Bergkäserei Steibis

Im Dorf 12
D-87534 Oberstaufen-Steibis
Tel. +49 (0)8386 81 56
Fax +49 (0)8386 99 10 66
info@berg-kaese.de
www.berg-kaese.de

Missen-Wilhams

Inmitten eines Wanderparadieses

Missen-Wilhams
(Bild Tourismusbüro Missen-Wilhams)

Die mit dem Prädikat Luftkurort ausgezeichnete Gemeinde liegt zwischen Immenstadt und Isny. Neben
Missen und Wilhams zählen fünf
weitere Ortsteile wie Aigis, Gerats-
ried, Wiederhofen, Börlas und Berg
sowie zahlreiche Weiler und Einöden
zu der Gemeinde, die eine Vielfalt
von Erholungsmöglichkeiten bietet.

Missen-Wilhams liegt mit seinen
Ortsteilen eingebettet zwischen dem
Hauchenberg (1237 m) und der Sal-
maser Höhe (1254 m) auf einer Höhe
zwischen 830 und 1000 m ü. M. und
bietet etwa 1.440 Einwohnern eine
Heimat.

Seit dem Jahr 2000 darf der Ort die
Bezeichnung Luftkurort tragen. Etwas

mehr als 95% der Gemeindefläche
besteht aus Landwirtschafts- und
Waldfläche und ist eine gentechnik-
freie Anbauregion.

Erholsame Tage
in den Alpkönigdörfern

Mit seinen malerisch gelegenen Ortsteilen ist Missen-Wilhams ein ur-
sprüngliches, lebendiges Fleckchen
Erde. Blühende Wiesen, stille Wälder,
glasklare Bäche und traumhafte Ausblicke auf die Allgäuer Alpen genießt
man hier zu jeder Jahreszeit. Die Natur liefert hier alles, was Erholung und
Ruhe schafft. Urlauber erleben hier
Allgäuer Gemütlichkeit und herzliche
Gastfreundschaft. Die Gastgeber heißen ihre Gäste herzlich willkommen

und kennen jeden Winkel ihrer Region und jeden Aussichtspunkt, den sie gerne preisgeben.

Zahlreiche Kirchen und Kapellen im Gemeindegebiet sind einen Besuch wert und überraschen mit größeren und kleineren Kunstwerken.

Nicht versäumen sollte man die Besichtigung des Carl-Hirnbein-Museums im Haus des Gastes, das jeden Freitag von 15 bis 17 Uhr geöffnet ist. Der Agrarreformer und „Alpkönig" Carl Hirnbein (1807-1871) ist der bedeutendste Sohn der Gemeinde.

Freizeit und Sport

Die Region um Missen-Wilhams herum ist ein Wanderparadies. Über 80 Kilometer Wanderwege mit einer großen Auswahl an Strecken mit den unterschiedlichsten Höhenprofilen, laden ein, die unbeschreiblich schöne Voralpenlandschaft zu erkunden. Zahlreiche gemütliche Alpen sorgen unterwegs für eine wohlverdiente Brotzeit. Dazu schmeckt ein Bier aus der heimischen Brauererei, das mit reinem Quellwasser aus 1.000 m Höhe gebraut wird. Der 6,5 km lange Carl-Hirnbein-Erlebniswanderweg ist ein beliebter Familienwanderweg. Viele Stationen zum Spielen und Entdecken für Groß und Klein machen die Strecke von Missen-Wilhams nach Weitnau unterhaltsam. Lohnend ist auch ein Wanderung zum Alpkönigblick. Hoch droben auf dem Hauchenberg entschädigt der grandiose Ausblick für die Mühen des Aufstieges.

Feriengäste genießen aber auch die große Auswahl an Freizeitmöglichkeiten wie Radfahren und Mountainbiken, Rennradeln und E-Biken sowie die Einrichtungen für Tennis, Schwimmen, Kneippen, Nordic-Walking, Beachvolleyball und Minigolf.

Veranstaltungen

Tradition und Brauchtum werden in den Alpkönigdörfern groß geschrieben. Der Veranstaltungskalender bietet reichlich Abwechslung.

Aufstellen des Maibaumes zum Saisonbeginn, Sonnwendfeuer auf der Pfarralpe im Juni, Standkonzerte im Sommer, Missner Viehscheid am dritten Samstag im September, Nikolaus und Klausen vor Weihnachten, Benefizkonzert am 28. Dezember in der Pfarrkirche St. Martin, Fasching mit närrischem Treiben und Faschingsbällen.

Auch die traditionelle Missner Kirbe, das Volksfest am ersten Sonntag im September, lockt Jung und Alt mit vielen Attraktionen und einem bunten Rahmenprogramm.

Wichtige Adressen und Telefonnummern

Tourismusbüro Missen-Wilhams
Hauptstr. 45
D-87547 Missen-Wilhams
Tel. +49 (0)8320 456
Fax +49 (0)8320 268
tourismus@missen-wilhams.de
www.missen-wilhams.de

Zeit für Gutes – Zeit für Besonderes

Restaurant Beim Endeler

Im idyllischen Allgäudorf Wilhams steht auf einer Sonnenterrasse am Fuße des Hauchenbergs das Restaurant „Beim Endeler". Weit entfernt von Alltag und Hektik können Gäste hier die Ruhe genießen und sich inmitten der herrlichen Natur erholen.

Bereits vor 100 Jahren waren im Bauernhaus „Endeler" Gästezimmer für Erntehelfer reserviert. 1972 wurde von Familie Schmelzenbach ein Gästehaus gebaut, das heute drei großzügige, liebevoll eingerichtete Zimmer für Feriengäste bietet.

Zum Familienbetrieb gehören zurzeit 15 Stück Fleckvieh. Die Rinder fressen auf den Almwiesen der Endeler Alpe das hochwertige Heu und Gras der Kräuterweiden. Von dem wunderbar würzigen Geschmack des Rindfleisches kann man sich „Beim Endeler" überzeugen.

Das inzwischen weithin bekannte und beliebte Restaurant wurde im Jahr 2014 von dem damals 19-jährigen Simon Schmelzenbach eröffnet. Mit großem Engagement, viel Talent und dem richtigen Gespür für außergewöhnliche, bodenständige Gerichte aus regionalen Produkten von Bio-Betrieben hat er sich in die Herzen der Allgäuer ge-

kocht. Besonderen Wert legt er auf die Verwendung von frischen einheimischen Kräutern. Erste Kocherfahrung machte er bereits als Kind bei seiner Oma im Kaunertal einer gelernten Köchin die ihm die Liebe zum Kochen vermittelte. Ihre alten Kochrezepte faszinierten ihn und vor allem die Wildgericht inspirierten schon früh zu eigenen Variationen. Er denkt oft an die Allgäuer und Tiroler Küchenduelle seiner Omas. Von Ihnen hat er sehr viel gelernt und ist sehr dankbar dafür. Im Restaurant „Beim Endeler" darf ausgiebig geschlemmt werden. Simon Schmelzenbach überzeugt mit wechselnden Gerichten auf hohem Niveau und frisch gekochten traditionellen Schmankerln. Die Speisekarte ist klein, aber fein, alle Speisen werden frisch zubereitet. Diese Kreativität lässt jedem Feinschmecker das Herz höher schlagen. Zu den Speisen munden ausgesuchte erstklassige Weine aus dem Weinkeller des Hauses.

Die gemütlichen Räume des Restaurants sind allgäuerisch-modern gestaltet und laden zum Genießen in entspannter Atmosphäre ein.

Öffnungszeiten

Das Restaurant ist von Montag bis Samstag ab 17:00 Uhr sowie an Sonn- und Feiertagen ab 11:30 Uhr geöffnet.

Restaurant Beim Endeler

Fam. Schmelzenbach
Wilhams 11,
D-87547 Missen-Wilhams
Tel. +49 (0)8320 219
info@beim-endeler.de
www.beim-endeler.de

Ein Familienunternehmen mit großartiger Vision

Allgäuer Hof-Milch GmbH

Berge, grüne Wiesen und Weiden, grasende Tiere und viele landwirtschaftliche Betriebe – all das macht das wunderschöne Allgäu aus. Damit dies so bleibt und auch die kleineren Betriebe erhalten werden können, müssen die wirtschaftlichen Bedingungen stimmen. Die Allgäuer Hof-Milch GmbH hat sich genau dieser Herausforderung gestellt und bietet Landwirten aus der Umgebung eine Perspektive.

Die beiden Gründer der Allgäuer Hof-Milch GmbH, Johannes Nussbaumer und Matthias Haug, konzentrieren sich auf die ursprünglich-ste Form der Milch, die Allgäuer Heumilch. Die Tiere bekommen im Sommer nur das frische Gras von saftig grünen Bergwiesen und im Winter das luftgetrocknete Gras (Heu) als Futter. Das macht die Milch so besonders und zu einem hochwertigen Rohstoff, aus dem unter den fachkundigen Händen der Käser die geschmacklich feinen Käsesorten, Butter, Joghurt und viele weitere Molkereiprodukte entstehen.

Ihr Konzept basiert auf dem direkten Kontakt zu den Landwirten und einer überdurchschnittlichen Entlohnung. Damit gewährleisten sie eine gleich-

bleibend hohe Qualität der Allgäuer Heumilch.

Der Firmenphilosophie zufolge bleibt die Wertschöpfungskette im Allgäu, wodurch die Region gestärkt und die regionalen Produkte weiter vorangetrieben werden. Die Allgäuer Hof-Milch GmbH setzt bei allen Produkten auf eine transparente und nachvollziehbare Produktion. Die Landwirte, mit denen das Unternehmen zusammenarbeitet, verzichten bewusst auf den Einsatz von Stickstoff in Form von Kunstdünger und arbeiten ausschließlich mit natürlichen Düngemitteln. Verschiedene Zertifizierungen belegen den hohen Qualitätsanspruch der Firmengründer. Mit ihrem Unternehmen geben sie den Landwirten im Allgäu eine Zukunft und steigern gleichzeitig den Bekanntheitsgrad der Allgäuer Heumilch als regionales Produkt. Unternehmen wie die Allgäuer Hof-Milch GmbH sorgen dafür, dass das schöne Allgäu seinen ganz besonderen Charme nicht verliert.

Allgäuer Hof-Milch GmbH
Unterwilhams 9
D-87547 Missen-Wilhams
Tel. +49 (0)83 20-9 25 81 10
info@hof-milch.de
www.hof-milch.de

Verkaufsstellen

Konstanzer Hof, Oberstaufen:
Mo. bis Sa. von 10 bis 18 Uhr
Sonn- und Feiertage 12 bis 18 Uhr
Konstanzer 1, D-87534 Oberstaufen
Tel +49 (0)83 25-92 30

Milchwerk Sonthofen
Mo. bis Sa.: 8:30 bis 18 Uhr
So.: 14 bis 18 Uhr
Theodor-Aufsberg-Str. 10
D-87527 Sonthofen
Tel +49 (0)83 21-8 08 56

Sennerei Wertach
Mo. bis Do.: 8:30 bis 12 Uhr
und 14:30 bis 18 Uhr
Fr.: 8:30 bis 18:30 Uhr,
Sa.: 8 bis 12 Uhr, So.: 16 bis 18 Uhr
Weißlackerplatz 1, D-87497 Wertach
Tel +49 (0)83 65-12 42

Hörnerdörfer

Erholsamer Urlaub im Allgäu

Der Name der Allgäuer Ferienregion Hörnerdörfer stammt von den Spitzen der Berge Rubihorn, Ofterschwanger und Bolsterlanger Horn, Sigiswanger und Rangiswanger Horn sowie Riedberger Horn, deren Gipfel die beschaulichen Dörfer Fischen i. Allgäu, Balderschwang, Bolsterlang, Obermaiselstein und Ofterschwang überragen. Die eindrucksvollen Silhouetten dieser Berge bilden den Umriss des kleinen Urlaubsparadieses.

Die Region am Illertal im Süden des Landkreises Oberallgäu ist für einen erholsamen Familienurlaub bestens geeignet. Die abwechslungsreiche Landschaft bietet unbeschwertes Ferienglück in den sommerlichen Wiesen, auf herbstlichen Wanderungen oder im winterlichen Skiurlaub.

Die Hörnerdörfer sind für Familienurlauber hervorragend vorbereitet.

Viele Unterkünfte sind extra für Kinder ausgestattet und bieten familienfreundliche Preise.

Den Freizeitaktivitäten bei Wanderungen, beim Baden in den Naturseen und Erlebnisbädern, beim Genussradeln oder beim Besuch von Sehenswürdigkeiten wie beispielsweise der Obermühle-Säge in Fischen, dem „Busche-Berta-Haus" in Ofterschwang oder der Sturmannshöhle in Obermaiselstein sind keine Grenzen gesetzt. Zusätzlich bieten die Dörfer ein abwechslungsreiches Programm mit geführten Wanderungen, Sennerei-Besichtigungen, Alphornblasen und anderen Urlaubsfreuden.

Bei Wanderungen in der Hörnerdörfer Bergwelt genießt man auf leicht erreichbaren Gipfeln unvergleichliche Rundblicke. Zu den schönsten Wanderungen zählt die Hörner-Pan-

orama-Tour, die Naturliebhaber über Bergkammwiesen voller blühender Alpenrosen führt. Als Aufstiegshilfen können die Ofterschwanger oder Bolsterlanger Bergbahnen genutzt werden.

Viele Wanderwege führen zu Sennalpen, wo man unbedingt frische Milch und den herzhaften Käse probieren sollte.

Auch im Winter lassen die zahlreichen Freizeitmöglichkeiten keine Langeweile aufkommen. Hierzu gehören Rodelspaß auf Naturrodelbahnen, Schneeschuh- und Fackelwanderungen, romantische Fahrten mit dem Pferdeschlitten oder eine gemütliche Hütteneinkehr.

Gespurte Skilangloufloipen und gebahnte Winterwanderwege in idyllischer Schneelandschaft locken zu erholsamen Ausflügen in der klaren Winterluft.

Fünf familienfreundliche Skigebiete mit gemütlichen Familienabfahrten

und anspruchsvollen Pisten für Könner stehen in den Hörnerdörfern zur Verfügung. In allen Hörnerdörfern findet man Skischulen und Leihstationen für die passende Wintersport-Ausrüstung. Alle Skischulen bieten spezielle Kurse für Kinder an, wobei viel Wert auf Spaß und Abwechslung gelegt wird.

Wichtige Adressen und Telefonnummern

Tourismus Hörnerdörfer GmbH
Am Anger 15
D-87538 Fischen i. Allgäu
Tel. +49 (0)8326 3646 0
Fax +49 (0)8326 3646 56
info@hoernerdoerfer.de
www.hoernerdoerfer.de

Die Hörnerdörfer-Orte

Blick auf die Hörnerkette
(Bild Tourismus Hörnerdörfer GmbH)

Balderschwang
Urlaubsparadies im Wandel der Jahreszeiten

Das Bergdorf Balderschwang in einem nahezu nebelfreien Hochtal in den Allgäuer Alpen an der Grenze zum Bregenzerwald ist die kleinste (rund 320 Einwohner) und höchstgelegene (1.044 m ü. M.) Gemeinde Bayerns. Sie gehört mit Bolsterlang, Fischen im Allgäu, Obermaiselstein und Ofterschwang zu den so genannten Hörnerdörfern. Die einmalige Kulturlandschaft des Gebietes weist die höchste Alpdichte im gesamten Alpenraum auf und bezaubert mit einer vielfältigen Tier- und Pflanzenwelt.

Balderschwang gehört zum grenzübergreifenden Naturpark Nagelfluhkette, der durch bizarre Felsformationen und saftige Alpwiesen geprägt wird. Als Nagelfluh bezeichnet man ein grobkörniges, geologisch junges Konglomeratgestein. Man erreicht Balderschwang von Fischen über den 1.400 m hohen Riedbergpass an der Europäischen Wasserscheide. Die Straße führt weiter nach Hittisau im Bregenzerwald. Geografisch gehört das Dorf zum Bregenzerwald.

Gastfreundschaft

Balderschwang ist umgeben von sattgrünen Bergwäldern und blühenden Alpweiden, die im Winter tief verschneit sind. Das ursprüngliche Naturparadies in frischer Bergluft ist zu jeder Jahreszeit ein bevorzugtes Ziel für Naturliebhaber, Aktivurlauber und Erholungssuchende. Gastfreundliche Unterkünfte vom 4-Sterne-Berghotel bis zur Ferienwohnung bieten für jeden Geldbeutel erholsame Übernachtungsmöglichkeiten. In Alpwirtschaften, zünftigen Gasthöfen und Hotelrestaurants können die Gäste einheimische Spezialitäten und internationale Küche genießen.

Blick auf Balderschwang
(Bilder Gemeinde Balderschwang)

Die ursprüngliche Herzlichkeit der Einheimischen trägt zu einem gelungenen Urlaub bei.

Gäste können auf einer der sieben Sennhütten dem Älpler beim Käsen zuschauen oder beim Viehscheid im September einen geglückten Alpsommer mitfeiern. Bei Heimatabenden und bei der Kirbe (Kirchweihfest) kann ländliches Brauchtum unmittelbar erlebt werden.

Ein besonders schönes Erlebnis ist die Alphorniade an einem Wochenende im Frühsommer mit außergewöhnlichen Hör- und Naturerlebnissen. Die tiefen magischen Klänge der alten Hirteninstrumente erfüllen dann das Hochtal und erzeugen eine einzigartige Atmosphäre.

Sehenswertes

Auch für kulturell Interessierte hat Balderschwang einiges zu bieten. Neben vielen alten Bauernhöfen lohnt vor allem der Besuch der Pfarrkirche St. Antonius aus dem 19. Jahrhundert, die Decken- und Wandfresken sowie ein großes Chorkreuz beherbergt. Besonders sehenswert ist die alte Eibe im Nordosten des Dorfes, deren Alter auf rund 2.000 Jahre geschätzt wird.

Sommeraktivitäten

Aktivurlauber finden von Frühling bis Herbst eine große Auswahl an Möglichkeiten.

Wanderer finden auf über 60 km gepflegten, markierten Wanderwegen Gelegenheit, Balderschwang und den Naturpark zu entdecken - vom kinderwagentauglichen Spazierweg bis zur zünftigen Bergtour. In der Gästeinformation sind Tourenvorschläge und Kartenmaterial erhältlich.

Sehr beliebt sind die Alpwanderwege mit Einkehrmöglichkeiten. Hier ver-

Balderschwang im Winter
(Bild Allgäulichtbild)

bindet sich das Erlebnis intakter Natur und nachhaltiger Landwirtschaft mit einem beeindruckenden Bergpanorama. Bergwanderer werden die anspruchsvolle, äußerst lohnende sechsstündige 5-Gipfel-Tour über das Riedbergerhorn, den Grauenstein, den Dreifahnenkopf, das Höllritzereck und das Bleicherhorn nicht versäumen wollen.

Der Themenweg „sich Zit long" ist für alle Altersgruppen geeignet und bietet einen Überblick über das ganze Balderschwanger Tal. Der rund fünf Kilometer lange Weg lädt mit 16 familiengerechten Erlebnisstationen ein, sich Zeit zu nehmen: Zeit zum Nachdenken, Zeit zum Schauen und zum Staunen. An den Erlebnisstationen erfährt man viel über das Leben der Menschen in Balderschwang, den Naturpark und die dort lebenden Tiere und Pflanzen.

Winterfreuden

Das auch im Winter sonnige Balderschwang gilt als das schneereichste Dorf Deutschlands mit hoher Schneesicherheit. Hier wird es noch immer richtig Winter, für Wintersportler bleiben somit keine Wünsche offen. Das abgeschiedene, tief verschneite Hochtal präsentiert sich in außergewöhnlicher Schönheit und verspricht einen unvergesslichen Urlaub.

Was gibt es Schöneres, als in kristallklarer Luft auf geräumten Winterwanderwegen durch die faszinierende Schneelandschaft zu wandern, um danach in der heimeligen Atmosphäre eines Gasthofs einen Glühwein zu genießen.

Balderschwang bietet eines der größten zusammenhängenden Skigebiete Deutschlands mit drei Sesselbahnen und zehn Schleppliften. Damit werden Skifahrer und Snowboarder zu den 38 km bestens gepflegten Pisten befördert, die es in allen Schwierigkeitsgraden und für alle Altersklassen gibt. Hierzu gehören die einfache Skischulübungspiste ebenso wie fordernde Buckelpisten, rasante Pulverschneeabfahrten, Snowpark und Freeride Areale. Einige gemütliche Skihütten mit Sonnenterrassen laden zum entspannten Apres-Ski.

Balderschwang ist ein Paradies für Skilangläufer. Kilometerlange, bestens ausgeschilderte, grenzüberschreitende Langlaufloipen führen durch das Hochtal, die für ihren sehr guten Zustand bekannt sind. Die Loipen sind nach verschiedenen Schwierigkeitsgraden gekennzeichnet, eine optimale Orientierungshilfe für die Skiwanderer. Gelbe Hinweistafeln vor Kreuzungen oder

steilen Abfahrten sorgen für mehr Sicherheit. Durch die günstige Schneelage ist Balderschwang oft der erste und der letzte Ort, in dem Langlauf möglich ist.

Jährlich findet in Balderschwang ein großes Langlauf-Opening mit großen Firmen zum kostenlosen Test statt.

Langlauf- und Ski Alpin-Ausrüstung, Schneeschuhe und Schlitten gibt es in den örtlichen Verleih-Stationen.

Wichtige Adressen und Telefonnummern

Gästeinformation Balderschwang Tourismus Hörnerdörfer GmbH
Dorf 70, D-87538 Balderschwang
Tel. +49 (0)8328 1056
Fax +49 (0)8328 265
balderschwang@hoernerdoerfer.de
www.hoernerdoerfer.de/balderschwang

Herrliche Loipen
(Bild Gemeinde Balderschwang)

Willkommen im Schnee

Skigebiet Balderschwang

Jedes Jahr etwa Mitte Dezember lässt die zauberhafte Landschaft rund um Balderschwang die Herzen von Wintersportfreunden höher schlagen. Dann nämlich wurden hier die Abfahrten für ein Ski- und Snowboardvergnügen par excellence mit weitläufigen Beschneiungsanlagen und professioneller Pistenpflege bereits hergerichtet. Die Lifte laufen an und aus den Berghütten duftet es nach Glühwein und Jägertee.

Auf die Eröffnung der Skisaison in Balderschwang kann sich der Wintersportler verlassen, zählt doch die Region zu den schneesichersten Skigebieten. Doch neben der Schneegarantie wartet das Oberallgäuer Winterparadies auch mit einem gemütlichen bis anspruchsvollen Skivergnügen auf.

Direkt am Skigebiet stehen über 1000 kostenlose Parkplätze zur Verfügung. Von dort bringen 13 Bahnen und Lifte, darunter eine 6er-, 4er- und eine 2er-Sesselbahn und 2 Großschlepplifte die Skifahrer hinauf, von wo sich ihnen mehr als 40 km bestens gepflegte und präparierte Abfahrtspisten erschließen. Den kleinen Gästen und Anfängern stehen in Balderschwang fünf Übungslifte zur Verfügung. Daneben sorgt ein Skikindergarten mit buntem Spielplatz auf dem Karussell, Zauberteppich und viele weitere Geräte zu finden sind, für abwechslungsreiche und spannende Stunden für die Kleinen. Und dass das Ler-

che und vielfältige kulinarische Angebote, die von der Käshütte, der Fuchsalm, dem Gschwendstüble, dem Loipenstüble und dem Pass-Stüble ergänzt werden.

Bergbahn- und Skilift Balderschwang Betriebs-GmbH & Co.KG
Haus Nr. 84
D-87538 Balderschwang
Tel. +49 (0)8328 1001
Fax +49 (0)8328 1058
info@skigebiet-balderschwang.de
www.skigebiet-balderschwang.de

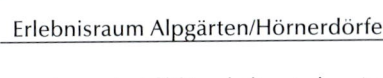

nen nicht zu kurz kommt, das stellen erfahrene und freundliche Skilehrer und Skilehrerinnen sicher.
Doch das familienfreundliche Wintersportgebiet bei Balderschwang hat auch den Wander- und Erholungssuchenden eine Menge zu bieten, denn in dem atemberaubendem Wandergebiet ist Schneeschuhwandern ein Genuss, bei dem man von einer einmaligen Alpenaussicht begleitet wird.
Für das leibliche Wohl bietet die Schelpenalp mit ihrer Sonnenterrasse sowie die Bodenseehütte und die Höfle-Alp mit einer hauseigenen Käsemanufaktur abwechslungsrei-

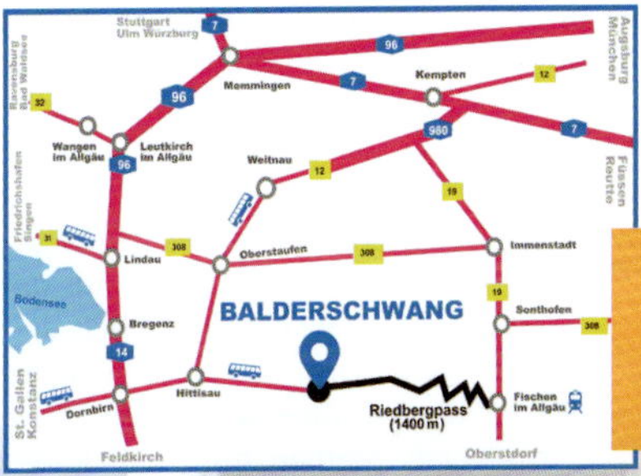

Ein geistlicher Sender für Ohr, Herz und Seele

Radio Horeb

In der Studiokapelle von Radio Horeb im Alpendorf Balderschwang ist das zentrale, hellblaue Glasfenster durchwoben von gelben Wellen. Sie sind Zeichen für die Radiowellen, die wie durch unsichtbare Hand aus den High-Tech-Rundfunkstudios hinaus in die Welt gehen. Dieser Ort des Gebets und der Besinnung ist das Herzstück des Medienhauses von Radio Horeb.

Ein eigenes Medienhaus hatte Radio Horeb allerdings nicht von Anfang an. Es begann 1996 ganz klein in einem umgebauten Stall in Balderschwang. Heute überträgt der katholische Sender unter dem Motto „Leben mit Gott" bundesweit von mehreren Standorten, hat über 50 hauptamtliche Mitarbeiter und mehrere hundert ehrenamtliche Helfer und Referenten, die das Programm mitgestalten. Möglich geworden ist diese Entwicklung durch eine wachsende Hörerschaft und deren Bereitschaft, Radio Horeb finanziell zu unterstützen. Der rein spendenfinanzierte, gemeinnützige christliche Hörfunksender ist

bundesweit über Digitalradio leicht zu empfangen; übers Internet auch weltweit. Gesendet wird rund um die Uhr, davon täglich sechzehn Stunden live. Schwerpunkt der Übertragungen ist die Liturgie und das Gebet: die tägliche Hl. Messe, der betrachtende Rosenkranz, das Stundengebet der Kirche und andere Gebetszeiten, die Radio Horeb mittels modernster Technik live aus Pfarreien, Klöstern, geistlichen Gemeinschaften und Familien überträgt. Dem Sender ist es wichtig, die Quel-

len des geistlichen Lebens aus unserer christlichen Kultur für die Menschen von heute frei zu legen. Hierzu zählen neben Liturgie und Gebet auch regelmäßige geistliche Exerzitien und Besinnungstage sowie Sendungen zu christlicher Spiritualität und Glaubensfragen, die Radio Horeb ebenfalls live überträgt. Die Hörer erleben dies als eine Stärkung ihres persönlichen Glaubenslebens in einer säkularisierten Welt und als geistliche Hilfe bei Lebensentscheidungen.

Neben dem geistlichen Schwerpunkt bietet Radio Horeb auch eigene Nachrichten, ein besonderes Musikformat und die sehr beliebte Sendereihe „Lebenshilfe", die zu praktischen Lebensfragen Stellung nimmt – etwa zu den Themen Gesundheit, Familie oder Soziales. Radio Horeb ist aber keine „Einbahnstraße". Täglich haben die Zuhörer die Möglichkeit, sich telefonisch aktiv in die Sendungen einzubringen, Fragen zu stellen und mit den Referenten zu diskutieren. Immer wieder berichten Hörer, dass ihnen das Radio gerade in schweren und einsamen Stunden Trost und Heilung bringt.

Radio Horeb ist bundesweit über die neue Rundfunktechnik DAB+ sowie über Satellit, Kabel, Internet, Phonecast, diverse Sprachassistenten – u. a. „Alexa" – und über die App von Radio Horeb auf mobilen Endgeräten empfangbar; im Großraum München, in Balderschwang und Ursberg auch auf UKW.

Das Medienhaus von Radio Horeb ist jeden Tag für Besucher geöffnet, die zum besinnlichen Verweilen in der Studiokapelle im Rahmen der Eucharistischen Anbetung herzlich eingeladen sind. Außerdem findet jeden Werktag um 16:00 Uhr eine Führung durch das Haus und die Studios statt. Größere Gruppen werden gebeten, sich vorab telefonisch anzumelden.

Radio Horeb

Dorf 6, D-87538 Balderschwang
Tel. +49 (0)8328 921 110
Fax +49 (0)8328 921 141
info@horeb.org   www.horeb.org

Aktiv entspannen und bewusst genießen

Berg- und Biohotel Ifenblick

Inmitten von Balderschwang in den Allgäuer Alpen liegt das Bio Berghotel Ifenblick. Aktiv entspannen und bewusst genießen lautet die Philosophie des Hauses, die Naturliebhaber ebenso begeistert wie aktive Genießer.

Die reizvolle Landschaft des Naturparks Nagelfluhkette lädt zum Wandern und Radeln während des Sommers und zum Skifahren und Langlaufen während des Winters ein. Balderschwang gilt als das Bayrisch Sibirien. Zum Programm des Hauses, das die Gesundheit ganzheitlich sieht, gehört ein abwechslungsreiches Aktivprogramm für Körper und Geist. Die frische Luft der Bergwelt genießen die Gäste bei geführten Wanderungen und Schneeschuhtouren, Ruhe und Entspannung finden sie bei den Fünf Tibetern und bei Meditationen.

Ein stimmiger Wellnessbereich mit Schwimmbad, Saunen und Infrarotkabine ermöglichen einen erholsamen Ausgleich.

Bewusst essen heißt es auch in der Küche des Hotels. Frische Lebensmittel werden in der offenen Küche zubereitet. Als Mitgliedsunternehmen der Bio-Hotels können sich die Gäste darauf verlassen, dass nur hochwertige, biologisch erzeugte Produkte verarbeitet werden. Damit jeder auf seine Kosten kommt, egal ob „Fleischpflanzerl" oder „Veganer" werden die Speisen als Büfet angeboten.

Gespeist wird in den Gasträumen, die mit reichlich Holz ausgestattet sind und eine moderne, klare Atmosphäre

bieten. Bei schönem Wetter fühlen sich die Gäste auf der sonnigen Terrasse wohl, die sie gern zur Kaffeezeit besuchen. Hier sitzt man windgeschützt und erlebt einen unvergesslichen Ausblick. Die Hörnerkette und der Gelbhansekopf umarmen das wunderschöne Balderschwanger Tal.

Viel Ruhe und ein einmaliger Ausblick

Die Gästezimmer des Bio- und Berghotel Ifenblick versprechen eine gute Nachtruhe und eine angenehme Atmosphäre. Modern ausgestattet ist hier gehobener Standard im Badezimmer mit Dusche und WC, Föhn und Bademantel geboten. Die Zimmer sind gemütlich und wohnlich zugleich.

Ein heller Wintergarten lädt zum Verweilen ein. Und allen Räumen ist gemein: ein traumhaft schöner Ausblick. Das Gesamtkonzept: „Frische Luft, Bewegung, Gutes Essen."

Nette Menschen" sind der Garant für erholsame, erlebnisreiche, wohltuende Urlaubstag in den Allgäuer Bergen.

Bio- und Berghotel Ifenblick

Gschwend 49
D-87538 Balderschwang
Tel. +49 (0)8328-9 24 70
info@berghotel-ifenblick.de
www.berghotel-ifenblick.de

Bolsterlang

Gastfreundschaft erleben

Das Bergdorf Bolsterlang (1050 Einwohner) im Landkreis Oberallgäu liegt mit seinen neun Ortsteilen auf einem sonnigen Höhenrücken auf 893 Meter Höhe im Naturpark Nagelfluhkette zwischen Sonthofen und Oberstdorf. Hier genießen Feriengäste zu jeder Jahreszeit die Allgäuer Gastfreundschaft in malerischer Bergidylle. Im Frühling leuchten Löwenzahnwiesen, im Sommer duftet das Heu, der Herbst zeigt seine bunte Farbenpracht und im Winter verzaubert die romantische Schneelandschaft. Gemütliche Unterkünfte und zünftige Gasthöfe mit regionalen Spezialitäten sorgen für erholsame und genussreiche Urlaubstage.

Freizeit und Sport

Bolsterlang bietet erholsame Freizeitmöglichkeiten wie Wandern, Radeln, Golfen oder Bogenschießen. Zu den Freizeiteinrichtungen gehören neben dem 18-Loch Golfplatz ein Minigolfplatz, der Kurpark mit Kneippanlage, ein Musikpavillon sowie der Bogenübungsplatz mit dem Tal- und Bergparcours.

Ein besonderes Freizeiterlebnis ist die Teilnahme am Grundkurs für das Bogenschießen, welcher von Mai bis November über die Gästeinformation gebucht werden kann. Auf dem Übungsplatz am Ortsrand wird an acht Zielscheiben sportliche Aktivität mit innerer Ruhe verbunden. Wer den Grundkurs erfolgreich absolviert hat, kann seine Kenntnisse und Fähigkeiten im Talparcours an zehn 3-D-Tieren erweitern. Fortgeschrittene besuchen den 1. Allgäuer Bergparcours mit 32 Zielen, die als 3-D-Objekte in die Landschaft eingebunden sind.

Zudem sorgen 75 km Wanderwege für abwechslungsreiche und spannende Touren. Der schönste Wanderweg führt als Panorama-Tour die Hörnerkette entlang, dabei können die Bergbahnen von Bolsterlang oder Ofterschwang als Aufstiegshilfe genutzt werden.

Bolsterlang
(Bilder Tourismus Hörnerdörfer)

Im Winter

Das familienfreundliche Skigebiet der Hörnerbahn verspricht mit seinen extra breiten Pisten und dem Kinderübungsgelände ganz besonderen Skispaß. Sechs Liftanlagen und insgesamt 17 Pistenkilometer in unterschiedlichen Schwierigkeitsgraden sogen für ein umfangreiches und variables Skierlebnis was durch gemütliche Einkehrhütten abgerundet wird. Freunde des Skilanglaufs können sich auf 15 km gespurten Loipen im klassischen oder Skating-Stil betätigen. Verbindungsloipen zu den Nachbarorten erweitern das Bolsterlanger Loipennetz. Besonders erholsam ist eine geruhsame Wanderung in kristallklarer Luft. Diese kann auf 22 km präparierten Winterwanderwegen durch die romantische Schneelandschaft genossen werden.

Veranstaltungen

Der Kalender von Bolsterlang ist gefüllt mit traditionellen Brauchtumsveranstaltungen wie Sommernachts- und Waldfeste des Trachtenvereins, Standkonzerte der Musikkapelle sowie Bergmessen am Gipfelkreuz. Als festlicher Höhepunkt gilt der Viehscheid im September. Der traditionelle Alpabtrieb findet immer am 19. September statt, es sei denn dieser fällt auf einen Sonntag.

Wichtige Adressen und Telefonnummern

**Gästeinformation Bolsterlang
Tourismus Hörnerdörfer GmbH**
Rathausweg 4
D-87538 Bolsterlang
Tel. +49 (0)8326 8314
bolsterlang@hoernerdoerfer.de
www.hoernerdoerfer.de/bolsterlang

Das Allgäu bei den Hörnern packen

Hörnerbahn Bolsterlang

Wanderungen auf den Höhenwegen der Allgäuer Hörnergruppe gehören zu den schönsten Wanderungen im Allgäu. Man wandert über sanfte Hügel mit einer einzigartigen Blütenpracht und kann auf den Wegen das prachtvolle Panorama der Allgäuer und Lechtaler Alpen genießen.

Mit der Bolsterlanger Hörnerbahn schweben die Besucher bequem in gut belüfteten Panorama-Gondeln vom grünen Illertal, das auf 940 m Höhe liegt, in das herrliche Wandergebiet in 1.540 m Höhe. Die Bergstation bietet eine Sonnenterrasse mit kostenlosen Liegestühlen. Hier kann man die Seele baumeln lassen und sich am einmaligen Panorama sattsehen. Rund um die Hörnerbahn laden verschiedene Gasthäuser mit Aussichtsterrassen zur Einkehr ein.

Zu den beliebten Wegen gehört der Expedition Nagelfluh-Erlebnisweg im Naturpark Nagelfluhkette, ein fast ebener, aussichtsreicher Weg, der in 1,5 Stunden zum Berghaus Schwaben und zurück führt. Er ist besonders für Familien und Senioren geeignet.

Bei der anspruchsvolleren klassischen Hörner-Tour geht man in vier Stunden über vier Gipfel zur Bergstation der Ofterschwanger Viererseselbahn. Die beiden Bergbahnen bieten ein günstiges Verbundticket an.

Wanderungen bergab zur Talstation sind in unterschiedlich bequem zu gehenden Varianten möglich.

An der Hörnerbahn bieten drei renommierte Flugschulen das einmalige Erlebnis eines Tandemflugs mit dem Gleitschirm oder die Teilnahme an einem Kurs an.

Abenteuerspaß für die ganze Familie verspricht die rasante Fahrt von der Bergstation hinab ins Tal mit den „Mountaincarts", die mit tiefem

Schwerpunkt, breitem Radstand und hydraulischen Scheibenbremsen hohe Sicherheit garantieren und durch die ergonomische Sitzposition unbeschwerten Fahrspaß bieten.
Im Winter werden Besucher auf schnellstem Weg von der Hörnerbahn auf 1540 m Höhe befördert, wo ein klassisches Wintersportgebiet mit der modernen 6-er Sesselbahn

„Weiherkopfbahn" (1665 m) mit Wetterschutzhauben und der Doppelsesselbahn „Stuibeneckbahn" auf Skiläufer, Snowboarder und Tourengeher warten. 17 km beschneite, präparierte Pisten bieten alle Schwierigkeitsgrade von sanft bis steil. Im Tal stehen der Dorflift, der „Hörni-Übungslift" und der „Hörni-Tellerlift" mit Skischul-Übungsgelände zur Verfügung.
An der Bergstation beginnt einer der längsten Höhen-Winterwanderwege im Allgäu (7 km).
Der gespurte Weg durch die romantisch verschneite Berglandschaft dauert rund drei Stunden und lädt mit Einkehrmöglichkeiten und Ruhebänken zum Verweilen ein.

Hörnerbahn GmbH & Co. KG

Hörnerstraße 12-16
D-87538 Bolsterlang
Tel. +49 (0)8326 90 91
info@hoernerbahn.de
www.hoernerbahn.de

Fischen i. Allgäu

Das Naturdorf

Die Gemeinde Fischen i. Allgäu (rund 3.000 Einwohner) am Ufer der Iller liegt etwa 5 km nördlich von Oberstdorf. Sie gehört zu den wenigen deutschen heilklimatischen Kurorten mit der Zusatzbezeichnung „Premium Class". Diese Auszeichnung wird nur an Orte vergeben, die neben der Erfüllung höchster Anforderungen an die Luftqualität auch noch ein besonderes Engagement im Klima- und Umweltschutz zeigen. Die Gemeinde mit ihren schmucken Dörfern und Weilern verfügt über 3.300 Gästebetten und verzeichnet etwa 545.000 Übernachtungen pro Jahr. Beim Bummel durch die Gassen mit grandioser Aussicht auf die Allgäuer Berge und die Hörnerkette findet man Läden mit originellen Souvenirs und solider Handwerkskunst. Cafés und Gaststätten mit regionalen Spezialitäten laden zur Einkehr ein. Im gepflegten Kurpark mit Kräutergarten und Kneipp-Tretbecken können die Besucher erholsam rasten oder die Physio-Praxis im Resort Fiskina in Anspruch nehmen.

Sehenswürdigkeiten

Zu den Sehenswürdigkeiten in Fischen zählen die Frauenkapelle, die Pfarrkirche St. Verena und die historische Sägemühle. Auch das Fischinger Heimathaus mit dem FIS-Skimuseum ist einen Besuch wert.

Freizeit und Sport

Fischen ist Ausgangspunkt für gemütliche Radtouren entlang der Iller. Von der beschaulichen Talwanderung bis zur Bergtour führen die 50 km ausgeschilderten Wanderwege in der Gemeinde durch Auwälder, blühende Wiesen und über sonnige Hügelrücken.

Ortskern von Fischen
(Bilder Tourismus Hörnerdörfer/W. Monschau)

Familienlifte Stinesser

Lohnend ist der barrierefreie Wandererlebnisweg „12 Tore im Fischinger Weidach", der an zwölf Stationen Einblick in die Tier- und Pflanzenwelt der Region sowie in Waldformen, ökologische Abläufe und Hochwasserschutz vermittelt.

Auch die vierstündige Alpwanderung zur aussichtsreichen Gaisalpe mit Einkehr über die Dörfer Au und Burgegg, Schöllang, Reichenbach und den Auwaldsee lohnt sich.

Zu den Freizeitangeboten in Fischen gehört das Erlebnis- und Familienbad mit einer 58 Meter langen Wasserrutschbahn, Tennis-, Squash- und Badmintonplätze, Tischtennis und Saunalandschaft.

Im Winter ist Fischen ein Paradies für Skilangläufer und Winterwanderer auf ebenen Wegen.

Direkt in Fischen bietet das anfänger- und familienfreundliche kleine Skigebiet Stinesser mit zwei Schleppliften und Rodelbahn ein schneesicheres Übungsgebiet mit Flutlicht.

Veranstaltungen

Zu den beliebtesten Veranstaltungen in Fischen gehören der beliebte Käse- und Handwerkermarkt am ersten September-Wochenende ebenso, wie die Aufführungen und Konzerte während der „Fischinger Kulturzeit" von März bis September mit Theater, Blasmusik und Mundartveranstaltungen.

Wichtige Adressen und Telefonnummern

Gästeinformation Fischen
Tourismus Hörnerdörfer GmbH
Am Anger 15
D-87538 Fischen i. Allgäu
Tel. +49 (0)8326 3646 0
fischen@hoernerdoerfer.de
www.hoernerdoerfer.de/fischen

Erlebnis- und Familienbad

Pure Idylle am Alpenrand

Panorama-Hotel Kaserer

Einen grandiosen Ausblick, ein uriges Ambiente und eine familiäre Atmosphäre bietet das Hotel Kaserer seinen Gästen. Am Fuße der Alpen, am Rand des beschaulichen Ortes Fischen, steht absolute Erholung auf dem Urlaubsprogramm. Hier kommt jeder Gast auf seine Kosten. Sei es bei sportlichen Aktivitäten oder beim entspannenden Wellnessprogramm – hier fällt der Alltagsstress innerhalb kürzester Zeit vollständig ab.

In den gemütlichen Zimmern finden die Gäste einen wohligen Rückzugsort, der mit viel Liebe zum Detail eingerichtet ist. Die geschickte Kombination aus rustikalem und modernem Mobiliar sorgt dafür, dass sich jeder Gast sofort wohlfühlt.

Regionale Küche in angenehmer Atmosphäre

Für das leibliche Wohl sorgt das hauseigene Restaurant. Hier speisen die Gäste in angenehmer Atmosphäre und genießen die regionale Küche. Neben der traumhaften Umgebung bietet das Panorama Hotel Kaserer auch einen kleinen, aber feinen Wellnessbereich, eine Sonnenterrasse und eine schöne Liegewiese mit Kinderspielplatz. Der aufmerksame Service rundet das Urlaubserlebnis auf wunderbare Weise ab.

Panorama-Hotel Kaserer
Gundelsberger Weg 7
D-87538 Fischen
Tel. +49 (0)8326 36 040
Fax +49 (0)8326 36 04 60
info@hotel-kaserer.com
www.hotel-kaserer.com

Ankommen und sich Zuhause fühlen

Ferienwohnungen Panorama

Jede der 29 Ferienwohnungen präsentiert sich mit einem anderen Gesicht – sorgt in dieser eine gediegen gemütliche Ausstattung für das richtige Urlaubsfeeling, ist in jener die Einrichtung modern und zweckmässig. Aber eines haben alle der Wohnungen gemein: einen unvergleichlich schönen Blick in die Bergwelt der Oberallgäuer Hochalpen. Damit man die Highlights während des Urlaubs so richtig genießen kann, spielt die Unterkunft eine entscheidende Rolle. Auf den Luxus, den man von daheim gewöhnt ist, möchte man in den Ferien nicht verzichten. Daher sind die Zwei-Raum-Ferienwohnungen mit Wohn- und getrenntem Schlafzimmer im Panorama komfortabel ausgestattet. Die Wohnzimmer bieten gemütliche Couch- und Polstergarnituren, SAT-TV mit Flachbildschirm und WLAN-Empfang. Und um das Reisegepäck auf die individuellen Bedürfnisse zu beschränken, wird der Gast während seines Aufenthaltes mit Bett- und Küchenwäsche sowie Hand- und Badetüchern versorgt. Die Badetücher sind zu jeder Zeit wichtig, denn in dem modern ausgestatteten Schwimmbad mit seinem 13 Meter langen und sechs Meter breiten Edelstahlbecken lässt es sich bei einer Wassertemperatur von 30°C so richtig schön entspannen. Wer möchte, kann es sich im Wintergarten gemütlich machen oder gegen eine kleine Gebühr auch die hauseigene Sauna besuchen.

Ferien mit dem gewissen Etwas

Ein besonderer Service wird in dem Haus geboten, um der Ankunft im Urlaubsparadies entspannt entgegen zu sehen: Auf Wunsch wird der Kühlschrank in der Ferienwohnung mit regionalen und frischen Zutaten gefüllt. So braucht sich der Gast nicht gleich nach seiner Ankunft um den Einkauf frischer Lebensmittel bemühen.

Ferienwohnungen Panorama

Grüntenstr. 12-14, D-87538 Fischen
Tel. +49 (0)8326 7595
panorama-ferienwohnungen@email.de
www.panorama-fischen.de

Obermaiselstein

Heimat auf Zeit

Der Luftkurort Obermaiselstein (rund 1.000 Einwohner) auf einem sonnigen Hochplateau oberhalb des Illertales liegt auf rund 850 Meter Höhe. Die höchsten Berge im Gemeindegebiet sind das Riedbergerhorn mit 1.780 Metern und der Besler mit 1.680 Metern. Die Gemeinde besteht neben dem Hauptort aus den Ortsteilen Aumühle, Am Goldbach, Haubenegg, Oberdorf, Niederdorf und Ried. Die Gemeindefläche wird zu 60 % alp-, land- und forstwirtschaftlich genutzt.

Obermaiselstein ist bekannt für familienfreundliche Gastgeber und den hohen Erholungswert der herrlichen Urlaubslandschaft Naturpark Nagelfluhkette.

Sehenswürdigkeiten

Keineswegs versäumen sollte man den Besuch der faszinierenden Sturmannshöhle, die eine Gesamtlänge von 460 Meter hat und als natürliche Karsthöhle vor zwei Millionen Jahren entstand. Sie wurde 1906 der Öffentlichkeit zugänglich gemacht und ist die einzige begehbare Schauhöhle im Allgäu. Als eine der beliebtesten Natursehenswürdigkeiten in der Region verzeichnet sie jährlich rund 40.000 Besucher.

Freizeit und Sport

Obermaiselstein gilt als Wanderparadies. Jede Wanderung wird begleitet vom Weidschellengeläut der Rinder auf den Alpen. Die zahlreichen Berghütten an den Wegen laden zu ausgiebigen Brotzeiten mit leckerem Bergkäse ein, der auf den Sennalpen von Hand hergestellt wird.

Eine der schönsten Touren führt auf einem zertifizierten Premiumweg auf den Hausberg Besler. Das Gipfelplateau des Berges besteht aus einer einzigartigen Kalksteinplatte, die einmalige Ausblicke in die Allgäuer Landschaft ermöglicht.

Kinder lieben die Wanderung auf dem Sagenweg, wo man uralten Märchen und Legenden lauschen kann.

Obermaiselstein
(Bilder Tourismus Hörnerdörfer/Fritjof Kjer)

Skiparadies Grasgehren

Zum abwechslungsreichen Freizeit-angebot des Ortes gehören der Kur-park mit Kneippanlage und Musikpa-villon sowie das Haus des Gastes mit Bibliothek und Kegelbahnen.

Winterfreuden

Das Skiparadies Grasgehren in 1.400 bis 1.700 Meter Höhe be-schert mit acht Liftanlagen ein-drucksvolle Rundblicke in die verschneite Berglandschaft und unbeschwertes Skivergnügen auf 11 km familienfreundlichen Pisten. Der Idealhanglift in der Dorfmitte bietet Anfängern die Möglichkeit, erste Schwünge auf dem sanften Hang zu probieren. Die Skischule Grasgehren rundet das Angebot in beiden Gebieten ab.

Auch Rodeln, Langlauf und herrliche Winterwanderungen gehören zum Programm eines genussreichen Win-terurlaubs in Obermaiselstein.

Veranstaltungen

Höhepunkt im Obermaiselsteiner Veranstaltungskalender ist der tra-ditionelle Viehscheid im September mit zahlreichen Besuchern, bei dem Hirten von elf Alpen die rund 1.300 festlich geschmückten Rinder zu Tal treiben und ihren Besitzern zurück-geben. Im Anschluss wird bei Speis und Trank ausgiebig gefeiert.

Wichtige Adressen und Telefonnummern

Gästeinformation Obermaiselstein Tourismus Hörnerdörfer GmbH
Am Scheid 18, D-87538 Obermaiselstein
Tel. +49 (0)8326 277
obermaiselstein@hoernerdoerfer.de
www.hoernerdoerfer.de/obermaiselstein

Sturmannshöhle Obermaiselstein

120 Millionen Jahre Geschichte

Die sagenumwobene Sturmannshöhle bei Obermaiselstein ist die einzig begehbare Schauhöhle in der Region und eine Natursehenswürdigkeit ersten Ranges. Auf dem faszinierenden Weg durch die Höhle wandeln rund 40.000 Besucher pro Jahr auf den Spuren von 120 Millionen Jahren Erdgeschichte – ein spannendes Erlebnis für große und kleine Besucher.

Die 460 Meter lange natürliche Karsthöhle wurde 1815 erstmals schriftlich erwähnt. Damals wagte der Landgerichtsarzt Dr. Geiger einen ersten Versuch, in die Höhle vorzudringen. In den nächsten Jahrzehnten versuchten mehrere Gruppen die Begehung, konnten aber den Schacht nicht bezwingen. Erst Anfang des 20. Jahrhunderts gelang neben dem Obermaiselsteiner Lehrer Eppler auch einem Pfarrer, einem

Schmied und mehreren Landwirten mit äußerster Vorsicht das Abseilen zum „Höhlenrachen", ebenso die weitere Erkundung, was in der Öffentlichkeit großes Aufsehen erregte. Dann wurde der Sturmannshöhlenverein gegründet und die Höhle mit Eisentreppen und elektrischer Beleuchtung versehen. Die Eröffnung als Schauhöhle ermöglichte es Einheimischen und Gästen, diese Naturschönheit zu begehen. Die ersten Besucher betraten die Höhle nicht ohne Angst, wie alte Quellen berichten.

Der 287 Meter lange, gut gesicherte Weg durch die Höhle führt vom „Törle" durch einen horizontalen Stollen zum „Drachentor" und weiter zum „Theater", dann gelangt man zum 30 Meter hohen schlotförmigen „Adlerschacht". Der Weg führt weiter über den „Höhlenrachen" zum Endpunkt

„Höhlenkessel". Der Höhenunterschied beträgt 74 Meter. Im Sommer hat die Höhle eine Lufttemperatur von 4 bis 8 Grad Celsius, passende Bekleidung ist deshalb anzuraten. Die Höhle ist komplett mit LED-Beleuchtung ausgestattet, welche die natürlichen Felsschattierungen besser ins Licht rückt. Diese Beleuchtung ist auch optimal für Fledermäuse und andere Höhlentiere, die die Höhle als Winterquartier nutzen, da sie so gut wie keine Wärme abgibt. Im hintersten Teil der Höhle hat man in einem Eisrest aus der Eiszeit 20.000 Jahre alte Pollen entdeckt.

Um die Höhle ranken sich eine Reihe von Sagen. Auf dem wunderschön angelegten Sagenweg zur Höhle wird man mit den bekanntesten Sagen vertraut gemacht. So soll ein unglaublicher Goldschatz in der Höhle verborgen sein. Weitere Sagen berichten von einem Drachen und von den geheimnisvollen Wilden Fräulein, die an den Hängen des Berges gewohnt haben sollen.

Öffnungszeiten:

Sommer (Mai bis Anfang Nov.):
9:30, 10:30, 11:30, 12:30, 13:30, 14:30, 15:30, 16:30 Uhr, tägl. geöffnet.

Winter (26. Dez. bis So. nach Ostern):
11:00, 12:00, 13:00, 14:00, 15:00, 16:00 Uhr, Mo. und Di. geschlossen, außer Weihnachts- und Osterferien.

Die Sturmannshöhle ist ausschließlich im Rahmen einer Führung begehbar. Die Führungszeiten gelten ab dem Höhleneingang. Für den Weg vom Kassenkiosk zum Höhleneingang benötigt man ca. 10 Minuten, die Führungen dauern etwa 50 Minuten.

Sturmannshöhle Obermaiselstein

Haubenegg, D-87538 Obermaiselstein
Tel. +49 (0)8326 38309

Gästeinformation Obermaiselstein

Am Scheid 18, D-87538 Obermaiselstein
Tel. +49 (0) 8326 277
obermaiselstein@hoernerdoerfer.de
www.hoernerdoerfer.de/obermaiselstein

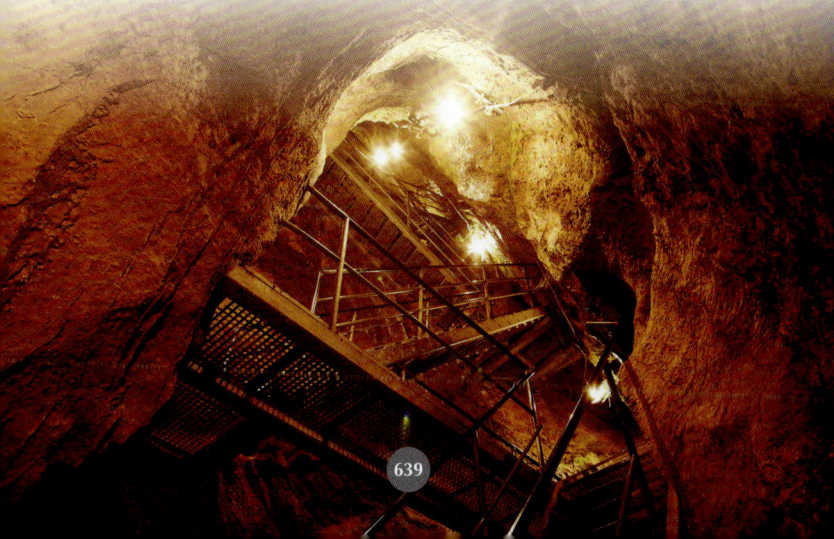

Kleinod für Naturliebhaber

Alpenwildpark Obermaiselstein

Beim Berghof Schwarzenberg im idyllischen Obermaiselstein im Allgäu, fern von Alltagsstress und Lärm in fast unberührter Natur, wartet mit dem Alpenwildpark ein attraktives Ausflugsziel auf Naturliebhaber. Der familiär geführte Berghof Schwarzenberg bietet außerdem gemütliche Unterkünfte und eine zünftige Einkehrmöglichkeit. Im Wildgehege des Alpenwildparks kann man viele heimische Tiere in ihrer natürlichen Umgebung erleben und das Wunder der vielfältigen Lebensformen bestaunen. Bei der Begehung des Naturlehrpfades durch den Park entdecken die Besucher verschiedene Wildtiere wie Steinböcke, Gemsen, Hirsche und seltene Greifvögel. Auch zwei Dachse sind dabei. Sie sind beide handzahm und lassen sich zu den Führungszeiten gerne auch streicheln. Der Alpenwildpark kümmert sich auch um verletzte Tiere. Im Winter besteht die Möglichkeit, frei lebendes Rotwild bei der Fütterung zu beobachten.

Führungen

Termine für Führungen durch den Wildpark im Sommer sind jeweils Di, Mi, Fr und Sa um 17:45 Uhr und im Winter zur Wildfütterung frei lebender Tiere täglich von Di. bis Sa. um 16:45 Uhr, zudem gibt es wöchentliche Ausflugsfahrten aus verschiedenen Ortschaften zu diesen Veranstaltungen, laut jeweiligem Aushang.

Über das umfangreiche Veranstaltungsprogramm des Wildparks und des Berghofs informiert man sich am besten auf der Homepage unter Events.

Der Berghof stellt für Urlaubsgäste Appartements mit getrennten Wohn- und Schlafräumen und komplett ausgestatteten Küchen sowie komfortable Doppelzimmer mit Bad/WC und Balkon zur Verfügung. Liegewiese und Sonnenterrasse sind vorhanden. Die heimeligen, mit Live-Musik umrahmten Hütten- oder Grillabende mit Lagerfeuerromantik sorgen für eine bleibende Erinnerung. Für die Hausgäste sind Frühstück oder Halbpension im rustikal eingerichteten Bergstüble buchbar, das auch für auswärtige Gäste geöffnet ist.

Auf der Aussichtsterrasse kann man sich mit Allgäuer Schmankerln sowie Kaffee und Kuchen verwöhnen lassen und dabei die herrliche Aussicht genießen. Das Bergstüble wird auch gern für Festlichkeiten aller Art genutzt, bester Service garantiert.

Alpenwildpark Obermaiselstein

Berghof Schwarzenberg
Königsweg 4
D-87538 Obermaiselstein
Tel. +49 (0)8326 8163
info@alpenwildpark.de
www.alpenwildpark.de

Klassische Trachtenmode
trifft moderne Casual Wear

bader in Obermaiselstein

Die Mischung macht´s. Dies scheint die Grundlage für den Erfolg vom bader-Team in Obermaiselstein zu sein. Hier trifft klassische Trachtenkleidung auf den modernen Alltagslook und begeistert mit dieser geschickten Kombination Menschen aller Altersgruppen. Trachtenmode macht Spaß und kann

zu jedem Anlass die perfekte Wahl sein, wenn sie entsprechend kombiniert wird. Wer bader in Obermaiselstein besucht, wird begeistert sein von der Kreativität der freundlichen Mitarbeiter. Sie zeigen, mit welcher Leidenschaft sie hinter ihrer Arbeit stehen und demonstrieren auf eindrucksvolle Weise, wie viele Möglichkeiten die Trachtenmode für jedermann bereithält.

Dass eine Tracht weit mehr ist als Dirndl und Lederhosen, zeigt das umfangreiche Sortiment von bader. Hier gibt es selbst entworfene Kollektionen, die mit viel Liebe zum Detail gestaltet sind. Hochwertige Materialien treffen auf kreative Schnitte und verschmelzen zu einem modernen Kleidungsstück. Natürlich steht die Liebe zur Heimat jederzeit im Vordergrund. Auch wunderschön gestaltete Accessoires gehören zum umfangreichen Angebot bei bader. Sie runden jedes Trachtenoutfit perfekt ab.

Trachten demonstrieren die Verbundenheit zu den eigenen Wurzeln, haben aber längst ihren Beliebtheitsgrad weit über die bayerischen Landesgrenzen hinaus ausgedehnt. Oft sind es kleine Elemente, die zu aktueller Mode getragen werden und damit die Tracht in den Alltag integrieren.

Bei bader erhält klassische Trachtenmode einen frischen Anstrich. Jedes Mitglied des bader-Teams ist Spezialist auf seinem Gebiet. Kompetente Beratung und kreative Ideen erwarten die Kunden im Ladengeschäft. Hier stehen Individualität und Persönlichkeit im Vordergrund. Von der ersten Sekunde an wird deutlich, wie leidenschaftlich die bader-Mitarbeiter hinter ihrer Trachtenmode ebenso stehen wie hinter der trendigen Damen-, Herren- und Sportmode. Diese Leidenschaft steckt an und öffnet die Augen für das Außergewöhnliche, das in jedem einzelnen Kleidungsstück steckt.

bader beweist mit einem tollen Sortiment, wie einfach es ist, die Liebe zur Tracht in den Alltag einzubinden.

Bader GmbH

Am Scheid 12
D-87538 Obermaiselstein
Tel. +49 (0)8326 1616
Fax +49 (0)8326 8125
bader.obermaiselstein@web.de
www.bader-obermaiselstein.de

Kleine Auszeit mitten im Allgäu

Wohlfühlhotel Berwanger Hof

Wer seinen Urlaub für eine echte Auszeit mit viel Ruhe und Entspannung nutzen will, ist in Obermaiselstein goldrichtig. Fernab von Hektik und Alltagsstress erwartet hier der Berwanger Hof seine Gäste. Das idyllisch gelegene Hotel mit dem atemberaubenden Blick auf die umliegenden Berge und Wiesen lässt das Herz eines jeden Gastes höher schlagen.

Geschmackvoll eingerichtete Zimmer und ein überaus zuvorkommendes Personal sorgen für eine geradezu familiäre Atmosphäre. In drei Häusern stehen verschiedene Zimmer für die Gäste zur Verfügung. Während sie im Haupthaus die unmittelbare Nähe zum AlpenSpa und zum Restaurantbereich genießen, freuen sie sich im Landhaus über noch mehr Ruhe und Abgeschiedenheit.

Die typisch ländlich gestalteten Zimmer sind mit viel Liebe zum Detail eingerichtet und verfügen über Balkone mit einzigartigem Ausblick. Im dritten Haus, dem Heuwirt, begeistert die Einrichtung durch eine geschickte Kombination aus traditionellen Holzelementen und modernem Design. Außerdem punktet das Haus ebenfalls mit einem tollen Ausblick auf die Berge von jedem Zimmer aus.

Der umfangreiche Spa-Bereich mit großem Panorama-Schwimmbad und attraktiver Saunalandschaft rundet das Gesamtkonzept perfekt ab. Hier stehen verschiedene Saunen für die Gäste bereit. Bei den erholsamen Wellnessanwendungen fallen auch die letzten Verspannungen ab, und der Urlaub kann in vollen Zügen genossen werden.

Nach einem ganzen Tag an der frischen Luft ist der abendliche Gang ins hauseigene Restaurant ein Genuss. Die abwechslungsreichen Gerichte regionaler Küche sollte jeder Gast einmal probiert haben – ganz besonders: Kochen mit Heu! Zahlreiche vegetarische Gerichte stehen ebenso auf der Karte wie internationale Spezialitäten, sodass wirklich jeder Gast kulinarisch auf seine Kosten kommt. Das besondere Ambiente im Restaurantbereich wird von dem herrlichen Ausblick auf Berge und Wiesen gekonnt unterstrichen.

Wohlfühlhotel Berwanger Hof

Familie Berwanger, Niederdorf 11
D-87538 Obermaiselstein
Tel. +49 (0)8326 36 330
info@berwangerhof.de
www.berwangerhof.de

Ofterschwang

Gutes vom Dorf

Ofterschwang (rund 2.000 Einwohner) liegt vier Kilometer südwestlich von Sonthofen im südlichen Allgäu und gehört zur Urlaubsregion der Hörnerdörfer. Die Gemeinde besteht aus zehn Weilern mit liebevoll geschmückten Bauernhäusern auf einer sonnigen Terrasse über dem oberen Illertal. Der beliebte Ferienort verfügt über rund 1.500 Gästebetten und verzeichnet über 300.000 Übernachtungen pro Jahr.

Genuss in Ofterschwang

Es lohnt sich, die kulinarische Seite von Ofterschwang kennenzulernen. Mit dem Zertifikat „Gutes vom Dorf" werden in Restaurants, Hotels und Berghütten frisch gemachte original Allgäuer Spezialitäten serviert, vom hausgemachten Bergkäse über Vollwertbrot bis zu Tee von Allgäuer Kräutern und Eis aus frischer Ofterschwanger Milch.

2018 wurde in Ofterschwang das Bauernhaus „Busche Berta" als Haus des Genusses und des Handwerks mit Käsekeller, Schinkenreiferaum, Töpferei und Schnapsbrennerei eröffnet.

Das denkmalgeschützte, originalgetreu restaurierte 200 Jahre alte Haus ist lebendiges Zeitzeugnis und Erlebnisort für alle Sinne. Hier können Besucher Gutes vom Dorf hautnah sehen, schmecken, riechen und fühlen. Die Gästeinformation bietet Führungen mit ausgiebiger Verkostung an - unbedingt teilnehmen! Die Erzeugnisse des Hauses sind auch im Dorfladen erhältlich.

Ofterschwang
(Bilder Tourismus Hörnerdörfer)

Sommerfreuden

Ofterschwang ist günstiger Ausgangspunkt für Wanderungen auf 93 km Wanderwegen und Radtouren auf attraktiven Radlstrecken.

Zu den beliebten Wanderungen gehört die Hörnertour. Sie führt auf dem Panoramaweg mit traumhafter Aussicht über das Ofterschwanger Horn, das Sigiswanger Horn, das Rangiswanger Horn und den Weiherkopf bis zur Bergstation der Hörnerbahn, die als Auf- und Abstiegshilfe genutzt werden kann. Lohnend und lehrreich ist auch die Wanderung auf dem Moor-Naturlehrpfad im Ortsteil Tiefenberg. Eine abwechslungsreiche und geruhsame Wanderung durch Wald und Wiesen auf dem schönen Ofterschwanger Bergwiesen-Rundwanderweg begeistert die ganze Familie.

Im Winter

Von geübten Wanderern kann mit Tourenski und Schneeschuhen auch im Winter die
Überschreitung mehrerer Gipfel der Hörnergruppe durchgeführt werden.

Das Skigebiet rund um das Ofterschwanger Horn an der Bergstation des Weltcup-Express ist ein Familien-Skigebiet der Spitzenklasse. 18 km Pisten verschiedener Schwierigkeitsgrade bieten Skivergnügen für jedermann. Hier gastiert oft der Ski-Weltcup mit Riesenslalom und Slalom-Wettbewerben.

Das Skigebiet hält das einzige Kinderskiland im Allgäu an einer Bergstation bereit. Ein Winter-Rundwanderweg, eine Rodelbahn, Skischulen mit Skiverleih und zahlreiche Einkehrmöglichkeiten runden das attraktive Angebot ab.

Für Freunde der beschaulichen Erholung ermöglichen ein kilometerlanges Loipennetz und 36 km geräumte Wanderwege genussvolle Ausflüge in die glitzernde Schneelandschaft.

Wichtige Adressen und Telefonnummern

Gästeinformation Ofterschwang Tourismus Hörnerdörfer GmbH
Kirchgasse 1
D-87527 Ofterschwang
Tel. +49 (0)8321 82157
ofterschwang@hoernerdoerfer.de,
www.hoernerdoerfer.de/ofterschwang

Im Bergparadies Ofterschwanger Horn

Bergbahnen Ofterschwang-Gunzesried

Wer Lust auf ein eindrucksvolles Alpenpanorama hat, sollte sich bequem vom „Weltcup-Express" in wenigen Minuten auf 1.300 Meter Seehöhe hinaufbringen lassen. Dort oben, an der Bergstation, erwarten den Ausflügler Wanderwege durch blumenreiche Alpwiesen, grandiose Ausblicke auf die Berge und Täler rund um Ofterschwang. Rund 100 Kilometer umfasst das Wanderwegenetz auf den Hörner-Gipfeln. Vom einfachen, familiengerechten Spaziergang bis zu mehrstündigen Bergtouren reicht die Palette in der unberührten Bergwelt. Der Höhenpanoramaweg ums Ofterschwanger Horn ist sogar für Rollstuhlfahrer geeignet.

Ein besonderes Schmankerl bietet der Downhill-Rollerverleih. Ob alleine, mit der Familie oder in der Gruppe liefern die Roller puren Fahrspaß, wenn man mit ihnen hinunter ins Tal fährt. Auf die Sicherheit wird natürlich größter Wert gelegt und das Anlegen des Helms ist Pflicht.

Während der Wintermonate verwandelt sich die Region in ein weißes Paradies. Und jene, für die die Bretter die Welt bedeuten, haben ihren Spaß auf kilometerlangen, bestens präparierten und gepflegten Skipisten. Für professionelle Skifahrer bietet die Weltcupstrecke eine besondere Herausforderung. Die kleinen Gäste finden an der Tal- und Bergstation zwei Kinderskigelände, auf denen sie gefahrlos ihre ersten Schwünge üben können.

Mit zwei 8er Kabinenbahnen, einer 6er- und einer 4er Sesselbahn und weiteren drei Schleppliften nutzen die Ski- und Snowboardfreunde hier am Ofterschwanger Horn topmoderne bequeme Aufstiegshilfen. Eine schlagkräftige Beschneiungsanlage garantiert beste Wintersportbedingungen für die 18 Pistenkilometer bis weit in den Frühling hinein.

oder Abendessen – verwöhnt wird man hier nach Strich und Faden. Leckere Schmankerl landen auf den Tellern der Gäste, die entweder von der urigen Hüttenatmosphäre oder von den Ausblicken, die sich rundherum bieten, verwöhnt werden.

Öffnungszeiten

In den Sommer startet der Weltcup-Express Anfangs Mai. Die täglichen Betriebszeiten sind von 9 bis 16.30 bzw. 17 Uhr. Der Betrieb im Sommer endet in der ersten Novemberwoche. Die Betriebszeiten im Winter sind von 8.30 bis 16 Uhr. Die Saison beginnt Anfangs Dezember und endet je nach Schneelage im April.

Neben den geregelten Öffnungszeiten werden auch individuelle Sonderfahrten für Veranstaltungen wie Hochzeiten, Geburtstage etc. angeboten.

Urlaubsgäste, die keine eigene Wintersportausrüstung im Gepäck haben, wenden sich an den Ski- und Board-Verleih an den Talstationen, in dem es die nötige Ausrüstung zu mieten gibt. Für Nicht-Skifahrer steht eine ein Kilometer lange Rodelbahn zur Verfügung und für die Wanderfreunde, der präparierte Panorama-Rundweg ums Ofterschwanger Horn.

Einkehrschwung oder gemütliche Brotzeit

Zu allen Jahreszeiten verwöhnen zahlreiche gastronomische Betriebe die Gäste. Ob eine Erfrischung und kleine Mahlzeit für Zwischendurch, ob Kaffee und Kuchen oder ein ausgiebiges Mittag-

Bergbahn Ofterschwang

Panoramaweg 7
D-87527 Ofterschwang
Tel. +49 (0)8321 67 030
info@go-ofterschwang.de
www.go-ofterschwang.de

Alpiner Charme
und familiäre Geborgenheit

Sonnenalp Resort

Inmitten der malerischen Naturlandschaft mit Blick auf Berge und Wiesen findet sich das Fünf-Sterne-Resort Sonnenalp in Ofterschwang. Der in vierter Generation familiengeführte Allgäuer Traditionsbetrieb steht für modernen Luxus mit heimeligem Flair. Die Gastgeber Anna-Maria und Michael Fäßler begrüßen Jung und Alt in einem einzigartigen Feriendomizil, mit dem bereits seit vier Generationen Wellnessgeschichte geschrieben wird. Hier kann man sich nachhaltig erholen, wird bestens versorgt und kann dabei viel Neues entdecken.

Ein Sonnenalp-Erlebnisurlaub schenkt der ganzen Familie unvergesslich schöne Momente.

Die geschmackvoll und individuell eingerichteten 218 Zimmern und Suiten lassen keine Wünsche offen. Ob Einzelpersonen, Paare oder Familien, für jede Konstellation gibt es den passenden Wohnkomfort. In den hauseigenen, nahe gelegenen Luxus-Chalets sind auch Vierbeiner herzlich willkommen.

Ein perfekter Tag im Luxusresort Sonnenalp beginnt nach dem Aufwachen mit einem wohltuenden Blick aus dem Fenster. Draußen erstreckt sich ein rund

1,6 Hektar großer Wellness-Park inklusive Naturteichen und romantischen Rückzugsorten. Nach einem erfrischenden Bad im Innen- oder ganzjährig beheizten Außen-Pool kann man sich auf den großzügigen Liegeflächen sonnen und die Seele baumeln lassen. Die Kinder sind unterdessen mit einem umfangreichen Ferienprogramm unter professioneller Betreuung bestens versorgt. Bei spannenden Spielen und vergnüglichen Ausflügen werden neue Freundschaften fürs Leben geknüpft.

Highlights sind unter anderem die Kinderwasserwelt und der Sonnenalp-Reiterhof mit kleinem Streichelzoo. Die Allerkleinsten werden in Murmis Kinderparadies fürsorglich betreut. Im Winter ist die hauseigene Skischule, mit angrenzendem Kids-Club-Gelände,

der Hit. Ausgebildete Skischullehrer vermitteln durch Spiel und mit viel Spaß, Kindern aber auch Erwachsenen, das das sichere Fahren auf den Pisten.

Dieses teilweise kostenlose Sonnenalp-Winterangebot erfreut sich größter Beliebtheit.

Gestärkt durch das unvergleichlich vielfältige (und äußerst leckere!) Genießerfrühstück vom riesigen Buffet im Hauptrestaurant des Hauses geht es zum entspannten Flanieren in die Einkaufspassage des Hotels, wo man in zwölf exklusiven Shops nach Herzenslust trendige Designerstücke anprobieren kann. Wer möchte, kann einen Beautytermin planen, im Fitnessstudio trainieren oder eine ärztliche Behandlung in Anspruch nehmen. Die ausgebildeten Fachkräfte sorgen mit Kompetenz für die Regeneration von Körper und Seele, dabei steht das Wohlgefühl der Gäste an erster Stelle. Die Leidenschaft für den Golfsport wird auf drei herausragenden Golfplätzen (Golfplatz Sonnenalp, Golfplatz Oberallgäu, Golfplatz Gundelsberg) mit insgesamt 45 Spielbahnen und einer perfekten Kombination von sportlichem Vergnügen und Naturerlebnis täglich neu geweckt. Die professionellen Golfer Bernard

A. Kennedy, Andy MacDonald und Malcom King sind erfahrene Lehrer, deren wertvolle Tipps bereits vielen Golfliebhabern geholfen haben, ihre Spielqualität zu verbessern. Verschiedene ein- bis fünftägige Kurse im Golfresort der Sonnenalp vermitteln sowohl Neueinsteigern als auch Profis erstklassige Golftechniken.

Kulinarisch bietet das Fünf-Sterne-Haus beste Qualität: Neben der eigenen Weinlinie „Fäßler & Salomon – Private Selection by Anna-Maria Fäßler", die von der Hausherrin selbst kreiert wurde, ist das Sternerestaurant Silberdistel ein absolutes Highlight für Feinschmecker. Die exquisite Kochkunst wurde bereits mit einem Michelin-Stern, zwei Hauben und 16 Gault-Millau-Punkten ausgezeichnet. Im Steakrestaurant Fäßlers Grillstube erleben Gäste eine interessante Showküche mit leckeren amerikanischen und Allgäuer Speisen nach dem Motto „Allgäu meets Colorado".

Im Herzen der Sonnenalp stehen acht behaglich eingerichtete Restaurant-Stuben zur Verfügung, in denen allabendlich köstliche Menüs den Gaumen erfreuen. Authentisches, edles Interieur wie beispielsweise der Kachelofen in der Alten Stube, die gemütlichen Eckbänke in der bayerisch-blauen Ludwig-Stube oder die Buntglasfenster der Sonnenstube laden ein zum gemütlichen Beisammensein. An der fast neun Meter langen Theke in der Kamin- und Weinbar kann man bei einem Schlückchen Wein gute Gespräche führen oder einfach das rege Treiben beobachten, während im Hintergrund gute Musik erklingt.

Regelmäßige Musikabende mit Darbietungen von Jazz über Klavier bis hin zu traditioneller Musik bieten puren Hörgenuss. Eine Verkostung der hauseigenen Weinlinie im angrenzenden Weinkeller sollte man nicht verpassen, es lohnt sich! Die Kili-Bar im Empfangsbereich wurde nach dem Allgäuer Künstler Kilian Lipp benannt und lädt Gäste mit Wohnzimmer-Ambiente und exklusiver Kunst zum Verweilen ein.

Vier weitere Restaurants in der Nähe erweitern die umfangreiche Kulinarikwelt des Luxusresorts Sonnenalp: Das Waldhaus am Golfplatz Sonnenalp zeichnet sich durch behagliche Eleganz im alpenländischen Stil aus. Von der Sonnenterrasse blicken Gäste auf das makellos gepflegte Wiesengrün, am Horizont erstreckt sich das fantastische Alpenpanorama.

Im Seehaus am Golfplatz Oberallgäu genießt man Grill-Spezialitäten und die herrliche Aussicht. Hier wird auch für Feierlichkeiten wie Hochzeit, Geburtstag oder Weihnachtsfeier ein stilvoller Rahmen inklusive exzellentem Service geboten.

Die Weltcup-Hütte am Ofterschwanger Horn steht auf 1.300 Metern Höhe direkt am Startpunkt der Ski-Weltcup-Strecke. Sie gehört mit ihrer großen Terrasse zu den begehrtesten Plätzen bei den winterlichen Rennveranstaltungen. Aber auch zu allen anderen Jahreszeiten ist der Blick auf blühende Bergwiesen und verschneite Gipfel einen Besuch wert. Die klare, würzige Luft erfrischt, die Speisen munden vortrefflich und die Stimmung ist hervorragend.

Nur wenige Gehminuten vom Sonnenalp Resort entfernt zeigen die Azubis im eigens für sie geschaffenen Restaurant Inizio, was sie gelernt haben.

In netter Atmosphäre bekommen Gäste von den angehenden Köchen und Restaurant- oder Hotelfachleuten hervorragend schmeckende, italienisch inspirierte Speisen zu einem einmaligen Preis-Leistungsverhältnis kredenzt.

Sonnenalp Resort

Sonnenalp 1
D-87527 Ofterschwang
Tel. +49 (0)8321 272 0
info@sonnenalp.de
www.sonnenalp.de

Landhotel mit Weitblick
Alphorn

Das Alphorn, dieses uralte Instrument der Alphirten, gibt dem Landhotel in Ofterschwang seinen Namen. Umgeben von saftig grünen Wiesen mit einem Ausblick auf die Allgäuer Bergwelt, der seinesgleichen sucht, bietet das Haus nicht nur Wohnkomfort und kulinarische Genüsse, sondern auch ein ganz besonderes „Alphorn-Erlebnis".

Alphorn-Erlebnis im Landhotel

Jeden Sonntag bläst der Hausher auf der herrlichen Freiterrasse des Hotels auf seinem Alphorn. Bei dem traditionellen Weisswurst-Frühschoppen, das die Darbietungen begleitet, können Interessierte so manch Wissenwerte über das alte Hirtenhorn erfahren. Und wer sich intensiver mit der Materie beschäftigen möchte, dem sei die Alphorn-Schule empfohlen, in der er lernt, das Instrument zu spielen.

Landhotel mit Weitblick

Eine traumhafte Lage inmitten der Oberallgäuer Natur von der man herrliche Ausblicke auf die Alpen genießt, ist der richtige Ort für entspannede Ferientage.

Komfortabel und im modernen Landhausstil eingerichtete Zimmer empfangen den Gast, der sich schon beim ersten Blick heimisch fühlt. Aufmerksamkeiten wie die Kuschelbetten mit Allergiker-Bettwäsche und belebendes, frisches Grander Wasser auf den Zimmern verstehen sich in dem gastfreundlichen Haus von selbst. Eine kleine, aber feine Wellnessoase mit Sauna und Infrarot-Wärmekabine runden den Komfort im Landhotel ab.

Genuss vom Feinsten

Mit regionaler, frischer und saisonaler Küche werden die Gäste im Restaurant des Hauses verwöhnt. Den Allgäuer

Spezialitäten, die mediterran akzentuiert sind, verleihen die frischen Kräuter aus dem hoteleigenen Garten das gewisse Etwas.

Gespeist wird in dem familiären und wohligen Ambiente der Gaststuben. Rustikal und hell eingerichtet, verströmen sie eine Wohlfühlatmosphäre, in der die Gäste gerne in geselliger Runde verweilen. Während des Winters sorgt ein offener Kamin für gemütliche Wärme.

Landhotel Alphorn

Kirchgasse 18
D-87527 Ofterschwang
Tel. +49 (0)8321 66 340
info@landhotel-alphorn.de
www.landhotel-alphorn.de

Ein köstliches Stück Allgäu

Sennerei Schweineberg

Für den unverwechselbar würzigen Geschmack des Allgäuer Bergkäses (geschützte Ursprungsbezeichnung) sorgt die besondere Milch.

Für die Herstellung in der Sennerei Schweineberg wird nur reine Heumilch verwendet. Naturbelassene Rohmilch, die nach bäuerlicher Tradition und mit moderner Technik verarbeitet wird.

Sechs Bauern liefern die Milch, die auf kürzestem Weg frisch in die Sennerei gelangt. Überlieferte Herstellungsmethoden und Rezepturen lassen hier Käselaibe mit ca. 30 kg entstehen.

"Natürlich schmeckt am besten" lautet das Motto der Sennerei. Hier entstehen mit viel Wissen, langer Erfahrung und purer Leidenschaft für das Käsemachen leckere Allgäuer Käsespezialitäten von höchster Qualität und erstklassigem Geschmack. Nicht umsonst werden diese immer wieder mit Auszeichnungen prämiert.

Käseköstlichkeiten zum Mitnehmen

Direkt an der Sennerei liegt das Käslädele. In uriger Atmosphäre, die nur durch eine Ausstattung mit viel Holz geschaffen werden kann, präsentieren sich hinter der Theke die köstlichen Gaumenschmeichler, die so manchen Käseliebhaber verzaubern.

Die Kunden finden hier den Allgäuer Bergkäse g. U. in verschieden Reifegraden ebenso wie den Allgäuer Emmentaler g. U.. Daneben blickt der Käsefreund über das ausgesuchte Angebot von Schnittkäse wie dem Tilsiter, Senn- oder Butterkäse bis zum Rotweinkäse. Bei Weichkäse liegt der appetliche Tortenbrie neben dem Weißlacker, um nur einige Sorten zu nennen. Bio-Käse wie der Alpkäse oder der Kräutermichl, Ziegenlaible und Fassbutter sowie Speck, Schinken, Honig, Marmelade und vieles mehr runden das kulinarische Angebot ab.

einen Blick hinter die Kulissen der traditionellen Käseherstellung werfen möchtest, sei eine Führung mit Käse-probe empfohlen, die jeden Dienstag um 10.30 Uhr oder nach telefonischer Vereinbarung stattfindet.

Öffnungszeiten:
Mo. bis Do. 8 bis 11.30 Uhr
und 17.30 bis 19 Uhr.
Fr. und Sa. von 8 bis 11.30 Uhr
und 16 bis 19 Uhr.
Sonn- und feiertags 16 bis 19 Uhr.
Über einen Onlineshop der Sennerei können Käsefreunde aber auch rund um die Uhr einkaufen gehen.

Neben dem Angebot ist auch die fach-liche Kompetenz und Freundlichkeit der Mitarbeiter hinter dem Verkaufst-resen ein Grund dafür, dass das Käslä-dele der Sennerei Schweineberg schon seit vielen Jahren eine Anlaufstelle für Käseliebhaber in Ofterschwang ist. Für interessierte Gourmets, die gerne

Sennerei Schweineberg
Schweineberg 18
87527 Ofterschwang
Tel: +49 (0)8321 33 63
Fax +49 (0)8321 67 61 64
kontakt@allgaeuer-bergkaese.de
www.allgaeuer-bergkaese.de

Zu Besuch bei den Bergbauern von der Bergbauern-Sennerei Hüttenberg

Jeden Morgen geht es in Hüttenberg zu wie am Stachus. In aller Frühe liefern neun Landwirte der kleinen Genossenschaft ihre frische Milch beim Senn Josef ab. Die Sennküche ist im Dorf ein wichtiger Dreh- und Angelpunkt. Und das schon seit 125 Jahren! Damals wie heute gelten klare Grundsätze für die Qualität – denn handgemachter Käse braucht höchste Milchqualität.

In der Sennküche werden daraus Allgäuer Bergkäse und viele feine Käsespezialitäten in traditioneller Herstellung und ohne künstliche Zusatzstoffe gemacht. Die Auswahl in der appetitlichen Theke ist groß, z. B. Tilsiter, Butterkäse, Alpkräuterkäse, Emmentaler, frischer Butter und herrlicher Joghurt.

Die Genossen vermarkten und verkaufen ihre Produkte selbst in Hüttenberg, Langenwang und über ihren Online-Shop. Tradition, Fleiß und Kreativität gehen hier Hand in Hand, um höchsten Qualitätsansprüchen, Trends und Kundenanforderungen gerecht zu werden.

Am besten macht man sich selbst ein Bild von der Bergbauern-Sennerei Hüttenberg und Ihren hauseigenen Produkten. Hereinspaziert!

Bergbauern-Sennerei Hüttenberg

Hüttenberg 9
D-87527 Ofterschwang
Tel +49 (0)8321 65 454
info@bergbauern-sennerei.de
www.bergbauern-sennerei.de

Käseladen Langenwang

Bundesstraße 4
D-87538 Langenwang
Tel +49 (0)8326 20 91 42

Alles "Made in Germany"

Die HolzAlpe in Ofterschwang

Zum Stöbern, Staunen und Schnuppern lädt das Geschäft in Ofterschwang ein, in dem in allen Ecken gesägt, gedrechselt und geschliffen wird, um aus großen heimischen Baumstämmen dekorative und handliche Designstücke zu fertigen. Die verschiedensten Allgäuer Baumarten liefern das Holz für hübsche Wohnaccessoires sowie Werbe- und Geschenkartikel, die mit Hilfe von modernen Lasermaschinen ihr filigranes und individuelles Aussehen erhalten.

Doch der Laden hat noch viel mehr zu bieten wie der Duft verrät, der dem Besucher beim Eintreten um die Nase streicht. Aus reiner Allgäuer Biomilch

wird hier die bekannte Kuhmilchseife hergestellt, die wegen ihrer hochwertigen pflanzlichen Inhaltsstoffe, Sheabutter und erlesenen Ölen für eine samtig weiche Haut und ein unvergleichliches Dufterlebnis sorgt.

Doch auch für Kinder ist die HolzAlpe ein kleines Paradies, können sie doch während der Sommerferien den kleinen Zoo mit Streicheltieren besuchen und sich auf dem Kinderspielplatz austoben. Für die Erwachsenen steht ein kleiner SB-Minibiergarten mit kühlen Getränken bereit.

Die HolzAlpe in Ofterschwang ist von Montag bis Freitag von 9.30 bis 18 Uhr und am Samstag von 10 bis 13 Uhr geöffnet.

Die HolzAlpe

Anja Böttcher, Sigishofen 56
D-87527 Ofterschwang
Tel. +49 (0)8321 61 85 644
Fax +49 (0)8321 61 85 662
info@die-holzalpe.de
www.die-holzalpe.de

Bergahornallee im Oytal
(Bild Wikipedia, Whgler CC BY 4.0)

Erlebnisraum Urkrafttäler

Erlebnisraum Urkrafttäler

Wildromantische Täler, die die Flüsse Stillach, Trettach und Breitach in die Gebirgswelt geschnitten haben, bilden den Erlebnisraum Urkrafttäler rund um Oberstdorf. Bergbauerndörfer inmitten einer Landschaft, die von sanft anmutenden Bergwiesen und steilen Grasflanken, von kristallklaren Seen und wilden Bachläufen geprägt wird. Nicht umsonst zählt die Region um Oberstdorf zu den beliebtesten Ferienregionen Deutschlands.

Wo man Urkräfte erleben kann

Das Trettachtal ist eines der schönsten Oberstdorfer Täler mit dem sagenumwobenen Christlesee und dem Weiler Spielmannsau am Talende. Auch das wildromantische Stillachtal mit dem Weiler Einödsbach, der die südlichste Siedlung Deutschlands darstellt, lädt zu Wanderungen und Ausflügen ein. Der spannende Weg durch die Breitachklamm bei Tiefenbach gehört ebenso zum Pflichtprogramm eines Urlaubs in Oberstdorf. Im Norden der Marktgemeinde lockt der Illerursprung, in dem Trettach, Stillach und Breitach zusammen fließen.

Bergsteiger und Wanderer finden in den Oberstdorfer Bergen unzählige lockende Gipfel mit prachtvollen

Koblat Laufbichl
(Bild Allgäu GmbH)

Ausblicken und aufregenden Klettersteigen. Zahlreiche romantische Seen laden an heißen Tagen zum Baden und Verweilen ein. So ist der Freibergsee der höchstgelegene Badesee Deutschlands.

Und der Winter verwandelt die Region in ein Wintersportparadies. Skilifte an Fellhorn, Nebelhorn und Söllereck erschließen eine Vielzahl von Skipisten, die jedem Anspruch gerecht werden. Bestens präparierte Loipen und Winterwanderwege machen das Vergnügen auch den nordischen Skiläufern und Wanderern zugänglich.

Der Markt Oberstdorf ist die südlichste Gemeinde Deutschlands. Neben der

beeindruckenden landschaftlichen Vielfalt tragen die kulturhistorischen Sehenswürdigkeiten und Naturdenkmäler sowie zahlreiche Freizeit- und Sporteinrichtungen dazu bei, dass Oberstdorf ein wahrer Tourismus-Magnet ist. Mit seiner Skisprung- und Flugschanze ist der Ort Schauplatz zahlreicher Wintersportveranstaltungen wie der Vierschanzentournee und der Skiflugweltmeisterschaften.

Orte im Erlebnisraum Urkrafttäler

Karte der Erlebnisräume Allgäu siehe Seiten 54/55

Oberstdorf

Die südlichste Gemeinde Deutschlands

Die Marktgemeinde Oberstdorf (rund 9.700 Einwohner) im Süden des bayerischen Landkreises Oberallgäu gehört mit 17.000 Betten und 2,4 Millionen Übernachtungen pro Jahr zu den beliebtesten Tourismuszentren in Deutschland. Die Gemeinde liegt in einem großen Talkessel, umsäumt von der Allgäuer Alpenkette mit bekannten Gipfeln wie Fellhorn, Höfats, Mädlegabel, Nebelhorn und Großer Krottenkopf und mit Zugang zu den landschaftlich reizvollen Hochtälern Breitachtal, Stillachtal, Illertal, Kleinwalsertal, Oytal und Trettachtal. Im Gemeindegebiet, das zu ca. 75 % unter Landschafts- und Naturschutz steht, findet man zahlreiche Seen in unterschiedlichen Höhenlagen.

Der heilklimatische Kur- und Kneippkurort ist mit vielfältigen, ausgezeichneten Freizeiteinrichtungen und -möglichkeiten zu jeder Jahreszeit ein attraktives Ausflugsziel.

Oberstdorf ist als Endpunkt der Bahnstrecke aus Immenstadt sowie mit dem Auto über die Bundesstraße 19 von Sonthofen gut zu erreichen. Über die B 19 besteht die einzige Zufahrtsmöglichkeit ins benachbarte Kleinwalsertal.

Das für den Autoverkehr gesperrte Ortszentrum bietet mit attraktiven Geschäften und vielfältigen gastronomischen Angeboten beste Einkaufs- und Einkehrmöglichkeiten.

Oberstdorf
(Bild Wikipedia, SB68Manm, CC BY 2.5)

Sehenswürdigkeiten

Das Heimatmuseum im 1620 erbauten Köcherlerhaus ist einen Besuch wert. Hier findet man interessante Exponate zu Handwerk, Land- und Alpwirtschaft, Jagd, Alpinismus, Musik und Brauchtum.

Freizeit und Sport

Im Wanderparadies Oberstdorf stehen 200 Kilometer Wanderwege in verschiedenen Höhenlagen zur Verfügung. Die Aufstieghilfen der Bergbahnen zum Fellhorn, Nebelhorn und Söllereck erleichtern den Zugang zu aussichtsreichen Bergtouren.

Lohnend ist ein Besuch der weltberühmten Breitachklamm.

Oberstdorf ist ein Wintersportplatz erster Güte. Neben den Bergbahnen stehen zwanzig Skilifte in den Skigebieten zur Verfügung mit rund 130 Kilometern alpiner Abfahrtsstrecken.

75 Kilometer Skilanglaufloipen und 140 Kilometer gebahnte Winterwanderwege bieten die Möglichkeit für genussvolle Wanderungen durch die glitzernde Schneelandschaft.

Zu den Höhepunkten im Oberstdorfer Veranstaltungsprogramm gehört am Jahresende der Auftakt der Vierschanzentournee im Skispringen auf der Schattenbergschanze.

Wichtige Adressen und Telefonnummern

Markt Oberstdorf
Prinzregenten-Platz 1
D-87561 Oberstdorf
Tel. +49 (0)8322 700 7000
Fax +49 (0)8322 700 7209
info@oberstdorf.de
www.oberstdorf.de

Faszination Skifliegen

Skiflugschanze Oberstdorf

Im Wandergebiet rund um den Oberstdorfer Freibergsee wartet mit der umfangreich modernisierten Heini-Klopfer-Skiflugschanze ein spannendes Ausflugsziel auf abenteuerlustige Besucher. Die 1949 von Schanzenarchitekt und Skispringer Heini Klopfer mit Unterstützung seiner Oberstdorfer Skispringerfreunde Toni Brutscher und Sepp Weiler errichtete Flugschanze ist eine von nur fünf Skiflugschanzen in der Welt und zählt als „schiefer Turm von Oberstdorf" zu den Wahrzeichen des Ortes.

Nach den umfangreichen Umbaumaßnahmen wurde die gesamte Anlage für Besucher geöffnet.

Mit einem barrierefreien Schrägaufzug erreicht man mühelos den Fuß des Schanzenturms, der bereits einen eindrucksvollen Ausblick auf die komplette Anlage bietet. Nun geht es mit dem Turmaufzug hinauf auf den Schanzenturm mit grandiosen Ausblicken auf die Allgäuer Bergwelt. Ganz oben angekommen, stehen die Besucher 70 Meter über dem Boden und können nachempfinden, wie sich die Sportler kurz vor dem Absprung fühlen.

Auf dem neuen attraktiven Erlebnisweg rund um die Schanze erfährt man an verschiedenen Stationen Wissenswertes rund um das Skifliegen sowie über die Geschichte der Schanze und erhält viele exklusive Informationen von aktiven und ehemaligen Sportlern.

Anhand übersichtlicher Grafiken werden Fragen beantwortet wie: Was ist der Unterschied zwischen Skispringen und Skifliegen? Worauf kommt es bei der Bewertung des Sprungs an? Wie hat sich der Sprungstil im Lauf der Jahre entwickelt? Der aussichtsreiche Weg führt an den Fuß des Schanzenturms, dann auf eine Aussichtsplattform am Schanzentisch und auf den Kampfrichterturm. Der Weg ist auch für Kinder und Familien attraktiv, auf dem Gelände laden Pausenbänke und Picknickplätze zum Verweilen ein.

Nach der erlebnisreichen Besichtigung kann man im Flugschanzen Bistro ein Andenken käuflich erwerben und mit nach Hause nehmen.

Öffnungszeiten:

April bis Oktober:
täglich von 9:30 Uhr bis 17:30 Uhr
November bis März:
täglich von 9:30 bis 16:30 Uhr.

Sportstätten Oberstdorf Skiflugschanze

Zimmeroy, D-87561 Oberstdorf
Tel. +49 (0)8322 700 5201
info@skiflugschanze-oberstdorf.de
www.skiflugschanze-oberstdorf.de

Eines der schönsten Skisprungstadien der Welt

WM-Skisprung-Arena Oberstdorf

Dort, wo jedes Jahr das Auftaktspringen der Vierschanzentournee stattfindet, erschließt sich dem Besucher ein ganz besonderes Erlebnis. Nicht umsonst zählt die WM-Skisprung-Arena in Oberstdorf mit ihren fünf Schanzen am Fuße des Schattenbergs zu einer der schönsten Skisprungarenen weltweit.

Von der Aussichtsplattform genießen die Besucher einen unvergleichlichen Ausblick auf Oberstdorf und die umliegende Bergwelt. Nach einem kleinen Spaziergang am Auslauf der Schanzenanlage und vorbei am "Walk of Frame", gelangt man mit dem Schrägaufzug bis an den Fuß des Schanzenturms.

Von dort bringt einen der Panoramaaufzug bis zur Aussichtsplattform, die mit 45 Metern der höchste Punkt der WM-Skisprung-Arena ist. Im Hauptgebäude lässt das Skimuseum die Entwicklung und Geschichte des Skispringens mit zahlreichen Exponaten lebendig werden.

Zu jeder Jahreszeit können die Besucher den Top-Athleten bei ihren Vorbereitungen über die Schulter blicken. Denn hier wird fast täglich trainiert. Nachwuchsspringer wie auch Olympiasieger nutzen die Arena für ihr Training und die Besucher sind hautnah dabei.

Und die Arena hat noch viel mehr zu bieten

Ob Firmenausflug, Jubiläum oder Geburtstagsfeier – die Arena in Oberst-

zu kurzweiligen und abwechslungsreichen Stunden bei und machen das Event zu einem Höhepunkt mit unvergesslichen Erlebnissen.

Auch verliebte Paare, die den Bund der Ehe schließen möchten, können dies mit einem traumhaften Ausblick über romantische Täler und auf die Oberstdorfer Bergwelt tun und der Trauung damit einen einzigartigen Charakter verleihen.

Skisport- und Veranstaltungs GmbH

Am Faltenbach 27
D-87561 Oberstdorf
Tel. +49 (0)83 22-80 90 300
Fax +49 (0)83 22-80 90 301
info@audiarena.de
www.audiarena.de

dorf ist der geeignete Ort für Events und Feierlichkeiten. Viele Bausteine wie Laserbiathlon, Tubing von der Kleinschanze oder Disc Golf tragen

Das einmalige Naturerlebnis
Breitachklamm

Das einzigartige Naturdenkmal der Breitachklamm im Oberstdorfer Ortsteil Tiefenbach ist mit ca. 150 Meter Tiefe die tiefste Felsschlucht in Mitteleuropa und gehört zu den schönsten Geotopen Bayerns. Jährlich wandern über 300.000 Besucher auf dem 2,5 km langen, gut gesicherten Weg durch die Klamm. Festes Schuhwerk wird dringend empfohlen.

Der Besuch lohnt sich zu jeder Jahreszeit und bei jedem Wetter. Bei Regen wirkt die Klamm durch die größere Wassermenge noch beeindruckender. Das Wasser der Breitach, das vom Kleinwalsertal Richtung Oberstdorf rauscht, findet seinen Weg durch die enge Schlucht mit fast 100 Meter hohen, senkrechten und überhängenden Wänden und stürzt donnernd über hohe Felsbänke. An der engsten Stelle ist die sie nur zwei Meter breit. Im Winter, wenn sich der stürmische Bach zu bizarren Eisgebilden verwandelt, mächtige Eisvorhänge bildet und die imposanten Felshänge von riesigen Eiszapfen überzogen sind, bietet sich ein besonderes Schauspiel der Natur. Ein besonderes Erlebnis ist die Teilnahme an einer geführten romantischen Fackelwanderung.

Die Klamm entstand während der Gletscherschmelze der letzten Eiszeit vor rund 10.000 Jahren, als das Wasser des abschmelzenden Breitachgletschers seinen Weg durch die Felsen gesucht hat. Erschlossen wurde die Schlucht Anfang des 20. Jahrhundert durch die Initiative des jungen Tiefenbacher Pfarrers Johannes Schiebel. Die Einweihung der begehbaren Klamm fand 1905 statt. Der Besuch der Klamm lässt sich gut mit einer Wanderung in der Umgebung verbinden. Ein beliebter Rundwanderweg führt nach dem Ausstieg aus der Klamm am oberen Kassenhäuschen zum sogenannten „Zwingsteg", einer Brücke, die in schwindelnder Höhe die Klamm überquert. Über den Sesselweg mit prächtigen Ausblicken gelangt man zurück zum unteren Eingang der Breitachklamm. Der Besuch der kostenlosen informativen Filmvorführung im Kinoraum am Eingang lohnt sich.

Foto: ©Ralf Lienert

Zu beachten: Es kann aufgrund der Wettereinflüsse auch kurzfristig aus Sicherheits-
gründen zu Sperrungen der Breitachklamm kommen. Aktuelle Informationen auf
der offiziellen Webseite: www.breitachklamm.com.

Öffnungszeiten:
(außer zur Zeit der Schneeschmelze und im Spätherbst)
Sommersaison:
Ab 9 Uhr, letzter Einlass 17 Uhr, Schließung 18 Uhr.
Wintersaison:
Ab 9 Uhr, letzter Einlass 16 Uhr, Schließung 17 Uhr.

Der Breitachklammverein bietet interessierten
Gruppen auch Führungen (nach Vereinbarungen)
und im Winter Fackelwanderungen an.

Breitachklammverein eG

Klammstraße 47
D-87561 Tiefenbach
Info-Tel.: +49 (0)8322 48 87
Tel. +49 (0)83 22-9 87 67-0
Fax +49 (0)83 22-9 65 78 64
info@breitachklamm.com
www.breitachklamm.com

2 Länder, 1 Bergerlebnis

Dort, wo sich Deutschland und Österreich ganz nahe kommen, liegt die Region Oberstdorf/Kleinwalsertal. Vom Nebelhorn bis zum Ifen erstreckt sich die Wander- und Skiregion der OBERSTDORF · KLEINWALSERTAL BERGBAHNEN. Während im Winter rund 130 Pistenkilometer für grenzenlosen Skispaß zur Verfügung stehen, warten im Sommer Erlebniswege und ein Bergblumenparadies auf die Besucher der Region.

An den Bergen Nebelhorn, Fellhorn, Söllereck, Kanzelwand, Heuberg, Walmendingerhorn und Ifen ist für jeden etwas dabei. Sowohl aktive Familienbanden als auch Berg- und Sinnesgenießer kommen voll auf ihre Kosten! Besonders Familien genießen im Sommer die Erlebniswege mit Mitmachstationen und lehrreichen Informationen, bei denen auch die Kleinsten schon viel zu entdecken haben. „Wasser marsch!" heißt es zum Beispiel am „Burmiwasser" an der Kanzelwand im Kleinwalsertal. Auf dem Erlebnisweg mit Wasserrädern und Schleusen dreht sich alles ums kühle Nass. Oder wie wäre es mit einem Blick in die Hochgebirgs-Welt der Adler? Der Höfatsweg am Nebelhorn ist dafür genau das Richtige. Mit Söllis Kugelrennen wird die Wanderung von der Berg- zur Talstation am Söllereck zum kurzweiligen Erlebnis!

Doch auch Genussentdecker erleben in der Region Oberstdorf/Kleinwalsertal viele abwechslungsreiche Momente. Der 400-Gipfel-Blick am Nebelhorn wird durch den Nordwandsteig zum besonderen Erlebnis: 600m geht der Blick entlang der Nebelhorn-Nordwand in die Tiefe. Imposante Fern- und Tiefblicke sind garantiert. Die geführten Wanderungen am Fellhorn oder Walmendingerhorn geben beispielsweise einen spannenden Einblick in die Welt der Bergblumen. Tierliebhaber können am Nebelhorn unter Anleitung auf Fotopirsch gehen und nicht nur die Könige der Lüfte entdecken.

Doch auch im Winter ist für Abwechslung gesorgt. Wintersportbegeisterte finden in der Region Oberstdorf/ Kleinwalsertal die richtigen Bedingungen. Ob Anfänger oder Profi, die Skiregion hält für jeden die passende Piste bereit. Es müssen aber nicht immer Ski an den Füßen sein: auch Winter-

wanderer kommen voll auf ihre Kosten. Die Berge auch im Winter von oben zu sehen, ist für Wanderer ein einzigartiges Erlebnis, das sonst meist Wintersportlern vorbehalten ist.

Für Schneespaß der besonderen Art warten im NTC Park Skibockerl, Zipflracer oder Snowtubing darauf, ausprobiert zu werden.

OBERSTDORF · KLEINWALSERTAL BERGBAHNEN

D-87561 Oberstdorf/
A-6991 Riezlern
Tel.: +49 (0)8322 / 9600-0
Tel.: +43 (0)5517 / 5274-0
info@ok-bergbahnen.com
www.ok-bergbahnen.com

Der Natur ganz nah

Jugendherberge Oberstdorf

Auf einer Sonnenterrasse am "Tor zum Kleinwalsertal" gelegen, empfängt die Jugendherberge Oberstdorf ihre Gäste. Entspannung in einem gepflegten Ambiente erlebt man hier auf auf 915 Metern Höhe und genießt einen überwältigenden Ausblick auf die Allgäuer Alpen. Zu jeder Jahreszeit hat die Umgebung von Oberstdorf etwas zu bieten. Wandern, mountainbiken und bergsteigen im Sommer und Ski alpin oder nordisch im Winter – die Urlaubstage in Oberstdorf werden zu einem unvergesslichen Vergnügen.

Die Jugendherberge, die über 42 Zimmer und 214 Betten verfügt, bietet mit "Kinderland" zertifizierten Urlaubsspaß für die ganze Familie. Erstklassigen Übernachtungskomfort zwischen Zwei- und Zehnbettzimmern können die Gäste wählen, die neben ihrer behaglichen Unterkunft zum Teil mit Balkon und eigener Dusche/WC, mehrere Speise- und Aufenthaltsräume sowie Fernseh- und Schulungsraum. vorfinden.

Langeweile ist in der Jugendherberge Oberstdorf ein Fremdwort. Die Natur der Allgäuer Alpen bietet für jeden Geschmack das Richtige und das zu jeder Jahreszeit. Darüber hinaus steht für die aktive Freizeit eine hauseigene Kletterwand zum Bouldern und für Gruppen ab 15 Personen ein Flying Fox zur Verfügung. Hier können die Teilnehmer unter Anleitung über eine Seillänge von 140 Metern in die Tiefe gleiten. Daneben finden sich Plätze für Volleyball und Badminton sowie Billardtische, Kicker, Tischtennisplatten, Slackline und eine Boulbahn.

Liebe geht durch den Magen

Da zu einem entspannenden Urlaub auch die kulinarischen Genüsse gehören werden die Gäste der Jugendherberge Oberstdorf mit einer frischen und gesunden Küche verwöhnt. Reichhaltig und abwechslungsreich präsentieren sich Frühstücksbuffet und Lunchpaket sowie die Mittag- und Abendessen, wobei besondere Verpflegungswünsche berücksichtigt werden.

Tagung, Seminar und Proben

Für kleinere Gruppen stehen in der Jugendherberge Tagungsräume mit Tagungstechnik wie Beamer, Flipchart, Musikanlage und Overheadprojektor sowie Tafel zur Verfügung. Abgerundet wird ein erfolgreiches Event durch erfrischende Vitaminpausen für die Tagungsgäste.

Jugendherberge Oberstdorf-Kornau

Kornau 8
D-87561 Oberstdorf-Kornau
Tel. +49 (0)8322 98 750
Fax +49 (0)8322 98 75 20
oberstdorf@jugendherberge.de
www.oberstdorf.jugendherberge.de

Kleinwalsertal

Ungewöhnlich – Anders – Schön

Das Kleinwalsertal (rund 5.000 Einwohner) im österreichischen Bundesland Vorarlberg mit seinen drei Orten Riezlern, Hirschegg und Mittelberg ist ein zwölf Kilometer langes Hochgebirgstal am Nordrand der Alpen südlich vom Oberallgäu. Das Tal in einer Höhe von 1.000 bis 1.250 Metern ist von den imposanten Gipfeln der Allgäuer Alpen wie dem Widderstein (2.536 m) und dem Hohen Ifen (2.230 m) umschlossen und hat nur nach Oberstdorf in Bayern einen Straßenzugang. Durch das Tal fließt die Breitach, die am Talende im Mittelberger Ortsteil Baad durch den Zusammenfluss von drei Bächen entsteht.

Die Enklave Kleinwalsertal hat einen wirtschaftlichen Sonderstatus. Das Tal ist Österreichs drittgrößtes Tourismusgebiet und das beliebteste österreichische Ferienziel für deutsche Urlauber. Rund 10.000 Gästebetten von der Ferienwohnung bis zum Sternehotel bieten eine reiche Auswahl an Übernachtungsmöglichkeiten. Das Kleinwalsertal verzeichnet jährlich über 1,7 Millionen Gästeübernachtungen. Der Tourismus ist heute der wichtigste

Kleinwalsertal
(Bild Kleinwalsertal Tourismus)

Walserhaus im Wildental
(Bild Frank Drechsel)

Wirtschaftszweig im Tal. Das Tal und seine Bewohner haben sich trotz der weit entwickelten touristischen Infrastruktur ihren ursprünglichen Charakter bewahrt. Es ist durch die gute Verkehrsanbindung nach Norden mit dem Pkw und öffentlichen Verkehrsmitteln sehr gut zu erreichen.

Kurzer Blick ins Geschichtsbuch

Das Kleinwalsertal war schon zur Steinzeit bewohnt, wie archäologische Funde belegen.

Teile dieser Funde können im Walserhaus in Hirschegg besichtigt werden. Die Besiedlung begann im 13. Jahrhundert durch die Volksgruppe der Walser aus dem Schweizer Oberwallis, die aus politischen und wirtschaftlichen Gründen zuwanderten. Durch ihre alemannische Herkunft unterscheiden sich die Bewohner bis heute sprachlich von den Bewohnern umliegender Gemeinden. Seit 1453 gehörte das Tal zu Österreich.

Im 19. Jahrhundert wurde das Wirtschaftsleben im Kleinwalsertal durch die Errichtung von Zollschranken zwischen Bayern und Österreich stark erschwert. 1891 wurde es Sonderwirtschaftszone und erhielt den lang ersehnten Status eines Zollausschlussgebietes, der den freien Warenverkehr für landwirtschaftliche Produkte und andere Handelsgüter ermöglichte.

Kultur und Tradition

Alphornbläser
(Bild Frank Drechsel)

Im Veranstaltungszentrum Walserhaus in Hirschegg kann man in der
„Bergschau 1122" Stein als spannendes Medium erleben, von der Steinzeit bis heute, mit Originalen und
Rekonstruktionen wie beispielsweise eine Original-Feuerstelle aus der
Steinzeit.

Grundlegendes zur Geologie, Natur
und Kultur des Kleinwalsertals wird
mit faszinierenden drei-dimensio-
nalen Bildern, Landschaftsrelief und
interaktivem Landschaftsmodell vermittelt.

Das Skimuseum im ersten und zweiten Obergeschoss des Walserhauses
zeigt eine interessante Ausstellung
zur Geschichte des Skitourismus im
Kleinwalsertal, die durch eine Foto-
sammlung ergänzt wird.

Das Walser Museum in Riezlern beherbergt eine umfangreiche Sammlung zu Brauchtum, Geschichte und
Tradition des Tales. Es ist 2018 wegen
Umbauarbeiten geschlossen.

Jeden Donnerstagnachmittag um
13:30 Uhr in den Sommermonaten
findet eine Führung unter dem Titel
„Den Walsern auf der Spur – Baukunst und Lebensart" statt, die vor
dem Tourismusbüro in Mittelberg beginnt. Stefan Heim, der Chronist der
Gemeinde Mittelberg, lädt zu einer
dreistündigen Wanderung ein, die
unterhaltsam über die Geschichte des
Walsertales informiert.

Auch auf dem Kulturweg Kleinwalsertal mit 40 Objekten, die auf Tafeln be-
schrieben werden, kann man viel über
die Traditionen der Walser erfahren.

Diese Traditionen haben sich bis
heute in Form von Brauchtum,
Tracht und Dialekt erhalten. Die alten Walserhäuser, Blockhäuser aus
dunklem Holz, erinnern an eine Zeit,
als das Tal noch eine Streusiedlung
mit Bergbauernhöfen war. Die typischen Trachten werden meist in der
Familie weiter vererbt und werden
bei Brauchtumsfesten mit Stolz ge-

Hofladen
(Bild Frank Drechsel)

Alpabtrieb
(Bild Frank Drechsel)

tragen. Die reich bestickten Kleider der Frauen sind hochgeschlossen, die schlichte Tracht der Männer besteht aus einem weißen Hemd, schwarzen Kniebundhosen und einem Dreispitz als typische Kopfbedeckung.

Genussregion Kleinwalsertal

Die Landwirte, Köche und Gastgeber im Kleinwalsertal stehen für höchste Qualität und regionale Herkunft der

Produkte. Die authentischen regionalen und saisonalen Speisen der GenussWirte und der Genusshütten im Kleinwalsertal wurden schon mehrfach mit Preisen ausgezeichnet.

Im Tal wächst das Gemüse noch ohne Gentechnik und das Vieh lebt auf den Bergweiden und nicht im Stall. Das gesunde Gebirgsklima macht sich bei jedem Bissen bemerkbar.

Die dreizehn Genusswirte und die sechs Genusshütten verwöhnen ihre Gäste mit Gerichten, die aus regionalen Produkten zubereitet werden. Fleisch, Käse und Gemüse werden bei Bauern aus dem Tal gekauft. Durch den regen jahrhundertealten Handel sind die Kleinwalsertaler mit anderen Regionen verbunden. Jeder Genusswirt ist Partner von einer anderen Genussregion in Österreich und setzt deren Produkte und Speisen als willkommene Bereicherung in der Küche ein. Auch auf den Genusshütten werden Wanderer mit leckeren Pfannengerichten und Brotzeiten auf das Beste versorgt.

Die Genusslandwirte schaffen mit der naturnahen Produktion und der artgerechten Viehhaltung die Grundlage für beste Produkte wie feinsten Rinderschinken, Landjäger oder köstlichen Käse. Im Tal gibt es mehrere verarbeitende Produzenten, die unnötige weite Transportwege vermeiden helfen. Die leckeren Wurstwaren, Molkereiprodukte, Liköre und vieles mehr kann man in den Hofläden und Geschäften direkt erwerben.

Skigebiet Walmendingerhorn
(Bild Frank Drechsel)

Freizeit und Sport

Winterfreuden

Die traumhafte verschneite Winterlandschaft des Kleinwalsertals ist ein Paradies für Wintersportler. 130 km Skipisten und 42 km Langlaufloipen sorgen für optimale Bedingungen für Aktivurlauber.

Präparierte Winterwanderwege laden zu erholsamen Spaziergängen in der herrlichen Landschaft ein. Eine romantische Pferdeschlittenfahrt sollte unbedingt zu einem Winterurlaub im Kleinwalsertal gehören.

Sommerfrische

Ein ausgeschildertes Wanderwegenetz von 185 km steht für Hüttentouren, Bergwanderungen und beschauliche Spaziergänge zur Verfügung. Von der leichten Wanderung für Familien und Senioren ohne große Höhenunterschiede bis zu aussichtsreichen Bergwanderungen und Gipfeltouren mit Hüttenübernachtung haben passionierte Wanderer im Kleinwalsertal eine Fülle von Möglichkeiten, die von Urlaubern und Ausflugsgästen ausgiebig genutzt werden. Durch den eng getakteten Walserbus, den Gästetaxe zahlende Touristen als Inhaber der Allgäu-Walsercard kostenlos nutzen können, ist die Mobilität zwischen Wanderzielen gewährleistet.

Die Bergbahnen zur Kanzelwand und zum Walmendingerhorn sind

willkommene Aufstiegshilfen. Zu den beliebten Touren gehören die Kamm-wanderung auf dem Fellhorn, die bei der Kanzelwand beginnt, sowie eine Wanderung zum einzigartigen Gottesackerplateau unterhalb des Hohen Ifen. Lohnend sind auch die Wege zur Schwarzwasserhütte und zur Alpe Melköde, die unter Landschaftsschutz steht. Erfahrene, geübte Bergwanderer freuen sich auf die Besteigung von Widderstein und Hohen Ifen, die fantastische Rundblicke bieten.

Für Freunde von Nordic Walking sind die Berge des Kleinwalsertales die ideale Umgebung.

An warmen Tagen lädt das Freibad in Riezlern mit Schwimmerbecken, großem Kinderbecken und einer 59 m langen Rutsche zur erfrischenden Abkühlung ein.

Familien freuen sich über die Angebote für Ponyreiten und Pferdekutschfahrten.

Ein rasantes Vergnügen ist eine Fahrt auf der Sommerrodelbahn am Söllereck.

Veranstaltungen

Trachtengruppe
(Bild H. Wiesenhofer)

Das ganze Jahr über kann man im Kleinwalsertal Heimatabende besuchen, Konzerten der Trachtenkapellen lauschen oder unterhaltsame Stunden im Bauerntheater erleben. Hierzu gehören auch die Veranstaltungen im Kulturcafé im Kurpark in Riezlern. Im Herbst 2018 findet im Kleinwalsertal das Alphornfestival statt, das größte Alphorntreffen Österreichs.

Wichtige Adressen und Telefonnummern

Kleinwalsertal Tourismus eGen
Walserstraße 264
A-6992 Hirschegg
Tel. +43 (0)5517 5114 0
Fax +43 (0)5517 5114 419
info@kleinwalsertal.com
www.kleinwalsertal.com

Gipfeltour
(Bild Frank Drechsel)

Ein Wellnesshotel der Spitzenklasse

Hotel Birkenhöhe

Prachtvoll über dem Tal liegt das Wellnesshotel im Kleinwalsertal, das schon mehrfach mit dem Holiday-Check Award ausgezeichnet wurde. Hier fühlen sich Wellness- und Geschäftsreisende ebenso wohl wie Wanderer und Flitterwöchner.

Für Wintersportler ist das Haus ein Paradies, liegt es doch direkt an der Skipiste.

Das stilvolle Ambiente in dem familiengeführten Hotel überzeugt und aus dem Restaurant und der Gästeterrasse genießt man einen herrlichen Blick auf die Bergwelt des Kleinwalsertales. Die Gästezimmer sind komfortabel und wohnlich ausgestattet und bieten eine Wohlfühlatmosphäre ebenso wie der Wellnessbereich mit einem großen Indoorpool, der zu entspannenden Stunden einlädt.

Hotel Birkenhöhe
Oberseitestr. 34, A-6992 Hirschegg
Tel. +43 (0)55 17-55 87
info@birkenhoehe.com
www.birkenhoehe.com

Gelebte Gastfreundschaft seit mehr als 200 Jahren

Hotel Alte Krone****s

Das Traditionshotel Alte Krone im Herzen von Mittelberg lädt zum Entspannen und Genießen nach einem Aktiv-Tag im Naturidyll des Kleinwalsertals ein. Mit 52 gemütlichen Zimmern und Suiten im Alpenländischen Stil empfängt die Gastgeberfamilie Kaufmann schon seit 1893 Gäste aus aller Welt. Persönlicher Service und herzliche Gastfreundschaft werden in der Alten Krone großgeschrieben und sorgen dafür, dass sich die Gäste in Ihrem Urlaub auf 1.200 m über dem Meer wie zu Hause fühlen. Vielfältige Outdoor-Aktivitäten locken direkt vor der Türe und machen das charmante Hotel sowohl sommers als auch winters zum idealen Ausgangspunkt für das Bergerlebnis im Kleinwalsertal. Für Wohlfühlmomente vom feinsten wird im Wellnessbereich des Hotels gesorgt. Ob Entspannung beim Schwimmen im Hallenbad mit Gegenstromlage bei traumhaftem Ausblick in die Walser Bergwelt, oder bei einem Saunagang bzw. im Dampfbad, bei dem man so richtig ins Schwitzen kommt oder man lässt sich bei einer Massage-/Kosmetikbehandlung ein-

mal so richtig verwöhnen. Am besten klingt der Urlaubstag mit den regionalen Gaumenfreuden im À la carte Restaurant aus. Dort werden die Gäste mit traditionellen und internationalen Speisen mit ausgewogener Kost aus dem Kleinwalsertal und der Region und vor allem mit viel Liebe verwöhnt. Und das schmeckt man auch!

Hotel Alte Krone ****s
Walserstr. 387, A-6993 Mittelberg
Tel. +43 (0)5517 57 280
info@alte-krone.at
www.alte-krone.at

Ganz nach alter Tradition und von Hand

Berchtolds Bura Lädele – Käse- und Speckkeller

So wie vor Jahrhunderten im Bregenzerwald der Käse gemacht wurde, so ist es im Rehmer Sennhus noch heute. 15 Landwirte liefern täglich die frische Milch in die Sennerei. Hier wird der hochwertige Rohstoff noch von Hand geschöpft, der Bruch mit der Käseharfe geschnitten und mit dem Tuch heraus genommen. Aufwendig ist die Arbeit und anstrengend, aber es lohnt sich: Die Mühen der Herstellung schmeckt der Genießer am Aroma der Käsespezialitäten, die im Naturkeller bis zum gewünschten Alter reifen und während dieser Zeit von Hand mit Salz und Wasser gepflegt werden.

Veredelt wird das hochwertige Lebensmittel mit feinen Kräutern und Gewürzen. Dabei entstehen unter fachkundiger Hand Köstlichkeiten wie der Blüamlekäse, Kräuter- oder Chilikäse, Holunder mit Apfelminz und der Orangen-Pfefferkäse – feine Geschmacknuancen, die dem Gaumen des Feinschmeckers schmeicheln.

Doch um Bura Lädle wird neben den Käseköstlichkeiten der Sennerei auch Schinken und Wurst von Metzgereien in der Nähe angeboten. Wacholderschinken und Enzianspeck finden sich hier ebenso wie Bergsalami und Hirsch-, Gams- oder Rehsalami. Abgerundet wird das regionale Sortiment durch erlesene Spirituosen und den Honigspezialitäten einer benachbarten Honigfarm.

Zum Verkauf kommen die heimischen Spezialitäten im Bura Lädele, dem Käse- und Speckkeller in Riezlern sowie in Brand im Brandnertal. Wer direkt am Herstellungsort einkaufen möchte, der ist in den beiden Sennereien in Au im Bregenzerwald und in Flirsch in Tirol bestens aufgehoben.

Bura Lädele
Käse- und Speckkeller, Fam. Berchtold
Walserstr. 67, A-6991 Riezlern
Tel +43 (0)5512 3816
info@feinkost-kaese.com
www.feinkost-kaese.com

688

Gottesackerplateau
(Bild H. Wiesenhofer)

Blick von Scheidegg auf die Alpen
(Bild Gemeinde Scheidegg)

Erlebnisraum Wasserreiche

Erlebnisraum Wasserreiche

Westallgäuer Wasserwege

Einem Sonnenbalkon zwischen den Alpen und dem Bodensee gleich, erstreckt sich der Erlebnisraum der Wasserreiche. Das Wasser der Gletscher hat hier vor Jahrtausenden eine Landschaft geschaffen, die ihresgleichen sucht. Überall bahnt sich auch heute noch das Wasser seinen Weg und überall entdeckt man tiefe Tobel, tosende Wasser und versteckte Schluchten. Es ist eine Gegend, die geprägt ist von einem Mosaik aus Wäldern und Weiden, und sanften Hügeln. Bäche und Moore finden sich hier und der Mensch prägt diesen Landstrich mit idyllischen Höfen, Siedlungen und heimeligen Dörfern, in denen das Leben noch beschaulich wirkt.

Wasser ist in dem Erlebnisraum allgegenwärtig. Überall springen Bäche über Wasserfälle, gurgeln Flüsse durch liebliche Täler und ständig tun sich dem Betrachter herrliche Ausblicke auf die Voralpenlandschaft und die nahe gelegene Bergwelt auf.

Besonders reizvoll sind die 31 Wanderungen der „Westallgäuer Wasserwege". Sie führen zu rauschenden Bächen und tobenden Wasserfällen, zu idyllischen Weihern und verwunschenen Mooren, aber auch zu historischen Mühlen und alten Sägen. Zu den absoluten Höhepunkten der Region zählen Eistobel und Scheidegger Wasserfälle, die beide in die

Eistobel
(Bilder Landratsamt Lindau (Bodensee),
Rolf Brenner)

Familienspaß im Eistobel

Liste der 100 schönsten Geotope Bayerns aufgenommen wurden. Besonders sehenswert sind auch Hausbachklamm und Ellhofer Tobel. Und natürlich kommen auch Moorliebhaber und Blumenfreunde nicht zu kurz: Im Wildrosenmoos bei Oberreute blühen Orchideen und Trollblumen unmittelbar am Wegesrand. Und der Waldsee in Lindenberg lockt mit einem informativen Naturlehrpfad und einem Bad im samtweichen Moorwasser.

Speziell ausgebildete Wasserbotschafter sind Gastgeber, die über die Westallgäuer Wasserwege bestens Bescheid wissen. Sie stellen um-

fangreiches Informationsmaterial zur Verfügung, geben Tipps zu den einzelnen Wanderungen und vermitteln auf Wunsch Führungen. Weitere Informationen im kostenlosen Wanderführer und unter www.westallgäu.de

Orte im Erlebnisraum Wasserreiche

*Karte der Erlebnisräume
Allgäu siehe Seiten 54/55*

Lindenberg

Die Sonnenstadt im Allgäu

Lindenberg im Allgäu (rund 11.000 Einwohner) ist der wirtschaftliche und kulturelle Mittelpunkt des Westallgäus und die zweitgrößte Stadt im Landkreis Lindau (Bodensee). Der Luftkurort liegt in fast nebelfreier Höhe von 750 – 824 m ü. NN auf einer Sonnenterrasse oberhalb des Bodensees und vereint am Fuß der Alpen städtisches Flair mit einer ländlichen Ausstrahlung. Als einstmals führende Hutmacherstadt hat Lindenberg 2014 das mit dem Bayerischen Museumspreis ausgezeichnete Deutsche Hutmuseum eröffnet. Lindenberg ist außerdem ein wichtiger Standort der Westallgäuer Käseproduktion.

Die sonnenreiche Stadt ist durch die Lage an der Deutschen Alpenstraße, die in Lindau beginnt, sehr gut zu erreichen und günstiger Ausgangspunkt für Ausflüge zu allen attraktiven Zielen am Bodensee und in den Alpen.

Die vielfältigen Freizeitmöglichkeiten in und rund um Lindenberg machen die Stadt zu einem beliebten Ausflugs- und Urlaubsziel. Eine Reihe von Übernachtungsmöglichkeiten vom Hotel bis zur Ferienwohnung und ein breites gastronomisches Angebot sorgen für zufriedene Gäste.

Die Innenstadt lädt mit guten Parkmöglichkeiten, netten Geschäften und Straßencafés zu einem gemütlichen Einkaufsbummel ein.

Kurzer Blick ins Geschichtsbuch

Bereits in der Römerzeit führte eine Straße von Bregenz nach Kempten durch das Lindenberger Gebiet. Um das Jahr 500 wurde die Region von den Alemannen besiedelt.

Lindenberg
(Bild Thomas Gretler)

694

Hutmuseum
(Bild Daniel Stauch)

Erstmals schriftlich erwähnt wurde Lindenberg im Jahr 857 in einer Schenkungsurkunde an das Kloster St. Gallen. Bis 1805 war Lindenberg Teil der österreichischen Herrschaft Bregenz-Hohenegg, danach gehörte es zu Bayern.

Bereits im 17. Jahrhundert wurden in Lindenberg Strohhüte hergestellt und auf Märkten verkauft. 1784 wuchs die wirtschaftliche Bedeutung von Lindenberg durch die Erteilung von Marktrechten. 1914 wurde Lindenberg zur Stadt erhoben.

Sehenswürdigkeiten

Stadtpfarrkirche St. Peter und Paul

Die imposante Stadtpfarrkirche St. Peter und Paul beherrscht mit den Doppeltürmen und der mächtigen Kuppel das Stadtbild. Im Innenraum des 1914 vom Architekten Franz Rank errichteten neobarocken Baus beeindrucken das Deckengemälde des Lindenberger Kunstmalers Paul Keck und die Glasfenster in den Seitenschiffen nach Vorlagen des Münchner Kunstmalers Julius Exter. Die Kirche besitzt das größte Glockengeläut im Bistum Augsburg.

Aureliuskirche

Die 1660 erbaute Aureliuskirche ist bekannt für die Reliquienschreine verschiedener Heiliger. Auch der Park des Aureliusfriedhofs, der als steinernes Geschichtsbuch der Stadt gilt, ist sehenswert. Hier sind drei Minister der Weimarer Republik bestattet.

Hutmuseum

Das Deutsche Hutmuseum in der Kulturfabrik vermittelt auf fast 1.000 qm barrierearmer Ausstellungsfläche abwechslungsreiche Einblicke in 300 Jahre Hutgeschichte(n) zum Aufsetzen und Anfassen. Dort entdeckt man Vertrautes, Interessantes und Kurioses rund um das Thema Kopfbedeckungen. Mitmachstationen laden zum Ausprobieren ein. Im Mittelpunkt der Erzählungen stehen die Menschen: fleißige Heimarbeiterinnen, mutige Huthändler und mächtige Fabrikanten. Über vier Millionen Strohhüte produzierten die Frauen und Männer hier um 1900. Die ganze Welt trug Hüte aus Lindenberg. In einer der größten Hutfabriken jener Zeit, der ehemaligen Hutfabrik Ottmar Reich, findet man heute das Deutsche Hutmuseum – in dieser Art und Größe deutschlandweit einmalig! Es ist Dienstag bis Sonntag von 9:30 bis 17:00 Uhr geöffnet. Infos unter www.deutsches-hutmuseum.de

Stadtführung.
(Bild Dominik Berchtold)

Freizeit und Sport

Die Lage Lindenbergs auf einer nebelfreien, aussichtsreichen Terrasse über dem Bodensee bietet ideale Möglichkeiten für schöne Wanderungen. Vom gemütlichen Spaziergang bis zur ausgedehnten Wandertour findet hier jeder die passende Route.

Zu den beliebten Wanderrouten der „Westallgäuer Wasserwege" gehört der Weg im Gebiet des Lindenberger Waldsee, dem höchstgelegenen Moorbadesee Deutschlands (Eintritt frei). Die Wanderung durch das Landschaftsschutzgebiet auf dem Moorerlebnispfad und rund um den See ist ein Fest für Naturliebhaber.

Lohnend ist auch die Wanderung zum Aussichtsturm auf dem Nadenberg, der eine prachtvolle Rundsicht auf Oberschwaben, Bodensee und Alpengipfel bietet.

Weitere Tourenvorschläge und eine Auswahl an Wanderkarten für Lindenberg und die Region sind in der Tourist Info erhältlich.
Lindenberg ist außerdem Portalort der Wandertrilogie Allgäu und Teil der Radrunde Allgäu.

Im Winter bietet Lindenberg prächtige Möglichkeiten für passionierte Langläufer: 25 km Loipen – klassisch wie Skating - für Anfänger und Fortgeschrittene mit 120 km Anschlussloipen im Verbund stehen zur Verfügung.

Serenade am Waldsee
(Bild Thomas Gretler)

Veranstaltungen

Lindenberg bietet Gästen und Einheimischen ein abwechslungsreiches Kultur- und Unterhaltungsprogramm. Auf dem urigen Kulturboden finden regelmäßig die unterschiedlichsten Kultur-Veranstaltungen statt.

An einem verkaufsoffenen Sonntag Anfang Mai feiert Lindenberg den „Huttag" mit der Wahl der Deutschen Hutkönigin, die alle zwei Jahre stattfindet, und einem kulturellen Rahmenprogramm rund um das Thema Hut.

An einem Wochenende Ende August lockt das „Internationale Käse- und Gourmetfest" zahlreiche Besucher aus nah und fern nach Lindenberg.

Zu den weiteren Highlights im Jahresprogramm gehören das Stadt- und Kinderfest, Frühlings- und Herbstmarkt, der Adventsmarkt, die Westallgäuer Kunstausstellung und die Kulturtage im Herbst. Informationen zu allen Veranstaltungen gibt es in der Tourist-Info.

Wichtige Adressen und Telefonnummern

Stadt Lindenberg im Allgäu
Tourist-Information in der Kulturfabrik
Museumsplatz 1
D-88161 Lindenberg i. Allgäu
Tel. +49 (0)8381 9284 310
Fax +49 (0)8381 80 388
touristinformation@lindenberg.de
www.lindenberg.de

Waldsee
(Bild Thomas Gretler)

Käsetradition
seit fünf Generationen

Gebr. Baldauf GmbH & Co. KG

In dem Unternehmen, in dem Fortschritt und Traditionsbewußtsein harmonieren, werden bereits seit 150 Jahren Käsespezialitäten hergestellt. Die Gründung der Firma Baldauf geht auf das Jahr 1862 zurück, als Martin Baldauf mit der Käseproduktion und dem -handel begann.

Käsespezialitäten aus Heumilch

Heute stellt man in den Dorfsennereien in Gestratz, Grünenbach und Hopfen Käsespezialitäten aus reiner Heumilch her. Zu den Milchlieferanten zählen nur regionale Milchbauern, die ihre Kühe mit frischem Gras und Heu füttern. Weder Silofutter, noch Gentechnik haben in den Ställen dieser Bauern etwas zu suchen. Nur so lässt sich die hochwertige Heumilch gewinnen, die den Molkereiprodukten ihren unvergleichlichen Geschmack verleihen.

Die hohe Qualität der Rohstoffe und die Handwerkskunst, mit der produziert wird, bringen jedes Jahr Auszeichnungen der DLG für ihre Qualität hervor. Das ist der fachmännischen Pflege der

ausgesuchten Kräuter- und Gewürzmischungen). Neben Hartkäse wird auch Schnittkäse hergestellt, der saisonal mit verschiedenen Kräutern verfeinert wird.

Online-Shop

Erhältlich sind die Spezialitäten in Baldauf's Käs- und Weinkeller Goßholz und in den Sennereien Hopfen, Gestratz und Grünenbach sowie über einen eigenen Onlineshop.

Appetlich angerichtet präsentiert sich hier die Käsefamilie vom „Baldauf Bergkäse original von der Hochalpe" bis zum Alpkäse und Emmentaler, vom Wildblumenkäse über die Pfefferliesel bis hin zum Bärlauchkäse, um nur einige aus der reichen Auswahl zu nennen.

Käselaibe zu verdanken, für die nur Wasser und Salz verwendet werden. Auf einem natürlichen Fichtenbrett dürfen die Laibe bei perfekter Temperatur und Luftfeuchtigkeit reifen und ihren vollen Geschmack entwickeln. (Zusätzlich affiniert die Käserei nur mit

Gebr. Baldauf GmbH & Co. KG
Goßholz 5
D-88161 Lindenberg
Tel +49 (0)8381 89 020
Fax +49 (0)8381 89 02 55
info@baldauf-kaese.de
www.baldauf-kaese.de

Traditionelle Allgäuer Gastlichkeit

Bayerischer Hof Lindenberg

Herzlich Willkommen im Bayerischen Hof in Lindenberg im Allgäu, dem gastfreundlichen Hotel-Gasthof mit 100-jähriger Tradition. Der gemütliche Gasthof liegt zentrumsnah und eignet

sich hervorragend für Geschäftsreisende und Urlaubsgäste, die Ruhe und Entspannung in familiärer Atmosphäre suchen. Familie Gehring und ihr Hotelteam kümmern sich bestens um jeden einzelnen Gast, sodass man sich in kürzester Zeit heimisch fühlt.

Das Haus verfügt über neun Doppelzimmer und fünf Einzelzimmer, alle liebevoll im Landhausstil eingerichtet. Die behaglichen Zimmer sind ausgestattet mit Dusche/WC, WLAN (kostenlos) und TV mit Kabelanschluss. Allgäuer Ambiente erleben Gäste im Restaurant des Hauses oder – an warmen Tagen – im sonnigen Biergarten. Die regionalen Gerichte wie frischer Schweinebraten mit hausgemachten Semmelknödeln schmecken im Bayerischen Hof Lindenberg besonders gut, denn die herzhafte und bodenständi-

ge Feinschmeckerküche verwendet vor allem frische natürliche Produkte aus der Region.

Als Mitglied der Westallgäuer Käsestraße serviert man im Bayerischen Hof jeden Freitag Kässpatzen, frisch gehobelt mit Allgäuer Bergkäse und Emmentaler – unbedingt probieren!

Der Bayerische Hof bietet mit seinen Stuben und Räumlichkeiten einen würdigen Rahmen für Festlichkeiten aller Art wie Hochzeiten, Familienfeiern oder Firmenjubiläen für bis zu 120 Personen.

Hotel-Gasthof Bayerischer Hof

Hauptstraße 82
D-88161 Lindenberg im Allgäu
Tel. +49 (0)8381 9255 0
Fax +49 (0)8381 9255 30
info@bayerischer-hof.info
www.bayerischer-hof.info

Natürlich und gesund

Aurelia – Allgäuer Naturprodukte

Vom Ein-Frau-Betrieb zum Unternehmen mit 40 Mitarbeitern brachte es Aurelia Nachbaur aus Weiler-Simmerberg in 27 Jahren. 1991 begann es mit einem ganz einfachen Stand mit Molke und Käse aus der familieneigenen Sennerei. Ernährung, Kräuter, Bewegung, Entspannung und die Wirkung des Wassers waren immer im Zentrum ihrer Überlegungen, wenn es um die Gesundheit und das Wohlergehen der Menschen ging.

Die Liebe zu ihrer Allgäuer Heimat und Traditionsbewusstsein schufen die Säulen für ein Unternehmen, in dem heute es heute Molkeprodukte für die Körperpflege ebenso gibt wie Salze, Kräuter und Gewürze. Feine Speisen wie Suppen, Müsli und fertige Mahlzeiten sind hier ebenso erhältlich wie feine Teespezialitäten, mit denen der Genießer etwas für seine Gesundheit tun kann.

Bei den Produkten rund um das Wohlbefinden finden sich Trinkmolke, Kräuterbitter und Bienenerzeugnisse, um nur einige Beispiele zu nennen. Angeboten wird das reichhaltige Sortiment rund um das Wohlergehen der Menschen auf den Wochenmärkten der Region, in einem übersichtlichen Webshop sowie in zwei wunderschönen Ladengeschäften in Lindau und in Oberstdorf.

Aurelia
Allgäuer Naturprodukte
Alte Salzstr. 27
D-88171 Weiler-Simmerberg
Tel. +49 (0)8387 99 99 042
info@allgaeuer-naturprodukte.de
www.allgaeuer-naturprodukte.de

Oberreute

Ganz nah am Paradies

Die Gemeinde Oberreute (rund 1.700 Einwohner) im Westallgäu liegt in einer Höhe von 800 bis 1041 Metern ü. d. M. direkt an der Grenze zu Österreich. Die Gemeinde mit ihren 15 Weilern hat sich ihren ländlichen Charakter bewahrt.

Der staatlich anerkannte Luftkurort ist eingebettet in eine hügelige Voralpenlandschaft mit grünen Bergweiden, Wäldern, Schluchten und Hochmooren. Die idyllische Naturlandschaft rund um das malerische Dorf entfaltet zu jeder Jahreszeit ihren Reiz, ob mit Blütenpracht im Frühling und Sommer, mit nebelfreien Herbsttagen oder mit der sonnendurchfluteten Schneelandschaft im Winter.

Zahlreiche Ferienwohnungen und Zimmer in Gasthöfen und Hotels stehen für erholungsbedürftige Urlaubsgäste zur Verfügung. Für Familien mit Kindern gibt es eine Reihe von Angeboten für Urlaub auf dem Bauernhof. Verkehrsgünstig zu erreichen über die deutsche Alpenstraße, ist Oberreute ein idealer Ausgangspunkt für Ausflüge zu attraktiven Zielen im gesamten Allgäu oder an den Bodensee.

Kurzer Blick ins Geschichtsbuch

Oberreute entstand erst Ende des 18. Jahrhunderts. Der Ort war Teil der österreichischen Herrschaft Bregenz-Hohenegg, seit den Friedensverträgen von Brünn und Preßburg 1805 gehört er zu Bayern.

Sehenswürdigkeiten

Wahrzeichen von Oberreute ist die 1797 erbaute, weithin sichtbare Kirche St. Martin mit ihrem barocken Zwiebelturm.

Blick auf Oberreute
(Bild Thomas Gretler)

Wildrosenmoos
(Bild Thomas Gretler)

Ebenfalls sehenswert ist die Heimatstube im Rathaus, die Zeugnisse aus
der Ortsgeschichte sowie Handwerk
und Kultur von damals bis heute
zeigt. Sie ist von Mai bis Oktober jeden ersten Donnerstag im Monat von
16:00 bis 18:00 Uhr und jeden ersten Sonntag im Monat von 10:00 bis
12:00 Uhr geöffnet.

Wer sich für die Skikultur von früher
begeistern möchte, kann sich jederzeit im Skimuseum, welches sich im
Gästeamt befindet, über Skihistori-
sches informieren. Öffnungszeiten:
Montag bis Freitag 08:30 bis 12:00
Uhr und 13:30 bis 16:30 Uhr, Juli
und August auch samstags von 09:00
bis 11:00 Uhr. Von Mitte November
bis Mitte Dezember Montag bis Freitag von 08:30 bis 12:00 Uhr.

Freizeit und Sport

Die Region von Oberreute beeindruckt als ideales Wandergebiet mit
naturbelassenen Pfaden, romantischen Schluchten, Auwäldern und
herrlichen Aussichtsplätzen. Das 40
km lange ausgeschilderte Wanderwegenetz lädt zum genussvollen Kennenlernen der Landschaft ein.

Empfehlenswert ist ein Spaziergang
oder eine Nordic-Walking-Runde über
den Oberberg. Dort hilft eine Panora-
matafel bei der Zuordnung sämtlicher
Gipfel am Horizont, von der Nagelfluhkette bis zu den Schweizer Bergen.

Hausbachklamm

Besonders lohnend ist die Wanderung
durch die wildromantische Hausbach-

Hausbachklamm
(Bild David Knipping)

klamm als eine der vielen Touren der Westallgäuer Wasserwege. Die abenteuerliche Naturkundeexpedition führt über kleine Holzstege und -brücken in die Schlucht mit Wasserfällen und ausgespülten Felsformationen. Neben verschiedenen Rastmöglichkeiten bietet der Abenteuerspielplatz in der Klamm mit Seilrutsche über den Hausbach, Spielhaus und Kletterseil spannende Abwechslung.

Grenzerpfad

Artenreiche Blumenwiesen, das idyllische Wildrosenmoos und eindrucksvolle Bergpanoramen erleben, auf dem Grenzerpfad Oberreute: Der grenzüberschreitende Rundweg wurde vom Wandermagazin als „Deutschlands schönster Wanderweg 2018" in der Kategorie Touren nominiert. Während die Erwachsenen sich über die Tier- und Pflanzenwelt dieser Alpenregion informieren können, sollen die Kinder nach den Anleitungen des Schmugglerpeters auf die Zeichen der Natur achten lernen und die Sinne schärfen. So wie es die Schmuggler früher eben auch getan haben.

Radfahren

Mit Oberreute als einem Ausgangspunkt der Allgäuer Käsestraße kann „erfahren" werden, nach welcher Art der Allgäuer Emmentaler und Allgäuer Bergkäse in den zahlreichen Heumilch-Sennereien entlang der Strecke hergestellt wird.

Seilrutsche
(Bild David Knipping)

Freibad

Für willkommene Abkühlung an warmen Tagen sorgt das beheizte Freibad mit Riesenrutsche, Beachvolleyball und Slackline.

Im Winter

Skilift
(Bild Helmut Lau)

Im Winter erwartet Skilangläufer ein gepflegtes 25 km langes Loipennetz mit Anschluss an orts- und grenzüberschreitende Loipen. Skifahrer finden familienfreundliche Pisten direkt im Ort, an den Hochsträßliften, mit dem Angebot von Skischule und Skiverleih. Für Nichtskifahrer gibt es dort eine präparierte Rodelpiste.

Ein schönes Erlebnis ist auch eine Wanderung auf Winterwanderwegen durch die verschneite Natur. Die sportlichere Variante: Schneeschuhwandern durch die einsame Stille der Winterlandschaft. Das Gästeamt bietet preisgünstig geführte Schneeschuhwanderungen an. Die Ausrüstung kann am Skilift ausgeliehen werden.

Veranstaltungen

Im Oberreuter Veranstaltungskalender findet man ein abwechslungsreiches Kinderferienprogramm und Termine für Sommerfeste, Standkonzerte, Heimatabende, geführte Wanderungen, Vereinsfeste und einen stimmungsvollen Weihnachtsmarkt.

Wichtige Adressen und Telefonnummern

Gästeamt Oberreute
Hauptstraße 34
D-D-88179 Oberreute
Tel. +49 (0)8387 1233
Fax +49 (0)8387 8707
gaesteamt@oberreute.de
www.oberreute.de

Traumhaft im Winter
(Bild Thomas Schubert)

Scheidegg
Über 2.000 Sonnenstunden im Jahr

Die Marktgemeinde Scheidegg (rund 4.300 Einwohner) im bayerisch-schwäbischen Landkreis Lindau ist ein staatlich anerkannter Kneipp- und heilklimatischer Kurort Premium Class mit herausragender Umwelt- und Luftqualität.

Die Gemeinde auf einer Sonnenterrasse über dem Bodensee in einer Höhe von 600 bis 1.000 Metern über Normalhöhennull besteht aus den Hauptorten Scheidegg und Scheffau sowie 39 Ortsteilen. Sie grenzt im Südwesten an den österreichischen Bezirk Bregenz.

Scheidegg
(Bilder Gemeinde Scheidegg)

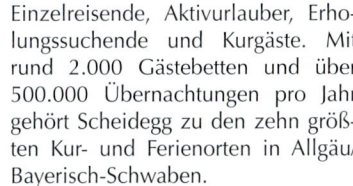

Scheidegg liegt an der deutschen Alpenstraße von Lindau Richtung Oberstaufen und wurde bereits mehrfach als sonnigster Ort Deutschlands ausgezeichnet.

Scheidegg verfügt über eine weit entwickelte touristische Infrastruktur mit attraktiven Freizeiteinrichtungen sowie zahlreichen gastronomischen Betrieben in großer Vielfalt. Es ist der ideale Urlaubsort für Familien, Einzelreisende, Aktivurlauber, Erholungssuchende und Kurgäste. Mit rund 2.000 Gästebetten und über 500.000 Übernachtungen pro Jahr gehört Scheidegg zu den zehn größten Kur- und Ferienorten in Allgäu/ Bayerisch-Schwaben.

Neben attraktiven Angeboten für ambulante Badekuren stehen fünf Fachkliniken für einen stationären Aufenthalt mit einem breiten Spektrum an Therapieverfahren zur Verfügung.

Scheidegg zeichnet sich als Vorbild in Sachen glutenfreie Ernährung aus. Seit 2005 bieten viele Gasthöfe und Einzelhändler glutenfreie Lebensmittel für Menschen an, die an Zöliakie erkrankt sind. In der Tourist-Information ist eine Broschüre „Glutenfrei in Scheidegg" mit vielen nützlichen Informationen erhältlich.

Kurzer Blick ins Geschichtsbuch

Das Gebiet um Scheidegg wurde vermutlich im 6. und 7. Jahrhundert durch Alemannen besiedelt. Das Dorf gehörte bis 1286 zum Besitz des Klosters St. Gallen, danach ging es bis 1571 in den Besitz der Grafen von Montfort-Bregenz über. Von 1571 bis 1805 gehörte Scheidegg zum Haus Habsburg, seit 1805 zu Bayern.

Die Entwicklung als Kur- und Erholungsort begann um 1901, als die Eisenbahnlinie von Röthenbach nach Scheidegg gebaut wurde. 1912 wurde die erste Kurklinik errichtet.

Scheidegger Wasserfälle

Sehenswürdigkeiten

Beim Spaziergang durch den Ort kann man viele blumengeschmückte Schindelhäuser aus der Zeit um 1900 entdecken.

Die 1797-1798 erbaute Katholische Pfarrkirche St. Gallus in der Ortsmitte zeigt im Innenraum eindrucksvolle Gemälde des Münchner Malers Ludwig Glötzle (1847-1929).

Die prächtige Orgel stammt aus der berühmten Orgelbauwerkstatt in Öttingen.

Die Evangelische Auferstehungskirche aus dem Jahr 1963 beeindruckt mit einem begehbaren Fußbodenlabyrinth von 6 Metern Durchmesser. Auch die 1695 erbaute Katholische Pfarrkirche St. Martin im Ortsteil Scheffau ist einen Besuch wert. Sie birgt einen barocken Hochaltar und eine Madonnenfigur im Kranz der 15 Rosenkranzgeheimnisse.

Rund um Scheidegg gibt es zahlreiche Kapellen, die durch ökumenische Kapellenwanderwege miteinander verbunden sind.

Das Handwerkermuseum „Heimathaus" in Scheidegg kann jeden Mittwoch um 10:00 Uhr und jeden ersten und dritten Sonntag im Monat um 10:00 Uhr im Rahmen einer Führung besucht werden. Auf fünf Etagen mit 25 Abteilungen sind zahlreiche Ausstellungsstücke aus der „guten, alten Zeit" zu bewundern, die mit viel Engagement und Liebe vom Scheidegger Museumsverein zusammengetragen und restauriert wurden. Hierzu gehören eine komplette Wohnung um

1900, eine alte Schulstube, ein Tante-Emma-Laden und eine Schlosserei sowie Informationen über alte Berufe wie Küfer, Korbmacher, Wachszieher und Schindelmacher.

Auch die Teilnahme an einer Führung durch die Dorfsennerei Böserscheidegg als Station der Westallgäuer Käsestraße lohnt sich.

Freizeit und Sport

Das Naturschutzgebiet der wildromantischen Flusslandschaft der Rohrachschlucht mit den beeindruckenden 22 und 18 Meter hohen Scheidegger Wasserfällen des Rickenbachs gehört zu den schönsten Geotopen Bayerns. Die Schlucht ist der passende Lebensraum für viele seltene Tiere und Pflanzen. Die Wanderung durch die 48 Meter tiefe Waldschlucht mit steil aufragenden Felsen und tosendem Wasser ist ein besonderes Erlebnis. Sie gehört zu den Westallgäuer Wasserwegen.

Von der Freizeitanlage „Scheidegger Wasserfälle" mit Streichelzoo und Wasserspielplatz sind vor allem Kinder begeistert. Ein Kiosk sorgt für das leibliche Wohl der Besucher.

Gleich nebenan bietet der Reptilienzoo mit Echsen, Schlangen und Schildkröten spannende Einblicke für Besucher.

Einen Besuch des „skywalk" mit abenteuerlichem Baumwipfelpfad in bis zu 40 Meter Höhe, Naturerlebnis-

pfaden und Abenteuerspielplatz sollte man sich nicht entgehen lassen.

Wandern

Die vielfältige Landschaft der Umgebung von Scheidegg mit blühenden Wiesen, einsamen Waldwegen und aussichtsreichen Bergpfaden mit gut markierten Wegen und gemütlichen Einkehrstationen in Hütten und Gasthäusern ist ein Paradies für Wanderer. In der Tourismus-Information sind Wanderkarten erhältlich.

Die beliebten ökumenischen Kapellenrundwanderwege sind Wege für Leib und Seele. Der gemütliche Spaziergang auf dem kleinen 2,7 km langen Kapellenweg führt vom Kirchplatz zur Katholischen Pfarrkirche St. Gallus und weiter zur Lourdesgrot-

Hubertuskapelle

Herrliche Wanderkulisse

te, Annakapelle, zur Evangelischen Auferstehungskirche, dem Kreuz am Kreuzberg und zur Galluskapelle. Der 21,7 km lange große Kapellenweg mit 16 Stationen ist etwas für ausdauernde Wanderer.

Auch der 14 km lange große Kneipp-Rundwanderweg, der beim Kurhaus beginnt, findet Anklang bei den Kurgästen. Auf dem Weg findet man viele Informationstafeln zur gesunden Lebensweise nach Kneipp und Tafeln mit Witzen, Sprüchen und Anekdoten, die auf der Wanderung amüsant unterhalten. Auf dem Weg bieten eine Reihe von Aussichtspunkten herrliche Rundblicke auf das Panorama der Allgäuer und Vorarlberger Alpen, dem Appenzeller Landund zum Bodensee.

Scheidegg bietet auch ein- bis zweimal wöchentlich geführte Wanderungen mit geschulten Wanderführern an. Die Wanderziele sind rund um Scheidegg, am Bodensee oder in der Bergwelt der Allgäuer Alpen und des Bregenzerwaldes (siehe Veranstaltungskalender).

Besonders beliebt sind die Wildkräuterwanderungen, die von April bis Oktober interessant und unterhaltsam in die Welt der Kräuter führen.

Ebenso beliebt ist von Mai bis September die abwechslungsreiche Dienstags-Tour „Rauf und Runter". Der Ausflug geht mit dem Bus nach Lindau, weiter mit dem Schiff nach Bregenz, dann mit der Seilbahn hinauf auf den Pfänder, wo die Greifvogelschau besucht werden kann. Danach folgt die aussichtsreiche Wanderung auf dem Pfänderrücken hinunter zurück nach Scheidegg.

Auch Genussradler, Tourenradler und Mountainbiker finden eine reiche

Auswahl an attraktiven Touren rund um Scheidegg.

Für warme Urlaubstage empfiehlt sich ein Besuch des Alpenfreibades Scheidegg. Das Badevergnügen vor dem überwältigenden Alpenpanorama ist ein besonderes Erlebnis.

Im Winter

Auch im Winter stehen in Scheidegg Erholungssuchenden und Aktivurlaubern viele Möglichkeiten in der verschneiten Landschaft zur Verfügung. Hierzu gehören Winterwandern, Langlauf, Ski fahren, Snowboard fahren, Rodeln und Schneeschuhwandern.

Veranstaltungen

Das Scheidegger Veranstaltungsprogramm bietet Brauchtumsfeste im Rhythmus der Jahrszeiten wie Maibaumaufstellen, Viehscheid im September mit der Heimkehr der festlich geschmückten Kühe von der Alp und die Reiterprozession Wendelinsritt am zweiten Oktobersonntag. Scheidegg ist eine Fasnachtshochburg mit einem großen Fasnachtsumzug mit über 3.000 Maskenträgern aus der weiteren Umgebung.

Eine Reihe von Kurkonzerten, Dorfabenden und Theateraufführungen sorgen für unterhaltsame Abwechslung. Die sommerlichen Dorffeste ziehen zahlreiche Besucher an. Zu den beliebten Märkten gehören die Flohmärkte im Mai, Juli und September. Die Advents- und Weihnachtszeit wird in Scheidegg mit einem Christkindlmarkt am ersten Adventswochenende und festlichen Konzerten gefeiert.

Wichtige Adressen und Telefonnummern

Scheidegg Tourismus

Rathausplatz 8
D-88175 Scheidegg im Allgäu
Tel. +49 (0)8381 895 55
Fax +49 (0)8381 895 50
info@scheidegg.de
www.scheidegg.de

Zweigstelle „Kiosk"

Rathausplatz 5
D-88175 Scheidegg im Allgäu
Tel. +49 (0)8381 895 90
kiosk@scheidegg.de

Alpenfreibad

Naturerlebnis skywalk allgäu

Den Wald von oben und unten entdecken

Weit schweift der Blick über die Baumwipfel in die Allgäuer Berge während man Spannendes über die heimische Natur erfährt und den ganzen Tag frische Luft einatmet – der skywalk allgäu Naturerlebnispark bei Scheidegg ist ein ideales Ausflugziel für einen entspannten Tag mitten in der Natur.

Mit bis zu 40 Meter Höhe zählt der Baumwipfelpfad im skywalk allgäu Naturerlebnispark zu einem der höchsten in Deutschland. Auf dem 540 Meter langen Baumwipfelpfad hat man Blick auf über 34 Baumarten. Auf der obersten Aussichtsplattform genießen die Besucher einen einmaligen Blick über das malerische Allgäu bis in die Alpen und zum Bodensee. Aufgestiegen wird über einen sanft ansteigenden Pfad mit Treppen oder man bedient sich eines gläsernen Aufzugs. Für alle Abenteurer unter den Besuchern warten in luftiger Höhe ganz besondere Herausforderungen: Sie können über Holzplanken, „Elefantenfüße" und Seile die Höhen über-

queren. Von dort geht's in Windeseile durch eine Röhrenrutsche wieder hinunter. Am Boden bietet der Park viele weitere Attraktionen, durch die Besucher die Natur ganz unmittelbar erleben können. Auf verschiedenen Naturerlebnispfaden erfahren sie spielerisch Wissenswertes über Bäume und Tiere. Mit der Tannenzapfenschleuder, der Spechtwippe und dem Barfußpfad entdecken die Besucher die Natur mit allen Sinnen. Der große Abenteuerspielplatz samt Wasser- und Matschspielplatz bereitet Kindern viel Spaß. Auf Wackelbrücken und an Spielstationen können sie ihre Geschicklichkeit testen und im Anschluss mit Ziegen und Kaninchen im Streichelzoo kuscheln. Während die Eltern auf der Picknickwiese, dem Biergarten oder den Relax-Liegen entspan-

nen, sehen sie ihren Kids zu, die an der frischen Allgäuluft toben.

Ein Ausflug in den skywalk allgäu Naturerlebnispark ist auch dann unkompliziert, wenn man bei der Fortbewegung auf Räder angewiesen ist: Sowohl der Baumwipfelpfad als auch die meis-ten Wege im Park sind barrierefrei. Das ermöglicht nicht nur Menschen mit Handicap den Genuss der grandiosen Aussicht. Auch Familien mit kleinen Kindern im Kinderwagen oder Buggy gelangen überall problemlos hin. Der Park liegt nur 20 Minuten vom Bodensee entfernt.

Kinder bis 1 Meter haben freien Eintritt; Kinder über 1 Meter erhalten eine Ermäßigung. Es gibt Familienkarten.

skywalk allgäu
gemeinnützige GmbH
Oberschwenden 25
88175 Scheidegg
Tel. +49 (0)8381 89 61 800
info@skywalk-allgaeu.de
www.skywalk-allgaeu.de

Weiler-Simmerberg

Zwischen Alpen und Bodensee

Der Markt Weiler-Simmerberg (rund 6.200 Einwohner) ist die drittgrößte Gemeinde im schwäbischen Landkreis Lindau und besteht aus den Ortsbereichen Ellhofen, Simmerberg und Weiler im Allgäu, die 1968 und 1972 zur Gemeinde zusammengeschlossen wurden. Die Marktgemeinde liegt 25 km nordöstlich vom Bodensee und grenzt direkt an die Region Bregenzerwald im österreichischen Bundesland Vorarlberg.

In der sanften Voralpenlandschaft mit saftigen Wiesen, duftenden Wäldern und wildromantischen Tobeln bestehen abwechslungsreiche Freizeitmöglichkeiten. Von den höher gelegenen Ortsteilen Simmerberg und Ellhofen hat man eine prachtvolle Aussicht auf die Nagelfluhkette, den Bregenzerwald und das schweizerische Säntis-Massiv. Neben den Naturschönheiten prägen historische Gebäude das Landschaftsbild. Das abwechslungsreiche kulturelle Angebot der sympathischen Gemeinde vereint Tradition und Moderne.

Urlaub in Weiler-Simmerberg beinhaltet mildes Reizklima, das vom Bodensee beeinflusst wird, gastfreundliche Unterkünfte mit rund 700 Betten in ruhiger Lage und ein breites kulinarisches Angebot in gemütlichen Wirtshäusern. Die vielfältigen Angebote für Urlaub auf dem Bauernhof sind ideal für Familien mit Kindern.

Weiler-Simmerberg gehört zu den vier Orten in Schwaben, die vom bayerischen Landwirtschaftsminister 2018 als Genussorte ausgezeichnet wurden.

Weiler, im Hintergrund die Nagelfluhkette
(Bild Thomas Gretler)

Marktplatz und Rathaus Weiler
(Bild Tourist-Information Weiler-Simmerberg-Ellhofen)

Weiler ist bekannt für die erste Emmentalerproduktion im Allgäu im Jahr 1821 sowie für die über 120 jährige Tradition der Käseproduktion in der Käsereigenossenschaft Bremenried (siehe Seite 722) und die Postbrauerei Weiler sowie die Aktienbrauerei Simmerberg (siehe Seite 720), die seit dem 17. Jahrhundert Bier brauen.

Durch die günstige Lage an der Deutschen Alpenstraße ergeben sich zahlreiche Ausflugsmöglichkeiten zu den attraktiven Zielen der Umgebung am Bodensee, in der Schweiz, im Bregenzerwald, in der Barockregion Oberschwaben und zu den Allgäuer Königsschlössern.

Weiler

Geschichte

Bereits im Jahr 894 wurde Weiler erstmals in einer Urkunde des Klosters St. Gallen erwähnt, das im westlichen Allgäu eine Reihe von Gütern besaß. Weiler wurde zu einem Verwaltungszentrum des Klosters erhoben. Die Gutsverwalter erhielten immer mehr Befugnisse und stiegen zu adeligen Rittern und Lehnsmannen des Klosters auf.

Die Rittergeschlechter starben 1557 aus. 1571 gelangte Weiler in den Besitz des Hauses Habsburg zu Österreich. Durch die zunehmende Bedeutung Weilers als zentraler Ort des Westallgäus und Zentrum des Handels an der oberen Salzstraße wurde dem Ort 1789 das Marktrecht verliehen. Seit 1806 gehört Weiler zu Bayern. Der Wandel vom „blauen zum grünen Allgäu", bei dem der unrentabel gewordene Flachsanbau durch die Milch- und Käsewirtschaft ersetzt wurde, hatte auch für Weiler als Zentrum der Emmentaler Käseproduktion eine große Bedeutung. Durch die 1893 gebaute Eisenbahnverbindung nach Röthenbach erlebte Weiler einen weiteren Aufschwung.

Sehenswürdigkeiten

Rathaus

Das imposante Rathausgebäude auf dem Kirchplatz, der als einer der schönsten Marktplätze im Allgäu gilt, wurde 1681 als Amtshaus erbaut. Sehenswert sind neben dem wuchtigen Portal des Haupteingangs im Renaissancestil das Fresko des Riesen Goliath an der Hauswand und der Brunnen vor dem Rathaus mit den drei Ortswappen der Gemeinde.

Kornhaus

Das 1790 errichtete Kornhaus half bei der Vermeidung von Versorgungsengpässen und ist heute ein Zentrum der Marktgemeinde, in dem kulturelle Veranstaltungen stattfinden. Im Gebäude befindet sich außerdem ein Museum, dessen Sammlung Arbeitsgeräte von Bauern und Handwerkern früherer Zeiten beherbergt.

Westallgäuer Heimatmuseum

Das Museum ist im ehemaligen Gasthaus „Zum Löwen" aus der zweiten Hälfte des 17. Jahrhunderts untergebracht. Es zeigt Exponate aus der umfangreichen Sammlung des Westallgäuer Heimatvereins, die das tägliche Leben im Westallgäu in früheren Jahrhunderten lebendig werden lassen. Präsentiert werden auch Gemälde und Skulpturen von der Gotik bis zur Neuzeit, religiöse Volkskunst und Trachten. Öffnungszeiten der beiden Museen unter www.westallgaeuer-heimatmuseum.de

Pflanzenkundliche Schausammlung

In der sehenswerten Sammlung in der Fridolin-Holzer-Straße sind von April bis September bis zu 100 blühende Wildpflanzen ausgestellt.

Pfarrkirche St. Blasius

Die Ende des 18. Jahrhunderts im klassizistischen Stil erbaute Kirche prägt mit ihrem 53 Meter hohen Kirchturm das Ortsbild. Im Innenraum sind die Deckenfresken und die plastische Kreuzigungsgruppe des Hochaltars sehenswert. Eindrucksvoll ist auch die Steinmeyer-Orgel von 1879 und das weithin hörbare Geläut der fünf Bronzeglocken.

Wendelinskapelle

Die 1717 geweihte Kapelle der Leprosenstiftung beherbergt einen spätbarocken Hochaltar mit einem beeindruckenden Gemälde, das St. Wendelin darstellt.

Simmerberg

Geschichte

Das auf einem 700 bis 800 Meter hohen Höhenrücken liegende Simmerberg wurde 1393 erstmals urkundlich erwähnt. Die weitere Geschichte Simmerbergs ist eng mit der Geschichte Weilers verbunden, es erlebte ähnliche Entwicklungen. Auch Simmerberg profitierte als logistisches Zentrum vom Salzhandel und erhielt 1804 das Marktrecht.

Sehenswürdigkeiten

Der Dorfplatz ist von markanten Bürgerhäusern umsäumt.

Alte Salzfaktorei

Die 1639 errichtete Salzfaktorei erinnert an die große Bedeutung des Salzhandels für Simmerberg.

Pfarrkirche St. Joseph

Die 1805 erbaute Kirche erhielt 1858 den 35 Meter hohen fünfgeschossigen Turm. Die Kirche birgt mit der um 1330 aus Sandstein geschaffenen frühgotischen „Thronenden Madonna" aus dem Kloster Mehrerau einen echten Kunstschatz. Sie gilt als ältestes und wertvollstes Einzelkunstwerk im Landkreis Lindau.

Simmerberg
(Bilder Tourist-Information Weiler-Simmerberg-Ellhofen)

Ellhofen

Geschichte

Ellhofen wurde 1275 erstmals urkundlich erwähnt und war Sitz eines angesehenen Rittergeschlechtes. 1562 erwarb der Deutschritterorden die Herrschaft Ellhofen.

Die Weichkäseproduktion spielte in Ellhofen eine wichtige Rolle.

Sehenswürdigkeiten

Burgruine Ellhofen

Von der im 13. Jahrhundert errichteten Burg sind heute nur noch Reste erhalten.

Das ehemalige Amtshaus

1570 erbaute der Deutschritterorden im Ort ein stattliches Amtshaus, den heutigen Gasthof Adler. Es gilt als ältestes Gebäude in der Marktgemeinde.

Heimatstube Ellhofen

Die Heimatstube im ehemaligen Rathaus ist jeden ersten Sonntag im Monat von 10:00 bis 12:00 Uhr geöffnet.

Pfarrkirche St. Peter und Paul

Die Kirche aus dem 15. Jahrhundert wurde mehrfach umgebaut. Sehenswert sind die um 1350 entstandene Petrusfigur und ein Taufstein aus Ellhofer Sandstein von 1712.

Freizeit und Sport

Urlauber in der Marktgemeinde haben die Wahl zwischen vielen interessanten Freizeitangeboten. Wanderer und Radfahrer finden zahlreiche genussvolle Touren in der abwechslungsreichen Landschaft. Weiler-Simmerberg ist Etappenort im Weitwanderwegenetz der Wandertrilogie Allgäu. Mehrere Routen der „West-

Ellhofen
(Bilder Tourist-Information Weiler-Simmerberg-Ellhofen)

allgäuer Wasserwege" führen durch das Gemeindegebiet. Über 100 km gut ausgeschilderte Wanderwege mit 15 lohnenden Rundwanderwegen gelangt man zu einzigartigen Zielen wie der wildromantischen Hausbachklamm, den Enschenstein und den Erratischen Block. In der Tourist Information sind naturkundliche Wanderführer und Wanderkarten erhältlich.

Im Sommer ist das beheizte Freibad der wunderschön gelegenen Bade-Erlebniswelt am Ortsrand von Weiler ein beliebter Treffpunkt. Neben dem Schwimmbecken mit Sprungturm und großer Liegewiese gibt es einen Wasser-Spraypark sowie Spielplatz und Sportplätze.

Tennisplätze und der Minigolfplatz in Weiler bieten weitere Freizeitmöglichkeiten.

Im Winter

Winterferien in Weiler-Simmerberg in kristallklarer Luft sind pures Vergnügen. Für Skilangläufer stehen über 50 km gepflegte Loipen zur Verfügung, die mit dem Loipennetz im Westallgäu verbunden sind. Wandern auf den gebahnten Winterwanderwegen oder als Schneeschuhwanderer in der herrlichen Schneelandschaft ist ein besonderer Genuss.

Für Kinder und Anfänger bieten zwei Skilifte einfache Abfahrten.

Veranstaltungen

Weiler im Allgäu hat sich als Hochzeitsparadies einen Namen gemacht. Brautleute heiraten romantisch bei Kerzenschein im historischen Sitzungssaal des Rathauses.

Das abwechslungsreiche Jahresprogramm des Veranstaltungskalenders in der Marktgemeinde bietet Standkonzerte, Bauerntheater, Marktfest, Oktoberfest, Märkte wie den Kunsthandwerkermarkt und vieles mehr.

Wichtige Adressen und Telefonnummern

Tourist-Information
Hauptstraße 14
D-88171 Weiler-Simmerberg
Tel. +49 (0)8387 391 50
Fax +49 (0)8387 391 53
info@weiler-tourismus.de
www.weiler-tourismus.de

Urig. Ehrlich. Echt.

Braumanufaktur Simmerberg,
Erste und einzige BIO Brauerei des Allgäus

Die Braumanufaktur Simmerberg ist eine der ältesten Brauereien im Herzen des Westallgäu. Die Geschichte des Hauses lässt sich bis ins Jahr 1706 zurückverfolgen. Damals wurde das Bier in der Taferne „Adler" gebraut. Seit 1897 sind das Stammhaus Bräustatt und die Braumanufaktur unter einem Dach vereint.

Die Brauerei hat die nötige Erfahrung, gepaart mit Fachwissen, Begeisterung und Leidenschaft, um ein erstklassiges Bier zu brauen. Dies kann man bei den fein filtrierten oder naturtrüben Simmerberger Kellerbieren sehen und genießen. Bei der Auswahl der Zutaten wird größter Wert auf regional-biologischen Anbau und beste Qualität gelegt. Alle biologischen Biere der Braumanu-faktur werden nach dem Reinheitsgebot von 1516 gebraut und sind zusätzlich frei von gentechnisch veränderten oder mit Pestiziden belasteten Rohstoffen (100 % Glyphosatfrei). Die wertvollen Naturprodukte werden mit handwerklichem Geschick, echter Braukunst und modernster Technik verarbeitet. Der Braumeister überwacht und kontrolliert jeden Schritt des anspruchsvollen Brauprozesses persönlich.

Die hervorragenden Erzeugnisse der Braumanufaktur haben 2018 zur Auszeichnung von Weiler-Simmerberg als einen von vier Genussorten in Schwaben durch den bayerischen Landwirtschaftsminister beigetragen.

Die leckeren Biere sind in zahlreichen Gaststätten und im Getränkehandel in

der Region erhältlich. Zur Produktpalette gehören das bernsteinfarbene Rödler, ein unfiltriertes Kellerbier als beliebtestes Feierabendbier im Allgäu, das spritzige Helle Hefeweizen, das angenehm weiche Dunkle Hefeweizen als altbayerische Spezialität, das Simmerberger Keller Gold mit hervorragendem Geschmackserlebnis und das fein gehopfte Simmerberger Pils.

Unbedingt probieren sollte man den Alpenbock, der einzige Doppelbock im Allgäu in BIO Qualität.

Bei einer Besichtigung der Brauerei können Besucher dem Braumeister über die Schulter schauen und beim Blick hinter die Kulissen und in die Braukessel hautnah miterleben, wie Bier gebraut wird. Die Besichtigung verbindet man am besten mit einem Besuch im beliebten Stammhaus der Brauerei, der Bräustatt & Taferne. Hier sitzt man in gemütlicher Atmosphäre mit Blick auf die Braukessel oder im romantischen Biergarten und genießt frisch gezapfte Simmerberger Biere mit echt bayerischen Köstlichkeiten.

Aktienbrauerei Simmerberg

Ellhofer Straße 2
D-88171 Simmerberg/Allgäu
Tel. +49 (0)8387 1016
Fax +49 (0)8387 2712
info@simmerberger.de
www.simmerberger.de

Aus Tradition gut!

Sennerei-Bremenried

Seit 120 Jahren wird in der Genossenschafts-Sennerei Bremenried in Weiler im Allgäu naturbelassene Milch zu bestem Allgäuer Käse verarbeitet. In dieser Zeit wurde die Tradition des Käsens inklusive Tipps und Rezepturen von Generation zu Generation weiter gegeben und entwickelt. Dabei wird grundsätzlich nur Milch von Kühen verwendet, die unter Verzicht auf gärende Futtermittel im Sommer ausschließlich Gras und im Winter Heu fressen.

Ziel der Sennerei ist die Herstellung eines Lebensmittels, das natürlich und wohlschmeckend ist. Für ihre hochwertigen Produkte hat die Sennerei zahlreiche Auszeichnungen erhalten. Diese haben dazu beigetragen, dass Weiler-Simmerberg 2018 vom bayerischen Landwirtschaftsminister zu einem von vier Genussorten in Schwaben ausgezeichnet wurde.

Täglich liefern neun Bauern ihre Rohmilch in der Sennerei für die Herstellung von Butter und Käse ab. In der Käserei werden täglich milde Bauernkäse, acht Allgäuer Bergkäse g. U., die bis zu 18 Monate im Haus gereift werden und einen Allgäuer Emmentaler g. U., der noch die berühmten Löcher hat, erzeugt und sorgfältig gepflegt. Ein Emmentaler Käserad wiegt rund 90 kg und pro Kilogramm Käse werden zehn Liter Milch benötigt. So werden täglich 300 kg Käse hergestellt.

Bei der empfehlenswerten Teilnahme an einer Führung wird Schritt für Schritt erklärt, wie Käse gemacht wird, und man kann (durch ein Fenster) den Käsern bei der Produktion zuschauen.

Führungen finden während der Sommermonate vom 1. Juni bis 30. September jeweils am Dienstag um 17 Uhr oder nach telefonischer Vereinbarung statt. Beim Besuch im Käslädele kann man zwischen vielen köstlichen Sorten wählen.

Zur Auswahl gehören als Hartkäse der mild-nussige Allgäuer Emmentaler und der würzige Allgäuer Bergkäse, als halbfester Schnittkäse der sehr beliebte mild-cremige Bremenrieder Bauernkäse sowie die milden Schnittkäse wie beispielsweise der mild-geschmackvolle Rot-hachtaler Laib, der begehrte Kräuterkäse und der Chili-Pfefferkäse. Weiterhin sind im Lädele verschiedene Frischkäse, Rahm, verschiedene Joghurt, die beliebte Bremenrieder Fassbutter und Produkte des täglichen Bedarfs erhältlich. Im Online-Shop kann man von zu Hause bestellen, der Käse kommt dann per Post, auf Wunsch auch als Geschenkpaket.

Öffnungszeiten:

Täglich von 7:00 – 12:00 und 16:00 – 19:00 Uhr.
Sonn- und feiertags von 7:00 – 11:30 und 17:30 – 19:00 Uhr.

Sennerei Bremenried e.G.

Bregenzer Straße 96
D-88171 Weiler im Allgäu
Tel. +49 (0)8387 2658
Fax +49 (0)8387 390 716
info@sennerei-bremenried.de
www.sennerei-bremenried.de

Kraftquelle Allgäu

Die landschaftliche Vielfalt des Allgäus mit ihren Bergen und Seen, mit Flüssen, Wäldern und Weiden, lässt den Menschen wieder Ruhe finden. Sie bietet Erholung für Körper, Geist und Seele und schenkt neue Energie für die Herausforderungen des Alltags.

Die Kräfte der Kräuter

Die Naturschätze des Allgäu liegen oft im Verborgenen. Kräuter, denen man auf den Blumenwiesen der Berghänge oder am Wegrand begegnet, sprechen alle Sinne an. Die Blüten, die es in allen erdenklichen Formen und Farben gibt, verwöhnen die Augen, ihr Duft die Nase und ihr Geschmack, wenn sie am heimischen Herd kulinarisch verwertet werden, verwöhnt den Gaumen.

Auf Kräuterwanderungen, -führungen und -seminaren erleben die Menschen die faszinierende Welt der Heilpflanzen. Ausgebildete Kräuterexperten bieten spannende Einblicke, welche Heilkräfte und wohltuenden Wirkungen von den Kräutern ausgehen. Kräutergärten, denen man im Allgäu zuhauf begegnet, sind in der Region zu Stätten geworden, in denen die Menschen dem heimischen Kraut begegnen.

Eine Auszeit durch Pilgern im Allgäu

Die internationalen und regionalen Pilgerwege im Allgäu bieten dem Wanderer die Möglichkeit, sich in der Natur zu entspannen und interessante Sehenswürdigkeiten zu erleben. Auf vielen unterschiedlichen Routen führt der Jakobsweg durch ganz Europa nach Santiago de Compostela.

Die Pilger kommen über den Münchner oder Augsburger Jakobusweg ins Westallgäu. Jakobspilger wandern in mehreren Tagesetappen durch das Westallgäu bis zum Bodensee.

Kräutergarten
(Bilder Landratsamt Lindau (Bodensee), David Knipping)

Pilger auf dem Jakobsweg
(Bild Landratsamt Lindau (Bodensee), Rolf Brenner)

Immer dem Zeichen der Jakobusmuschel folgend, führt ihr Weg nach Weiler. Hier können die Pilger zwischen drei verschiedenen Varianten wählen, um an den Bodensee nach Lindau oder Bregenz zu kommen.

Doch nicht nur Weitwanderer kommen auf den Pilgerwegen auf ihre Kosten. Vom Frühjahr bis in den Herbst hinein kann man sich beim „Samstagspilgern" für einen Tag mit

einer erfahrenen Pilgerbegleitung auf den Weg machen.

Die Pilgerbroschüre und Programmhefte mit Kräuter-Veranstaltungen und Samstagspilgern-Terminen sowie weitere Informationen gibt es unter www.kraftquelleallgaeu.de

Orte Kraftquelle Allgäu

Kräuterküche

Erlebnis Allgäuer Käsestraße

So lecker schmeckt der Urlaub

Im Allgäuer Voralpenland spielte der Käse schon immer eine große Rolle. Die Weiden mit ihren Kräutern und Blumen sorgten schon zu früher Zeit dafür, dass die Milchprodukte, die hier erzeugt wurden, zu den besten gehörten und weit über die Region hinaus gefragt waren.

Die Allgäuer Käsestraße folgt einer Strecke von über 220 km von den Alpen bis zum Bodensee. In der naturnahen Umgebung von Oberstaufen, Scheidegg, Lindenberg, Wangen und Isny verarbeiten Heumilch-Sennereien pro Jahr die Milch von 2.500 Kühen zu feinen Käsespezialitäten. Die geschmackliche Vielfalt resultiert aus der Heumlich, die hier gewonnen wird: Die Milchkühe werden im Sommer nur mit würzig-frischem Weidefutter und im Winter mit sonnengetrocknetem Heu gefüttert. Dieses silofreie Futter verleiht der Milch und damit dem Heumilchkäse seinen einzigartigen Geschmack.

Vor der einmaligen Alpenkulisse, die die Allgäuer Käsestraße bietet, eröffnet sich dem Reisenden eine wahre Genussregion. Nicht nur das Auge wird von den Naturschönheiten verwöhnt, sondern auch der Gaumen, der es mit einer Käsevielfalt zu tun bekommt, die es in dieser Form kaum ein zweites Mal gibt. Ob der Reisende mit dem Auto oder Motorrad, zu Fuß oder per Rad unterwegs ist - überall begegnen ihm handwerklich verarbeitende Sennereien, bäuerliche Direktvermarkter und Hofläden, die ihn mit kulinarischen Köstlichkeiten verwöhnen.

Die Jahrhunderte alte Käsetradition wird hier gepflegt. Die hochwertigen Rohstoffe werden handwerklich und schonend zu Allgäuer Emmentaler oder Bergkäse, zu Schnitt- und Weichkäse verarbeitet. Die reichhaltige Warenauswahl erhält man im Direktverkauf der Sennereien, die täglich und meist auch an Sonn- und Feiertagen ihre Türen geöffnet haben. Einige der Verarbeiter bieten auch Führungen an, die interessante Einblicke in die Herstellung des Käses liefern. In den Gasthöfen und

Kräuterküche und Käsegenuss
(Bild Landratsamt Lindau (Bodensee), David Knipping)

Restaurants entlang der Allgäuer Käsestraße werden die Gäste zuvorkommend mit allgäu-schwäbischer Küche verwöhnt, die den Allgäuer Käse als geschmackvolle Schmankerl auf der Speisekarte führt.

Speziell geschulte Gastgeber sind Käsebotschafter, die bestens über die Allgäuer Käsestraße und das Thema Käse Bescheid wissen. Informationen sind unter www.westallgaeu.de/kaesebotschafter-allgaeuer-kaesetrasse erhältlich.

Die Genussregion Allgäuer Käsestraße radelnd in ihrer Schönheit zu erleben, ist etwas Besonderes: Auf sieben verschiedenen Radwegen liegen Sennereien am Weg, in denen man sich mit typischem Allgäuer Bergkäse oder Emmentaler stärken kann. Nähere Informationen unter www.westallgaeu.de/allgaeuer-kaesetrasse-radtouren und www.allgaeuer-kaesestrasse.de

Ausführliche Beschreibungen der Sennereien, Käsewirte und Betriebe finden Sie auf den folgenden Seiten und unter www.allgaeuer-kaesestraße.de

Orte an der Allgäuer Käsestraße

Erlebnis Nordic Walking am Bodensee und im Westallgäu

Wer kennt sie nicht, die Läufer, die sich mit zwei Stöcken bewaffnet durch die Natur bewegen. Nordic Walking, einst von den Finnen als Fitnesssportart entwickelt, ist auch in deutschen Landen ein beliebter Ausdauersport. Man weiß um die Vorteile der schonenden Bewegungsform, bei der neunzig Prozent aller Muskeln aktiv sind. Frische Luft und maßvolle Bewegung sind ein Muss für die gesundheitliche Prophylaxe und eignen sich ebenso für die Rehabilitation.

Viele Regionen erkannten den Trend und legten für die fitnessbegeisterten Sportler meist Rundwege an, auf denen sie ungestört ihrem Sport nachgehen können. So auch in der Umgebung von Lindau. 17 beschilderte Rundkurse führen durch diese einmalige Landschaft, in der Wasser und Berge aufeinandertreffen. Einzigartige Fernblicke in die Alpen und auf die Weiten des Bodensees begleiten die Läufer auf ihren Touren. Kulturelle und landschaftliche Kleinode, die es zu entdecken gibt, liegen ebenso am Weg wie traditionsreiche Landgasthöfe, Weingüter und Hofläden, in denen kulinarische Belohnungen warten.

Nordic Walking am Bodensee
(Bild Landratsamt Lindau)

728

In Lindau, Wasserburg, Nonnenhorn und Bodolz wurden diese 17 Runden für Nordic Walker erschlossen. Sie reichen von einer Feierabendrunde wie der „Lampertsweiler Runde" mit rund zweieinhalb Kilometern, die sich bei etwa 40 Höhenmetern in einer knappen halben Stunde bewältigen lässt, bis hin zur 17,5 Kilometer langen Halbmarathonstrecke bei Bodolz, die mit 512 Höhenmetern etwa vier Stunden Laufzeit beansprucht.

Ein Paradies für Nordic Walker

Informationen zu den 17 Touren am Bodensee gibt es in der Nordic Walking Broschüre der Orte am Lindauer Bodensee. Darin finden sich die einzelnen Strecken mit Länge, Höhenmetern und Zeitbedarf. Neben der genauen Routenführung und Tourendetails sind die Start- und Zielorte angegeben und die nächst erreichbaren Parkplätze sowie ÖPNV-Haltestellen. Außerdem kennzeichnen farbig markierte Wege den jeweiligen Schwierigkeitsgrad der Tour. Über einen QR-Code können die Touren in einer interaktiven Karte dargestellt werden.

Aber auch im Westallgäu sind die sechs Gemeinden Lindenberg, Heimenkirch, Oberreute, Scheidegg, Stiefenhofen und Weiler-Simmerberg mit Ellhofen auf rund 150 km Länge mit Anschlussmöglichkeit nach Oberstaufen (88 km Wegenetz) mit 22 gut beschilderten Nordic-Walking-Routen in unterschiedlichen Schwierigkeitsgraden miteinander verbunden. Informationen sind über www.westallgaeu.de/nordic-walking abrufbar.

Orte mit Nordic-Walking

www.lindauerbodensee.de
www.westallgäu.de

Erlebnis Kulinarische Expedition

Westallgäu und der Lindauer Bodensee

Genuss pur
(Bilder Landratsamt Lindau (Bodensee), Frederick Sams)

Ein Genießerparadies ist das Land zwischen der Westallgäuer Bergwelt und dem Bodensee. Hier kann man aus dem Vollen schöpfen, wenn es um kulinarische Köstlichkeiten geht. Längst ist die Region in aller Munde, zaubert sie doch eine authentische Produktvielfalt leidenschaftlicher Genusshandwerker hervor.

Ob würzige Biere oder frische Käsespezialitäten, wohlduftende Kräuter und feines Obst, feurige Brände, edle Weine und frischer Fisch - die Macher, Veredler und Verarbeiter sind Menschen, die nicht nur hinter den Produkten stehen. Sie stehen auch hinter einer zauberhaften Region, die von den Bergen über das hügelige Voralpenland bis zum Bodensee

reicht. Den Menschen, die sich mit handwerklichem Können und Herzblut als Botschafter der kulinarischen Genüsse verstehen, ist Geschmack und Qualität wichtig. Schließlich fordert die klimatische Vielfalt der Region Geschick bei der Produktion.

Wein vom Bodensee

Unter den klimatisch und geologisch günstigen Bedingungen am Bodensee erzeugen Winzer fruchtigen und aromatischen Wein aus den beliebten Rebsorten wie Müller-Thurgau, Spätburgunder und Dornfelder. Die Gästeführer „Weinerlebnis Bodensee/Allgäu" entführen die Gäste auf Wanderungen, Radtouren und Stadtführungen zu den schönsten Plätzen,

informieren über die reizvolle Landschaft und den Wein- und Obstanbau.

Im Herbst, wenn die Früchte des Sommers eingebracht sind, finden erlebnisreiche Führungen mit örtlichen Direktvermarktern und Gästeführern statt. Feinschmeckern werden Kochkurse in einer Restaurantküche und Verköstigungen von regionalem Wein und Käse angeboten. So werden bei der Genusswanderung in Wasserburg die Wanderer an mehreren Stationen mit Le-

ckereien verwöhnt. Oder man schließt sich den Gästeführern Weinerlebnis Bodensee/Allgäu an und wird auf den „Spuren von Bacchus und Bergkäse" in die Welt von edlem Wein, feinem Käse und weiteren regionalen Spezialitäten entführt.

Ortsbeschreibungen

Erlebnis Streuobstwiesen

(Bild Landratsamt Lindau (Bodensee), David Knipping)

Es gibt sie noch - die Streuobstwiesen, die zu den artenreichsten und ökologisch wertvollsten Lebensräumen Mitteleuropas zählen. Sie prägen noch heute das Landschaftsbild im Westallgäu und am Lindauer Bodensee. Mit mehreren 1000 verschiedenen Tier- und Pflanzenarten spielen sie eine wichtige Rolle für die Erhaltung der biologischen Vielfalt.

Während einer Wanderung erlebt man die Eindrücke der Streuobstwiese intensiv: Im Frühling liegt der Duft tausender Blüten in der Luft, während die Vögel zwitschern und Bienen und Insekten auf der Suche nach dem Nektar sind. Im Sommer lädt der Schatten, den die großen alten Bäume spenden, zu einer Rast oder einem gemütlichen Picknick ein. Im Herbst zeigt sich der gesamte Reichtum der Wiese, wenn sich die Äste unter der Last von Äpfeln, Birnen und Zwetschgen biegen. Und wenn die Sonne schon tief steht, verzaubern die Farben der Blätter die Landschaft.

Die Streuobstwiesen verdanken ihren Namen den locker über die Landschaft gestreuten, hochstämmigen und großkronigen Obstbäumen. Meist robuste und lokal bewährte Apfel-, Birnen-, Kirsch-, Nuss- und Zwetschgensorten sind hier zu finden

(Bild Landratsamt Lindau (Bodensee), Frederick Sams

und liefern reiche Ernte. Frisch werden die Köstlichkeiten verzehrt, aber auch zu Dörrobst, Apfelsaft, Most und Obstbränden verarbeitet. Die Wiesen dienen als Vieh- und Bienenweiden und das Holz der alten Bäume wird als Brenn- und Baumaterial genutzt.

Der Blick in die Streuobstwiesen

Auf sieben beschilderten Streuobstwanderwegen zwischen Bodensee und Westallgäu taucht der Wanderer in die artenreichen Lebensräume ein und lernt ihre Besonderheiten kennen. Ortstypische Schwerpunke prägen die Wanderwege. So erlebt man in Wasserburg den „Obstbau im Wandel am Bodensee", in Oberreitnau die „Chancen im Streuobstbau" und in Sigmarszell „Feuer und Flamme". Um „Bienen, Most und Brennerei" geht es in Hergensweiler,

Sigmarszell und Weißensberg. „Alten Obstbäumen auf der Spur" ist man in Heimenkirch und in Scheidegg geht es „Vom Allgäuer Kalvill bis zum Zabergäu". Schließlich bietet der Wanderweg in Grünenbach und Gestratz „Hoch hinaus -Streuobst im Allgäu".

Alle Routen sind in einer kostenlosen Broschüre zusammengefasst, die bei den örtlichen Tourist-Informationen erhältlich ist.

Orte der Streuobstwiesen

An den Streuobstwanderwegen
(Bild Thomas Gretler)

Gestratz

Landessieger beim Wettbewerb „Unser Dorf hat Zukunft"

Die Gemeinde Gestratz (rund 1.300 Einwohner) im Westallgäu ist Mitglied der Verwaltungsgemeinschaft Argental. Neben dem Hauptort gehören weitere 34 Dörfern, Weilern und Einöden zum Gemeindegebiet. Gestratz liegt zwischen Kempten und dem Bodensee, von beiden etwa 30 km entfernt. Es ist über die nahen Bundesstraßen 12, 31 und 308 gut zu erreichen.

Beim Urlaub in Gestratz inmitten der sanft hügeligen Allgäuer Voralpenlandschaft können die Gäste sich ausgiebig erholen und die günstigen Ausflugsmöglichkeiten zum Bodensee und in die Alpen wahrnehmen.

Behagliche Übernachtsmöglichkeiten bei gastfreundlichen Vermietern sind in großer Auswahl vorhanden.

Die Gemeinde wurde 2018 für ihr Engagement zur Erhaltung und Entwicklung ihrer Heimat beim Landeswettbewerb „Unser Dorf hat Zukunft" mit der Goldmedaille ausgezeichnet. Ulrike Reich aus dem Ortsteil Dinnensberg erhielt 2018 für ihren prachtvollen Garten die Auszeichnung „Bayerns schönster Bauerngarten".

Gestratz ist federführend im Rahmen des Projekts „Kommunales Knowhow für Nahost" vom Entwicklungs-

Gestratz
(Bilder Gemeinde Gestratz)

ministerium an der Errichtung der „Zeltschule Allgäu" im Libanon, die im September 2018 für 160 syrische Flüchtlingskinder eröffnet wurde.

Kurzer Blick ins Geschichtsbuch

Gestratz als eine der ältesten Pfarrgemeinden im Westallgäu wurde im 8. Jahrhundert durch das Kloster St. Gallen gegründet. 1182 wurde Gestratz erstmals urkundlich erwähnt. Bis 1805 gehörte Gestratz zu Österreich, danach zu Bayern.

Sehenswürdigkeiten

Die Pfarrkirche St. Gallus am Dorfplatz im Ortszentrum mit Ursprüngen im 8. Jahrhundert wurde 1437 neu erbaut. Sehenswert ist der gotische Freskenzyklus im Innenraum.

Der Dorfplatz wird umsäumt von schönen Gebäuden aus dem 18. und 19. Jahrhundert.

Einen Besuch wert ist das Heimathaus in der alten Schmiede im Ortsteil Zwirkenberg, wo die Geschichte des Ortes lebendig und eindrucksvoll vermittelt wird. Es ist an jedem 3. Sonntag in den Sommermonaten geöffnet.

Freizeit und Sport

Gestratz ist günstiger Ausgangspunkt für viele aussichtsreiche Wanderungen und schöne Radtouren. Lohnend ist die Rundwanderung zur Schwei-neburg, die einen prächtigen Rundblick ermöglicht.

Die Argenhalle ist Mittelpunkt des Dorflebens und dient als Raum für zahlreiche Veranstaltungen. Über 20 Vereine sorgen für vielfältige Freizeitangebote und tragen mit ihren Festen und sportlichen Wettbewerben zum abwechslungsreichen Veranstaltungsprogramm in Gestratz bei.

Wichtige Adressen und Telefonnummern

Gemeinde Gestratz
Schulstraße 1
D-88167 Gestratz
Tel. +49 (0)8383 223
Fax +49 (0)8383 7723
johannes.buhmann@gestratz.de
www.gestratz.de

Lindau

Das touristische Zentrum am Bodensee

Die große Kreisstadt Lindau (rund 25.000 Einwohner) liegt am östlichen Ufer des Bodensees im Dreiländereck, Deutschland-Österreich-Schweiz.

Die weltbekannte, als Gesamtanlage unter Denkmalschutz stehende Lindauer Altstadt auf einer Insel im Bodensee zieht zahlreiche Besucher aus aller Welt an. Jahrhundertealte Gebäude, historische Plätze und romantische Gassen erzählen von der reichen Geschichte der ehemaligen Freien Reichsstadt.

Berühmtes Wahrzeichen der Stadt ist die Hafeneinfahrt mit bayerischem Löwen und Leuchtturm vor dem Hintergrund des prachtvollen Bodensee- und Alpenpanoramas.

Lindau ist durch die nahe Autobahn 96 und die Bundesstraßen 12 und 31 sehr gut zu erreichen. Bodenseekursschiffe fahren nach Bregenz, Rorschach und Konstanz.

Sehenswürdigkeiten

Die Maximilianstraße als Teil der Fußgängerzone ist die Hauptstraße der Altstadtinsel.

Sie beeindruckt durch zahlreiche gut erhaltene Bürgerhäuser aus dem 16.

Lindau
(Bild Wikipedia, Edda Praeffke, CC BY 2.5)

736

und 17. Jahrhundert mit Laubengängen, geschnitzten Fenstersäulen, Erkern und Fachwerkfassaden.

Die Kirche Münster „Unserer Lieben Frau" am Marktplatz im östlichen Teil der Altstadt wurde 1748-52 neu errichtet. Der sehenswerte Innenraum zeigt barocke Deckenmalereien und eine Rokokoausstattung mit prachtvollem Rot-und-Gold-Dekor.

Das imposante Rathaus, das 1422 im gotischen Stil erbaut wurde, wurde 1576 mit einem Treppengiebel im Renaissance-Stil umgebaut. Die Fassade ist mit einer überdachten Freitreppe und üppigen Malereien aus der Lindauer Geschichte geschmückt.

Das Stadtmuseum im Haus zum Cavazzen am Marktplatz, eines der schönsten barocken Bürgerhäuser am Bodensee, zeigt eine Sammlung von Gemälden von 15. bis zum 19. Jahrhundert, eindrucksvolle Beispiele historischer Lindauer Wohnkultur und vieles mehr. Die wechselnden Sonderausstellungen mit Werken der Klassischen Moderne haben in den letzten Jahren viele Besucher fasziniert.

Freizeit und Sport

Das Stadttheater Lindau bietet ein abwechslungsreiches Programm mit Schauspiel, Oper und Ballett verschiedener Bühnen sowie eine internationale Konzertreihe.

Lindau als eines der bedeutendsten touristischen Ziele am Bodensee zählte im Jahr 2012 über 800.000 Übernachtungen. Zahlreiche Tagesgäste, für die ein breites gastronomisches Angebot zur Verfügung steht, wählen Lindau als attraktives Ausflugsziel.

Zu den Veranstaltungshighlights gehören die Segelregatta "Rund Um", das historische Kinderfest, das beliebte Stadtfest und die stimmungsvolle Lindauer Hafenweihnacht.

Wichtige Adressen und Telefonnummern

Lindau Tourismus und Kongress GmbH
Alfred-Nobel-Platz 1
D-88131 Lindau im Bodensee
Tel. +49 (0)8382 260030
Fax: +49 (0)8382 260026
info@lindau-tourismus.de
www.lindau.de

Röthenbach

Inmitten weiter Wiesen und Wälder

Kurzer Blick ins Geschichtsbuch

Die erste urkundliche Erwähnung Röthenbachs wird auf das Jahr 861 n. Chr. datiert. Der Name geht zurück auf eine keltische Flurbezeichnung „am roten Bach".

Ab 1571 gehörte Röthenbach zu Österreich unter der Krone der Habsburger, bis es am Ende der Dreikaiserschlacht im Jahre 1805 zu Bayern kam.

Sehenswürdigkeiten

Die Pfarrkirche St. Martin wurde im Jahr 1249 erbaut. Das Deckengemälde von Gebhard Fugel „Pfingstpredigt des hl. Petrus in Jerusalem" sowie die Bilder von Theodor Baierl „St. Martin teilt den Mantel" und „Die Belohnung im Traum" verdienen besondere Erwähnung. Die Entstehung der Kirche ist der Sage nach dem Gelübde eines Mont-

forter Grafen zu verdanken. Südlich der Pfarrkirche St. Martin befindet sich eine Lourdesgrotte aus dem Jahr 1900.

Zur Pfarrei Röthenbach gehören vier Kapellen: die St.-Josefs-Kapelle in Rentershofen, die St.-Rochus-Kapelle in Harratried, die St.-Christophorus-Kapelle in Auers, die Hauskapelle im Josefsheim und die 2018 erbaute Kapelle in Egg.

Oben auf dem Ortsteil Buch, links der Straße in Richtung Schönau, befindet sich das Röthenbacher Freigericht. Dieses Denkmal wurde im Jahre 1924 errichtet, zur Erinnerung an die Zeit, als dort das Gericht unter freiem Himmel tagte.

Museen

Heimatstube

In der Heimatstube befinden sich zahlreiche Fotografien und interes-

Röthenbach
(Bild Gemeinde Röthenbach)

sante Exponate, die die wechselvolle Geschichte des Dorfes darstellen und Einblick geben in das Leben und den Alltag unserer Vorfahren.

Modelleisenbahn

In einem Eisenbahnwaggon am Bahnhof Röthenbach ist eine Modelleisenbahn untergebracht. Sie wurde von den Westallgäuer Eisenbahnfreunden aufgebaut.

Feste und Feiern auf einen Blick

Das Funkenbrennen (Sonntag nach dem Fasching) das Maibaumaufstellen (1. Mai), das Frühlingsfest, das Oldtimertreffen alle zwei Jahre (Juli), sowie die zahlreichen Feste der Vereine spiegeln Tradition und Brauchtum.

Freizeit- und Sport

Im Sommer

Im Freizeitzentrum mit dem beheizten Freibad (24 Grad) kann man Sonne und Wasser genießen und dabei auch Tischtennis und Beachvolleyball spielen. Wer die Welt unter Wasser kennen lernen möchte, hat die Gelegenheit beim Schnuppertauchen. Das Freizeitzentrum verfügt auch über einen Tennisplatz und Fußballplätze.

Im Winter

In den benachbarten Gemeinden finden sich bestens präparierte Loipen. Wer sich beim Eisstockschießen vergnügen will, findet in Röthenbach auf dem Buch eine Naturbahn.

Wandern

Ein neu beschildertes Wanderwegenetz erwartet den Urlaubsgast. Bei einem Spaziergang kann man Wildpflanzen kennen lernen und sie auch verkosten.

Radfahren

Für Radler ist Röthenbach idealer Ausgangspunkt für Touren ins benachbarte Württemberg oder zum Bodensee-Königssee oder an der Radrunde Allgäu entlang. Auch die „Westallgäuer Käsestraße" führt durch Röthenbach und bietet mit zahlreichen Gastbetriebe beliebte Einkehrmöglichkeiten. Ganz interessant werden die Radwege mit dem e-bike, das ist Genuss pur.

Besonderes und Einzigartiges

Westlich von Rentershofen befindet sich der Bahndamm. Es handelt sich hierbei um den zur damaligen Zeit größten von Menschenhand aufgeschütteten Bahndamm der Welt. Er wurde in den Jahren 1847 bis 1853 gebaut und war eine von König Max II. angeordnete Arbeitsbeschaffungsmaßnahme.

Wichtige Adressen und Telefonnummern

Gemeinde Röthenbach
Mühlenstr. 1, D-88167 Röthenbach
Tel. +49 (0)8384 1816
Fax +49 (0)8384 1826
info@vg-argental.de
www.roethenbach-westallgaeu.de

Wasserburg
Malerischer Bodenseeort

Wasserburg
(Bild Wikipedia, L. Hoffner, CC BY-SA 4.0)

Der staatlich anerkannte Luftkurort Wasserburg am Bodensee (rund 3.800 Einwohner) liegt etwa fünf Kilometer westlich von Lindau. Wasserburg ist durch die nahe Bundesstraße 31 von Friedrichshafen nach Lindau gut zu erreichen.

In Wasserburg stehen rund 1700 Gästebetten in Hotels, Pensionen und Privatquartieren zur Verfügung. Es ist durch die zahlreichen hervorragenden Restaurants bei kulinarischen Liebhabern sehr bekannt. In Obsthöfen und Hofläden kann man regionale Spezialitäten wie Bodensee-Weine, Obstbrände, leckere Säfte und Liköre käuflich erwerben.

Sehenswürdigkeiten

Wasserburg wird geprägt durch die malerische Halbinsel mit Schiffsanlegestelle, Fischereihafen und Sportboothafen und prachtvollen Blick auf die Schweizer Alpen.

Hier findet man als bedeutende Sehenswürdigkeiten das Schloss Wasserburg, das Malhaus, das heute ein Museum beherbergt, und die Pfarrkirche St. Georg mit Ursprüngen aus dem 8. Jahrhundert mit barockem Hochaltar und lebensgroßen Figuren der Heiligen Gallus und Otmar sowie bemerkenswerten Deckenfresken.

Freizeit und Sport

Zur Gemeinde gehört das Naturschutzgebiet Mittelseemoos, eines der artenreichsten Flachmoore im Landkreis Lindau.

Lohnend ist die Begehung des Biotoplehrpfades Birkenried, der Wissenswertes über Tiere und Pflanzen der Riedlandschaft vermittelt.

Wasserburg ist günstiger Ausgangspunkt für gemütliche, aussichtsreiche Radtouren entlang des Bodenseeufers.

Wichtige Adressen und Telefonnummern

Tourist Information
Lindenplatz 1
D-88142 Wasserburg (Bodensee)
Tel. +49 (0)8382 887474
Fax +49 (0)8382 89042
tourist-info@wasserburg-bodensee.de
www.wasserburg-bodensee.de

Blick auf den Bodensee
(Bild Landratsamt Lindau (Bodensee)

Weissensberg

Perfekter Ausgangsort für wunderbare Ausflüge

Zwischen dem Allgäu und dem Bodensee liegt die Gemeinde Weißensberg auf 502 m ü. M. Sie bietet rund 2.650 Einwohnern eine Heimat und wer das Allgäu in all seinen Facetten erleben möchte, findet hier den idealen Ausgangspunkt für verschiedene Tagestouren durch die atemberaubende Landschaft des Alpenvorlandes zwischen dem Allgäu und dem Bodensee.

Kurzer Blick ins Geschichtsbuch

Weißensberg fand 1264 erstmals Erwähnung in historischen Dokumenten. Doch schon über eintausend Jahre vorher führte eine wichtige Römerstraße durch das Gebiet. Im 13. und 14. Jahrhundert wurden verschiedene Höfe Weißensbergs an das Heilig-Geist-Spital zu Lindau verkauft. Es folgten einige Jahre der Reformation, die aber 1546 durch das Verbot des Grafen Hugo von Montfort ein jähes Ende fanden. Mit Beginn des Jahres 1806 wurde Lindau in das Königreich Bayern eingegliedert.

Sehenswürdigkeiten

Die Pfarrkirche St. Markus zählt zu den schönsten Sehenswürdigkeiten Weißensbergs. Der mittelalterliche Turm bietet einen faszinierenden Anblick. Neugotischer Stil prägt Chor und Langhaus. Außerdem gibt es in Weißensberg eine sehenswerte Kapelle, die noch aus dem 18. Jahrhundert stammt. Die Kapelle befindet sich auf der Oberhofer Halde, dem schönsten Aussichtspunkt der Gemeinde. Hier genießt man eine phantastische Aussicht auf den Bodensee, die Bregenzer Bucht, die Schweizer Bergkette mit Säntis, Altmann und hoher Kasten sowie die Berge des westlichen Bregenzerwald-Gebirges.

Blick auf Weißensberg
(Bild Gemeinde Weissensberg)

Freizeit und Sport

Neben dem 18-Loch Golfplatz Weißensberg, der in eine zauberhafte
Naturlandschaft eingebettet ist und
als einzigartiger Championship-Platz
zu den schönsten am Bodensee zählt,
bietet der Flugplatz Wildberg unvergessliche Rundflüge in die Alpen und
zum Bodensee.

Wichtige Adressen und Telefonnummern

Gemeinde Weißensberg
Kirchstraße 13
D-88138 Weißensberg
Tel. +49 (0)8389 278
Fax +49 0)8389 8217
gemeinde@weissensberg.de
www.weissensberg.de

Sigmarszell
Idyll zwischen Bodensee und Allgäu

Bereits 800 n. Chr. wurde Sigmarszell
durch das Kloster St. Gallen, als eine
von drei Pfarreien im Lindauer Raum,
gegründet. Die Gemeinde Sigmarszell
besteht heute aus den drei ehemals
eigenständigen Gemeinden Niederstaufen, Sigmarszell und Bösenreutin,
mit drei Kirchen und umfasst insgesamt 30 Ortsteile mit ca. 3000 Einwohnern. Daraus ergibt sich auch
der besondere Reiz der Gemeinde,
die wie keine andere den Übergang
zwischen Westallgäu und der Bodenseeregion innerhalb eines Gemeindegebietes verkörpert. So spiegelt sich

auch die Vielgestaltigkeit dieser Region zwischen Alpen und Bodensee
in lebendiger Kultur und Tradition,
Land- und Lebensweisen auf einzigartige Weise in der Gemeinde wieder.
Innerhalb des Gemeindegebietes gibt
es einen Höhenunterschied von ca.
450 Metern.

Sehenswürdigkeiten

Der am höchsten gelegene Ortsteil Kin-
berg (ca. 850m), in dem die bei Pilgern
für ihre Schönheit weithin bekannte
Wendelinskapelle steht, gehört zur Ge

markung Niederstaufen in Sigmarszell. Die am niedrigsten gelegenen Ortsteile Bösenreutin und Hangnach (ca. 400m) grenzen direkt an die Bodenseestadt Lindau an. Schlachters ist der größte der drei Ortsteile und zugleich Sitz der Gemeindeverwaltung. Der Bahnhof Schlachters ist berühmt für den Besuch der „Helden von Bern", die 1954 nach dem Gewinn der Fußballweltmeisterschaft Freunde in Schlachters besuchten, weshalb der Weltmeisterzug hier eigens Halt machte. Er dient seit den 1980er Jahren nur noch als Betriebsbahnhof ohne Personenverkehr. Anlässlich des Titelgewinns bei der Fußballweltmeisterschaft 2014 in Brasilien hat sich in Sigmarszell zum 60-jährigen Jubiläum des ersten Weltmeistertitels eine Initiative gegründet, die für die Reaktivierung des Bahnhalts eintritt. Inzwischen haben die Deutsche Bahn und die Bayerische Eisenbahngesellschaft zugesagt den Bahnhalt im Jahre 2023 wieder zu eröffnen. Der Bahnhalt wird auch den Studenten der Fachhochschule Weihenstephan-Triesdorf zugutekommen, die hier regelmäßig den praktischen Teil ihres Studiums an der Obstbauschule in Schlachters absolvieren. Somit hat die Sigmarszell als einzige Gemeinde im Landkreis Lindau die Außenstelle einer Hochschule im Gemeindegebiet. Die Obstbauschule Schlachters, noch zu Zeiten des Königreiches gegründet, hat eine über 100-jährige Tradition und gilt als eine der führenden Versuchsstationen Europas.

Freizeit und Sport

Auch für Sportbegeisterte und Gläubige wird in Sigmarszell viel geboten. Eine bekannte Pilgerstrecke, der Jakobsweg, führt direkt durch Sigmarszell. Von hier aus gibt es idyllische Rad- und Wanderwege in alle Himmelsrichtungen. Besonderer Beliebtheit erfreuen sich die schönen Strecken durch das Leiblachtal. Hier gibt es noch seltene Fisch- und Vogelarten, die sonst kaum noch in Deutschland zu finden sind. Entlang des Flüsschens Leiblach, welches Sigmarszell von dem Vorarlberger Land trennt, gibt es die Möglichkeit, die Natur, Gastronomie und Gastfreundschaft sowohl auf deutscher, als auch auf österreichischer Seite zu erleben.

Wichtige Adressen und Telefonnummern

Gemeinde Sigmarszell
Hauptstr. 28, D-88138 Sigmarszell
Tel. +49 (0)8389 92 030
post@vgem-sigmarszell.de
www.sigmarszell.de

Hergensweiler

Hier grüßt das Vierländereck mit all seinen Facetten

Hergensweiler hat rund 2.000 Einwohner und liegt in 540 Metern Höhe. Die beschauliche Gemeinde ist eingebettet in eine traumhaft schöne Hügellandschaft unweit des Bodensees und liegt in unmittelbarer Nähe zu Österreich, Liechtenstein und zur Schweiz. Von hier aus können Urlauber die schönsten Regionen des Bodensees und des Westallgäus erkunden. Durch die Gemeinde führt der Bodensee-Königsee-Radweg.

Kurzer Blick ins Geschichtsbuch

Schon im 8. Jahrhundert sollen sich die ersten Menschen in der Umgebung niedergelassen haben. Die erste Kirche wurde bereits Anfang des 12. Jahrhunderts eingeweiht. Nach vielen Herrschaftswechseln wurde Hergensweiler 1805 bayerisch.

Sehenswürdigkeiten

Zu den interessantesten Sehenswürdigkeiten der Gemeinde Hergensweiler zählt die Pfarrkirche St. Ambrosius. Sie wurde im Jahr 1712 im barocken Stil erbaut und hat einen Altar des Wessobrunners Franz Schmuzer sowie Deckengemälde und Ölbergszene an der Außenfassade von Gebhard Fugel. Im Heimatmuseum, das im ehemaligen Salzstadel und Pfarrhof untergebracht ist, hat der ortsansässige Museumsverein zahlreiche Dokumente zur Geschichte der Gemeinde mit dem Schwerpunkt „Zwischen Volksfrömmigkeit und Aberglauben" zusammengetragen, um Besuchern die Entwicklung der Region auf eindrucksvolle Weise nahezubringen.

Freizeit und Sport

Wunderschöne und interessante Landschaften wie die Naturschutzgebiete „Degermoos", „Stockenweiler Weiher" kann man hier ebenso erwandern und mit dem Rad erfahren wie das romantische Leiblachtal. Auf gut markierten Wanderwegen und einem eindrucksvollem Radwegenetz genießt man die liebliche Landschaft inmitten von Streuobstwiesen um Hergensweiler.

Wichtige Adressen und Telefonnummern

Gemeinde Hergensweiler
Friedhofweg 7, D-88138 Hergensweiler
Tel. +49 (0)8388 217
Fax +49 (0)8388 724
gemeinde@hergensweiler.de
www.hergensweiler.de

Begegnungen, die das Leben bereichern

Holzkunst Ludwig Egger

Wer das Ladengeschäft am Ortsausgang von Hergensweiler betritt, spürt sofort die einzigartige Atmosphäre, die ihn umgibt. Hier gibt es nicht nur wunderschön gestaltete Kunstgegenstände aus Holz, sondern hier atmet der Wald. Es duftet nach frisch bearbeitetem Holz und die einzelnen Figuren strahlen eine eigentümliche Wärme und Geborgenheit aus.

Das ganze Jahr hindurch kann aus einer Vielzahl von handgearbeiteten Weihnachtskrippen gewählt werden. Vor allem die alpenländischen ziehen

Gesichtszüge der menschlichen oder tierischen Gebilde betrachtet. Die Liebe zum Detail und die Hingabe zur Schnitzerei verleihen den einzelnen Figuren ihren eigenen Charakter.

Für Ludwig Egger, den gelernten Schreinermeister, ist die Holzschnitzerei und der Krippenbau weit mehr als eine Begabung. Es ist eine Passion, der er sich mit Leib und Seele widmet. Weit über die Region hinaus machte er sich einen Namen. Denn für ihn geht der Erwerb einer Weihnachtskrippe oder einer Heiligenfigur weit über den Einkauf hinaus. Wer sich für eine religiöse Darstellung interessiert, den treiben hin und wieder auch die Lebensumstände in das Geschäft, in dem der Inhaber stets ein offenes Ohr für die Beweggründe seiner Kunden hat. Daraus entstand vor vielen Jahren auch die Idee, jedes Jahr eine Weihnachtsgeschichte zu schreiben. Diese soll die Gedanken auf das Miteinander im täg-

die Kunden in ihren Bann. Doch auch orientalisch angehauchte oder moderne Krippen, die ohne Schnörkel daher kommen, finden ihre zufriedenen Besitzer. Dass in den einzelnen Figuren, die den Krippen das Leben einhauchen, Handarbeit steckt, wird dem Betrachter klar, wenn er die glichen Leben lenken. Das Heft wird für wohltätige Zwecke verkauft und kommt hauptsächlich Kindern in Not zugute. Bewegende Rückmeldungen der Leser dieser Hefte bewogen schon einen Verlag, die Geschichten in einem gebundenen Buch zu veröffentlichen.

Größte Ausstellung
zwischen Allgäu und Bodensee

In der heimischen Werkstatt arbeitet bereits die dritte Generation. Mit dem Blick auf die Schweizer Alpen entstehen dort bleibende Werte. Heimisches Holz aus Bergahorn, Linde und Zirbelkiefer bilden die Grundlage für die Figuren, die naturbelassen ebenso angeboten werden wie gebeizt oder coloriert. Aber auch für Arbeiten nach den Wünschen der Kunden steht der passionierte Holzkünstler zur Verfügung, der jedes Jahr vor Weihnachten den Lindauer Weihnachtsmarkt mit seinen Krippen, Figuren und Weihnachtsdekorationen bereichert.

Holzkunst GbR

Ludwig und Alice Egger
Kemptener Str. 36
D-88138 Hergensweiler
Tel. +49 (0)8388 241
Fax +49 (0)8388 1045
info@holzkunst-egger.de

Maierhöfen

Abseits vom Trubel – Mitten im Leben

Die Gemeinde Maierhöfen (rund 1.680 Einwohner) im lieblichen Argental im Westallgäu liegt etwa vier Kilometer südlich von Isny und ist durch die nahe Bundesstraße B 12 von Lindau nach Kempten gut zu erreichen. Die Gemeinde ist Mitglied der Verwaltungsgemeinschaft Argental, zu der auch Grünenbach, Gestratz und Röthenbach gehören. Maierhöfen liegt auf einer Höhe von 740 Metern, der höchste Punkt ist die 1069 Meter hohe Riedholzer Kugel, der höchste Aussichtspunkt im Westallgäu.

Der staatlich anerkannte Erholungsort ist eingebettet in die idyllische Voralpenlandschaft mit saftigen Wiesen, sanften Hügeln und stillen Wäldern und bietet beste Voraussetzungen für einen erholsamen Urlaub. Ob sport-

lich Aktive, ob Wander- oder Radfreudige oder Erholungsuchende, in Maierhöfen findet jeder Urlauber sein persönliches Highlight. Feriengäste gehören in Maierhöfen zum Dorfgeschehen und werden mühelos in die gesellige Atmosphäre integriert, die in Maierhöfen insbesondere bei den traditionellen Festen zu spüren ist.

Zahlreiche Ferienwohnungen, Angebote für Urlaub auf dem Bauernhof, Wellnesshotels und eine Ferienclubanlage stehen den Urlaubsgästen zur Verfügung. Für Speis und Trank sorgen eine Reihe von Gaststätten und Restaurants, die typische Allgäuer Spezialitäten auf der Speisekarte offerieren. Vom traditionellen Gasthof mit Biergarten, Spezialitäten aus der Wild- und Kräuterküche bis hin

Blick auf Maierhöfen
(Bilder Gemeinde Maierhöfen)

748

zur Haubenküche deckt Maierhöfen sämtliche kulinarischen Bedürfnisse ab. Qualitätsmerkmale wie Landzunge, Käsestraße , Gault Milleau Küche, Slow Food spiegeln die Regionalität von Maierhöfen wider. Maierhöfen ist bislang der einzige Ort im Westallgäu mit drei Landzungen Betrieben. Nicht ohne Grund wurde Maierhöfen 2018 deshalb mit dem Preis „Genussort in Bayern" ausgezeichnet.

Maierhöfen ist der ideale Ausgangspunkt für Tagesausflüge zu attraktiven Zielen am Bodensee, in der Allgäuer Bergwelt, im Bregenzer Wald und in der Schweiz.

Kurzer Blick ins Geschichtsbuch

Schon zur Römerzeit führte eine Heerstraße durch Maierhöfen. Auf der Römerstraße Bregenz-Kempten gelegen findet man in Maierhöfen einen Trinkbrunnen, einen „Römerturm" sowie eine große Informationstafel am Ibergzentrum. Ein römischer Wachtturm an der Schule dient als Bushaltestelle. 1290 wurde Maierhöfen erstmals urkundlich erwähnt. Maierhöfen gehörte bis zum Jahr 1805 zur österreichischen Herrschaft Bregenz-Hohenegg, danach zum Königreich Bayern. 1818 entstand mit der bayerischen Verwaltungsreform die heutige Gemeinde Maierhöfen.

Sehenswürdigkeiten

Die Bio-Schaukäserei „Bergwies" ist von Mai-Oktober geöffnet. Hier kön-

Labyrinth

nen die Gäste live erleben, wie aus Milch Käse wird. Ein Erlebnisbauernhof, Streuobstwiesen sowie die Alpwirtschaft Butterblume runden das Angebot ab. Dieses ganzheitliche Konzept von biologische nachhaltiger Viehhaltung auf der Weide sowie die Milchgewinnung und -verarbeitung vor Ort samt Hofschänke ist eine im Westallgäu einzigartige Besonderheit.

Der rund fünf km lange Skulpturenweg von Maierhöfen präsentiert Skulpturen und Textstelen, die von Künstlern auf einem Symposium im Jahr 2006 erarbeitet und der Gemeinde dauerhaft zur Verfügung gestellt wurden. Aus den ursprünglich neun Skulpturen sind durch Erweiterung des Projektes inzwischen zweiundzwanzig geworden. Auf der Rundwanderung begegnet man der Verbindung von Bildhauerkunst in Stein, Holz und Metall mit Literatur und Voralpenlandschaft.

Im Mai 2017 wurden das Labyrinth sowie der Besinnungsweg eingeweiht. Vier Stationen entlang des Besinnungsweges sollen eine Anregung sein aufzubrechen, Atem zu holen, in Stille verweilen und aus der eigenen

Kugel-Alp Weg

Quelle Kraft schöpfen. Das Labyrinth ist Ziel und Mitte des Weges.

Die Pfarrkirche St. Gebhard ist als typische Allgäuer Dorfkirche mit dem hellen, farbenpräch-tig gestalteten Innenraum einen Besuch wert. Die über 200 Jahre alte Kirche beeindruckt mit einem Mosaikfußboden, der für eine Dorfkirche wohl eine Seltenheit ist.

Die liebevoll eingerichtete Heimatstube des Arbeitskreises Ortsheimatpflege ist im Gebäude „Am Sportplatz 1" untergebracht. Sie ist jeden letzten Freitag im Monat von 15:00 bis 17:00 Uhr geöffnet.

Freizeit und Sport

Wandern und Radwandern

Die liebliche Landschaft rund um Maierhöfen lädt zu herrlichen Wanderungen ein.

Eine der schönsten Wanderungen führt zum einmaligen Naturschutzgebiet „Eistobel" (siehe Seite 752).

Weitere lohnende Rundwandertouren führen auf die Riedholzer Kugel mit prächtiger Aussicht oder zum romantischen Hengelesweiher. Der Kugel-Alp-Weg bietet eine aussichtsreiche und interessante Wanderung – auch für Kinder. An verschiedenen Stationen kann man aktiv Wissenswertes erfahren und erarbeiten. Auch die Allgäuer Wandertrilogie führt durch das Wandergebiet von Maierhöfen.

Radtouren auf der Allgäu Radrunde, entlang der Allgäu Käsestraße oder Touren in die Umgebung führen zu Naturschauspielen, kulturellen Highlights und kulinarischen Spezialitäten. E-Bike Ladestationen sind am Ibergzentrum sowie am Eistobel (zusätzlich gibt es dort auch Schließfächer).

Skulpturenweg

Kuppe,
bis unter die Füße blau
Bäume, Tor,
beide Wege
führen in Freiheit

Im Gästeamt Maierhöfen ist gegen geringes Entgelt eine Wanderkarte und Radkarten erhältlich.

Im Winter

Ein Skilift sorgt im Winter auch für den alpinen Spaß. Am „Iberg" können die Skifahrer ihr Können unter Beweis stellen. Für Anfänger oder Kinder gibt es gleich nebenan einen Kinderlift. Ausleihmöglichkeiten von Wintersportgeräten gibt es im nur 4 km entfernten Isny.
Für Skilangläufer ist rund um Maier-

höfen eine 40-km-lange Loipe gespurt mit Anschluss an das Loipennetz in Isny. Einige dieser Loipen sind vom DSV zertifiziert und im DSV Nordic-Aktiv-Zentrum verbunden. Insgesamt umfasst das Loipennetz 120 km.

Auch ohne Skier und Stöcke ist eine Wanderung auf den gewalzten Winterwanderwegen in der romantischen Schneelandschaft ein Hochgenuss.

Veranstaltungen

In Maierhöfen wird das traditionelle Kulturgut mit Trachten, Musik, Tanz und Festen von über zwanzig aktiven Vereinen geliebt und gepflegt.

Zu den traditionellen Ritualen aus alter Zeit gehört der „Funken" im Februar, bei dem die Winterhexe verbrannt wird, um dem Frühling auf den Weg zu bringen.

Das größte Fest in Maierhöfen ist die Viehscheid im September, bei der die Kühe von den Bergweiden auf einer 35 km langen Treiberstrecke auf den Scheidplatz im Dorf getrieben werden. Dieses Ereignis wird drei Tage lang auf dem Festplatz und in dem großen Festzelt ausgiebig gefeiert.

Wichtige Adressen und Telefonnummern

Gästeamt Maierhöfen
Brunnenweg 2
D-88167 Maierhöfen
Tel. +49 (0)8383 980 40
Fax +49 (0)8383 980 42
info@maierhoefen.de
www.maierhoefen.de

Funken

Wandern im Eistobel

ein unvergleichliches Naturschauspiel zwischen Grünenbach und Maierhöfen

Das Naturschutzgebiet Eistobel zwischen Grünenbach und Maierhöfen ist das spektakulärste Naturschauspiel im Westallgäu und ein überaus lohnendes Wanderziel. Das Naturschutzgebiet kann gegen eine geringe Gebühr betreten werden. Parkplätze findet man im Grünenbacher Ortsteil Schüttentobel und am Infopavillon Argentobelbrücke, wo man viel Interessantes über die Geologie der Schlucht mit ihrer eindrucksvollen Pflanzen- und Tierwelt erfährt. Hautnahes Erleben der geheimnisvollen Tobelwelt versprechen geführte Wanderungen durch den Tobel, die im Sommer von den Gästeämtern in Maierhöfen, Grünenbach und Isny angeboten werden.

Der gut gesicherte, dreieinhalb Kilometer lange Wanderpfad durch die wildromantische Schlucht gehört zu den Westallgäuer Wasserwegen. Die Schlucht entstand durch eine Abflussrinne eines Schmelzwassersees. Im Laufe der Jahrtausende vertiefte sich die Schlucht immer mehr. Die Obere Argen hat sich einen Weg durch die Nagelfluhfelsen gegraben und stürzt sich

in mehreren Geländestufen talwärts. Auf dem Weg, eingerahmt von bis zu 130 Meter hohen Felswänden und begleitet vom klaren tiefblauen und grünen Wasser, passiert man schäumende Wasserfälle, gefährliche Strudellöcher und breite Uferstreifen aus Kies, die zum Rasten, Spielen und Entdecken einladen. Die Schlucht ist Lebensraum für seltene Tier- und Pflanzenarten.

Der Weg hat an manchen Stellen den Charakter eines Spaziergangs und ist an anderen Stellen mit einer fast alpinen Mittelgebirgswanderung vergleichbar – gute Wanderschuhe sind empfehlenswert. Höhepunkte der Wanderung durch den Tobel sind der 18 Meter hohe „Große Wasserfall" und der „Zwinger", ein Gewirr aus gewaltigen Felsblöcken, zwischen denen sich das Wasser der Oberen Argen hindurchzwängt.

Der Eistobel hat seinen Namen von den märchenhaften Eisbildungen im Winter mit vor Kälte erstarrten Wasserfällen und funkelnden Eiszapfen in allen Formen und Größen. Der Tobel ist im Winter offiziell gesperrt und die Wege sind weder geräumt noch gestreut. Das Betreten in angemessener Ausrüstung erfolgt auf eigene Gefahr.

Gästeamt Grünenbach
Hauptstraße 49
D-88167 Grünenbach
Tel. +49 80)8383 929981
gaesteamt@gruenenbach.de
www.vg-argental.de

Gästeamt Maierhöfen
Brunnenweg 2
D-88167 Maierhöfen
Tel. +49 (0)8383 980 40
info@maierhoefen.de
www.maierhoefen.de

Grünenbach
In sanfter Voralpenlandschaft

Die Gemeinde Grünenbach (rund 1.500 Einwohner) liegt in einer Höhe von 715 m ü. NN im West-Allgäu 10 km südlich von Isny und ist Sitz der Verwaltungsgemeinschaft Argental, zu der auch die Gemeinden Gestratz, Maierhöfen und Röthenbach gehören. Grünenbach besteht aus den Gemarkungen Grünenbach und Ebratshofen mit einer Reihe von hübschen kleinen Dörfern. Höchste Erhebung in der Gemeinde ist der Laubenberg mit 916 m ü. NN.

Die herrliche Natur der Umgebung mit sanften Hügeln und weiten Tälern, Wiesen und Wäldern sowie Bächen und Schluchten ist das ideale Urlaubsgebiet für Familien, die hier die Auswahl zwischen zahlreichen Ferienwohnungen und Urlaub auf dem Bauernhof haben.

Kurzer Blick ins Geschichtsbuch

Zur Römerzeit verlief eine wichtige Handelsstraße von Bregenz nach dem heutigen Kempten durch Grünenbach. Früher gehörte Grünenbach zur österreichischen Herrschaft, bevor es 1805 zu Bayern kam. Die heutige Gemeinde entstand 1818 im Rahmen der bayerischen Verwaltungsreform.

Blick auf Grünenbach
(Bilder Gemeinde Grünenbach)

Sehenswürdigkeiten

Für geschichtlich Interessierte lohnt der Besuch der Burgruinen Alt-Laubenberg südlich von Grünenbach und Hohenegg nördlich des Weilers Schüttentobel.

Freizeit und Sport

Die gut ausgeschilderten Wanderwege biete eine Fülle an Möglichkeiten für genussvolle Wanderungen. Keinesfalls versäumen sollte man den Besuch des wildromantischen Eistobels (siehe Seite 752).

Die Minigolfanlage am Riederweg lädt von April bis Oktober zu unterhaltsamer sportlicher Betätigung. Sie ist von Dienstag bis Donnerstag ab 14:00 Uhr, von Freitag bis Sonntag ab 10:00 Uhr geöffnet.

Veranstaltungen

Im traditionell geprägten Grünenbacher Veranstaltungsprogramm findet man Konzerte von Musikkapellen und zünftige Heimatabende.

Wichtige Adressen und Telefonnummern

Gästeamt Grünenbach
Hauptstraße 49
D-88167 Grünenbach
Tel. +49 (0)8383 929981
gaesteamt@gruenenbach.de
www.vg-argental.de

Stiefenhofen

Das Kräuterdorf

Der anerkannte Erholungsort Stiefenhofen (rund 1800 Einwohner) in der Nähe von Oberstaufen ist die östlichste Gemeinde im Landkreis Lindau. Er ist umgeben von sanften Hügeln und bunten Wiesen mit Blick auf die Nagelfluhkette. Die Gemeinde besteht aus den Ortsteilen Balzhofen, Genhofen, Hahnschenkel, Herbartshofen, Hopfen, Mittelhofen, Ober- und Unterthalhofen, Stiefehofen und Wolfsried.

In Stiefenhofen hat das Thema „Kräuter" eine große Bedeutung mit Urlaub auf dem Kräuterlandhof und Kräuterführungen. In Hopfen findet man den Naturgarten Artemisia mit großem Kräutergarten und Kräutergärtnerei. Für Gäste stehen Urlaub auf dem Bauernhof, Privatzimmer, Ferienwohnungen sowie Pensionen und Gasthäuser zur Verfügung.

Sehenswürdigkeiten

Herausragende Sehenswürdigkeit ist die Stephanskapelle im Ortsteil Genhofen aus dem 15. Jahrhundert mit weitgehend im Original erhaltenen Fresken und drei kunstgeschichtlich bedeutenden spätgotischen Schreinaltären.

Freizeit und Sport

Die idyllische Landschaft rund um Stiefenhofen lädt zu aussichtsreichen Wanderungen ein. Eine beliebte Familienwanderung entlang der Argen mit Möglichkeiten für Kinder, am Wasser zu spielen, führt in 2 Stunden von Stiefenhofen über Oberthalhofen zur Weißenbachmühle und weiter nach Wolfsried und Ranzenried zurück nach Stiefenhofen.

Im Winter erfreuen zwei Doppelskilifte Freunde von Skilauf und Snowboard. Auf gespurten Loipen für Skilangläufer und gebahnten Winterwanderwegen sind genussvolle Touren durch die glitzernde Schneelandschaft möglich.

Wichtige Adressen und Telefonnummern

Gästeamt Stiefenhofen
Hauptstr. 16
D-88167 Stiefenhofen
Tel: +49 (0)8383 7200
Fax: +49 (0)8383 921302
gaesteamt@stiefenhofen.de
www.stiefenhofen.de

Stiefenhofen
(Bild Wikipedia, Flodur63, CC-BY-SA 4.0)

Im Einklang mit der Natur

artemisia

Wo kann der Mensch die Geheimnisse der Natur besser erkunden, als bei der Arbeit in und mit ihr?

Direkt an der Bundesstraße 308 führt ein unscheinbares Sträßchen zu einem großen Schatz. Der Kräutergarten Artemisia in Hopfen, Gemeinde Stiefenhofen, ist eine gewachsene Kulturlandschaft. Hier erstreckt sich neben Nutzwiesen und -weiden eine 13 Hektar große Gartenanlage mit einer eindrucksvollen Pflanzen- und Tiervielfalt. Die kleinen, individuell gestalteten Hütten und verschwiegenen Plätze auf dem frei zugänglichen Gelände sind Orte der Besinnung, sie laden Besucher zu einer intensiven Begegnung zwischen Erde, Pflanze, Mensch und Tier ein. Für Gruppen wird auf Anfrage eine Führung angeboten.

Es werden Gemüse, Heil- und Teepflanzen angebaut und nach der Ernte direkt am Hof zu leckeren Produkten wie Tee, Gewürzen, Marmelade und anderen köstlichen Speisen verarbeitet. In der gemütlichen Gaststube wird samstags neben hausgemachtem Kuchen zusätzlich eine herzhafte Suppe angeboten. Bei gutem Wetter sitzt man am besten auf der Terrasse mit Sicht über den Garten.

Wer eines oder mehrere der liebevoll gezüchteten Kräutlein mit nach Hause nehmen möchte, hat auf dem Verkaufsplatz vor den Gewächshäusern eine riesige Auswahl. Im Hofladen (und im Online-Shop) gibt es neben den hand- und hausgemachten Spezialitäten auch verschiedene Produkte anderer Hersteller sowie ein kleines Sortiment an Büchern und Pflegeprodukten.

Es gibt eine Vielzahl von wechselnden kulinarischen Angeboten und Veranstaltungen am Hof, Infos im Veranstaltungsprogramm.

Öffnungszeiten

Hofladen/Gaststube:

Mi. bis Fr. 14 bis 18 Uhr;
Sa. 10 bis 18 Uhr.
Tischreservierungen: info@artemisia
oder Tel. +49 (0)83 86-96 15 30.
Gärtnerei: März bis Oktober:
Mi. bis Fr. 14 bis 18 Uhr;
Sa. 10 bis 18 Uhr.
Außerhalb der Öffnungszeiten
Selbstbedienung.

artemisia

Hopfen 29, D-88167 Stiefenhofen
Tel. +49 (0)8386 960510
Fax +49 (0)8386 961520
info@artemisia.de
www.artemisia.de

Bodenständig und mit frischen Aromen

Landgasthof Rössle – Beim Kräuterwirt

Die Köstlichkeiten, die Axel Kulmus seinen Gästen auf die Teller zaubert, faszinierten auch Fernsehmacher und Gourmetzeitschriften. Nicht umsonst ist vieles in der einschlägigen Presse zu lesen und im Fernsehen einiges zu sehen, was den Kräuterwirt in Stiefenhofen ausmacht.

Frische Kräuter – feinste Aromen

Eine traditionell bayerisch-schwäbische Küche, die regional und saisonal und zum großen Teil aus heimischer Produktion stammt und der er mit endlos erscheinenden Kreationen frischer Kräuter feinste Aromen einhaucht. Die Liebe zu den Kräutern, die im Allgäu während der Sommermonate zu finden sind, begleitet den Küchenmeister bereits sein ganzes Leben lang. Als Initiator und Mitbegründer des Vereins Allgäuer Kräuterland liegt ihm besonders viel an dem Kraut, das frisch, gesund und lecker ist.

Aus dem historischen Anwesen, dessen Ursprünge auf das 16. Jahrhundert zurück gehen, hat Axel Kalmus ein Kleinod geschaffen. Ein Dorfwirtshaus, in dem es sich gemütlich und in angenehmem Ambiente genießen lässt. Die Wirtsstube und die Stüble präsentieren sich in einer heimeligen und gemüt-

lichen Atmosphäre, in der es sich vorzüglich essen und trinken lässt und laden ein zu einer geselligen Runde. Der Kräutergarten hinter dem Haus rahmt das stattliche Gebäude ein. Ein Besuch lohnt sich allemal, führt doch ein kleiner Spazierweg an den Kräutern entlang und endet an einem kleinen Teich. Auf der Gartenterrasse, die direkt am Garten liegt, genießt man bei schönem Wetter schließlich die Gaumenfreuden, die aus Küche und Keller serviert werden.

Übernachtung mit Stil
hinter historischen Mauern

Die Ferienwohnungen und Zimmer, die das Landhotel seinen Gästen für eine komfortable Übernachtung anbietet, präsentieren sich in einem edlen Erscheinungsbild. Viel Holz im Innenausbau, geschmackvolle Designermöbel, angenehme Farben und ausdrucksstarke Details schaffen in den Räumen eine behagliche Atmosphäre, in die man sich gerne zurück zieht. Hier trifft Tradition auf Moderne, was ein harmonisches Gesamtbild ergibt.

Landgasthof Rössle
Hauptstr. 14
D-88167 Stiefenhofen
Tel +49 (0)8383) 92 090
info@roessle.net
www.roessle.net

759

Über 100 Jahre Käsetradition

Heumilch-Sennerei Rutzhofen

Heumilch ist der Rohstoff, aus dem edler Käse und feine Butter hergestellt werden. Bei dieser naturbelassenen Milch, die die Bauern silo- und gentechnikfrei erzeugen und wo nur getrocknetes Heu und frisches Gras zur Fütterung der Tiere zum Einsatz kommt, ist die Arbeit besonders intensiv. Doch für die Heumilch-Sennerei Rutzhofen zählt nur das Ergebnis: Schmackhafte, naturbelassene Produkte, die die Feinschmecker unter ihren Kunden zufriedenstellen.

Schon früh erkannte man im Allgäu, dass hochwertiger Käse nur mit erstklassiger Milch erzeugt werden kann. Darum gründete man bereit 1908 eine Genossenschaft, um die Milchprodukte selber herzustellen und zu vertreiben. Im Lauf der Jahre entwickelte sich daraus eine Sennerei, in der mittlerweile neun Heumilchbauern den hochwertigen Rohstoff anliefern. Nach alter handwerklicher Tradition werden dort heute Köstlichkeiten wie Hart-, Schnitt – und Weichkäse hergestellt. Jede Sennerei bietet ihre eigenen Geschmackserlebnisse, denn allein schon die Gräser und Kräuter der verschiedenen Weiden schaffen charakteristische und unterschiedliche Nuancen. Auch die schonende Verarbeitung im Kupferkessel der Heumilchsennerei Rutzhofen trägt dazu bei, dass der Käse sein unverwechselbares Aroma hat.

Die Frische machts

Die Mühen der Herstellung zahlen sich aus: Etliche Käsesorten wurden bereits prämiert und mit Goldmedaillen ausgezeichnet. Über die Ladengeschäfte in der Sennerei und in Oberstaufen sind die feinen Käsespezialitäten erhältlich. Hier liegen, appetitlich präsentiert, der Emmenta-

760

den. Und bei einem Besuch sollte man sich eine Kostprobe der Fassbutter und des Natur- oder Fruchtquarks nicht entgehen lassen.

Heumilch-Sennerei Rutzhofen

Rutzhofen 7, D-88167 Stiefenhofen
Tel. +49 (0)8384 580
Fax +49 (0)8384 88 070
info@sennerei-rutzhofen.de
www.sennerei-rutzhofen.de

Öffnungszeiten

Mo. bis Do., 7–12 Uhr, 17–19 Uhr;
Fr. bis Sa. 7–12 Uhr, 16–19 Uhr;
Sonn- und Feiertage 17–19 Uhr.
Natürlich sind die Käseköstlichkeiten auch online erhältlich unter:
www.sennerei-rutzhofen.de

ler und der feinwürzige Bergkäse neben dem Sennrahm- und Backsteinkäse. Doch auch ausgefallene Köstlichkeiten wie der Blütenkäse oder der Balzenbergli, der Alprahm-, Postbierkäse und Kirschmostkäse warten hier auf Feinschmecker, um in entspannenden Stunden genossen zu wer-

Käsegeschäft Oberstaufen

D-87534 Oberstaufen
Hugo-von-Königsegg-Str.7
Tel. +49 (0)8386 99 15 704
Fax +49 (0)8386 99 15 706

Öffnungszeiten

Mo. bis Fr. 9–18 Uhr, Sa. 8 - 13 Uhr·

Schwebend hoch über dem Bodensee

Pfänderbahn

Nur fünf Gehminuten vom Bregenzer Schiffshafen entfernt und in fußläufiger Entfernung vom Hauptbahnhof findet sich die Talstation der Pfänderbahn, die mit ausreichend Parkplätzen bestückt ist. Dort empfängt den Gast ein Museum, das ihm die Entstehungsgeschichte der Bahn näher bringt.

Leise schwebend bis auf 1064 m ü.M.

Moderne, komfortable Panoramakabinen, in denen bis zu 80 Personen Platz finden, bringen die Gäste bequem auf den Pfänder.
Durch die niveaugleichen Ein- und Ausstiege sind die Kabinen leicht und barrierefrei erreichbar; weit herunter gezogene Fenster eröffnen auch Kleinkindern und Rollstuhlfahrern die faszinierenden Ausblicke auf den Bodensee, während die Gondel in nur sechs Minuten den schönsten Aussichtspunkt am Bodensee erklimmt.

Bergerlebnisse der besonderen Art

Oben angekommen wird man von einem einzigartigen Ausblick über den Bodensee, das Rheintal und 240 Alpengipfel der Schweiz, Lichtensteins, Österreichs und des Allgäus überwältigt. Zwei Aussichtskanzeln erleichtern die Orientierung: Die eine präsentiert das Bergpanorama aus den 1930er Jahren und die andere

beschilderten Wanderwegen lassen sich gemütliche Spaziergänge ebenso machen wie anspruchsvolle Wanderungen; und Radfahrer kommen auf gut befestigten Wegen mit verschiedenen Schwierigkeitsgraden auf ihre Kosten. Direkt an der Bergstation finden die kleinen Fahrgäste einen Spielplatz, auf dem sie sich vergnügen können.

Kulinarischer Gipfelsturm

Für Speis und Trank steht auf dem Pfänder das „Restaurant Berghaus Pfänder" in der Sommersaison von Mai bis September zur Verfügung. Das rustikal eingerichtete Aussichtsrestaurant hat auch eine Terrasse, die bei schönem Wetter gerne genutzt wird. Nur 10 Gehminuten unterhalb der Bergstation lädt während der Wintersaison von September bis Mai das aus dem Jahr 1911 stammende „Gasthaus Pfänderdohle" zur gemütlichen Einkehr ein.

Pfänderbahn AG

Steinbruchgasse 4, A-6900 Bregenz
Tel. +43 (0)5574 42 16 00
Fax +43 (0)5574 42 16 04
office@pfaenderbahn.at
www.pfaenderbahn.at

bietet ein fotografisches Porträt des Bodenseeufers.

Auf einem 30 Minuten dauernden Rundwanderweg lernt man die Natur des Pfänders kennen und beobachtet Hirsche, Steinböcke, Mufflons, Wildschweine und Murmeltiere im Alpenwildpark. Wanderer finden auf dem Gipfel des Berges über dem Bodensee weitläufige Wegenetze. Auf bestens

Der Säntis

Grenzenlose Freiheit auf 2.502 Meter

Hier scheint die Freiheit wohl grenzenlos zu sein, wenn im Tal die Nebelschwaden ziehen, während man inmitten der mythischen Bergwelt des Säntis eines der schönsten Naturgebiete Europas genießen darf.

Mit der so typischen Appenzeller Gastfreundschaft erwartet man den Besucher am Fuss des Säntis, bevor er die unvergessliche Fahrt mit der Schwebebahn auf den Gipfel antritt. Während des ganzen Jahres steht sie Menschen aus aller Welt zur Verfügung, die den stolz über der Bodenseeregion thronenden Säntis besuchen möchten. Wettergeschützte Aussichtshallen, grosse Sonnenterrassen und bequeme Gipfelwege laden zum Genuss dieser faszinierenden Erfahrung ein. Eindrucksvolle Sonnenaufgangsfahrten, romantische Vollmondfahrten und zwei grosse Panorama-Restaurants, in denen nicht nur die Augen mit herrlichem Ausblick, sondern auch die Gaumen der Gäste mit kulinarischen Köstlichkeiten verwöhnt werden, krönen den Besuch des Säntis mit der Schwebebahn.

Wandern im NaturErlebnispark

Abschalten, geniessen und zur Ruhe kommen – bei einem Spaziergang oder einer Wanderung auf einem der Wanderwege auf der Schwägalp inmitten urtümlicher Bergwelt vergisst man den Alltag. Und was im Sommer möglich ist, das lässt einen auch im Winter nicht kalt, denn das Wanderwegenetz auf der Schwägalp wird während der kalten Jahreszeit gepflegt und lädt zu einem persönlichen Wintermärchen ein. Fünf spannende Themenwege führen zu Sehenswürdigkeiten, über die der Besucher interessante Informationen erfährt. Und direkt beim Hotel auf der Schwägalp lädt der Geologie-Steinpark zur spannenden Entdeckung der Erdgeschichte ein.

Kulinarische Kostbarkeiten und komfortabel übernachten

Neben dem idyllischen Gasthaus Passhöhe im Appenzeller Stil lädt auch das neue „Säntis – Das Hotel" auf der Schwägalp mit einer Sonnenterrasse und einem wunderbaren Blick

auf das imposante Säntismassiv ein, um sich von der Küche des Hauses mit traditioneller, aber modern interpretierter, Kochkunst verwöhnen zu lassen. Für Übernachtungsgäste stehen in der Schwägalp 68 Zimmer und Junior-Suiten zur Verfügung.

Der besondere Rahmen für einen Event

Für private wie auch geschäftliche Anlässe bieten die Räumlichkeiten mit ihrer modernen Infrastruktur auf dem Säntis und der Schwägalp einen Rahmen, der für die Veranstalter wie auch deren Gäste zu einem unvergesslichen Erlebnis wird.

Säntis-Schwebebahn
CH-9107 Schwägalp/Säntis
Tel. +41 (0)71 36 56 565
kontakt@saentisbahn.ch
www.saentisbahn.ch
www.naturerlebnispark.ch

Erlebnisraum Heimatstätten

Stadtmauer und Wasserrad in Wangen
(Bild Allgäu GmbH, Dominik Berchtold)

Erlebnisraum Heimatstätten

Die bedeutende Vielzahl der ehemals freien Reichsstädte prägt diese Region, die sich von Teilen des oberen bis weit in den Westen des Allgäus hinzieht. Von Altusried, das für seine Freilichtspiele bekannt ist, über eine der ältesten Städte Deutschlands, Kempten, läuft der Weg der Heimatstätten nach Isny, dem heilklimatischen Kurort im Württembergischen Allgäu. Die Stadt Wangen als Mittelzentrum umliegender Gemeinden und die ehemalige freie Reichsstadt Leutkirch bestimmen den westlichen Teil des Allgäus, das sich hier als liebliche Voralpenlandschaft präsentiert und den Gästen neben landschaftlicher Schönheit viel Kultur und Möglichkeiten zu abwechslungsreichen Aktivitäten zu bieten hat.

Eine eindrucksvolle Urlaubsregion

Der Erlebnisraum Heimatstätten mit seiner vielfältigen Landschaft ist Garant für erholsame Ferientage mit der ganzen Familie. Inmitten einer Kulturlandschaft mit ihren Bergen, den zauberhaften Seen und romantischen Wäldern sowie seinen sanften Hügeln liegen die geschichtsträchtigen Städte und verträumten Dörfer.

Ein vielfältiges kulturelles Angebot begeistert den kunsthistorisch interessierten Besucher mit zahllosen Sehenswürdigkeiten und sportlich Ambitionierte finden in der abwechslungsreichen Landschaft so manche Beschäftigung. Sei es zu Fuß oder mit dem Fahrrad.

Historisches Rathaus in Wangen (Bild Allgäu GmbH)

768

Altstadt Leutkirch
am Gänsbühl
(Bild S. Baade, Allgäu GmbH)

Freizeit- und Sporteinrichtungen runden das Angebot ebenso ab wie eine hochwertige Hotellerie und Gastronomiebetriebe, die mit regionaler und frischer Küche ihre Aufwartung macht.

Neues entdecken, entspannen und genießen – das sind die Schlagworte, die zu einem gelungenen Urlaub beitragen. Und hier ist der Erlebnisraum Heimatstätten der Ort, in dem all das verwirklicht werden kann. Museen, Kunst und Kultur, tragen hier zu erlebnisreichen Tagen ein. Über alte Handwerkskünste kann man sich informieren und sein Wissen darum in lehrreichen Stunden beibringen lassen. Abgerundet wird der Aufenthalt in den Heimatstätten von einem vielfältigen Einkaufsangebot und kulinarischen Köstlichkeiten, die in den gepflegten Gastronomiebetrieben der Region serviert wrden.

So hat der bekannte Festspielort Altusried neben seinen mehr als 125 Jahre bestehenden Freilichtspielen nicht nur Geschichten über die Allgäuer Bauernkriege, Wilhelm Tell oder Andreas Hofer zu erzählen. Gleich am Ort hat die Iller im Lauf der Jahrtausende einen 100 Meter tiefen Canyon gegraben.Der „Illerdurchbruch", der mit einer 80 Meter langen Hängebrücke überspannt ist, ist zu jeder Jahreszeit ein Magnet für Besucher.

*Karte der Erlebnisräume
Allgäu siehe Seiten 54/55*

Unterwegs im Radparadies Allgäu
(Bild Allgäu GmbH)

Kultur, Sport und Einkaufsvergnügen bietet die geschichtsträchtige Allgäu-Metropole an der Iller. Die kreisfreie Stadt Kempten gilt als älteste Stadt Deutschlands. Die Geschichte Cambodonums wird im Römischen Museum der Stadt lebendig. Zahlreiche weitere Museen laden ebenso zu einer Besichtigungstour ein wie die Sehenswürdigkeiten, die im Lauf der 2000-jährigen Stadtgeschichte entstanden sind. Bei einem Stadtbummel durch die Straßen und Gassen mit ihren historischen Gebäuden entdeckt der Besucher die Schönheit der Stadt und genießt das Flair der pulsierenden Allgäu-Metropole.

Deutschlands höchstgelegenen Golfplatz entdeckt der Reisende in Wiggensbach, das mit Kirchen im Stil des Rokoko und Frühbarock überrascht. Ein 73 Kilometer langes, bestens ausgeschildertes Wanderwegenetz führt u.a. auf den Blender, dem Hausberg des Ortes, von dem sich ein prachtvoller Blick auf das Alpenpanorama erschließt.

Umgeben von einer reizvollen Landschaft liegt der „Heilklimatische Kurort" Isny zu Füssen des Mittelgebirgszuges Adelegg mit seinem Schwarzen Grat, dessen Gipfel auf 1.118 m ü.M. liegt und der höchste Berg Württembergs ist. Historische Gebäude, große Teile der Stadtmauer, die mit Türmen und Toren erhalten geblieben ist, und prachtvolle Kirchen warten hier auf den Besucher, der den Reichtung und die Kultur früherer Zeiten entdecken möchte.

Mit einer malerischen Altstadt macht die Große Kreisstadt Leutkirch auf sich aufmerksam. Das imposante Renaissance-Schloss Zeil bietet aus seinem weitläufigen Schlossgarten einen wunderschönen Panoramablick. Zahlreiche Freizeiteinrichtungen in der Stadt bieten neben der abwechslungsreichen Landschaft, die Leutkirch umgibt, vielfältige Möglichkeiten für eine aktive Freizeitgestaltung. So ist das historische Glasmacherdorf Schmidfelden ein beliebtes Ausflugsziel im Allgäu. Die Glashütte beherbergt das Glasmuseum mit aktiver Glasproduktion und einen Glasladen.

Das Stadtgebiet von Wangen weist 10 Naturschutzgebiete und sieben Landschaftsschutzgebiete mit Mooren, Wäldern und Weihern auf. Und die malerische Altstadt des Luftkurortes steht unter Denkmalschutz. So liegt es nahe, dass sich der Besucher der Stadt behutsam nähert, die Umgebung genießt und das Flair der Stadt mit ihren historischen Gebäuden, mit Türmen und Toren auf sich wirken lässt.

Orte im Erlebnisraum Heimatstätten

Isny - Blick über die Altstadt
(Bild S. Baade, Allgäu GmbH)

Netzwerk für den Biologischen Landbau

Bio-Ring Allgäu e.V.

Die Gründung des Vereins durch Bio-Bauern und engagierte Verbraucher geht auf das Jahr 1987 zurück. Schon damals sollten neben dem ökologischen Landbau die bäuerliche Tradition und ländliche Kultur gefördert werden. Lebendige Böden, sauberes Wasser, gesunde Lebensmittel in Verbindung mit artgerechter Tierhaltung waren schon damals die Ziele des Vereins, der dem ökologischen Landbau den notwendigen Stellenwert geben sollte, um der Region ihren unverwechselbaren Charakter zu verleihen.

Heute ist der Bio-Ring Allgäu e.V. ein Netzwerk für die Allgäuer Bio-Szene. Hier treffen informierte Verbraucher und Bio- Bauern, Verarbeiter und Vermarkter zusammen. Mit seinem Einsatz nimmt der Verein Einfluss auf die Politik und engagiert sich für die Ausbreitung des kontrolliert ökologischen Landbaus.

Zu dem Verein zählen inzwischen etwa 350 landwirtschaftliche Betriebe und ebenso viele Verbraucher. Ökologischer Landbau bedeutet artgerechte Tierhaltung, Verzicht auf gesundheits- und umweltschädliche Pestizide, Kreislaufwirtschaft, kein Einsatz von synthetischen Düngemitteln, riskante Techniken wie Gentechnik sind ebenfalls verboten. Bio-Produkte enthalten weniger Rückstände, dafür mehr Nährstoffe. Außerdem tragen sie zum Klima- und Gewässerschutz bei. In der Zusammenarbeit mit den Anbauverbänden des ökologischen Landbaus möchte man die Kulturlandschaft des Allgäus erhalten und seine Attraktivität noch steigern. Daher wird eng mit den anerkannten Anbauverbänden wie Bioland, Demeter, Naturland und Biokreis zusammengearbeitet.

Aus diesen Ansätzen heraus erarbeitet der Verein Verbraucherinformationen über die ökologische Landwirtschaft. Die Teilnahme an Umweltmessen und Veranstaltungen im Allgäu tragen zum Verständnis der Verbraucher ebenso bei

wie ein Einkaufsführer für Bio-Produkte in der Region. Unter www.bioring-allgaeu.de ist dieser runterzuladen. Direktvermarktung wird groß geschrieben, da dann mehr Wertschöpfung beim Landwirt bleibt und der direkte Kontakt zum Erzeuger die Glaubwürdigkeit erhöht.

Unter www.bioeinkauf-allgaeu.de findet man direkt den Weg zum gewünschten Bio-Produkt. Auch Bioläden, Verarbeiter wie Bäcker, Käser und Metzger sind ebenso zu finden wie Gärtner, Eine-Welt Läden, Reformhäuser, BioTextilien und Wochenmärkte mit Bio-Angeboten. Darüber hinaus bieten viele landwirtschaftliche Betriebe den "Bauernhofurlaub mit aktiver Landwirtschaft" und die Hotellerie und Gastronomie überzeugt mit ansprechenden Angeboten. Dies findet man unter www.bioferien-allgaeu.de.

Außerdem veranstaltet der Bio-Ring Allgäu e. V. in diversen Städten und Gemeinden des Allgäus Biomärkte, auf den die regionalen Anbauprodukte sowie hofeigene und selbst gemachte Köstlichkeiten angeboten werden.

Bio-Ring Allgäu e. V.
Untere Eicherstr. 3, D-87435 Kempten
Tel. +49(0)8 31/22 79-0
Fax +49(0)8 31/5 70 14 01
info@bioring-allgaeu.de
www.bioring-allgaeu.de

Urlaub mitten in der Natur

Baumhaushotel Allgäu

Urlaub machen im Einklang mit der Natur – ist das überhaupt möglich? Ja, im Baumhaushotel Allgäu. Hier wird der Kindheitstraum vieler Menschen zur Wirklichkeit. Übernachten und Wohnen in den Bäumen. Komfortabel und luxuriös ausgestattet sind die Räume, die über eine sichere Holztreppe erreichbar sind. Heimisches, helles Holz bildet die urgemütliche Atmosphäre in den Gasträumen. Zwei getrennte Schlafzimmer mit Doppelbetten, ein Wohnbereich mit Essecke und Küchenzeile, in der man Kühlschrank und Spülmaschine findet und ein Bad mit Dusche und WC. Was verlangt das Urlauberherz mehr?

Das perfekte Outdoor-Vergnügen

Das Baumhaushotel Allgäu wird mit eigenem Solarstrom versorgt und für kühle Tage und Nächte kann man mit der Heizung die Temperatur regulieren. So ist es immer angenehm warm.

Eine große Veranda und eine Dachterrasse machen das Outdoor-Vergnügen perfekt, wenn man hoch droben dem Gezwitscher der Vögel lauscht und die Ruhe inmitten des Waldes genießt. Morgens verwöhnt der Frühstücksservice die Gäste, die sich damit für einen erlebnisreichen neuen Urlaubstag stärken können.

Abenteuerurlaub für Groß und Klein

Umgeben von Feldern und Wiesen liegt der Hof der Familie Bechteler. Der echte Milchviehbetrieb mit 70 Milchkühen und Kälbchen hat alles zu bieten, was sich die Gäste von einem Bauernhof erwarten. Pferde, Katzen, Hasen, Gänse und Hühner entdeckt man überall und der Hof darf erkundet und entdeckt werden, was gerade die kleinen Gäste zu wahren Abenteurern macht. Natürlich darf auch geholfen werden. Das Melken der Kühe, das Füttern und Versorgen der Tiere lässt viele neue Erfahrungen zu. Auf den beiden Haflinger Pferden des Hofes dürfen auch die ersten Reiterfahrungen auf dem eigenen Reitplatz gemacht oder Ausritte in den nahegelegenen Kemptner Wald unternommen werden. Eine ausgebildete Reittherapeutin begleitet die Pferdefreunde.

Die über 120 Quadratmeter große Ferienwohnung auf dem Hof ist gemütlich und komfortabel eingerichtet. Kachelofen, heimisches Holz in den Räumen und massive Holzmöbel zaubern eine urige Atmosphäre in die Wohnung, die über eine geräumige Küche mit allem Komfort, Wohn- und Schlafraum sowie hingebungsvoll eingerichtetem Kinderzimmer verfügt. Im Außerbereich runden eine Grillhütte, eine Feuerstelle sowie ein großer Spielplatz, Spielhaus und Sandkasten den familienfreundlichen Komfort auf dem Hof ab.

Ferienhof und Baumhaus Hotel Allgäu GbR

Familie Bechteler
Kaisersmad 6, 87488 Betzigau
Tel. 08304/5102
info@baumhaushotel-allgaeu.de
www.baumhaushotel-allgaeu.de

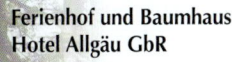

Festspielort Altusried
Natur und Kultur pur

Die flächenmäßig größte Marktgemeinde mit rund 10.000 Einwohnern im Landkreis Oberallgäu, ganz in der Nähe der Stadt Kempten, hat viel zu bieten.

Freizeit

Neben einem weitläufigen und hervorragend ausgebauten Wander- und Radwegenetz mit über 150 Kilometern findet man hier beispielsweise auch ein einmaliges Naturschauspiel – den Illerdurchbruch – ein 100 Meter tiefer Canyon, den sich die Iller vor Jahrtausenden gegraben hat und der seit geraumer Zeit von einer 80 m langen Hängebrücke überspannt wird. Zu jeder Jahreszeit ein Magnet für Wanderer und Besucher. Neben den vielen Freizeitmöglichkeiten, die Altusried bietet, ist hier auch seit über 30 Jahren der größte alternative Markt im süddeutschen Raum beheimatet. Und natürlich lässt auch die örtliche Gastronomie kaum Wünsche offen.

Illerdurchbruch
(Bilder Kulturamt Altusried)

Kultur

Wer schon einmal in Altusried war oder eine Altusriederin respektive Altusrieder kennt, der weiß: Vieles dreht sich in dieser Gemeinde um das Theater. Das Theater lässt Altusried nicht los und Altusried lässt das Theater nicht los und das in vielfältiger Weise.

Bereits seit über 135 Jahren wird hier die Tradition der Freilichtspiele gepflegt. Seit 1879 haben die Festspiele ihren festen Platz, immer im Sommer eines jeden Jahres. Freiheitshelden wie Wilhelm Tell, Andreas Hofer, Don Quijote, Johanna von Orleans, der Allgäuer Bauernkrieg, Robin Hood, Artus oder die 3 Musketiere haben es den Altusrieder ganz besonders ange-

(Bilder Kulturamt und Freilichtbühne Altusried)

tan. Bis zu 500 Mitwirkende stehen dann jedes Wochenende auf der Bühne und begeistern ihr Publikum. Aber auch Märchen, Operetten, Musicals und Konzerte unterschiedlichster Couleur werden hier zu einem einmaligen Erlebnis unter freiem Himmel.

Alles was Rang und Namen hat gibt in den Sommermonaten ein Gastspiel in Altusried.

1999 wurde die neu gebaute Tribünenanlage in Holzbauweise – nach

wie vor einmalig in ganz Europa – ihrer Bestimmung übergeben und bietet unter der über 3000 qm überspannenden Holzdachkonstruktion 2500 Besuchern Platz mit bester Sicht auf Süddeutschlands größte Naturbühne. Die eindrucksvollen Inszenierungen und Produktionen werden unterstützt von einer ausgefeilten digitalen Licht- und Tontechnik. Bei Bedarf kann die Tribüne um 500 Sitz- bzw. 1000 Stehplätze im Parkett erweitert werden.

Weit über 500 Aufführungen und Vorstellungen gingen seit der Eröffnung im Jahr 1999 hier über die Bühne, die mittlerweile von mehr als einer Million Besuchern gesehen wurden.

Doch wem das alles noch nicht genug ist, der hat die Möglichkeit zwischen Oktober und Mai das Allgäuer Theaterkästle Altusried zu besuchen. Dieses wohl kleinste, subventionsfreie kommunale Theater Bayerns mit 160

Theaterkästle
(Bild Kulturamt Altusried)

Sie sehen – der Festspielort Altusried ist zu jeder Jahreszeit ein Besuch wert!

Wichtige Adressen und Telefonnummern

Kulturamt und Gästeinformation Altusried
Hauptstr. 18
D-87452 Altusried
Tel. +49 (0)8373 70 51
gaesteinformation@altusried.de
www.altusried.de

Kartenbüro Altusried
Hauptstr. 18
D-87452 Altusried
Tel. +49 (0)8373 92 20-0
kb@altusried.de
www.allgaeuer-freilichtbuehne.de

Sitzplätzen besteht seit über 30 Jahren und bietet in jeder Saison einen abwechslungsreichen Spielplan. Der reicht von Mundartstücken und anspruchsvollen Volkstheater, von Singspielen, Märchen und Operette bis hin zu Klassikern und zeitgenössischen Stücken. Über 200 Premieren, über 2000 Vorstellungen und rund 350.000 Besucher sprechen für sich.

Isny

Historische Stadt im Alpenvorland

Isny zählt mit den eingemeindeten Dörfern Beuren, Großholzleute, Neutrauchburg und Rohrdorf rund 14.000 Einwohner. Die sonnenverwöhnte Stadt im württembergischen Allgäu ist eng mit den charakteristischen Landschaften des Alpenvorlands verzahnt. Vor den Stadttoren liegen geschützte Moorgebiete, der nördlichste Ausläufer der Alpen – die Adelegg mit Schwarzem Grat (1.118m) – und die Eistobelschlucht (siehe auch Seite 752).

Das mittelalterliche Stadtoval prägen Stadtmauer, Türme, Kirchen, Kloster und Kaufmannshäuser. Direkt spürbar ist die Atmosphäre der Stadt bei Führungen, Ausstellungen, Märkten, Festen und dem Einkaufsbummel durch die Fußgängerzone.

Isny bietet ideale Voraussetzungen für erholsame Ferien und eine aktive Freizeitgestaltung. Vielen ist der heilklimatische Kurort auch bekannt als Standort von vier Rehakliniken. Über 2.000 Gästebetten stehen in den medizinisch-therapeutischen Facheinrichtungen, Hotels, Ferienwohnungen und Campingplätzen zur Verfügung.

Die Stadt liegt verkehrsgünstig an der Bundesstraße 12 von Lindau nach Kempten und ist durch Buslinien mit Leutkirch, Wangen und Kempten verbunden.

Kurzer Blick ins Geschichtsbuch

Isny wurde 1042 erstmals urkundlich erwähnt. Rund um das Kloster St. Georg entstand eine Siedlung, die bereits Ende des 12. Jahrhunderts das Marktrecht erhielt. 1281 wurde Isny

Wanderer mit Blick auf Isny
(Bild Ernst Fesselser)

das Stadtrecht verliehen. Seit der Reformation prägte der Konflikt zwischen der evangelischen Reichsstadt und dem katholischen Kloster die Geschichte Isnys bis zur Säkularisation Anfang des 19. Jahrhunderts.

Sehenswürdigkeiten

Stadtführung auf dem Wehrgang
(Bild Ernst Fesselser)

Der Grundriss der Altstadt zählt zu den prägnantesten des mittelalterlichen Städtebaus in Südwestdeutschland. Das vom Straßenkreuz geteilte, ummauerte Oval ist kennzeichnend für die ehemalige freie Reichsstadt.

Der schmale Wehrgang der Stadtmauer aus dem 13. Jahrhundert ist frei zugänglich. Schießscharten geben den Blick auf den ehemaligen Stadtgraben, den heutigen Kurpark frei. Teil der einstigen Verteidigungsanlage sind der Speicherturm, das Espantor, der Mühlturm, der Hafendeckelturm, der Diebsturm und das Wassertor. Am Marktplatz sind die mittelalterliche Hochwacht, der Blaserturm, und das ehemalige Tuchhaus, das Hallgebäude, sehenswert. Das im Kern gotische und im 17. Jahrhundert im barocken Stil ausgestaltete Rathaus birgt einen besonderen Schatz: den Winterthu-

rer Fayence-Kachelofen aus dem Jahr 1685.

Die Nikolaikirche aus dem 13. Jahrhundert birgt mit der im 15. Jahrhundert eingerichteten Prädikantenbibliothek über der Sakristei ein bibliothekarisches Gesamtkunstwerk mit wertvollen Handschriften und Druckwerken.

Die ehemalige Klosterkirche St. Georg und Jakobus zeigt bedeutende Deckenfresken und Altäre im Barock- und Rokokostil.

Mehr über die Geschichte der Stadt erfahren Gäste bei einer Stadt-, Rathaus- oder Bibliotheksführung. Infos hierzu siehe un Wichtige Adressen und Telefonnummern.

Das Kloster St. Georg diente nach der Säkularisation 1803 als gräfliches Schloss. Heute beherbergt das barocke Gebäudeensemble die Kunsthalle mit Werken des Isnyer Malers Friedrich Hechelmann, die Städtische Galerie mit wechselnden Ausstellungen zeitgenössischer Künstler und in naher Zukunft auch das Städtische Museum.

Prädikantenbibliothek
(Bild Isny Marketing GbmH)

Freizeit und Sport

Auf dem Schwarzen Grat
(Bild Thomas Gretler)

Die reizvolle Allgäuer Voralpen-landschaft rund um Isny bietet für Naturliebhaber zahlreiche Möglich-keiten für genussvolle Wanderungen auf markierten Wanderwegen durch Moore und Schluchten, Wälder und Wiesen oder auf aussichtsreiche Höhen. Ganz nach Kondition und Kraft reicht das Spektrum vom ge-mächlichen Spaziergang durch weite Riedgebiete, spannenden Bergwan-derungen mit Einkehrmöglichkeiten in Alpen und Sennereien bis hin zu Schluchtdurchquerungen mit tosen-den Wasserfällen und hohen Fels-wänden.

Besonders lohnend ist die Teilnahme an einer geführten Wanderung des Isnyer Natursommers. Von April bis Oktober bietet das Isnyer Büro für Tourismus gegen geringes Entgelt zu regelmäßigen Terminen Wandertou-ren an, bei denen erfahrene Wander-führer viel Wissenswertes über Natur und Landschaft vermitteln. Kontakt für weitere Infos siehe „Wichtige Ad-ressen und Telefonnummern".

Eine Wanderung auf den Schwarzen Grat, mit 1.118 Meter der höchste Berg Württembergs, sollte man nicht versäumen. Vom 28 Meter hohen Aussichtsturm hat man einen über-wältigenden Panoramablick auf Al-pen und Bodensee.

Im Winter kann man die Schnee-landschaft mit Schneeschuhen, auf gebahnten Winterwanderwegen oder auf gespurten Skilanglaufloipen ge-nießen. Die Loipen für Skater und Klassik-Läufer sind übrigens vom Deutschen Skiverband zertifiziert. Über Langlaufkurse für Einsteiger und Fortgeschrittene und die geführten Schneeschuhtouren informiert das Is-nyer Tourismusbüro.

Schneeschuhwandern
(Bild Thomas Gretler)

Auch Radwanderer kommen in der sanften Hügellandschaft auf ihre Kosten. Empfehlenswert ist die 37 km lange abwechslungsreiche Genusstour auf der Allgäuer Käsestraße mit Einkehrmöglichkeiten in den Käseläden entlang der Strecke.

Für Gesundheit, Sport und Freizeit stehen Kneippbecken, der Isnyer Fitnessparcours, Nordic Walking Trails, das Naturfreibad Badsee, Minigolf und vieles mehr zur Verfügung.

Veranstaltungen

Der abwechslungsreiche Veranstaltungskalender von Isny verzeichnet mit Festen und Märkten viele Höhepunkte. Anfang Juli zieht das einwöchige Opernfestival mit internationalen Nachwuchskünstlern zahlreiche Besucher an. Mitte Juli wird das mehrtägige Kinder- und Heimatfest mit historischem Umzug gefeiert. Musik- und Theaterfreunde besuchen Ende Juli/Anfang August das in einem Zirkuszelt stattfindende Theaterfestival. An einem Wochenende Ende August „macht Isny blau" mit Einkaufs- und Kulturnacht in der blau beleuchteten Stadt. Im Frühjahr und Herbst knüpfen Regionalmärkte an historischen Orten an die Geschichte der mittelalterlichen Handelsstadt an. Die Isnyer Schlossweihnacht Anfang Dezember ist der stimmungsvolle Auftakt der Weihnachtszeit.

Wichtige Adressen und Telefonnummern

**Büro für Tourismus
Isny Marketing GmbH**
Unterer Grabenweg 18
D-88316 Isny im Allgäu
Tel. +49 (0)7562 97653 0
info@isny-tourismus.de
www.isny.de

*Radler vor dem Alpenpanorama
(Bild Ernst Fesseler)*

Käsküche Isny

Die Allgäuer Heumilch - Biosennerei

In der Käsküche Isny wird die Milch von regionalen kleinbäuerlichen Bioland- und Demeterbetrieben handwerklich zu leckerem Käse verarbeitet. Der wichtigste Unterschied zwischen diesem Bio-Käse und herkömmlichem Käse ist der Rohstoff Milch. Die Bio-Milch wird durch artgerechte Haltung und ökologisch angebautes Futter erzeugt. Bei der Fütterung der überwiegend hörnertragenden Kühe wird begrenzt leistungsförderndes Kraftfutter aus Getreide verwendet.

So kann die Herkunft aller Milchprodukte aus kontrolliert biologischem Anbau garantiert werden. Die Käsküche erhielt bereits vielfache Auszeichnungen für die hervorragende Qualität ihrer Käseproduktion.

Vom Futteranbau bis zum Käsen wird auf Chemie wie Kunstdünger, Herbizide, Pestizide und Konservierungsmittel sowie auf problematische Zusatzstoffe wie Natriumnitrat oder Antibiotika verzichtet, die von vielen Herstellern benutzt werden, um Qualitäts- und Verarbeitungsprobleme zu vermeiden.

Als eine Großmolkerei die Bio-Milch der ökologisch orientierten Bauern der Region aus Desinteresse nicht mehr annehmen wollte begann 1998 die neu gebaute Sennerei, mit 300.000 Liter Milch pro Jahr. Durch die Initiative der Bauern und Förderer vor Ort konnte das Projekt gestartet werden.

Heute beschäftigt die Käsküche Isny neunzehn engagierte Mitarbeiter und verarbeitet jährlich eine Million Liter Milch von sieben Landwirten und Biovertragspartnern, die ihre gesamte Milch an die Käsküche liefern. Die Käsküche zahlt ihren Biolandwirten deutschlandweit einen der höchsten Preise für die gelieferte Milch.

Im Verkaufsraum können Besucher durch eine große Glasscheibe direkt in die Käserei blicken und bei der Herstellung zusehen. Angeboten werden vielfältige köstliche Käsesorten wie z.B. der würzige Urberger, der mind. 12 Monate reift. Die Käsküche bietet ein großes Angebot an regionalen Biokäsen und zusätzlich eine große Auswahl an Biolebensmitteln. Besucher können auch gerne zu einem kleinen Imbiss auf der Terrasse verweilen.

Öffnungszeiten:

Der Laden ist geöffnet montags bis donnerstags von 9 bis 12:30 Uhr und von 14 bis 18:30 Uhr, freitags durchgehend von 9 bis 18:30 Uhr, samstags von 9 bis 14 Uhr und sonntags von 14 bis 18 Uhr.

Inhaber Alexander Diet erklärt interessierten Besuchern bei einer individuellen Führung gern die Geheimnisse der Herstellung eines guten Käses.

Jeden Freitag findet um 10:30 Uhr eine kostenlose Führung in der Sennerei inklusive Käseproben statt. Anmeldung ist nicht erforderlich. Im Juli und August wird die Führung zusätzlich dienstags 10:30 Uhr angeboten.

Käsküche Isny GmbH & Co. KG

Maierhöfenerstr. 78
D-88316 Isny Allgäu
Tel. +49 (0)7562 912700
Fax +49 (0)07562 912701
post@kaeskueche-isny.de
www.kaeskueche-isny.de

Leutkirch

Lebendig und liebenswert

Die Große Kreisstadt Leutkirch im Allgäu (rund 23.000 Einwohner) liegt im Landkreis Ravensburg im Südosten von Baden-Württemberg. Sie ist durch die nahe Autobahn 96 gut zu erreichen. Die Stadt besteht aus der Kernstadt und aus den ehemaligen Gemeinden Diepoldshofen, Friesenhofen, Gebrazhofen, Herlazhofen, Hofs, Reichenhofen, Winterstetten und Wuchzenhofen, die in den 1970er Jahren eingegliedert wurden. Der Bahnhof Leutkirch liegt an der Strecke von Lindau nach München.

Die ehemalige Freie Reichstadt mit ihrer romantischen historischen Altstadt, einem breit gefächerten kulturellen Programm, dem abwechslungsreichen gastronomischen Angebot und den vielfältigen Freizeitmöglichkeiten in der idyllischen Allgäuer Voralpenlandschaft ist ein beliebtes Ausflugs- und Urlaubsziel.

Im Süden der Stadt eröffnet Ende 2018 eines der bedeutendsten touristischen Projekte bundesweit: der Center Parcs Park Allgäu. Der Ferienpark im Grünen mit 1000 Ferienhäusern, großem Erlebnisbad und attraktiven Freizeiteinrichtungen bietet Urlaubern und Tagesgästen Erholung, Ruhe und Entspannung.

Kurzer Blick ins Geschichtsbuch

Leutkirch entstand als Marktsiedlung durch das Zusammenwachsen der beiden Dörfer Mittelhofen und Uthofen. Im Jahre 766 wurde es erstmals in einer St. Galler Urkunde erwähnt. 1293 wurde Leutkirch das Stadtrecht verliehen, 1397 die Hohe Gerichtsbarkeit, damit hatte Leutkirch nun alle Rechte einer freien Reichsstadt. Wirtschaftliche Bedeutung erlangte Leutkirch durch

Leutkich
(Bild Wolfgang Bietsch)

786

Martinskirche
(Bild Carmen Notz)

den Leinwandhandel. Seit 1810 gehörte Leutkirch zum Königreich Württemberg.

Sehenswürdigkeiten

Die Altstadt von Leutkirch ist eine denkmalgeschützte Gesamtanlage mit vielen gut erhaltenen, bedeutenden historischen Gebäuden, die von der reichsstädtischen Vergangenheit zeugen.

Bockturm
(Bild Stadt Leutkirch)

Sehenswert ist das prächtige barocke Rathaus aus dem Jahr 1740, das als einer der schönsten barocken Profanbauten in der Region mit einem Sitzungssaal beeindruckt, der mit figürlichem Deckenstuck geschmückt ist. In der Marktstraße steht auch das Gotische Haus aus dem Jahr 1379, ein Baudenkmal ersten Ranges.

Die „Leutekirche" St. Martin, der die Stadt ihren Namen verdankt, hat Ursprünge im 9. Jahrhundert. Die Kirche birgt ein bedeutendes spätgotisches Meisterwerk, eine Anna Selbdritt (Maria mit Mutter und Jesuskind) am rechten Seitenaltar.

Auch die Evangelische Dreifaltigkeitskirche von 1615 ist einen Besuch wert.

Im Kornhaus aus dem 16. Jahrhundert findet man heute die Stadtbibliothek. Das Städtische Museum mit vielen interessanten Exponaten ist im imposanten „Bock", einem Gebäude aus dem 16. Jahrhundert, untergebracht. Im Bocksaal finden kulturelle Veranstaltungen statt.

Das Historische Glasmacherdorf Schmidsfelden lohnt ebenfalls einen Besuch (siehe Seite 790).

Das weithin sichtbare Renaissanceschloss Zeil auf einem Hügel über Leutkirch ist seit 800 Jahren Wohnsitz der Fürstenfamilie Waldburg-Zeil. Der Schlosspark mit der Terrasse, die eine überwältigende Aussicht gewährt, ist frei zugänglich.

Schloss Zeil
(Bild Stadt Leutkirch)

Freibad am Stadtweiher
(Bilder Stadt Leutkirch)

Freizeit und Sport

Die Umgebung von Leutkirch zeigt das Allgäu von seiner schönsten Seite mit Hügeln, Wiesen, Wäldern und Seen mit der Alpenkette am Horizont. Zur Landschaft gehört der wild zerklüftete Höhenzug der Adelegg. Das ganze Gebiet ist ein Paradies für Wanderer und Radwanderer.

Über 150 km beschilderte Wanderwege und 220 km Radwege bieten vielfältige Gelegenheiten für erlebnisreiche Touren. 13 interessante Rundwanderwege durch saftige Wiesen und romantische Wälder, durch geheimnisvolle Schluchten und über steile Anstiege auf aussichtsreiche Höhen lassen keine Wünsche offen. Leutkirch ist Etappenort der Wiesengängerroute der Wandertrilogie Allgäu. Für Aktivurlauber stehen außerdem fünf schöne Nordic-Walking-Routen zur Verfügung.

Im Winter locken 145 km gepflegte Langlaufloipen zu genussvollen Skilanglauftouren durch die glitzernde Schneelandschaft.

Im Naturfreibad Stadtweiher, das den Reiz eines natürlichen Sees mit den Vorteilen eines Spaßbades inklusive beheiztem Becken, Wasserrutsche und Massagedüsen verbindet, findet man an Sommertagen erfrischende Erholung. Eine Spielwiese, ein Kiosk und ein Beachvolleyballfeld runden das Freizeitangebot des Bades ab.

Eine Reihe von Sport- und Freizeiteinrichtungen in Leutkirch mit Tennisplätzen, Trimm-Dich-Pfaden und Naturlehrpfaden stehen ebenfalls für die aktive Freizeitgestaltung zur Verfügung.

Der Flugplatz Schloss Zeil am Fuße des Zeiler Berges ist eines der größten Fallschirmsport-Zentren in Süddeutschland und bietet auch Tandemsprünge an.

Veranstaltungen

Das vielgestaltige Kulturprogramm in Leutkirch besteht unter anderem aus Theatergastspielen und klassischen Konzerten in der Festhalle.

Der Galeriekreis und der Kunstverein zeigen wechselnde Ausstellungen. Weitere Konzerte werden vom Städteorchester Wangen-Leutkirch-Isny, von der Stadtkapelle und von verschiedenen Chören angeboten.

Bis zu 50 junge Musiker nehmen mit ihren Streichinstrumenten an den Internationalen Musikalischen Sommerkursen teil.

Die über 200 aktiven Vereine in Leutkirch tragen mit ihren Festen zum bunten Leutkircher Veranstaltungsprogramm bei.

Höhepunkte im Jahresprogramm sind das beliebte 12-tägige Altstadtsommer-Festival im August mit einem vielseitigen, unterhaltsamen Programm für Jung und Alt.

Seit mehr als 200 Jahren wird Mitte Juli das Leutkircher Kinder- und Heimatfest mit einem farbenprächtigen Umzug als Höhepunkt gefeiert.

Im Oktober ziehen der große Gallusmarkt und die Leutkircher Kleinkunsttage viele Besucher an.

Wichtige Adressen und Telefonnummern

Touristinfo Leutkirch
Marktstr. 32
D-88299 Leutkirch
Tel. +49 (0)7561 87 154
Fax +49 (0)7561 87 5186
touristinfo@leutkirch.de
www.leutkirch.de

Glaskunst mit Geschichte

Glasmuseum Schmidsfelden

Die architektonisch imposante Glashütte ist das Herzstück des idyllischen Örtchens Schmidsfelden, das nach seiner Blütezeit im 19. Jahrhundert heute wieder als Glasmacherdorf bekannt ist. Die Glashütte und fast alle anderen Gebäude wurden liebevoll restauriert. Selbst der Dorfbrunnen aus dem Jahr 1877 und die langgestreckten ehemaligen Arbeiterhäuser erstrahlen in neuem Glanz, sodass man bei einem Spaziergang durch das Dorf den Flair der „guten alten Zeit" hautnah erleben kann.

Besucher sind beeindruckt von den großzügigen Dimensionen der Glashütte und ihrer ungewöhnlichen Holzkonstruktion, am meisten verzaubern

jedoch die Glaskunstwerke aus dem heißen Schmelzofen. Seit 2003 lässt Stefan Michaelis von „Glas:Schmidsfelden" hier die alte Kunst neu aufblühen. Einzelstücke, Originale und Kleinserien – Stefan Michaelis hat sich zusammen mit seinem Team auf frei geformtes Glas für Haus und Garten spezialisiert, jedes Stück ein Unikat, und natürlich im Laden in der Glashütte erhältlich.

Durch die Heimatpflege Leutkirch wurde das Glashüttengebäude vor dem Einsturz bewahrt.

Nun beherbergt sie viele faszinierende Dokumente zur Glasgeschichte. Wie es dazu kam, dass die ''Glasfabrique Schmidsfelden'' im Jahr 1898 ihre Pro-

duktion einstellte, finden Besucher im Glasmuseum Schmidsfelden heraus. Ein besonderes Schmankerl ist auch die Geschichte rund um den Königspokal, den man heute im Glasmuseum Schmidsfelden besichtigen kann.
Zudem gibt es eine Fülle alter Gläser, auch im Museum im Bock in Leutkirch, sowie Fotos und Belege zur Umweltgeschichte und zur Ökologie der Adelegg im Glasmagazin, welches 1999 renoviert wurde.
Beim alljährlich stattfindenden Markttreiben am zweiten Wochenende im Mai bieten mehr als 50 Kunsthandwerker aus der nahen und fernen Region ihre Waren an und lassen sich bei der Herstellung auf die Finger schauen. Gelegentlich wird eine spezielle Glasmachershow durchgeführt, aus organisatorischen Gründen in unregelmäßigen Abständen. Termine sind über das Wochenprogramm auf der Homepage im Internet zu erfahren.

Öffnungszeiten:

Saisonbeginn: in der Woche vor Ostern
Saisonende: Mitte November
Di. – Fr. 10 – 12:30 u. 14 bis 17 Uhr,
Sa. 14 bis 17 Uhr, So. 10 bis 17 Uhr,
Feiertage 10 bis 17 Uhr,
Karfreitag geschlossen.

Glas : Schmidsfelden

Schmidsfelden 9
D-88299 Leutkirch
Tel. +49(0)7567 182042
info@schmidsfelden.de
www.schmidsfelden.de

Wangen
Ankommen und Wohlfühlen

Die Große Kreisstadt Wangen im Allgäu (rund 28.000 Einwohner) im Südosten Baden-Württembergs besteht aus der Kernstadt und den in den 1970er Jahren eingegliederten ehemaligen Gemeinden Deuchelried, Karsee, Leupolz, Neuravensburg, Niederwangen und Schomburg.

Der Luftkurort in nebelfreier Lage ist geprägt von der romantischen Altstadt mit vielfältigen kulturellen Angeboten und Sehenswürdigkeiten sowie von der idyllischen Voralpenlandschaft mit vielseitigen Freizeitmöglichkeiten. Die gastfreundliche Stadt ist beliebtes Ferien- und Ausflugsziel und bietet Gästen eine Reihe von unterschiedlichen Übernachtungsplätzen sowie ein breit gefächertes gastronomisches Angebot.

Wangen ist über die Wangener Ausfahrten der Autobahn 96 von Lindau nach Memmingen und die Bundesstraße 32 von Ravensburg nach Oberstaufen gut zu erreichen.

Kurzer Blick ins Geschichtsbuch

Die Wangener Region war bereits im 6. Jahrhundert besiedelt und wurde 815 erstmals in einer Urkunde des Klosters St. Gallen erwähnt. Im 13. Jahrhundert erhielt Wangen Markt- und Stadtrecht. 1286 wurde Wangen Freie Reichsstadt. Die günstige Lage an den Fernhandelsstraßen über die Alpen begünstigte die wirtschaftliche Entwicklung der Stadt.

Anfang des 19. Jahrhunderts wurde Wangen dem Königreich Württemberg zugeordnet.

Marktplatzensemble
(Bild Christoph Morlok)

Martinstor
(Bild Joachim Dempe)

Sehenswürdigkeiten

In der denkmalgeschützten, malerischen Altstadt ist eines der schönsten Straßenbilder Süddeutschlands zu bestaunen. Neben der ehemaligen Stadtmauer, den Türmen und den reich bemalten, beeindruckenden Stadttoren St. Martins-Tor und Frauentor findet man zahlreiche, sorgfältig restaurierte historische Gebäude vom frühen Mittelalter bis zum späten Barock sowie rund 25 Brunnen.

Die prächtige Herrenstraße führt vom Frauentor von 1608, dem Wahrzeichen der Stadt, zum Marktplatz, wo man die 1721 entstandene prachtvolle Barockfassade des Rathauses aus dem 15. Jahrhundert bestaunen kann. Am Marktplatz steht auch die sehenswerte Stadtkirche St. Martin, eines der ältesten Gebäude der Stadt mit Ursprüngen

im 9. Jahrhundert. Von den weiteren Kirchen und Kapellen im Stadtgebiet sind vor allem das Franziskanerklösterle mit seinem Klostergarten und die Rochuskapelle im Stadtpark inklusive

Antoniusbrunnen
(Bild Dr. Zahn)

der originellen Bilderbibel, die auf 66 bemalten Tafeln an der hölzernen Kapellendecke die heilige Geschichte abbildet, einen Besuch wert.

Zu den weiteren bedeutenden historischen Gebäuden gehören das Kornhaus, das Ritterhaus und das Weberzunfthaus aus dem Jahr 1347, der älteste Profanbau in Wangen.

Münzschatz
(Bild AMV Wangen)

Die Wangener Museen sind in einer zusammenhängenden Museumslandschaft in die alte Stadtmauer integriert. Das Stadtmuseum in der Eselmühle zeigt Original-Einrichtungen einer Mahlmühle. Außerdem kann man anschauliche Sammlungen zur Geschichte der Stadt Wangen, mechanische Musikinstrumente, ein Käsereimuseum, ein Fasnachtsmuseum und das den Dichtern Joseph von Ei-

chendorff und Gustav Freytag gewidmete Museum besichtigen.

Eine bauhistorische Kostbarkeit ist die Wangener Badstube. Eine massiv kreuzgewölbte Halle mit Kupferkessel, Waschzubern und Lichtnischen versetzt den Besucher in die Atmosphäre eines mittelalterlichen Bades. Infos über Öffnungszeiten gibt es bei der Tourist Information Wangen.

Badstube
(Bild Stadtarchiv Wangen)

Wanderweg am Blausee
(Bild Stadt Wangen)

Freizeit und Sport

Die herrliche Landschaft rund um Wangen ist ein Paradies für Naturliebhaber und Wanderer.

Innerhalb des Stadtgebietes sind zehn Naturschutzgebiete ausgewiesen. Auf den markierten Wanderrouten trifft man immer wieder auf schöne Aussichtspunkte wie die Bergerhöhe Aussichtsplatte im Südwesten von Wangen mit Blick auf die Stadt und die Alpen.

Wangen ist Etappenort der Wiesengänger-Route der Wandertrilogie Allgäu.

Auch Naturlehrpfade wie der Bienenlehrpfad oder der Geologische Lehrpfad führen durch die herrliche Landschaft. Eine schöne Wanderung für Kunstliebhaber ist der Skulpturenweg

Karsee mit Skulpturen von regionalen und überregionalen Bildhauern.

Verschiedene Sportarten sind in und um Wangen das ganze Jahr über möglich. Für Radler stehen eine Reihe schöner ausgeschilderter Radtou-

Kopfwäschebrunnen
(Bild Allgäu GmbH)

795

ren zur Verfügung. Auch Freunde von Nordic-Walking finden schöne, ausgeschilderte Strecken.

An heißen Sommertagen laden das beheizte Freibad Stefanshöhe und lauschige Naturbadeseen zum erfrischenden Bad ein.

Eine Vielzahl von Vereinen bieten Möglichkeiten zur sportlichen Freizeitgestaltung. Hierfür stehen Tennisanlagen, Skateranlagen, Minigolf und vieles mehr zur Verfügung.

Im Winter laden Skilifte, Langlaufloipen und eine Kunsteisbahn ein, den Winterurlaub ausgiebig zu genießen.

Blaue Stunde
(Bild Felix Kästle)

Veranstaltungen

Das reichhaltige Veranstaltungsprogramm von Wangen bietet interessierten Besuchern Konzerte verschiedener Musikrichtungen, Theateraufführungen, Ausstellungen

Herbst in Wangen
(Bild Stadt Wangen)

sowie Märkte und Brauchtumsfeste, die zum Teil von den aktiven Vereinen der Stadt durchgeführt oder unterstützt werden. Für die kulturellen Veranstaltungen stehen die Stadthalle und die Hägeschmiede zur Verfügung.

Festliche Höhepunkte im Jahreslauf sind die schwäbisch-alemannische Fasnet der Wangener Narrenzunft mit Fasnet-Sitzungen und buntem närrischen Treiben sowie das Kinder- und Heimatfest vor Beginn der Sommerferien mit Märchenaufführungen und einem großen Umzug mit über 4.000 Mitwirkenden. Die Festspiele Wangen präsentieren im August begeisterndes Sommertheater für die ganze Familie.

Auch der Kunsthandwerkermarkt Ende August und der stimmungsvolle Weihnachtsmarkt an den Adventssamstagen sind immer wieder einen Besuch wert.

Wichtige Adressen und Telefonnummern

Gästeamt/Tourist Information
Bindstraße 10
D-88239 Wangen im Allgäu
Tel. +49 (0)7522 74211
Fax +49 (0)7522 74214
tourist@wangen.de, www.wangen.de

In der schönsten Straße von Wangen

Hotel-Gasthof Mohren-Post

Inmitten des historischen Zentrums von Wangen liegt das Hotel Mohren-Post. Schon im Jahr 1534 war das Anwesen als Gasthaus bekannt, in dem herzliche Gastfreundschaft auch heute noch gepflegt wird.

Das Haus präsentiert sich in einem edlen Ambiente, in dem sich der Gast so richtig wohlfühlen kann. Die gediegene Atmosphäre lädt zum Aufenthalt ein, um die zentrale Lage des Hotels für Ausflüge und Besichtigungstouren zu nutzen.

Entspannende Urlaubstage

Die Gästezimmer präsentieren sich hell, gemütlich und komfortabel eingerichtet. Kaum etwas, was man vermisst, wenn man seine entspannenden Urlaubstage in Wangen verbringt.

Nicht umsonst würdigen die Gäste den angenehmen Aufenthalt lobend in den sozialen Medien.

Nach einer erholsamen Nachtruhe lädt das Frühstücksbuffet ein, um sich für den bevorstehenden Urlaubstag zu stärken. Doch auch Einheimische trifft man hier, da neben der hohen Qualität, die geboten wird, auch die Inneneinrichtung aus naturbelassenem Holz und Leder zu entspannenden Stunden einlädt. Während der kalten Jahreszeit unterstreicht das knisternde Feuer im traditionellen Kachelofen die heimelige Atmosphäre.

Essen auf gut schwäbisch und international

In der Küche des Hotels werden aus frischen und hochwertigen Zutaten

schwäbische und internationale Speisen zubereitet. Den schwäbischen Zwiebelrostbraten mit Kässpätzle findet der Gast auf der Speisenkarte ebenso wie die Maultaschen mit Schmelzzwiebeln und Kartoffelsalat.

Gespeist wird in den behaglichen Gasträumen oder auf der Terrasse. Dort genießt man am Nachmittag den hausgemachten Kuchen und einen Kaffee, während man das geschäftige Treiben im Zentrum der Stadt verfolgt.

Hotel Mohrenpost Wangen GmbH
Herrenstraße 27
D-88239 Wangen
Tel. +49 (0)7522 97 84 949
Fax +49 (0)7522 93 19 420
info@hotel-mohren-post.de
www.hotel-mohren-post.de

Betzigau

Naturerlebnis pur

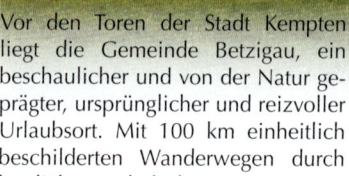

Vor den Toren der Stadt Kempten liegt die Gemeinde Betzigau, ein beschaulicher und von der Natur geprägter, ursprünglicher und reizvoller Urlaubsort. Mit 100 km einheitlich beschilderten Wanderwegen durch herrliche Landschaften.

Der ca. 4.000 ha große Kempter Wald ist eines der größten zusammenhängenden Waldgebiete Europas mit einer einzigartigen Hochmoor- und Sumpflandschaft, die ein einmaliges Naturerlebnis für die Gäste und Einheimischen zugleich schaffen. Dazu gehört auch der Notzenweiher, einer der seltenen ursprünglichen Seen mit Moorwasser und eiszeitlichem Ursprung. Ein Teilstück des Jakobswegs von München zum Bodensee führt durch Betzigau.

Jakobsmuschel
(Bilder Gemeinde Betzigau)

Kurzer Blick ins Geschichtsbuch

Pfarrkirche St. Afra

Betzigau wurde erstmals im Jahre 1238 als „Bezzingowe" erwähnt, dass nach Überlieferungen Au oder Gebiet des Bezzo/Bären bedeuten soll. Obwohl das ganze Dorf Betzigau am 15. Juli 1525 nach der Niederlage der aufständischen Bauern von Truchsess Jörg von Waldburg in ein Flammenmeer getaucht wurde, blieb die Kath. Pfarrkirche „St. Afra" unversehrt und stellt heute nicht nur das markanteste, sondern auch das älteste Gebäude der Gemeinde dar.

Freizeit und Sport

Die bereits beschriebenen Wandermöglichkeiten durch eine einzigartige

Notzenweiher

Natur, dienen der Erholung und der inneren Einkehr. Empfehlenswert ist auch die Wanderung von Möstenberg zur „Hohe Schulter" (941), der höchsten Erhebung von Betzigau. Kaum ein anderer Punkt des Voralpenlandes bietet eine solch umfassende Rundumsicht über das ganze Illertal und auf die Hochgebirgskette von den Ammergauer Alpen bis zu den Appenzeller Bergen mit Säntis und Altmann. Auch „Der rostige Garten" vom Metallmichl Edelrost mit seinen kreativen Sitzgelegenheiten, einem Spielplatz und allerlei Grün ist ein neuer Freizeittipp und beliebtes Ausflugsziel.

Für die Freizeitgestaltung bietet die Gemeinde z.B. Tennisplätze, Kegelbahnen usw. sowie zahlreiche Veranstaltungen z.B. Heimatabende, Landschaftsführungen und das Kulturprogramm des Kulturkreis Betzigau.

Kunst am Bach

Mit „Kunst am Bach" hat sich die Gemeinde einen Namen gemacht. Der Betzigauer Bach spielt dabei die Hauptrolle. Alle 3 Jahre geben sich renommierte Künstler und Nach-

wuchstalente gleichermaßen ein Stelldichein. Am Wasser, im Wasser und darum herum gruppieren sich einzelne Akteure und präsentieren ihre Kunstwerke. Der ganze Ort wird dann zur einer Kunst-, Familien- und Genussmeile voller Attraktionen und interessanter Überraschungen.

Hotellerie und Gastronomie

Gasthaus Hirsch in Betzigau, Landgasthaus Mittelallgäu in Hauptmannsgreut, Ristorante L'Incontro, Primo Piatto & Caffe Bar, Baumhaushotel Allgäu in Kaisersmad

Wichtige Adressen und Telefonnummern

Gemeinde Betzigau
Rotkreuzstr. 2
D-87488 Betzigau
Tel. +49 (0) 831 57 50 20
Fax +49 (0) 831 57 50 2-22
betzigau@betzigau.de
www.betzigau.de

Kunst am Bach

Kunstakademie Allgäu

In sanfter Allgäuer Voralpenland-schaft gelegen, lässt die Kunstakade-mie Allgäu den Besucher durch ihre ruhige und idyllische Lage in künst-lerische „Klausur" gehen, fernab von großstädtischer Hektik und Lärm.

Seit rund 10 Jahren bietet man dort den Kunstschaffenden ein hochwer-tiges und vielseitiges Seminarpro-gramm, geleitet von namhaften nati-onalen und international bekannten Künstlerinnen und Künstlern mit überwiegend akademischer Ausbil-dung.

Jedes Jahr besuchen viele Kunstbe-geisterte aus dem In- und Ausland die Akademie, die mittlerweile zu den führenden Kunstakademien in Süd-deutschland gehört.
Bei der Auswahl des Programmes setzt die Akademieleitung auf Qua-lität und bietet sowohl dem Fortge-schrittenen als auch dem Einsteiger von Anfang an den richtigen Rahmen zu fairen Kurspreisen an.

In jedem Seminarjahr kann aus rund 100 Kursen und unter ca. 80 Dozen-ten/innen in den Bereichen Malerei, Zeichnung, Bildhauerei, Drucktechnik und Musik Ihr Kurs mit einer Kursdauer von 2 – 14 Tagen gewählt werden.

Mit den Drucktagen in der Künstler-druckerei in Coesfeld/Lette setzt die Akademie einen Schwerpunkt in der Drucktechnik und mit den Düssel-dorfer Ateliertagen die künstlerische Arbeit in den Ateliers vor Ort bei be-währten Dozenten an.

Zu den Stärken der Kunstakademie All-gäu gehört neben den anerkannten Do-zenten/innen mit hoher Qualität und Kompetenz die intensive Arbeit auch in kleinen Gruppen sowie individuelle Hilfestellung durch die Akademielei-tung und ihre Mitarbeiter. Eine barriere-freie Zufahrt bis in die Arbeitsräume er-laubt ein bequemes Be- und Entladen. Die großzügig und hell ausgestatteten Arbeitsräume sind ohne Stufen auf ei-ner Ebene auch für Menschen mit Be-einträchtigungen gut erreichbar.

Ein Materiallager bietet eine Grund-ausstattung an Farben, Leinwänden etc. Die Akademie verfügt über eine gut ausgestattete Küche, einen Auf-enthaltsraum und eine Terrasse.

Zum Service des Hauses gehören ne-ben Kaffee, Tee, Gebäck und Kuchen auch eine WLAN-Verbindung in allen Räumen sowie die Möglichkeit zur individuellen Gestaltung der Arbeits-zeiten auch außerhalb der Kurse.

Einmalig ist die Lage der Kunstaka-demie inmitten der Natur. Direkt am Bach gelegen, bieten sich vielseitige Freizeitmöglichkeiten, ebenso wie das kulturelle Angebot der Allgäuer Ein-kaufsmetropole Kempten, die nur 10 Minuten entfernt liegt, an. Unterkünfte verschiedener Kategorien finden Sie in näherer Umgebung der Kunstakade-mie bzw. in Betzigau, den Nachbarge-meinden und der Stadt Kempten.

Kunstakademie Allgäu
KURSORT:
Hochgreut 50, D-87488 Betzigau
Postanschrift: Rotkreuzstraße 2,
D-87488 Betzigau
Tel. 0831/57502-18 / Fax. -22
info@kunstakademie-allgaeu.de

Der neue Freizeittipp für das Allgäu in Betzigau bei Kempten

Der Rostige Garten

Mit seinen kreativen Sitzgelegenheiten, einem Spielplatz und allerlei Grün hat sich der rostige Garten zu einem beliebten Ausflugsziel in der Nähe von Kempten (Allgäu) etabliert. Die ganze Familie hat hier die Möglichkeit, einen Spaziergang durch den 2.000 m³ großen Garten zu machen und die einzigartige Idylle dieser Region zu genießen. Man kann sich hier zum Beispiel nach einem anstrengenden Besuch eines Kempteners Museums oder einem Städte- und Shopping Trip in Kempten erholen. Auch bei Radtouren oder mit dem E-Bike ist der Garten ein beliebtes Ausflugsziel.

Der Rostige Garten wurde mit großem Engagement liebevoll gestaltet. Als Schaugarten der Firma Metallmichl kann man die ausgestellten Kunstwerke im Metallmichl-Shop natürlich auch käuflich erwerben und direkt nach Hause mitnehmen. Der Inhaber Michael Blanz arbeitet mit verschiedenen bayerischen Künstlern zusammen, die attraktive Kunstobjekte aus Edelrost gestalten.

24 Stunden geöffnet

Der Rostige Garten ist täglich 24 Stunden rund um die Uhr geöffnet und zeigt entsprechend der Jahreszeit wechselnde Ausstellungen. Nach dem unterhaltsamen Rundgang können sich die Besucher mit Kaffee und Kuchen stärken.

Veranstaltungen

Auf der Internetseite kann man sich über wechselnde Veranstaltungen informieren. Vom Sommerfest für Kinder bis hin zu einem kleinen Weihnachtsmarkt ist im Rostgarten immer etwas los.

Samstag ist Familientag

Am Samstag wird bei schöner Witterung eine Gokartstrecke aufgebaut und auf stabilen Pedal-Gokarts können die Kleinen zeigen, was sie drauf haben. Für die Kleineren wird eine Hüpfburg aufgebaut.

Immer mittwochs ist Lagerverkauf

Wer die ganze Schaffenskraft der Edelrost Künstlerfirmen sehen möchte, kann am Mittwoch zudem das 1.500 m² große Lager mit 5.000

Rostartikeln erkunden. Im Metall-michl-Shop des Rostigen Gartens kann man nach Herzenslust stöbern und Gartendekoration in reicher Auswahl sowie romantische Geschenkideen käuflich erwerben.

Alle Produkte sind selbstverständlich auch online zu bestellen – schnelle Lieferung garantiert!

Öffnungszeiten Ladengeschäft

Mo. bis Sa. von 10–18 Uhr
Telefonische Bestellannahme:
Mo. bis Sa. von 9–18 Uhr.

Metallmichl Edelrost und Der rostige Garten Betzigau

Michael Blanz
Gewerbestr. 5, D-87488 Betzigau
Tel. +49 (0)831 98909230
info@der-rostige-garten-betzigau.de
info@metallmichl.de
www.shop.metallmichl.com
www.der-rostige-garten-betzigau.de

Dietmannsried

Perspektiven vor den Alpen

Wer auf der A7 von Memmingen Richtung Süden fährt, passiert in der Nähe der Ausfahrt Dietmannsried das „Allgäuer Tor", das im Durchbruch der Iller den Blick auf ein herrliches Alpenpanorama eröffnet. Wer hier die Autobahn verlässt, wird von malerischen Dörfern abseits der Touristenströme empfangen. Mitten in diesem ruhigen Urlaubsgebiet befindet sich in einer Höhe von 650 – 870 m ü. d. M. Dietmannsried (8.500 Einwohner), das aus den Ortsteilen Dietmannsried, Probstried, Reicholzried, Schrattenbach, Überbach und zahlreichen Weilern besteht.

Die Nähe zur Allgäumetropole Kempten, die günstige Autobahnverbindung und der eigene Bahnhof gewährleisten eine bequeme Anfahrt. Zahlreiche attraktive Ausflugsziele, wie die Allgäuer Alpen, der Bodensee und die Königsschlösser bei Füssen sind schnell und leicht erreichbar.

Urlaub auf dem Bauernhof, gemütliche Ferienwohnungen oder Zimmer bieten für Familien mit Kindern die ideale Gelegenheit für erholsame, abwechslungsreiche Ferien. Einladende Gasthäuser und Biergärten locken mit Allgäuer Spezialitäten wie Kässpatzen und leckerem frisch gezapften Bier aus den Allgäuer Brauereien.

Kurzer Blick ins Geschichtsbuch

Das Gemeindegebiet wurde bereits von Kelten und Römern besiedelt. Später rodeten schwäbische Siedler das Waldland. Der Name des Ortes wurde von Dietmars Rodung abgeleitet. Im Mittelalter gehörte Dietmannsried über längere Zeiträume zum Fürststift Kempten. Seit 1586 besitzt der Ort das Marktrecht.

Sehenswürdigkeiten

Die traditionsreichen Kirchen und Kapellen in den Ortsteilen stammen meist aus dem 16. und 17. Jahrhundert und sind wegen der kunstvoll gestalteten Innenräume mit Wand- und Deckenmalereien sehenswert.

Blick über den Ortsteil Reicholzried auf die Allgäuer Alpen
(Bilder Hermann Müller, Markt Dietmannsried)

Zu ihnen gehören die Katholischen Pfarrkirchen St. Blasius und St. Quirinus in Dietmannsried, St. Cornelius und St. Cyprian in Probstried, St. Nikolaus in Schrattenbach und die Filialkirche St. Johannes der Täufer und St. Vitus in Überbach. Besonders prachtvoll geschmückt ist die Kirche St. Georg und St. Florian in Reicholzried aus dem 15. Jahrhundert. Der Reicholzrieder Friedhof zählt wegen der vielen schmiedeeisernen Grabkreuze zu den schönsten im Allgäu.

Freizeit und Sport

Wanderer finden auf markierten Routen in der reizvollen Naturlandschaft der Umgebung ein reiches Betätigungsfeld. Durch die Hängebrücke für Fußgänger über die Iller zwischen Pfosen und Fischers sind die Wege mit den Wanderwegen des Nachbarortes Altusried verbunden. Empfehlenswert ist der interessante Wanderweg 9 (download auf der Webseite des Ortes) mit geschichtlichen und geologischen Informationen und Sehenswürdigkeiten wie dem Inselweiher, einer ehemaligen Burgstelle.

Die romantische Flusslandschaft am Illerdurchbruch ist ein Paradies für Kajak-, Kanu- und Schlauchbootfahrer. Gleitschirmflieger finden am Schrattenbacher Hang ihren Spaß.

Radfahrer können über die angrenzende Radrunde Allgäu sowie den Iller-Radweg und die vielen regionsweit ausgeschilderten Radwege abwechslungsreiche Touren unternehmen.

Hängebrücke Fischers

Erholsame Abkühlung an heißen Tagen verspricht das Freibad in Dietmannsried sowie der Sachsenrieder Weiher.

Im Winter dürfen Skilangläufer auf ca. 30 km gespurten Loipen die herrliche Schneelandschaft genießen.

Veranstaltungen

Christliche Tradition und lebendiges Brauchtum bestimmen die Festveranstaltungen im Jahreslauf. Ob Funkenfeuer, Narrensitzungen, Osterkünstlermarkt, Lichterfest oder Weihnachtsmarkt; Dietmannsried ist immer einen Besuch wert. Erleben Sie Perspektiven vor den Alpen, die vielfach begeistern.

Wichtige Adressen und Telefonnummern

Markt Dietmannsried
Rathausplatz 3
D-87463 Dietmannsried
Tel. +49 (0)8374 5820 0
Fax +49 (0)8374 5820 30
info@dietmannsried.de
www.dietmannsried.de

Haldenwang und Börwang
Orte mit zahlreichen Weilern

Die Gemeinde Haldenwang (rund 3.800 Einwohner) liegt nordöstlich von Kempten am östlichen Rand des Illertales eingebettet in Wiesen und Wälder. Neben den Orten Haldenwang und Börwang gehören weitere Weiler und Einzelgehöfte zur Gemeinde.

Die Gemeinde ist durch die nahe gelegene Autobahnabfahrt Dietmannsried der A 7 von Ulm nach Kempten gut zu erreichen.

Für Gäste stehen eine Reihe von Ferienwohnungen und gastronomische Betriebe zur Verfügung.

Kurzer Blick ins Geschichtsbuch

Wie das Illertal war die Haldenwanger Region vermutlich schon zur Römerzeit besiedelt. Im Mittelalter saßen auf der erstmals 1180 erwähnten Burg Wagegg Lehensmänner des Klosters Ottobeuren. Nach wechselnden Besitzern kam Haldenwang 1806 zum Königreich Bayern und wurde 1818 selbständige Gemeinde.

Sehenswürdigkeiten

Burgruine Wagegg

Die Burgruine Wagegg bietet auf der Aussichtsplattform einen Panoramablick auf die Allgäuer Alpen.

Sehenswert sind auch die Pfarrkirche St. Theodor und Alexander in Haldenwang und die Leonhardikapelle in Börwang.

*Haldenwang
(Bilder Gemeinde Haldenwang)*

Heimathaus

Am ersten Sonntag im Monat ist das Heimathaus in der Wagegger Straße 10 in Börwang von 14:00 bis 17:00 Uhr geöffnet. Das Museum wurde von fleißigen Börwangern mit dem ehemaligen Schulleiter eingerichtet. Zu besichtigen sind eine Käsküche, eine große Bauernstube und ein Kaplanzimmer. Die Geschichte von Wagegg ist mit einem originalgetreuen Modell der einstigen Burganlage dargestellt. Zu den ausgestellten historischen Gerätschaften gehört auch ein 170 Jahre alter funktionsfähiger Webstuhl. Ein Besuch lohnt sich.

Freizeit und Sport

In der romantischen Landschaft des Gemeindegebietes finden Wanderfreunde viele aussichtsreiche, ausgeschilderte Wege. Die höchste Erhebung befindet sich im „Wanderparadies" Kronholz (916 m).

Von Mitte Mai bis Mitte September lädt das Naturbad zwischen Haldenwang und Börwang zum Badevergnügen. Es bietet ein großes Schwimmbecken mit zwei Sprungbrettern, zwei Nichtschwimmerbecken, ein beheiztes Kinderbecken sowie eine große

Liegewiese mit Kinderspielplatz. Für das leibliche Wohl sorgt ein Kiosk.

Im Winter steht eine Langlaufloipe mit herrlichem Panoramblick zur Verfügung.

Veranstaltungen

Zu den Höhepunkten im Veranstaltungskalender gehören der Viehscheid am letzten Samstag im September mit festlich geschmückten Kranzrindern und der traditionelle Leonhardiritt in Börwang am 1. Sonntag im November mit zahlreichen Zuschauern.

Wichtige Adressen und Telefonnummern

Gemeinde Haldenwang
Römerstraße 3
D-87490 Haldenwang
Tel. +49 (0)8374 9300 0
Fax +49 (0)8374 9300 40
gemeinde@haldenwang.de
www.haldenwang.de

Naturbad

Kempten
Hochschulstadt im Allgäu

Die kreisfreie Stadt Kempten (rund 70.000 Einwohner) ist als größte Stadt im Allgäu das Schul-, Verwaltungs- und Handelszentrum der Wirtschafts- und Urlaubsregion Allgäu. Die Stadt liegt in 646 m bis 915 m ü. NHN an den Ufern der Iller, etwa 35 km nördlich von Oberstdorf und 90 km südlich von Ulm. Der Mariaberg ist als Hausberg der Stadt die höchste Erhebung im Stadtgebiet und bietet einen prachtvollen Panoramablick über die Stadt bis zur Alpenkette. Seit 1977 ist Kempten Sitz der Hochschule Kempten mit rund 6.000 Studierenden und damit Standort einer der größten Fachhochschulen in Bayern.

Kempten ist über die Autobahn A 7 von Ulm nach Füssen sehr gut zu erreichen. Durch das Stadtgebiet führen die Bundesstraßen 12 von Lindau

Kempten
(Bild Hilarmont)

810

Residenz und St. Lorenz
(Bild Ralf Lienert)

nach München und B 19 von Ulm nach Oberstdorf. Kempten liegt an der Bahnstrecke von München nach Lindau. Von Norden führt die Bahnstrecke von Neu-Ulm nach Kempten. In Kempten startet die Außerfernbahn über Pfronten nach Reutte in Tirol und weiter nach Garmisch-Partenkirchen.

Das Stadtbild wurde durch das jahrhundertelange Nebeneinander der Reichsstadt und der Fürstabtei geprägt und zeigt den besonderen Charakter Kemptens als Doppelstadt. Heute ist Kempten eine lebendige Metropole mit teilweise südländischem Flair, hervorragenden Einkaufsmöglichkeiten und einem breiten gastronomischen Angebot mit zahlreichen Cafés, Biergärten und Restaurants.

Kurzer Blick ins Geschichtsbuch

Kempten gehört mit seiner über 2000-jährigen Geschichte zu den ältesten Städten in Deutschland. Das damalige Cambodunum wurde bereits im Jahr 18 n. Chr. in einem geografischen Buch schriftlich erwähnt. Die römische Kastellsiedlung erlebte im ersten und zweiten Jahrhundert als Hauptstadt der Provinz Rätien eine Blütezeit.

Die mittelalterliche Geschichte Kemptens war seit der Gründung des Klosters im 8. Jahrhundert geprägt durch den Konflikt zwischen der Stadtherrschaft des Fürstabtes und den Bestrebungen der Bürger nach

Selbständigkeit. Im 14. Jahrhundert wurde Kempten Reichsstadt. Wirtschaftliche Grundlage waren der Salzhandel sowie der Handel mit Leinenstoffen und Schmiedeerzeugnissen. 1527 wurde Kempten protestantische Freie Reichsstadt. Durch die Säkularisierung Anfang des 19. Jahrhunderts wurde das traditionell schwäbische Kempten Teil des Königreichs Bayern. Die prunkvolle Residenz der Fürstäbte wurde Verwaltungssitz der bayerischen Herrschaft.

Sehenswürdigkeiten

Das Stadtbild Kemptens wird geprägt durch verschiedene Baustile. Neben Romanik findet man auch Gotik-, Renaissance- und Barockelemente, wobei die Kirchtürme besonders auffällig gestaltet sind. Ein neuer Blickfang ist der 13-stöckige Allgäu-Tower in der Innenstadt, dessen oberstes Stockwerk einen herrlichen Fernblick bietet.

St. Lorenz Kirche
(Bild Hilarmont)

Zu den Sehenswürdigkeiten Kemptens gehören die Burghalde mit dem Allgäuer Burgenmuseum, das historische Rathaus sowie die ehemalige Fürstäbtliche Residenz mit Hofgarten und Orangerie. Die Teilnahme an einer Führung durch die prächtigen Innenräume lohnt sich.

Einen Besuch lohnt auch die katholische Stadtpfarrkirche St. Lorenz mit beeindruckender Doppelturmfassade und der mächtigen Kuppel über dem Chorraum, die 1652 an Stelle des Marienmünsters, das im 30-jährigen Krieg zerstört wurde, im Barockstil errichtet wurde.

Rathaus
(Bild Alofok)

Im reich ausgestatteten Innenraum sind die Altäre und das geschnitzte Chorgestühl mit seltenen Scaglioplatten bemerkenswert.

Neben der gotischen evangelischen Stadtpfarrkirche St. Mang mit dem Blickfang des 66 Meter hohen Turms befindet sich die Erasmuskapelle, eine mittelalterliche Friedhofskapelle, deren unterirdische Fassadenreste in einem Schauraum besichtigt werden können.

Hinter der Kirche befindet sich das 1999 renovierte Mühlberg-Ensemble, eine mittelalterliche Häusergruppe aus dem 13. bis 15. Jahrhundert.

Zu den sehenswerten Brunnen in der Stadt gehören der Rathausbrunnen und der im Jugendstil gestaltete St.-Mang-Brunnen.

Museen

Im Freilichtmuseum des Archäologischen Parks Cambodunum mit Resten und Nachbauten der Römerstadt aus

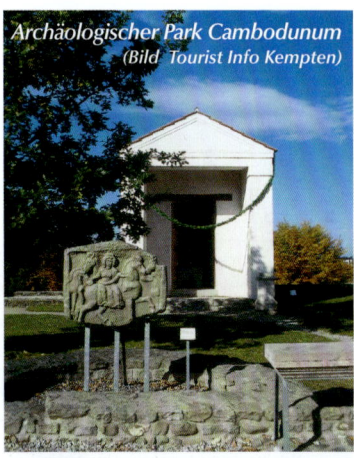

Archäologischer Park Cambodunum
(Bild Tourist Info Kempten)

dem 2. Jahrhundert lernen Besucher das Leben in Kempten zur Römerzeit kennen. Neben dem Gallorömischen Tempelbezirk sind die Kleinen Thermen als Beispiel römischer Badekultur zu bewundern.

Residenz und
Mühlrad am Bach, Gerberstraße
(Bild Stadt Kempten)

813

Blick vom Kirchturm St. Mang auf Kempten
(Bild Hilarmont)

Das Alpin Museum im Marstall beherbergt die größte alpingeschichtliche Ausstellung Europas. Auf 1.500 m² zeigen spannende Exponate die Bedeutung der Alpen als Lebensraum für Pflanzen und Tiere sowie als Erholungsgebiet im Wandel der Zeiten und laden die Besucher zu einer geologischen, biologischen und kulturhistorischen Expedition in das größte innereuropäische Gebirge ein.

Das Allgäu-Museum im historischen Kornhaus führt auf sechs Etagen auf einer Zeitreise durch das Allgäu vom frühen Mittelalter bis in die Gegenwart. Zu sehen sind wertvolle Kunstwerke, historische Dokumente und Alltagsgegenstände aus früheren Zeiten.

Freizeit und Sport

Zu den Freizeiteinrichtungen in Kempten gehören das Illerstadion mit über 12.000 Zuschauerplätzen und das Eisstadion mit 4.000 Plätzen. Mit fast 18.000 Mitgliedern ist die Kemptener Sektion des Deutschen Alpenvereins der größte Verein in der Stadt. Die Freiluftkletteranlage des Vereins im Engelhaldepark wurde im Jahr 2000 eröffnet.

(Bild Stadt Kempten)

Das Erlebnisbad CamboMare mit Hallen- und Freibad, Rutschen und Saunalandschaft bietet zu jeder Jahreszeit perfekte Freizeiterholung.

Veranstaltungen

Zu den Höhepunkten im Veranstaltungskalender zählt die Allgäuer Festwoche im August mit Regionalmesse sowie kulturellen und sportlichen Events. Der Kemptener Jazzfrühling, der Tag der Musik, das Kammermusikfestival „Classix Kempten", die Musiknacht sowie die Orgel- und Chorkonzerte in den Hauptkirchen sind Bestandteile des Kemptener Konzert- und Kulturprogramms.

Der beliebte Kemptener Weihnachtsmarkt ist der größte Weihnachtsmarkt im Allgäu.

Wichtige Adressen und Telefonnummern

Tourist Information Kempten
Rathausplatz 24
D-87435 Kempten
Tel. +49 (0)831 960955 0
info@kempten-tourismus.de
www.kempten-tourismus.de

(Bild Stadt Kempten)

400 Jahre Theatertradition

Theater Kempten

Das Theater in Kempten gilt als eines der schönsten Theater in Bayern und blickt auf eine Theatertradition von 400 Jahren zurück.

Das denkmalgeschützte Theaterhaus an der Iller wurde 2007 umfassend saniert und erweitert. Unter dem Namen T:K-THEATER IN KEMPTEN überzeugt es unter professioneller künstlerischer Leitung durch seine jugendliche Frische mit einer besonderen Mischung aus Eigen- und Koproduktionen sowie Aufführungen renommierter deutschsprachiger Bühnen, Musiker, Ensembles und Tourneeunternehmen.

Das kleine Theaterensemble begeistert sein Publikum mit packenden Eigenproduktionen wie dem Solo-Musical über Zarah Leander „Zarah – Nach mir ist man süchtig" oder dem Schauspiel „Heinrich von Kempten", die in Zusammenarbeit mit bekannten, international gefeierten Künstlern entstehen.

Auch Produktionen anderer Bühnen wie Goethes „Wahlverwandtschaften" mit dem Berliner Theater Wahlverwandte oder Tanztheateraufführungen beim Kemptener Tanzherbst mit internationalen Highlights aus der zeitgenössischen Tanzszene gehören ebenso zum Programm wie international besetzte Gastspiele.

Das abwechslungsreiche Programm des fabelhaften Märchensommers Allgäu in der Kemptener Freilichtbühne Burghalde bietet für Familien im Juli/August ein besonderes Open-Air-Erlebnis. Das T:K legt großen Wert auf ein vielfältiges Programm für Kinder und Jugendliche mit zahlreichen Angeboten für Schulklassen und Kinder-

gartengruppen. Dazu gehört auch des Jugendtheaterfestival fantasT:K im Mai/Juni. Musikfreunde schätzen die hochkarätig besetzten, stimmungsvollen Meisterkonzerte im Spielplan sowie besondere Musik-Raritäten beim Kammermusikfestival Classix Kempten im September und dem Kemptener Jazzfrühling im April/Mai.

Kartenvorverkauf
In allen AZ Service-Centern
Tel. +49 (0)831 206 430
ticket@theaterinkempten.de
www.allgaeuticket.de

Theater in Kempten
Theaterstraße 4
Eingang Illerstraße
D-87435 Kempten (Allgäu)
Tel. +49 (0)831 960 788 0
Fax +49 (0)831 960 788 22
info@theaterinkempten.de
www.theaterinkempten.de

Das Hotel ohne Barrieren

Allgäu ART Hotel

Zentral eingebettet in die wunderschöne, abwechslungsreiche Allgäuer Landschaft präsentiert sich in bester City-Lage ein Hotel, dessen Charme sich die Gäste kaum entziehen können.

In der Inneneinrichtung des Allgäu ART Hotel spiegelt sich die Allgäuer Natur ebenso wie die sehenswerte Stadt Kempten. Das Haus, das sich als Integrationshotel versteht, eignet sich für Geschäftsreisende, Urlauber und Familien. Auch Menschen mit Handicap sind hier herzlich willkommen, ist das Haus doch vollkommen barrierefrei ausgestattet.

Im Allgäu ART Hotel fühlt sich jeder Gast willkommen und wirdeinen unvergleichlichen Aufenthalt genießen. Die angenehme Ausstattung lädt zum Entschleunigen ein. Hier kann sich Jung und Alt wohlfühlen. So steht den jungen Gästen des rollstuhlgerechten Hauses eine Kletterwand zur Verfügung, während die Erwachsenen entspannende Stunden im Wellnessbereich mit Sauna, Snoezelen- und Fitnessraum genießen können.

Das Haus in bester Kemptener City-Lage setzt neue Maßstäbe, die auch bei der Inneneinrichtung ihren Niederschlag finden. Das Themenkonzept mit Natur, Ruhe und Entschleunigung inspiriert, weckt Neugierde und schafft unvergessliche Momente.

Im Restaurant „Waldbeere" werden die Gäste mit regionaler Küche verwöhnt, die frisch und saisonal zubereitet wird. Gespeist wird in den gemütlich eingerichteten Gasträumen, auf der Gartenterrasse oder im Wintergarten.

Auf den Zimmeretagen, die die Stadt Kempten, die Allgäuer Berge und Seen thematisieren, finden sich Doppel- und Familienzimmer, in denen eine einzigartige Wohlfühlatmosphäre herrscht. Modern und im alpenländischen Stil eingerichtet, verfügen die Zimmer teilweise über geräumige Balkone und die Zimmerpreise beinhalten ein reichhaltiges Frühstücksbuffet.

In drei barrierefrei erreichbaren Tagungsräumen lassen sich individuelle Veranstaltungen planen. Je nach Teilnehmerzahl und Platzangebot können Seminare und Tagungen bis zu 100 Personen veranstaltet werden. Die Räumlichkeiten zwischen

25 und 125 qm lassen variable Sitzgelegenheiten in Reihen oder Gruppen, mit oder ohne Tischen zu – ganz nach dem individuellen Bedarf des Veranstalters, dessen Gäste auch vom direkten Zugang zur Außenterrasse profitieren.

Allgäu ART Hotel
Alpenstraße 9, D-87435 Kempten
Tel. +49 (0)8 31/54-0 86 00
Fax +49 (0)8 31/54-08 60 99
info@allgaeuarthotel.de
www.allgaeuarthotel.de

In musikalischem Ambiente

bigBOX ALLGÄU Hotel

Mitten in der Einkaufsmetropole des Allgäus wartet das bigBOX ALLGÄU Hotel mit einem besonderen Konzept auf seine Gäste. Es bietet eine ganz eigene Kombination aus modernem Ambiente und musikalischen Einflüssen, die den Aufenthalt zu einem ganz besonderen Erlebnis macht. Das Hotel ist sehr zentral gelegen und somit der ideale Ausgangsort für Shoppingtouren in die Innenstadt, Spaziergänge und Ausflüge in die traumhaft schöne Umgebung von Kempten.

Im bigBOX ALLGÄU Hotel stehen den Gästen komfortable Zimmer in verschiedenen Kategorien zur Verfügung. Obwohl sie sich die einzelnen Kategorien voneinander unterscheiden, ist überall deutlich die durchgängige musikalische Linie zu erkennen.

Diese wurde bewusst gestaltet, da der Bereich Entertainment einen wichtigen Stellenwert im Gesamtkonzept des Hauses einnimmt. Gleich nebenan befindet sich die Konzerthalle, zu der es sogar einen direkten Zugang gibt. Hier kombinieren die Gäste das Konzerterlebnis mit einem entspannten Aufenthalt im bigBOX ALLGÄU Hotel.

Alle 124 Zimmer strahlen eine gemütliche Atmosphäre aus. Sie sind modern eingerichtet und bieten wohldurchdachten Komfort. Hier fühlen sich Businessgäste ebenso wohl wie Familien mit Kindern, die ihren Urlaub im schönen Allgäu verbringen wollen. Die verschiedenen Kategorien sind auf die unterschiedlichen Ansprüche der Gäste optimal abgestimmt.

Wer sich für den Aufenthalt im bigBOX ALLGÄU Hotel in Kempten entscheidet, profitiert von einigen attraktiven Extras. So gehört eine Flasche Mineralwasser ebenso zum Service wie beispielsweise eine allergikerfreundliche Bettausstattung und eine Klimaanlage.

Alle Zimmer verfügen über Highspeed-Internet, Flatscreen-TV und Schreibtisch. Für die kulinarischen Genüsse ist das hauseigene Restaurant musics zuständig, das sich im Erdgeschoss des bigBOX ALLGÄU Hotels befindet. Hier werden saisonale Gerichte serviert, die vorwiegend mit regionalen Produkten zubereitet sind. Abwechslung ist garantiert, denn die Karte wechselt je nach Saison. Die Hotelgäste beginnen hier den Tag mit einem ausgewogenen Frühstücksbuffet. Auch ein Bar- und Loungebereich steht den Gästen im Restaurant musics zur Verfügung. Dort können sie den Tag in angenehmer Atmosphäre bei einem guten Glas Wein ganz entspannt ausklingen lassen.

bigBOX ALLGÄU Hotel

Kotterner Straße 62-64
87435 Kempten (Allgäu)
Tel.: +49 (0)8 31-5 70 55-20 00
Fax: +49 (0)8 31-5 70 55-20 01
hotel@bigboxallgaeu.de
www.bigboxallgaeu.de/hotel

Hier wird Tracht gelebt

Almwelt – Kempten, Memmingen, Augsburg, Salzburg

Ob Tradition oder Fashion – bei Almwelt findet jeder Geschmack die passende Tracht und aparte Kleidung, die auch im Alltag getragen werden kann. Das ist Alpiner Lifestyle, der Lebensgefühl ausdrückt und darüber hinaus auch fesch anzusehen ist.

In der Almwelt spiegelt sich die Trachtenwelt. Hier werden eigene exklusive Designerstücke kreiiert. Mit großer Leidenschaft und viel Gespür für modische Trends fertigt man im Haus Trachten- und Lifestyleprodukte. Innovative Trachtenmode, die modernen alpinen Lifestyle ausdrückt und

aus hochwertigen Materialien hergestellt wird. Die Almwelt-Designs sind
Unikate. So gibt es das fesche Dirndl,
die zünftige Lederhose oder das Trachtenshirt kein zweites Mal.

Führende Markenhersteller

Darüber hinaus führt die Almwelt
Trachtenmode führender Markenhersteller. Mehr als 150 verschiedene
Dirndlmodelle stehen zur Wahl und
auch bei den Lederhosen kann unter
fast 100 verschiedenen Modellen gewählt werden. Das passende Outfit ist
für jeden Geldbeutel erschwinglich.
Bei den Dirndl liegen die Preise zwischen 59 und 499 Euro, die günstigste Lederhose ist als Einstiegsmodell
schon für 79 Euro zu haben.

Eine hochwertige Hirschlederhose ist
aber auch für 990 Euro erhältlich.
Die Besucher der Almwelt sind herzlich zu einem Glas Bier oder einer
Tasse Kaffee eingeladen. In der gastfreundlichen Atmosphäre werden sie
kompetent und persönlich beraten
und das Ambiente bietet eine Fülle
von Inspirationen, um sich das richtige Outfit für die nächste zünftige
Feier zusammmen zu stellen.

ALMWELT GmbH

Kotterner Straße 82-84
D-87435 Kempten
Tel. +49 (0)831 54 09 74 10
Fax +49 (0)831 54 09 74 12
info@almwelt.de
www.almwelt.de

Das Freizeit- und Erlebnisbad mit preisgekrönter Saunalandschaft

CamboMare Kempten

Im familienfreundlichen Cambomare in Kempten kann man Bade- und Saunavergnügen der Superlative erleben. In der Schwimmlagune kann man sich mit Schwung durch den Strömungskanal treiben lassen. Spezielle Sprudelliegen und Massagedüsen sorgen für Entspannung und Ausgleich zum Alltag.

Sportlich ambitionierte Schwimmer finden im 25-m Sportbecken mit 6 Bahnen die richtige Herausforderung. Hier stehen auch ein 1- und 3-m Sprungbrett für „akrobatische" Einlagen zur Verfügung. Das große und wohlig warme Freiluftbecken lockt ebenfalls mit einigen Erlebnissen.

Zu den besonderen Attraktionen des CamboMare gehören natürlich die 93 Meter lange, mit Lichteffekten ausgestattete Black-Hole-Rutsche sowie der 122 Meter lange Crazy River, eine mit Reifen zu befahrende Röhrenrutsche. Wohltuende Wärme bietet die groß-

zügig angelegte, in der Region einzigartige Saunawelt des CamboMare, die international ausgezeichnet wurde. Elf verschiedene Saunen laden zum Erholen und Entspannen ein. Ganztägig werden die Gäste mit den unterschiedlichsten Aufgüssen verwöhnt. Der Außenbereich der Saunawelt verfügt über ein Außenschwimmbecken mit Massagedüsen, eine Kräuter-Sud-Sauna, Rauchsauna, Hügel- und Erdsauna. Die große KELO-Sauna mit ihren Licht- und Soundeffekten ist im Allgäu einmalig.

Der Kaminhock mit offener Feuerstelle und die Kaminlounge machen zu jeder Jahreszeit ein gemütliches Beisammensein möglich. Der Naturtauchteich sorgt für die richtige Abkühlung nach dem Saunieren und das Multifunktionsruhehaus mit separatem Leseraum lädt zum Verweilen ein. Damit der Aufenthalt zu einem richtigen Wohlfühlerlebnis wird, lassen sich die Gäste von Ayurveda- bzw. klassischen Masseuren verwöhnen. Man kann auch einfach auf einer der Brainlight-Liegen relaxen und die Seele baumeln lassen.

NEU ab Frühjahr 2019 sind der wohltuende Salzstadel sowie die erstklassige Gastronomiehütte im Saunagarten.

Öffnungszeiten unter:
www.cambomare.de/
Oeffnungszeiten.php

CamboMare Kempten
Aybühlweg 58
D-D-87439 Kempten
Tel. +49 (0)831 58121 10
www.cambomare.de
info@cambomare.de

Kletterzentrum swoboda alpin Kempten

Zum Klettern in die Berge fahren? Das muss man in Kempten nicht unbedingt, denn das Alpinzentrum swoboda alpin der DAV-Sektion Allgäu-Kempten bietet Höhenluft direkt in der Stadt. Die Anlage am Aybühlweg direkt gegenüber dem Cambomare ist eine der größten und modernsten Kletteranlagen Deutschlands und wartet mit insgesamt 3.400 m² Kletter- und Boulderfläche auf. Sowohl Anfänger als auch Profis finden hier ein ideales Betätigungsfeld in der Vertikalen. Für Freunde des seilfreien Kletterns gibt es gut 400 verschiedene Boulder in allen Schwierigkeitsstufen, darunter auch spezielle Boulder für Kinder. Auf zwei Etagen und im Außenbereich können sich die Boulderfans an den bis zu 4.50 m hohen Wänden in allen Neigungen austoben – immer geschützt durch weiche Fallschutzmatten. Auf die Cracks wartet zusätzlich ein großzügiger Trainingsbereich mit Campusboard, Beastmaker-Trainingswand, Steckbrett und zahlreichen Trainingsgeräten. Der Seilkletterbereich punktet mit über 180 Routen vom 3. bis 11. Schwierigkeitsgrad und bietet bis zu 15m hohe Wände von leicht geneigt bis ultrasteil. Für Einsteiger und Kinder gibt es einen eigenen Schulungsbereich mit leichten Routen – inklusive perfektem Blick nach unten in die Haupthalle. Und wer einmal ohne Kletterpartner unterwegs ist oder einfach nur Meter machen will, auf den wartet ein Wandbereich mit einem Perfect Descent Sicherungsautomaten.

In den Sommermonaten besonders attraktiv ist der große Außenkletterbereich, bei dem es sich je nach Temperatur und Tageszeit entweder im Schatten oder in der Sonne klettern lässt. Ideal für Familien: Die Kinder können sich gleich nebenan auf dem Spielplatz austoben, während sich Mama und Papa an der Außenwand die Finger langziehen. Neben dem Outdoor-Spielplatz gibt es indoor noch weitere Spielareale für Kinder – darunter das beliebte Höhlensystem im Boulderbereich mit Bullaugen in der Kletterwand und unterirdi-

schem Bällebad. Auf Klettersteig-Freunde wartet der Indoor-Klettersteig mit Hängebrücke in der Haupthalle (Begehung nur zu festgelegten Zeiten).

Wer mit dem Bike anreist und mit Klettern alleine noch nicht ausgelastet ist, der kann entweder zum Aufwärmen oder zum Cool Down im Bikepark direkt neben dem swoboda alpin noch ein paar Runden drehen und die etwas andere Höhenluft auf den Kickern und Drops schnuppern. Für weniger sprungfreudige Biker oder Einsteiger gibt es aber ebenfalls genügend Herausforderungen, um die Fahrtechnik zu verbessern.

Und wenn die Arme oder Beine dann so richtig dick sind, können sich die Besucher im Bistro in der „Hütte in der Stadt" entspannt zurücklehnen und bei Kaffee & Kuchen oder einem der ständig wechselnden Tagesgerichte den anderen Kletterern bei der Arbeit zuschauen. Stichwort Zuschauen: Das swoboda alpin ist Trainingsstützpunkt der deutschen Kletter-Nationalmannschaft und des bayerischen Landeskaders. So kommen immer wieder die Cracks aus dem Landes- oder Bundeskader oder auch der eine oder andere internationale Kletterstar zum Training vorbei. Auch bei den regelmäßig stattfindenden Wettkämpfen lassen sich die Leistungen der starken Jungs und Mädels bestaunen. Wer sich von solchen Leistungen für das eigene Training inspirieren lässt oder einfach nur unter fachmännischer Anleitung die ersten Schritte in der Vertikalen betätigen will, der findet im breiten Kursangebot der Kletterschule im swoboda alpin sicher den richtigen Kurs.

Für alle Bergfreunde, die sich nicht unbedingt in der Kletterhalle bergsportlich betätigen wollen, bietet das umfangreiche Touren- und Kursprogramm der DAV-Sektion Allgäu-Kempten eine große Auswahl an lohnenden Zielen und Gruppenaktivitäten.

Obacht: Während die Kursangebote in der Kletterhalle auch Nichtmitgliedern offenstehen, ist das Sektions-Angebot Mitgliedern vorbehalten.

Öffnungszeiten:

Mo. bis Fr. 11 bis 22.30 Uhr,
Sa. 9 bis 22.30 Uhr,
Sonn- und Feiertage 9 bis 21 Uhr und während der Ferien (Bayern) ab 9 Uhr.

swoboda alpin
Sektion Allgäu-Kempten des Deutschen Alpenvereins e.V.

Aybühlweg 69, D-87439 Kempten
Tel. +49 (0)831 57 00 970
info@dav-kempten.de
www.dav-kempten.de

Asiatisches Geschmackserlebnis

Asienperle Kempten

Im Kemptener Restaurant Asienperle fühlen sich Gäste wie der Kaiser von China im Schlaraffenland. Liebhaber asiatischer Küche sind begeistert von der Vielfalt und Frische der angebotenen Speisen und dem einzigartigen Ambiente. Täglich gewinnt das neu eröffnete Showcooking-Restaurant neue Stammgäste hinzu.

Wer die Türe zur Asien Perle öffnet, bewundert zunächst das moderne asiatische Interieur, das an einen Gourmet Tempel in Peking oder Tokio denken lässt. Die Einrichtung ist hell, von der Decke leuchten bunte Designerlampen und verbreiten ein behagliches Licht. Absoluter Mittelpunkt sind die blau beleuchteten

828

Buffet-Theken mit zahlreichen fertig gekochten Speisen und Vorspeisen, wie verschiedene Fleischgerichte inklusive knuspriger Ente, Fisch und Meeresfrüchte sowie Nudeln, Reis- und Gemüsegerichte. Gäste nehmen einen der angewärmten Teller und wählen am Buffet einfach ihre Lieblingsspeisen aus – so viel sie möchten, denn von den asiatischen Köstlichkeiten aus China, der Mongolei, Thailand und Japan kann man gar nicht genug bekommen. Dazu gibt es einen herrlich frischen Salat vom Salatbuffet.

Gerichte werden vor den Augen der Gäste zubereitet

Oder man stellt sich sein Gericht aus frischen Zutaten selbst zusammen. Hier gibt es zum Beispiel Lachs, Garnelen, Bambus, Morcheln, Paprika, Rind, Känguru, Lamm, Strauß, Huhn, spezielle Soßen und vieles mehr. Die individuell kreierte Auswahl wird dann von einem Koch auf dem mongolischen Teppanyaki-Grill vor den Augen der Gäste zubereitet. Vitaminreich, gesund und unbeschreiblich lecker! Auch das Sushi-Angebot – perfekt angerichtete Nigiri und Maki – lässt keine Wünsche offen.

Abgerundet wird das authentische kulinarische Erlebnis mit leckeren Desserts wie Eis, gebackener Banane, Kuchen und frischem Obst. Als besondere Dessert-Highlights gibt es im Restaurant Asien Perle in Kempten einen Schokoladenbrunnen und Zuckerwatte. Da leuchten nicht nur die Augen der Kinder!

Auch bei Feierlichkeiten wie Geburtstag und Hochzeit sorgt das freundliche Serviceteam für ein gelungenes Fest und die Köche faszinieren mit bester asiatischer Kochkunst.

Öffnungszeiten:

Täglich geöffnet 11:30 Uhr bis 15:30 Uhr sowie 17:30 Uhr bis 23:30 Uhr.

Restaurant Asienperle

Königstr. 10, D-87435 Kempten
Tel. +49 (0)831 52098780

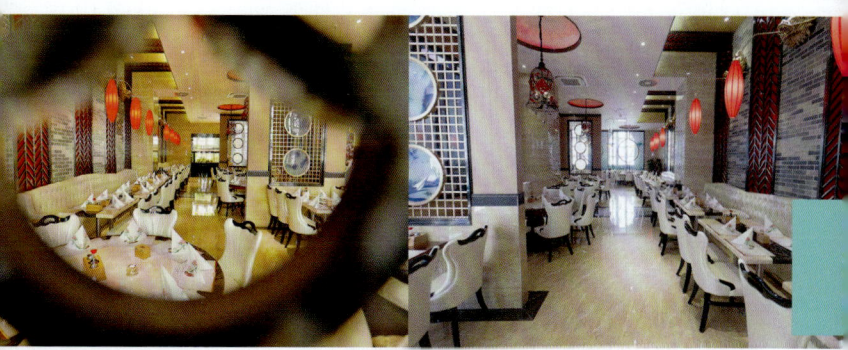

Wiggensbach

Liebenswerter Erholungsort nahe Kempten

Der Markt Wiggensbach mit seinen etwa 5036 Einwohnern liegt acht Kilometer westlich von Kempten und besteht aus den Ortsteilen Wiggensbach, Ermengerst, Westenried und 72 Weilern und Einöden. Der anerkannte Erholungsort liegt auf einer Höhe von 747 bis 1077 m ü. M. zwischen Wäldern, Hügeln und saftig grünen Wiesen mit herrlichen Ausblicken auf die Alpenkette. Abseits der Touristenströme genießen Wanderer und Naturfreunde erholsame Urlaubstage. Gemütliche Unterkünfte, eine gepflegte Gastronomie und vielfältige Freizeitmöglichkeiten sorgen für zufriedene Urlaubsgäste. Dank der günstigen Verkehrslage sind die attraktiven Ausflugsziele in der Umgebung wie Füssen, Oberstdorf und der Bodensee in nur einer Stunde erreichbar.

Kurzer Blick ins Geschichtsbuch

Archäologische Funde haben Siedlungsspuren aus dem 3. Jahrhundert nachgewiesen. Der Ortsteil Ermengerst wurde bereits 1037 urkundlich erwähnt. Der Name Wiggensbach erscheint erstmals im Jahr 1182 in der Isnyer Klosterchronik. Seit 1508 gehörte die Gemeinde zum Fürststift Kempten und kam 1803 mit dem Reichsdeputationshauptschluss zu Bayern.

Sehenswürdigkeiten

Der Wiggensbacher Schatz, eine Sammlung von Schmuck und Münzen, die 1888 zufällig entdeckt wurden, sind im Zumsteinhaus in Kempten zu besichtigen.

Von den zahlreichen Burgen, die einst in der Hügellandschaft zwischen Kempten und Isny erbaut wurden, ist keine erhalten geblieben. Lediglich die Standorte von fünf sogenannten Burgställen auf Hügeln sind nachgewiesen.

Die Pfarrkirche St. Pankratius in Wiggensbach aus dem späten Mittelalter wurde nach einem Brand Ende des 18. Jahrhunderts im Rokokostil res-

Wiggensbach
(Bilder Markt Wiggensbach)

Marktplatz und Kirche

tauriert und weist einen prächtig gestalteten Innenraum mit Fresken und Stuckmarmoraltären auf.

Ebensfalls sehenswert ist die Filialkirche St. Johannes der Täufer in Ermengerst aus dem späten 15. Jahrhundert. Der Innenraum wurde Ende des 17. Jahrhunderts mit Altären, Kanzel und Gestühl im Stil des Frühbarocks ausgestattet.

Bei einem Rundgang durch den Ort fallen etliche gut erhaltene, schmucke Gebäude auf wie der Gasthof „Zum Goldenen Kreuz" aus dem späten 17. Jahrhundert.

Freizeit und Sport

Im Gemeindegebiet lädt ein bestens beschildertes Wander- und Radwegenetz zu genussvollen Stunden in der Voralpenlandschaft ein. So lohnt sich eine Tour auf den Hausberg „Blender", der mit einem prachtvollen Blick auf das Alpenpanorama aufwartet.

Ob Erlebnis-Bauernhof, Hallen- und Freibad, Töpferhof, Abenteuerspielplatz oder Deutschlands höchst gele-

gener Golfplatz – Wiggensbach bietet dem Erholungssuchenden zahlreiche Freizeitangebote.

Im Winter genießen Winterwanderer und Langläufer die herrliche Schneelandschaft auf gespurten Loipen und geräumten Wegen.

Veranstaltungen

Tradition und Brauchtum pflegen die aktiven Vereine der Gemeinde. Beliebte Veranstaltungen wie Faschingsbälle, Bockbierfeste, Dorffeste, Osterteater, Maibaumaufstellen, Bergmessen und Volksmusikkonzerte sorgen im Jahreslauf für unterhaltsame Abwechslung

Wichtige Adressen und Telefonnummern

Amt für Kultur und Tourismus
Kempter Straße 3
D-87487 Wiggensbach
Tel. +49 (0)8370 84 35
Fax +49 (0)8370 3 79
info@wiggensbach.de
www.wiggensbach.de

Wildpoldsried

Das Energiedorf

Aufgrund der vielen Windräder sieht man die Gemeinde Wildpoldsried (2600 Einwohner) im Leubasbecken zwischen Kempten und Marktoberdorf schon von weitem. Der Ort mit seinen vielen Weilern ist als „Energiedorf" international bekannt. Die vom ökologischen Bewusstsein geprägte Gemeinde mit gut ausgebauter Infrastruktur, regem Vereinsleben und landschaftlich schöner Umgebung bietet erholsamen Urlaub abseits der großen Touristenströme in gemütlichen Ferienwohnungen, auf dem Bauernhof oder im „Energiehotel Kultiviert" an. Die Verkehrsanbindung durch die nahe gelegene Ausfahrt der B12 von Kempten nach Kaufbeuren/München bzw. der A7 Ulm/Füssen sorgt für gute Ausflugsmöglichkeiten zu den attraktiven Zielen in der prachtvollen Allgäuer Voralpenlandschaft.

Kurzer Blick ins Geschichtsbuch

Erstmals urkundlich erwähnt wurde Wildpoldsried 1392. Bis 1803 gehörte die Gemeinde zum Fürststift Kempten. Seit dem Reichsdeputationshauptbeschluss und der Säkularisation 1803 gehört der Ort zu Bayern. Mit der Verwaltungsreform 1818 entstand die heutige Gemeinde.

Sehenswürdigkeiten

Anhand verschiedener ausgestellter Exponate wird das frühere Alltags-

Wildpoldsried
(Bilder Gemeinde Wildpoldsried)

und Arbeitsleben im Dorfmuseum von Wildpoldsried anschaulich dokumentiert. Öffnungszeiten auf Anfrage bei der Gemeinde Tel. +49 (0)8304 92050.

Die Burgruine Wolkenberg im nahegelegenen Kemptener Wald wurde Ende des 20. Jahrhunderts freigelegt und gesichert und ist einen Besuch wert.

Freizeit und Sport

Die Gemeinde liegt nahe am ausgedehnten Wandergebiet des Kemptener Waldes.

Empfehlenswert ist der einstündige Themenweg „WiWaLaMoor" durch die Wildpoldsrieder Wasser-Landschaft im Moor mit interessanten Informationstafeln oder eine Wanderung zu den Windrädern – dem bayerischen Windstützpunkt.

Während des Winters sorgen mehrere präparierte Loipen für klassische Langläufer wie auch Skater für ungetrübtes Langlaufvergnügen inmitten der herrlichen Schneelandschaft des Allgäuer Voralpenlandes.

Hotellerie und Gastronomie im Energiedorf

Ausgezeichnete Beherbungsbetriebe wie das Energiehotel KULTIVIERT und der Landgasthof Hirsch bieten neben gemütlichen Gästezimmern auch eine regionale Schmankerlküche.

Wichtige Adressen und Telefonnummern

Gemeinde Wildpoldsried
Kemptener Str. 2
D-87499 Wildpoldsried
Tel. +49 (0)8304 92 05-0
Fax +49 (0)8304 92 05-20
gemeinde@wildpoldsried.de
www.wildpoldsried.de

Der Zellersee, Kißlegg
(Bilder Gemeinde Kißlegg)

Erlebnisraum
Naturschatzkammern

Erlebnisraum Naturschatzkammern

Die reizvolle Kulturlandschaft des Württembergischen Allgäus hat ihre Attraktivität den Eiszeiten zu verdanken. Es ist das Vermächtnis der Gletscher, die hier eine liebliche Landschaft mit Hügeln, Wäldern, Wiesen, Seen und Mooren schufen. Hier ist alles geboten, was der Erholungssuchende sich wünscht. Neben einer intakten, vielfältigen Natur finden sich malerische historische Orte mit einem kulturellen Angebot, das seinesgleichen sucht.

Beliebte Ferienregion in reizvoller Kulturlandschaft

Für Naturliebhaber gibt es in den Naturschutzgebieten der Region wie dem Wurzacher Ried viel zu entdekken. In dem größten intakten Hochmoor Mitteleuropas hat sich eine faszinierende Fauna und Flora erhalten können. Rund 1.000 Kilometer beschilderte Wanderwege bieten reichlich Gelegenheit für genußvolle Wanderungen. Ein gemütlicher Spa-

Familienausflug auf dem Rad
(Bilder Allgäu GmbH)

Allgäu, Mehr Freiraum und Gesundheit

ziergang ist hier ebenso möglich wie eine anspruchsvolle Tour. Im Winter laden gepflegte Wanderwege und bestens präparierte Loipen zu Ausflügen in die malerische Schneelandschaft.

Zahllose Sehenswürdigkeiten, die die Region an der Oberschwäbischen Barockstraße zu bieten hat, begeistern die kunsthistorisch interessierten Besucher: Historische Altstädte mit romantischen Gassen, prachvolle Schlösser und zahlreiche Kirchen, die sich in barocker Pracht präsentieren. Darüber hinaus finden sich interessante Museen wie das Automusem in Wolfegg.

Die kleine Kurstadt Bad Wurzach ist das älteste Moorbad Baden-Württem-

bergs. Mit seinen zahlreichen Kur- und Gesundheitseinrichtungen eignet sich das beschauliche Städtchen hervorragend für einen Wellnessurlaub mit wohltuenden Moor- und Thermalbädern. Mehr über das „schwarze Gold" des Allgäus erfährt der interessierte Besucher bei einem Besuch des Oberschwäbischen Torfmuseums in Oberried. Neben dem Lehrpfad „Auf den Spuren der Torfstecher" bringt einem auch die Fahrt mit dem „Torfbähnle" ins Ried Einblicke in diesen Naturschatz Torf und Moor.

Inmitten idyllischer Landschaft liegt der Luftkurort Kißlegg, der mit kunsthistorischen Schätzen aufwartet. In zwei Schlössern und mehr als 30 sehenswerten Kapellen offenbart sich

Karte der Erlebnisräume Allgäu siehe Seiten 54/55

Kurze Orientierungspause

die Pracht aus barockem Baustil. Das Neue Schloss aus dem Jahr 1727 beeindruckt mit einem Schlosspark im englischen Stil. Das Riedgebiet zwischen Immenried und Eintürnen ist ein wahres Naturerlebnis mit idyllisch gelegenen Weihern und Seen.

Der liebenswerte Kurort Wolfegg liegt an der Oberschwäbischen Barockstraße in einer reizvollen, hügeligen Voralpenlandschaft mit Dutzenden von Seen und Weihern. Das Stadtbild wird durch Schloss Wolfegg geprägt, das von der fürstlichen Familie bewohnt wird. In zwei Nebengebäuden der Residenz ist das über die Region hinaus bekannte Automobilmuseum von Fritz B. Busch beheimatet.

Die Region Waldburg umfasst sechs Gemeinden , die zwischen herrlichen Nadel- und Laubwäldern, Wiesen, Seen, Hügeln und Tälern eingebettet sind. Hier berühren sich die grünen Hügel des Allgäus mit der sanften Kulturlandschaft Oberschwabens und der milden Senke der Bodenseeregion

Orte im Erlebnisraum Naturschatzkammern

Kißlegg
(Bild Gemeinde Kißlegg)

Argenbühl

Der aussichtsreiche Luftkurort

Der Luftkurort Argenbühl (rund 6.400 Einwohner) im Württembergischen Allgäu liegt zwischen den Städten Wangen und Isny. Sechs reizende Dörfer mit einem wunderschönen Blick auf die Alpen. Ein Dorf schöner als das andere, jedes hat seinen eigenen Reiz und seine eigene wechselvolle Geschichte und dies im schönsten Teil des Württembergischen Allgäus. Abwechslungsreiche Wanderwege durch Moore und Wälder oder entlang der Argen und Seen zeigen die Vielfalt des Allgäus. Ob gemütlich oder sportlich - auch für Radler und im Winter für Langläufer bietet Argenbühl die passende Tour.

Christazhofen

Durch seine einzigartig freie Lage bietet Christazhofen einen weiten Rundblick über das hügelige Voralpenland. Sehenswert ist die Pfarrkirche St. Mauritius mit dem barocken Hochaltar. Im Sommer finden im Schulhof die Sommerabendkonzerte und das Open-Air-Kino statt.

Die über 400 Jahre alte Hammerschmiede in Gottrazhofen nutzt noch heute die Wasserkraft des Tobelbaches. Besichtigungen sind nach Absprache mit dem Schmied Anton Netzer, Tel. +49 (0)7566 443 möglich.

Ganz in der Nähe liegt Enkenhofen mit der Pfarrkirche St. Laurentius. Schöne Wanderrundwege um den Gottrazhofer Stausee bieten Informationen über die Funktion des Stauwehrs, die Fischtreppe und die zahlreichen Vogelarten.

Eglofs

Mit seinem historischen Dorfplatz und dem neugotischen Brunnen gehört Eglofs zu einem der schönsten Dörfer. Die unvergleichbare Lage mit

Blick über den Schlossweiher bei Siggen
(Bilder Gästeamt Argenbühl)

Christazhofen

Blick auf die Alpenkette und dem Osterwald, eines der größten Waldgebiete Württembergs, machen Wandern in und um Eglofs zu einem aussichtsreichen Erlebnis. Sehenswert sind die Barockkirche St. Martin, die Lourdes-Grotte und der Schuhmichelbrunnen. Veranstaltungen im Dorfstadel oder im Freilichttheater „Stiller Winkel" runden das Angebot ab.

Im einzigartigen Museum der Allgäuer Musikgeschichte wird ebenfalls eine Mineralien- und Ofenkachelsammlung präsentiert. Es vermittelt mit seiner Sammlung von historischen Instrumenten, Notensammlungen sowie Ton- und Bildbeispielen einen interessanten Einblick in die geschichtliche Entwicklung. Öffnungszeiten von April bis Oktober immer sonntags von 10:00 bis 12:00 Uhr und von 13:30 bis 16:00 Uhr.

Lehrreich und anregend ist der Kräutergarten Zellers mit Barfußpfad. Im Sommer vergnügt man sich im Naturweiher Moorbad im Ortsteil Burg und im Winter im PanoramaBad.

Eisenharz

Zu den Sehenswürdigkeiten gehören der idyllische Dorfplatz, der Bauernbrunnen vor dem Rathaus und die Kapelle Alleschwende mit der Schutzmantel-Madonna.

Das Naturschutzgebiet Bodenmöser ist eine der großflächigsten Moorkomplexe Süddeutschlands, die noch eine Reihe seltener Tier- und Pflanzenarten beherbergen. Mehrere Wanderwege führen durch die einzelnen Lebensräume. Doch auch der Aphorismen- und Zitate-Wanderweg Saint

Eisenharzer Moor

Exupéry lädt auf 7 km Länge durch die herrliche Erholungslandschaft rund um Eisenharz ein. 26 illustrierte Tafeln mit den schönsten Gedanken St. Exupérys machen diesen Weg zum „Lehrpfad für die Seele".

Immer am zweiten Weihnachtsfeiertag findet die große historische Reiterprozession zur Stephanskapelle statt. Der Stephansritt ist die einzige Winterprozession zu Pferde in der Region und findet schon seit 1927 statt.

Göttlishofen

Verstreut liegende Einzelgehöfte und eine kleine Siedlung inmitten einer weitläufigen, grünen Wiesen- und Hügellandschaft, das ist Göttlishofen. Als kleiner Wallfahrtsort hat sich das Rasenkreuz in Meggen entwickelt.

Eine kleine Gedenkkapelle lädt zum Verweilen und Innehalten ein.

Ratzenried

Der historische Dorfkern ist mit seinen alten, gepflegten Häusern und deren Geschichte auf informativen Tafeln ersichtlich. Die mächtige Pfarrkirche St. Georg mit dem Georgsbrunnen und das

Burgruine Ratzenried

Schloss Ratzenried prägen das Ortsbild. Sehenswert ist die Ruine der ehemals größten Dienstmannenburg des Allgäus, wo im Sommer regelmäßig Veranstaltungen stattfinden. Die historische Gerichtsstube im Gasthaus „Zum Ochsen" ist im Allgäu einmalig und erzählt von der früheren Gerichtsherrschaft.

Das Heimatmuseum zeigt mit rund 3.500 Objekten Zeugnisse bäuerlicher und dörflicher Kultur aus Ratzenried und der näheren Umgebung. Die historischen Exponate stammen aus allen Bereichen des Arbeits- und Alltagslebens. Öffnungszeiten von Mai bis Oktober jeweils am 1. Sonntag im Monat von 10:00 bis 12:00 Uhr.

Siggen

Idyllisch, inmitten einer traumhaften Seenlandschaft liegt Siggen. Grandiose Ausblicke von der bayrischen Zugspitze bis zum Schweizer Säntis genießt man von der „Siggener Höhe" aus. Sehenswert ist die alte Pfarrkirche St. Sebastian am Dorfplatz mit dem neu sanierten Pfarrhaus. Alle zwei Jahre präsentieren Künstler und Kunsthandwerker auf dem Kunstwandertag Siggen ihre Kunstwerke und öffnen die Werkstätten und Ateliers für wanderndes und radfahrendes Publikum.

Wichtige Adressen und Telefonnummern

Gästeamt Argenbühl
Kirchstr. 9
D-88260 Argenbühl-Eisenharz
Tel. +49 (0)7566 9402 10
Fax +49 (0)7566 9402 99
info@argenbuehl.de
www.argenbuehl.de

Naturweiher Moorbad Eglofs

Siggen

Pfarrkirche St. Martin, Eglofs

Pedi's Likörlädle und Mockenhof

Köstliche Destillate und Liköre sowie Urlaubsdomizil auf dem Bauernhof

Auf dem Mockenhof in Argenbühl, inmitten der lieblichen Voralpenlandschaft des Allgäus, gibt es einen Ort, an dem es besonders gut duftet. Der Duftspur folgend gelangt man zu Pedi's Likörlädle und findet selbst erzeugte Destillate und Liköre, Fruchtaufstriche, Essige, Öle, Säfte, Sirupe in reicher Auswahl.

Das Likörlädele hat schon viele Auszeichnungen für die angebotenen Qualitätsprodukte erhalten. Die in schönen Flaschen abgefüllten Destillate und Liköre überzeugen durch ihren unverwechselbaren Geschmack mit dem natürlichen Aroma von vollreifen Früchten. Originell verpackt sind sie das ideale Mitbringsel aus dem Urlaub. Der Hofladen ist täglich geöffnet.

Spannend ist die Teilnahme an einer Einführung in die Welt der Destillate und Liköre unter dem Titel „Aroma trifft Erleben", die von Destillat-Erlebnisführer Gerhard Strodel und seiner Frau Petra für Gruppen ab acht Personen nach Voranmeldung angeboten werden. Die Teilnehmer erfahren viel über den Herstellungs- und Verarbeitungsprozess in einer Brennerei und erleben beim Verkosten die Aromenvielfalt von Destillaten, Likören, Essigen und Ölen.

Der Mockenhof wird mit rund 35 Milchkühen voll bewirtschaftet. Familien, die in den zwei vier-Sterne-Ferienwohnungen des Hofes ihre Ferien verbringen, können das Leben auf dem Bauernhof mit Kälbern, Katzen, Ponys, Ziegen, Hasen, Hühnern und Laufenten hautnah erleben.

Die Kinder freuen sich besonders über die drei braven Ponys, die sie pflegen, reiten oder spazieren führen können. Ein gemütlicher Ausflug in der Ponykutsche ist ein besonderer Spaß.

Pedi's Likörlädle und Mockenhof

Petra und Gerhard Strodel
Mockenhof 1
D-88260 Argenbühl-Eisenharz
Tel. +49 (0)75 66-24 65
info@mockenhof.de
www.mockenhof.de

Bad Wurzach

Mystisches Moor und erholsamer Genuss

Das traditionsreiche Moorheilbad Bad Wurzach ist die Heimat einer wahren Naturschatzkammer:
Das Wurzacher Ried beherbergt das größte intakte Hochmoor Mitteleuropas mit einer einmaligen Flora und Fauna. Dieser Urlandschaft verdankt Bad Wurzach auch seine Entwicklung zu einem weithin bekannten Kur- und Erholungsort. Seit 1936 wird die heilende und wohltuende Wirkung des sogenannten „Schwarzen Goldes" angewandt. Die täglich frisch mit Thermalwasser zubereiteten Moorbäder und -packungen sind besonders hilfreich bei Gelenk- und Wirbelsäulenbeschwerden. Aber nicht nur die hervorragende medizinische Kompetenz ist das Aushängeschild der schönen Kurstadt.

Wellness und Wohlfühlen vom Feinsten

Die mit 5*-Wellness-Stars ausgezeichnete Vitalium-Therme bietet eine optimale Ergänzung der klassischen Anwendungen. Das Thermalbad mit Innen- und Außenbecken, die großzügige Saunalandschaft und das Wohlfühlhaus für Wellness-Anwendungen laden zum Entspannen ein. Attraktionen wie ein Dampfbad und ein Sole-Relaxraum ergänzen das Angebot in der Vitalium-Therme.

Die Moor-Erlebniswelt

Die mystische, geheimnisvolle Urlandschaft des Wurzacher Rieds nimmt den Besucher mit auf eine Zeitreise. Eine

Schloss Bad Wurzach
(Bilder Stadt Bad Wurzach)

Wellness im Moorzuber

Wanderung in dieser Naturschatzkammer gleicht einem Gang durch die Naturgeschichte: Über 2500 Pflanzen, Tiere und Pilze sind bis heute nachgewiesen, ein wahres Paradies für Naturliebhaber. Ein Spaziergang auf dem Torflehrpfad, ein Besuch des Torfmuseums und eine Fahrt mit dem historischen Torfbähnle machen die Entstehungsgeschichte, den Lebensraum und die Sozialgeschichte des Moores lebendig. Die multimediale Erlebnisausstellung „MoorExtrem" zeigt die Vielfalt und die Besonderheiten des Lebensraumes Moor mit all seinen Extremen. Modern und mithilfe verschiedenster Spiele wird das Wurzacher Ried für alle Sinne erlebbar.

Das barocke Lebensgefühl

Kultur gehört zu einem Aufenthalt in Bad Wurzach natürlich dazu. Das berühmte Barocktreppenhaus im Wurzacher Schloss mit seiner elegant geschwungenen Treppe und dem antiken Götterhimmel als Deckenfresko, die klassizistische Pfarrkirche St. Verena und die barocke Wallfahrts-

kirche auf dem Gottesberg reihen sich in die Sehenswürdigkeiten entlang der Oberschwäbischen Barockstraße ein.

Tipp: Seit Mai 2017 bringt die Rokokokapelle, die als eine der schönsten Hauskapelle der Welt gilt, Besucher im ehemaligen Kloster Maria Rosengarten zum Staunen. Außerdem lädt die hübsche Innenstadt Bad Wurzachs mit zahlreichen Geschäften zum Einkaufsbummel und der Kurpark zum gemütlichen Schlendern ein. Verschiedene Führungen, Musik-, Konzert- und Tanzveranstaltungen sorgen für Kurzweil und gute Unterhaltung. Langeweile ausgeschlossen!

Wichtige Adressen und Telefonnummern

Bad Wurzach Info
Rosengarten 1
D-88410 Wurzach
Tel. +49 (0)7564 3021 50
Fax +49 (0)7564 3023 150
service@bad-wurzach-info.de
www.bad-wurzach.de

Morgenstimmung am Riedsee

Kißlegg
Kultur und Natur

Der Luftkurort Kißlegg (rund 9.000 Einwohner) im Herzen des württembergischen Allgäus liegt an der Oberschwäbischen Barockstraße. Die Gemeinde ist eingebettet in eine reizvolle Landschaft mit romantischen Seen und Naturschutzgebieten. Kißlegg wird geprägt durch einen reichen kulturhistorischen Gebäudeschatz mit zwei Schlössern, einer berühmten Barockkirche und vielen Kapellen.

Die Gemeinde ist als Bahnknotenpunkt und durch den Anschluss an die Autobahn 96 gut zu erreichen und bietet günstige Ausflugsmöglichkeiten. Sie ist weithin bekannt als Standort für die Herstellung von zahlreichen beliebten ökologischen und konventionellen Lebensmitteln.

Kurzer Blick ins Geschichtsbuch

Erstmals urkundlich erwähnt wurde Kißlegg im Jahr 824. Das Marktrecht erhielt der Ort im Jahr 1394. Nach wechselnden Besitzern kam Kißlegg 1806 zum Königreich Württemberg.

Sehenswürdigkeiten

Das Ortsbild wird beherrscht durch den mächtigen, dreischiffigen Bau der 1734-1738 errichteten Pfarrkirche St. Gallus und Ulrich, eine der schönsten Barockkirchen der Region, direkt am Zellersee gelegen. Sie wird flankiert vom Neuen Schloss in nördlicher und vom Alten Schloss in südlicher Nachbarschaft.

Kißlegg
(Bilder Gemeinde Kißlegg)

Der heitere Innenraum der Kirche mit dem beeindruckenden Tonnengewölbe birgt eine Madonna aus dem Jahr 1623, eine prächtige Barockkanzel und den legendären Augsburger Silberschatz.

Empfehlenswert ist die Teilnahme an einer Kirchenführung, die von April bis Oktober donnerstags ab 10:30 Uhr stattfindet.

Das Neue Schloss

Sehenswert ist auch das barocke Neue Schloss, das von einem großzügigen Park umgeben ist. Die reich stuckierten Innenräume mit kostbaren Fresken, die acht lebensgroßen Sybillenfiguren von Joseph Anton Feuchtmayer, die Schlosskapelle, das Heimatmuseum und ständig wechselnde Kunstausstellungen versprechen einen abwechslungsreichen Besuch. Jeden Sonn- und Feiertag finden um 15:00 Uhr Schlossführungen statt.

Freizeit und Sport

Die idyllische Kißlegger Landschaft mit Seen und Mooren lädt zu genussvollen aussichtsreichen Wanderungen und Radtouren mit eindrucksvollen Naturerlebnissen ein. Kißlegg liegt als Etappenort sowohl an der Wiesengängerroute der Wandertrilogie Allgäu, als auch auf der Strecke der beliebten Radrunde Allgäu.

Lohnend ist die Sicht von der 739 Meter hohen Buschel, der höchsten Erhebung von Kißlegg, wo man an klaren Tagen mit einer überwältigenden Aussicht auf das Alpenpanorama belohnt wird.

Badefreuden und Erholung bietet das herrlich gelegene Strandbad Obersee, das von Mitte Mai bis Mitte September geöffnet ist. Neben dem großen Naturbadesee sind auch ein beheiztes Schwimmbecken und ein Kleinkinderbecken vorhanden.

Veranstaltungen

Das vielfältige Kißlegger Veranstaltungsprogramm reicht von Ausstellungen und Konzerten im Neuen Schloss, über das beliebte Schloss- und Straßenfest im Juli mit großem Flohmarkt sowie sommerliche Open-Air-Konzerte auf der neuen Seebühne im Strandbad bis zum alljährlichen Weihnachtsmarkt im Neuen Schloss.

Wichtige Adressen und Telefonnummern

Gäste- und Bürgerbüro
Neues Schloss, Schlossstraße 8
D-88353 Kißlegg
Tel. +49 (0)7563 936 142
Fax +49 (0)7563 936 199
tourist(@)kisslegg.de
www.kisslegg.de

Wolfegg

Erleben und Genießen

Der Heilklimatische Kurort Wolfegg (rund 3.700 Einwohner) liegt im Süden Baden-Württembergs an der Oberschwäbischen Barockstraße. Zur Gemeinde gehören die Ortsteile Alttann, Molpertshaus, Rötenbach und Wolfegg. Wolfegg ist geprägt durch ein vielseitiges kulturelles Angebot und die abwechslungsreiche, hügelige Voralpenlandschaft mit Seen, Wäldern und Wiesen. Die harmonische Verbindung von Kultur und Natur macht Wolfegg zu einem beliebten, attraktiven Urlaubs- und Ausflugsziel. In den gemütlichen Gasthäusern Wolfeggs wird die sprichwörtliche oberschwäbische Gastfreundschaft gepflegt. Durch die günstige Lage zwischen den nahe gelegenen Städten Ravensburg, Leutkirch und Wangen ist Wolfegg leicht erreichbar.

Kurzer Blick ins Geschichtsbuch

Rötenbach als ältester Teilort wurde erstmals 861 urkundlich erwähnt.

Molpertshaus und Wolfegg folgten im 13. Jahrhundert. Anfang des 19. Jahrhunderts kam Wolfegg zum Königreich Württemberg hinzu.

Sehenswürdigkeiten

Besuche im Bauernhausmuseum Allgäu-Oberschwaben Wolfegg mit 16 historischen Gebäuden und im Automuseum Wolfegg, das zahlreiche Oldtimer zeigt, lohnen sich.

Das Ortsbild von Wolfegg wird durch das fürstliche Schloss geprägt. Es ist nur während der großen internationalen Konzertreihen zweimal im Jahr für Gäste geöffnet. Dann werden auch Führungen angeboten.

Wolfegg besitzt mit der imposanten Pfarrkirche St. Katharina, die von 1733 bis 1736 von Johann Georg Fischer erbaut wurde, eine der prächtigsten Barockkirchen Oberschwabens.

Schloss Wolfegg
(Bilder Gemeinde Wolfegg)

Der Innenraum beeindruckt mit Stuckaturen aus der Wessobrunner Schule, sehenswerten Fresken und Altarbildern sowie einer prachtvollen Barockorgel.

Freizeit und Sport

Spaß am Stockweiher

80 km ausgeschilderte Rundwanderwege führen durch die herrliche Landschaft rund um Wolfegg mit blühenden Wiesen und Dutzenden Weihern und Badeseen. Lohnend ist eine Rast auf einem der zahlreichen eiszeitlichen Drumlinhügel. Beispielsweise am südlichen Ortsrand, wo die Loretokapelle eine überwältigende Fernsicht auf die Alpenkette bietet.

Auf den ausgeschilderten Fahrradrouten der wenig befahrenen Nebenstraßen lässt sich die abwechslungsreiche Wolfegger Landschaft auch genussvoll mit dem Rad erkunden.

Veranstaltungen

Wolfegg bietet jährlich zahlreichen Besuchern drei bedeutende, weithin bekannte Konzertzyklen mit den Internationalen Wolfegger Konzerten am letzten Wochenende im Juni, den Ludwigsburger Festspielen im September und der Wolfegger Wintermusik vom 31. Dezember bis zum 6. Januar mit Kammermusikaufführungen.

Das abwechslungsreiche Wolfegger Kulturprogramm bietet außerdem Brauchtumsfeste, Bauerntheater und vielseitige Veranstaltungen der aktiven Wolfegger Vereine.

Wichtige Adressen und Telefonnummern

Wolfegg Info
Rötenbacher Str. 13
D-88364 Wolfegg
Tel. +49 (0)7527 9601 51
Fax +49 (0)7527 9601 708
wolfegg.info@wolfegg.de
www.wolfegg.de

Im Hofgarten

Eine Reise in die Vergangenheit Oberschwabens

Bauernhaus-Museum Allgäu-Oberschwaben Wolfegg

Mitten in der sanften Hügellandschaft Oberschwabens liegt das Bauernhaus-Museum Allgäu-Oberschwaben Wolfegg. Derzeit umfasst das Museum 16 historische Bauernhäuser und Nebengebäude, die einen Einblick in die Lebens- und Arbeitsumstände der Landbevölkerung vermitteln: In originalgetreu eingerichteten Stuben, Kammern, Ställen und Werkstätten tauchen die Besucher ein in das ländliche Leben vergangener Jahrhunderte. Liebevoll gepflegte Bauerngärten mit heimischen Kräutern und Blumen laden zum Verweilen ein und besonders Kinder lieben die zahlreichen Tiere wie Hühner, Schweine, Gänse und Kühe, die – teilweise freilaufend – das Musemsdorf beleben. Auf dem Gelände laden gemütliche Plätze zum Ausruhen und Brotzeitmachen ein, regionale Speisen bereitet die Museumsgaststätte zu, deren herrlicher Biergarten allein schon eine Einkehr wert ist. Ein abwechslungsreiches Veranstaltungsprogramm mit unterschiedlichen

Themenschwerpunkten lädt immer wieder aufs Neue zu einem Besuch in das Bauernhaus-Museum ein. Für Schüler und Jugendgruppen, Vereins- und Betriebsausflüge hält das Museum ein breites Angebot an museumspädagogischen Mitmach-Aktionen bereit.

Öffnungszeiten

Mai-Sept.: täglich von 10-18 Uhr.
März, April, Okt, Nov.:
täglich, außer Mo., von 10-17 Uhr.

Bauernhaus-Museum Allgäu-Oberschwaben Wolfegg
Vogter Straße 4, D-88364 Wolfegg
Tel. +49 (0)7527 95 50 0
info@bauernhaus-museum.de, www.bauernhaus-museum.de

Schwelgen im Zeitgeist vergangener Jahrzehnte

Automuseum Wolfegg

Das neue Automuseum, das 2017 eröffnet wurde, zeigt einen Ausschnitt der verschiedensten Epochen der Mobilität rund um das Automobil. Der Schwerpunkt der Ausstellung liegt in den Fahrzeugen der 1960er- bis 80er-Jahre. Jugenderinnerungen werden hiergeweckt, wenn die Besucher ihre Traumfahrzeuge wie den Golf GTI, den Opel Manta oder Porsche 911 entdecken.

Abgerundet wird das Flair der Vergangenheit durch Einrichtungsgegenstände der damaligen Zeit. Die frühen PCs sind hier ebenso zu sehen wie die ersten Mobiltelefone oder Haushaltsgeräte, die mit Ihrem knallenden Orange ins Auge stechen. Auch das originalgetreue Klassenzimmer aus den 70ern oder das historische Wohnzimmer wird so manche Erinnerungen wach rufen.

Die weltgrößte Einradanhängersammlung der Welt

Entgegen aller Vermutungen gehörten früher Einradanhänger für PKW, LKW und Omnibusse zum Straßenbild. Spannende Exponate wie der Einradanhänger mit Holzvergaser, den der LKW vor sich herschob, sind hier zu sehen oder der größte Einradanhänger der Welt, der der ETH Zürich zur Erforschung des Flüsterasphalts diente.

Wechselnde Ausstellungen sorgen für Vielfalt

Halbjährlich wechseln die Sonderausstellungen. Hierbei bilden mal Automarken mal Typen ebenso Schwerpunkte wie technische Themen.

Dialog mit der Zukunft

Durch die partnerschaftliche Zusammenarbeit des Museums mit dem welt-

weit größten Konstruktionswettbewerb, der „Formula Student" können die Besucher den jungen Talenten der FH Weingarten über die Schulter schauen und staunen, was die Top-Ingenieure von morgen auf die Räder stellen.

Öffnungszeiten

Ostern bis Ende der Herbstferien: Tägl. Mo. bis So. 10 bis 18 Uhr geöffnet. Nebensaison: Sa. und So. & Feiertage (auch Weihnachtsfeiertage & Neujahr) von 10–17 Uhr.

Während der Weihnachtsferien täglich geöffnet! Für Gruppen sind Besichtigungen und Führungen ab 10 Teilnehmern zu jeder Zeit nach voheriger telefonischer Absprache möglich.

Automuseum Wolfegg

Nebengebäude von Schloss Wolfegg
Fritz-B.-Buschweg1
D-88364 Wolfegg
Tel. +49 (0)7527 92 10 390
info@automuseum-wolfegg.de
www.automuseum-wolfegg.de

Region Waldburg
Abwechslungsreiche Freizeitlandschaft

Zur Region Waldburg im Württembergischen Allgäu gehören die sechs Gemeinden Amtzell, Bodnegg, Grünkraut, Schlier, Vogt und Waldburg. Die abwechslungsreiche Landschaft der Region ist geprägt von Wäldern, Wiesen und Seen, idyllischen Tälern und grünen Hügeln.

Feriengästen stehen zahlreiche Unterkunftsmöglichkeiten und ein breites gastronomisches Angebot zur Verfügung. Hier finden sie Ruhe, Erholung, zahlreiche Freizeitmöglichkeiten und ein vielfältiges kulturelles Angebot mit attraktiven Sehenswürdigkeiten.

Amtzell

Die malerische Gemeinde Amtzell (rund 4.200 Einwohner) gilt als westliches Tor zum Allgäu. Sie liegt auf einer Südterrasse über der Unteren Argen mit prächtiger Aussicht auf die Alpenkette verkehrsgünstig an der B 32 von Ravensburg nach Wangen.

Im sehenswerten Alten Schloss aus dem 15. Jahrhundert ist heute ein Kultur- und Veranstaltungszentrum untergebracht. Die Pfarrkirche St. Johannes und Mauritius aus dem 13. Jahrhundert wurde später im Barockstil umgestaltet und birgt einige kulturhistorische Kostbarkeiten wie einen römischen Taufstein und barocke Apostelfiguren. Ebenfalls sehenswert sind die Wallfahrtskirche Pfärrich und ein technischer Denkmallehrpfad mit Reibeisenmühle, Hammerschmiede, Sägewerk und Käserei.

Ausgeschilderte Wanderwege wie der Obstbaumlehrpfad, der Weg auf den aussichtsreichen Kapellenberg oder der Wanderweg ins Naturschutzgebiet Karbachtal führen durch die herrliche Naturlandschaft. Der Naturweiher Singenberg bietet sommerliche Badefreuden. Kletterfreunde besuchen die ganzjährig geöffnete Kletterhalle Red Rooster.

Waldburg
(Bilder Gästeamt Waldburg)

856

Bodnegg

Kirche in Bodnegg

Die Gemeinde Bodnegg (rund 3.200 Einwohner) liegt im südöstlichen Teil der Region Waldburg. Die weithin sichtbare barocke, im Innenraum reich ausgestattete Pfarrkirche St. Ulrich und Magnus, Wahrzeichen von Bodnegg gilt als schönst gelegene Kirche Oberschwabens. Die Aussichtsplattform der Kirche bietet einen eindrucksvollen Blick auf das Alpenpanorama und die sanft zum Bodensee abfallende Hügellandschaft mit Obst- und Hopfenanbaugebieten.

Zum Ortskern mit Geschäften und Café gehören das Bodnegger Pfarrhaus aus dem 18. Jahrhundert sowie ein kindliches Bildungszentrum mit Bibliothek.

Ob im Hallenbad mit Dampfbad und Fitnessraum oder auf den zahlreichen Wanderwegen mit Lesebänken sind Sport, Spaß, Erholung und Entspannung möglich. Daneben rundet eine Freizeitanlage mit Mountainbikeparcours, Skateanlage, Beachvolleyball und Inline Hockey-Feld das familienfreundliche Freizeitangebot ab.

Grünkraut

Die Gemeinde Grünkraut (rund 3.100 Einwohner) in sonniger Lage über dem Schussental besteht aus dem Hauptort und 41 Weilern. Sie liegt verkehrsgünstig nur ca. sechs Kilometer von Ravensburg entfernt und verbindet in idealer Weise die naturnahe Lage mit städtischem Flair. Auch zur A 96 ist es nicht weit.

In der Ortsmitte findet man die katholische St. Gallus-Kirche, gute Einkaufsmöglichkeiten und kulturelle Angebote wie Kunstgalerie, Bücherei und der denkmalgeschützte Pfarrstadel als Veranstaltungsort.

Naturschutzgebiet Wasenmoos

Der idyllische Dorfweiher und das nahe Naturschutzgebiet Wasenmoos bieten Ruhe und Erholung. Das ausgebaute Radwegenetz hat Anschluss an die Fernwanderradwege der Region.

Das tolle Angebot der Kirchen, Vereine und Gruppierungen bietet sehr viele Möglichkeiten der Freizeitgestaltung: Von Sport über Musik, Kultur, Brauchtum und vieles weitere ist für jeden etwas dabei.

Schlier

Schlier
(Bild Andreas Praefke)

Die landwirtschaftlich geprägte Gemeinde Schlier (rund 4.000 Einwohner) liegt nahe bei den Städten Ravensburg und Weingarten. Das weit verzweigte Wander- und Radwegenetz in Schlier mit ausgedehnten Wäldern und den Natur- und Landschaftsschutzgebieten „Lochmoos" und „Rößler Weiher" bieten einen hohen Erholungswert für Naturfreunde.

Lohnend ist der wasserbauhistorische Pfad „Stiller Bach" oder der Weg vorbei am Lanzenreuter Weiher zum Barbarossastein im romantischen Lauratal.

In Schlier gibt es 30 nachgewiesene Quellen; die Wasserversorgung der Gemeinde Schlier wird aus einem sehr wasserreichen Arteserbrunnen gespeist. In der Wetzisreuter Festhalle finden die abwechslungsreichen Veranstaltungen der Schlierer Vereine statt.

Vogt

Die lebendige Gemeinde Vogt (rund 4.600 Einwohner) liegt am südlichen Rand des ausgedehnten Altdorfer Forstes (die größte zusammenhängende Waldfläche zwischen Schwäbischer Alb und Bodensee) und verfügt über eine sehr gute Infrastruktur. Die reizvolle, sonnige Landschaft von Vogt zwischen Allgäu und Schussental erkundet man am besten auf den schönen Rundwanderwegen mit gelegentlichen Ausblicken auf die Alpen, die durch das riesige Waldgebiet, durch Täler und Hochmoore führen.

Vogt

Waldburg

Der staatlich anerkannte Erholungsort Waldburg (rund 3.200 Einwohner) am Fuße der weithin sichtbaren Waldburg, einem Wahrzeichen Oberschwabens, ist mit seinem milden Reizklima ein beliebter Erholungsort und ein lohnendes Ausflugsziel.

Die im 12. Jahrhundert errichtete Waldburg gehört nach einer umfassenden Renovierung zu den besterhaltenen Burganlagen in Süddeutschland.

Das Museum führt Exponate zur Baugeschichte der Waldburg, zur Geschichte der Familie und zur Landes-

Schatzkammer
der Waldburg

vermessung. Etwas ganz besonderes sind die Repliken des Kaiserschatzes, die in einer Schatzkammer aufbewahrt werden. Bereits auf dem Weg zur Waldburg hat man einen herrlichen Ausblick auf die Alpen und den Bodensee.

Weitere Sehenswürdigkeiten in der Gemeinde sind die Kirche St. Magnus aus dem 14. Jahrhundert, die 400 Jahre alte Gerichtslinde auf dem Platz vor dem Rathaus und die Sternwarte. Der Besuch des jährlich stattfindenden, sehr beliebten Töpfermarktes am 3. Wochenende im August ist sehr lohnend.

Zahlreiche Rundwanderwege durch die herrliche Natur und ein ausgebautes Radwegenetz gehören zu den umfangreichen Freizeitangeboten in Waldburg.

Wichtige Adressen und Telefonnummern

Gästeamt Waldburg
Hauptstr. 20
D-88289 Waldburg
Tel. +49 (0)7529 9717 11
Fax +49 (0)7529 9717 55
info@gemeinde-waldburg.de
www.region-waldburg.eu

Die Waldburg

Urlaubstag im Erlebnis-Garten-Center

Gartencenter Fleischer

In Grünkraut bei Ravensburg finden Gartenfreunde Oberschwabens größtes Gartencenter. Nicht seine Ausdehnung alleine macht die Größe und Bedeutung aus, sondern sein Sortiment und die Beratungskompetenz. Auf 6900 m² überdachter Fläche und 20 000m² Freilandfläche wartet auf die Besucher ein überwältigendes Einkaufserlebnis mit vielen attraktiven Angeboten.

Das Gartencenter ist sozusagen ein botanischer Garten, aber in Töpfen. Eintritt wird hier nicht bezahlt, dafür kann man die Pflanzen kaufen. In den Abteilungen Gartenmöbel, Gartentechnik, Floristik, Tierabteilung, Saatgut, Baumschule, Zimmerpflanzen, Kübelpflanzen und Pflanzgefäße und Beet und Balkon haben die Besucher eine reiche Auswahl und sie werden von hochqualifizierten Fachkräften umfassend beraten. Nicht umsonst ist das Gartencenter zu einem beliebten Ausflugziel für Blumen-, Garten – und Tierfreunde geworden. Auch Onlinebestellungen sind möglich.

In der Floristik-Abteilung findet man vom Geburtstagsstrauß über die Eventdekortionen kreativ gestaltete Blumenarrangements bis zur Trauerfloristik, alles dekorativ verpackt für jeden Anlaß. Mit Fleurop werden Blumengrüße in alle Welt verschickt. Das Zimmer- und Büropflanzensortiment genügt höchsten Ansprüchen. Dekorationspflanzen werden auch vermietet.

Für große und kleine Tierfreunde führt die Zoo-Abteilung Tiere aus Dschungel, Wüste, Steppe, Unterwasserwelt und Savanne und Regenwald. In der

Blick ins Gartencenter-Restaurant.

Baumschule stehen Immergrüne, Hecken- und Solitärpflanzen, Nadelgehölze und Laubgehölze, Formschnitte, Gartenbonsai, Hochstämme und Zwergbäume und natürlich Obstiges. Bei der Gestaltung des Gartens wird der Pflanz- und Beratungsservice des Centers gern in Anspruch genommen.

Nach einem erlebnisreichen Rundgang genießt man entspannt schwäbische Spezialitäten im romantischen Tropen-Café-Restaurant: Das romantische Gartencenter-Frühstück, Mittagessen, Kaffee und Kuchen. Das Gartencenter-Restaurant bietet auch den besonderen Rahmen für Festlichkeiten. Vorträge für Gartenvereine gibt's auch. Gartenfreunde sollten die Gratis-Bodenuntersuchung nutzen. Bringen Sie eine Hand voll der zu prüfenden Erde und Pflanzenblätter im Plastikbeutel zur Nährstoffberatung mit. Das Gartencenter führt auch gute Sachbücher.

Öffnungszeiten:
Mo. bis Mi. 9 bis 18 Uhr,
Do. und Fr. 9 bis 19 Uhr,
Sa. 8:30 bis 16 Uhr.
Einmal im Jahr ist verkaufsoffener
Sonntag, Infos auf der Website.

**Fleischer GmbH & Co
Samenhaus - Gartencenter KG**
Liebenhofen 102
D-88287 Grünkraut
Tel. +49 (0)751 7 69 10-0
Fax +49 (0)751 66991
office@fleischer-garten.de
fleischer-garten.de

Aus der Region – für die Region

Gelebte Traditionen

Kerzenzieher
nur Adelige konnten es sich leisten

Holzschnitzereien
hochwertige Handwerksarbeiten
einheimischer Holzbildhauer

Töpfereien
Töpfereien, Keramikwerkstätten,
Studios und Ateliers

Glaskunst
rohe flüssige Glasmasse wird zu
einzigartigen Glas-Unikaten, hohe
Qualität, einfühlsame Farbgebung und
grenzenlose Phantasie

Regionale Bücher, Literatur
Reiseführer, Rezept-Bücher, Bildbände,
Wander- und Rad-Karten

Eine Welt Läden

Abrufbar als **E-Book**
in Kombination mit dem
Reiseführer Allgäu unter:
www.reise-idee.de

Regionale Produkte
Sonderteil Bioring Allgäu
Regional, fair und ökologisch

Kulinarische Erlebnisse
Käsespezialitäten mit Charakter
Sennereien, Alpen,
Interessantes zur Herstellung

Biervielfalt
Bierspezialitäten und Brauereiführungen

Backwaren
Mal süß, mal deftig

**Fleisch-, Wurst-, und
Wildspezialitäten**
Mit hoher Verantwortung

Kulinarische Versuchungen
Küche – regional, saisonal, original

Gesund und vital
Kräuterküche und heimische Erzeugnisse

Gesundheitsangebote
Gesundheits- und Wohlfühl- Kurse...

Reformhäuser
...mit hohem Anspruch

Gesunde Erholung
Bio- und Wellnesshotels,
Gesundheitseinrichtungen

Urlaub auf dem Bauernhof
Bio Bauernhöfe

Blumenpracht, Gewächshäuser
für den Heimischen Garten und Haus

Trachten-Mode
zeitlos und modern

Lederhosen
seit Jahrhunderten gebräuchlich

Haferlschuh
ein traditionelle Schuhmodell

Typisch
ALLGÄU

Kultur – Kulinarik – Lebensart

**Traditionelle Produkte – Handwerkliches Können – Kreative Gestaltungen
Gastfreundlichkeit – Regionale Küche genießen**

Mit großem Rezeptteil

Auswahl aus dem Verlagsprogramm

Reise Idee Verlag

- Panoramakarten
- Die schönsten Ausflugsziele
- Beschreibung der Gesamtregion
- Komplett farbig bebildert
- Übersichtskarten

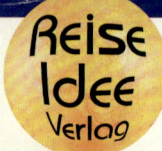

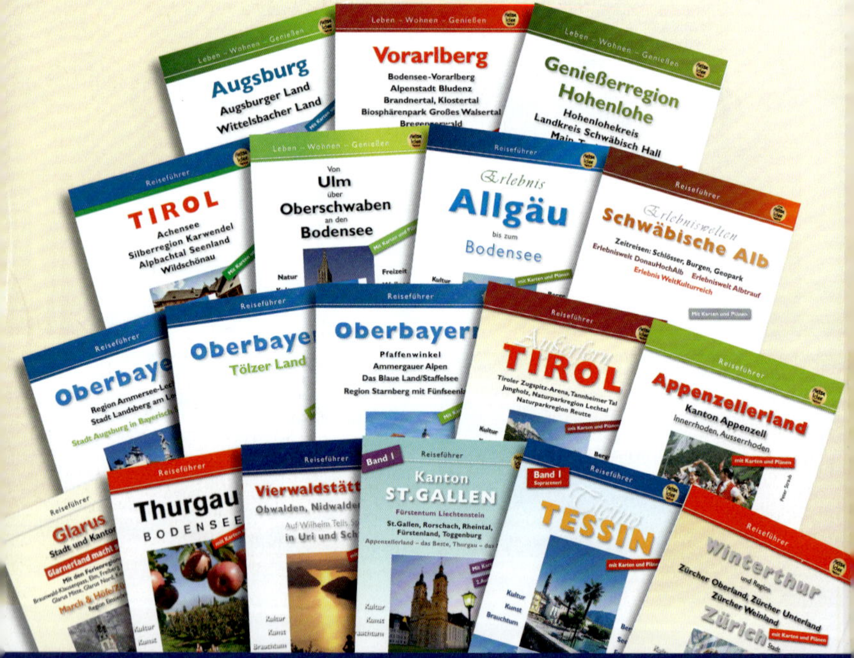

Das Beste auf einen Blick